# 马克思主义理论学科
# 学术发展报告

## （2021）

MAKESI ZHUYI LILUN XUEKE XUESHU FAZHAN BAOGAO

北京大学马克思主义学院 组织编写

2021

社会科学文献出版社

SOCIAL SCIENCES ACADEMIC PRESS (CHINA)

# 前　言

《马克思主义理论学科学术发展报告（2021）》（以下简称2021年度《发展报告》）是马克思主义理论学科学术发展的第七个年度报告。2021年度《发展报告》分为两个板块。

一是2021年马克思主义理论学科发展专论和研究进展。2021年是中国共产党成立一百周年，在一百年的光辉历程中，党领导人民创造了新民主主义革命、社会主义革命和建设、改革开放和社会主义现代化建设、新时代中国特色社会主义的伟大成就，书写了中华民族几千年历史上最恢宏的史诗。为庆祝中国共产党成立一百周年，中共中央在全党开展党史学习教育，2021年2月20日，习近平总书记在党史学习教育动员大会上发表重要讲话，站在统筹中华民族伟大复兴战略全局和世界百年未有之大变局的时代高度，深刻阐述了开展党史学习教育的重大意义、重点和要求。2021年7月1日，习近平总书记在庆祝中国共产党成立一百周年大会上发表的重要讲话，提出了一系列新思想新论断，是一篇马克思主义纲领性文献。为学习和领会习近平总书记重要讲话精神，特邀请北京大学仝华教授和顾海良教授，分别撰写了《学习习近平总书记〈在党史学习教育动员大会上的讲话〉》和《"七一"重要讲话对马克思主义中国化历史与现实的创新性研究》的专论。2021年11月，党的十九届六中全会审议通过了《中共中央关于党的百年奋斗重大成就和历史经验的决议》，聚焦总结党的百年奋斗取得的重大成就和历史经验，突出中国特色社会主义新时代这个重点，体现了党的十八大以来党中央对党的百年奋斗的新认识。为学习第三个"历史决议"精神，特邀请清华大学肖贵清教授撰写了《第三个历史决议的历史地位和贡献》的专论。

2021年马克思主义理论学科建设和发展持续推进，在学科基础理论研究以及各二级学科的研究上都取得了积极进展。这一板块对2021年度马克思主义理论学科研究状况作了概述和分析，提出了进一步深化马克思主义理论学科研究的方向。

二是2021年马克思主义理论学科学术发展的主要进展和成果，按照马克思主义理论七个二级学科学术发展分别加以论述。这是2021年度《发展报告》的主体部分，力求全面准确，体现学术性、具有导向性。

2021年度《发展报告》，由北京大学马克思主义学院组织编写，清华大学马克思主义学院、中国人民大学马克思主义学院、吉林大学马克思主义学院、南开大学马克思主义学院、山东大学马克思主义学院、复旦大学马克思主义学院、武汉大学马克思主义学院、兰州大学马克思主义学院，以及北京师范大学马克思主义学院、中央财经大学马克思主义学院、复旦大学马克思主义研究院、华东师范大学马克思主义学院、中山大学马克思主义学院、西南大学马克思主义学院、南京师范大学马克思主义学院等共同编撰。

2021年度《发展报告》各篇主编和撰稿分工如下。

第一篇"马克思主义理论学科发展专论和研究进展"，主编：孙蚌珠、孙代尧、张新平。撰稿人：第一章，仝华、顾海良、肖贵清；第二章，张新平、杨荣国。

第二篇"马克思主义基本原理研究"，主编：刘军、宋朝龙、孙熙国。撰稿人：第三章至第五章，李应瑞、王先鹏、高晨慧、于昕鹭、王书田、邵显越、杨与时、饶雅琴、潘砚迪、杨玉文、白宇乔。

第三篇"马克思主义发展史研究"，主编：孙来斌、俞良早、常庆欣。撰稿人：第六章至第八章，廖伊凡、陈泓睿、杨静轩、孙巾雅、刘旺旺、栗智宽、李文宇、钱婷、崔慧敏。

第四篇"马克思主义中国化研究"，主编：陈占安、肖贵清、韩喜平。撰稿人：第九章，陈占安、钟彬；第十章，肖贵清、车宗凯；第十一章至第十二章，韩喜平、孙贺、刘洋、支继超。

第五篇"中国近现代史基本问题研究"，主编：仝华、纪亚光。撰稿人：第十三章，王雪超、刘爱章、岳从欣、叶帆；第十四章，丁小丽、李亚男、张浩、罗嗣亮、岳从欣；第十五章，纪亚光、盛林、贾凯、张凯、吴尹浩、纪淳、杨步青、刘芳、马晓敏、何晓岳、黎博雅。

第六篇"国外马克思主义研究"，主编：陈学明、姜国敏。撰稿人：第十六章至第十八章，蓝江、黄其洪、单传友、张梧、韩欲立、张雨生、胡运海、江尧、陈辞达。

第七篇"思想政治教育研究"，主编：刘书林、宇文利、黄蓉生。撰稿人：第十九章，刘钘、杨乐、樊欣婷、秦雨欣；第二十章，王颖；第二十一章，黄蓉生、颜叶甜、石海君。

第八篇"党的建设研究"，主编：王韶兴、丁俊萍、刘先春、王久高。撰稿人：第二十二章，丁俊萍、梁杰皓；第二十三章，张士海、张宏旭、马明冲、王久高、康张城、汪亚宁、杨弟福、李泽宇、陈亚岚、胡云飞、张耕耀、刘先春、董丽、张艳霞、林松涛、夏侯博文、王磊、郑敬斌、董沐夕；第二十四章，吴磊、王韶兴。

　　冯超超、张炜悦、陈筠淘参与资料收集工作。顾海良、孙代尧对全书作了统一修订并定稿。

2022 年 10 月 15 日

# 目 录

## 第三篇　马克思主义发展史研究

## 一 第六篇　国外马克思主义研究 一

# 第一篇

马克思主义理论学科发展
专论和研究进展

# 第一章

# 马克思主义理论学科发展专论

## 一 学习习近平总书记《在党史学习教育动员大会上的讲话》

2021年2月20日，党史学习教育动员大会在北京召开，习近平总书记发表重要讲话。讲话开篇即指出："今年是中国共产党成立一百周年。在全党开展党史学习教育是党中央立足党的百年历史新起点、统筹中华民族伟大复兴战略全局和世界百年未有之大变局、为动员全党全国满怀信心投身全面建设社会主义现代化国家而作出的重大决策。"① 在此之前，中共中央下发了《关于在全党开展党史学习教育的通知》，就党史学习教育作出部署安排。《在党史学习教育动员大会上的讲话》（以下简称《讲话》）共分三个部分：开展党史学习教育意义重大、开展党史学习教育要突出重点、开展党史学习教育要务求实效。

### （一）开展党史学习教育意义重大

对这一问题，习近平总书记是从回顾党的历史开始，并从以下三个方面加以阐发的。

第一，"我们党历来重视党史学习教育"。

习近平总书记指出："我们党历来重视党史学习教育，注重用党的奋斗历程和伟大成就鼓舞斗志、明确方向，用党的光荣传统和优良作风坚定信念、凝聚力量，用党的实践创造和历史经验启迪智慧、砥砺品格。"② 对此，他分别引用毛泽东、邓小平、江泽民、胡锦涛等党的主要领导同志的论述加以说明。其中，毛泽东的论述"如果不把党的历史搞清楚，不把党在历史上所走的路搞清

---

① 习近平：《在党史学习教育动员大会上的讲话》，人民出版社，2021，第1页。
② 习近平：《在党史学习教育动员大会上的讲话》，人民出版社，2021，第2页。

楚，便不能把事情办得更好"①，出自 1942 年 3 月 30 日毛泽东在中央学习组所作的《如何研究中共党史》报告的开篇；邓小平的论述"每个党、每个国家都有自己的历史，只有采取客观的实事求是的态度来分析和总结，才有好处"②，出自 1988 年 9 月 5 日上午邓小平会见捷克斯洛伐克总统古斯塔夫·胡萨克时的谈话；江泽民的论述"要努力学习中国历史特别是中国近现代历史和党的历史，并通过这种学习努力掌握和发扬中华民族的优良传统和党的优良传统"③，出自 1993 年 7 月 5 日江泽民在全国省、自治区、直辖市党委政策研究室主任会议上的讲话《领导干部要切实加强学习》的第四部分；胡锦涛的论述"要通过开展各种纪念教育活动，促进广大中青年干部进一步学习党的知识和党的历史，深入了解党的优良传统和作风，不断增强党的意识，更加坚定自觉地为党的事业而奋斗"④，出自 2001 年 5 月 16 日胡锦涛同全国干部教育培训工作会议代表座谈时的讲话《做好新世纪干部教育培训工作》第三点意见。

可以说，《讲话》中的上述引文，对全党充分认识在党的百年诞辰前夕，党中央决定在全党开展党史学习教育的重要性和必要性很有启发。

第二，党的十八大以来，党中央高度重视学习党的历史。

对这一问题，习近平总书记是从回顾党的十八大以来，他在不同场合提出学习党史的相关要求来阐发的。归纳起来，这些要求主要有九条。

一是从党的百年光辉历程、党的性质和党的历史使命看。即我们党已经发展成为一个走过百年光辉历程、在最大的社会主义国家执政 70 多年、拥有9100 多万党员的世界上最大的马克思主义执政党，"中国共产党立志于中华民族千秋伟业，百年恰是风华正茂，要始终站在时代潮流最前列、站在攻坚克难最前沿、站在最广大人民之中，永远立于不败之地"⑤。

二是从党的历史在中国近现代史中的重要性看。即历史是最好的老师，"我们党的历史是中国近现代以来历史最为可歌可泣的篇章"⑥，历史在人民探索和奋斗中造就了中国共产党，我们党团结带领人民又造就了历史悠久的中华文明新的历史辉煌。习近平总书记还强调："一切向前走，都不能忘记走过的路，走得再

① 《毛泽东文集》第 2 卷，人民出版社，1993，第 399 页。
② 中共中央文献研究室编《邓小平年谱（一九七五——一九九七）》（下），中央文献出版社，2004，第 1244 页。
③ 江泽民：《论党的建设》，中央文献出版社，2001，第 93 页。
④ 《胡锦涛文选》第 1 卷，人民出版社，2016，第 479 页。
⑤ 习近平：《在党史学习教育动员大会上的讲话》，人民出版社，2021，第 3 页。
⑥ 习近平：《在党史学习教育动员大会上的讲话》，人民出版社，2021，第 3 页。

远、走到再光辉的未来，也不能忘记走过的过去，不能忘记为什么出发。"①

三是从党史这门功课的必修性看。即学习党的历史，是坚持和发展中国特色社会主义、把党和国家各项事业继续推向前进的必修课，"这门功课不仅必修，而且必须修好"②。

四是从中国革命历史的教育作用看。即"中国革命历史是最好的营养剂，重温这部伟大历史能够受到党的初心使命、性质宗旨、理想信念的生动教育，必须铭记光辉历史、传承红色基因"③。

五是从要学习以党史为重点的四史看。即"要学习党史、新中国史、改革开放史、社会主义发展史，广大党员要以学习党的历史为重点"④，做到知史爱党、知史爱国，在学习领悟中坚定理想信念，在奋发有为中践行初心使命。

六是从党的历史重要体现之一看。即"我们党的历史就是我们党与人民心心相印、与人民同甘共苦、与人民团结奋斗的历史"⑤，一定要一块儿过、一块儿干，始终保持同人民群众的血肉联系。

七是从党和国家工作大局对全面宣传党的历史的需要看。即"全面宣传党的历史，充分发挥党的历史以史鉴今、资政育人的作用，是党和国家工作大局中一项十分重要的工作"⑥。

八是从回顾历史的目的看。即回顾历史不是为了从成功中寻求慰藉，更不是为了躺在功劳簿上、为回避今天面临的困难和问题寻找借口，"而是为了总结历史经验、把握历史规律，增强开拓前进的勇气和力量"⑦。

九是从要如何认识历史看。即"要坚持用唯物史观来认识历史"⑧，坚持实事求是的思想路线，分清主流和支流，坚持真理，修正错误，发扬经验，吸取教训。

习近平总书记强调："这些都是我们党对党的历史的一贯立场和态度，体现了我们党对学习运用党的历史重要性和必要性的深刻认识。"⑨

第三，在全党开展党史学习教育"正当其时，十分必要"。

习近平总书记在讲话中指出："今天，在庆祝我们党百年华诞的重大时刻，

① 习近平：《在党史学习教育动员大会上的讲话》，人民出版社，2021，第3页。
② 习近平：《在党史学习教育动员大会上的讲话》，人民出版社，2021，第3页。
③ 习近平：《在党史学习教育动员大会上的讲话》，人民出版社，2021，第3~4页。
④ 习近平：《在党史学习教育动员大会上的讲话》，人民出版社，2021，第4页。
⑤ 习近平：《在党史学习教育动员大会上的讲话》，人民出版社，2021，第4页。
⑥ 习近平：《在党史学习教育动员大会上的讲话》，人民出版社，2021，第4页。
⑦ 习近平：《在党史学习教育动员大会上的讲话》，人民出版社，2021，第4页。
⑧ 习近平：《在党史学习教育动员大会上的讲话》，人民出版社，2021，第4页。
⑨ 习近平：《在党史学习教育动员大会上的讲话》，人民出版社，2021，第4页。

在'两个一百年'奋斗目标历史交汇的关键节点，在全党集中开展党史学习教育，正当其时，十分必要。"①《讲话》着重从"三个必然要求"进行了阐发。

其一，在全党开展党史学习教育，是牢记初心使命、推进中华民族伟大复兴历史伟业的必然要求。对此，习近平总书记通过回顾180多年的中国近现代史，特别是回顾在这期间中国共产党的近百年史，以及展望到2035年，党要团结带领人民基本实现社会主义现代化，并在此基础上再奋斗15年，到本世纪中叶全面建成社会主义现代化强国的伟大目标，主要强调了四点：一是"我们党从诞生那一天起，就同中国人民和中华民族的前途命运紧密联系在一起"；二是"一百年来，不管形势和任务如何变化，不管遇到什么样的惊涛骇浪，我们党都始终把握历史主动、锚定奋斗目标，沿着正确方向坚定前行"；三是"中华民族伟大复兴绝不是轻轻松松、敲锣打鼓就能实现的。我们面临着难得机遇，也面临着严峻挑战。在这个关键当口，容不得任何停留、迟疑、观望，必须不忘初心、牢记使命，一鼓作气、继续奋斗"；四是"在全党开展党史学习教育，就是要教育引导全党以史为镜、以史明志，开创属于我们这一代人的历史伟业"。②

其二，在全党开展党史学习教育，是坚定信仰信念、在新时代坚持和发展中国特色社会主义的必然要求。对此，习近平总书记从三个层面加以阐发：一是"信仰信念任何时候都至关重要。对共产主义的信仰，对中国特色社会主义的信念，是共产党人的政治灵魂，是共产党人经受住任何考验的精神支柱"；二是"在新时代，坚定信仰信念，最重要的就是要坚定中国特色社会主义道路自信、理论自信、制度自信、文化自信。党的百年奋斗历程和伟大成就是我们增强'四个自信'最坚实的基础"；三是"当今世界，要说哪个政党、哪个国家、哪个民族能够自信的话，那中国共产党、中华人民共和国、中华民族是最有理由自信的！"③

其三，在全党开展党史学习教育，是推进党的自我革命、永葆党的生机活力的必然要求。对此，习近平总书记从四个层面加以阐发：一是"勇于自我革命，是我们党最鲜明的品格，也是我们党最大的优势"；二是"在全党开展集中性学习教育，是我们党推进自我革命的重要途径，也是一条重要经验"；三是"当前，同向社会主义现代化强国进军的伟大社会革命相比，党的自身建设上还存在一些不匹配、不适应的地方，……特别是党风廉政上的一些问题具有反复性和顽固性，稍不注意就会反弹回潮、前功尽弃"；四是"在全党开展党

① 习近平：《在党史学习教育动员大会上的讲话》，人民出版社，2021，第4~5页。
② 习近平：《在党史学习教育动员大会上的讲话》，人民出版社，2021，第5~8页。
③ 习近平：《在党史学习教育动员大会上的讲话》，人民出版社，2021，第8~9页。

史学习教育，就是要教育引导全党在开启新征程的关键时刻，以新时代党的自我革命引领新的伟大社会革命"。①

习近平总书记的上述阐发，是建立在他对党的百年历史所做的高度概括基础上的，即"我们党的一百年，是矢志践行初心使命的一百年，是筚路蓝缕奠基立业的一百年，是创造辉煌开辟未来的一百年。在百年接续奋斗中，党团结带领人民开辟了伟大道路，建立了伟大功业，铸就了伟大精神，积累了宝贵经验，创造了中华民族发展史、人类社会进步史上令人刮目相看的奇迹"②。正因为如此，"回望过往的奋斗路，眺望前方的奋进路，我们必须把党的历史学习好、总结好，把党的成功经验传承好、发扬好"③。

## （二）开展党史学习教育要突出重点

习近平总书记指出："党中央印发的《通知》，对这次学习教育工作提出了明确要求，总的来说就是要做到学史明理、学史增信、学史崇德、学史力行，教育引导全党同志学党史、悟思想、办实事、开新局。"④《讲话》用"六个进一步"阐述了开展党史学习教育要突出的重点。

第一，进一步感悟思想伟力，增强用党的创新理论武装全党的政治自觉。习近平总书记阐发和强调的主要内容是：其一，思想就是力量。一个民族要走在时代前列，就一刻不能没有理论思维，一刻不能没有思想指引。他特别讲道："中国共产党人……用马克思主义真理的力量激活了中华民族历经几千年创造的伟大文明，使中华文明再次迸发出强大精神力量。"他并以此进一步勉励和要求全党："马克思主义是我们认识世界、把握规律、追求真理、改造世界的强大思想武器，是我们党和国家必须始终遵循的指导思想。"⑤ 其二，理论的生命力在于创新。马克思主义深刻改变了中国，中国也极大丰富了马克思主义。他结合中国共产党百年间，在马克思中国化征程中产生的中国化马克思主义理论成果及其为党和人民事业发展提供的科学理论指导后指出："我们党的历史，就是一部不断推进马克思主义中国化的历史，就是一部不断推进理论创新、进行理论创造的历史。"⑥ 其三，"要教育引导全党从党的非凡历程中领会马克思主义是如何深刻改变中国、改变世界的……特别是要结合党的十八大以

①　习近平：《在党史学习教育动员大会上的讲话》，人民出版社，2021，第9~11页。
②　习近平：《在党史学习教育动员大会上的讲话》，人民出版社，2021，第5页。
③　习近平：《在党史学习教育动员大会上的讲话》，人民出版社，2021，第5页。
④　习近平：《在党史学习教育动员大会上的讲话》，人民出版社，2021，第11页。
⑤　习近平：《在党史学习教育动员大会上的讲话》，人民出版社，2021，第11~12页。
⑥　习近平：《在党史学习教育动员大会上的讲话》，人民出版社，2021，第12页。

来党和国家事业取得历史性成就、发生历史性变革的进程，深刻学习领会新时代党的创新理论，坚持不懈用党的创新理论最新成果武装头脑、指导实践、推动工作"①。

第二，进一步把握历史发展规律和大势，始终掌握党和国家事业发展的历史主动。习近平总书记阐发和强调的主要内容是：其一，"历史发展有其规律，但人在其中不是完全消极被动的。只要把握住历史发展规律和大势，抓住历史变革时机，顺势而为，奋发有为，我们就能够更好前进"；其二，"在一百年的奋斗中，我们党始终以马克思主义基本原理分析把握历史大势，正确处理中国和世界的关系，善于抓住和用好各种历史机遇"；其三，"要教育引导全党胸怀中华民族伟大复兴战略全局和世界百年未有之大变局，树立大历史观，从历史长河、时代大潮、全球风云中分析演变机理、探究历史规律，提出因应的战略策略，增强工作的系统性、预见性、创造性"。②

第三，进一步深化对党的性质宗旨的认识，始终保持马克思主义政党的鲜明本色。习近平总书记阐发和强调的主要内容是：其一，"我们党来自于人民，党的根基和血脉在人民……我们党的百年历史，就是一部践行党的初心使命的历史，就是一部党与人民心连心、同呼吸、共命运的历史……历史充分证明，江山就是人民，人民就是江山，人心向背关系党的生死存亡"；其二，"要教育引导全党深刻认识党的性质宗旨，坚持一切为了人民、一切依靠人民，始终把人民放在心中最高位置、把人民对美好生活的向往作为奋斗目标，推动改革发展成果更多更公平惠及全体人民，推动共同富裕取得更为明显的实质性进展，把 14 亿中国人民凝聚成推动中华民族伟大复兴的磅礴力量"。③

第四，进一步总结党的历史经验，不断提高应对风险挑战的能力水平。习近平总书记阐发和强调的主要内容是：其一，"我们党一步步走过来，很重要的一条就是不断总结经验、提高本领，不断提高应对风险、迎接挑战、化险为夷的能力水平"；其二，"当前，我国发展面临着前所未有的风险挑战，……要更好应对前进道路上各种可以预见和难以预见的风险挑战，我们必须从历史中获得启迪，从历史经验中提炼出克敌制胜的法宝"；其三，"我们要抓住建党一百年这个重要节点，从具有许多新的历史特点的伟大斗争出发，总结运用党在不同历史时期成功应对风险挑战的丰富经验，……从最坏处着眼，做最充分的准备，朝好的方向努力，争取最好的结果"；其四，"从某种意义上说，自从党成

① 习近平：《在党史学习教育动员大会上的讲话》，人民出版社，2021，第 12~13 页。
② 习近平：《在党史学习教育动员大会上的讲话》，人民出版社，2021，第 13~14 页。
③ 习近平：《在党史学习教育动员大会上的讲话》，人民出版社，2021，第 15~16 页。

立以来，我们党面临的最大风险是内部变质、变色、变味，丧失马克思主义政党的政治本色，背离党的宗旨而失去最广大人民支持和拥护"；其五，"党的百年历史，也是我们党不断保持党的先进性和纯洁性，不断防范被瓦解、被腐化的危险的历史。要教育引导全党通过总结历史经验教训，着眼于解决党的建设的现实问题，不断提高党的领导水平和执政水平、增强拒腐防变和抵御风险能力"。①

第五，进一步发扬革命精神，始终保持艰苦奋斗的昂扬精神。习近平总书记阐发和强调的主要内容是：其一，"世界上没有哪个党像我们这样，遭遇过如此多的艰难险阻，经历过如此多的生死考验，付出过如此多的惨烈牺牲。一百年来，在应对各种困难挑战中，我们党锤炼了不畏强敌、不惧风险、敢于斗争、勇于胜利的风骨和品质。这是我们党最鲜明的特质和特点"；其二，"在一百年的非凡奋斗历程中，一代又一代中国共产党人顽强拼搏、不懈奋斗，涌现了一大批视死如归的革命烈士、一大批顽强奋斗的英雄人物、一大批忘我奉献的先进模范……构筑起了中国共产党人的精神谱系。我们党之所以历经百年而风华正茂、饱经磨难而生生不息，就是凭着那么一股革命加拼命的强大精神"；其三，"这些宝贵精神财富跨越时空、历久弥新，集中体现了党的坚定信念、根本宗旨、优良作风，凝聚着中国共产党人艰苦奋斗、牺牲奉献、开拓进取的伟大品格，深深融入我们党、国家、民族、人民的血脉之中，为我们立党兴党强党提供了丰厚滋养"；其四，"在我国这样一个 14 亿人口的国家实现社会主义现代化，这是多么伟大、多么不易！要教育引导全党大力发扬红色传统、传承红色基因，赓续共产党人精神血脉，始终保持革命者的大无畏奋斗精神，鼓起迈进新征程、奋进新时代的精气神"。②

第六，进一步增强党的团结和集中统一，确保全党步调一致向前进。习近平总书记阐发和强调的主要内容是：其一，"旗帜鲜明讲政治、保证党的团结和集中统一是党的生命，也是我们党能成为百年大党、创造世纪伟业的关键所在"；其二，"保证全党服从中央，维护党中央权威和集中统一领导，是党的政治建设的首要任务，必须常抓不懈"；其三，"要教育引导全党从党史中汲取正反两方面历史经验，坚定不移向党中央看齐，不断提高政治判断力、政治领悟力、政治执行力，切实增强'四个意识'、坚定'四个自信'、做到'两个维护'，自觉在思想上政治上行动上同党中央保持高度一致，确保全党上下拧成一股绳，心往一处想、劲往一处使"。③

---

①  习近平：《在党史学习教育动员大会上的讲话》，人民出版社，2021，第16~18页。
②  习近平：《在党史学习教育动员大会上的讲话》，人民出版社，2021，第19~21页。
③  习近平：《在党史学习教育动员大会上的讲话》，人民出版社，2021，第21~23页。

### （三）开展党史学习教育要务求实效

《讲话》从四个方面对开展好党史学习教育提出要求，强调要加强组织领导、树立正确党史观、切实为群众办实事解难题、注重方式方法创新，务求实效。

一是要加强组织领导。"各级党委（党组）要承担主体责任"；"党史学习教育领导小组要加强指导"；党员、干部"要全身心投入，静下心来，认真学习、深入思考"，"做到学有所思、学有所悟、学有所得"。①

二是要树立正确党史观。习近平总书记阐发和强调的主要内容是：其一，关于充分认识坚持唯物史观的重要性。即"唯物史观是我们共产党人认识把握历史的根本方法。如果历史观错误，不仅达不到学习教育的目的，反倒会南辕北辙、走入误区"。其二，关于要警惕的一些错误倾向。即"有的夸大党史上的失误和曲折，肆意抹黑歪曲党的历史、攻击党的领导；有的将党史事件同现实问题刻意勾连、恶意炒作；有的不信正史信野史，将党史庸俗化、娱乐化，热衷传播八卦轶闻，对非法境外出版物津津乐道，等等"。其三，关于坚持唯物史观应把握的三个重要原则。即"要坚持以我们党关于历史问题的两个决议和党中央有关精神为依据，准确把握党的历史发展的主题主线、主流本质，正确认识和科学评价党史上的重大事件、重要会议、重要人物"；"要实事求是看待党史上的一些重大问题，既不能因为成就而回避失误和曲折，也不能因为探索中的失误和曲折而否定成就"；"要旗帜鲜明反对历史虚无主义，加强思想引导和理论辨析，澄清对党史上一些重大历史问题的模糊认识和片面理解，更好正本清源、固本培元"。②

三是要切实为群众办实事解难题。习近平总书记特别强调了"要强化公仆意识和为民情怀"；既要立足眼前、解决群众"急难愁盼"的具体问题，又要着眼长远、完善解决民生问题的体制机制，"增强人民群众获得感、幸福感、安全感"；"要把老区建设好、把英烈后代照顾好，让他们过上更加幸福的生活"；③ 等等。

四是要注重方式方法创新。习近平总书记不仅强调，要遵循党史学习教育自身的特点和规律，推进内容、形式、方法的创新，不断增强针对性和实效性，要以县处级以上领导干部为重点，而且强调：要抓好专题学习、专题党课、专题民主生活会、专题培训，精心组织宣讲团开展专题宣讲；要在全社会

---

① 习近平：《在党史学习教育动员大会上的讲话》，人民出版社，2021，第23~24页。
② 习近平：《在党史学习教育动员大会上的讲话》，人民出版社，2021，第24~25页。
③ 习近平：《在党史学习教育动员大会上的讲话》，人民出版社，2021，第25~26页。

广泛开展党史、新中国史、改革开放史、社会主义发展史宣传教育，普及党史知识，推动党史学习教育深入群众、深入基层、深入人心；要坚决克服形式主义、官僚主义，注意为基层减负；要坚持统筹兼顾，把党史学习教育同党和国家中心工作紧密结合起来；① 等等。

在讲话的最后，习近平总书记号召全党，"以昂扬姿态奋力开启全面建设社会主义现代化国家新征程，以优异成绩迎接建党一百周年"②。

## （四）习近平总书记关于党史学习教育讲话的重大意义

第一，要进一步从历史深处准确把握党的历史的主题和主线、主流和本质。

《讲话》对党的历史丰富而深刻的内涵作了高度概括，指出："我们党的一百年，是矢志践行初心使命的一百年，是筚路蓝缕奠基立业的一百年，是创造辉煌开辟未来的一百年。"③ "我们党的历史，就是一部不断推进马克思主义中国化的历史，就是一部不断推进理论创新、进行理论创造的历史。"④ "我们党的百年历史，……就是一部党与人民心连心、同呼吸、共命运的历史。"⑤ 正是遵循《讲话》的指引，同年 6 月 18 日，在中国共产党历史展览馆正式开展的"'不忘初心、牢记使命'中国共产党历史展览"，"第一次全方位、全过程、全景式、史诗般展现中国共产党波澜壮阔的百年历程，浓墨重彩地反映党的不懈奋斗史、不怕牺牲史、理论探索史、为民造福史、自身建设史"⑥。7 月 1日，习近平同志《在庆祝中国共产党成立 100 周年大会上的讲话》更明确地指出："一百年来，中国共产党团结带领中国人民进行的一切奋斗、一切牺牲、一切创造，归结起来就是一个主题：实现中华民族伟大复兴。"⑦ 这也要求我们从中更深刻地领悟，在新征程的奋斗中，我们应该更加毫不动摇地坚持马克思主义立场观点方法，毫不动摇地践行党的初心使命，毫不动摇地践行伟大建党精神，以使党永葆中国工人阶级先锋队的本色。

第二，必须极大加强对唯物史观和正确党史观相关理论的深度学习和践行。

树立正确党史观，就必须学习和学会运用唯物史观来认识和对待党的历

---

① 习近平：《在党史学习教育动员大会上的讲话》，人民出版社，2021，第 25~27 页。

② 习近平：《在党史学习教育动员大会上的讲话》，人民出版社，2021，第 27 页。

③ 习近平：《在党史学习教育动员大会上的讲话》，人民出版社，2021，第 5 页。

④ 习近平：《在党史学习教育动员大会上的讲话》，人民出版社，2021，第 12 页。

⑤ 习近平：《在党史学习教育动员大会上的讲话》，人民出版社，2021，第 15 页。

⑥ 《铭记奋斗历程担当历史使命 从党的奋斗历史中汲取前进力量》，《人民日报》2021 年 6 月 19日，第 1 版。

⑦ 习近平：《在庆祝中国共产党成立 100 周年大会上的讲话》，人民出版社，2021，第 3 页。

史。从以往的情况看，抗日战争相持阶段，在毛泽东等党的领导人带领和率先垂范下，经过以延安整风为代表的全党整风运动——这一党的历史上空前的马克思主义教育运动，全党特别是党的干部的马克思主义理论水平，其中包括对坚持唯物史观重要性和必要性的认识以及践行水平有了很大提高。这是全党经过整风学习获得的最重要的成果之一。党的六届七中全会原则通过，后经 1945 年 8 月 9 日党的七届一中全会第二次会议正式通过①的党的第一个历史决议，以及在此基础上党的七大确立毛泽东思想为全党的指导思想，全党在毛泽东思想的旗帜下空前团结起来的事实，为此做了无可辩驳的见证。

新中国成立后，1956 年 4 月至 12 月，毛泽东率领党中央对苏共二十大引发的国际共产主义运动大变故进行深度思考和科学分析。在毛泽东主持下，根据中共中央政治局扩大会议讨论，《人民日报》编辑部写成并先后于同年 4 月 5 日和 12 月 29 日，在《人民日报》发表了《关于无产阶级专政的历史经验》和《再论无产阶级专政的历史经验》两文。两文的发表和全党对两文的学习，是新中国步入社会主义初级阶段伊始，以毛泽东为核心的党中央，结合国际共产主义运动中的大是大非问题，对全党进行唯物史观教育的浓墨重彩的一页。

改革开放后，党的第二个历史决议的酝酿、起草并经党的十一届六中全会一致通过，以及随后对这一决议的学习贯彻，提高了全党在新的历史条件下对坚持唯物史观再认识的水平。

进入中国特色社会主义新时代后，习近平总书记 2013 年 1 月 5 日在新进中央委员会的委员、候补委员学习贯彻党的十八大精神研讨班上的讲话，同年 12 月 26 日《在纪念毛泽东同志诞辰一百二十周年座谈会上的讲话》，2016 年 5 月 17 日《在哲学社会科学工作座谈会上的讲话》等，都从不同角度，紧密结合国际或国内重大实际，深刻论述了以唯物史观为指导，正确评价历史或历史伟人的问题，这也都为后来他作《在党史学习教育动员大会上的讲话》做了厚重的铺垫。而这一《讲话》进一步加大了对全党树立唯物史观和正确党史观要求的力度，我们应该自觉遵循《讲话》的要求，在这一带有根基性的方面下真功夫，加倍学习和提高。

第三，在新征程的奋斗中，要更加自觉地在思想上、政治上和行动上与党中央保持高度一致。

"进一步增强党的团结和集中统一，确保全党步调一致向前进"，是《讲话》第二部分中极为重要的内容。特别是，《讲话》用相对较长的篇幅，不仅对"在

---

① 中共中央文献研究室编《毛泽东年谱（一八九三——一九四九）》中册，中央文献出版社，2013，第 618 页。

最危急关头挽救了党、挽救了红军、挽救了中国革命"① 的遵义会议进行深情再回顾，而且强调："但是，遵义会议后，全党真正深刻认识到维护党中央权威和集中统一领导的重大意义并成为自觉行动还经历了一个过程。"② 这个过程，一是指"长征途中，在我们党最需要团结的时候，张国焘挟兵自重、另立中央，公然走上分裂党和红军的道路"；二是指"抗战初期，王明在党内拉帮结派、我行我素，不听党中央指挥，再次从反面教育了全党"。③ 因此，对深刻历史教训提供的镜鉴，我们应该珍视，对习近平总书记在《讲话》中所批评的"现在仍有一些党员、干部政治意识不强、政治敏锐性不高，不善于从政治上观察和处理问题……对政治要求、政治规矩、政治纪律不上心，对各种问题的政治危害性不走心，对贯彻落实党中央的大政方针不用心，讲政治还没有从外部要求转化为内在主动"④，我们应该引以为戒。并且我们尤其应高度重视：党的十九届六中全会确立习近平同志党中央的核心、全党的核心地位，确立习近平新时代中国特色社会主义思想的指导地位，反映了全党全军全国各族人民共同心愿，对新时代党和国家事业发展、对推进中华民族伟大复兴历史进程具有决定性意义。为此，我们必须做到"维护党中央权威和集中统一领导不能停留在口头上，而是要体现在行动上"⑤。

## 二　"七一"重要讲话对马克思主义中国化历史与现实的创新性研究

在庆祝中国共产党成立 100 周年大会上的讲话（以下简称"七一"重要讲话）中，习近平总书记对百年来马克思主义中国化历史发展和伟大成就作出新的阐释，从多方面拓展了马克思主义中国化学术和学理研究的视域，提升了马克思主义中国化历史与现实关系研究的理论境界。

### （一）马克思主义中国化过程"三史"的联系及内在禀赋

在中国共产党成立百年之际，习近平总书记提出："我们党的历史，就是一部不断推进马克思主义中国化的历史，就是一部不断推进理论创新、进行理

---

① 习近平：《在党史学习教育动员大会上的讲话》，人民出版社，2021，第 21 页。
② 习近平：《在党史学习教育动员大会上的讲话》，人民出版社，2021，第 21~22 页。
③ 习近平：《在党史学习教育动员大会上的讲话》，人民出版社，2021，第 22 页。
④ 习近平：《在党史学习教育动员大会上的讲话》，人民出版社，2021，第 22 页。
⑤ 习近平：《在党史学习教育动员大会上的讲话》，人民出版社，2021，第 22~23 页。

论创造的历史。"① 习近平总书记提出的"党的历史""马克思主义中国化的历史""推进理论创新、进行理论创造的历史"这"三史",是对中国共产党理论自觉和历史自觉特质的深刻阐释,揭示了中国共产党百年理论创新和理论创造的深湛意蕴。

马克思主义虽然在 19 世纪末和 20 世纪初就开始传入中国,但只是在俄国十月革命影响下,经过五四运动的洗礼,才从最初的涓涓细流汇成中国社会革命的强劲的思想潮流,成为早期共产主义者决意改变中国和改变世界的思想指南。李大钊、陈独秀等中国早期的马克思主义者,立足中国的社会现实和历史文化根基,对马克思主义理论内涵和思想实质作出最初的却是整体意义上的理解。

俄国十月革命爆发后,马克思主义骤然成为中国社会革命的重要思潮得到广泛传播,李大钊站在这一思潮涌起的最前列。1918 年 11 月,李大钊在《庶民的胜利》一文中预言:"一九一七年的俄国革命,是二十世纪中世界革命的先声。"② 12 月,在《Bolshevism 的胜利》一文中再次指出:"俄国的革命,不过是使天下惊秋的一片桐叶罢了。Bolshevism 这个字,虽为俄人所创造,但是他的精神,可是二十世纪全世界人类人人心中共同觉悟的精神。"③ 五四运动后不久,李大钊在 1919 年 9 月和 11 月出版的《新青年》第 6 卷第 5 号和第 6 号上发表了《我的马克思主义观》,从马克思主义学说的整体上,对唯物史观、阶级斗争学说("阶级竞争说")和经济学说("经济论")作出阐释。在对马克思经济学说阐释时,李大钊指出:"马克思是社会主义经济学的学〔鼻〕祖,现在正是社会主义经济学改造世界的新纪元,'马克思主义'在经济思想史上的地位如何重要,也就可以知道了。"④ 这凸显了李大钊是从"改造世界"上对待马克思学说的科学性和真理性的,是从社会主义"新纪元"意义上阐释马克思主义对中国社会变革的意义的,以马克思主义理论分析和解决中国问题的理论自觉油然而生。

中国共产党成立之前,陈独秀在 1920 年 12 月发表的《随感录》中谈到"主义与努力"问题时指出:"主义制度好比行船底方向,行船不定方向,若一味盲目的努力,向前碰在礁石上,向后退回原路去都是不可知的。"因此,"我敢说,改造社会和行船一样,定方向与努力二者缺一不可"。⑤ 中国共产党成立

---

① 习近平:《在党史学习教育动员大会上的讲话》,人民出版社,2021,第 21 页。
② 《李大钊全集》第 2 卷,人民出版社,2013,第 359 页。
③ 《李大钊全集》第 2 卷,人民出版社,2013,第 368 页。
④ 《李大钊全集》第 3 卷,人民出版社,2013,第 4 页。
⑤ 《陈独秀文集》第 2 卷,人民出版社,2013,第 93 页。

后不久，陈独秀在 1922 年 5 月发表的《马克思的两大精神》一文中指出：马克思的学说和行为具有"实际研究"和"实际活动"这两大精神，"以马克思实际研究的精神研究社会上各种情形，最重要的是现社会的政治及经济状况，不要单单研究马克思的学理"。研究马克思的学说"须将其学说实际去活动，干社会的革命"，"须发挥马克思实际活动的精神，把马克思学说当做社会革命的原动力，不要把马克思学说当做老先生、大少爷、太太、小姐的消遣品"。①在陈独秀看来，马克思学说不仅指出了中国社会革命的"主义制度"的方向问题，没有方向中国革命就没有出路；而且更重要的是，马克思学说要转化成"实际活动"，就是按照"学说实际去活动，干社会的革命"，这就如依照"方向"去"行船"，把"马克思学说当做社会革命的原动力"。

1924 年 3 月，恽代英在《上海追悼列宁大会特刊》上发表的《列宁与新经济政策》一文提出：要把列宁的新经济政策的思想运用于中国的实际，"解决中国的问题，自然要根据中国的情形，以决定中国的办法；但是至少可以说，伟大的列宁，已经亲身给了我们许多好的暗示了，我们可以不注意他么！"②中国共产党以马克思主义为指导，就在于立足"中国的情形"，寻找"中国的办法"，解决"中国的问题"。从把马克思主义作为"改造世界"的指南、作为中国"社会革命的原动力"、作为"解决中国的问题的办法"等理念中可以看到，中国共产党成立之初就开始生成的理论自觉的禀赋，在根本上就在于自觉地把马克思主义理论用于解决中国的实际问题，实现马克思主义基本原理同中国具体实际的结合。

中国共产党成立前后，与马克思主义中国化的理论自觉生成并行，中国共产党对中国社会革命中历史自觉的蔚然大观也同时生成。1919 年 8 月，青年毛泽东在《湘江评论》上发表的《民众的大联合》的系列文章中提出："我们中华民族原有伟大的能力！压迫愈深，反抗愈大，蓄之既久，其发必速，我敢说一怪话，他日中华民族的改革，将较任何民族为彻底，中华民族的社会，将较任何民族为光明。中华民族的大联合，将较任何地域任何民族而先告成功。"③在中国共产党成立之前，毛泽东就对中华民族的"原有伟大的能力"作出历史评价，对中华民族现实境遇作出深刻阐释，对中华民族"改革"前景、"光明"前途、"先告成功"结果作出充满激情的阐释。在中国共产党成立初期，中国共产党人就以强烈的历史自觉，肩负起中华民族复兴大业的历史担当。

---

① 《陈独秀文集》第 2 卷，人民出版社，2013，第 250 页。
② 《恽代英全集》第 6 卷，人民出版社，2014，第 155~156 页。
③ 毛泽东：《民众的大联合》（三），《湘江评论》第 4 期，1919。

历史自觉深化了对理论自觉的感悟。1920 年，毛泽东提到："吾人如果要在现今的世界稍为尽一点力，当然脱不开'中国'这个地盘。关于这地盘内的情形，似不可不加以实地的调查，及研究。"① 立足中国"这地盘内的情形"的"研究"，成为理论自觉的基点。中国共产党成立后不久，李大钊则提出："由于俄国与中国的国情完全不同，不管外间怎样宣传，我国的改造惟有靠我们自身的力量来完成。"② 李大钊提出："历史是整个的、有生命的、进步的东西，不是固定的、死的东西"，"我们研究历史的任务是：一、整理事实，寻找它的真确的证据。二、理解事实，寻出它的进步的真理"。③ 李大钊对历史自觉和理论自觉内在联系的深湛阐释，为马克思主义中国化奠定了最初的思想基础。

正是在理论自觉和历史自觉禀赋的生成中，马克思主义中国化的历史进程开始启动，中国共产党理论创新和理论创造也得以产生。党的一大以后，中国共产党把列宁主义关于民族和殖民地革命理论同中国实际相结合，开始深入探讨适合中国国情的革命道路问题。1922 年 6 月，党中央在《中国共产党对于时局的主张》中提出："在无产阶级未能获得政权以前，依中国政治经济的现状，依历史进化的过程，无产阶级在目前最切要的工作，还应该联络民主派共同对封建式的军阀革命，以达到军阀覆灭能够建设民主政治为止。"④ 1922 年 7 月，党的二大通过的《中国共产党第二次全国代表大会宣言》提出中国革命必须分两步走，即第一步是新民主主义革命、第二步才是社会主义革命的战略思想；在新民主主义革命的七个奋斗目标中，开头两个奋斗目标是"消除内乱，打倒军阀，建设国内和平"和"推翻国际帝国主义的压迫，达到中华民族完全独立"。⑤ 由此萌生了中国共产党后来提出的中华民族伟大复兴两大历史任务的思想，即"一个是求得民族独立和人民解放；一个是实现国家繁荣富强和人民共同富裕。前一任务是为后一任务扫清障碍，创造必要的前提"⑥。

马克思主义基本原理在同中国具体实际、在同中国历史文化初步结合中"化"出的这些道理，经过之后进一步的发展和完善，最后成为适合于中国具体实际需要的革命发展道路的创新理论，走出了马克思主义中国化的重要一

---

① 《毛泽东年谱（一八九三——一九四九）》上卷，中央文献出版社，2013，第 54 页。
② 《李大钊全集》第 4 卷，人民出版社，2013，第 446 页。
③ 《李大钊全集》第 4 卷，人民出版社，2013，第 466 页。
④ 《建党以来重要文献选编（一九二一——一九四九）》第 1 册，中央文献出版社，2011，第 97 页。
⑤ 《建党以来重要文献选编（一九二一——一九四九）》第 1 册，中央文献出版社，2011，第 133 页。
⑥ 《十五大以来重要文献选编》上，人民出版社，2000，第 2 页。

步。中国共产党的历史起端，也是马克思主义中国化的历史开端，在理论自觉和历史自觉中，中国共产党理论创新和理论创造也由此起步。

马克思主义经典著作的移译和传播，为马克思主义中国化理论自觉和历史自觉的生成和发展提供了丰富的思想资源。1920 年，在中国共产党成立之前，陈望道翻译的《共产党宣言》中文全译本正式出版。中国共产党成立后，对马克思、恩格斯和列宁著作的翻译和学习，更成为中国共产党的理论建设和思想建设的重要任务。1921 年 11 月，中国共产党刚成立，就在《中国共产党中央局通告——关于建立与发展党团工会组织及宣传工作等》中提出"中央局宣传部在明年七月以前，必须出书（关于纯粹的共产主义者）二十种以上"[①] 的紧迫要求。1922 年 6 月，在给共产国际的报告中，陈独秀代表党中央提出组织翻译出版马克思全书、列宁全书经典著作的要求等。[②] 学习马克思主义经典著作的科学理论和科学精神，是中国共产党人始终坚持的"必修课"，是马克思中国化历史、中国共产党理论创新和理论创造历史的思想源流和理论基础。

百年砥砺奋进，理论自觉和历史自觉成为马克思主义中国化的内在禀赋，成就了中国共产党思想的百年辉煌。理论自觉和历史自觉不仅造就了马克思主义中国化历史发展的特质和特征，而且还提升马克思主义中国化的理论内涵和思想智慧。"三史"的协同推进、交相辉映，理论自觉铸就为理论自信，历史自觉升华为文化自信。

## （二）马克思主义中国化过程的"两个结合"及其历史意蕴

在"七一"重要讲话中，习近平总书记在阐释"继续推进马克思主义中国化"时提出："必须坚持马克思列宁主义、毛泽东思想、邓小平理论、'三个代表'重要思想、科学发展观，全面贯彻新时代中国特色社会主义思想，坚持把马克思主义基本原理同中国具体实际相结合、同中华优秀传统文化相结合，用马克思主义观察时代、把握时代、引领时代，继续发展当代中国马克思主义、21 世纪马克思主义！"[③] 在这里，习近平总书记提出了马克思主义中国化历史和现实关系中的三个重要问题：一是阐明马克思主义中国化过程中既一脉相承又与时俱进的重大理论成果，标示了马克思主义中国化历史性飞跃的基本进程；二是阐明马克思主义中国化的基本原则，揭示了马克思主义中国化过程的

---

① 《建党以来重要文献选编（一九二一——一九四九）》第 1 册，中央文献出版社，2011，第 47 页。
② 参见《陈独秀文集》第 2 卷，人民出版社，2013，第 258 页。
③ 习近平：《在庆祝中国共产党成立 100 周年大会上的讲话》，人民出版社，2021，第 13 页。

"两个结合"的学理依循；三是阐明当代中国化马克思主义的发展路向，特别是其中提到的"两个结合"，不仅是对马克思主义中国化基本原则的科学概括，也是对马克思主义历史发展的学理依循的凝练。

1943 年 5 月，中国共产党在对共产国际解散后国际共产主义运动变化趋势进行判断时提出："中国共产党人是我们民族一切文化、思想、道德的最优秀传统的继承者，把这一切优秀传统看成和自己血肉相连的东西，而且将继续加以发扬光大"，中国共产党人"要使得马克思列宁主义这一革命科学更进一步地和中国革命实践、中国历史、中国文化深相结合起来"。① 马克思主义基本原理要同中国具体实际和中华优秀传统文化相结合的这"两个结合"思想，是中国共产党对马克思主义中国化根本原则和根本要求的深刻表述。"两个结合"作为马克思主义中国化过程的重要特征，也是对中国共产党的历史自觉和理论自觉的深化：理论自觉增强了马克思主义基本原理同中国具体实际相结合的自觉性，历史自觉提升了马克思主义基本原理同中国优秀传统文化相结合的自觉性。

理论自觉在根本上就是把马克思主义基本原理同中国具体实际结合的自觉。毛泽东在《改造我们的学习》一文中提出："应确立以研究中国革命实际问题为中心，以马克思列宁主义基本原则为指导的方针，废除静止地孤立地研究马克思列宁主义的方法。"② 把马克思主义基本原理同中国实际相结合，推进马克思主义中国化，是中国共产党取得新民主主义革命胜利的理论指导，毛泽东思想就是马克思主义中国化的理论结晶。进入中国社会主义革命和建设阶段，毛泽东进一步提出："现在是社会主义革命和建设时期，我们要进行第二次结合，找出在中国怎样建设社会主义的道路。"③ "第二次结合"的思想，成为中国共产党开创中国社会主义建设道路的理论先导和实践指南，成为继续推进马克思主义中国化的学理依循。

在改革开放新时期之初，邓小平在党的十二大上提出"把马克思主义的普遍真理同我国的具体实际结合起来，走自己的道路，建设有中国特色的社会主义"④ 的思想，开辟了马克思主义中国化历史新进程。中国化马克思主义是中国特色社会主义道路探索的指导思想，中国特色社会主义道路探索的实践也成为不断推进马克思主义中国化的现实根据。在新时期推进马克思主义中国化过

---

① 《建党以来重要文献选编（一九二一——一九四九）》第 20 册，中央文献出版社，2011，第 318~319 页。

② 《毛泽东选集》第 3 卷，人民出版社，1991，第 802 页。

③ 《毛泽东年谱（一九四九——一九七六）》第 2 卷，中央文献出版社，2013，第 557 页。

④ 《邓小平文选》第 3 卷，人民出版社，1993，第 3 页。

程中，邓小平理论写下了中国特色社会主义这篇大文章的"序言"，确定了坚持和发展中国特色社会主义的基本思路和基本原则；"三个代表"重要思想和科学发展观续写了这篇大文章接续的精彩篇章。

党的十八大后，面对新时代坚持和发展中国特色社会主义的新的实际，习近平总书记提出："要以科学的态度对待科学，以真理的精神追求真理，不断赋予马克思主义以新的时代内涵。"[①] 习近平新时代中国特色社会主义思想，深切关注和回答时代和实践提出的重大课题，因时而进、因势而新，在马克思主义基本原理同中国具体实际结合中，坚持和发展中国特色社会主义，继续推进马克思主义中国化，升华新时代中国化马克思主义的新境界。

马克思主义基本原理同中华优秀传统文化的结合是历史自觉的必然要求。1938 年 10 月，毛泽东就提出："今天的中国是历史的中国的一个发展；我们是马克思主义的历史主义者，我们不应当割断历史。从孔夫子到孙中山，我们应当给以总结，承继这一份珍贵的遗产。"在毛泽东看来，"马克思主义必须和我国的具体特点相结合并通过一定的民族形式才能实现"。[②] 实事求是是毛泽东思想的精髓。"实事求是"一词出自中华典籍《汉书》，《汉书·河间献王传》曰："修学好古，实事求是。从民得善书，必为好写与之，留其真。"毛泽东对"实事求是"作出新的理解，提出"'实事'就是客观存在着的一切事物，'是'就是客观事物的内部联系，即规律性，'求'就是我们去研究"。[③]"实事求是"这一旧典，呈现出中国共产党思想路线表述的独特形态，洋溢着马克思主义中国化的新的内涵。

同中华优秀传统文化相结合的原则，在改革开放新时期得到进一步运用。建设小康社会是中国特色社会主义理论体系中的重要思想，这里提到的"小康"一词，出自中华典籍《诗经》，《诗经·大雅·民劳》篇吟道："民亦劳止，汔可小康。惠此中国，以绥四方。"千百年来，"小康"或"小康之家"，成为人民群众对殷实而宽裕生活期盼的一种说法。改革开放之初，邓小平用"小康"和"小康社会"的说法，标示我国社会主义现代化建设的目标。1984年 3 月，邓小平指出："这个小康社会，叫做中国式的现代化。翻两番、小康社会、中国式的现代化，这些都是我们的新概念。"[④] 邓小平从"中国式的现代化"意义上对"小康社会"的全新探索，将中华民族伟大复兴的追求和人民群

---

①　习近平：《学习马克思主义基本理论是共产党人的必修课》，《求是》2019 年第 22 期。
②　《毛泽东选集》第 2 卷，人民出版社，1991，第 534 页。
③　《毛泽东选集》第 3 卷，人民出版社，1991，第 801 页。
④　《邓小平文选》第 3 卷，人民出版社，1993，第 54 页。

众对民生的期盼融为一体，使得"小康"这一具有深厚的中华传统文化意蕴的用语，成为充满着改革开放新时期气息的"新概念"。

党的十八大以来，习近平同志在对新时代如何继续推进马克思主义中国化问题的研究中，对马克思主义基本原理同中国民族优秀传统文化相结合的原则和方法作出多方面的新的探索。

2016年5月，习近平同志在哲学社会科学工作座谈会的讲话中指出："要加强对中华优秀传统文化的挖掘和阐发，使中华民族最基本的文化基因与当代文化相适应、与现代社会相协调，把跨越时空、超越国界、富有永恒魅力、具有当代价值的文化精神弘扬起来。"① 马克思主义基本原理同中华优秀传统文化的结合，不仅是马克思主义中国化时代化的必然过程，也是马克思主义中国化时代化的必然路径。

同中国优秀传统文化相结合，是与思想文化的"转化"和"发展"联系在一起的。对中华传统文化进行"创造性转化、创新性发展"，才能激活中华优秀文化的生命活力，提升中华传统文化的当代魅力，才能在思想文化形态上融入中国化马克思主义。习近平总书记指出："要围绕我国和世界发展面临的重大问题，着力提出能够体现中国立场、中国智慧、中国价值的理念、主张、方案。中华文明延续着我们国家和民族的精神血脉，既需要薪火相传、代代守护，也需要与时俱进、推陈出新。"② 习近平总书记深刻阐明了马克思主义基本原理同中华优秀传统文化相结合的真谛。

同中国优秀传统文化相结合，也是增强中国化时代化马克思主义的理论自信、文化自信的内在力量。中华优秀传统文化是中华民族在漫长历史奋进中积累的文化精粹，蕴藏着中华民族世代奋进聚合的文化力量。习近平总书记指出："我们说要坚定中国特色社会主义道路自信、理论自信、制度自信，说到底是要坚定文化自信。文化自信是更基本、更深沉、更持久的力量。"③ 把中国优秀传统文化的思想智慧和理论力量，再现为中国化马克思主义的思想内涵和理论形态，必将增强中国化马克思主义的影响力、感召力和亲和力，必将增强中国化马克思主义的理论自信和文化自信。

同中国优秀传统文化相结合，要讲清楚中华优秀传统文化的历史渊源、文化内涵、发展脉络和基本走向，讲清楚中华优秀传统文化的民族气质、独特创造、价值理念和鲜明特色，增强实现中华优秀传统文化的创造性转化和创新性

---

① 《习近平谈治国理政》第2卷，外文出版社，2017，第340页。
② 《习近平谈治国理政》第2卷，外文出版社，2017，第340页。
③ 《习近平谈治国理政》第2卷，外文出版社，2017，第339页。

发展的自觉性。习近平总书记提出："中国古代历来讲格物致知、诚意正心、修身齐家、治国平天下。从某种角度看，格物致知、诚意正心、修身是个人层面的要求，齐家是社会层面的要求，治国平天下是国家层面的要求。我们提出的社会主义核心价值观，把涉及国家、社会、公民的价值要求融为一体，既体现了社会主义本质要求，继承了中华优秀传统文化，也吸收了世界文明有益成果，体现了时代精神。"① 深刻理解"修身""齐家""平天下"古训的时代意蕴，有利于深化对社会主义核心价值观中"大德""公德""私德"不同层面关联及内涵的感悟，有利于提升对社会主义本质等重要理论的认识境界。

在中华优秀传统文化中，多有"圣人之学，以无我为本，而勇以成之""圣人常无心，以百姓心为心""先天下之忧而忧，后天下之乐而乐"等说法。2019 年 3 月，习近平在回答国外友人提出的"您当选中国国家主席的时候，是一种什么样的心情"问题时提到："这么大一个国家，责任非常重、工作非常艰巨。我将无我，不负人民。我愿意做到一个'无我'的状态，为中国的发展奉献自己。"② 习近平"我将无我，不负人民"的阐释，体现了对中华优秀传统文化的深刻理解，深刻地表达了中国共产党的根本宗旨和信念，升华了中国共产党人全心全意为人民服务的思想境界。

在马克思主义中国化百年历程中，从"实事求是"表达的中国共产党思想路线的内涵，到"小康""小康社会"体现的中国特色社会主义发展战略的愿景，再到"我将无我，不负人民"阐发的中国共产党人理想和信念的意蕴，以及对社会主义核心价值观中昭示的中华优秀文化涵养的再认识等，使得根植于中华大地的思想文化精华，融入中国化时代化马克思主义的重要理论之中，形成了中国化时代化马克思主义的新思想，获得了中国化时代化马克思主义的新形态。

在"七一"重要讲话中，习近平总书记提出的"坚持把马克思主义基本原理同中国具体实际相结合、同中华优秀传统文化相结合"③，是对马克思主义中国化中"两个结合"的新概括，也是对马克思主义中国化历史发展研究提出的学理上的新要求和学术上的新课题。从"两个结合"入手、从"两个结合"的内在联系入手，把握马克思主义中国化的实践逻辑、历史逻辑和理论逻辑，是马克思主义中国化历史和现实关系研究的重大课题和学理要求。

---

① 《习近平谈治国理政》，外文出版社，2014，第 169 页。
② 《习近平谈治国理政》第 3 卷，外文出版社，2020，第 144 页。
③ 《习近平谈治国理政》第 4 卷，外文出版社，2022，第 10 页。

## （三）马克思主义中国化历史发展的主题及其阶段性特征

在"七一"重要讲话中，习近平总书记提出："中国共产党一经诞生，就把为中国人民谋幸福、为中华民族谋复兴确立为自己的初心使命。一百年来，中国共产党团结带领中国人民进行的一切奋斗、一切牺牲、一切创造，归结起来就是一个主题：实现中华民族伟大复兴。"① 习近平总书记提出的中国共产党百年奋进是以"中华民族伟大复兴"为"主题"的思想，对马克思主义中国化历史和现实过程"主题"的探索有着重要的学术的和学理的启迪。

在"七一"重要讲话中，习近平总书记把中国共产党百年历史进程中，对中华民族伟大复兴"主题"的探索分作四个阶段。这四个阶段，也是马克思主义中国化百年历程中，中国共产党在这一"主题"探索中所实现的理论创新和理论创造的基本阶段。

第一阶段呈现的是"为实现中华民族伟大复兴创造了根本社会条件"② 的特征。在这一阶段，中国共产党在"求得民族独立和人民解放"的伟大斗争中，依然高度关注中国思想界对工业化问题的探讨，对实现中华民族伟大复兴的问题作出多方面的探讨，凸显了马克思主义中国化历史发展在新民主主义革命时期的阶段性特征。

在对中国必然走工业化道路问题的探讨中，恽代英在 1923 年发表的《中国可以不工业化乎?》一文中，对当时思想界存在的"中国不宜工业化"的观点作出批驳。恽代英指出："中国亦必化为工业国然后乃可以自存，吾以为殆无疑议。"但是，当时帝国主义列强的殖民政策和国外资本对中国的掠夺，完全阻断了中国工业化的道路。"国人之生路俱为外国工业之所压迫而日趋逼狭，于是流为兵匪。在他一方面，既有赔款，复有外债，使国民所担任之赋税日益增高，而上流、中流之阶级亦日呈中落之倾向。此非吾之工业有以与外国相抗衡，盖惟有万劫而不复。岂尚得谓中国不宜工业化乎?"③ 在这种社会情势下，中国工业化是不可能实现的;但绝不能由此而认为中国不需要工业化、不需要走工业化道路。1929 年，瞿秋白在《中国资本主义发展的问题》一文中进一步指出："中国的经济没有一个独立的前途，而只是在变成帝国主义的完完全全的附庸。只有工农革命的胜利，方才能够解放中国，使他在无产阶级的统治

---

① 习近平:《在庆祝中国共产党成立 100 周年大会上的讲话》，人民出版社，2021，第 3 页。
② 习近平:《在庆祝中国共产党成立 100 周年大会上的讲话》，人民出版社，2021，第 4 页。
③ 《恽代英全集》第 5 卷，人民出版，社 2014，第 130、129 页。

之下，用极快的速度，实行社会主义的工业化。"①

　　1947 年，毛泽东在《目前形势和我们的任务》一文中提出，中国实现工业化，是以"新民主主义的政治条件获得"、"完成新民主主义的改革"和"实现国家的统一和独立"为根本政治前提和社会条件的。1949 年，在党的七届二中全会上，毛泽东再次提出"在革命胜利以后，迅速地恢复和发展生产，对付国外的帝国主义，使中国稳步地由农业国转变为工业国，把中国建设成一个伟大的社会主义国家"② 的思想，绘制了中国现代化的最初的路线图。中国共产党坚守理论自觉和历史自觉，为新中国社会主义工业化和现代化作了理论上和实践上的充分准备。

　　第二阶段展示的是"为实现中华民族伟大复兴奠定了根本政治前提和制度基础"③ 的特征。新中国成立后，从新民主主义革命到社会主义革命和建设的历史性转变，写就了中华民族复兴的历史新篇章。在马克思主义中国化历史发展进程中，中国共产党在社会主义工业化过程中，形成了渐次完备的社会主义现代化理论。

　　1954 年 9 月，在第一届全国人民代表大会第一次会议开幕词中，毛泽东提出了"准备在几个五年计划之内，将我们现在这样一个经济上文化上落后的国家，建设成为一个工业化的具有高度现代文化程度的伟大的国家"④ 的奋斗目标。中国共产党在完成第一大历史任务后，不失时机地从社会主义工业化切入，开启了中国现代化的新征程。中国人民的夙愿，在中国共产党领导下开始成为社会发展的现实。

　　实现中国的现代化，不仅是中国共产党肩负的历史使命，也是中国共产党历史自觉的现实体现。在全国人大一次会议上，周恩来在《把我国建设成为强大的社会主义的现代化的工业国家》中指出："我国的经济原来是很落后的。如果我们不建设起强大的现代化的工业、现代化的农业、现代化的交通运输业和现代化的国防，我们就不能摆脱落后和贫困，我们的革命就不能达到目的。"⑤ 中国共产党第一次提出以工业、农业、交通运输业和国防为主要内容的现代化目标问题，并把实现现代化看作中国"摆脱落后和贫困"的必由之路，看作实现中国共产党革命目的的牢固基础。实现国家现代化，成为中国共产党治国理政的根本目标，也成为全国各族人民共同奋斗的历史任务。

---

① 《瞿秋白文集（政治理论编）》第 6 卷，人民出版社，2013，第 764 页。
② 《毛泽东选集》第 4 卷，人民出版社，1991，第 1437 页。
③ 习近平：《在庆祝中国共产党成立 100 周年大会上的讲话》，人民出版社，2021，第 5 页。
④ 《毛泽东文集》第 6 卷，人民出版社，1999，第 350 页。
⑤ 《周恩来选集》下卷，人民出版社，1984，第 132 页。

　　1956 年，社会主义基本经济制度和政治制度确立，以毛泽东为主要代表的中国共产党人，把社会主义现代化道路选择提上了国事论衡的重要议程。在当年 4 月发表的《论十大关系》讲话中，毛泽东对中国社会主义道路发展的一系列重大问题作出系统论述，为中国现代化道路的探索提供了重要的思想指南。当年 9 月召开的党的八大，不仅作出了社会主要矛盾的判断，而且形成了"党和全国人民的当前的主要任务，就是要集中力量来解决这个矛盾，把我国尽快地从落后的农业国变为先进的工业国"[①] 根本任务的思想，提出了"我们必须在经济、政治、文化等方面采取正确的政策，团结国内外一切可能团结的力量，利用一切有利的条件，来完成这个伟大的任务"[②]，确立了实现社会主义现代化的基本战略和方针。次年 2 月，毛泽东在《关于正确处理人民内部矛盾的问题》的讲话中进一步提出"将我国建设成为一个具有现代工业、现代农业和现代科学文化的社会主义国家"[③] 的重要思想。

　　1964 年 12 月，在第三届全国人大一次会议上，周恩来正式宣告："在不太长的历史时期内，把我国建设成为一个具有现代农业、现代工业、现代国防和现代科学技术的社会主义强国，赶上和超过世界先进水平。"[④] "四个现代化"的宏伟目标，表达了全国各族人民的共同愿望，体现了中国共产党对社会主义现代化理论和实践的深刻把握，并使之成为中国共产党矢志不移的奋斗目标，写下了马克思主义中国化的辉煌一页。即使在"文化大革命"期间，对实现"四个现代化"的奋斗目标和战略规划，中国共产党一直没有动摇过。在 1975 年 1 月召开的第四届全国人大一次会议上，周恩来再次宣告："在本世纪内，全面实现农业、工业、国防和科学技术的现代化，使我国国民经济走在世界的前列。"[⑤]

　　第三阶段彰显的是"为实现中华民族伟大复兴提供了充满新的活力的体制保证和快速发展的物质条件"[⑥] 的特征。党的十一届三中全会决定把工作重点转移到社会主义现代化建设上来。1979 年 3 月，邓小平提出"中国式的现代化"这一"新说法"，认为"我们当前以及今后相当长一个历史时期的主要任务就是搞现代化建设。能否实现四个现代化，决定着我们国家的命运、民族的

---

① 《中共中央文件选集（1949 年 10 月—1966 年 5 月）》第 24 册，人民出版社，2013，第 248 页。
② 《中共中央文件选集（1949 年 10 月—1966 年 5 月）》第 24 册，人民出版社，2013，第 248~249 页。
③ 《毛泽东文集》第 7 卷，人民出版社，1999，第 207 页
④ 《周恩来选集》下卷，人民出版社，1984，第 439 页。
⑤ 《周恩来选集》下卷，人民出版社，1984，第 479 页。
⑥ 习近平：《在庆祝中国共产党成立 100 周年大会上的讲话》，人民出版社，2021，第 6 页。

命运。社会主义现代化建设是我们当前最大的政治。现在搞建设，也要适合中国情况，走出一条中国式的现代化道路"①。"中国式的现代化"从"国家的命运、民族的命运"的历史自觉的高度，展示实现中国社会主义现代化的时代意义。"中国式的现代化"思想的形成，也是邓小平同时提出的"小康社会"的思想基础；"小康社会"则丰富了"中国式的现代化"的内涵和目标。"中国式的现代化"实际上也是党的十二大提出的"建设有中国特色的社会主义"论断的直接的思想前提。

进入 21 世纪之际，中国共产党站在中国特色社会主义发展的新的高度，以深刻的历史自觉和深邃的理论自觉，使"中国式的现代化"与全面建设小康社会和"两个一百年"奋斗目标同行并进，与中华民族伟大复兴的目标结为一体。中国共产党以高度的历史自觉强调："建设富强民主文明的社会主义现代化国家，是毛泽东同志、他的战友们和千百万革命先烈的伟大理想，是一百多年来中国社会发展的必然结论和中华民族的共同愿望。"② 当代中国共产党人的庄严使命，就在于"向着现代化的光辉目标前进，向着中华民族的伟大复兴前进"③。江泽民把现代化建设与中华民族的振兴联系起来，从回溯中华民族历史的角度，提出"实现民族振兴、国家富强和人民幸福"的要求，号召广大青年和全国人民一道"向着现代化的光辉目标前进，向着中华民族的伟大复兴前进"。④ 在纪念辛亥革命一百周年之际，胡锦涛提出：中国共产党将同全国各族人民一起，"奋力实现全面建设小康社会宏伟目标，不断开创中国特色社会主义事业新局面，不断为实现中华民族伟大复兴打下坚实基础。"⑤ 中国共产党百年来顽强奋进，以完成两大历史任务为主线，以实现中华民族伟大复兴为主题，升华了马克思主义中国化历史发展的思想主题和理论境界。

第四阶段昭示的是"实现中华民族伟大复兴提供了更为完善的制度保证、更为坚实的物质基础、更为主动的精神力量"⑥ 的特征。党的十八大以来，以习近平同志为主要代表的中国共产党人，坚持和发展中国特色社会主义，在决胜全面建成小康社会、实现第一个百年奋斗目标历程中，在推进社会主义现代化强国建设、继续实现第二个百年奋斗目标的过程中，赋予"中国式现代化"以新的时代内涵，成就了中华民族伟大复兴的历史新篇章。

---

① 《邓小平年谱（一九七五——一九九七）》上卷，中央文献出版社，2004，第 502 页。
② 《江泽民文选》第 1 卷，人民出版社，2006，第 360 页。
③ 《江泽民文选》第 2 卷，人民出版社，2006，第 126 页。
④ 《江泽民文选》第 2 卷，人民出版社，2006，第 126 页。
⑤ 《胡锦涛文选》第 3 卷，人民出版社，2016，第 560 页。
⑥ 习近平：《在庆祝中国共产党成立 100 周年大会上的讲话》，人民出版社，2021，第 7 页。

新时代的"中国式现代化",在目标内涵上,拓展为建设富强、民主、文明、和谐、美丽的社会主义现代化强国;在总体发展中,提出了国家治理体系和治理能力现代化的新课题;在战略规划中,升华了社会全面文明发展"新形态"的境界。在"七一"重要讲话中,习近平总书记指出:"我们坚持和发展中国特色社会主义,推动物质文明、政治文明、精神文明、社会文明、生态文明协调发展,创造了中国式现代化新道路,创造了人类文明新形态。"①

新时代的"中国式现代化",赋予社会主义现代化以更加卓著的发展目标和更加鲜明的中国特色,凸显中国现代化是人口规模巨大的现代化,是全体人民共同富裕的现代化,是物质文明和精神文明相协调的现代化,是人与自然和谐共生的现代化,是走和平发展道路的现代化。"中国式现代化"与中华民族伟大复兴更为紧密地结合在一起,提升了中国共产党对中华民族伟大复兴"主题"认识的境界。

新时代的"中国式现代化",升华了中华民族伟大复兴的使命和担当。百年砥砺奋进,社会主义现代化已经成为中华民族伟大复兴的核心内容,中华民族伟大复兴则集中体现于社会主义现代化历史进程中。为实现这一伟大梦想,中国共产党领导全国人民,在中国这个世界上最大的发展中国家创造了人类社会发展史上惊天动地的发展奇迹,习近平总书记指出:"中国共产党和中国人民以英勇顽强的奋斗向世界庄严宣告,中华民族迎来了从站起来、富起来到强起来的伟大飞跃,实现中华民族伟大复兴进入了不可逆转的历史进程!"② 这一"历史进程",就是马克思主义中国化历史发展的思想精粹和理论主题。

"七一"重要讲话对马克思主义中国化历史发展所作的阐释,不仅拓展了马克思主义历史和现实关系研究的视界,而且还提出了这一研究的一系列重大的理论课题和方法指导,对这一研究必将产生重要的影响。

## 三 第三个历史决议的历史地位和贡献

中国共产党百年奋斗书写了中华民族几千年历史上最恢宏的史诗,创造了彪炳史册的人间奇迹。党的十九届六中全会审议通过的《中共中央关于党的百年奋斗重大成就和历史经验的决议》(以下简称第三个历史决议或《决议》),对党的百年奋斗实践作出了全景式总结,贯通历史、现在、未来,既是党第一个百年征程的重要里程碑,也是党在"两个一百年"奋斗目标的历史交汇点

---

① 习近平:《在庆祝中国共产党成立 100 周年大会上的讲话》,人民出版社,2021,第 13~14 页。
② 习近平:《在庆祝中国共产党成立 100 周年大会上的讲话》,人民出版社,2021,第 7 页。

上，为实现中华民族伟大复兴中国梦而接续奋斗、砥砺前行的政治宣言，具有重大深远的历史意义。

## （一）对习近平新时代中国特色社会主义思想作出新的概括

第三个历史决议在系统总结党的百年奋斗史的基础上，重点阐述了新时代党和国家事业取得的历史性成就、发生的历史性变革和积累的新鲜经验，继党的十九大之后，对习近平新时代中国特色社会主义思想的内涵、理论体系、主要内容和历史地位再次作出新的理论概括，体现了党的指导思想的一脉相承和与时俱进。

**1. 习近平新时代中国特色社会主义思想科学回答的重大时代课题的新凝练**

第三个历史决议把重大时代课题由一个扩展为三个，即"新时代坚持和发展什么样的中国特色社会主义、怎样坚持和发展中国特色社会主义，建设什么样的社会主义现代化强国、怎样建设社会主义现代化强国，建设什么样的长期执政的马克思主义政党、怎样建设长期执政的马克思主义政党等重大时代课题"[1]。

第一，对中国特色社会主义建设规律的新凝练。以中国特色社会主义进入新时代为新的历史方位，习近平新时代中国特色社会主义思想始终坚持科学社会主义基本原则与中国实际的有机统一，统筹推进中国特色社会主义事业"五位一体"的总体布局，协调推进"四个全面"战略布局，明确提出全面深化改革总目标是坚持和完善中国特色社会主义制度、推进国家治理体系和治理能力现代化，新时代坚持和发展中国特色社会主义实践基础上所形成的基本理论、基本方略为新时代坚持和发展中国特色社会主义提供了实践指南。第三个历史决议建构了新时代中国特色社会主义的理论逻辑，突出了以习近平同志为核心的党中央对中国特色社会主义建设规律的深刻把握，以及中国特色社会主义建设规律之于习近平新时代中国特色社会主义思想内涵丰富和发展的重大意义。

第二，对中国式现代化道路内涵的新凝练。第三个历史决议在党的十九大的基础上，增加了"以中国式现代化推进中华民族伟大复兴"[2] 这一创新性表述，体现了党对中国式现代化道路理论认识的进一步深化。中国式现代化道路所创造的人类文明新形态，不仅仅是同中华文明相契合的物质文明、政治文明、精神文明、社会文明、生态文明协调发展的整体性文明形态，而且是充分吸纳人类一切优秀文明成果、蕴含着人类命运共同体理念的世界性文明形态。

---

[1] 《中国共产党第十九届中央委员会第六次全体会议文件汇编》，人民出版社，2021，第48页。

[2] 《中国共产党第十九届中央委员会第六次全体会议文件汇编》，人民出版社，2021，第46页。

在如期实现了全面建成小康社会的目标后，第三个历史决议将"全面建设社会主义现代化国家"纳入"四个全面"战略布局，要求持续回答"建设什么样的社会主义现代化强国、怎样建设社会主义现代化强国"这一重大时代课题。

第三，对中国共产党长期执政规律的新凝练。习近平在总结党的百年奋斗经验的基础上，给出了跳出历史周期率的第二个答案，这就是自我革命。党的十八大以来，以习近平同志为核心的党中央持续加强和改善党的领导，不断推进党的建设，不断增强党的政治领导力、思想引领力、群众组织力、社会号召力以及党的自我净化、自我完善、自我革新、自我提高能力，为党和国家事业发展提供了根本政治保证。踏上实现第二个百年奋斗目标新的征程，必须坚持党的全面领导，将党的领导落实到党和国家事业的各个领域和各个环节，不断提升马克思主义政党的长期执政能力和水平。全党要始终牢记初心使命，牢记"中国共产党是什么、要干什么"这个根本问题，以习近平新时代中国特色社会主义思想为引领，继续推进新时代党的建设新的伟大工程，在新时代新征程上展现新的生机和活力。

**2. 习近平新时代中国特色社会主义思想的理论体系的新论述**

以党的十九大建构的习近平新时代中国特色社会主义思想的理论体系为基础，第三个历史决议将习近平新时代中国特色社会主义思想置于百年党史的宏观历史视野，进一步完善和发展了习近平新时代中国特色社会主义思想的理论体系。

第一，"两个大局"是习近平新时代中国特色社会主义思想形成的背景。在中国特色社会主义新时代，中华民族伟大复兴正处于关键时期，我们比历史上任何时期都更接近、更有信心和能力实现中华民族伟大复兴的目标。同时，世界百年未有之大变局正在加速演变，国际格局和国际体系悄然变化，国际力量对比深刻调整，世界进入动荡变革期。身处世界百年未有之大变局中，世情的每一刻变化都影响着中国的命运，中国也日益成为世界格局演变的主要推动力量。党的十八大以来，以习近平同志为核心的党中央坚持因势而谋、应势而动、顺势而为，自觉统筹把握中华民族伟大复兴战略全局和世界百年未有之大变局，习近平新时代中国特色社会主义思想应运而生，也深刻回答时代之问，引领时代之变。

第二，"十个明确"构成了习近平新时代中国特色社会主义思想的理论体系和主要内容。"十个明确"的变化主要体现在三个方面。一是将党的十九大报告的第八个"明确"的内容一分为二，"党的领导"和"党的建设"分别置于"十个明确"的首尾，突出了"党的领导"的重要地位和"党的建设"的重要意义。二是"明确必须坚持和完善社会主义基本经济制度，使市场在资源配置中起决定性作用，更好发挥政府作用，把握新发展阶段，贯彻创新、协调、绿色、开放、共享的新发展理念，加快构建以国内大循环为主体、国内国际双循环相互促进的新发展格局，推动高质量发展，统筹发展和安全"①。体现了党的十九大以来党对中国特色社会主义经济建设规律的认识深化和理论创新。三是对中国特色社会主义事业的战略布局进行了调整，用"全面建设社会主义现代化国家"替代"全面建成小康社会"。此外，第三个历史决议还对"八个明确"的内容进行了丰富和发展。

第三，第三个历史决议论述的新时代"十三个方面重大成就"，体现了习近平新时代中国特色社会主义思想的实践逻辑。第三个历史决议依次从党的全面领导、全面从严治党、经济建设、全面深化改革开放、政治建设、全面依法治国、文化建设、社会建设、生态文明建设、国防和军队建设、维护国家安全、坚持"一国两制"和推进祖国统一、外交工作等十三个方面，对新时代以来党的一系列新理念新思想新战略和路线方针政策进行了分领域全景式总结，突出了习近平新时代中国特色社会主义思想对推进新时代中国特色社会主义伟大事业所作出的原创性贡献，彰显了中国特色社会主义的强大生机活力。

**3. 习近平新时代中国特色社会主义思想的新定位**

第三个历史决议指出："习近平新时代中国特色社会主义思想是当代中国马克思主义、二十一世纪马克思主义，是中华文化和中国精神的时代精华，实现了马克思主义中国化新的飞跃。"② 这一重大论断是党的百年奋斗和新时代中国特色社会主义伟大实践的必然结论，是对习近平新时代中国特色社会主义思想的科学定位。

第一，习近平新时代中国特色社会主义思想是当代中国马克思主义、二十一世纪马克思主义。在当代中国，习近平新时代中国特色社会主义思想已成为全党全国各族人民团结奋斗的共同思想基础，是党在新时代治国理政的基本遵循。马克思主义科学性和真理性在新时代中国得到了充分彰显，决定了习近平新时代中国特色社会主义思想是关乎科学社会主义发展前景的二十一世纪马克思主义。习近平新时代中国特色社会主义思想在对共产党执政规律、社会主义建设规律和人类社会发展规律的深化认识中，始终贯穿着世界眼光、全球意识和人类情怀，展现了超越文明隔阂、文明冲突、文明优越论的思想力量，以其强大的真理性、科学性构建了二十一世纪马克思主义的最新理论形态。

第二，习近平新时代中国特色社会主义思想是中华文化和中国精神的时代

---

① 《中国共产党第十九届中央委员会第六次全体会议文件汇编》，人民出版社，2021，第47页。

② 《中国共产党第十九届中央委员会第六次全体会议文件汇编》，人民出版社，2021，第48页。

精华。"中华文化和中国精神的时代精华"是《决议》对习近平新时代中国特色社会主义思想的新定位，突出了习近平新时代中国特色社会主义思想在中华文明发展史上的重要地位。在引领党和人民创造新时代中国特色社会主义伟大成就的过程中，以习近平同志为核心的党中央立足新时代社会主义文化强国建设的现实需求，不断推进中华优秀传统文化创造性转化和创新性发展，持续汲取中华文化和中国精神的有益元素和价值营养，赋予习近平新时代中国特色社会主义思想以特有的文化感染力和精神感召力，使中华文化和中国精神在新时代不断焕发新的生机和活力，中华文明在新时代迸发出强大的精神力量。

第三，习近平新时代中国特色社会主义思想实现了马克思主义中国化新的飞跃。第三个历史决议继习近平总书记在庆祝建党 100 周年大会上的讲话之后，提出"两个结合"的命题，突出了马克思主义基本原理和中华优秀传统文化在马克思主义中国化过程中的重要地位和作用，深刻诠释了马克思主义之于中国现实的指导意义和中国化马克思主义新的理论形态。习近平新时代中国特色社会主义思想坚持运用马克思主义基本原理指导中国特色社会主义实践，不断从中华优秀传统文化宝库中汲取治国理政智慧，实现了马克思主义之"源"、中华优秀传统文化之"魂"与中国化马克思主义之"流"的有效对接，开辟了马克思主义中国化时代化的新境界。习近平新时代中国特色社会主义思想的创立，实现了马克思主义中国化在中国特色社会主义新时代新的飞跃。

## （二）第三个历史决议既同前两个历史决议一脉相承又与时俱进

中国共产党在百年历史中先后制定的三个历史决议，形成于重大节点和转折关头，承载了党在百年奋斗中走过的光辉历程、取得的辉煌成就，堪称百年党史上的三座里程碑，为统一全党思想、推动党和国家事业向前发展、实现马克思主义中国化，起到了重大的历史作用，对于坚持和发展中国特色社会主义、实现中华民族伟大复兴具有深远的影响和意义。

### 1. 三个历史决议形成于中国共产党百年历史的重大节点和转折关头

第一个历史决议形成于抗日战争即将胜利的重大历史节点。抗日战争时期，党为了总结历史经验与教训，确立正确的思想路线，在全党范围内进行了延安整风运动。为了巩固整风运动成果，1944 年党的六届七中全会期间，中共中央书记处会议决定成立"党内历史问题决议准备委员会"，正式开启第一个历史决议的起草工作。毛泽东高度重视第一个历史决议的制定，不仅明确起草决议必须坚持"惩前毖后、治病救人"的方针，达到"既要弄清思想又要团结同志"的目的，提出了许多重要的理论观点，而且亲自对文稿做出多次重要修改。决议对建党以后特别是党的六届四中全会至遵义会议前的经验与教训进行了总结，对若干重大历史问题做出了结论。在抗日战争即将胜利的历史关头，解决了党内长期存在的思想路线问题，使全党对中国革命的认识达成一致，对党的七大胜利召开和夺取新民主主义革命胜利发挥了重要作用。

第二个历史决议形成于改革开放之初的重大历史转折关头。党的十一届三中全会决定把全党工作重心转移到"经济建设"上来，作出实行改革开放的历史性决策。1979年10月，邓小平提出起草新中国成立以来党的历史问题决议。1980年3月，邓小平就决议起草工作明确提出三条指导思想：其一，"最重要、最根本、最关键"的是"确立毛泽东同志的历史地位，坚持和发展毛泽东思想"；其二，"对建国三十年来历史上的大事，哪些是正确的，哪些是错误的，要进行实事求是的分析，包括一些负责同志的功过是非，要做出公正的评价"；其三，"对过去的事情做个基本的总结"。① 邓小平强调："不提毛泽东思想，对毛泽东同志的功过评价不恰当，老工人通不过，土改时候的贫下中农通不过，同他们相联系的一大批干部也通不过。毛泽东思想这个旗帜丢不得。丢掉了这个旗帜，实际上就否定了我们党的光辉历史。"② 经过多次讨论和反复打磨，第二个历史决议于1981年6月在党的十一届六中全会上审议通过。

第三个历史决议形成于"两个一百年"奋斗目标的历史交汇点。2021年是中国共产党成立100周年，也是党中央宣布全面建成小康社会之年，党团结带领人民实现了第一个百年奋斗目标，正意气风发地踏上全面建成社会主义现代化强国、实现中华民族伟大复兴的第二个百年奋斗目标新征程。站在新的历史起点上，"全面总结党的百年奋斗重大成就和历史经验特别是改革开放40多年来的重大成就和历史经验，既有客观需要，也具备主观条件"③。不同于前两个历史决议主要总结党的历史教训、分清历史是非，第三个历史决议着重"在我们党成立一百周年、开启全面建设社会主义现代化国家新征程的重大历史关头，全面总结党的百年奋斗的重大成就和历史经验，对统一全党思想和行动、在新时代更好开创党和国家事业新局面，具有重大现实意义和深远历史意义"④。第三个历史决议在"两个一百年"奋斗目标的历史交汇期，进一步加强了全党的团结统一，为建设社会主义现代化强国和实现中华民族伟大复兴汇聚了磅礴精神力量。

---

① 《邓小平文选》第2卷，人民出版社，1994，第291~292页。
② 《邓小平文选》第2卷，人民出版社，1994，第298页。
③ 《中国共产党第十九届中央委员会第六次全体会议文件汇编》，人民出版社，2021，第109页。
④ 《牢记初心使命的政治宣言——〈中共中央关于党的百年奋斗重大成就和历史经验的决议〉诞生记》，《人民日报》2021年11月18日，第4版。

## 2. 三个历史决议对历史经验的科学总结推进了马克思主义中国化

第一个历史决议为马克思主义中国化的第一次历史性飞跃奠定了基础。第一个历史决议系统总结了建党以来特别是党的六届四中全会至遵义会议前的经验与教训，对党内几次"左"、右倾错误及其产生的社会根源和思想根源作了深入分析，高度评价了毛泽东运用马克思主义基本原理解决中国革命问题的杰出贡献，明确指出党在长期奋斗的过程中形成了中国化的马克思列宁主义的思想，为党的七大正式确立毛泽东思想为党的指导思想奠定了坚实基础。决议从毛泽东"应用马克思列宁主义普遍真理以从事于对中国社会实际情况的调查研究"出发，肯定了毛泽东在土地革命战争时期反对教条主义，确立正确政治路线、军事路线和组织路线的实践成果，指明了在中国实现马克思主义中国化的正确路径。

第二个历史决议为改革开放和社会主义现代化新时期马克思主义中国化新的飞跃提供了理论框架。第二个历史决议充分肯定了毛泽东为党和中国人民解放军的创立与发展、为中国各族人民解放事业的胜利、为中华人民共和国的缔造和社会主义事业的发展所作出的重大贡献，实事求是地评价了毛泽东的历史地位。决议从六个方面科学概括了毛泽东思想的科学体系和主要内容，阐明了毛泽东思想对丰富和发展马克思列宁主义的独创性贡献，概括了毛泽东思想"活的灵魂"的三个方面。第二个历史决议根据党的十一届三中全会确立的路线方针政策，首次提出社会主义初级阶段的论断，科学明确了当代中国发展的历史方位。决议对党的十一届三中全会以来逐步确立的适合中国情况的社会主义现代化建设道路的十个"主要点"作出概括，初步勾勒出"一个中心、两个基本点"这一党在社会主义初级阶段的基本路线，为党的十二大提出"建设有中国特色的社会主义"的重大命题、开创改革开放和社会主义现代化建设新局面奠定了重要的理论基础，构成了中国特色社会主义理论体系的雏形。

第三个历史决议对马克思主义中国化的飞跃作了系统阐述。第三个历史决议以"中国共产党的历史"、"马克思主义中国化的历史"和"推进理论创新、进行理论创造的历史"的内在联系为主线，基于前两个历史决议的基本结论，对毛泽东关于社会主义建设的理论作了精辟概括，呈现出纵向的新民主主义革命、社会主义革命和社会主义建设理论建构的毛泽东思想体系，实现了马克思主义中国化第一次历史性飞跃。继党的十七大报告首次提出"中国特色社会主义理论体系"概念之后，第三个历史决议把改革开放和社会主义现代化建设新时期形成的包括邓小平理论、"三个代表"重要思想和科学发展观在内的中国特色社会主义理论体系概括为"马克思主义中国化新的飞跃"，论述了中国特色社会主义理论体系的内在联系，彰显了党的创新理论的一脉相承和与时俱进。第三个历史决议把"全党必须增强'四个意识'、坚定'四个自信'、做到'两个维护'"写进习近平新时代中国特色社会主义思想，是党的十八大以来我们党取得的重大政治成果和宝贵历史经验。第三个历史决议指出，毛泽东思想是"马克思主义中国化的第一次历史性飞跃"，在改革开放和社会主义现代化建设新时期，中国特色社会主义理论体系"实现了马克思主义中国化新的飞跃"，在中国特色社会主义新时代，习近平新时代中国特色社会主义思想"实现了马克思主义中国化新的飞跃"。进一步明晰了马克思主义与中国实际相结合、与中华优秀传统文化相结合，不断实现马克思主义中国化的历史逻辑，也促使我们深刻理解中国共产党百年来不断践行初心使命，矢志不渝带领中国人民为实现中华民族伟大复兴而奋斗的历史进程。

**3. 三个历史决议在百年党史中的重大意义**

三个历史决议为维护党的团结统一奠定了思想基础。第一个历史决议使全党就建党以来的基本问题在思想上、政治上、组织上、军事上达成了一致，实现了"在马克思列宁主义思想一致的基础上，团结全党同志如同一个和睦的家庭一样，如同一块坚固的钢铁一样"①，为全民族抗日战争的胜利，实现新民主主义革命的胜利和新中国的成立奠定了基础。第二个历史决议对新中国成立以来的一些重大历史问题做出定论，纠正了"两个凡是"的错误思想，科学地评价了毛泽东的功过是非和毛泽东思想的历史地位，既使全党在毛泽东思想旗帜下实现团结统一，也使全党思想进一步统一到改革开放和社会主义现代化建设事业上来。第三个历史决议立足当今世界正处于百年未有之大变局，中国正处于实现中华民族伟大复兴的关键历史时期的世情国情，深刻总结了中国共产党百年奋斗的重大成就和历史经验，目的是进一步推动全党统一思想、统一行动，使全党的意志统一到推进实现第二个百年奋斗目标、实现中华民族伟大复兴的主题上来。

三个历史决议为确立党的领导核心奠定了基础。第一个历史决议确立了毛泽东在党中央和全党的领导核心地位，高度评价了以毛泽东为主要代表的马克思列宁主义路线的正确性，为党的七大确立毛泽东思想在全党的指导地位奠定了基础。第二个历史决议充分肯定了毛泽东的历史功绩，实事求是地评价了毛泽东思想的指导地位，为党的十二大提出"建设有中国特色的社会主义"的重大命题，为党的十三大进一步提出"社会主义初级阶段的基本理论"奠定了理论基础，也为党的十一届三中全会后形成以邓小平为核心的党中央领导集体提

---

① 《建党以来重要文献选编（一九二一——一九四九）》第 22 册，中央文献出版社，2011，第 76 页。

供了基本遵循。第三个历史决议论述了"两个确立"的决定性意义。"党确立习近平同志党中央的核心、全党的核心地位，确立习近平新时代中国特色社会主义思想的指导地位，反映了全党全军全国各族人民共同心愿，对新时代党和国家事业发展、对推进中华民族伟大复兴历史进程具有决定性意义。"①

三个历史决议为推进党和国家事业发展提供了行动指南。第一个历史决议为党的七大召开作了准备，党的七大的召开，又"为建立新民主主义的新中国制定了正确路线方针政策，使全党在思想上政治上组织上达到空前统一和团结"②，为夺取全民族抗日战争的最终胜利奠定了基础。第二个历史决议在改革开放和社会主义现代化建设的重大历史关头，回应了党内外、国内外关注的关于新中国成立以来若干重大历史问题，实现了党在指导思想上的拨乱反正。第二个历史决议还从十个方面总结了新中国成立以来正反两方面的经验，为改革开放新时期开辟、坚持和发展中国特色社会主义提供了行动指南。第三个历史决议以百年党史为基础，深刻总结了党的百年奋斗的重大成就和历史经验，从十个方面概括了百年党史奋斗的历史经验。站在新时代新的历史起点上，我们要"从党的百年奋斗中看清楚过去我们为什么能够成功、弄明白未来我们怎样才能继续成功"③。新时代推进第二个百年奋斗目标、实现中华民族伟大复兴，必须以百年党史总结凝练出来的历史经验为遵循，坚持党的领导、坚持人民至上、坚持理论创新、坚持独立自主、坚持中国道路、坚持胸怀天下、坚持开拓创新、坚持敢于斗争、坚持统一战线、坚持自我革命，牢记为中国人民谋幸福、为中华民族谋复兴的初心使命，在新时代奋力推进中华民族伟大复兴的历史进程。

## （三）第三个历史决议为树立正确的党史观提供了基本遵循

第三个历史决议以马克思主义的立场、观点和方法为指导，实事求是地分析了党的百年历史，充分彰显了一个成熟大党重视和善于把握历史规律的高度政治自觉，是一篇回顾历史、总结经验、开拓未来的马克思主义纲领性文献，对于全面认识党的百年奋斗史、树立正确党史观具有极为深远的影响和意义。

**1. 坚持辩证唯物主义和历史唯物主义的方法论，用具体历史的、客观全面的、联系发展的观点来看待党的历史**

中国共产党领导的革命、建设、改革是一个统一的历史过程，是一项不断探索适合中国国情的社会主义建设道路，进而实现中华民族伟大复兴的完整事

---

① 《中国共产党第十九届中央委员会第六次全体会议文件汇编》，人民出版社，2021，第 11 页。
② 《中国共产党第十九届中央委员会第六次全体会议文件汇编》，人民出版社，2021，第 27 页。
③ 《中国共产党第十九届中央委员会第六次全体会议文件汇编》，人民出版社，2021，第 4 页。

业。第三个历史决议以辩证唯物主义和历史唯物主义的方法论为指导，在前两个历史决议既有结论的基础上，对党的历史做出了一以贯之的评价。

第一，第三个历史决议坚持用联系发展的观点看待中国共产党为实现中华民族伟大复兴而接续奋斗的百年历史，全面总结了党在四个历史时期面临的历史任务、取得的伟大成就、发挥的历史作用，聚焦中国特色社会主义新时代党中央治国理政新理念新思想新战略伟大实践，重点把握党的十八大以来的原创性思想、变革性实践、突破性进展和标志性成果，分领域总结了十三个方面的重大成就。第三个历史决议概括了党的百年历史进程，涵盖了前两个历史决议的时间阶段，体现了宏观与微观相统一、整体与重点相统一、纵向与横向相统一的辩证思维。

第二，第三个历史决议坚持用具体历史的观点来概括中国共产党百年奋斗的历史意义。在全面回顾总结党的百年奋斗历程和重大成就基础上，第三个历史决议以更宏阔的视角，深入阐释了百年来党为从根本上改变中国人民的前途命运、开辟实现中华民族伟大复兴的正确道路、展示马克思主义的强大生命力、深刻影响世界历史进程、锻造走在时代前列的中国共产党所做的历史性贡献，清晰勾画了过去、现在、将来的中国共产党与中国人民、中华民族的密切关系，彰显了中国共产党对于推动人类进步事业和世界历史进程的巨大影响力。

第三，第三个历史决议坚持用客观全面的观点深刻总结了党的百年征程中具有根本性和长远指导意义的"十个坚持"的历史经验。作为系统完整、相互贯通的有机整体，"十个坚持"集党过去历史经验总结之大成，充分展现了新时代中国共产党人的历史思维和战略思维，贯通了中国共产党百年奋斗的历史逻辑、理论逻辑、实践逻辑，揭示了党和人民事业不断成功的根本保证，揭示了党始终立于不败之地的力量源泉，揭示了党始终掌握历史主动的根本原因，揭示了党永葆先进性和纯洁性、始终走在时代前列的根本途径。"十个坚持"不仅有力回答了过去党和人民事业不断成功的重大命题，更深刻揭示了未来怎样才能继续成功的核心密码，为我们走好实现第二个百年奋斗目标新的赶考之路提供了行动指南。

**2. 坚持正确党史观、树立大历史观，准确把握党的历史发展的主题主线、主流本质，正确对待党在前进道路上经历的失误和曲折**

第三个历史决议从大历史观出发，着眼于宏观历史进程，把党的百年奋斗史放在历史长河中审视、放在时代大潮中把握、放在全球风云中对比，着力从经济、政治、文化、社会等广阔视角全面阐释党的百年奋斗重大成就和历史经验。

第一，第三个历史决议把中国共产党的百年历史作为一个整体来审视。回望历史，百年峥嵘岁月极不平凡，党领导革命、建设、改革和新时代中国特色社会主义伟大实践的征途充满崎岖，前进的道路上遍布荆棘。第三个历史决议用"苦难辉煌"总结党的百年奋斗，提出"勿忘昨天的苦难辉煌，无愧今天的使命担当，不负明天的伟大梦想"①，旨在告诫全党全军全国各族人民，红色政权来之不易、新中国来之不易、中国特色社会主义来之不易，过去的苦难虽然不再，但使命担当永远不能丢，伟大梦想必须成真。

第二，第三个历史决议以中华民族伟大复兴的主题统揽中国共产党的百年历史。实现中华民族伟大复兴，像一根红线把百年来党矢志践行初心使命、筚路蓝缕奠基立业、创造辉煌开辟未来的光辉历程，在四个历史时期开辟伟大道路、建立伟大功业、铸就伟大精神、积累宝贵经验的伟大成就，不懈奋斗、不怕牺牲、理论探索、为民造福、自身建设的历史，纲举目张地贯穿起来，为我们正确把握党的百年奋斗历史提供了根本遵循。第三个历史决议以中华民族复兴为核心视点，以对于中华民族复兴的特有贡献来总结和评价党在不同历史时期创造的伟大成就及其意义，深刻地揭示出党百年奋斗的主题主线、主流本质。

第三，第三个历史决议以实事求是的态度对待党在前进道路上经历的失误和曲折。第三个历史决议指出，"党历经百年沧桑更加充满活力，其奥秘就在于始终坚持真理、修正错误。党的伟大不在于不犯错误，而在于从不讳疾忌医，积极开展批评和自我批评，敢于直面问题，勇于自我革命"②。回望百年征程，党始终以伟大自我革命引领伟大社会革命，坚持真理、修正错误，敢于正视问题、克服缺点，勇于刮骨疗毒、去腐生肌，从而将自身锻造成为永远打不倒、压不垮的强大政党，在坚持和发展中国特色社会主义的历史进程中始终成为坚强领导核心。

**3. 旗帜鲜明反对历史虚无主义，加强思想引导和理论辨析，澄清对党史上一些重大历史问题的模糊认识和片面理解，更好地正本清源**

学界乃至社会上的历史虚无主义思潮，或是以"重新评价"为名颠覆党中央关于重大历史问题的既有结论，或是打着"还原真相"的旗号肆意抹黑为党和国家事业做出重要贡献的领袖人物与民族英雄，企图以此消解百年来党带领人民为实现中华民族伟大复兴而接续奋斗的历史叙事。第三个历史决议所做的重大论断及其蕴含的正确党史观，为新时代有力抵制历史虚无主义提供了重要遵循。

第一，第三个历史决议明确提出"坚决维护党的核心和党中央权威"的科学内涵和实践要求。第三个历史决议高度评价了党的十八大以来以习近平同志

---

① 《中国共产党第十九届中央委员会第六次全体会议文件汇编》，人民出版社，2021，第106页。
② 《中国共产党第十九届中央委员会第六次全体会议文件汇编》，人民出版社，2021，第101页。

为核心的党中央推动党和国家事业取得的历史性成就、发生的历史性变革，高度评价了习近平总书记作为党中央的核心、全党的核心做出的卓越历史贡献，高度评价了习近平新时代中国特色社会主义思想的指导地位和意义，据此做出"党确立习近平同志党中央的核心、全党的核心地位，确立习近平新时代中国特色社会主义思想的指导地位"①的重大政治论断，为旗帜鲜明反对历史虚无主义提供了根本保障。

第二，第三个历史决议深刻诠释了马克思主义中国化的历史飞跃。第三个历史决议坚持既一脉相承又与时俱进的历史观，明确提出毛泽东思想是"马克思主义中国化的第一次历史性飞跃"，中国特色社会主义理论体系"实现了马克思主义中国化新的飞跃"，习近平新时代中国特色社会主义思想"实现了马克思主义中国化新的飞跃"，完整地呈现了我们党在不断总结历史经验的基础上自觉探索和推进马克思主义中国化的历史轨迹，展现了党经过百年奋斗最终创造了中国式现代化道路与人类文明新形态的历史进程，不仅开辟了党对中国特色社会主义建设规律认识深化和理论创新的新境界，也为抵御各类错误思潮确立了根本指导思想。

第三，第三个历史决议以坚决维护前两个历史决议为前提做出符合历史事实的新阐释。第三个历史决议本着实事求是的基本原则，在认识和评价党史上的重大事件、重要会议、重要人物时，既注重同前两个历史决议基本结论和党中央有关精神相衔接，又立足新的时代方位做出了关于党的百年奋斗的新论述，这样就同企图借否定两个历史决议，进而否定马克思主义指导地位和中国走向社会主义历史必然性的错误思潮划清了界限。第三个历史决议对重大党史问题上存在的模糊认识和片面理解做出了澄清，对正确认识和科学评价党的历史提出了明确的方法论要求，有利于在反对历史虚无主义这场持久战中牢牢掌握主动权。

---

① 《中国共产党第十九届中央委员会第六次全体会议文件汇编》，人民出版社，2021，第48页。

# 第二章

# 2021 年马克思主义理论学科研究进展

2021 年，在中国共产党成立百年之际，党和国家出台了一系列重要文件和政策举措，持续推进马克思主义理论学科建设和发展。学术界围绕马克思主义理论学科建设和发展相关问题进行了较为广泛而深入的研讨，并取得了一系列重要进展和成果。

## 一　马克思主义理论学科研究的总体情况

2021 年，学术界对马克思主义理论学科的研究热度不减，在马克思主义理论学科研究很多方面取得重要进展，形成了一系列对马克思主义理论学科建设和发展具有重要意义的研究成果。

在学科综合研究方面，一批有关马克思主义理论学科建设和发展的综合研究成果出版发行。其中，代表性的成果主要有：《马克思主义理论研究与学科建设年鉴（2020）》[1]《高校马克思主义理论学科发展报告（2019）》[2]《北京高校马克思主义理论学科与思想政治理论课建设发展报告（2019）》[3]《立足新发展阶段，推进马克思主义理论学科高质量发展——访中国人民大学党委书记靳诺教授》[4] 等。

有关马克思主义理论二级学科建设和发展的代表性成果主要有：《全面提升马克思主义中国化研究学科建设水平——访东北师范大学马克思主义学部田

---

① 中国社会科学院马克思主义研究院、马克思主义研究学部编《马克思主义理论研究与学科建设年鉴（2020）》，中国社会科学出版社，2021。

② 艾四林、吴潜涛主编《高校马克思主义理论学科发展报告（2019）》，高等教育出版社，2021。

③ 艾四林、吴潜涛主编《北京高校马克思主义理论学科与思想政治理论课建设发展报告（2019）》，人民出版社，2021。

④ 本刊记者：《立足新发展阶段，推进马克思主义理论学科高质量发展——访中国人民大学党委书记靳诺教授》，《马克思主义研究》2021 年第 4 期。

克勤教授》①《建党百年思想政治教育学科建设的回顾与展望》②《以百年党史丰厚底蕴引领思想政治教育学科高质量发展》③《论国外马克思主义研究学科的边界》④《党的建设学科属性及其对学科建设的导向作用》⑤《马克思主义基本原理学科的定位、问题域与未来发展——全国首届马克思主义基本原理学术研讨班会议综述》⑥ 等。

在科研项目方面，一批有关马克思主义理论学科建设和发展的科研项目获批立项。其中，代表性的科研项目有：国家社科基金重大项目"中共党史学学科体系、学术体系、话语体系建设研究"（21&ZD039）、教育部高校思想政治理论课教师研究专项重大课题攻关项目"新发展阶段马克思主义理论本科专业人才培养研究"（21SZK10730005）、国家社科基金一般项目"党的建设学科研究方法论研究"（21BDJ013）等。

在学术会议方面，一系列有关马克思主义理论学科建设和发展的学术会议成功举办。其中，代表性的学术会议有："全国高校马克思主义理论学科研究会第 51 次学科论坛、中国共产党百年建设史与党的建设学科研究全国学术研讨会"、"马克思主义理论学科建设研讨会"、"2021 年全国马克思主义基本原理论坛"和"'中国共产党建党百年与党的建设学科发展'理论研讨会暨马克思主义学院院长论坛"等。

总的来看，2021 年度马克思主义理论学科研究呈现出三个显著特点。

一是注重马克思主义理论学科建设成就与经验的总结。在中国共产党成立百年之际，为获得推动马克思主义理论学科更好发展的智慧、力量和信心，学术界对马克思主义理论学科及其相关二级学科建设和发展的历程进行了回顾，对马克思主义理论学科建设取得的成就和积累的经验进行了梳理和总结。

二是强调百年党史丰厚底蕴对马克思主义理论学科的引领。2021 年，学术界在马克思主义理论学科研究中突出了党史因素，指出了马克思主义理论学科

---

① 本刊记者：《全面提升马克思主义中国化研究学科建设水平——访东北师范大学马克思主义学部田克勤教授》，《马克思主义研究》2021 年第 8 期。

② 陈秉公：《建党百年思想政治教育学科建设的回顾与展望》，《思想政治教育研究》2021 年第 6 期。

③ 冯刚：《以百年党史丰厚底蕴引领思想政治教育学科高质量发展》，《思想理论教育导刊》2021 年第 10 期。

④ 隽鸿飞：《论国外马克思主义研究学科的边界》，《马克思主义理论学科研究》2021 年第 11 期。

⑤ 丁俊萍、刘秀华：《党的建设学科属性及其对学科建设的导向作用》，《山东社会科学》2021 年第 5 期。

⑥ 左路平：《马克思主义基本原理学科的定位、问题域与未来发展——全国首届马克思主义基本原理学术研讨班会议综述》，《马克思主义理论学科研究》2021 年第 1 期。

发展与党的历史密不可分的关系，阐明了中国共产党百年奋斗历程蕴含的丰富思想精华和经验智慧对马克思主义理论学科建设的重要作用，强调要以百年党史丰厚底蕴引领马克思主义理论学科的发展。

三是突出新发展阶段对马克思主义理论学科的要求。2021 年，学术界立足新发展阶段，重点研究了新发展阶段对马克思主义理论学科的新要求以及马克思主义理论学科在新发展阶段的新任务，并结合新要求、新任务探讨了在新发展阶段推进马克思主义理论学科高质量发展的具体路径和举措。

## 二　马克思主义理论学科基础性问题的理论研究

2021 年度，学术界对马克思主义理论学科的理论研究主要聚焦于马克思主义理论学科建设成就和基本经验、发展机遇和现实挑战、学科定向和主要任务、高质量发展路径以及本硕博一体化人才培养等议题。

### （一）马克思主义理论学科的建设成就和基本经验研究

马克思主义理论学科自 2005 年正式设立以来，迄今已经走过了十多年的建设与发展历程。在中国共产党成立百年之际，回顾马克思主义理论学科的建设和发展历程，总结马克思主义理论学科建设取得的重要成就和宝贵经验，对于在新发展阶段推动马克思主义理论学科更好发展具有重要的现实意义。因此，学者们对马克思主义理论学科设立以来的成就和经验进行了梳理和总结。

关于马克思主义理论学科建设的重要成就，有学者认为，十多年来，马克思主义理论学科在学科布局、队伍建设、人才培养、科学研究、支撑思想政治理论课建设等方面都取得了丰硕成果：一是逐步形成了研究对象明确、功能定位科学的马克思主义理论学科体系，实现了学科体系和学科布局的大发展；二是涌现了一批具有扎实马克思主义理论功底、熟悉中国实际、思想好作风正的教师，形成了一支思想政治可靠、专业素质过硬、内部结构合理的马克思主义理论研究和教学队伍；三是建立了本硕博一体化人才培养体系，为全国高校和党政企业等部门培养了一大批从事马克思主义理论研究、宣传和教育教学的优秀专业人才；四是产生了一大批优秀成果，推动了马克思主义理论研究的深入发展；五是马克思主义理论学科建设和高校思想政治理论课建设同步发展，有力支撑了高校思想政治理论课教学。马克思主义理论学科在实践中主要积累了五方面的经验：一是加强马克思主义理论学科建设，必须坚持马克思主义的指导地位，运用马克思主义的立场、观点、方法分析和解决问题；二是加强马克思主义理论学科建设，必须坚持党对马克思主义理论学科建设的领导，确保马克思主义理论学科建设一直沿着正确的方向前进；三是加强马克思主义理论学科建设，必须把立德树人作为根本任务，培养德智体美劳全面发展的社会主义建设者和接班人；四是加强马克思主义理论学科建设，必须以服务思想政治理论课建设为导向，为思想政治理论课提供有力的学理支撑；五是加强马克思主义理论学科建设，必须在坚持顶层设计的同时抓好细化落实工作，推进学科建设的内涵式发展。①

## （二）马克思主义理论学科的发展机遇和现实挑战研究

当前，我国已进入全面建设社会主义现代化国家、向第二个百年奋斗目标进军的新发展阶段。在新发展阶段，马克思主义理论学科发展既面临诸多宝贵机遇，也面临一些问题和挑战，只有把握机遇、正视问题、应对挑战，才能建好建强马克思主义理论学科。因此，学者们对当前马克思主义理论学科发展面临的机遇和挑战进行了分析。

关于当前马克思主义理论学科发展面临的机遇，有学者指出，首先，当代中国正在经历的我国历史上最为广泛而深刻的社会变革和正在进行的人类历史上最为宏大而独特的实践创新，为马克思主义理论学科的发展提供了理论创新的时代机遇；其次，中华民族伟大复兴战略全局和世界百年未有之大变局，为马克思主义理论学科的发展提供了服务大局的战略机遇；再次，以习近平同志为核心的党中央对马克思主义理论学科建设的关心、重视和期待，为马克思主义理论学科的发展提供了党和国家高度重视的政策机遇；最后，我国教育改革的深入发展，为马克思主义理论学科的发展提供了教育改革的转型机遇。当前马克思主义理论学科发展面临的挑战：一是目前马克思主义理论学科科学研究仍然存在的重复性较高、创新度不高的问题；二是目前马克思主义理论学科各学科点不同程度地存在科研与教学两张皮的现象；三是目前马克思主义理论学科教师队伍专业素质、专业意识、专业能力仍需提高的情况；四是目前马克思主义理论学科人才培养连续性相对不足、人才培养方案相对陈旧、国际合作方式培养人才相对滞后等问题；五是目前马克思主义理论学科仍然存在的重理论轻实践的倾向；六是目前马克思主义理论学科在地域之间、校际和学科之间发展程度不平衡以及低水平重复性建设的问题。②

---

① 本刊记者：《立足新发展阶段，推进马克思主义理论学科高质量发展——访中国人民大学党委书记靳诺教授》，《马克思主义研究》2021 年第 4 期。

② 本刊记者：《立足新发展阶段，推进马克思主义理论学科高质量发展——访中国人民大学党委书记靳诺教授》，《马克思主义研究》2021 年第 4 期。

### （三）马克思主义理论学科的学科定向与主要任务研究

随着中国特色社会主义进入新时代新发展阶段，马克思主义理论学科建设和发展面临新形势新任务。明确新时代新发展阶段马克思主义理论学科的发展方向和主要任务对于建好建强马克思主义理论学科至关重要。因此，学者们对新时代新发展阶段马克思主义理论学科的学科定向和主要任务进行了讨论。

关于新时代马克思主义理论学科的学科定向，有学者提出，马克思主义理论学科定向需要完成新时代的"三化"系列转换：一是推进中国化，学科方向的转换。更多与中国特殊的国情相结合，在坚守中国文化自信上，作为中国特色社会主义的道路、制度和理论，正在扩大对世界的引领，从以西方为主导，转向由西向中的转换。二是推进时代化，学科内容的转换。更多与中国伟大的现实实践相结合，总结、提炼中国革命、建设、改革的实践经验，从而认识和掌握客观规律，为马克思主义理论宝库增添新的内容。三是推进大众化，学科时空的转换。更多与对象范围相结合，从直面当代中国转换到当代世界、从直面历史经验转换到时代需求、从直面中国人民喜闻乐见的民族语言转换到全球理解和欣赏的多元话语。[①] 关于新发展阶段马克思主义理论学科的主要任务，有学者认为，在新发展阶段，我国经济社会发展以推动高质量发展为主题。建设高质量教育体系是党和国家教育事业在新发展阶段的重大决策部署，这也对马克思主义理论学科建设提出了新的更高要求。经过十多年的建设和发展，马克思主义理论学科已经实现了规范化、制度化建设，解决了"有没有"的问题，下一步解决"好不好"即高质量发展的问题就成为新发展阶段马克思主义理论学科建设的主要任务。[②]

### （四）马克思主义理论学科高质量发展路径问题研究

新发展阶段对马克思主义理论学科的发展提出了新的要求，如何在新发展阶段推进马克思主义理论学科高质量发展成为学术界关注的重点问题。因此，学者们从不同角度探究了在新发展阶段推进马克思主义理论学科高质量发展的路径和举措。

有学者从马克思主义理论学科体系、学术体系、教材体系和话语体系的角

---

① 曾骊：《定向·定位·领航：马克思主义理论学科与新思想的三重契合》，《思想政治课研究》2021年第3期。

② 本刊记者：《立足新发展阶段，推进马克思主义理论学科高质量发展——访中国人民大学党委书记靳诺教授》，《马克思主义研究》2021年第4期。

度提出，推进马克思主义理论学科高质量发展，一是要完善马克思主义理论学科体系建设，促进马克思主义理论一级学科的整体性和协调性发展；二是要深化马克思主义理论学术体系建设，深入研究马克思主义基本原理体系、马克思主义在当代中国的发展、当代中国马克思主义和二十一世纪马克思主义；三是要加强马克思主义理论学科教材体系建设，强化思想政治理论课教材体系和专业课教材体系研究；四是要促进马克思主义理论话语体系创新建设，提炼出有学理性的新理论、概括出有规律性的新实践。[①] 有学者从思想政治理论课教师的角度提出，推进马克思主义理论学科高质量发展要建强师资队伍、充实学科发展后备力量，努力提高思想政治理论课教师的理论素养、业务能力和道德修养等综合素质。[②] 有学者从马克思主义理论学科研究人员的角度提出，推进马克思主义理论学科高质量发展要加强马克思主义理论学科研究人员的政治纪律、职业道德和专业知识，提高马克思主义理论学科研究人员的职业道德水准和业务能力水平。[③]

## （五）马克思主义理论学科本硕博一体化人才培养问题研究

培养马克思主义理论学科本硕博一体化人才既是提升马克思主义理论学科建设水平的重要方式，也是加强思想政治理论课教师队伍建设、巩固马克思主义在意识形态领域指导地位的重要途径。因此，学者们对马克思主义理论学科本硕博一体化人才培养问题也给予了广泛关注，就当前马克思主义理论学科本硕博一体化人才培养的现状、问题和路径进行了探讨。

关于马克思主义理论学科本硕博一体化人才培养的现状，有学者指出，随着 2017 年马克思主义理论学科本科专业的设置以及马克思主义理论学科本科专业开招院校和招生人数的陆续增多，马克思主义理论学科研究生培养规模与本科生生源"倒挂"的现象逐年改善，马克思主义理论学科人才培养的"倒三角"格局也渐趋扭转。[④] 关于马克思主义理论学科本硕博一体化人才培养存在的问题，有学者认为主要存在四方面的问题：一是本、硕、博学段的学生数量

---

① 本刊记者：《立足新发展阶段，推进马克思主义理论学科高质量发展——访中国人民大学党委书记靳诺教授》，《马克思主义研究》2021 年第 4 期。

② 王小艳：《近五年来高校马克思主义理论学科发展述议》，《河南教育》（高等教育）2021 年第 9 期。

③ 邓安琪：《加强马克思主义理论学科研究发展的几点建议》，《遵义师范学院学报》2021 年第 4 期。

④ 王小艳：《近五年来高校马克思主义理论学科发展述议》，《河南教育》（高等教育）2021 年第 9 期。

结构不合理，呈现"橄榄型"样态；二是人才引、育选拔机制不健全，尚未形成具有共识性的基本标度；三是一体化培养的联通效度不够，缺乏同频共进的体系性；四是专业对口就业的契合度不高，人才需求端"人岗相适"用人意识不足。马克思主义理论学科本硕博一体化人才培养的实施路径，一是优化存量、提高增量，保持人才引、育流量的可持续性；二是完善人才选拔机制，凝结人才招引选培的共识标准；三是树立系统观念，增强联通协同的一体化人才培养效度；四是坚持"专业匹配，人岗相适"的就业导向，创新本硕博一体化人才培养新模式。①

## 三　马克思主义理论学科各二级学科的研究进展

2021 年，学术界对马克思主义理论学科所属 7 个二级学科建设和发展的相关理论问题也进行了较为深入的研究和探讨。其研究议题涉及各二级学科的属性、定位、边界、研究界限、话语体系、现实困境、发展方向、发展路径及各二级学科与相对应思想政治理论课的关系等。

### （一）马克思主义基本原理学科研究

2021 年，学术界对马克思主义基本原理学科的研究主要围绕学科的整体性研究、学科的发展困境和学科的发展趋向等议题展开。

关于马克思主义基本原理学科的整体性研究，有学者认为，研究马克思主义基本原理整体性是进行马克思主义理论透彻研究的需要，也是马克思主义基本原理学科高质量建设的需要，要从理论逻辑、历史逻辑和实践逻辑三者相统一中研究马克思主义基本原理的整体性。马克思主义基本原理学科话语体系建设面临着三方面的困境和挑战：一是各种错误思潮的多元话语叙事的冲击；二是西方"霸权话语"力量的挤压以及西方话语的入侵；三是传统"劝导话语"惯性的困囿。也有学者认为，在马克思主义基本原理的理论研究和教学实践中存在着三重矛盾：第一重矛盾是学校为教师设置的任务与教师实际的知识储备和能力之间的矛盾，第二重矛盾是马克思主义基本原理的整体性研究与三个基本组成部分研究之间的矛盾，第三重矛盾是马克思主义基本原理作为思想理论体系而具备的科学性、严谨性、体系性与现实教学中因教学课时有限而无法融会贯通之间的矛盾。关于马克思主义基本原理学科发展的未来趋向，有学者提

---

① 刘方涛、程云蕾：《对马克思主义理论学科本硕博一体化人才培养的思考》，《学校党建与思想教育》2021 年第 20 期。

出，马克思主义基本原理学科建设和研究，要从整体上研究和把握马克思主义理论的科学体系，形成关于马克思主义的完整概念，其关键是要从基本立场、基本观点和基本方法的有机统一中，来研究和建设马克思主义基本原理学科，其研究的核心问题是科学、准确地阐述马克思主义的立场观点和方法，并引导人们特别是青少年运用其分析问题、认识问题和解决问题。[①]

### （二）马克思主义发展史学科研究

2021 年，学术界将新时代新发展阶段马克思主义发展史学科体系的建设问题作为马克思主义发展史学科的研究重点，对马克思主义发展史学科体系建设的重要性、突出问题、具体路径等议题进行了讨论。

关于马克思主义发展史学科体系建设的重要性，有学者认为，在新时代新发展阶段推进马克思主义发展史学科体系建设，一是有利于追本溯源，解决马克思主义真懂、真信、真用的问题；二是有利于理论联系实际，解决马克思主义与中国具体国情相结合的问题；三是有利于与时俱进，推进中国特色社会主义重大理论发展创新。马克思主义发展史学科体系建设存在的突出问题主要体现在两个方面：一是马克思主义发展史学科高质量的研究成果不够、与学科相关的成果数量也略显不足；二是马克思主义发展史学科人才相对短缺。其中，学科研究成果不足的原因既在于马克思主义理论体系和知识体系的博大精深，也在于研究风气的浮躁。学科人才相对短缺的原因既在于马克思主义发展史学科在同其他学科一起发展的过程中不占有优势、得不到重视，也在于马克思主义发展史学科人才流失较为严重。推进马克思主义发展史学科体系建设的具体路径，一是要以时代问题为导向，将马克思主义发展史的思想研究和实践研究相结合；二是要以高质量成果为抓手，夯实马克思主义发展史学科建设的理论基础；三是要以相关机制和制度为保障，努力培养马克思主义发展史学科后继人才；四是要以我为主、为我所用，吸收借鉴国内外马克思主义发展史研究的优秀成果。[②]

### （三）马克思主义中国化研究学科研究

2021 年，学术界将马克思主义中国化研究学科的研究重点聚焦到学科话语体系的建构问题上，探讨了马克思主义中国化研究学科话语体系建构的必要

① 左路平：《马克思主义基本原理学科的定位、问题域与未来发展——全国首届马克思主义基本原理学术研讨班会议综述》，《马克思主义理论学科研究》2021 年第 1 期。
② 梁海峰：《推进马克思主义发展史学科体系建设》，《中国社会科学报》2021 年 5 月 25 日。

性、现实基础、总体思路、基本原则等问题。

关于马克思主义中国化研究学科话语体系建构的必要性，有学者认为，目前马克思主义中国化研究二级学科尚未正式形成更为成熟的以"马克思主义中国化"为核心命题的整体性学科知识体系，特别是在凝练为本学科认同的标识性基本概念、范畴和学科话语方面仍存在很多不足。因此，建构马克思主义中国化研究学科话语体系既是维护我国意识形态安全的需要，也是建设马克思主义中国化研究学科的需要。马克思主义中国化研究学科话语体系建构具有扎实的基础和明显的优势：一是在党和国家的高度重视下，各地社会科学研究机构和许多高校成立了马克思主义研究院和学院，为建构马克思主义中国化研究学科话语体系提供了宽阔的研究平台和便利的研究条件；二是马克思主义理论学科十多年来产出的大量高水平研究成果，为建构马克思主义中国化研究学科话语体系奠定了坚实基础；三是数量可观、结构较为合理的专门从事马克思主义理论教学和研究的队伍，为建构马克思主义中国化研究学科话语体系提供了重要的人才保障。要按照习近平总书记在哲学社会科学工作座谈会上提出的"立足中国、借鉴国外，挖掘历史、把握当代，关怀人类、面向未来"的总体思路来建构马克思主义中国化研究学科的话语体系，并坚持民族性与世界性相统一、历史性与现实性相统一、科学性与价值性相统一的基本原则。①

## （四）中国近现代史基本问题研究学科研究

2021 年，学术界对中国近现代史基本问题研究学科的研究主要围绕学科的研究界限、学科的研究方法以及学科建设与"中国近现代史纲要"课程建设的关系等议题展开。

关于中国近现代史基本问题研究学科的研究界限，有学者认为需要把握好四点：一是把握好中国近现代史的主题主线；二是把握好"四个选择"的历史进程及蕴含于其中的基本规律和主要经验；三是把握好学科研究历史性与理论性相统一的特征；四是把握好学科研究和课程教学之间的关系。关于中国近现代史基本问题研究学科的研究方法，需要从三个层面来把握：首先，在方法论层面，要以马克思主义唯物史观为指导；其次，在方法原则层面，要坚持从历史实际出发和实事求是的原则、历史观点和历史主义的原则、阶级观点和阶级分析的原则、整体研究和部分研究相结合的原则；最后，在具体研究方法层面，可采用比较史学方法、口述史学方法、社会史学方法、心理史学方法以及

---

① 本刊记者：《全面提升马克思主义中国化研究学科建设水平——访东北师范大学马克思主义学部田克勤教授》，《马克思主义研究》2021 年第 8 期。

其他社会科学方法。关于中国近现代史基本问题研究学科建设与"中国近现代史纲要"课程建设的关系，一般认为学科建设为课程建设提供学术支撑和学科支撑，课程建设的实践则能够促进学科建设的发展。但由于两者在性质、功能、研究内容、研究范围、服务对象等方面存在差异，因此需要区别对待，不可互相代替。[①]

### （五）国外马克思主义研究学科研究

2021年，学术界对国外马克思主义研究学科的研究主要聚焦学科边界问题，重点讨论了国外马克思主义研究学科边界的确定及其方法和原则。

关于国外马克思主义研究学科边界确定的方法和原则，有学者认为，国外马克思主义研究学科边界是需要在具体的理论研究的过程中确定下来的。这些理论研究主要包括：马克思主义经典作家思想的研究、思想史特别是马克思主义思想史的研究、现代世界历史的研究、马克思主义理论与现实世界历史进程的关系研究等。同时，国外马克思主义研究学科边界的确定需要遵循一个基本原则，那就是在研究的过程中必须始终坚持以马克思主义经典作家的思想研究为基础，以马克思主义思想史的研究为理论背景，以现实的意义指向为最终目标，始终坚持马克思主义的基本立场、观点和方法。国外马克思主义研究学科的研究领域，是由马克思、恩格斯、列宁等经典作家的思想及其发展的理论逻辑构成的一个同心圈，其核心是与经典作家思想存在着直接的理论逻辑联系的国外马克思主义思想家的思想或国外社会主义者、无产阶级政党的理论与实践，其外围则是从经典作家的思想中获取理论资源以改造自己原有的理论，从而直面当代资本主义问题的西方左翼思想家的思想，而边缘地带是那些直接或间接与马克思主义相关的社会思潮。而国外马克思主义研究学科的研究领域亦成为国外马克思主义研究学科的边界。[②]

### （六）思想政治教育学科研究

2021年，学术界对思想政治教育学科的研究主要围绕学科建设的"回顾"与"展望"展开，重点探讨了思想政治教育学科设立以来的成就和经验以及新时代新发展阶段思想政治教育学科高质量发展的要求和路径。

关于思想政治教育学科建设的成就，有学者认为，思想政治教育学科设立

---

① 王冬梅：《关于"中国近现代史基本问题研究"学科建设的思考》，《文化创新比较研究》2021年第9期。

② 隽鸿飞：《论国外马克思主义研究学科的边界》，《马克思主义理论学科研究》2021年第11期。

以来取得的成就主要体现在五个方面：一是学科体系逐步完善，二是学术水平明显提升，三是人才培养质量明显提高，四是学科支撑作用明显，五是队伍建设不断加强。思想政治教育学科设立以来累积的经验主要包括五个方面：一是坚持马克思主义中国化的正确方向；二是坚持以社会实践为基础；三是坚持以服务育人为根本；四是增强思想政治教育学科意识；五是坚持以思想政治教育学科为本体的跨学科研究。[①] 也有学者认为，思想政治教育学科建设的基本经验包括坚持马克思主义的统领、坚持深入研究学科发展规律、坚持加强人才队伍建设、坚持彰显服务功能等。[②] 关于思想政治教育学科高质量发展的要求，有学者认为，在新时代新发展阶段，思想政治教育学科高质量发展需要坚持正确政治方向、需要增强学科意识、需要提升人才培养质量、需要加强师资队伍建设、需要自觉参与和赢得世界意识形态斗争。[③] 也有学者认为，思想政治教育学科高质量发展需要进一步提升外界和学科队伍内部对学科的认同度、需要进一步提升学科的话语权、需要进一步提升学科解决实际问题的能力。关于思想政治教育学科高质量发展的路径，一是要增强思想政治教育学科的认同度，提升学科自信；二是增强思想政治教育学科的有效性，满足社会现实需要；三是要增强思想政治教育学科的实践性，推动学科发展。[④] 也有学者提出，要通过深入发掘百年党史的丰厚底蕴来推动思想政治教育学科内容进一步深化、研究方法进一步创新、学科评价进一步系统化，并通过强化思想政治教育学科建设的历史思维、辩证思维、创新思维、对象思维来引领学科的高质量发展。[⑤]

## （七）党的建设学科的研究

2021 年，学术界对党的建设学科（以下简称党建学科）的研究主要围绕学科的属性和定位、学科发展的现状和问题、学科未来发展的思路和重点等议题展开。

关于党建学科的属性和定位，有学者认为，从党建学科的学科归属、指导思想和研究对象三个方面来看，党建学科的基本属性"姓马"，从党建学科研

① 陈秉公：《建党百年思想政治教育学科建设的回顾与展望》，《思想政治教育研究》2021 年第6 期。

② 崔华前：《论思想政治教育学科建设的基本经验》，《思想政治课研究》2021 年第 4 期。

③ 陈秉公：《建党百年思想政治教育学科建设的回顾与展望》，《思想政治教育研究》2021 年第6 期。

④ 鲁杰、王帅：《新时代思想政治教育学科的现实分析与发展路径研究》，《西北工业大学学报》（社会科学版）2021 年第 3 期。

⑤ 冯刚：《以百年党史丰厚底蕴引领思想政治教育学科高质量发展》，《思想理论教育导刊》2021 年第 10 期。

究对象、党建学科设置的目的和研究内容、党建学科形成发展过程、党建学科研究视角四个方面来看，党建学科的根本属性"姓党"，"姓马""姓党"共同构成了党建学科属性。而党建学科的属性也决定了党建学科的定位，即党建学科是一个以马克思主义为理论基础、以中共党史为历史支撑、以中国共产党自身建设为研究重点的马克思主义理论一级学科之下的二级学科。① 关于党建学科发展的现状和问题，有学者认为，近年来党建学科在研讨学科发展、制定培养方案、招录研究生、扩充师资队伍、推动党建研究等方面已取得积极进展，但仍面临学科教师短缺、学科教师专业知识缺乏、学科高质量研究成果不足等问题。② 关于党建学科未来发展的思路和重点，有学者提出，在学科设置方面，要量力而行、发挥作用，并在教学科研中突出重点、凸显特色；在学科建设方面，要进一步明确教学与研究内容，厘清学科边界，并尽快形成自身的学术规范、课程体系和话语体系；在学科师资队伍建设和专业人才培养方面，要整体提高学科的师资素质、科研水平和教学力量，并稳定扩大学科人才培养规模、提升学科人才培养质量。③

## 四　马克思主义理论学科研究存在的不足及深化方向

2021年，马克思主义理论学科研究在很多方面都取得了积极进展，学科研究范围持续拓展、研究议题不断丰富、研究成果接连涌现，这为促进学科高质量发展凝聚了思想能量、贡献了智慧力量。但与此同时，当前马克思主义理论学科研究还存在一些不足，这主要体现在三个方面：一是高质量高水平研究成果较少，跟风应景式研究成果较多，具有广泛影响力的标志性成果相对缺乏；二是理论探究类研究成果较少，政策解读类研究成果较多，研究成果的理论性、学理性相对不足；三是创新性研究成果较少，重复性研究成果较多，研究成果的研究视角、研究方法、研究内容相对单一。

2022年，学术界应着重从以下五个方面入手，以更加广阔的理论视野、更加深入的理论探讨、更加多元的研究视角，进一步深化对马克思主义理论学科的研究。

---

① 丁俊萍、刘秀华：《党的建设学科属性及其对学科建设的导向作用》，《山东社会科学》2021年第5期。

② 杨德山、张冬冬：《新时代高校党的建设学科发展现状调查及展望》，《上海交通大学学报》（哲学社会科学版）2021年第1期。

③ 杨德山、张冬冬：《新时代高校党的建设学科发展现状调查及展望》，《上海交通大学学报》（哲学社会科学版）2021年第1期。

一是强化对马克思主义理论学科基础理论问题的研究。基础理论是学科生存和发展的基石。相比较其他学科，马克思主义理论学科是一门新兴的学科，设立至今只有十多年的时间。十多年来，学术界围绕马克思主义理论学科的属性、定位、边界、功能、任务、学术体系、教材体系、课程体系、话语体系、研究对象、研究内容、研究重点等基础理论问题进行了较为广泛而深入的研究，已经初步建构起了马克思主义理论学科的基础理论大厦。但尽管如此，目前马克思主义理论学科的基础理论仍然不够成熟和完善，其解释力和影响力与党和国家的要求相比尚存在一定的距离。马克思主义理论学科今后还将面临艰巨而繁重的学科基础理论开拓、创新和完善的任务。因此，学术界应该继续强化对马克思主义理论学科基础理论问题的研究，继续建构和完善与中国特色社会主义经济基础相适应的马克思主义理论学科基础理论系统。

二是深化对马克思主义理论学科实践性问题的研究。马克思指出："问题就是时代的口号。"① 马克思主义理论学科作为对马克思主义理论进行整体性研究和教学的学科，其学科建设和发展必须以回应时代问题为中心。可以说，马克思主义理论学科强大而持久的生命力就在于以马克思主义的立场、观点和方法发现和解决实践中的问题。当前，世界正处于大发展大变革大调整时期，中华民族伟大复兴的战略全局和世界百年未有之大变局相互影响，世界面临的不稳定性不确定性突出。中华民族正经历着中国历史上最为广泛而深刻的社会变革，正在进行着人类历史上最为宏大而独特的实践创新。世界的深刻变化和中国的深刻变革要求马克思主义理论学科不断聚焦时代问题、回答时代课题、破解时代难题。因此，学术界应该持续深化对马克思主义理论学科实践性问题的研究，以马克思主义的立场、观点和方法发现问题、认识问题、解决问题，尤其要注重在正确把握党情、国情、世情的基础上对影响中国和世界未来发展方向的国内外重大事件和现实问题做出系统回应和深入反思。

三是加强对马克思主义理论学科高质量发展问题的研究。在新发展阶段，高质量发展的要求不只局限于经济领域，而是体现在经济、政治、文化、社会、生态等各个领域。对于马克思主义理论学科而言，新发展阶段对学科的科学研究、课程教学、队伍建设、人才培养、社会服务都提出了新的更高要求，实现学科高质量发展已成为新发展阶段马克思主义理论学科建设的主要任务。目前，学术界已经开始了对马克思主义理论学科高质量发展问题的探讨，重点围绕新发展阶段对马克思主义理论学科高质量发展的要求以及在新发展阶段推进马克思主义理论学科高质量发展的路径和举措进行了研究。但现有探讨和研

① 《马克思恩格斯全集》第 40 卷，人民出版社，1982，第 289 页。

究仍不够系统和深入，缺乏对马克思主义理论学科高质量发展问题的系统性认知和整体性把握。因此，学术界在加强对马克思主义理论学科高质量发展问题的研究的基础上，形成一批有关学科高质量发展的科学化、理论化、系统化的研究成果，为促进学科的发展进一步贡献思想和智慧。

四是推进对马克思主义理论学科交叉融合问题的研究。马克思主义理论学科的理论性、实践性、应用性、综合性等特性决定了马克思主义理论学科建设和发展需要吸收借鉴多学科的知识、观点和方法。尤其是面对当前新的发展征程、新的发展形势和新的时代课题，更需要以"学科交叉融合"的方式方法推进马克思主义理论学科不断向前发展。一方面，要通过推动马克思主义理论学科与其他学科的交叉融合来不断完善马克思主义理论学科自身的范畴体系和理论框架，并积极促进新的分支学科生成，进而构建起马克思主义理论学科的交叉学科群。另一方面，要通过采取学科交叉的研究范式和研究方法，来不断拓展马克思主义理论学科的研究视野、充实马克思主义理论学科的知识体系。因此，学术界应该推进对马克思主义理论学科交叉融合问题的研究，进一步明确并掌握马克思主义理论学科交叉融合的维度、程度和效度。

五是开展对党的二十大相关重大理论与实践问题的研究。2022年下半年将要召开的党的二十大，将进一步指明马克思主义理论学科建设和发展的方向，进一步明确马克思主义理论学科建设和发展的目标。因此，在2022年下半年，学术界应该着力围绕党的二十大精神，重点开展与马克思主义理论学科密切相关的党的二十大重大理论与实践问题的研究，努力开辟马克思主义理论学科研究的新境界。

# 第二篇

马克思主义基本原理研究

# 第三章

# 马克思主义基本原理研究概述

2021年，马克思主义基本原理研究注重理论与实践、历史与现实相结合，强调经典文本与时代课题的互动融合，对马克思主义基本原理的基础性问题和前沿性问题的研究持续推进。

## 一　马克思主义基本原理的研究特点

2021年度，马克思主义基本原理研究大致呈现如下三个特点。

一是马克思主义基础理论研究持续深化。马克思主义基础理论是马克思主义整个理论体系大厦的地基，历来是学界研究的重点。学界将马克思主义基础理论研究与剖析现实问题紧密结合，对世界的物质性及其发展规律，认识的本质及其发展规律，人类社会发展的自然性、历史性及其相关规律，人的解放和自由全面发展的规律，当代资本主义的发展规律及其历史性，共产主义理论，马克思主义群众观，马克思主义文化观等关键论题展开研究，形成一批高质量成果。

二是对当代中国马克思主义、二十一世纪马克思主义研究深度拓展。这一研究是学界关注的最重要课题，主要是围绕着习近平新时代中国特色社会主义思想作出多维度、多视角研究，既包括习近平新时代中国特色社会主义思想蕴含的自然观、历史观、认识论、文化观、人学观、反贫困理论、治理观等论题，又涵盖习近平新时代中国特色社会主义思想对马克思主义的原创性贡献及中国式现代化道路、人类文明新形态等研究领域，成果丰硕。

三是以《马藏》编纂与研究为代表的文献学研究取得新进展。《马藏》第二部第1~2卷、第三部第1~2卷公开出版；以《马藏》相关文献为基础的研究取得积极进展，出版《马藏研究》第二辑；北京大学《马藏》编纂与研究中心定期组织学术研讨、编纂与研究工作会议，对推动人才培养发挥了重要作用。同时，围绕着《马克思恩格斯全集》历史考证版（MEGA²）和马克思主义经典著作的文献学研究取得显著进展。

## 二 马克思主义基本原理的研究进展

2021 年度，学界对马克思主义基本原理的研究进展主要体现在以下 10 个方面。

一是世界的物质性及其发展规律研究。研究世界的物质性及其发展规律包括研究马克思主义哲学的本体论、辩证法、自然观等核心问题。学界主要从马克思主义本体论、自然辩证法、马克思主义生态文明思想等方面进行研究。这一研究表现出马克思主义哲学本体和世界本原的讨论自 20 世纪 90 年代后呈现复兴、对生态环境问题特别是人与自然关系的探讨提上议程的新趋向。

二是认识的本质及其发展规律研究。学界主要从马克思主义认识论与德国古典哲学的关系、马克思恩格斯认识论思想的阐释与研究、列宁对马克思主义认识论的发展、马克思主义认识论的中国化、马克思主义认识论与西方社会思潮的比较、马克思主义认识论的当代发展等方面进行研究。

三是人类社会发展的自然性、历史性及其相关规律研究。学界主要从历史唯物主义基本理论、历史唯物主义对当代社会理论与实践问题的剖析、历史唯物主义的当代发展等方面进行研究，涵盖了世界历史理论、东方社会理论、所有权理论等基础问题，以及历史唯物主义视域下古代中华文明的生成逻辑和演进道路、百年未有之大变局、新文明观、文明形态理论等问题。

四是人的解放和自由全面发展的规律研究。实现人的解放和自由全面发展是马克思主义的重要组成部分，也是马克思主义的根本价值追寻。学界聚焦马克思经典文本的论述，回归理论本身进行比较研究，阐析马克思关于人的解放和自由全面发展的基本理论，并从阶级解放、劳动解放、马克思主义人学思想、马克思主义自然观等理论视角来拓展人的解放和自由全面发展的研究。同时，学界紧密联系实际，从个体与集体的关系、共同体等视角分析人的解放与自由全面发展问题，对人类解放和自由全面发展的当代指向和现实路径问题作出分析。

五是当代资本主义的发展规律及其历史性研究。学界的研究主要体现在三个方面：一是分析当代资本主义的新变化，探讨以大数据、物联网、区块链等技术的兴起与广泛应用为代表的资本主义生产方式和领导方式变革对全球经济形态的塑造，逆全球化思潮对全球政治形态的塑造，金融垄断、技术垄断等对阶级关系的塑造，新自由主义主导的共识政治破裂、自由主义转向极右保守主义和民粹主义转化对全球意识形态的塑造等议题；二是分析当代资本主义替代方案，探讨当代资本主义改良措施，并从生态、性别、种族等角度探讨对当代资本主义体制的变革等议题；三是分析当代资本主义向社会主义的过渡，探讨了当代资本主义发展趋势的方法论原则、系统性危机及其发展趋势为科学社会主义创造契机等议题。

六是共产主义理论研究。学界的研究主要涵盖共产主义概念及其内涵、马克思和恩格斯的共产主义思想、共产主义的现实性和必然性、共产主义与中国等问题。其中，对共产主义概念及其基本内涵的研究，主要是从哲学、政治学、经济学三重视角出发，将马克思的共产主义理论与同时代其他思想家的相关思想进行比较研究，挖掘其中的异同及可借鉴的价值。对马克思和恩格斯共产主义思想的研究以文本研究为主，同时还对马克思研究共产主义的方法论转变进行研究。对共产主义的现实性和必然性的研究主要从大数据和人工智能角度分析共产主义的现实性与必然性，以及从当代世界现实来看待实现共产主义的基础。对共产主义与中国的研究主要涉及共产主义理论中国化、共产主义与中国特色社会主义的关系等议题。

七是马克思主义群众观研究。学界主要从马克思主义经典作家或无产阶级理论家的群众观、中国共产党的群众观点与群众路线、习近平新时代中国特色社会主义思想中的群众观、新时代马克思主义群众观在中国的实践与发展等方面进行研究。其中，习近平新时代中国特色社会主义思想中的群众观的研究主要是从唯物史观来解读习近平总书记关于群众观的某些重要讲话或重要论断的内涵要义、习近平总书记关于以人民为中心重要论述的生成逻辑与时代价值的研究；新时代马克思主义群众观在中国的具体实践与发展议题主要涉及中国化马克思主义群众观的成功实践与经验启示、在经济与社会治理中的运用与发展的研究、在文化教育领域的实践与指导意义的研究等。

八是马克思主义文化观研究。学界主要从马克思主义文化观的基础理论、马克思主义与中华优秀传统文化相结合、文化自信、社会主义核心价值观、意识形态理论等方面进行研究。其中，马克思主义文化观的基础理论研究主要涉及马克思主义文化观的内涵、马克思主义经典作家的文化观；马克思主义与中华优秀传统文化相结合的研究主要涉及马克思主义与中华优秀传统文化的关系及马克思主义与中华优秀传统文化相结合的历史逻辑、推进路径等议题；文化自信研究主要聚焦于文化自信的内涵要义、形成原因、功能作用、生成逻辑以及坚定文化自信的策略与路径等议题；社会主义核心价值观研究主要聚焦于社会主义核心价值观与法治建设的融入、高校社会主义核心价值观话语体系的构建、社会主义核心价值观内部的结构和逻辑等议题；意识形态理论研究主要涉及马克思主义在意识形态领域指导地位的根本制度、如何推进意识形态工作、意识形态理论的批判与构建等议题。

九是马克思主义文献学研究。学界研究主要涉及《马藏》编纂与研究、《马克思恩格斯全集》历史考证版（MEGA$^2$）及马克思主义经典文本的文献学阐释三方面。一是《马藏》编纂与研究取得新进展，新出版发行第二部第 1 至 2 卷、第三部第 1 至 2 卷，以《马藏》工程为基础的研究成果逐渐显现。二是对 MEGA$^2$ 的研究，主要从宏观层面对 MEGA$^2$ 的编纂原则的考察，以及从微观层面对《巴黎笔记》与《1844 年经济学哲学手稿》（以下简称《手稿》）的内在关联、《德意志意识形态》（以下简称《形态》）文献学研究等问题的研究。三是马克思主义经典著作文献学研究。对马克思主义经典著作的研究作为马克思主义文献学研究的重要组成部分，学界研究成果较为丰富，涉及《手稿》《德意志意识形态》《共产党宣言》《资本论》等文本，特别是对《资本论》及其手稿的研究备受学界关注。

十是当代中国马克思主义、二十一世纪马克思主义研究。习近平新时代中国特色社会主义思想是当代中国马克思主义、二十一世纪马克思主义。学界研究主要从习近平新时代中国特色社会主义思想的哲学基础及其对马克思主义哲学的创新发展、对马克思主义政治经济学的守正创新、对科学社会主义的捍卫与发展等三个方面进行。

# 第四章

# 马克思主义基本原理研究主要论题

　　2021 年，在马克思主义基本原理研究领域，学界主要是围绕着世界的物质性及其发展规律，认识的本质及其发展规律，人类社会发展的自然性、历史性及其相关规律，人的解放和自由全面发展的规律，当代资本主义的发展规律及其历史性，共产主义理论，马克思主义群众观，马克思主义文化观，马克思主义文献学，当代中国马克思主义、二十一世纪马克思主义等方面继续深化研究，取得了较大的进展和突破。

## 一　世界的物质性及其发展规律研究

　　世界的物质性及其发展规律，是马克思主义基础理论最为重要的论域之一。2021 年，学界围绕世界的物质性及其发展规律这一理论主题进行的研究，主要包括对马克思主义本体论、自然辩证法、生态文明思想等的研究。围绕相关主题出版专著近十本，发表论文近千篇。同时，围绕这一主题的研究呈现两个新趋向：一是对于马克思主义哲学本体和世界本原的讨论，自 20 世纪 90 年代后，再次呈现出复兴的趋势；二是对于生态问题，对于人与自然关系的思考，上升到一个新高度。

### （一）马克思主义本体论研究

　　本体论问题是马克思主义哲学研究的基础问题。对于马克思主义有无本体论、何为马克思主义本体论等问题，学界曾展开激烈争论。近年来，学界对于马克思主义本体论的研究有复兴之势，呈现出一定数量的研究成果。

　　一是"物质本体论"与"实践本体论"的论争。20 世纪八九十年代，我国学界围绕马克思主义哲学的本体和世界的本原问题展开激烈争论，以北京大学哲学系黄楠森教授为代表的学者，坚持马克思主义哲学的本体和世界的本原是"物质"；另一些学者则认为"物质"概念仍属近代形而上学范畴，无法充当哲学本体和世界本原，认为马克思主义哲学的本体和世界的本原是"实践"，而非"物质"。

2021 年，学界关于世界的物质性及其发展规律的研究，在一定程度上延续了 20 世纪八九十年代围绕"实践本体论"和"物质本体论"的争论。在"实践本体论"建构方面，有学者把实践本体论与马克思的正义哲学、与正义等问题结合起来。有的学者指出，在正义思想的发展史中，马克思的独特理论贡献及其正义思想的伟大之处并不体现于对正义问题的具体阐释，而是在对正义本体论基础的反思中另辟蹊径，以劳动即现实个人的对象性活动以及由此而生成的人与人、人与劳动产品的对象性关系作为言说正义的合法性前提，从而为正义奠定了坚实的本体论基石。①

有的学者联系生态问题，阐释马克思主义的"物质本体论"（"自然本体论"）。这种观点认为，马克思主义自然观是伴随历史唯物主义所实现的本体论的革命而形成的。历史唯物主义不仅以社会存在为逻辑本体，赋予了自然以社会历史性，在本体论高度揭示现代生态危机的社会制度根源以及人类的主体责任，形成了对资本主义生产方式反生态本性的本体论批判。以"物质变换过程"为枢纽，揭示了人与自然的辩证统一关系，使其自然观更为科学和具体，为实现人与自然和谐共生的现代化指明了根本途径，实现了自然科学与人的科学的真正统一。②

二是"新唯物主义"思潮研究。马克思将自己的新哲学称为"新唯物主义"。在《关于费尔巴哈的提纲》（以下简称《提纲》）中，马克思曾经说过："旧唯物主义的立脚点是市民社会，新唯物主义的立脚点则是人类社会或社会的人类。"③ 2021 年，"新唯物主义"成为国内外学界关注的前沿热点。

一些国内学者指出，新唯物主义强调人们面对的是具有具体的形状、特性的物质存在，面对的是人的实践活动的产物。它们是人生活于其中的自然环境，与社会环境一道决定人的现实本质。劳动实践活动决定了人的环境的改变，改变了的环境改变人，于是形成人、自然、社会相互作用协同进化的历史。新唯物主义的理论中心是人，它同时也是历史唯物主义、实践唯物主义。④

---

① 卜祥记、邹丽琼：《马克思对"正义"合法性的劳动本体论奠基》，《马克思主义与现实》2021 年第 4 期。

② 张夺：《马克思主义自然观的本体论阐释》，《广西社会科学》2021 年第 7 期。

③ 《马克思恩格斯文集》第 1 卷，人民出版社，2009，第 502 页。

④ 安启念：《论马克思的新唯物主义》，《山西师大学报》（社会科学版）2021 年第 6 期。

这即是说，马克思的"新唯物主义"是辩证唯物主义、历史唯物主义、实践唯物主义三者的有机统一。

国外学界同样对"新唯物主义"展开了如火如荼的研究，国内一些学者对其进行了评介。当代西方新唯物主义思潮并不是通常所指的马克思辩证唯物主义和历史唯物主义，而是指一种建立在当代自然科学和哲学基础上的、否定辩证唯物主义和历史唯物主义的新思潮。新唯物主义之"新"，新在主张物质的开放性、主动性和创造性，新在消解笛卡尔式的二元论，新在反对人类中心主义。以马克思主义理论批判扬弃新唯物主义，既能保留其合理之处，又能克服其神秘主义、不可知论的错误倾向，实现对新唯物主义的超越。①

## （二）自然辩证法研究

从伯恩施坦、卢卡奇到施密特、莱文，学者围绕马克思哲学有无自然辩证法、自然辩证法的具体内涵等问题，展开了长达百余年的学术争论。我国学界长期关注自然辩证法，直接以"自然辩证法"为题的重要学术期刊，就有《自然辩证法研究》《自然辩证法通讯》等。2021 年，学界对自然辩证法的研究包括自然辩证法文本研究、反思西方马克思主义自然辩证法以及自然辩证法在中国的运用等议题。

一是自然辩证法文本研究。2021 年，学界围绕恩格斯的《自然辩证法》一书，产出了较为丰硕的成果。一些学者探讨了恩格斯自然辩证法思想的生态伦理意蕴：人类对自然自身的客观辩证法的漠视导致了人与自然之间的紧张对立，恩格斯从资本批判、异化劳动批判和"自然—历史"这三个维度揭露了人与自然关系异化的原因，包含着恩格斯对未来生态文明向度的思考。② 这种观点从生态哲学的视角出发，重新解读恩格斯的《自然辩证法》一书，赋予了"自然辩证法"新的生命力。另一些学者从科学哲学的视角出发，重新解读恩格斯《自然辩证法》的科学性和系统性。恩格斯在《自然辩证法》中立足于近代自然科学的发展及对自然科学思维方法的反思和概括，以对形而上学和唯心主义的批判为切入点，构建起包含着自然观、历史观、认识论和辩证法的系统思想体系，揭示了系统所具有的整体联系性、动态过程性和层次性等特征，为我们呈现出以系统方式存在的世界图景。③

---

① 任丑、陆灵鹏：《西方新唯物主义思潮评析》，《思想理论教育导刊》2021 年第 10 期。

② 卫建国、王樊：《恩格斯自然辩证法的生态伦理意蕴》，《湖南社会科学》2021 年第 3 期。

③ 盛立民、张文雯：《恩格斯系统思想的逻辑进路及其当代价值——基于〈自然辩证法〉的理解》，《系统科学学报》2021 年第 3 期。

此外，2021 年学界出版了《自然辩证法》的节译本考共三部，分别是甘霞的《〈自然辩证法〉曹葆华、于光远节译本考》、李百玲的《〈自然辩证法〉成嵩节译本考》以及付少杰、孙建茵的《〈自然辩证法〉陆一远节译本考》。这些著作极具史料价值，从马克思主义传播史、马克思主义中国化史的角度考察了恩格斯的《自然辩证法》一书在特定年代所起的特殊作用。肖广岭编著的《〈自然辩证法〉研读》一书，为《自然辩证法》的大众化作出重要贡献。

二是反思西方马克思主义自然辩证法。有学者探讨"自然辩证法"与"启蒙"的关系。恩格斯的自然辩证法在承续现代启蒙的基本立场，与现代自然科学建立密切关系，从人和自然的关系角度反思近现代启蒙的偏执、过度和问题，以及对形而上学保持辩证、合理的态度并拒斥辩证法与形而上学截然对立这四种意义上是一种合理的启蒙辩证法，绝非排斥社会实践的纯自然辩证法。①有学者通过对《自然辩证法》的研究，回应了诺曼·莱文主张的"马恩对立论"。把恩格斯与马克思相对立，贬低恩格斯的《自然辩证法》的地位和作用，无疑是肢解了作为完整的科学体系的马克思主义，诺曼·莱文的《辩证法内部对话》是这一方面的代表著作。莱文在"把马克思重新黑格尔化"的口号下，把辩证法理论向主观精神方面加以发展，贬低了恩格斯所阐述的自然辩证法理论。②

三是自然辩证法在中国的运用。近年来，部分学者强调中国优秀传统文化与"自然辩证法"的契合之处，主张构建中国的"自然辩证法学派"。

有学者探讨了"自然辩证法"与中国优秀传统文化的契合之处。第一，主张"自然辩证法"与儒家"天人合一"思想相契合。《周易》和《自然辩证法》分别为中国人开启了两种"天人"认知传统："天人合一"与"人与自然统一"。前者成为中国古代思想的基础框架，后者成为中国现代思想的基础框架。③ 第二，主张"自然辩证法"与道家"道法自然"思想相契合。在生成论维度上，道家的道生万物逻辑与恩格斯的自然生物法则大道归一；在关系论维度上，道家基于道、天、地、人的尊卑顺序与恩格斯基于人与自然的互动架构，皆合乎逻辑地推导出法天象地的宏旨；在发展论维度上，道家的天生地成说与恩格斯的物质资料生产基础论，不约而同地将自然力视为不可替代的元动力。正是在天、地、人三才和谐的维度上，道法自然与恩格斯的辩证自然观实

---

① 刘森林：《恩格斯的自然辩证法是一种启蒙辩证法》，《马克思主义哲学》2021 年第 1 期。
② 文兵：《〈自然辩证法〉再认识——兼评诺曼·莱文的〈辩证法内部对话〉》，《马克思主义哲学》2021 年第 1 期。
③ 张春光：《"天人合一"的现代转化——以〈周易〉与〈自然辩证法〉的对话为中心》，《自然辩证法研究》2021 年第 5 期。

现了逻辑会通。①

有学者主张建构中国的"自然辩证法学派"。马克思主义生态哲学的生成与壮大无疑是自然辩证法创新发展中最为耀目的学术事件。从历史性梳理、关系化审觉和价值论再造方面对马克思生态哲学思想进行科学梳理，从历史分析与个案研究双管齐下的论域对西方生态学马克思主义理论进行批判借鉴，以及从生态视点、生态思维与生态价值由低到高依次进阶的三重维度上对本土语境中的生态理念进行当代建构，以图实现理论与实践、西方与东方、传统与现代视域中的资源整合，将不失为马克思主义生态哲学研究路径上的合理选择。②

## （三）马克思主义生态文明思想研究

党的十八大以来，以习近平同志为核心的党中央高度重视生态文明建设，形成习近平生态文明思想。作为这一思想的源头活水，马克思主义生态文明观得到学界的重视。2021 年，学界的研究涉及马克思恩格斯生态文明思想研究、资本逻辑与生态危机批判、马克思主义生态学与生态学马克思主义等议题。

一是马克思恩格斯生态文明思想研究。生态文明是马克思恩格斯关注的重点问题之一，《1844 年经济学哲学手稿》《德意志意识形态》《资本论》等著作都对这一问题作出理论探讨。近年来，学界围绕着马克思恩格斯生态文明思想的研究形成了丰硕成果。有学者从马克思主义经典文本出发，阐明马克思、恩格斯的生态文明思想。《德意志意识形态》不但蕴含着丰富的生态思想，而且呈现清晰的逻辑构建脉络，即从"有生命的个人的存在"出发，把实践作为人与自然的中介和统一的基础，展现人与自然的相互作用和辩证关系，揭示资本主义生产方式下的生态异化现象，指出人与自然的整体协调发展的应然趋势，最终实现"自然的历史"和"历史的自然"的一致，达到人与自然和谐共生的价值旨归。③ 有学者指出，马克思关于人与自然关系的论述为我们看待和把握人与自然的关系提供了基本的理论遵循和思想方法，同时也启示我们必须秉持敬畏自然的科学态度，遵循自然发展的内在规律，在实践中积极推动自然生态环境保护，才能获得人与自然关系的和解以及人的自由全面发展。④

---

① 徐莹：《在道法自然与辩证自然之间——基于〈道德经〉〈自然辩证法〉文本的考察》，《山东社会科学》2021 年第 7 期。

② 熊登榜、王娅：《自然辩证法创新发展与马克思主义中国化——以马克思主义生态哲学的研究路径为例》，《自然辩证法研究》2021 年第 7 期。

③ 庄忠正、陆君瑶：《马克思主义生态思想的逻辑构建——基于〈德意志意识形态〉的考察》，《思想教育研究》2021 年第 6 期。

④ 刘丽霏：《马克思关于人与自然关系的论述及其启示》，《人民论坛》2021 年第 3 期。

　　此外，2021 年出版的《马克思恩格斯生态文明思想及其中国化演进研究》一书，用马克思主义的观点和方法分析社会主义与生态文明关系的必然性，探讨了中国推进社会主义生态文明建设的实践路径。①

　　二是通过研究资本逻辑，批判资本主义生态危机。有学者指出，马克思在批判资本主义的过程中勾连出资本逻辑的加速向度，并基于这一视角再次审视资本逻辑与生态危机及其相互关系，提出"加速度的资本逻辑"与"稳态的生态环境"的"失同步化"主要表征在生产、消费和技术三个面向。同时，通过对既有"加速"与"减速"双重向度的对策进行回溯与反思发现，"绿色GDP"方案是兼顾理想与现实的选择。②

　　此外，2021 年出版的《从生态批判到生态文明：马克思主义生态理论的价值逻辑研究》一书，从唯物辩证法与历史唯物主义原则出发，探索研究马克思主义生态理论在人类历史上的价值逻辑及其历史变迁，集中展示其价值主题、价值适用与价值实践。③

　　三是马克思主义生态学与生态学马克思主义。生态学马克思主义是马克思主义理论研究的主要分支学科之一。2021 年，生态学马克思主义研究热度不减，仍是马克思主义生态文明领域的重点话题。有学者指出，生态学马克思主义提出了人与自然统一的生态哲学、对生态危机根源的政治经济学分析及在此基础上对生态社会主义的理论建构。我们可以吸取生态学马克思主义的合理观点，用以探索符合我国国情的生态治理对策，力求在经济转型和产业升级中推进经济理性与生态理性的有机结合。④

　　从马克思主义生态学视角对（建设）人与自然和谐共生的现代化做出系统性的学理性阐释，是习近平生态文明思想研究中的一个重要议题，对新时代中国特色社会主义生态文明建设实践有着不容忽视的引领规范意义。2021 年，《福建师范大学学报》（哲学社会科学版）发表《"马克思主义生态学和人与自然和谐共生的现代化"笔谈》，有学者着重阐述了人与自然和谐共生的现代化的马克思主义生态学基础、对人类文明新道路的理论支撑意义，从而彰显了它的中国特色社会主义政治底色或特质；有学者集中分析了人与自然和谐共生的现代化与欧洲国家中颇为流行的生态现代化理论的异同，并强调它所依托或趋向的是社会主义生态文明的未来愿景，而绝不是生态资本主义的渐进改良方

①　江丽：《马克思恩格斯生态文明思想及其中国化演进研究》，武汉大学出版社，2021。

②　欧阳康、曾异：《马克思主义视域下的资本逻辑与生态危机》，《学术界》2021 年第 1 期。

③　刘希刚：《从生态批判到生态文明：马克思主义生态理论的价值逻辑研究》，人民出版社，2021。

④　王素萍：《生态马克思主义与我国生态治理现代化》，《山东社会科学》2021 年第 8 期。

案；另一些学者将人与自然和谐共生的现代化概括为中国共产党长期追求的现代化认知与实践探索的生态自觉，凸显它一旦为马克思主义执政党掌握所产生的巨大政治引领力量；其他学者强调建设人与自然和谐共生的现代化内在地蕴含着的经济社会现代化维度与社会主义政治维度，以及在现实中保持二者之间平衡的极端重要性。①

此外，2021 年出版的《生态学马克思主义自然观与生态文明理念研究》一书，探究和夯实生态文明理念等科学论断的马克思主义自然观基础，提出要以生态文明理念为引领建构中国特色社会主义生态文明理论，推进生态文明建设的思想变革，提升生态治理的现代化水平。②

## 二　认识的本质及其发展规律研究

学界在 2021 年关于认识的本质及其发展规律研究主要体现在以下几个方面：第一，马克思主义认识论与德国古典哲学的关系研究；第二，马克思、恩格斯、列宁认识论思想的阐释与研究；第三，马克思主义认识论的中国化研究；第四，国外马克思主义视域下的认识论问题研究；第五，马克思主义认识论的当代研究。

### （一）马克思主义认识论与德国古典哲学的关系研究

德国古典哲学作为马克思主义哲学的思想源头之一，对马克思主义认识论的影响不言而喻。从认识论的角度探究马克思主义哲学与德国古典哲学的关系一直是学界的热点话题。

康德作为德国古典哲学的创始人，其哲学思想对马克思主义认识论的形成和发展有着重要影响。有学者将康德的哲学思想与马克思的哲学思想进行比较，指出二者的哲学思想中都存在一个由直观到实践的过渡。前者是在其理论哲学向实践哲学的进展中出现这一过渡的，后者则在其新世界观的诞生中完成了这一过渡。但由于康德仅仅在其哲学体系内部进行过渡，而马克思通过批判费尔巴哈等人的直观唯物主义完善了自己的世界观，因此可以说马克思的历史唯物主义的实践观并不直接源自对康德实践理性概念的批判。③ 也有学者依托

---

① 参见郇庆治等《"马克思主义生态学和人与自然和谐共生的现代化"笔谈》，《福建师范大学学报》（哲学社会科学版）2021 年第 6 期。
② 张夺：《生态学马克思主义自然观与生态文明理念研究》，人民出版社，2021。
③ 舒远招、刘丹凤：《从直观到实践——马克思与康德哲学思想的一个比较》，《广东社会科学》2021 年第 1 期。

康德哲学来建构马克思的认识论问题，指出康德用"综合"概念来说明人在认识过程中如何建立起主客关系的统一性形式，借助这一概念可以建构起马克思的新认识论问题，即"通过社会劳动实现的综合"。①

黑格尔作为德国古典哲学的集大成者，对马克思哲学思想的形成产生重要影响。有学者指出，黑格尔开启了对认识论问题的历史分析、提出了主客同一性概念，通过这些思想我们得以进一步理解马克思"劳动综合"的独特内涵，即在劳动中，认识的主体不是先验的意识主体，而是现实的人，由此产生的认识是人在与自然的综合中发生的、人作为同一性主客体对自己历史性存在的自我创造和自我认知。② 也有学者指出，马克思于 1844 年写下的《黑格尔〈精神现象学〉摘要》是其在第一次经济学研究进程的最后，通过重温黑格尔《精神现象学》这部特殊的文本，在这个重要的专题性思想实验中完成的方法论和认识论上的一次飞跃，从而他深刻掌握了黑格尔的劳动外化—对象性的物性存在的异化及其扬弃的否定辩证法和证伪物性表象的批判认识论理论。③

费尔巴哈的哲学思想在马克思和恩格斯形成唯物主义世界观的进程中发挥重要作用。有学者研究了马克思对费尔巴哈真理观的超越，指出费尔巴哈诉诸感性直观原则推翻了局限于意识内在性之中的思辨哲学的真理观。在对费尔巴哈真理观的批判性超越中，马克思指出真理不仅是对人类的实践活动这一感性力量的理论表达，更是关于改变外部事物的现实性和力量的领会。④

"休谟问题"在西方哲学史上一直没有得到解决，有学者指出这主要是因为许多人囿于传统知性思维方式而仅仅将"休谟问题"理解为一个纯粹的认识论问题，却忽视其实质上是一个建立在历史唯物主义基础之上的实践论问题，由此应当回到历史唯物主义的理论视域，从研究视域、研究方法、研究内容三个方面的变革来审视"休谟问题"。⑤

---

① 张盾：《马克思哲学革命中的认识论问题——以康德和黑格尔为背景》，《哲学研究》2021 年第 3 期。

② 张盾：《马克思哲学革命中的认识论问题——以康德和黑格尔为背景》，《哲学研究》2021 年第 3 期。

③ 张一兵：《否定辩证法：探寻主体外化、对象性异化及其扬弃——马克思〈黑格尔《精神现象学》摘要〉解读》，《中国社会科学》2021 年第 8 期。

④ 陈永杰、柴玉芳：《论感性活动对意识内在性的彻底翻转——马克思对费尔巴哈真理观的超越》，《福建论坛（人文社会科学版）》2021 年第 12 期。

⑤ 张广全：《论"休谟问题"的研究理路：回到历史唯物主义的理论视域》，《云南社会科学》2021 年第 4 期。

## （二）马克思、恩格斯、列宁认识论思想的阐释与研究

《关于费尔巴哈的提纲》包含了马克思主义认识论的许多经典表述，是研究马克思主义认识论时必须阅读的重要文本。有学者从这一文本出发研究了马克思认识论的变革，指出从认识论的目的上看，认识论探讨认识何以可能及认识的发生和规律问题。马克思在哲学思维方式革命的基础上，对费尔巴哈人本学唯物主义进行了深刻而彻底的批判，创建了以现实的从事实际活动的人为出发点且能够科学实证的马克思主义哲学，将现实的实践作为认识的来源和检验认识合理性的根本手段和途径，彻底超越了形而上学思辨哲学。① "思维的真理性"问题是马克思主义认识论中的一个重要问题，有学者指出思维真理性的问题，不是可以在思想认识领域通过纯粹理论讨论、理性哲学思辨解决的问题，不能用认识论、历史观、存在论或形而上学等现在的哲学分支框架来框定。思维的真理性不仅体现在主观与客观相符合上，还体现在主观最终改变客观上。②

实践是马克思主义认识论中的重要范畴，对于马克思主义实践观的探讨也是 2021 年学界研究的热点。

一是研究马克思实践观的原则与高度。有学者指出，马克思在《〈黑格尔法哲学批判〉导言》中极富创建性地提出了"有原则高度的实践"这一观点。在直面理论和现实难题时，马克思辩证统合了唯物和历史的"原则"，并立足于"时代高度"和"人的高度"展开了"改变世界"的谋划，马克思实践观所蕴含着的批判维度、革命维度和解放维度也才得以凸显。③

二是从不同角度对马克思的实践概念进行研究。有学者研究了马克思实践概念的经验完整性意蕴，指出马克思以实践为"经验诞生"的场域呈现了实践与经验的关系。他一方面扬弃德国古典哲学的"实践"理解，另一方面通过自身对实践不断地深化理解，最终将其完美地界定为具有本源因素的"现实中的个人所从事的物质生产活动"。④ 也有学者从概念史的角度对实践唯物主义的"实践"概念进行了研究，指出马克思、恩格斯在自己一生的著述中分别以感性活动和对象性活动等概念来界定和解释他们的实践观，因此对这些相关核心

---

① 杨思基、王静：《从〈关于费尔巴哈的提纲〉看马克思认识论的变革》，《马克思主义哲学研究》2020 年第 2 期。

② 陈培永：《马克思关于"思维的真理性"问题的再思考》，《贵州社会科学》2021 年第 7 期。

③ 付文军：《论马克思实践观的原则与高度》，《思想教育研究》2021 年第 8 期。

④ 李昕桐：《马克思实践概念的经验完整性意蕴》，《哲学研究》2021 年第 5 期。

概念的文献史梳理有助于探究马克思主义实践观的形成史。①

三是对马克思首次表述实践观的定性进行研究。学界还尚未对马克思在哪个文本中首次表述实践观给出定论，有学者指出当前学界有一种流行见解认为《关于费尔巴哈的提纲》是马克思主义实践观的奠基之作和初次表述，但通过对比《1844 年经济学哲学手稿》实践观与《提纲》实践观的基本要点以及马克思主义"成熟著作"实践观的经典论述可知，《手稿》不仅先于《提纲》构建了马克思主义实践观的思想框架，而且包含着比《提纲》的实践观更为丰富的内容。因此可以说，《手稿》才是马克思主义实践观的初次表述。马克思主义实践观的理论架构在《手稿》中已接近形成，《提纲》是《手稿》中初步建构的马克思主义实践观的深化和运用。②

四是恩格斯的实践观分析。有学者指出，恩格斯实践观博大精深，与马克思实践思想体系相互印证。从性质上看，实践是完善人类的类本质的社会历史活动；从关系上看，实践呈现人与自然普遍性物质变换基础上的复杂关系；从过程上看，实践凸显具体而现实的场域中主体的自我选择；从工具性上看，实践体现对象化工具的现实性与潜在性的统一；从结果上看，实践印证人类在认识世界中的偶然性与必然性统一。③

面对 20 世纪由自然科学问题所引发的哲学危机，列宁在《唯物主义和经验批判主义》中回应了经验批判主义对马克思主义的种种修正行为。2021年，学界对该书的研究呈现复苏态势。有学者将列宁对经验批判主义责难的回应归纳为四点：第一是列宁指出马克思不仅在认识论的意义上承认了"自在之物"，而且还在实践论上承认了"自在之物"向"为我之物"的转变；第二是列宁批判了费尔巴哈和狄慈根所谓的自在之物的"超越性"，说明客观世界是本身就在感觉之外存在着的；第三是列宁批判了马赫和阿芬那留斯的"思维经济原则"和"原则同格说"，指出唯物主义不是"二元论"；第四是列宁通过辨析是否承认因果关系的客观性说明了唯物主义是"可知论"。当今世界唯心主义认识论的危害仍然值得警惕，列宁提供的思想论战的财富具有深远的现实意义。④ 有学者指出，列宁在《唯物主义和经验批判主义》中开

---

① 张秀琴：《实践唯物主义中的"实践"概念：基于概念史的考察》，《社会科学辑刊》2021 年第6 期。

② 林锋、毕秋：《实践观的初次表述究竟在马克思的何文中？——〈1844 年经济学哲学手稿〉的实践观及其价值》，《北京行政学院学报》2021 年第 6 期。

③ 叶妮：《恩格斯实践观的五维分析》，《学术研究》2021 年第 12 期。

④ 里光年：《唯物主义世界观的认识论基础——列宁〈唯物主义和经验批判主义〉的哲学贡献》，《浙江学刊》2021 年第 3 期。

辟了辩证法与认识论相互统一的新范式，对于辨析各种反马克思主义社会思潮、克服实际工作中的形而上学倾向、辩证看待社会主义建设中的探索与曲折具有现实的指导意义。①

## （三）马克思主义认识论的中国化研究

马克思主义中国化包括马克思主义哲学中国化。学界在一段时间以来将马克思主义哲学简单地等同于历史唯物主义，将马克思主义中国化简单地理解为唯物史观在中国的发展与运用，忽视了辩证唯物主义特别是唯物主义认识论在马克思主义中国化过程中发挥的重要作用。近年来，学界加强了对于马克思主义认识论中国化的研究，补足了以往的研究缺失。

有学者认为，马克思主义哲学中国化经历了新民主主义革命、社会主义革命和建设、改革开放和社会主义现代化建设、中国特色社会主义新时代等时期，形成了马克思主义哲学和中国具体实践的"三次结合"，发展出了原创的中国马克思主义哲学的新范畴、新学理、新逻辑。②

有学者将"马克思主义中国化"视为一个认识论命题，指出马克思主义中国化不是偶发事件，也不是空洞口号或抽象符号，而是有其发生、发展的必然性和规律性。马克思主义之所以能对实践活动产生作用，在于中国共产党人将其转化为中国实践所需要的应用性认识，转化为中国实践方案，即党的路线、方针、政策等。作为一个认识论命题，马克思主义中国化并非不辩自明的公理，它内含了一系列有待深入研究的基本理论问题。只有以马克思主义认识论为根本遵循，才能科学阐明马克思主义中国化的合理性、正确性。③

中国化的毛泽东实践概念不仅为马克思主义哲学的中国化提供了认识论保证，并且在马克思主义哲学中国化的当代推进中持续发挥着不可替代的作用。有学者指出，以往人们主要是将毛泽东实践概念放在马克思主义实践观的体系中加以理解与阐释。严格说来，中国化的毛泽东实践概念的确立有其自身独立的重要意义，明确这一点有利于更加深入地理解毛泽东实践概念与马克思主义哲学中国化之间紧密的内在联系。随着中国化的实践概念在毛泽东的《实践

---

① 徐秦法、张肖：《论列宁〈唯物主义和经验批判主义〉中的辩证法思想及当代价值》，《思想理论教育导刊》2021 年第 1 期。

② 陆剑杰：《马克思主义哲学中国化：党的光荣理论事业和璀璨学术篇章》，《哲学研究》2021 年第 7 期。

③ 曾祥云：《马克思主义中国化何以必须？——一种基于马克思主义认识论的思考》，《社会科学》2021 年第 10 期。

论》中的正式问世与确立，中国化的马克思主义哲学获得了坚实的发展基石。①
也有学者结合毛泽东"哲学就是认识论"的命题，指出其中的认识论概念所关
注的是"如何认识"的问题。毛泽东通过这一命题想要表达的观点是，哲学就
是研究如何正确地认识世界的理论，而"如何正确地认识世界"构成了毛泽东
哲学的基本问题。② 也有学者从哲学通史的角度研究了毛泽东认识论的"飞跃"
理论，指出毛泽东认识论的"飞跃"理论对"物质基础—意识反思—辩证过
程"此三者关系进行了妥善解答。毛泽东认识论不仅是马克思主义中国化的优
秀成果，在哲学通史中也具有高峰地位。③

　　坚持自我革命是我们党的鲜明品格和最大优势。有学者从认识论角度研究
了坚持自我革命的内涵、价值和方法，指出自我革命是中国共产党在推进社会
革命进程中自觉改造自身主观世界的特殊实践活动，是中国共产党恪守自身价
值观的内在要求。④ 也有学者从科学认识论的角度研究了党员干部信仰培育问
题，指出党员干部信仰培育是一门"心学"，蕴含"知、情、意、行"相统一
的规律。马克思主义认识论是以实践为基础的、能动的和革命的反映论，科
学揭示了认识进程中主客体间的认知关系、情感关系、价值关系和实践关
系，此四重关系的相互作用和支撑，成为信仰成立的基础。党员干部信仰培
育正是以科学认识论为指导，从主客体基本关系理论守正创新，确立对马克
思主义的真理信仰、价值信仰、情感信仰和行动信仰，从而展示信仰培育的
正确途径和方法。⑤

## （四）国外马克思主义视域下的认识论问题研究

　　部分国外马克思主义学者在探讨马克思主义认识论这一理论主题时产生了
较为丰富的思想，同时也存在着曲解、误解马克思本意的可能，需对其进行辩
证地审视。2021 年，学界对国外马克思主义视域下的认识论问题进行了探讨。
根据研究角度的不同，主要包括以下四个方面的研究成果。

　　一是解读哈贝马斯的"真理共识论"建构的逻辑进路。有学者指出，哈
贝马斯基于普遍语用学的立场以"有效性要求"的兑现为逻辑线索，初步建
构起这一理论。他强调通过介于先验与经验之间的"生活世界"界定规范性

① 欧阳英：《毛泽东实践概念与马克思主义哲学中国化》，《理论视野》2021 年第 5 期。
② 刘秉毅：《如何理解毛泽东"哲学就是认识论"命题》，《武汉大学学报》（哲学社会科学版）
　 2021 年第 4 期。
③ 刘临达：《在哲学通史中理解毛泽东认识论的"飞跃"理论》，《毛泽东研究》2021 年第 6 期。
④ 王雪凌：《从认识论角度看坚持自我革命的内涵、价值和方法》，《党政研究》2022 年第 1 期。
⑤ 岳俊辉、牛余庆：《科学认识论与党员干部信仰培育》，《理论探索》2021 年第 3 期。

意义上的真理概念。这种真理概念是一种既非先验的又超越经验的"共识性真理"。然而，对"居于先验与经验之间"属性的过度强调逐渐背离了哈贝马斯最初的理论目的，导致他不得不转向一种"实用的"而非"共识性的"真理概念。①

二是分析马克思政治经济学批判中的认识论变革。有学者指出，阿尔都塞对《资本论》的认识论建构呈现了马克思政治经济学批判的认识论变革的基本形式，但由于他借助斯宾诺莎哲学理解马克思的文本，未能成功把握这一变革的基本旨趣。马克思政治经济学批判所实现的认识论变革的实质是他以政治经济学批判的理论方式实现了对于历史性现实运动本身的把握。②

三是研究波兰马克思主义者特别是耶日·托波尔斯基和亚当·沙夫在历史真理和历史认识论问题上的争论。托波尔斯基首先批评了亚当·沙夫的真理观，认为沙夫的真理观本质上依然是实证主义的。他区分了单个陈述的真和整体叙述的真，并论述了它们各自的真理性的检验标准。在此基础上，托波尔斯基阐述了作为社会变迁理论的历史唯物主义，并阐述了历史唯物主义中的研究方法论。在这场争论中，托波尔斯基从认识论和本体论的角度批评和补充了沙夫的历史真理观，二者共同创造了一种与苏联马克思主义者提出的经济主义的马克思主义相对和并列的人道主义的马克思主义。③

四是在深入理解马克思主义认识论的基础上解决历史认识的检验标准问题。历史学的学术研究，作为整个社会的学者工作的总和，是人的活动、是人们被社会机制组织起来的活动，是一种现实的社会实践。学术论辩正是在学术实践中检验以往认识是否准确的重要机制，是推进认识向前迈进的动力。西方历史相对主义理论缺乏充分的学术实践基础。只要坚持历史学学术实践观，就不难解决历史认识论上的难题，不难破解形形色色主观主义、相对主义历史思想的冲击。④

## （五）马克思主义认识论的当代研究

随着人工智能技术的发展，智能机器的认识论问题逐渐凸显。从马克思主

---

① 黄美笛、王浩斌：《"真理"何以在先验与经验之间？——哈贝马斯"真理共识论"建构的逻辑进路解读》，《浙江学刊》2021年第6期。

② 吴猛：《马克思政治经济学批判中的认识论变革——兼论阿尔都塞对〈资本论〉的认识论建构》，《哲学研究》2021年第2期。

③ 〔波兰〕塔杜什·布克辛斯基：《波兰马克思主义者论历史认识与真理》，王立秋、吕振译，《山东社会科学》2021年第1期。

④ 乔治忠：《论历史认识的检验标准》，《南开学报》（哲学社会科学版）2021年第5期。

义认识论的角度审视人工智能，以进一步实现人工智能的科技价值，是一个重要的研究方向。

计算机和人工智能使得我们可以从算法这一视角来对"认知"进行诠释。有学者指出，认知和算法二者间所存在的相关性，使认知的机理能得到新说明。以机器为载体而得以运行的算法成为映射在人工系统上的"活体"，也就成为对认知加以客观研究的实在对象和新的平台。①

有学者基于马克思主义认识论立场，对人工智能的认知本质、存在地位以及人机关系进行了合理阐述与科学推测。② 也有学者通过分析人工智能的认识论效应，指出人工智能的理论根基是哲学认识论，其萌发与演进都离不开认识论的发展，形成多维度的认识论效应，并从理论效应、工具效应、创新效应三个方面对其进行了概括。通过探讨人工智能的认识论效应，我们可以更全面地理解人工智能的哲学意义，并把握智能时代认识论研究的新走向。③

基于人工智能的视角，有学者提出了"广义实践观"，在坚持物质生产劳动是最重要的实践活动的基础上，认为所有的人的实践活动都具有物质性的要素，因而实现了对"狭义实践观"的突破。人工智能及大数据技术的发展将推动人的自由全面的发展，这一过程本质上也是从物质劳动走向精神劳动的过程。但这并不意味着人类社会以及个人的存在失去了历史唯物主义的基础，因为物质生产将以社会性物质劳动的样态存在。④

## 三　人类社会的自然性、历史性及其相关规律研究

2021年，学界对人类社会的自然性、历史性及其相关规律的研究主要集中在三个方面：第一，结合马克思的相关论述，对历史唯物主义的所有权理论、东方社会理论和世界历史理论等进行专题研究；第二，运用历史唯物主义分析当代社会的理论与现实问题，分析古代中华文明的生成逻辑及其演化道路、百年未有之大变局、中国道路的百年探索历程等问题；第三，对历史唯物主义的世界历史理论和文明形态理论的当代发展的研究。

---

① 肖峰：《认知的算法阐释：人工智能对当代认识论研究的启示》，《学术界》2021年第2期。
② 刘宇：《关于人工智能认知限定与限度的多重思考——基于马克思主义认识论的分析视角》，《广西社会科学》2021年第2期。
③ 肖峰：《人工智能的认识论效应》，《大连理工大学学报》（社会科学版）2021年第3期。
④ 陈吉胜、王丹竹：《广义实践观：一种人工智能、大数据时代的视角》，《新疆社会科学》2021年第6期。

## （一）历史唯物主义基础理论的拓展性研究

2021 年，学界主要从所有权理论、东方社会理论和世界历史理论三个方面推进了历史唯物主义基础理论的研究。

一是历史唯物主义的所有权理论研究。对于马克思对先前所有权理论的批判与超越，有学者认为，马克思以劳动价值论为基础的科学货币观，破解了洛克从劳动财产权中推论出作为非劳动的货币财产权、使劳动和财产从一致走向分离的悖论，对资产阶级的所有权和政府理论进行了颠覆性的反思。[①] 有学者认为，通过证明现代社会的普遍贫困和自由的丧失与私人所有权之间存在内在必然的因果性，马克思批判了黑格尔以自由之实现为名对私人所有权的必然性所作的论证，将这种贫困的根源指向与现代私有制相适应的资本主义生产关系。[②] 围绕着马克思所有权理论的形成与发展问题，有学者认为，马克思基于法律意义上的所有权概念发展出社会历史意义上的所有制理论，这种发展具有"范式转换"意义，通过将不同历史阶段的分工与所有制的历史形态联系起来，所有制成了联系经济基础与上层建筑的中介，从而能够对社会历史发展提供科学阐释。[③]

二是历史唯物主义的东方社会理论研究。有学者认为，马克思是在世界历史视野中审视东方社会的独有特征和未来发展的可能性趋势。资本主义世界历史的发展只不过是资本主义将其高度发达的生产力和不可解决的矛盾一同扩展到全世界。因此，世界历史的进一步发展必然要摆脱资本主义形式，俄国农村公社内在的"二重性"决定了这种原始生产方式能够成为新的社会起点的可能性。若集体因素战胜私有制因素，这一特殊的土地公有制会赋予俄国社会强大的生命力，从而使俄国跨越"卡夫丁峡谷"直接过渡到共产主义社会。[④] 有学者认为，跨越资本主义"卡夫丁峡谷"，意味着不通过资本主义发展阶段或不通过资本主义充分而完整的发展阶段，径直奔向共产主义建设阶段。俄国选择走跨越资本主义"卡夫丁峡谷"的道路，既是资本主义必然被共产主义代替的

---

① 夏少光：《破解"洛克悖论"：马克思对资产阶级契约政府理论的超越》，《哲学研究》2021 年第 7 期。
② 方博：《私人所有权与社会结构不正义——以"林木盗窃法问题"为例》，《哲学研究》2021 年第 3 期。
③ 王贵贤：《所有制理论的发展与历史唯物主义的形成》，《马克思主义理论学科研究》2021 年第 10 期。
④ 赵英红：《马克思东方社会发展理论研究——兼论中国现代化道路的理论自觉》，《中国地质大学学报》（社会科学版）2021 年第 2 期。

人类社会发展总的一般规律发挥作用的结果，又是俄国社会作为人类社会总体中的一个部分，在世界资本主义体系内部矛盾运动中所处的突出的前沿的具体位置所决定的具体事件。①

三是历史唯物主义的世界历史理论研究。围绕马克思的世界历史理论对黑格尔世界历史理论的超越问题，有学者认为，马克思吸收黑格尔世界历史理论有价值的因素，将世界历史看作合目的性与合规律性的统一，而且变革了黑格尔神学目的论的研究范式，把世界历史理解为人类遵循社会发展客观规律实现自由解放的过程。② 还有学者认为，马克思对黑格尔世界历史理论的超越具体体现在，黑格尔的普遍历史主体本质上只是特殊利益群体，马克思则强调无产阶级才是真正普遍的历史主体，无产阶级在私有财产的世界历史运动中生成，并通过扬弃私有财产实现人类普遍解放的世界历史任务。③ 对于马克思世界历史理论的基本内涵与主要论题，有学者认为，马克思的世界历史理论自创立以来，就承载着人类自由和解放的叙事主题。从逻辑向度上看，世界历史是人类不断摆脱资本逻辑的奴役而掌握自己命运的历史过程；从时间向度上看，世界历史理论在世界范围内反抗资本主义、实现共产主义的终极目标始终没有改变；从空间向度上看，马克思世界历史理论在"历史完全转变为世界历史"这一基本格局中，开创了各个国家和民族之间通向人类真正的共同体的事业。④

## （二）运用历史唯物主义对当代社会理论与实践问题的剖析

2021 年，学界运用历史唯物主义分析了古代中华文明的生成逻辑及演化道路、百年未有之大变局、中国道路的百年探索历程等问题。学界普遍认为，在百年未有之大变局下，中华民族的历史发展进程具有重大的世界历史意义，拓展了发展中国家走向现代化的途径，正在开启一种新文明类型。

一是历史唯物主义视域下古代中华文明的生成逻辑及演化道路研究。有学者认为，小流域的生存环境使早期中国先民社会组织形成血缘性、封闭性、内聚性的聚落社会组织，使先民在宗教信仰上将聚落祖先神提升为先民信仰、尊

---

① 丁堡骏、刘泽：《马克思跨越卡夫丁峡谷理论批判之批判——与赵家祥、许全兴、陈文通等同志商榷》，《政治经济学评论》2021 年第 1 期。

② 吴宏政、李沐曦：《马克思对黑格尔世界历史理论的改造》，《学习与探索》2021 年第 7 期。

③ 田毅松：《具体普遍性与无产阶级——世界历史之普遍主体的生成》，《马克思主义与现实》2021 年第 3 期。

④ 吴宏政：《马克思世界历史理论叙事主题的三维向度》，《马克思主义理论学科研究》2021 年第 2 期。

崇的核心神祇，并使史前中国的神权、礼制与文明发展路径有着鲜明特征。① 有学者认为，超大型聚落的进一步发展就是早期国家，核心聚落演化成国家的政治中心——都邑，出现集军事指挥权、社会管理权和宗教祭祀权于一体的王权。中华文明多元一体格局的演进机制和过程可分为两个阶段：夏王朝建立之前，中华大地文化交流的主流趋势是周围地区先进文化因素向中原地区汇聚；夏代后期，中原王朝的实力显著增强，对中原地区之外广大地区的影响力明显增强，中华文明从多元走向一体，从各地独具特色的区域文明——古国文明和邦国文明阶段，逐渐进入以夏、商、周王朝为中心的王国文明阶段。②

二是历史唯物主义视域下的百年未有之大变局研究。有学者认为，百年未有之大变局源于社会主义与资本主义两种力量、两种制度、两种文明在对立统一关系中的相互博弈。西方发达资本主义国家率先开启了百年世界历史进程，但是其固有矛盾也随之展开且愈加深重。与此同时，中华民族也开启了具有世界历史意义的中国特色社会主义进程。世界在动荡变革期中的不稳定性不确定性与中国在发展中的不平衡不充分问题交织在一起，中国共产党要统筹国际国内两个大局，办好发展安全两件大事，才能把握趋利避害的主动权，有效防范化解重大风险挑战，在危机中育先机、于变局中开新局。③ 有学者将 20 世纪以来帝国主义性质及其演化置于资本逻辑全球化的动态结构之中，以世界市场构成资本运动的前提和结果为出发点，揭示超越资本逻辑全球化的可能趋势如何从自身内在冲突中产生出来，立足于构建人类命运共同体的新文明形态，阐明以和平主义为前提倡导和践行多边主义与新型国际关系的世界历史意义。④

三是历史唯物主义视域下中国道路的百年探索历程研究。有学者认为，中国最初是被动地卷入由资本支配的世界历史进程的，而马克思主义则是由资本支配的世界历史的矛盾对立发展到特定阶段的产物。中国共产党的成立，标志着中国的现代化进程与马克思主义建立起一种关联。中国的现代化进程与马克思主义的本质关联，起源于中国革命最终采取了新民主主义—社会主义的定向。这样一种本质联系的发展和巩固，则只有通过马克思主义中国化的社会主

---

① 李禹阶：《早期中国的环境限制、神祇崇拜与文明特质——基于古埃及的比较研究兼论东方"亚细亚生产方式"中文明形态的多样性》，《人文杂志》2021 年第 1 期。

② 窦兆锐：《百年考古与中华文明之源——访中国历史研究院考古研究所王巍研究员》，《历史研究》2021 年第 6 期。

③ 杨河：《"世界处于百年未有之大变局"的哲学思考》，《北京大学学报》（哲学社会科学版）2021 年第 5 期。

④ 户晓坤：《超越资本逻辑全球化与构建人类命运共同体——以"帝国主义"为分析视角》，《教学与研究》2021 年第 9 期。

义实践才成为可能。① 有学者认为，中国共产党的诞生、抗日战争的胜利、中华人民共和国的成立、改革开放和中国特色社会主义进入新时代，都是把握历史发展规律和大势的结果。只有在真理观与价值观的统一中才能把握历史发展规律和大势，只有用活的马克思主义，树立大历史观，从中国与世界的相互作用和联系变化中、从社会的主要矛盾及其运动变化中才能把握历史发展规律和大势。② 还有学者认为，从世界历史发展进程来看，中国特色社会主义更根本的是要思考和解决经济相对落后基础上的社会主义建设和发展道路问题。中国特色社会主义着重回答了中国如何实现现代化的问题，尚未回答现代化之后的社会主义发展道路问题，这构成了历史唯物主义中国逻辑当代建构的主要中心指向。③

## （三）历史唯物主义的当代发展研究

2021 年，学界推进了历史唯物主义的世界历史理论以及文明形态理论的研究。学界从世界历史视野重新审视中华文明的演进历程，认为中华文明在长期演化过程中，既形成自身文明发展的逻辑，又体现人类文明发展的一般规律。

一是历史唯物主义的世界历史观的研究。有学者分析了新中国成立以来中国马克思主义史学是如何把握和分析世界历史进程的。中国马克思主义史学在世界史话语建设上的突出成就，就是将欧洲 19 世纪显著的历史优势尽可能地还原到世界历史纵向和横向框架中的具体时空点上，进而辩证分析其历史局限。④ 有学者认为，进入 21 世纪，马克思所开创的以实现人类自由和解放的共产主义为目的的世界历史理论，在世界百年未有之大变局中开启了新时代的叙事。"构建人类命运共同体"作为马克思世界历史理论的当代叙事主题，是对经典马克思主义世界历史理论的当代续写和时代创新。这种"新全球化"，要求作为世界历史主体的人类把自己的命运放置在民族国家之间资本逻辑的驾驭之上。⑤

二是历史唯物主义新文明观的研究。对新文明形态的研究需要新文明观的支撑。有学者认为，只要仅适合于外在反思的抽象普遍性占据主导地位，中华文明的实体性内容及其同其他文明类型的实体性差别就不可能被揭示出来，因

---

① 吴晓明：《世界历史与中国道路的百年探索》，《中国社会科学》2021 年第 6 期。

② 谢伏瞻：《在把握历史发展规律和大势中引领时代前行——为中国共产党成立一百周年而作》，《中国社会科学》2021 年第 6 期。

③ 庄友刚：《历史唯物主义的中国逻辑及其当代建构》，《理论学刊》2021 年第 6 期。

④ 董欣洁：《中国马克思主义史学的世界史话语》，《江海学刊》2021 年第 4 期。

⑤ 吴宏政：《21 世纪马克思主义世界历史观的叙事主题》，《中国社会科学》2021 年第 5 期。

此我们的出发点和立脚点便是不同的文化、文明、社会，是它们作为特定形态、特定类型的具体的主体单位，在此基础上进一步来探讨不同的文明与其哲学所具有的基本关系。① 有学者认为，要谨防"文明形态的多样化"命题的滥用，正确把握"相对性"与"相对主义"间的区别，绝不能否认"世界文明发展的统一和趋向"，否认"各文明类型有发展程度上的差距"。同时，要从世界文明发展过程中来把握各文明类型在发展程度上的差距，历史性地理解各文明在一定阶段上暂时的相对先进和落后性，不能把暂时处于"相对先进"状态的文明类型的发展轨迹绝对化和泛化为世界文明发展的一般轨迹。对于曾"相对落后"的文明来说，应历史地看待自己的过去和现在，承认和认清自己的当前差距，汲取相对先进文明类型的成果，剔除自身的糟粕，创造性地转换文化传统中的积极要素，以使自己的发展与世界文明的发展趋势更加合拍，从而焕发出新的活力。②

三是历史唯物主义文明形态理论的研究。对于人类文明新形态的生成逻辑及演进历程问题，有学者认为，人类文明发展是在差异中寻求同一的演进过程，文明形态的生成是在对矛盾扬弃基础上更高程度的统一。中华文明是在同其他文明不断交流互鉴中形成的开放体系，是融合了社会主义价值文化、中华优秀传统文化和人类共同价值文化的新文明。构建人类命运共同体思想，继承了马克思主义的宏大世界历史视野和思想逻辑，蕴含着源远流长的中国智慧，为回答和解决 21 世纪人类面临的共同挑战开拓了新的思想维度，开辟了人类走向"真正的普遍的文明"的现实途径，成为引领时代变局和推动人类文明进步的旗帜。③ 有学者认为，人类文明新形态的创造过程实质上就是扬弃与超越资本文明的过程。社会主义与市场经济的结合不仅遵循了现代化的一般规律，而且蕴含中国作为后发国家走向现代化的特殊规律和作为社会主义国家走向现代化的特殊规律，在担负起现代化历史任务的同时又致力于对现代性发展困境的解决，进而构成人类文明新形态生成的基础与根据，两者结合的深入程度与人类文明新形态的现实展开高度一致。④

对于人类文明新形态的世界历史意义及贡献问题，有学者立足于人类文明发展与中国道路的交汇点，按照文明探索、文明选择、文明延续、文明超越的

① 吴晓明：《论不同的文明类型及其哲学定向》，《天津社会科学》2021 年第 5 期。
② 叶险明：《"文明形态的多样"与"世界文明发展的统一和趋向"辨析——一种马克思主义历史哲学的分析框架》，《理论视野》2021 年第 4 期。
③ 孙代尧：《论中国式现代化新道路与人类文明新形态》，《北京大学学报》（哲学社会科学版）2021 年第 5 期。
④ 吴波：《人类文明新形态视域下的中国道路》，《中国特色社会主义研究》2021 年第 6 期。

逻辑层次，分析了中国道路内蕴的新要素和新超越，认为这种"新"并不是简单的破旧立新，而是在坚守中华文明主体性、不断增强文化自信基础上的开拓创新。① 有学者认为，中国特色社会主义和新自由主义有着不同的制度根基、治理逻辑和治理能力，中国特色社会主义具有管得住新自由主义造成的重大问题的制度禀赋。新时代中国特色社会主义在人民民主专政的国家政权、公有制为主体的所有制结构、以人民为中心的价值取向、自我革命型的先锋队政党等实体性制度的基础上，管住了新自由主义管不住的一系列重大问题，这对于重新唤起社会主义的制度自信、丰富人类现代化道路的探索、百年未有之大变局下全球性问题的治理，都具有重大的世界性意义。②

## 四　人的解放和自由全面发展的规律研究

人的解放和自由全面发展是马克思主义的价值追寻。2021 年，学界的研究主要从以下几个方面进行：第一，继续聚焦马克思经典文本的论述，回归理论本身进行联系比对研究；第二，结合不同理论主题，从多重视角进行拓展研究；第三，紧密联系现实，结合当今时代主题和发展趋势挖掘其历史意蕴。

### （一）马克思关于人的解放和自由全面发展论述

2021 年度，学界对于马克思人的解放和自由全面发展思想的研究，主要从文本研究、思想史研究和比较研究三个方面展开。

一是从经典文本出发，总结马克思主义自由观。在《论犹太人问题》中，马克思从犹太人的解放问题中看到了政治解放存在的内在缺陷，认为鲍威尔提出的犹太人问题解决方案过于抽象，引出了人的解放问题。在马克思看来，仅仅将国家从宗教中解放出来是不够的，要消除宗教得以产生和存在的社会土壤。马克思认识到，犹太人问题不仅是宗教神学问题，更是普遍的现实问题，是在现代政治国家中也会存在的问题。③ 马克思将犹太人问题看作真正世俗的问题而非只是宗教问题，有学者从犹太精神出发，探讨了马克思对犹太精神的批判和扬弃，并以此引申出了人的解放和发展问题。犹太精神不是指犹太人的宗教信仰，而指以对金钱的狂热追求为核心原则的一种统治精神，是犹太人从

---

① 张波：《人类文明视阈下的中国道路自信》，《马克思主义研究》2021 年第 10 期。
② 宋朝龙：《新时代重大问题管得住的实践样本和世界意义》，《人民论坛》2021 年第 12 期。
③ 刘雄伟：《马克思〈论犹太人问题〉研究中的三个论题》，《西南大学学报》（社会科学版）2021 年第 3 期。

事经济活动的原则。犹太精神是货币化的最高表达，人与人的感情变得淡漠，一切都能以金钱衡量，从而带来了人的异化。它所包含的高度经验本质也拒斥着自身以外的创造物，从而导致社会的同质化和狭隘化。在这个层面，需要超越这种犹太人的狭隘性，进行现代市场精神的创新，构建互惠互利、尊重整体、敬畏制度的竞争精神和市场模式，才能带来人的全面和谐发展。①

　　二是从理论联系的角度出发，探讨马克思主义自由观的思想来源。有学者认为，马克思的思想发展历程中存在一个理论迂回的过程。通常人们会将黑格尔和费尔巴哈哲学对马克思的影响看作连续的、线性的，但实际上，二者对马克思思想的形成与发展造成了一定阻碍，这也促使马克思在克罗茨纳赫时期重新回到了德国古典哲学之前的历史中来考察现实。通过对近代思想史如卢梭等人的思想梳理，马克思重新理解了市民社会、公民、人权等概念，区分了自然人与公民、人权与公民权，批判了现实政治，进一步区分人的解放与政治解放。马克思所说的人的解放既有现实的批判意味，又有对理想状态的描述意味。② 理论迂回的方式为解读《论犹太人问题》这一文本提供了新的空间，进一步深化了对马克思关于人的解放思想的理解。有学者认为，在对黑格尔思想的批判中，马克思提出并分析了"无产阶级"这一概念，从而为人的解放找到了主体力量。③ 还有学者认为，学界忽视了马克思对黑格尔"政治国家—市民社会"这一框架的继承问题。马克思拒绝了黑格尔的共和主义设想，却将其框架作为论证政治解放的理论前提，忽视了黑格尔体系中的其他限定条件。只有马克思向唯物史观转变时，他才从叙事逻辑转向了经济逻辑，认识到社会矛盾根本聚焦于阶级问题。基于此历史唯物主义立场，马克思才能认识到政治国家由市民社会所决定，并且是其表现形式。④

　　三是从理论对比的角度出发，比较马克思主义自由观与其他思想的异同。有学者将马克思与同样是犹太人出身的阿伦特进行对比。马克思提出的犹太人问题的解决方案可以说是一种社会主义的解决方式，它针对的是整个人类，而不是特定的某个族群，犹太人的解放问题可以被化归为全人类的解放问题。而

---

① 平成涛：《从"犹太精神"到新的现代市场精神：马克思的批判与启示》，《学习与探索》2021年第1期。

② 王艳秀：《〈论犹太人问题〉的政治解放批判及其与"人的解放"之对勘》，《浙江学刊》2021年第3期。

③ 邹广文、王吉平：《马克思〈德法年鉴〉时期"无产阶级"概念的反思性研究》，《现代哲学》2021年第2期。

④ 方博：《青年马克思的公民浪漫主义——再〈论犹太人问题〉》，《北京大学学报》（哲学社会科学版）2021年第3期。

阿伦特提出的解决方式可以说是一种共和主义的解决方式，她坚决批判民族主义和极权主义，认为犹太人应该承担属于自己的政治责任。她从政治问题的视角出发，希望通过构建稳定的政治机制，这种政治机制可以通过联盟的方式进行，不一定要框定在民族—国家的框架内。① 虽然阿伦特的政治诉求具有难度，但不可否认这是面对 20 世纪世界风暴时对人类解放问题的一种创新性探索。还有学者对比了马克思和其他资产阶级思想家的现代国家观。在马克思看来，现代国家要以人的解放为目标宗旨，此处的人的解放并非资产阶级的政治解放，而是以无产阶级为主体的全人类的解放。无产阶级专政的社会主义新型国家的存在是实现人的解放的重要阶段，在此阶段要打破传统的资产阶级国家形式，消灭资本主义制度，改革国家职能，重塑社会价值观念，为实现人的解放和自由全面发展创造条件。②

## （二）不同理论视角下人的解放和自由全面发展研究

2021 年，学界从阶级解放、劳动解放、人学思想等角度分析人的解放和自由全面发展规律，呈现百家争鸣的理论态势，加深了对这一问题的研究和理解。

一是阶级解放的理论视角。有学者认为民族解放和阶级解放是人的解放的两个核心方面，要实现人的解放，就要从这两个方面进行探讨。人的解放具有自然属性和社会属性，分析阶级对社会属性层面的人的解放具有重要意义。无产阶级的革命任务包括支持被压迫民族的解放，但民族压迫具有其阶级根源。民族国家与资本主义的发展紧密相连，阶级斗争依然是社会的主题，现实中的阶级解放与民族解放具有复杂的互动关系。可以看出，民族解放具有优先性，而阶级解放具有根本性。③ 另外，有学者结合我国革命斗争历史、妇女解放历史探讨了妇女解放与阶级解放的关系。妇女的阶级在理论上是当时妇女运动的理论核心命题之一，解决一切问题的根本方法依然要到经济组织中去寻找，妇女解放的根本在阶级解放。只有通过阶级斗争推翻现存经济制度，才能改变妇女的地位。④ 还有学者研究了早期共产党人运用阶级分析方法对妇女解放道路的探索。早期共产党人通过比较资产阶级与无产阶级女权运动，认识到国内的

① 金丽娜：《马克思和阿伦特论"犹太人问题"》，《学术月刊》2021 年第 3 期。
② 李应瑞：《马克思的现代国家观及其时代意义》，《马克思主义理论学科研究》2021 年第 3 期。
③ 张淑娟：《马克思主义经典作家论人的解放：基于民族解放与阶级解放的互动》，《贵州民族研究》2021 年第 2 期。
④ 韩贺南：《妇女解放与劳动解放关系的理论逻辑——基于共产党创始人、先进分子早期妇女解放论述的考察》，《湘潭大学学报》（哲学社会科学版）2021 年第 4 期。

女权运动与欧美女权运动具有本质区别。欧美要求男女平权，而当时国内的妇女解放运动背后是工人和资本家的深刻对立，是无产阶级和资产阶级的尖锐矛盾，因此当时国内妇女解放运动的任务在于发动广大妇女投入无产阶级的革命事业当中，推动全社会的阶级解放。①

二是劳动解放的理论视角。有学者结合中国共产党党史，探讨了劳动解放与人的解放和自由发展的理论联系。有学者指出，劳动解放是中国共产党的奋斗基石、根本动力和价值追求，让中国共产党更加深刻地认识到该如何突破革命困境，认识到广大劳动者是可以团结的力量，从而让无产阶级的解放从自发走向了自觉，让无产阶级的历史使命和前进方向更加清晰。劳动解放理论让中国共产党获得了强大的理论支撑和丰富的精神滋养，为革命事业的胜利和社会主义建设提供了动力。② 有学者认为，人的解放是一个主体化过程，即通过对象性活动不断认识客观世界，并与客观世界实现相互确证，这个对象性活动就是人的劳动实践活动。人在劳动活动中能摆脱自然对人的束缚，丰富和拓展人的社会关系，摆脱社会对人的压迫。劳动转化为人自由自觉的活动，就说明人将迎来真正的解放和自由自觉的发展。③ 劳动解放是人的解放的现实依托，它不仅肯定了实现人的解放这一任务的主体是劳动者，也说明了只有通过现实的实践活动，才能真正实现人的解放和自由全面发展。

三是马克思主义人学思想的理论视角。有学者认为，人的解放是马克思主义文明观的重要主题。人的解放与全面发展不仅是文明追求的目标，也是评价文明的尺度。马克思主义文明观要求实现人的自由个性，蕴含着丰富的人学内涵。马克思认为，在资本主义社会中无法真正实现人的解放，只有在自由人的联合体中、在共产主义社会中，才能真正发展人的自由个性，让人得到解放和全面发展。④ 有学者看到了恩格斯在人学思想上的理论贡献，深化了学界对马克思和恩格斯思想统一性的认识。一方面，恩格斯强调人的自然性，人要实现自我发展必须具备自然基础；另一方面，恩格斯注重劳动范畴在人的起源、本质、价值中的意义，继承和发展了马克思的劳动观，认为劳动是人发展自身的实践起点。由此，恩格斯看到了人的发展秩序：人以自然为对象进行劳动，具

---

① 尹旦萍：《妇女解放的中国道路探索：建党初期的妇女运动》，《中国高校社会科学》2021 年第 3 期。

② 罗建文、吴旋：《劳动解放：中国共产党人 100 年不懈的价值追求与奋斗情怀》，《理论探讨》2021 年第 1 期。

③ 赵冰蕾：《习近平对马克思劳动观的继承和发展》，《湖北经济学院学报》（人文社会科学版）2021 年第 2 期。

④ 邓佳：《文明与人的发展：马克思文明观的人学意蕴探析》，《山东社会科学》2021 年第 12 期。

有自然属性，这种劳动是人的自主活动，让人和自然达到了本质统一。同时，人的发展不能脱离社会属性，不跳出资本主义的局限就无法真正实现人的解放和发展。① 还有学者从法学、人权视角审视人的解放问题，认为人权问题要和人的解放联系起来，只有在人的解放视域下才能界定人权价值，而人权的价值核心就是人的自由全面发展。同时，人权的存在及作用需要根据历史条件而定。当今人权发展到了新的阶段，要充分实现人权才能够具备进入共产主义社会、实现人的解放的条件。要发挥社会主义人权的优越性，达到彻底的政治解放从而促进人的解放。②

四是从"现实的人"出发的理论视角。有学者认为，人的解放是马克思思想的起点与终点，个体又是马克思人类解放思想的逻辑起点、展开和归宿。宗教改革实现了单个人的信仰自由，这些原子化个体构成了市民社会的基础，这是实现政治解放的前提，但资本主义条件下受到压迫的现实的人却被抽象个体所遮蔽。只有揭示虚假的自由平等，超越抽象个体，在现实中把握到社会制度和经济利益的不平等，才能看到现实个体，实现真正的人类解放。③ 有学者将个体放在"私人"概念中考察。"私人"是政治解放的产物，其根源在于生产力的发展与私有制的变革。国家从宗教中获得解放、市民社会从国家中获得解放，这顺应了资本主义的发展要求，但也体现了现代社会的矛盾。要解决私人与公共、个体与集体之间的矛盾，需要变革资本主义的生产关系，让私人发展为自由全面发展的人。④ 需要构建和谐的个体与集体的关系，才能实现人的解放和发展。马克思和恩格斯在《德意志意识形态》中初步描绘了未来共同体的图景。有别于前资本主义社会的依附关系和资本主义社会中的对立分裂关系，在真正的共同体中，个体与共同体能够实现和解，个人能够实现自由全面发展。⑤ "个人全面发展"是共产主义社会的标志，要从社会和自然两个维度进行实现。社会维度上，需要消灭资本主义分工限制、消灭阶级，确立生产资料公有制、大力发展生产力，从而为人的发展提供物质基础和制度保障；自然维度上，要发展人的自由个性，将人的活动真正变为自由自觉自主

---

① 邹恒：《恩格斯对马克思主义人学理论的贡献》，《湖北经济学院学报》（人文社会科学版）2021 年第 12 期。

② 侯健：《人的解放与中国特色社会主义的人权价值》，《社会主义研究》2021 年第 3 期。

③ 丁乃顺：《从"抽象的个体"到"现实的个体"——马克思早期"人的解放"思想的生成逻辑》，《山东社会科学》2021 年第 4 期。

④ 喻春曦：《马克思"私人"概念的当代审视》，《思想教育研究》2021 年第 11 期。

⑤ 郝立新、米乐平：《马克思恩格斯关于个人与共同体关系思想的历史建构——基于〈德意志意识形态〉的分析》，《山东社会科学》2021 年第 1 期。

发挥才能的活动。①

五是马克思主义自然观的理论视角。有学者从人与自然的关系层面来探讨人的全面发展问题。自然界是人赖以生存的前提和条件，人本身就是自然的产物。实现人的解放和发展需要重新审视人与自然的关系。人与自然的关系本质上是人与人的关系，也是一种社会关系。在资本主义私有制下，追求个人利益最大化是人们的原则和目标，自然和人都沦为了逐利工具。要改变人与自然的关系，就是要改变人与人的关系，要改变资本主义私有制。人与自然的和解要在共产主义社会中才能达成，要变革资本主义制度及其形成的生活方式、价值观念等，才能推动人类社会进入共产主义社会，从而带来人的解放和全面自由发展。②

## （三）人的解放和自由全面发展理论的当代发展

2021 年，学界的研究主要从"两个共同体思想"、人类命运共同体理论、人类解放和自由全面发展的当代指向和现实路径三个方面展开。

一是"两个共同体思想"体现了人的解放与发展。有学者认为人与自然的关系、人与人的关系是人类发展的两个维度，从而引出了对习近平总书记提出的"人与自然生命共同体"和"人类命运共同体"的探讨。两个共同体理念是对马克思主义理论的创新性发展，体现了人与自然、人与人之间的和解，体现了中国共产党人民至上的理念，为全球发展提出了中国方案，符合当下人类共同发展的时代潮流，最终目标是人的自由解放和全面发展。③ 有学者指出，共同体理念的构想具有其内在逻辑。一方面，它立足于历史唯物主义的立场和方法，从现实生活出发，将每个现实个人的利益纳入共同体进行考量；另一方面，它以人的解放为价值目标，不同于资产阶级的虚幻共同体，而是将人的发展与社会发展真正结合起来。在当代，人类命运共同体思想坚持以人类为本的发展理念，关注全人类的生存状况，符合全球化的历史发展进程，是对马克思共同体思想的继承和发展。④

二是人类命运共同体理论体现了人的解放与发展。有学者指出，人类命运

①　余金成：《马克思"个人全面发展"理论的两种思路及其当代释读》，《当代世界与社会主义》2021 年第 4 期。

②　刘丽霞：《马克思关于人与自然关系的论述及其启示》，《人民论坛》2021 年第 3 期。

③　王有腔：《从马克思时代的"两个和解"到新时代的"两个共同体"：共产党的人的全面发展之路》，《西安交通大学学报》（社会科学版）2021 年第 4 期。

④　张永刚：《马克思共同体思想的双重逻辑与当代践行》，《中共福建省委党校（福建行政学院）学报》2021 年第 1 期。

共同体理论关注全人类境况，保障世界人民的生存发展和共同利益，倡导全人类的美好生活。要达到马克思所设想的真正共同体，人类命运共同体是重要的创新和过渡，与真正共同体有着同样的价值追求，具备马克思主义人学内涵。① 有学者指出，人类命运共同体理论体现了马克思主义辩证统一的思想，它对人的发展进行了历史本质的探索，看到了人的发展是历史的、动态的、世界性的。人民期望美好生活，人民创造美好生活，人民享有美好生活，体现了依靠人民发展和发展为了人民的辩证统一，人民共同建设和人民共同享有的辩证统一，人为的和为人的辩证统一。② 同时，人类命运共同体理念具有强烈的现实意义。它回应了当下人们生命生存的问题，主张打破国别、族群等方面的歧视和排挤，消除人类主义和自然中心主义的对立，在人与人、人与自然方面都确立新的价值导向。在追逐个人私利的虚幻共同体中，人注定无法真正实现解放和自由发展。必须坚持生命至上理念，破除资本主义零和博弈的思想，才能推动人的本质的复归，促进人的解放和全面发展。③

三是人类解放和自由全面发展的当代指向和现实路径。有学者认为，习近平新时代中国特色社会主义思想是马克思主义理论主题的新体现，在人与自然的关系上主张生命共同体之生命至上，在人与人的关系上主张人类命运共同体之共同利益观和共同价值观，这都体现了以人为本的价值指向。④ 现阶段，实现人民对美好生活的期望就是实现人自由全面发展的要求。在实现路径上，要把握好人与自然、人与人、人与世界的三重关系，注重自然的人化发展，建构合理的制度保障，努力推动构建人类命运共同体，始终秉承马克思主义关于实现人的解放和自由全面发展的价值追求。⑤ 还有学者注意到我国作为多民族统一国家的特殊国情，提出要培养中华民族共同体意识，以马克思的全面发展观来指导社会主义多民族国家的团结统一。强调要坚持唯物史观的基本立场，始终坚持促进人类解放与发展这一终极目标，建立平等、和谐、团结的民族关系，筑牢中华民族共同体。⑥ 人的全面发展与社会的发展紧密相连，实现人的全面

① 初旭东：《构建人类命运共同体的人学意蕴》，《山东青年政治学院学报》2021 年第 5 期。
② 张富文：《人类命运共同体理念的马克思人学基础探析》，《理论导刊》2021 年第 6 期。
③ 张懿、于鸿君：《人类命运共同体的马克思主义生命观维度阐释》，《学习与实践》2021 年第 11 期。
④ 丰子义：《马克思主义理论主题的当代彰显》，《马克思主义理论教学与研究》2021 年第 1 期。
⑤ 刘卓红、刘倩：《理解"人的自由全面发展"命题的三个维度：内在意蕴、当下形态与实现思路》，《世界社会主义研究》2021 年第 7 期。
⑥ 高永久、赵志远：《论民族交往交流交融与铸牢中华民族共同体意识的思想基础》，《思想战线》2021 年第 1 期。

发展需要和社会发展相契合，要保障人和社会同向性全面发展。① 有学者认为，人的解放和全面发展是马克思主义民生观的重要内容，马克思和恩格斯虽未明确提出民生概念，但民生思想在他们那里早有体现，并且贯穿于他们对资本主义社会和共产主义社会的讨论中，其覆盖群体会从部分人扩大到全人类。② 从民生角度来看，教育是实现人的发展中不可忽视的重要领域，其内在价值取向就是人的自由发展和解放。教育不能把人培养为工作工具，而是要以人为本，让人能充分发挥个体个性与主观能动性，走多元化的全面发展之路。③

## 五 当代资本主义的发展规律及其历史性研究

对资本主义社会内部结构的剖析、对资本主义社会到社会主义社会过渡道路的探索，是马克思主义的理论主题，也是马克思主义理论学界一贯的热点问题。2021 年，学界围绕这一论题主要形成以下研究成果：其一，结合当代资本主义的本质，探讨当代资本主义的新变化；其二，对当代资本主义的替代性方案进行了探索；其三，探讨当代资本主义向社会主义过渡的可能性。

### （一）当代资本主义的新变化

对当代资本主义的发展规律及其历史性认识，必须以认清其本质为基础。有学者认为，金融垄断资本是当代资本主义社会占据支配地位的资本形式，是这个时代的"普照的光"。只有以金融垄断资本为前提，才能认识到当代资本主义世界在经济形态、阶级关系、政治形态、意识形态上发生了何种变化，认识到这些变化的真实的幕后推动者。④

一是当代资本主义对全球经济形态的塑造。当今世界，以大数据、物联网、云计算、人工智能、元宇宙等技术的兴起与广泛应用为代表，人类社会正经历新的生产力革命。有学者指出，判断当代资本主义对全球经济形态的影响，仅仅以某一项技术突破或者某种新机器的使用为依据是不够的。只有在深入研究由以上多项技术深度融合、相互推进产生的大数据技术体系的基

---

① 朱荣英：《马克思关于人与社会同向发展的价值追寻》，《郑州轻工业大学学报》（社会科学版）2021 年第 4 期。
② 熊友华、沈钰晶：《马克思主义视域中民生内涵的辩证意蕴》，《学术前沿》2021 年第 22 期。
③ 蒋晓明、易希平、张晓琳：《后现代社会的职业教育走向——实现人的自由发展与完全解放的全人教育》，《大学教育科学》2021 年第 5 期。
④ 刘慧：《国外马克思主义的新自由主义批判研究述评》，《马克思主义研究》2021 年第 8 期。

础上，才能把握当代资本主义生产的不同环节、主要特点及发展趋势。① 当代资本主义对大数据技术体系的应用促使劳动方式和生产方式产生深刻变革。有学者认为，数字信息技术打破了传统的企业雇佣劳动力形式，使资本与劳动力的结合更多凭借数字平台进行。不过，这些变化均未改变资本榨取剩余价值的生产关系属性，蕴含着新特点的劳动方式仍旧是资本主义制度下的生产劳动。②

有学者认为，大数据技术体系的应用既显著提高了社会生产力，增强了生产过程的计划性，也强化了金融垄断资本在生产各环节的剥夺性特征。一方面，当代资本主义通过互联网、物联网技术收集、传送信息，通过云计算分析信息，通过区块链管理信息，通过人工智能将大数据运用于生产生活，上述环节的相互嵌套和相互补充将生产活动集结在以大数据系统为核心的中枢机构中，生产过程的各个步骤，包括研发、制造、质检、运行等都在互联网中联结起来，生产过程能够实现自组织、自管理、自动控制。③ 另一方面，大数据技术体系仍从属于资本主义所有制关系，服务于当代资本主义的积累逻辑，主要表现为垄断资本通过对核心技术的垄断建立起对数据平台的垄断，又借由对平台的控制实现对数据资源的垄断，从而将资本主义生产的方方面面都整合进平台，使自身始终占据整个产业链的顶端。这样，金融垄断资本便能够深入全球资本主义产业体系，全方位调控产业布局，支配整个社会大生产过程并享有全社会产出的剩余价值。④ 有学者据此提出，当代资本主义通过推进数字技术革新塑造了全球产业分布、全球数据链价值分割体系和运营网络，也催生了以垄断关键网络平台和数据技术为核心的巨型跨国公司，不仅将当代资本主义推向"数字资本主义"阶段，更推向了"数字帝国主义"时代。⑤

对于大多数学者在叙述这一过程时采用的"数字劳动""数字资本"等概念，也有学者提出反对，认为这不符合政治经济学术语的基本运用规则，因为数字劳动本质上是运用数字化的生产资料进行的劳动，而数字资本主义仅对资本对数字技术的利用做了现象归纳。⑥

---

① 张建云：《大数据技术体系与当代生产力革命》，《马克思主义研究》2021 年第 4 期。
② 孙蚌珠、石先梅：《数字经济劳资结合形式与劳资关系》，《上海经济研究》2021 年第 5 期。
③ 张建云：《大数据技术体系与当代生产力革命》，《马克思主义研究》2021 年第 4 期。
④ 孟飞、程榕：《如何理解数字劳动、数字剥削、数字资本？——当代数字资本主义的马克思主义政治经济学批判》，《教学与研究》2021 年第 1 期。
⑤ 高海波：《数字帝国主义的政治经济学批判——基于数字资本全球积累结构的视角》，《经济学家》2021 年第 1 期。
⑥ 余斌：《"数字劳动"与"数字资本"的政治经济学分析》，《马克思主义研究》2021 年第 5 期。

　　二是当代资本主义对阶级关系的塑造。有学者指出，数字技术的推广并未改善劳动者的生活条件，反而在全世界造成了更为深刻的贫富对立和阶级对立。在直接生产过程中，底层劳动者的劳动条件显著恶化，工作环境污染严重。另外，西方数字技术公司对矿产的需求还促使它们在欠发达地区以暴力奴役等方式剥削当地工人。① 还有学者指出，数字技术产业的发展使得资本对劳动者的剥削形式有所更新，资本家通过数据分析对生产过程进行严谨计算，利用数字技术监控对劳动者的生产过程进行严密监督，以增加剩余劳动时间，催生了"生产过劳"现象，还造成大量劳动者"技术性失业"。② 此外，资本家还在以数据控制生产的过程中，促使"情绪劳动"，即劳动者为提高与劳动收入直接相关的声誉指标而进行的一系列情感工作占有的比重显著提升。③ 另有学者认为，在大资本对社会方方面面的支配下，个体精神世界正走向虚无化，底层劳动者对国家的精神认同正走向失落和失衡。④

　　三是当代资本主义对全球政治格局的塑造。近年来，逆全球化思潮兴起。对于逆全球化的成因，有学者指出，全球化是由大资本家、跨国公司财团、高技能劳动者等力量推动的，但正是这少部分人占有全球化中的大部分利益，而大多数劳动者都在全球化过程中受到了严重的剥夺，逆全球化代表底层群众的共同反抗。⑤ 有学者进一步指出，经济全球化的不同实现形式体现不同的经济基础和生产关系属性。近代以来，资本主义推动了全球化，又始终结合自身的积累模式不断塑造全球化的新形态。当资本主义的对外经济扩张到一定限度，西方国家无法再通过国外市场解决剩余产品和资本，垄断资本积累的内在发展趋势与其实现形式的矛盾便一定会在世界范围内显现，因而逆全球化反映的是经济全球化的资本主义形式走到了边界。⑥ 尽管底层民众已觉醒，但有学者认为，逆全球化并不能改变他们的生存现状，因为逆全球化实际上由垄断资本力量主导，本质是为了向外转移西方国家日益尖锐的阶级矛盾，以继续维持垄断资产阶级的统治。⑦ 有学者强调，逆全球化、身份政治等思潮只是掩盖资本主

---

① 张苏、张美文：《国外学者关于数字资本主义与数字异化问题的研究进展》，《国外理论动态》2021 年第 1 期。

② 吴宏洛、孙璇：《当代资本主义数字经济中的异化劳动问题》，《当代经济研究》2021 年第 6 期。

③ 王蔚：《数字资本主义劳动过程及其情绪剥削》，《经济学家》2021 年第 2 期。

④ 杨静：《当代资本主义精神危机批判及其启示》，《毛泽东邓小平理论研究》2021 年第 7 期。

⑤ 谢地、张巩：《逆全球化的政治经济学解释》，《马克思主义与现实》2021 年第 2 期。

⑥ 白暴力、傅辉煌：《经济全球化的资本主义边界与发展趋势——当前形势与我国的对策》，《经济纵横》2021 年第 1 期。

⑦ 罗皓文、赵晓磊、王煜：《当代经济全球化：崩溃抑或重生？——一个马克思主义的分析》，《世界经济研究》2021 年第 10 期。

义统治的意识形态现象。它离开经济基础，引导民众围绕种族、宗教、文化等论题相互争论，却避而不谈阶级社会的社会关系和主要矛盾，因而将无产阶级在生产关系和社会关系中的真实地位抽象化了。[①]

四是当代资本主义对全球意识形态的塑造。这主要表现为新自由主义主导的共识政治破裂，自由主义本身向极右保守主义和民粹主义转化。有学者认为，从表现形式来看，民粹主义青睐强人政治、魅力领袖，希望使公共权力摆脱权贵富豪、自由派精英的控制，真正代表广大民众的利益。[②] 有学者指出，新民粹主义运动兴起的结果可能与民众的初衷背道而驰。从话语表述来看，民粹意为民之精粹，但它并不代表人民利益，民粹主义在大多数情况下只是依附于其他的政治立场，以此填补自身在内容上的空洞。[③] 还有学者进一步指出，民粹主义为劳动者阶级提供了一种精神上的补偿，并由此保障了劳动者阶级对资本主义性质的国家的臣服，防止革命阶级意识的形成。另外，民粹主义借助于民族或种族矛盾，重新整合已经碎片化的底层社会力量，却以此动员了民族资本背后的全体国民来对抗其国际竞争对手，掩盖了垄断资本剥夺民众的真实图景。因而，民粹主义无非是资本主义为了在危机中挽救自身命运宣传的意识形态，是新自由主义的变体形式和更为反动的形态。[④]

## （二）对当代资本主义替代性方案的探索

面对当代资本主义的积累模式及其造成的问题，学界从多个角度提出了相应的替代性方案。

一是主张对当代资本主义实行改良措施。有学者指出，在经历了新冠疫情后，当代资本主义应致力于建立一个国家在其中发挥更多积极作用的经济体，使国家不再是纯粹的资本的"守夜人"，国家应迫使私人企业更多从公共利益出发开展经营活动，让纳税人分享利益；应将关键性技术的管理权握在自己手中；应帮助劳动者就业，为劳动者改善工作条件，提供更多的社会保障；应促进更公平的收入分配，等等。[⑤] 有学者指出，在新冠疫情的冲击下，西方国家已经开始在一定程度上修正新自由主义意识形态，重新关注以瑞典等国为代表

---

① 包大为：《身份政治：反噬的政治及其批判》，《社会科学战线》2021 年第 9 期。
② 林红：《从金融危机到疫情危机：西方民粹主义的威权化问题》，《当代世界与社会主义》2021 年第 4 期。
③ 岳潇、卢黎歌：《民粹主义思潮本质及其挑战与应对》，《理论探索》2021 年第 2 期。
④ 刘慧：《国外马克思主义的新自由主义批判研究述评》，《马克思主义研究》2021 年第 8 期。
⑤ 〔英〕玛丽安娜·马祖卡托：《新冠肺炎疫情后的资本主义：正确的恢复之道》，黄雯嫱编译，《国外理论动态》2021 年第 1 期。

的民主社会主义道路。① 有学者指出，当代资本主义在政治层面的改革方向在于真正贯彻"民主"立法程序。当下，西方代表制度成为拥有特权的精英寡头对法律和政策施加影响的工具，政治民粹化又从另一侧面侵蚀了西方民主政治。为了保障民众的经济利益和平等的权利，卢梭式的人民主权学说可以成为解决方案，即西方国家应建立起一种宪法立法层面的多数主义，使人民在决定立法事务时直接出场。② 还有学者提出"结盟民主"，要求在多元文化主义背景下，议会中应按人口数量使各族群都得到代表，并通过精英参与、相互否决等制度使民主政治得到不同群体的拥护。③

　　二是从生态、性别、种族等角度入手探讨对当代资本主义体制的变革。有学者指出，当前西方国家中风起云涌的新社会运动可以成为反对当代资本主义的现实突破点，为此必须重视斗争中的多元身份主体，有效凝聚各种社会力量，将权力斗争的领域转向微观与社会一切领域的不平等。④ 有学者提出"交叉性的政治生态学"方案，认为要克服当代资本主义造成的生态危机，必须同时考虑阶级、性别、种族和殖民主义这四种因素及其基本关系，强调资本主义替代道路的激进民主和生态-女性主义维度。⑤ 还有学者认为，在当下应将帝国主义的经济压迫与父权制的文化压迫结合起来，在生产组织内部进行对女性问题的文化分析，认识到在后殖民主义时代，在数据信息技术的加持下，当前的国际劳动分工对女性的压迫更为复杂，第三世界的底层女性是帝国主义体系首当其冲的受害者。⑥

　　三是强调西方国家左翼力量必须行动起来，通过政党领导社会民主运动，从整体上反抗当代资本主义的积累体系。有学者指出，当前西方盛行的右翼民粹主义有向法西斯主义过渡的趋势，击败法西斯、走向进步和民主的方法就是在左翼统一战线的基础上自下而上地完成动员，将改革派、革命派、社会民主

---

① 戴维来：《西方新自由主义谱系、评析与危机转向》，《国外社会科学》2021 年第 5 期。

② 郑荃文：《找回人民：塔克对人民主权学说的重释及其当代意义》，《国外社会科学》2021 年第 6 期。

③ 牟硕：《当代西方文化多元与民主解决方案——达尔多元主义民主理论的文化维度》，《国外社会科学》2021 年第 3 期。

④ 杨植迪：《拉克劳、墨菲"对抗"思想的建构路径及理论限度》，《国外社会科学》2021 年第 4 期。

⑤ 〔德〕马库斯·维森：《资本主义的极限及其超越：政治生态学的视角》，刘雨濛译，《国外理论动态》2021 年第 6 期。

⑥ 贺娜娟、戴雪红：《斯皮瓦克的后殖民女性主义批判新探——基于帝国主义危机控制理论的视角》，《国外理论动态》2021 年第 4 期。

派以及广泛的劳动者阶级组织联合在一起。① 有学者认为，西方国家法西斯主义倾向的根源在于当代资本主义的新自由主义意识形态，因此，左翼力量必须与一切反法西斯的政治力量，包括自由主义政治力量达成协议，坚持同样的经济计划，才能超越"新自由主义资本主义"。② 另有学者指出，在当代资本主义的积累模式下，虽然民众已经产生普遍不满情绪且被纳入民粹主义运动范围，但民粹主义只是社会民主运动迷失方向、未能与马克思主义相结合的表现。因而在西方学者笔下，国外马克思主义的一个重要趋势必然是重新转向党组织，通过建立一个强大的政党重建无产阶级的集体性，领导世界马克思主义革命。③

## （三）当代资本主义向社会主义过渡的可能性

针对当代资本主义对全球经济形态、阶级关系、政治形态和意识形态的塑造，学者们分析了当代资本主义的总体状况，并据此指出当代资本主义为科学社会主义创造契机。

一是分析当代资本主义发展趋势的方法论原则。有学者指出，对当代资本主义的分析必须纳入《资本论》的逻辑体系。在《资本论》中，马克思运用从抽象到具体的唯物主义辩证逻辑，从商品的价值形式这一资本主义经济关系的细胞形式出发，论证了从价值形式转化为货币、货币转化为资本、资本分化为不同的职能资本、职能资本又在相互融合的基础上形成大货币垄断资本的过程。以唯物辩证法为方法论原则，马克思抓住了资本本质自身的矛盾并以之剖析了资本主义的历史。与此相应，蕴含在金融垄断资本本质自身中的矛盾同样是我们剖析当代资本主义发展趋势的关键之处。④ 还有学者经由批判部分西方学者在"数字经济"研究中否定劳动价值论的做法，指出随着生产体系走向完全自动化、不变资本相对于可变资本而言迅速增长，资本所能攫取剩余价值的急剧减少的趋势是不可逆的，这同样能反映出资本自我否定的历史走向。⑤

二是当代资本主义面临系统性危机。有学者指出，不论是自由主义学者、

① 〔英〕亚历克斯·卡利尼科斯：《新自由主义资本主义内爆——全球灾难与当今的极右翼》，佟艳光、曹立华译，《国外理论动态》2021 年第 5 期。

② 〔印〕普拉巴特·帕特奈克：《新自由主义与法西斯主义批判》，刘明明、邹雷靖译，《国外理论动态》2021 年第 5 期。

③ 蓝江：《数字资本主义批判和重建无产阶级集体性——21 世纪国外马克思主义新趋势探析》，《华中科技大学学报》（社会科学版）2021 年第 1 期。

④ 宋朝龙：《〈资本论〉对认识西方金融资本主义大萧条的方法论价值》，《思想理论教育导刊》2021 年第 2 期。

⑤ 魏旭：《数字资本主义下的价值生产、度量与分配——对"价值规律失效论"的批判》，《马克思主义研究》2021 年第 2 期。

左翼学者还是马克思主义学者，都认为当代资本主义处于危机之中，且这里的危机并不是在资本积累的个别环节出现的、可以改善的局部问题，而是由经济、政治、社会、意识形态等各领域相互交织的危机现象，是在世界体系的核心地带而非缓冲地带发生的系统性危机。① 有学者指出，列宁的《帝国主义论》并未过时，从金融垄断资本中生长出的帝国主义体系也并未改变其垄断性与掠夺性、寄生性与腐朽性、过渡性与垂死性的基本特征。当代以美国为首的资本主义国家所发生的经济危机及其他领域的重重危机，是对列宁思想的现实印证。② 此外，还有学者认为，新冠疫情进一步加剧了金融资本主义的内在危机。在经济领域，私有化和利润导向导致抗疫失败；在政治领域，对原子式个人的强调以及自由与责任相互背离的制度设置导致西方国家政府缺位，陷入治理赤字；在社会领域，疫情加剧了各国阶级分化和种族不平等，加剧了社会撕裂状况；在生态领域，当代资本主义增殖体系造成自然界新陈代谢严重断裂。经济危机、政治危机、流行病危机与生态危机相互融合，以社会主义取代金融垄断资本主义的必要性和必然性愈发凸显。③

三是当代资本主义的发展趋势为科学社会主义创造契机。有学者强调，当代资本主义推动的生产力革命为社会主义创造了客观条件。当下，资本主义的发展带有日益明显的计划性特征。基于大数据互联网平台以及数据的共享本性，每位社会成员都将成为信息网络体系的建设者和参与者，计划生产、超大规模且无限深入的社会化协同得以实现，这都将不断推动平台等生产资料的社会化占有。④ 还有学者分析了当代资本主义过渡到社会主义的阶级条件问题。有学者认为在当代资本主义生产过程中，科学技术独立于直接生产劳动，表现为一种与资本融合、服务于资本的力量，新技术的运用绝不会改变剩余价值来源，只会使其带来的社会成果在大资本家与劳动者阶级之间的分布态势截然相反，在这一过程中，劳动者的劳动时间延长，劳动强度增加，劳动者之间的竞争加剧，反抗力量逐渐集结起来。⑤ 有学者指出，尽管从当代资本主义中已经

---

① 王森垚：《当代资本主义的系统性危机：表现形式、制度成因及发展趋势》，《江西社会科学》2021 年第 9 期。
② 张超颖：《列宁帝国主义论对金融资本垄断的批判及其当代价值》，《世界社会主义研究》2021 年第 4 期。
③ 李旸、王卓群：《新冠肺炎疫情背景下西方左翼思想界对资本主义的全面批判》，《当代世界与社会主义》2021 年第 6 期。
④ 姜耀东：《数字时代资本主义生产关系中数字劳动的价值走向——基于马克思政治经济学批判》，《东北大学学报》（社会科学版）2021 年第 6 期。
⑤ 孙炳炎：《马克思论科学技术的社会性质及其运用的社会影响——基于〈1861—1863 年经济学手稿〉文本的考察》，《毛泽东邓小平理论研究》2021 年第 10 期。

发展出了社会主义要素，但这些要素在私有制条件下仍是相互分离的，为此，只有认识并把握生产方式变革过程中蕴含着的"否定之否定"辩证逻辑，颠覆资本主义生产关系，才能实现对当代资本主义的"积极扬弃"而非"消极扬弃"，以推动私有制向公有制过渡、推动社会形态更替。①

## 六　共产主义理论研究

共产主义理想是马克思和恩格斯为之奋斗一生的目标，共产主义理论是马克思主义基本原理的组成部分。2021 年，学界从共产主义的概念及基本内涵、马克思和恩格斯共产主义思想形成和发展、共产主义的现实性和必然性、共产主义与中国四个方面对共产主义理论进行了研究。

### （一）关于共产主义的概念及基本内涵的研究

2021 年，学者对共产主义的概念及基本内涵进行了研究。

一是从经典文本中对马克思关于共产主义的论述进行解读，探究其概念和基本内涵。看待问题的角度基本可以被分为政治学、经济学和哲学。

有学者指出，共产主义的科学内涵存在着理论学说、远大理想和历史运动三个维度。这三个维度分别体现为科学性和革命性、阶级性和正义性以及现实性和探索性。② 另一些学者指出，共产主义的核心理念是"美好生活"，它主要包含人的自我实现、自我完善与人的全部才能的自由发展，消灭分工与谋生劳动的扬弃，人的需要的满足与完整的、丰富的人，以及个体与类（社会）的同一、超越近代政治哲学权利范式等方面的内容。③

有学者对于共产主义社会中的经济制度进行了研究，指出在共产主义的科学设想中，生产资料公有制是一个重要特征。计划经济、按需分配、消灭职业分工和三大差别、商品经济消失、劳动成为第一需要等设想，是从社会发展客观规律出发对未来共产主义社会基本特征的科学描述，不能将它们看作从属性特征。共产主义社会不仅以公有制为前提，而且以全社会范围内的计划经济和

---

① 王珂：《人工智能在实现"两个必然"中的作用及启示——基于生产方式变革的考察视角》，《马克思主义研究》2021 年第 9 期。

② 耿仁杰、孙来斌：《共产主义科学内涵的三个维度及其当代意义》，《湖北大学学报》（哲学社会科学版）2021 年第 2 期。

③ 鲁克俭：《马克思的"美好生活"理念及其证成》，《兰州大学学报》（社会科学版）2021 年第 3 期。

按需分配为其最终实现标志。①

一些学者从哲学角度对共产主义的概念及基本内涵进行研究。这方面的研究大多数从正义观道德伦理的角度入手。马克思的共产主义理论存在自身的阐释路径。有学者认为，马克思的共产主义在"作为自我实现的自由"、"规范作为客观现实"与"旁观者与行动者的统一"方面符合黑格尔伦理生活的规定。马克思的相关理念是近黑格尔的，而非近康德的。② 黑格尔规范性政治哲学关注具体的、历史的现实，有助于面对中国当下现实，构建马克思主义规范性政治哲学。有学者就共产主义社会中的正义问题进行了探讨，认为在消除了阶级差别和对立的共产主义社会固然不存在协调阶级冲突的权利标准，法权意义上的正义走向消亡，但这并非完全排斥一种内在的正义需求，仍需要价值层面的正义加以引导，协调人与人之间的利益冲突。正义的标准是内在于社会的，共产主义并非一个完全超越正义的社会，反而以正义为前提，是高阶正义的真正实现，是真理性与价值性的统一。③ 有学者对共产主义道德发表了看法，认为共产主义道德是人类历史上最高的道德形式，它是超越现实的理想追求，是超越个人利益的人类情怀，是超越物质需要的精神追求，它的实现是一个无限接近目标的过程。④

二是对马克思的共产主义理论与其他思想家的相关思想进行对比研究。共产主义理论在人类思想史上占据着重要的地位，不同的思想家出于自身的角度，对问题的认识也不尽相同。因此，学者们将相关思想家的思想进行比较研究，分析并挖掘可借鉴的价值。

一些学者将马克思的共产主义理论与其批判的对象进行对比并分析其中存在的超越。2021 年，最突出的是比较马克思与蒲鲁东的理论。有学者指出，围绕共产主义的起源和基本原则、共产主义学说史的梳理考察、共产主义的可行性与实现途径、共产主义评判社会革命的标准，马克思与蒲鲁东主义展开了激烈的思想交锋，并在这个过程中证实和丰富了自己的观点。⑤

一些学者将马克思的共产主义理论与其他思想家的相关论述进行对比。有

① 侯为民：《论共产主义社会基本经济特征的科学原理——与周为民、李欣广两位教授商榷》，《政治经济学研究》2021 年第 3 期。
② 冯波：《作为伦理生活的共产主义——反思对马克思主义规范性政治哲学的"近康德"阐释》，《吉林大学社会科学学报》2021 年第 2 期。
③ 张晶晶、童萍：《共产主义：正义及其实现》，《长白学刊》2021 年第 1 期。
④ 徐斌：《共产党员如何准确理解和践行共产主义道德》，《人民论坛》2021 年第 11 期。
⑤ 杨洪源：《共产主义和社会革命的不同审视——重新探究马克思与蒲鲁东主义的思想交锋》，《教学与研究》2021 年第 2 期。

学者从国家与社会、国家与个人、社会与个人之间的矛盾与冲突出发来比较马克思的共产主义与柏拉图的理想国之理论主旨，指出共产主义的核心是人，理想国的核心是国家；共产主义所依托的是全面自由发展的个人，理想国所依托的是具有片面性的城邦公民；马克思主张国家消亡，而理想国则要建立正义的国家。在关于未来社会的理论架构方面，马克思以资本逻辑批判为主线畅想了自由人联合体，其理论充满了对于现代社会觉悟了的人的诗意的期许；柏拉图则深入剖析了人的生命本能与社会角色的冲突，从人的局限性出发指出公共教育体制对于塑造人的重要作用。① 有学者对比马克思的共产主义学说和各种非科学的社会主义，指出马克思认为共产主义具有现实性，其产生的历史条件在于资本主义的历史发展，其存在的阶级基础是无产阶级及其政党的共产主义实践。马克思的共产主义学说建立在唯物史观的基础上，实现了经验实证方法同历史辩证方法的有机统一。②

　　马克思的共产主义理论是在对前人和同时代思想家的相关理论的批判继承的基础上建立起来的。也正是因为如此，马克思的共产主义理论有了超越前人的科学性。学者们通过比较马克思与其他思想家的相关理论，强调了马克思的共产主义理论中科学性之所在，为共产主义远大理想深入人心提供了理论上的依据。

## （二）关于马克思和恩格斯共产主义思想形成和发展的研究

　　理论的形成需要一个过程，它离不开马克思主义经典作家的探索。对马克思和恩格斯共产主义理论的形成和发展历程进行研究，有利于更加清晰地认识马克思和恩格斯共产主义理论所产生的理论基础。相关的研究主要体现在两个方面。

　　一是以马克思和恩格斯的早期文本为重点进行文本研究。有学者对马克思和恩格斯共产主义理论的思想起点进行研究。学界一般将马克思相关理论的思想起点归为中学毕业论文或博士毕业论文。从马克思的中学毕业论文《青年在选择职业时的考虑》中，可以看到一个少年在追寻人生理想时对理想职业的期待和向往，也可以看到一个伟大思想家的博大共产主义情怀在人生早期的体现。在博士毕业论文《德谟克利特的自然哲学和伊壁鸠鲁的自然哲学的差别》中，马克思厘清了伊壁鸠鲁和德谟克利特在思维方式上的差异、传承和超越，

---

① 侯小丰：《马克思的共产主义与柏拉图的理想国之理论主旨辨析》，《学术研究》2021 年第 10 期。

② 杨鹏：《马克思共产主义学说的独特思维方式——基于〈共产党宣言〉对各种非科学社会主义的清算》，《中国地质大学学报》（社会科学版）2021 年第 5 期。

也奠定了马克思以后思想变革的方向、价值和基本框架。① 恩格斯的思想起点则集中体现在他于 1833 年到 1842 年写的诗歌、通讯以及《德国民间故事书》《时代的倒退征兆》等著作中。② 相关研究者看问题的角度不完全相同，但基本得出共识即马克思和恩格斯 1842 年以前的著作中就已经体现出了他们共产主义理论的思想起点。

　　关于马克思和恩格斯共产主义理论的发展历程，大多数学者认为马克思在《黑格尔法哲学批判》中就已经确立了哲学共产主义的政治立场。③ 在《论犹太人问题》中，马克思提出"人的解放"。尽管是用人类解放的概念批判现实探索未来社会，但这与其倡导的共产主义原则是一致的。在《1844 年经济学哲学手稿》中，虽然唯物史观没有正式形成，但其中就包含青年马克思对共产主义的系统论述。受当时的社会历史条件影响，马克思在这里主要是站在费尔巴哈人本主义立场上，批判了当时存在的教条主义的共产主义，在人的解放"必然环节"的意义上论证了作为私有财产的积极扬弃的共产主义。④ 其中包含着对于国民经济学的深入理解，成为马克思走向新世界观过程中重要的一环。有学者对《德意志意识形态》进行考察，指出马克思恩格斯在《形态》中首次基于唯物史观的角度论述其共产主义思想。⑤ 总体而言，学界普遍认为马克思和恩格斯共产主义的理论发展历程从 19 世纪 40 年代初的《德法年鉴》时期的一系列文章和著作开始，以《黑格尔法哲学批判》、《1844 年经济学哲学手稿》和《德意志意识形态》这三部著作为较重要的标志。马克思在这一时期的著作中一步一步地将存在于 1842 年以前的共产主义理论的起点思想逐步发展为理论体系。

　　学界普遍认为《共产党宣言》标志着科学共产主义的正式诞生。它是共产主义思想的第一次公开发表与全面阐发，它将共产主义的历史必然性、无产阶级解放的根本前提、共产主义的实现途径和共产主义的理想目标建立在科学的理论之上。《共产党宣言》作为共产主义理论正式形成的标志性著作，这在学界得到大多数学者的承认。《资本论》是马克思对共产主义进一步的论证与深

①　吴育林、程华：《马克思早期共产主义思想的生成与叙事逻辑》，《广东社会科学》2021 年第 1 期。

②　王盛辉、高凤敏：《共产主义：马克思恩格斯一生的信念坚守》，山东人民出版社，2021，第 36、37 页。

③　鲁克俭：《马克思〈黑格尔法哲学批判〉中哲学共产主义的确立》，《马克思主义理论学科研究》2021 年第 4 期。

④　周嘉昕：《〈1844 年经济学哲学手稿〉中的共产主义问题再研究》，《马克思主义理论学科研究》2021 年第 12 期。

⑤　王思：《〈德意志意识形态〉中的共产主义思想探源》，硕士学位论文，华中师范大学，2021。

化发展。马克思在《资本论》中运用历史唯物主义方法，以实证分析方式科学地解剖了资本主义生产方式和经济运行规律，使"两个必然"理论建立在现实的生活和实证的理论依据之上。①

二是对马克思研究共产主义的方法论的转变进行了研究。有学者指出，马克思的共产主义思想经历了感性辩证法、历史唯物主义和政治经济学批判三次方法论的洗礼。这三次洗礼分别为马克思确立了"对抗性"、"历史性"和"生产方式"的分析方法。② 马克思的共产主义理论是在运用政治经济学批判方法论的过程中真正建立起来的。这个研究方法对于认识资本主义社会的自我否定运动以及未来社会形态的变化趋势有着重要的意义。

## （三）关于共产主义的现实性和必然性的研究

共产主义对我们来说不是应当确立的状况，不是现实应当与之相适应的理想。我们所称为共产主义的是那种消灭现存状况的现实的运动。这个运动的条件是由现有的前提产生的。③ 相比较于其他相关理论，马克思的共产主义理论的科学性就在于它有着现实性。它是建立在现实的物质世界和市民社会的基础之上的，它也必然会实现。因此，对于共产主义理论的现实性与必然性的研究受到了学者们的重视。2021 年，相关研究主要体现在两个方面。

大数据和人工智能是近年来认识共产主义的新角度。有学者认为，与智能社会这种技术社会形态相对应的一种经济社会形态，就是共产主义社会。人工智能的快速发展和广泛应用，智能社会的到来，为马克思恩格斯所构想的共产主义社会奠定了坚实的物质基础，为实现生产资料公有制、计划经济和"按需分配"，为打破旧式分工、令劳动成为人的"第一需要"，为人的自由全面发展和建设"自由人联合体"等提供了可能性。④ 有学者指出，未来的共产主义社会，以智能劳动为主的智能生产将成为主要生产方式。这样，生产力水平大幅上升，在公有制的制度保障下，共产主义得以实现的物质基础具有了实现的可能性。⑤ 技术的革新带来生产力水平的提高。与之相应，所有制、分配方式等也将发生变化，共产主义的现实性和必然性由此凸显。

① 张艳宏：《马克思共产主义思想的整体性研究》，中国社会科学出版社，2021，第 87 页。

② 王绍梁：《从方法论的深化重新认识马克思共产主义思想的流变》，《湖北社会科学》2021 年第 11 期。

③ 《马克思恩格斯文集》第 1 卷，人民出版社，2009，第 539 页。

④ 孙伟平：《智能社会：共产主义社会建设的基础和条件》，《马克思主义研究》2021 年第 1 期。

⑤ 蔺庆春：《人工智能与共产主义实现的可行路径——兼论马克思的历史分期理论及其内在生产逻辑》，《科学社会主义》2021 年第 5 期。

结合当代世界思潮和新冠疫情等现实来思考共产主义理想的角度。有学者认为，新冠疫情带来的危机给资本主义体系以沉重的打击，撼动了整个世界的全球化进程，并产生了很多意识形态偏见。在这样的危机之中，世界各国应团结一致，探索超越国家和民族的医疗卫生联合体系，并在共产主义理念的启发下重新思考超越资本主义体系的可能性。① 人类要想从资本主义的创造性破坏中解放出来，避免新自由主义与新法西斯主义合流而造成的更大灾难，就必须复兴社会主义理想，组织动员全球环境无产阶级，建立新型的社会新陈代谢关系，以及工人与人民的国际联盟。②

## （四）关于共产主义与中国的研究

2021 年正值中国共产党成立 100 周年，关于共产主义与中国的研究成为学界关注的热点。这方面的研究主要体现为以下三个角度。

一是中国共产党对共产主义的认识研究。中国共产党人对共产主义的认识存在一个深化历程，有学者将其分为四个阶段。在新民主主义革命时期对共产主义的初步探索中，中国共产党人对共产主义解读的重点在于实现共产主义的原理、方法、手段以及未来社会制度的大致框架等。这一阶段，解读被打上了俄国化马克思主义的烙印。在社会主义革命和建设时期，中国共产党人注意到共产主义社会发展的多个阶段、发展生产力对共产主义实现的意义、共产主义的基本分配原则以及向共产主义过渡的基本条件。在改革开放和社会主义现代化建设新时期，中国共产党人更加注重人的全面发展并将共产主义与理想信念紧密结合。在中国特色社会主义新时代，中国共产党人更加强调共产主义理想信念的重要性。③ 实现共产主义是一个漫长的历史过程。有学者认为，中国共产党历史上的共产主义最高纲领与不同阶段的最低纲领是辩证统一的，从中共二大第一次明确最低纲领开始，在党的思想中，最高纲领和不同时期最低纲领就一直相互联系又相互区别。④ 此外，只有吸取以往的经验教训，中国共产党人对共产主义理想的认识才能逐步深化。有学者认为，苏联的社会主义是共产

---

① 〔斯洛文尼亚〕斯拉沃热·齐泽克：《新冠肺炎疫情与资本主义体系：基于共产主义理念的思考》，韩振江、罗俏鹃译，《国外理论动态》2021 年第 2 期。

② 〔美〕约翰·贝拉米·福斯特：《社会主义理想的复兴》，刘仁胜译，《国外理论动态》2021 年第 1 期。

③ 高楠楠、郝欣富：《中国共产党对共产主义的认识：百年回望与现实启示》，《中州学刊》2021 年第 7 期。

④ 刘熙瑞：《共产主义远大理想和中国特色社会主义共同理想是党的精神支柱和政治灵魂》，《学术前沿》2021 年第 7 期。

主义发展的最初阶段，是一种"突变社会主义"。中国共产党以批判性和创造性的思维借鉴和吸取了苏联几十年的建设经验及教训，中国将成为未来世界社会主义事业发展道路的引领者。① 中国共产党成立以来，一代代中国共产党人就对于"什么是共产主义"的问题进行了不懈的探索。对共产主义理论的深入认识，对共产主义远大理想的不断深入挖掘，将为中国特色社会主义事业提供更好的理论支持。

二是共产主义理想信念研究。习近平总书记多次强调共产主义理想信念是"共产党人的政治灵魂，是共产党人经受住任何考验的精神支柱"②。中国共产党成立 100 年来，团结带领全国人民取得了革命、建设、改革的伟大成就，体现了强大的凝聚力，根本在于树立了社会主义和共产主义的理想信念。这种理想信念是中国共产党的政党之魂、价值之本和精神之"钙"。③ 共产主义的实现不是一蹴而就的，注定是一个漫长的历史过程。立足中国共产党现阶段的奋斗目标，以求真务实的态度推进伟大事业，要不断推进马克思主义基本原理中国化，进行理论创新和实践创新。④ 有学者指出，实现共产主义始终是中国共产党人的最高奋斗目标，树立共产主义理想信念对于中国共产党人而言是必不可少的。发展二十一世纪马克思主义，构筑当代中国人的理想信念，必须树立整体的共产主义思想和科学的历史唯物主义观点。⑤ 只有共产主义的理想信念坚定，中国共产党才能更好地领导中国人民和中华民族不断前行，践行"为中国人民谋幸福，为中华民族谋复兴"的初心和使命。

三是结合新时代中国特色社会主义来分析共产主义。进入新时代，中国社会的方方面面都发生了深刻的变化。有学者从中国特色社会主义制度的层面看待共产主义，指出中国特色社会主义制度承继了共产主义的科学内涵，坚持和发展了共产主义的科学性、人民性、公正性、开放性，是当代中国发展进步的根本制度保障，为过渡到共产主义奠定了制度基础。⑥ 部分学者将目光投向了中国特色社会主义道路，指出"中国道路"的成功实践证明了马克思未来社会理论的真理性和当代生命力。马克思对未来社会的思考，为我们在新时代坚定

---

① 〔俄〕亚历山大·布兹加林、柳德米拉·布拉夫卡-布兹加林娜：《共产主义理论与社会主义实践——苏联的教训和中国的未来》，郭丽双、王嘉亮译，《俄罗斯研究》2021 年第 6 期。
② 《习近平谈治国理政》第 2 卷，外文出版社，2017，第 326 页。
③ 骆郁廷：《理想信念是中国共产党凝聚力的核心》，《思想理论教育》2021 年第 4 期。
④ 王盛辉、高凤敏：《共产主义：马克思恩格斯一生的信念坚守》，山东人民出版社，2021，第 145 页。
⑤ 张艳宏：《马克思共产主义思想的整体性研究》，中国社会科学出版社，2021，第 152 页。
⑥ 陈婷：《共产主义视角下中国特色社会主义制度的内涵释读》，《广西社会科学》2021 年第 11 期。

"道路自信"提供了理论资源。① 挖掘共产主义理论，有利于中国特色社会主义在新时代继续保持强大的生命力。

## 七　马克思主义群众观研究

人民群众是历史的创造者，马克思主义群众观是无产阶级和人民群众强有力的思想武器。2021 年正值中国共产党成立 100 周年，习近平总书记在"七一"重要讲话中特别强调了人民至上的群众观。学界继续坚持以马克思主义基本原理观照中国现实，运用马克思主义群众观去分析和解决时代的重大问题，从不同角度出发深耕马克思主义群众观。2021 年，学界对马克思主义群众观的研究主要是围绕马克思主义经典作家和无产阶级理论家的群众观、建党百年来中国共产党的群众观点与群众路线、习近平新时代中国特色社会主义思想中的群众观、中国化马克思主义群众观在中国的具体实践与发展这四个方面深入展开。

### （一）马克思主义经典作家和无产阶级理论家的群众观

2021 年，一批学者坚持深耕马克思主义群众观的基本理论，聚焦于马克思、列宁、毛泽东及中国其他一些革命家、无产阶级理论家的群众观，形成了一些研究成果。

一是马克思群众观的研究。马克思在人类历史上第一次揭示了人类社会的发展规律，确立起人民群众的历史主体地位。有学者指出，以人民为主体的思想是马克思历史唯物主义的核心，是马克思全部理论的价值归宿。马克思的唯物史观彰显了人民的历史主体性和实践主体性，科学地揭示了人的本质和人民群众在社会历史发展中的决定作用，溯源这一思想对于推动新时代中国特色社会主义现代化建设和实现中华民族伟大复兴的历史进程具有重要意义。②

二是列宁群众观的研究。列宁在群众观上继承和发展马克思恩格斯的理论，同样也十分重视群众工作。有学者指出，列宁主义人民观的理论内涵在于强调"人民就是一切"和坚持密切联系群众的执政理念，列宁主义人民观正是中国共产党人民观的重要理论来源之一。③

---

① 黄晓锋：《马克思未来社会理论及其对新时代坚定"道路自信"的意义》，《山东社会科学》2021 年第 6 期。

② 张琳雅、王春林：《马克思人民主体思想及当代发展》，《党史博采》（下）2021 年第 10 期。

③ 高巍翔、余榕：《"以人民为中心"思想的理论逻辑、历史逻辑和实践逻辑》，《湖北师范大学学报》（哲学社会科学版）2021 年第 1 期。

三是毛泽东群众观的研究。毛泽东把马克思列宁主义的群众观与中国具体实际结合，高度强调群众在人类社会历史进程中的决定性作用。有学者指出，毛泽东的群众观特别强调民众的力量，注重民众的联合以及怎样实现民众大联合，是早期中国共产党人群众观的一道亮丽色彩，是党的群众路线的理论来源和思想基础。① 有学者聚焦于中共苏区时期，考察了毛泽东在领导局部执政、开展苏区建设时期的群众观及其实践，指出毛泽东重视群众力量、坚持为民谋利、密切党群关系、广泛开展群众动员，赢得了人民群众的大力支持，形成了一整套丰富的群众工作方法体系和系统的群众观，对促进革命事业发展、形成党的群众路线、推进马克思主义中国化进程具有重大意义。②

四是中国老革命家、无产阶级理论家群众观的研究。有学者溯源党的群众路线，考察了陈独秀、李大钊的马克思主义群众观。有学者指出，陈独秀的马克思主义群众观为中国共产党创立群众路线提供了宝贵的资源，李大钊结合中国实际阐发的依靠人民、发动群众的思想，也成为中国共产党创立群众路线的先声。③ 有学者指出，周恩来在长期的革命战争和社会主义建设实践过程中，遵循马克思主义唯物史观关于人民主体性的基本原则，继承和发展了马克思主义群众观，形成了内涵丰富的周恩来群众观。④ 有学者指出，中国共产党的群众路线是一批老革命家共同培育的成果，张闻天作为杰出的无产阶级理论家，始终坚持马克思主义群众史观，在革命和建设时期写作了大量反映其群众观的文章，并进行了有益的探索，形成了独到的见解。⑤

## （二）建党百年来中国共产党的群众观点与群众路线

2021 年是中国共产党成立 100 周年，习近平总书记在"七一"重要讲话中重申了中国共产党人民至上的群众观。国内学界聚焦于百年党史和马克思主义群众观，从不同角度解读建党百年来中国共产党的群众观点和群众路线，形成了一批极具年度性特点的研究成果。

一是中国共产党的群众路线的理论内涵研究。党的群众路线是一个包含诸多因素的综合体，它是世界观和方法论的统一，是政治原则与领导方法的统

---

① 许耀桐：《党的主要创始人早期形成的马克思主义群众观》，《古田干部学院学报》2021 年第2 期。
② 黄伟良：《中央苏区时期毛泽东的群众观及其实践》，《南方论刊》2021 年第 10 期。
③ 许耀桐：《党的主要创始人早期形成的马克思主义群众观》，《古田干部学院学报》2021 年第2 期。
④ 贾振芬、张玉磊：《周恩来群众观的形成条件与发展历程》，《天中学刊》2021 年第 3 期。
⑤ 霍玉敏、乔玉：《张闻天的群众观解读》，《河南科技大学学报》（社会科学版）2021 年第 3 期。

一，也是历史经验与现实需要的统一。有学者梳理了中国共产党的群众路线的理论逻辑，指出党的群众路线的政治本质与理论逻辑要到党的"生命"源头去寻找，坚持马克思主义唯物史观是形成党的群众路线的先决条件与理论基础，为我们溯源党的群众路线和探索其内在逻辑指明了方向。① 有学者深入解读党的群众路线的基本内涵，指出践行党的群众路线，也就是要坚持人民群众创造历史的基本观点，坚持以人民为中心，坚持党的根基在人民，保持党同人民群众的血肉联系，进而强调在新时代一切工作中都要彻底贯彻党的群众路线，遵循其内在逻辑，坚持全心全意为人民服务，把向人民群众学习与教育引导人民群众结合起来，把党的正确主张变为群众的自觉行动。②

　　二是中国共产党的群众路线之百年演进的实践逻辑研究。党的群众路线贯穿着党的百年发展历程，它是中国共产党人在长期的革命斗争实践中对马克思列宁主义的重要发展。有学者将党的群众路线的百年演进史与党领导人民的艰辛奋斗史结合起来，以百年党史的几个重要时期为时间线索，完整梳理了新民主主义革命时期、社会主义革命和建设时期、改革开放和社会主义现代化建设新时期，以及党的十八大以来群众路线的形成与发展。③ 有学者将党的群众路线的成功实践分为群众路线的开创和实践的起步、成熟和实践的深入、深化和实践的拓展、提振和实践的跃升、飞跃和实践的创新五大发展阶段，总结了六条群众路线实践的基本经验，即树牢马克思主义的群众观；继承中华优秀传统文化；坚持群众路线的工作方法和领导方法，遵循基本的实践环节；反对命令主义和尾巴主义，坚持自愿原则和前进原则；尊重群众首创精神同时反对自发论，坚持党对群众路线实践的领导；坚持一切为了群众和满足人民根本利益，并把它作为检验群众路线实践的标准。④ 这为我们逻辑清晰地回顾和审视党的群众路线百年历程提供了重要引导。有学者系统论述了党的群众路线的百年演进逻辑与基本向度，深入探讨了党的群众路线的演进历程与理论形态、核心要素与基本要义、立论基础与逻辑建构、历史经验与现实启示，为我们在新时代更好地把握党的群众路线提供了系统详尽的理论依据。⑤ 有学者着眼于"群众路线"的话语形态与话语建构，不仅注重"群众路线"的语义形态，而且看到了政治语义背后所蕴含的丰富政治实践内容，在既有研究基础上更进一步，指出"群众路线"是理解中国共产党党性与人民性内在统一的重要维度，有助于

① 刘红凛：《党的群众路线的理论逻辑与革命时期的实践经验》，《江西社会科学》2021 年第 5 期。
② 丁晓强：《在一切工作中贯彻党的群众路线》，《党的文献》2021 年第 4 期。
③ 杨金卫：《党的群众路线的百年演进及其历史经验》，《东岳论丛》2021 年第 2 期。
④ 许耀桐：《百年来中国共产党群众路线的实践与经验》，《国家治理》2021 年第 42 期。
⑤ 赵中源：《党的群众路线的百年演进逻辑与基本向度》，《求索》2021 年第 4 期。

我们更好理解群众路线在当代中国的价值形态，利于我们更好地坚持"人民至上"群众观。①

三是中国共产党"人民至上"群众观点的实践经验与启示研究。虽然党的群众观点在不同阶段有新的话语表述，但"人民至上"始终是具有统领意义的价值形态。有学者从伦理学角度阐释了"人民"的深刻内涵以及"人民至上"这一价值理念的理论、实践、历史以及道义合理性，指出"人民至上"是马克思主义群众观与中国传统文化中尚民爱民观念相融合的产物，是一种价值目标和价值尺度，更是一种道义要求和道义原则，从而为我们解读党的群众观提供了新思路，也为我们落实"人民至上"，使价值目标成为社会现实提供了理论支撑。② 有学者将"人民至上"作为中国共产党百年辉煌的成功密码，梳理了党的群众观点和人民至上思想理论的生发逻辑，从始终坚持马克思主义唯物史观、始终秉持坚定的人民立场、始终力行党的群众路线、始终重视党风廉政建设等四个方面总结了宝贵经验，为新时代开辟更美好的未来提供了重要启示。③

另外，2021 年，学界围绕建党百年来中国共产党的"人民至上"群众观形成了一些研究专著。有学者以《共产党宣言》和《为人民服务》两篇红色经典为基础，用丰富的案例和通俗的语言系统梳理了"人民至上"思想理论体系的发展脉络，深刻阐释了中国共产党成立百年来人民至上的执政理念及崇高理想，进一步丰富了马克思主义中国化的思想内涵。④ 有学者从党的政治立场出发，在回顾党和人民同呼吸共命运的百年历程基础上，系统阐释了中国共产党对马克思主义群众观的继承与发展，强调了中国共产党"人民至上"的根本政治立场，回答了中国共产党为了谁、依靠谁和为什么能够得到人民群众的衷心拥护等重大理论问题。⑤ 有学者按历史与现实两大维度，以若干鲜活的事例，从顺应民意、尊重民权、为民谋利、培育民德、提高民智、保障民安、面向世界、凝聚民识、赢得民心、坚守共产党人的精神追求十个方面，对"人民至上"作了系统的细致解读，更好地理解和把握了中国取得伟大成就、中国人民拥有幸福生活背后的理论逻辑。⑥

---

① 刘佳：《中国共产党"群众路线"百年演进的政治逻辑》，《内蒙古社会科学》2021 年第5 期。

② 江畅：《"人民至上"价值理念的道义合理性》，《道德与文明》2021 年第 5 期。

③ 舒艾香、尹文：《人民至上——中国共产党百年辉煌的成功密码》，《湖北社会科学》2021 年第7 期。

④ 牛先锋、杨磊：《人民至上：从〈共产党宣言〉到〈为人民服务〉》，广西人民出版社，2021，第 1 页。

⑤ 王炳林等：《人民至上：中国共产党的根本政治立场》，中共党史出版社，2021，第 1 页。

⑥ 阮青：《人民至上：中国共产党赢得人民信任和支持的制胜法宝》，新星出版社，2021，第 1 页。

## （三）习近平新时代中国特色社会主义思想中的群众观

党的十八大以来，习近平总书记在一系列会议和重大纪念活动的讲话中反复强调党与人民生死与共的密切联系，始终坚持历史唯物主义群众史观的基本立场，在对马克思主义群众观进行深刻总结的基础上，赋予其新的时代内涵。学界围绕着习近平新时代中国特色社会主义思想中的群众观进行探讨，并对其中的一些重要讲话和重要论断作出深刻阐释，形成一些有价值的研究成果。

一是从唯物史观出发解读某些重要讲话或重要论断的深刻意蕴。有学者对习近平总书记"人民是历史的创造者"这一思想进行理论溯源，揭示其背后深刻的马克思主义意蕴，指出人民群众必将在党的领导下实现中华民族伟大复兴。① 有学者对习近平总书记"人民就是江山"这一论断进行解读和评析，指出这是中国共产党基于百年奋斗作出的历史归结，是对马克思主义群众观的深刻总结，是对党的群众路线的庄严宣告。② "人民就是江山"的鲜明性体现在对历史唯物主义科学真理的坚定信仰、对党与人民血脉相连命运共同体的深刻体认、对社会主义政权党性和人民性高度统一的深刻揭示、对坚持推动事业发展与实现人民利益一致性的深刻把握。③ 有学者将习近平总书记的"七一"重要讲话作为习近平新时代中国特色社会主义思想的最新理论成果、一份贯穿马克思主义立场观点方法的纲领性文献，在文献解读中总结出了其背后的哲学意蕴，指出"七一"重要讲话集中体现了习近平总书记贯通古今的大历史观、与时俱进的时代观、人民至上的群众观和务实求新的实践观，为更好地理解习近平新时代中国特色社会主义思想中为人民、靠人民、爱人民的群众观提供了重要引导。④ 有学者聚焦于党的十九届六中全会重要文献，在细致解读中深度体悟了唯物史观和正确党史观，彰显了坚持人民至上这一基本历史经验的时代意义。⑤

二是习近平总书记关于以人民为中心重要论述的生发逻辑与时代价值的研究。党的十八大以来，以习近平同志为核心的党中央围绕党群关系等问题提出

① 邵鹏：《"人民是历史的创造者"的深刻马克思主义意蕴》，《国家治理》2021 年第 26 期。
② 陈祥健：《人民就是江山》，《红旗文稿》2021 年第 11 期。
③ 陈祥健：《"人民就是江山"：马克思主义群众史观的百年归结与时代宣示》，《福建论坛》（人文社会科学版）2021 年第 6 期。
④ 王永贵、王东：《贯穿马克思主义立场观点方法的纲领性文献——深刻领会习近平总书记"七一"重要讲话的哲学意蕴》，《毛泽东邓小平理论研究》2021 年第 7 期。
⑤ 仝华：《从党的十九届六中全会重要文献中体悟坚持唯物史观和正确党史观》，《毛泽东邓小平理论研究》2021 年第 12 期。

了一系列观点，形成了新时代中国共产党人"以人民为中心"的思想。2021年党的十九届六中全会把"坚持人民至上"概括为党百年奋斗的十条宝贵历史经验之一，再次强调了中国共产党以人民为中心的思想。有学者指出，以人民为中心是中国共产党人民群众观的最新理论阐释和价值引领，并对这一思想的生发逻辑进行探索，厘清其生发的理论基础与实践基础，阐释其内在的逻辑生成要素和生成过程中形成的特征，分析了其理论价值与实践价值。① 有学者基于"不忘初心、牢记使命"视角，指出党在新时代"守初心、担使命"的进程中始终坚持以人民为中心思想，并对这一理论体系的逻辑起点、逻辑继承、逻辑主线、逻辑展开和逻辑归宿展开了深入研究。② 有学者从改革开放历程出发，指出"以人民为中心"改革价值取向正是这40多年来中国人民艰苦奋斗的历史逻辑、现实逻辑、理论逻辑和时间逻辑之必然结果，为我们更好地理解新时代重大课题提供了细致的理论参考，有助于我们去科学认识国家发展背后的群众力量，进而在新时代新阶段站稳群众立场、坚守人民初心。③

## （四）中国化马克思主义群众观在中国的具体实践与发展

实践观点是马克思主义的首要观点，马克思主义群众观理论必须与现实问题相结合才能更好发挥指导作用。进入21世纪以来，国内外形势风云变幻，世界百年未有之大变局对党和人民继承发展马克思主义群众观提出了新的时代考验。2021年度，马克思主义理论界一批学者注意到了新时代纷繁复杂的现实问题与要求，从不同角度对马克思主义群众观在中国的一些具体实践与发展进行了深入探究、总结和展望，形成了一些高质量的研究成果，丰富了学界对马克思主义基本原理在当代中国的运用与发展研究。

一是中国化马克思主义群众观在政治中的成功实践探究与经验启示总结。中国共产党将马克思主义群众观同国情、党情和世情结合起来，发展了党的群众观点，确立起人民至上的价值理念，形成了党的群众路线。有学者从中国共产党政治话语中"党是历史和人民的选择"这一重要论断出发，对习近平总书记提出的"民心是最大的政治"进行了分析，指出在民心政治中人民群众具有政治主体性，创造性地提出要遵循从"党群关系"到"干群关系"的逻辑，

---

① 陈跃：《新时代以人民为中心发展思想的生发逻辑与价值分析》，《重庆社会科学》2021年第2期。

② 秦书生、李瑞芳：《新时代中国共产党人以人民为中心思想的逻辑理路——基于"不忘初心、牢记使命"视角的分析》，《湖南大学学报》（社会科学版）2021年第4期。

③ 王紫潇、陈继红：《"以人民为中心"改革价值取向的生成逻辑》，《南京社会科学》2021年第3期。

将干群关系张力转化为合力，并尝试构建了"权力—制度—文化"三位一体的实践机理，对我们在新时代激活群众路线和践诺民心政治提供了重要参考。① 有学者从世界政党政治发展规律角度，结合习近平总书记的"七一"重要讲话，揭示了中国共产党始终赢得民心的"政治密码"，总结了党能不断创造伟业的历史逻辑、理论逻辑、实践逻辑和政治保障。② 有学者从中国化马克思主义"人民"内涵的三重辩证关系出发，论证了马克思主义政治立场的科学性和可行性，指出中国马克思主义者继承了马克思主义人民至上的政治立场，并在主观与客观、宏观与微观、理论与实践的辩证统一关系中不断丰富与发展了"人民"内涵，为世界各国各民族的发展进步提供了中国智慧和中国方案。③

　　二是中国化马克思主义群众观在经济与社会治理中的运用与发展研究。人民群众是经济建设和社会治理的直接参与者、受益者和评判者，在这些领域牢固树立马克思主义群众观具有积极的现实意义。有学者针对当前我国社会治理群众参与动力不足等既有困境，基于马克思主义群众观，对构建完善党的领导、推动群众"全周期"参与的社会治理体制进行了深入分析，总结了各地群众参与社会治理的实践经验，对党在新时代更好地凝聚广大群众，引导人民共同参与社会主义现代化建设提出了一些极具现实意义的新想法。④ 有学者从新时代党中央的脱贫工作出发，从理论与实践两个层面分析了习近平精准扶贫思想背后的哲学意蕴与时代价值，指出新时代中国构建的扶贫、扶智、扶志"三位一体"大格局是对人民群众历史主体地位的高度肯定。⑤ 有学者着眼于基层社会治理实践，对新时代"枫桥经验"的理论逻辑及示范性价值进行了深入剖析，指出"坚持党的领导实现矛盾化解、突出人民中心落实帮扶行为、运用群众路线加强治安管理"是中国化马克思主义群众观在基层社会治理的生动体现，它的成功实践是马克思主义政党观、人本观、群众观与中国实际相结合的典范。⑥

① 王培洲：《民心是最大的政治：新时代中国共产党人群众观的内在逻辑》，《社会主义研究》2021 年第 2 期。

② 刘红凛：《中国共产党赢得民心的"政治密码"和基本逻辑》，《思想理论教育导刊》2021 年第 7 期。

③ 董新春：《从中国马克思主义"人民"内涵的三重辩证看马克思主义的"行"》，《理论探讨》2021 年第 6 期。

④ 李德：《论构建完善党的领导、推动群众"全周期"参与的社会治理体制——基于马克思主义群众观》，《毛泽东邓小平理论研究》2021 年第 5 期。

⑤ 海莉花、程健康：《习近平精准扶贫思想的哲学意蕴与时代价值》，《中学政治教学参考》2021 年第 7 期。

⑥ 张爱民：《新时代"枫桥经验"的理论逻辑及其示范性价值》，《新视野》2021 年第 4 期。

三是中国化马克思主义群众观在文化教育领域的实践研究。坚持以人民为中心发展文化教育事业，是马克思主义群众观指导我国文化事业发展的集中体现。有学者密切关注党的廉政文化建设，以中国化马克思主义群众观为理论基础，深入分析了党以人民为中心推进廉政文化建设的内在意蕴、百年历程与基本经验，揭示了廉政文化建设的历史规律，为我们更好理解人民群众在文化建设中的关键地位、更顺利地推进党的各项伟大建设事业提供了重要参考。① 有学者以我国的新闻舆论工作为重点，总结了党的群众路线在新闻舆论工作中的历史演进逻辑与内涵发展，结合我国不同历史阶段的使命要求深化了群众观在新闻舆论工作中的思想与实践。② 有学者聚焦于马克思主义群众观与教育事业，对以人民为中心发展教育的群众教育观进行了深入研究，强调坚持以人民为中心发展教育是马克思主义群众观的生动体现，探讨了如何从人民实际需求出发切实解决好教育公平、如何以教育公平促进和保障社会公平正义等问题，提出要加强改革发展以提升教育质量和服务民生，建设学习型社会以提高国民素质，依靠人民群众和教师队伍办好人民满意的教育，使人民群众更有幸福感。③

上述研究，从总体上深化了学界对马克思主义群众观的研究，为我们准确把握和运用马克思主义群众观提供了重要参考，也启示着学界今后要从以上四个方面继续深化相关研究。但是，2021 年度的马克思主义群众观研究也仍存在一些问题，比如对马克思主义经典著作文本中的群众观研究还需要进一步加以重视、对习近平新时代中国特色社会主义思想中的群众观研究还需要进一步加强、对运用马克思主义群众观分析和解决新时代一系列重大问题的研究力度还有待继续提升。

## 八　马克思主义文化观研究

马克思主义文化观是马克思主义基本原理的重要组成部分。2021 年，学界研究主要是从马克思主义文化观基础理论、马克思主义与中华优秀传统文化相结合、文化自信、社会主义核心价值观等方面展开。

---

① 江亲祥、李晓娟：《中国共产党以人民为中心推进廉政文化建设的内在意蕴、百年历程与基本经验》，《理论导刊》2021 年第 8 期。
② 林爱珺、何艳明：《"群众路线"在新闻舆论工作中的历史逻辑与内涵发展》，《学术研究》2021 年第 4 期。
③ 袁占亭主编《坚持以人民为中心发展教育》，中国人民大学出版社，2021，第 1 页。

### （一）马克思主义文化观基础理论研究

马克思主义文化观基础理论研究主要涉及对马克思主义文化观的内涵的科学解答，以及马克思主义经典作家的文化观研究两个方面。

一是马克思主义文化观的内涵。虽然马克思本人并没有关于"文化"的明确定义，但他创立的新唯物主义中蕴涵的文化维度是后世文化研究的理论基石。有学者认为，马克思恩格斯从文明、文艺、知识水平和受教育程度、意识形态等几个不同维度定义文化，将文化的本质理解为人类的精神活动及其产品，是"人的本质力量对象化"。马克思恩格斯从唯物史观的角度探索了文化演进的规律，主要内容包括精神生产与物质生产的辩证关系、意识形态对精神生产的异化和文化的多样发展等。文化的地位作用体现为，它是具有批判性质的物质力量，是解放人和发展人的强大精神武器。马克思恩格斯的文化观紧紧围绕实现人的自由解放与全面发展的价值目标，认为人是文化发展的根本动力，人自身的进步是衡量文化发展的根本尺度。[①] 也有学者立足文本阐述马克思主义文化观的基本内涵，并借用伽达默尔诠释学中的"时间间距"和"文化间距"对当代中国文化建设进行诠释。其诠释路径为坚持实践本体的新唯物主义文化观，摒弃文化自卑与文化自负；坚持以马克思恩格斯对资产阶级的文化批判为"批判的武器"，坚决抵制当今资本主义的"文化霸权"和"文明冲突"；坚定文化自信、提升文化自觉，推动新时代文化理论创新，丰富和完善马克思主义文化理论体系。[②]

二是马克思主义经典作家文化观研究。有学者总结归纳了学界关于马克思恩格斯文化观研究的不同视角：一是回溯视角，通过回溯马克思、恩格斯文化思想的历史渊源，来阐释马克思、恩格斯对待文化及其相关问题的根本立场；二是关联视角，通过剖析马克思、恩格斯文化思想与他人思想的承继关系，来呈现马克思、恩格斯对待文化及其相关问题的科学态度；三是映射视角，通过透视马克思、恩格斯对以资本主义文化等为代表的文化的批判，来折射马克思、恩格斯对待文化及其相关问题的基本观点；四是综合视角，通过分析马克思、恩格斯关于文化及其相关问题的论述，来总结提炼马克思恩格斯的文化观。[③] 有学者聚焦于列宁文化领导权理论，探讨了其对塑造领导干部意识形态

---

[①]　牛思琦：《马克思恩格斯文化观的基本问题论要》，《马克思主义文化研究》2021 年第 2 期。

[②]　王连杰、丁晓强：《马克思恩格斯的文化观及当代诠释——从〈德意志意识形态〉"费尔巴哈"章到〈共产党宣言〉》，《烟台大学学报》（哲学社会科学版）2021 年第 1 期。

[③]　单文鹏：《马克思恩格斯文化观研究的多重视角》，《马克思主义理论学科研究》2021 年第 7 期。

安全观的启示，指出列宁强调领导干部要牢固树立掌控意识形态领导权的自觉意识，新形势下领导干部要认清意识形态领域的复杂局面，不断提升工作能力与树立科学意识形态安全观。① 也有学者结合当时的社会背景阐述了列宁关于无产阶级专政条件下意识形态斗争的规律的探索以及其对新时代意识形态工作的指导意义。

## （二）马克思主义与中华优秀传统文化相结合

在庆祝建党 100 周年大会上，习近平总书记强调中国共产党必须坚持马克思主义基本原理与中国具体实际相结合、与中华优秀传统文化相结合，对于中华优秀传统文化实现创造性转化和创新性发展具有重要意义。2021 年，学界就马克思主义与中华优秀传统文化相结合的命题开展了丰富的研究。

一是关于马克思主义与中华优秀传统文化相结合的历史逻辑研究。有学者从历史的角度，追溯了中国共产党成立以来的百年光辉历程，阐述了不同时期中国共产党面临的主要任务和现实问题，以及马克思主义同中华优秀传统文化相结合的具体历史进程。②

二是关于马克思主义与中华优秀传统文化的融通性研究。有学者总结了中国共产党建党百年来马克思主义基本原理同中华优秀传统文化相结合的历程，指出习近平新时代中国特色社会主义思想始终坚持马克思主义的立场、观点和方法，积极汲取了中华优秀传统文化中的智慧，既带有浓厚的马克思主义理论味，也带有丰富的中华优秀传统文化味，鲜明地体现了马克思主义基本原理同中华优秀传统文化的高度契合性。③ 有学者认为马克思主义的辩证方法和价值诉求与中国传统文化中所包含的优秀特质具有很大的契合性，这构成了马克思主义中国化的重要基础。④

三是关于马克思主义与中华优秀传统文化的关系研究。有学者指出，中国传统文化是马克思主义中国化必须面对的中国文化实际，中华优秀传统文化是马克思主义中国化达其所成的必要的思想文化条件。⑤ 有学者认为，坚持马克

---

① 张君、李国涛：《列宁文化领导权理论对塑造领导干部意识形态安全观的启示》，《中学政治教学参考》2021 年第 36 期。
② 欧阳军喜：《马克思主义同中华优秀传统文化相结合的百年实践》，《历史研究》2021 年第 6 期。
③ 刘强：《坚定不移走好马克思主义基本原理同中华优秀传统文化相结合之路》，《山东社会科学》2021 年第 10 期。
④ 郝立新：《马克思主义如何同中华优秀传统文化相结合》，《孔学堂》2021 年第 8 期。
⑤ 余玉花：《论中华优秀传统文化在 当代中国马克思主义发展中的作用》，《思想理论教育》2021 年第 9 期。

思主义基本原理同中华优秀传统文化相结合，是坚持和发展马克思主义的必然要求，能为发展当代中国马克思主义提供丰富的文化资源；是坚持和发展中国特色社会主义的必然要求，能为拓展中国特色社会主义道路、推动社会主义文化繁荣兴盛提供丰厚的文化滋养；是实现中华民族伟大复兴的必然要求，能为创造人类文明新形态提供肥沃的文化土壤。① 有学者认为，马克思主义在给中国社会带来巨大进步的同时，也深刻地影响着中国传统文化。坚守马克思主义价值追求是中华优秀传统文化新时代传承的根本前提，诠释马克思主义经典著作是中华优秀传统文化新时代传承的根本保证，推进马克思主义文化实践是中华优秀传统文化新时代传承的实现条件。② 有学者重点关注了自 1840 年以来中国传统文化现代化与马克思主义中国化之间的关系，指出中国传统文化现代化与马克思主义中国化具有历史与逻辑的基本一致性，并在中国社会和中国文化从传统到现代的转型中互相推进，但历史与逻辑的进程不是完全一致的，主体也不是完全相同，性质也不一样，强调应将中国传统文化现代化与马克思主义中国化看作一对文化矛盾并努力化解。③ 有学者认为，马克思主义与中国传统文化不仅有同一性的一面，而且有相对立的一面。④

四是马克思主义基本原理与中华优秀传统文化相结合的推进路径研究。有学者认为，开辟马克思主义基本原理同中华优秀传统文化相结合的新境界，需要把握几点：第一，要正确把握马克思主义基本原理，全面理解中华优秀传统文化，努力寻求二者的契合点和结合点；第二，要在"结合"过程中实现创新，在创新过程中实现"结合"；第三，要把文化吸收继承和文化交流互鉴两种方式结合起来，实现马克思主义与中华优秀传统文化之间的深度融合。⑤ 有学者重点探讨了先秦儒家乐教对我国社会主义文化建设的启示作用，先秦儒家乐教旨在通过音乐对人们进行心灵和道德的教化，这对于提高中国文化软实力、发扬中华民族优秀传统文化以及夯实社会主义文化的基础具有重要意义。⑥ 在新冠疫情肆虐全球的时期，有学者聚焦于中国的中医药文化的研究，通过推动

---

① 王炳林、李盖启：《马克思主义同中华优秀传统文化相结合的时代价值》，《教学与研究》2021年第 11 期。

② 曹兰胜：《马克思主义与中华优秀传统文化的新时代传承》，《马克思主义文化研究》2021 年第 1 期。

③ 陈方刘：《中国传统文化现代化与马克思主义中国化的文化矛盾及化解之道》，《科学社会主义》2021 年第 4 期。

④ 刘润为：《马克思主义与中国传统文化的关系问题》，《马克思主义文化研究》2021 年第 1 期。

⑤ 郝立新：《马克思主义如何同中华优秀传统文化相结合》，《孔学堂》2021 年第 8 期。

⑥ 吴宁、李文卓：《先秦儒家乐教与中国社会主义文化建设》，《马克思主义文化研究》2021 年第 2 期。

中医药文化发展来增强民族文化自信。①

## （三）文化自信研究

文化自信是一个国家、一个民族发展中最基本、最深沉、最持久的力量。2021 年，学界关于文化自信的研究聚焦于文化自信的内涵要义和功能作用、历史逻辑和生成逻辑以及坚定文化自信的策略与路径研究等方面。

一是文化自信的内涵要义和功能作用研究。有学者认为，文化自信是一个国家、一个民族对自身文化价值和文化生命力的坚定信念，文化自信的根本在于对核心价值观的自信，中华优秀传统文化为文化自信提供了恒久的民族基因，革命文化为文化自信提供了强大的精神动力，社会主义先进文化为文化自信树立了伟大的思想旗帜。② 有学者认为，文化自信是一个国家、一个民族在历史实践中逐渐建立起来的文化心理和传统，是人民大众对民族共同体的具体文化认知，是在改造客观世界、协调群体关系、调节自身情感的实践中对本民族、国家的文化认同。③

二是文化自信的历史逻辑和生成逻辑研究。有学者认为，中国共产党从创建之日起就高度重视文化建设，中国共产党在百年奋斗征程中一以贯之地强调文化在经济社会发展中的地位和作用，它既是中国先进文化的积极引领者和践行者，又是中华优秀传统文化的忠实传播者和推广者。④ 有学者认为，毛泽东传承中国传统文化中的斗争精神，运用马克思主义理论研究中国革命战略和策略，提出"一切反动派都是纸老虎"的著名论断，在中国革命过程中展示了中国人民独立自主、自力更生的民族精神。新中国成立后，毛泽东进一步分析和批判帝国主义文明论，提出破除迷信西方、坚持民族自信等思想，这些都体现了他对社会主义先进文化的自信。⑤ 有学者认为，中国优秀传统文化面对文化危机时的辩证审视态度以及孕育先进文化的创新机制催生了文化自信。⑥ 有学者认为，中国共产党文化自信是文化自信的核心内容，是政党自信的具体要求，中国共产党建党百年的发展历程，既是中国共产党政党文化丰富和发展的

---

① 吴文新：《中医药独特优势何以彰显中华文化软实力》，《马克思主义文化研究》2021 年第 2 期。

② 杨宝国、杨梅玲：《关于文化自信的几个重要问题》，《马克思主义文化研究》2021 年第 1 期。

③ 张云龙、梁珊：《新时代文化自信的内涵要旨、发生逻辑与基本进路》，《世界马克思主义研究》2021 年第 2 期。

④ 张志顺、庞晨晓：《从建党百年历程看中国共产党的文化自信》，《大庆社会科学》2021 年第 6 期。

⑤ 顾友谷：《毛泽东关于"纸老虎"的论断及其文化自信》，《毛泽东思想研究》2021 年第 6 期。

⑥ 丁立群、陆鹏飞：《全球化视域下我国文化自信的生成逻辑和当代价值》，《马克思主义哲学》2021 年第 4 期。

过程，也是中国共产党文化自信生成和确立的过程。①

三是坚定文化自信的策略与路径研究。有学者认为，文化自信既需要战略高度层面的重视，更需要现实层面的实现路径，增强和实现文化自信，需要从文化的"器物—制度—精神观念"三个层面加强建设。首先，提升文化的硬核——科技；其次，深化制度改革，制度的发展与完善为国家发展提供了巨大的潜力和空间；再次，保持开放对话的精神观念。② 有学者认为，中国共产党文化自信的确立与巩固需要客观需求与行动自觉的相互促进，有赖于信心引导和实践支撑，要求把握科学内涵、增强价值自觉、提升现代品质、重视文化实践。③

## （四）社会主义核心价值观研究

社会主义核心价值观是中国特色社会主义的价值基础。2021 年，学界对社会主义核心价值观的研究聚焦于社会主义核心价值观与法治建设、高校社会主义核心价值观话语体系构建、社会主义核心价值观的逻辑结构等问题。

一是社会主义核心价值观与法制建设研究。有学者认为，将社会主义核心价值观融入指导性案例，既是推进核心价值观融入法治建设的具体举措，也是在司法解释和裁判文书释法说理中全面贯彻核心价值观的体现。推进社会主义核心价值观融入指导性案例需要坚守法治的立场、恰当处理法律与道德的关系、遵从司法的特性和规律，并符合案例指导运作的机理。④

二是高校社会主义核心价值观话语体系构建研究。有学者认为，构建高校社会主义核心价值观话语体系，是高校引导大学生培育和践行社会主义核心价值观的应然逻辑和必然要求。高校要立足新时代加强和改进思想政治工作的新形势、新内涵、新要求，结合时代特征、学校特色和大学生群体特点，进一步传承创新话语理念，丰富拓展话语内容，转换融合表达方式，优化完善载体平台，加快构建大学生乐于接受、易于理解、便于传播的话语体系，真正使社会主义核心价值观成为大学生的价值共识、思想共鸣和实践准

---

① 何淼：《中国共产党文化自信的生成逻辑与推进路径》，《东岳论丛》2021 年第 12 期。
② 张云龙、梁珊：《新时代文化自信的内涵要旨、发生逻辑与基本进路》，《世界马克思主义研究》2021 年第 2 期。
③ 何淼：《中国共产党文化自信的生成逻辑与推进路径》，《东岳论丛》2021 年第 12 期。
④ 杨知文：《把社会主义核心价值观融入指导性案例的理据与方法》，《中共中央党校（国家行政学院）学报》2021 年第 6 期。

则。① 此外，还有学者根据新时代大学生特点和价值观生成规律，指出培育大学生社会主义核心价值观应在心理接受、教育引导、文化陶冶、示范引领、实践养成这五个机制上下功夫。②

三是社会主义核心价值观的逻辑结构研究。有学者重点研究了社会主义核心价值观的逻辑结构，认为社会主义核心价值观的逻辑结构是：立足于马克思主义"每个人的自由发展是一切人的自由发展的条件"命题，每个人都享有平等的自由，由此达到公正的状态，法治就是对自由平等公正的保障（现阶段国家法律把自由的概念转换为法律权利的概念）。这是社会层面价值取向的逻辑。由此推衍出现代国家的使命（亦即富强、民主、文明、和谐是为了实现每个人的自由）和个体公民美德的支持（爱国、敬业、诚信、友善），从而建立起核心价值观的整个系统。③

## 九　马克思主义文献学研究

马克思主义文献学以马克思主义文献为研究对象，基于马克思主义经典作家文本系统进行科学研究，再现和把握马克思主义的原本状态、总体面貌、历史进程、科学内涵和思想实质。2021 年，马克思主义文献学研究主要涉及《马藏》工程新进展、MEGA$^2$ 最新研究成果和马克思主义经典文本新解读三方面。

### （一）《马藏》工程新进展

《马藏》是对马克思主义形成和发展过程中相关文献进行的汇集与编纂，是系统呈现马克思主义在中国传播、接受和发展的历史文献典籍。作为一项重大的基础性学术文化工程，《马藏》编纂与研究对于促进马克思主义的学术研究和理论发展，增强马克思主义理论自信和文化自信，提升中国化马克思主义的影响力和话语权，推进中国哲学社会科学的繁荣发展具有重大意义。2021年，《马藏》编纂工程取得新进展。

一是全面推进《马藏》编纂工程。《马藏》设计为四部，第一部收录著作（包括译著）类文本，第二部收录文章类文本，第三部收录各类通讯报道以及各种档案、笔记、书信等文本，第四部收录中国共产党有关文件类文

---

① 张蓓蓓：《高校社会主义核心价值观话语体系构建研究》，《学校党建与思想教育》2021 年第 24 期。

② 彭菊花：《新时代大学生社会主义核心价值观的生成机制》，《人民论坛》2021 年第 36 期。

③ 高国希：《关于社会主义核心价值观逻辑结构的思考》，《复旦学报》（社会科学版）2021 年第 6 期。

本。2021 年，《马藏》第二部第 1~2 卷、第三部第 1~2 卷出版，第四部第 1~4 卷完成编纂。

二是以《马藏》工程为基础的学术研究取得新成果。北京大学《马藏》编纂与研究中心在推进《马藏》编纂、承担教育部哲学社会科学研究重大课题攻关项目"《马藏》编纂与研究"过程中，撰写了若干研究论文，部分论文收入《〈马藏〉研究》第二辑（科学出版社 2021 年 6 月出版）。该辑论文按研究专题，主要分为四类。第一类着重从总体上探讨社会主义和马克思思想学说在中国传播起始阶段的传导过程、思想过程和文本特征等，展现中国近代思想文化演进的历史图景和马克思主义中国化的理论准备过程；第二类采用概念史、翻译史、阅读史等范式，对 20 世纪初译介到中国的社会主义著作中的较具代表性的著作进行了研究，在此基础上对马克思主义在中国传播、接受和中国化的机理等作了探讨，拓展了早期传播研究的问题域；第三类对几篇研究俄国共产党和第三国际文献的论文进行了研究，探讨了这些文献对中国共产党和马克思主义在中国传播的影响；第四类对《马藏》工程的宏观介绍，涉及《马藏》文献的搜集与文本选取，以及对《马藏》第二部前两卷主要篇目的介绍。

在 2021 年 11 月 11 日召开的《马藏》编纂与研究中心工作会议中，顾海良指出，要从马克思主义研究的学术化和学理性的角度，研究马克思主义在中国的传播史和接受史，考证在当时的历史条件下文本的传播情况以及传播产生的影响，版本的流变、演化情况，对后人的思想影响等。目前，《马藏》研究的总体水平在国内处于领先地位。

## （二）MEGA² 最新研究成果

《马克思恩格斯全集》历史考证版（MEGA²）的出版为马克思主义研究提供了文献学基础。2021 年，围绕 MEGA² 所展开的研究分为对 MEGA 编辑原则的历史考察、在 MEGA² 基础之上对马克思主义经典文本的个案研究两个部分。

一是对 MEGA 编辑原则的历史考察。有学者对 MEGA 编辑原则的历史变迁进行了回顾，并在此基础上评价了 MEGA² 的编辑原则。其一，梁赞诺夫版 MEGA¹ 的编辑原则体现在梁赞诺夫 1927 年撰写的 MEGA¹ 第 1 卷前言中，最为关键的就是完整性和遵从原文。在 MEGA 收录文献的编排顺序上，梁赞诺夫主张一种区别于严格的编年顺序和逻辑顺序的发展史顺序。在 MEGA 的篇目划分上，梁赞诺夫将其划分为这样三个部分：除《资本论》外的著作、《资本论》及其手稿、通信。除此以外，梁赞诺夫还确定了 MEGA¹ 每一卷前言的撰写原则。其二，狄茨版 MEGA² 的编辑原则相较于梁赞诺夫版 MEGA¹ 的编辑原则来说，更具科学性、严谨性和完整性。狄茨版 MEGA² 的编辑原则于 1976 年形成，其为每一卷增加了副卷，用以再现修改过程，从而进一步保证了 MEGA 的完整性和科学性。在 MEGA 的结构划分上，狄茨版 MEGA$^2$ 较之 MEGA$^1$ 增加了一部分，该部分是马克思恩格斯遗留下来的大量摘录、笔记和批注。狄茨版 MEGA$^2$ 在编辑顺序上，区别于梁赞诺夫的"发展史顺序"，采取了"编年史顺序"。其三，MEGA$^2$ 编辑原则于 1993 年确立，这使得 MEGA$^2$ 的编辑出版工作进入一个全新阶段。MEGA$^2$ 编辑原则中最重要的一条是"排除掉政治的意识形态的操控"。然而事实上，在此后科学院版 MEGA$^2$ 的编辑出版过程中，这一原则并未得到坚持。①

二是在 MEGA$^2$ 基础之上对马克思主义经典文本的个案研究。自 MEGA$^2$ 陆续出版以来，在此基础上对马克思恩格斯经典著作进行文本解读的成果十分丰富。这些文本包括《巴黎笔记》《1844 年经济学哲学手稿》《德意志意识形态》《共产党宣言》《资本论》等。

其一，《巴黎笔记》与《手稿》的内在关联研究。立足 MEGA$^2$ 的文本学解读，有学者重新审视了青年马克思第一次进行经济学研究时写下的《巴黎笔记》与《手稿》的文献和逻辑关系，批判了认为《巴黎笔记》和《手稿》是同时进行写作的观点，指出《手稿》的整体逻辑方法是劳动异化构式，而劳动异化构式正式出场的标志是在《巴黎笔记》中《詹姆斯·穆勒〈政治经济学原理〉一书摘要》的交往异化理论之后。②

其二，基于 MEGA$^2$ 对《形态》的文献学研究。自 2017 年底 MEGA$^2$ 第一部分第 5 卷（MEGA$^2$ I/5 或 MEGA$^2$ 卷 I/5）《形态》的面世，学界围绕《形态》开展了一系列问题的研究与争论，所呈现的研究成果十分丰富。这些成果聚焦在以下几个方面。

一是考察 MEGA$^2$ 中《形态》编纂原则变迁过程。有学者考察了 MEGA$^2$ I/5《形态》编辑出版的曲折过程，将其概括为从"主题卷"到"稿文卷"的变迁。旧版 MEGA《形态》以"复原到 1846 年 7 月马克思恩格斯出版计划受挫之前的原貌为原则"，把原手稿的文献用主观编纂的方式强行分开段落，将段落的顺序进行颠倒，造成了读者对原文本的曲解。1962 年巴纳在阿姆斯特丹国际社会史研究所（IISG）保管的文件档案中发现了被认为是遗失了的《形态》的草稿残页，使得 MEGA$^1$I/5 的权威性受到了严重挑战，以全新的编辑文本替代原来的旧文本成为迫在眉睫的任务。全新编辑的《形态》经历了 1990

---

① 李乾坤：《回顾 MEGA 编辑原则的历史变迁》，《中国社会科学报》2021 年 11 月 16 日，第 2 版。
② 张一兵：《〈巴黎笔记〉与〈1844 年经济学哲学手稿〉的文本学解读》，《北京师范大学学报》（社会科学版）2021 年第 5 期。

年代、2000 年代及 2010 年代出版计划的三次流产，以及 MEGA² I/5 编辑团队从 "东德 lML"、"德法 MEGA 工作组" 到 "BBAW" 三次更替，其编纂原则从 "主题卷" 转变为 "稿文卷"。①

　　二是探讨 MEGA¹ 版《形态》的学术史地位。有学者以 MEGA² 为视域，对 MEGA¹ 版的《形态》进行了历史性评估，指出一方面由于历史条件的限制，MEGA¹ 版《形态》在文献资料的掌握和开掘上相对有限，而 MEGA² 编者基于对收录在 MEGA² 第 III/1 卷和第 III/2 卷中的重要文献的考察，对《形态》复杂的写作和出版历程，赫斯、卡尔·路德维希·贝尔奈斯、罗兰特·丹尼尔斯甚至威廉·魏特林对《形态》写作活动的参与，"费尔巴哈" 章主手稿的形成过程以及缺失的第二卷第二、三章的主要内容等作了深入的阐述和分析；另一方面是 MEGA¹ 对 "费尔巴哈" 章的逻辑编排根本侵犯和介入了手稿，成为该版《形态》的致命缺陷，但是其收录的《形态》的巨幅手稿作为马克思主义史上的第一部原文的完整版本，在文献收录、资料考证和理论判定上都具有重大的学术价值。②

　　三是研究 MEGA²《形态》中马克思与恩格斯的关系。随着 MEGA² 的推进和 "马克思学" 的兴起，《形态》中马克思 "第一小提琴手" 的地位受到质疑和挑战，恩格斯在马克思主义创立中的地位开始上升，甚至出现恩格斯 "主导说"。有学者通过对 MEGA² 第 I/5 卷的文本卷（text）和附属材料卷（apparat）的分析，并借助对《形态》原始手稿的辨识，证明了马克思在《形态》创作中的主导地位。③ 对于 "费尔巴哈" 章 "写作分担" 问题，学界进行了争论。有学者认为，被 MEGA² I/5 的编辑概括为 H5c 的《形态》第一章 "费尔巴哈" 的草稿部分是由马克思口述、恩格斯笔记形成的。在执笔前马克思恩格斯进行了紧张而密集的讨论，马克思对两人的讨论进行了整理，这种整理由马克思口述，恩格斯笔记，形成草稿。还有学者对这种 "口述笔记说" 进行了批判，并且主张 "马克思恩格斯共同执笔说"。还有学者认为，通过对广松涉和望月清司在 "写作分担" 问题上争论的分析，为 MEGA² I/5 的引言中对 "马克思恩格斯共同承担说" 的文献学史实材料层面的论证补充了思想内容辨析层面的材料。

---

① 郑文吉、韩志伟、洪涛：《MEGA² I/5〈德意志意识形态〉从 "主题卷" 到 "稿文卷" 的变迁》，《江海学刊》2021 年第 6 期。

② 赵玉兰：《对 MEGA¹ 版〈德意志意识形态〉的历史性评估——以 MEGA² 为视域》，《山东社会科学》2021 年第 2 期。

③ 田毅松：《〈德意志意识形态〉"第一小提琴手" 再考察——基于 MEGA² 第 I/5 卷对马克思恩格斯思想关系的分析》，《山东社会科学》2021 年第 2 期。

四是考察 MEGA$^2$ 的 online 版《形态》中"费尔巴哈"章的编辑及其国际意义。有学者研究了 online 版《形态》中"费尔巴哈"章的改稿译文，指出其吸收了 MEGA$^2$ 系列版本全部的编辑成果，将异文分层次呈现在各改稿阶段的全文语境中，为"费尔巴哈"章的编译提供了一种全新的方案。这种改稿层的编辑方式为非德文国家编译"费尔巴哈"章的文献版提供了崭新的编译方案，为中国学者探讨唯物史观形成过程中的马克思恩格斯问题提供了可靠的分析工具，为学者从文献学角度考证马克思恩格斯改稿的意义及两人达到的理论高度提供了可能性。[①]

其三，对《共产党宣言》作者问题的研究。有学者比较了《形态》、《共产主义原理》和《共产党宣言》三个文本中的相似论述，并根据 MEGA$^2$ 第一部第 5 卷提供的异文一览和马克思、恩格斯思想差异比较，推断出《共产党宣言》是马克思在唯物史观指导下，吸收了多方面思想资源，特别是《形态》以及恩格斯的《共产主义原理》而创作出来的作品，《共产党宣言》并不是对恩格斯《共产主义原理》的抄袭。[②]

其四，基于 MEGA$^2$ 对《资本论》中相关理论的完善及对相关问题的论证。有学者研究了 MEGA$^2$ 第二部分"《资本论》及其准备著作"最后一卷即第 3 卷中的两篇手稿，发现这两篇手稿是马克思在发表《资本论》第一卷德文第一版之后，为完善《资本论》第三卷主要手稿（1864~1865 年）的"生产价格"理论而写的研究稿。这两篇手稿将周转纳入生产价格公式，而在《资本论》第三卷第二篇的文本中，资本周转在生产价格中的构成作用没有体现出来。因此，作者认为这两篇手稿在某种意义上是对"生产价格"理论的完善。[③] 有学者通过对 MEGA$^2$ 所提供的文献、研究成果和恩格斯对《资本论》三卷的修改实例，论证了列宁提出的"《资本论》是马克思和恩格斯两人的著作"这一命题，指出恩格斯是《资本论》三卷刊印稿的第二作者，恩格斯的《资本论》刊印稿与马克思的《资本论》手稿既不同又相同，不同的是外观，相同的是逻辑、结构和理论。[④] 随着《资本论》各种手稿的发现和 MEGA$^2$ 出版研究工作

---

① 盛福刚：《Online 版〈德意志意识形态〉"费尔巴哈"章的编辑及其国际意义——兼评汉译本改稿异文的编译》，《山东社会科学》2021 年第 2 期。

② 王代月：《究竟谁是〈共产党宣言〉的"第一小提琴手"？——来自 MEGA$^2$ 第一部分第 5 卷的启示》，《马克思主义理论学科研究》2021 年第 9 期。

③ 张红山、孙晓迪：《〈资本论〉新发表手稿对"生产价格"理论的完善》，《当代经济研究》2021 年第 5 期。

④ 徐洋：《"〈资本论〉是马克思和恩格斯两人的著作"命题的文本考证》，《马克思主义理论学科研究》2021 年第 12 期。

的开展,《资本论》不同版本的比较研究取得了长足进步。有学者介绍了西方学者对《资本论》不同版本的对比研究,指出这些研究一方面厘清了《资本论》创作史上的若干细节问题,深化了对某些基本理论的研究,拓展了研究视野;但另一方面,这些研究在方法论上存在着夸大差异、制造对立的弊端,没有真正把握马克思主义的本真内涵和科学实质。①

## (三) 马克思主义经典文本新解读

对马克思主义经典文本进行新解读,一直是学者们探讨学术的重要途径。2021 年,学界以《德意志意识形态》《共产党宣言》《资本论》等为重点文本对马克思主义经典文献进行了文献学研究。

一是《德意志意识形态》新解读。2021 年,围绕着《形态》展开的文献学研究的成果十分丰富。对《形态》文本结构完整性的论证。如何评价和整理《形态》这一构成情况十分复杂的手稿,成为相关研究者面临的重要问题。一些国外马克思学学者主张"季刊说",即将《形态》视为由独立文本群构成的松散的论文集;还有学者在"马克思恩格斯分担论"的讨论中衍生出"马克思恩格斯对立论"的观点;更有学者将《形态》视为马克思"认识论断裂"时期的作品。有学者批判了国外学者提出的"季刊说"、"对立论"和"断裂论"观点,并论证了《形态》文本结构的完整性,指出应当在结构和逻辑两个层面相结合的视域中来审视和回应关涉《形态》的完整性问题,"形式分散,逻辑一致"是《形态》在完整性方面的杰出表现。《形态》以"异化分工"逻辑为主线,具有逻辑统一性。②

二是《共产党宣言》新解读。有学者对《共产党宣言》汉译本中"资产阶级"相关译词进行了溯源,指出从 1920 年《共产党宣言》首个汉语全译本到最新的中央编译局系统化的定译本,表达"资产阶级"之意的译词经过了多次调整,体现出中国共产党人在译介经典著作时,既忠实于原文又观照中国发展现实的基本特征。③ 有学者对《共产党宣言》在中国的百年文本诠释进行了考察,认为《共产党宣言》文本诠释的主题根据实践需求不断变化,实现了从以阶级斗争为中心到以人民为中心的变迁。在这一过程中,《共产党宣言》文

① 孔智键:《差异抑或对立:西方学者对〈资本论〉不同版本的比较研究》,《山东社会科学》2021 年第 12 期。

② 丁中正、刘同舫:《〈德意志意识形态〉是否具有完整性?》,《浙江大学学报》(人文社会科学版) 2021 年第 5 期。

③ 张文彬:《〈共产党宣言〉汉译本中"资产阶级"相关译词的溯源、变迁及深化路向》,《社会主义研究》2021 年第 5 期。

本诠释的话语、理论、思想与不同时期的中共意识形态指向互证互文、相互形塑，不断建构出符合时代主题的聚合性和政治性意义，发挥着话语支撑、社会动员、信仰塑造等政治功能。① 还有学者对《共产党宣言》的早期中译者"蜀魂"的生平、思想作了进一步考证，为破解《共产党宣言》早期译者谜团提供了一些思路和参考。②

三是《资本论》新解读。《资本论》作为马克思最重要的著作之一，蕴含着穿透时代的思想力量。对《资本论》所蕴含的丰富思想的挖掘，备受国内外学者的关注。其中对于《资本论》的文献学研究主要围绕对其传播史和影响史的阐述。《国外理论动态》期刊在 2021 年第 2 期刊登了一篇文章，该文对《资本论》在韩国翻译与传播的百年历程进行了考察，指出虽然韩国在翻译与传播《资本论》的百年历程中取得了成就，但韩国马克思主义传播面临着诸多的问题和不足。③ 此外，《国外理论动态》期刊于同年第 4 期刊登了三篇文章，这三篇文章考了察《资本论》在德国④、日本⑤和英美⑥的传播历程，丰富了《资本论》传播史的研究成果。还有学者对《资本论》在中国早期被接受的情况进行了研究，指出对《资本论》的早期接受促进了对现实问题的马克思主义反思，推动了马克思主义中国化的进程。⑦

# 十　当代中国马克思主义、二十一世纪马克思主义研究

习近平新时代中国特色社会主义思想是当代中国马克思主义、二十一世纪马克思主义。2021 年，学界继续深化对习近平新时代中国特色社会主义思想的研究，着重探究了其对马克思主义基本原理的原创性贡献。这些贡献主要包含三方面：一是习近平新时代中国特色社会主义思想的哲学基础及其对马克思主义哲学的创新发展；二是习近平新时代中国特色社会主义思想对马克思主义政治经济学的守正创新；三是习近平新时代中国特色社会主义思想对科学社会主

---

① 陈红娟、姚新宇：《〈共产党宣言〉在中国的百年文本诠释与意义生产》，《探索与争鸣》2021年第 6 期。
② 项旋：《〈共产党宣言〉早期中译者"蜀魂"考实》，《历史研究》2021 年第 6 期。
③ 洪涛、韩志伟：《〈资本论〉在韩国翻译与传播的百年历程》，《国外理论动态》2021 年第 2 期。
④ 王瞻：《马克思〈资本论〉在德国的传播历程研究》，《国外理论动态》2021 年第 4 期。
⑤ 商紫君：《马克思〈资本论〉在日本的传播历程研究》，《国外理论动态》2021 年第 4 期。
⑥ 张秀琴、王志岸：《马克思〈资本论〉在英美的传播历程研究》，《国外理论动态》2021 年第 4 期。
⑦ 刘吕红、张曼：《〈资本论〉在中国早期接受研究（1899-1921）》，《思想教育研究》2021 年第 3 期。

义的捍卫与发展。

## （一）习近平新时代中国特色社会主义思想对马克思主义哲学的创新发展

党的十八大以来，以习近平同志为主要代表的中国共产党人坚持把马克思主义基本原理同中国具体实际相结合、同中华优秀传统文化相结合，创立了习近平新时代中国特色社会主义思想，实现了马克思主义中国化新的飞跃。2021年，学界聚焦于习近平新时代中国特色社会主义思想的哲学基础及其对马克思主义哲学的创新发展，形成了一定数量丰富的理论成果。

一是习近平新时代中国特色社会主义思想理论特质的挖掘与呈现。习近平新时代中国特色社会主义思想是一个逻辑严密、内涵丰富、底蕴深厚的哲学理论体系。有学者认为，仅仅将习近平新时代中国特色社会主义思想看作党的指导思想和行动指南是不够的，在理论定位的意义上，它还是使我国强起来的"强国理论"，是当代中国为解释21世纪世界所提供的中国理论，更是马克思主义中国化的新飞跃，是中国特色社会主义理论体系的新飞跃。[1] 在分析"人类向何处去"的"时代之问"时，有学者指出，"世界正在经历百年未有之大变局"的战略判断揭示了时代潮流，回应了时代之问，为中国发展构建了客观依据。坚持马克思主义指导，用马克思主义中国化的最新成果观察时代、把握时代、引领时代，构成了习近平新时代中国特色社会主义思想精神实质；推进马克思主义中国化的深入创新和发展二十一世纪马克思主义的有机统一是其科学内涵。[2]

二是习近平新时代中国特色社会主义思想哲学基础的厘清与阐释。习近平新时代中国特色社会主义思想重视哲学思维、善用哲学方法，蕴含着丰富的哲学底蕴。有学者指出，习近平新时代中国特色社会主义思想是对新时代总问题的哲学回答，其内核是"系统辩证法"。系统辩证法实质上是一种系统中的主客辩证法，客体上坚持历史辩证法，主体上坚持战略辩证法，注重发挥系统各要素的作用，注重各要素交互作用、形成合力，注重各要素聚焦并服从服务于整体全局等。[3] 这种主客辩证法还体现了习近平新时代中国特色社会主义思想不仅以马克思主义为理想信念，更以马克思主义哲学为根本方法：其一，在世

---

[1]　韩庆祥：《新发展阶段如何深化习近平新时代中国特色社会主义思想研究》，《中共中央党校（国家行政学院）学报》2021年第2期。

[2]　侯惠勤：《试论当代中国马克思主义、21世纪马克思主义》，《天津师范大学学报》（社会科学版）2021年第5期。

[3]　韩庆祥：《习近平新时代中国特色社会主义思想的哲学内核》，《东岳论丛》2021年第6期。

界观层面坚持历史唯物主义，对世情国情民情作出符合历史规律的科学判断；其二，在认识论层面坚持"解放思想，实事求是"，确立起表象与本质、真理与价值、认识与实践相统一的根本思想路线；其三，在价值观层面坚持"以人民为中心"，巩固和发展人民群众的主体地位；其四，在方法论层面坚持辩证唯物主义，提升应对复杂局势的本领。① 还有学者从我国所处的新的历史方位出发，将习近平新时代中国特色社会主义思想对马克思主义哲学的发展创新概括为"战略辩证法"。这种辩证法具有实践特质，是一种将战略思维、系统思维和辩证思维有机结合起来的系统性战略谋划和战略实践，在本质上是批判的、革命的，是要在实践运动过程中改造旧世界、建立新世界。简言之，战略辩证法就是习近平新时代中国特色社会主义思想所特有的马克思主义哲学智慧。② 此外，基于马克思主义哲学发展新境界的视域，有学者提出，习近平新时代中国特色社会主义思想的哲学基础内涵有四方面内容，即世界历史转变与哲学思想变革相统一的历史观、对现实问题的规律性认识与创造性实践相融合的方法论、体系意识与人类文明新形态建构相互推进的世界观、哲学使命与哲学意义融会贯通的价值观。③ 整体而言，学界一致认为习近平新时代中国特色社会主义思想在世界观、价值观、认识论、方法论等层面具有深厚的马克思主义哲学底蕴。

三是关于习近平新时代中国特色社会主义思想对马克思主义哲学的原创性贡献的澄明与论证。有学者指出，习近平新时代中国特色社会主义思想对马克思主义哲学的原创性贡献首先就体现在"如何看待马克思主义哲学"上，其围绕"什么是马克思主义哲学"、"怎样对待马克思主义哲学"以及"如何发展马克思主义哲学"等哲学基础问题，给出了一系列创造性论断：实践哲学的传统和实践第一的观点是马克思主义哲学本体论的鲜明表征，以问题为导向、坚持调查研究和实事求是的思想路线是马克思主义哲学认识论的内涵表达，实践思维的方法、辩证思维的方法和历史思维的方法是马克思主义哲学方法论的本质体现，坚持人民主体地位、坚持人民创造历史和追求人的根本解放是马克思主义哲学价值论的核心诉求。④ 有学者指出，习近平新时代中国特色社会主义

① 冯颜利、刘庆芳：《习近平新时代中国特色社会主义思想的哲学基础研究》，《福建师范大学学报》（哲学社会科学版）2021 年第 2 期。

② 韩庆祥：《中国共产党百年征程中的哲学智慧》，《西安交通大学学报》（社会科学版）2021 年第 4 期。

③ 刘同舫：《当代中国马克思主义的哲学境界》，《中国社会科学》2021 年第 9 期。

④ 刘建江、赵士发：《习近平同志关于马克思主义哲学重要论述的四个维度》，《毛泽东思想研究》2021 年第 4 期。

思想在大历史观、时代观、群众观以及实践观上开辟了马克思主义哲学发展的新境界。在坚持历史唯物主义思想基础和科学方法的基础上，习近平新时代中国特色社会主义思想的大历史观论述了党带领人民奋斗历程的主题和本质，时代观洞察了当今世界格局和发展趋势，群众观阐述了党坚持人民至上的核心价值观，实践观强调了提升治国理政总体能力的重要性。①

## （二）习近平新时代中国特色社会主义思想对马克思主义政治经济学的守正创新

习近平新时代中国特色社会主义思想是开拓马克思主义政治经济学新境界的理论结晶，它解答了中国经济发展的时代之问，构建出科学、完整的理论体系。2021 年，学界立足于我国经济发展成就，集中分析了习近平新时代中国特色社会主义思想或习近平经济思想对马克思主义政治经济学的继承与发展问题。

一是关于习近平新时代中国特色社会主义政治经济学内容体系的研究。恩格斯将政治经济学区分为"广义政治经济学"与"狭义政治经济学"，前者是对"各种社会"中生产方式和经济关系进行研究的科学，后者则是对特定社会生产方式和经济关系进行研究的科学。沿着这一逻辑理路，有学者认为，习近平新时代中国特色社会主义政治经济学既是广义的也是狭义的：从对中国的经济关系和经济事实的研究，即中国特色社会主义政治经济学来看，它是狭义的；从对当代资本主义经济关系、经济事实以及当代经济全球化背景的政治经济学的研究，即当代资本主义政治经济学和人类命运共同体政治经济学来看，它又是广义的。② 有学者将习近平新时代中国特色社会主义政治经济学视作一个持续形成、博大精深的新知识体系，是理念、制度、政策层次的综合体。"以人民为中心"是其基本价值观，唯物史观下生产力与生产关系的辩证关系是其理论特征。③ 这个新理论体系的研究对象是"中国特色社会主义生产方式"，它的建设要建立在准确界定研究对象的基础上，要在学理分析与框架搭建中做到联系生产力研究生产关系，联系上层建筑研究经济基础。④

二是开辟习近平新时代中国特色社会主义政治经济学新境界的研究。实践

① 王永贵、王东：《贯穿马克思主义立场观点方法的纲领性文献——深刻领会习近平总书记"七一"重要讲话的哲学意蕴》，《毛泽东邓小平理论研究》2021 年第 7 期。

② 顾海良：《拓新中国特色的马克思主义政治经济学的发展》，《安徽师范大学学报》（人文社会科学版）2021 年第 4 期。

③ 鲁品越：《中国特色社会主义政治经济学思想体系刍议》，《理论月刊》2021 年第 1 期。

④ 周绍东：《中国特色社会主义政治经济学：研究对象与学科体系》，《理论月刊》2021 年第 4 期。

是理论的源泉，习近平新时代中国特色社会主义思想随着中国经济发展而不断拓新。有学者指出，马克思主义政治经济学要随着社会主义市场经济的实践而与时俱进，一方面要讲好当代资本主义必然衰亡的故事，另一方面也要讲好中国特色社会主义必然成功的故事。① 想做到与时俱进，首先要加强相关理论的基础性研究，构建具有中国特色的马克思主义政治经济学体系；其次要建构马克思主义政治经济学的理论假设体系；最后要在与各经济学流派互动借鉴的基础上，吸收各门学科的研究方法，实现综合创新。② 还有学者认为，要紧紧扭住社会主要矛盾这个枢纽，坚持共同富裕，凸显生产的决定性作用，统筹考量发展和安全。③ 要聚焦新时代中国经济发生的深刻变化，在习近平新时代中国特色社会主义思想的理论成果基础上树立新发展理念，探讨如何构建现代化经济体系和新发展格局。④

　　三是关于习近平新时代中国特色社会主义思想对马克思主义政治经济学的拓新研究。有学者认为，习近平新时代中国特色社会主义思想展现了马克思主义政治经济学的新的价值境界，即追求国家经济发展的政治和哲学的双重实现：一是在经济发展中有效植入了社会主义国家政治制度"以人民为中心"的价值内涵；二是坚持全球经济正义原则，建立符合国际社会发展的马克思主义政治经济学。⑤ 从"术语革命"视域出发，有学者指出，习近平新时代中国特色社会主义思想在总结中国经济建设经验的基础上，运用了马克思主义政治经济学基本原理，从具体上升为抽象，从实践升华为理论，形成了一系列思想的新突破，凝练了一系列学理的新范畴，推动了马克思主义政治经济学与时俱进。这些特有的新术语范畴包括新发展理念、经济新常态、农地三权分置、乡村振兴、脱贫攻坚等。⑥ 此外，习近平总书记提出了关于"强化反垄断和防止资本无序扩张"的重要论断，提出了金融风险的长期隐蔽性、国外金融资本的腐朽性、金融安全的整体性等重要观点，推动了马克思主义金融资本学说的创

---

① 丁堡骏：《马克思主义政治经济学必须随着中国社会主义经济建设的实践发展而与时俱进——学习习近平总书记〈不断开拓当代中国马克思主义政治经济学新境界〉》，《当代经济研究》2021 年第 2 期。

② 程恩富、牛涛：《守正创新，不断开拓当代中国马克思主义政治经济学新境界》，《福建论坛》（人文社会科学版）2021 年第 10 期。

③ 顾海良：《新发展阶段中国特色社会主义政治经济学新篇章》，《马克思主义理论教学与研究》2021 年第 1 期。

④ 刘伟：《当代中国马克思主义政治经济学新境界——学习习近平中国特色社会主义政治经济学》，《政治经济学评论》2021 年第 1 期。

⑤ 张雄：《当代中国马克思主义政治经济学的哲学智慧》，《中国社会科学》2021 年第 6 期。

⑥ 刘伟：《习近平"中国特色社会主义政治经济学"的学说体系和理论逻辑》，《学术月刊》2021 年第 5 期。

新发展。① 习近平新时代中国特色社会主义思想对马克思主义政治经济学的原创性贡献还体现在反贫困问题上。有学者指出，习近平创造性地提出"精准扶贫"理念，将脱贫攻坚工作纳入"五位一体"总体布局和"四个全面"战略布局，建立五级责任体制。这些对反贫困问题的理论创新与实践革新，推动了我国真正实现了整体性脱贫，历史性地解决了资本主义永远不可能解决的问题，极大地丰富和发展了马克思主义政治经济学。②

## （三）习近平新时代中国特色社会主义思想对科学社会主义的捍卫与发展

作为当代中国马克思主义、二十一世纪马克思主义，习近平新时代中国特色社会主义思想对科学社会主义的捍卫和发展作出了巨大贡献。立足百年未有之大变局和中国特色社会主义进入新时代的历史方位，习近平新时代中国特色社会主义思想对社会主义发展新道路作出了时代回答，对无产阶级政党执政规律作出了时代诠释，极大地丰富和发展了科学社会主义理论体系。

一是习近平总书记关于科学社会主义基本原则的重要论述。党的十八大以来，习近平在多个场合对科学社会主义进行精辟阐述和透彻阐释，这些重要论述是对科学社会主义基本原则及新时代中国如何捍卫和发展科学社会主义问题的系统性阐发，是习近平新时代中国特色社会主义思想必不可少的组成部分。有学者认为，习近平关于科学社会主义的重要论述，其主题是"如何坚持和发展科学社会主义"，主轴是"中国特色社会主义与科学社会主义有何关联"。习近平新时代中国特色社会主义思想首次清晰定位中国社会主义发展新的历史阶段，实现了对社会主义发展阶段理论的发展；首次擘画了社会主义国家治理的体系结构与建设路径，实现了对马克思主义国家理论的发展；首次强调党的领导之于社会主义的首要本质特征以及凸显政治建设在政党自身建设中的首要地位，实现了对马克思主义无产阶级政党理论的发展。③ 还有学者指出，习近平新时代中国特色社会主义思想关于科学社会主义的重要论述，是对无产阶级长期斗争的基本原则、党的领导的基本原则、人民掌握政权的基本原则、人的解放的基本原则的时代回应，是科学社会主义理论在新时代中国运用和发

① 中国社会科学院"我国发展重要战略机遇期相关问题研究"课题组：《马克思主义视阈下当前我国金融安全现实性研究》，《世界社会主义研究》2021 年第 11 期。

② 宋朝龙、郭源：《中国反贫困的百年实践和世界意义》，《前线》2021 年第 11 期。

③ 康晓强：《习近平关于科学社会主义重要论述的原创性贡献》，《马克思主义研究》2021 年第 1 期。

展的理论新形态。①

二是中国式现代化道路对社会主义发展规律的丰富和创新。习近平新时代中国特色社会主义思想对马克思主义，尤其是对科学社会主义的坚持与创新，集中体现在对"中国式现代化道路"的实践总结与理论升华上。有学者指出，中国式现代化道路是不同于西方资本主义道路和苏联社会主义道路的发展中国家实现现代化的新道路，它是对社会主义发展规律的践行，是对当代中国社会主义发展规律的发掘，开辟了具有中国特色的社会主义人类文明新形态。② 有学者指出，中国式现代化道路的逻辑起点，是中国共产党的思想革命；中国式现代化新道路的形成，是中国共产党思想解放所形成的精神传统的逻辑结果。坚持解放思想、实事求是的理论自觉，坚持独立自主的探索精神和坚定走自己的路的道路自信，贯穿于中国式现代化道路的历史性探索之中。③ 还有学者立足于马克思晚年的东方社会理论，指出中国式现代化道路是对"跨越卡夫丁峡谷"问题的中国式创新，中国共产党创造性地开辟出一条符合中国国情的社会主义发展道路，丰富和推进了马克思有关东方社会国家建设和发展社会主义的理论。④

三是党的自我革命对马克思主义无产阶级政党理论的捍卫和创新。"无产阶级政党是无产阶级的先锋队，社会主义事业要始终坚持党的领导"是科学社会主义的基本原则之一。在新时代条件下，如何坚持和发展党的正确领导，如何始终保持党的先进性、纯洁性，习近平新时代中国特色社会主义思想给出了答案，即党的自我革命。在剖析"历史周期率"问题时，有学者指出，苏共亡党表明，即便是曾经先进的无产阶级政党，如果不能解决好自身的问题，也会土崩瓦解，也不能摆脱历史周期率。自我革命创造性地解决了"党要实现长期执政，跳出历史周期率"的问题，推动了科学社会主义与时俱进。⑤ 有学者认为，习近平总书记关于党的自我革命的重要论述对党如何在百年未有之大变局的历史进程中始终走在时代前列、如何在应对国内外各种复杂风险挑战和考验的历史进程中始终成为全国人民的主心骨、如何在坚

---

① 汤志华、谢石生：《习近平新时代中国特色社会主义思想对科学社会主义基本原则重大理论的丰富与发展》，《新时代马克思主义论丛》2021 年第 1 期。

② 刘军：《中国式现代化新道路的科学内涵与动力源泉》，《人民论坛》2021 年第 28 上期。

③ 孙代尧：《论中国式现代化新道路与人类文明新形态》，《北京大学学报》（哲学社会科学版）2021 年第 5 期。

④ 韩喜平、郝婧智：《人类文明形态变革与中国式现代化道路》，《当代世界与社会主义》2021 年第 4 期。

⑤ 姜辉：《百年大党跳出历史周期率的成功道路》，《北京大学学报》（哲学社会科学版）2021 年第 5 期。

持和发展中国特色社会主义的历史进程中始终成为坚强领导核心等时代之问，作了科学解答。习近平新时代中国特色社会主义思想把马克思主义无产阶级政党理论推进到一个新的历史水平，对科学社会主义作出了重大原创性贡献。[1] 此外，习近平总书记关于自我革命的重要论述将党本身存在的问题作为革命对象，丰富了科学社会主义关于"革命"的话语和理论，是对无产阶级革命话语的创新阐释。[2] 习近平关于自我革命的重要论述对科学社会主义的贡献并不止于话语的创新，自我革命对科学社会主义的原创性贡献还在于，它科学回答了无产阶级政党为什么要进行自我革命、为什么能进行自我革命、什么是党的自我革命以及如何推进党的自我革命等重大问题，是对科学社会主义基本原则在新时代下的新阐释。[3]

---

[1] 李海星：《习近平新时代中国特色社会主义思想对科学社会主义的原创性贡献》，《中共福建省委党校（福建行政学院）学报》2021 年第 2 期。

[2] 郑吉峰：《习近平关于新时代党的建设重要论述对马克思主义党建理论的原创性贡献》，《湖南社会科学》2021 年第 3 期。

[3] 严宗泽、王春玺：《习近平关于党的自我革命重要论述的创新性贡献》，《广西社会科学》2021 年第 5 期。

# 第五章

# 马克思主义基本原理研究的
# 主要问题与研究展望

2021 年，马克思主义基本原理的研究呈现出繁荣发展的气象，研究队伍、研究主题、研究深度、研究成果都呈现出可喜的局面。马克思主义原理研究的欣欣向荣局面，得益于全国马克思主义理论学科整体发展的大趋势，得益于新时代的伟大实践。但是，在取得重大成就的同时，也存在着明显的不足，这种不足主要表现在对原理的深度挖掘、将原理与现实的结合等方面。解决这些问题，持续推动马克思主义原理研究的繁荣局面，将成为马克思主义基本原理研究的未来趋势。

## 一 存在的主要问题

关于辩证唯物主义的研究。对辩证唯物主义的研究，尤其是结合辩证逻辑来研究马克思主义的世界观、认识论、方法论、实践观，围绕辩证逻辑来挖掘马克思主义世界观对德国古典哲学以及全部西方哲学的扬弃，结合辩证逻辑来概括自然科学、自然哲学的新成就等，在这些方面的研究还需要加强。马克思和列宁都有对辩证逻辑进行系统阐释的计划，但是没有完成，这可以看作马克思在哲学领域里的理论研究遗嘱。继续推进这方面的研究，是马克思主义基本原理研究领域的学者的使命。

关于历史唯物主义的研究。历史唯物主义研究，需要围绕着考古学、东西文明的交流、全球化、世界变局等重大问题和主题，进一步加大研究力度、产出高水平理论成果。要进一步加深马克思主义的世界历史哲学方面的研究，尤其需要围绕着世界历史的整体演化，吸收依附论、世界体系理论等研究成果，进行新的概括。马克思晚年曾经对世界历史展开新的研究。这方面的工作还需要再继续加强。

关于政治经济学的研究。对《资本论》的逻辑线索进行概括，然后在这种逻辑线索的基础之上进行逻辑延伸性的演绎，把《资本论》的逻辑演绎与对当代西方资本主义现实的研究相结合，尤其是与以金融资本和金融资本全球化为核心的政治经济学体系研究相结合。研究包括金融资本的形成方式、金融资本对生产关系的支配，金融资本与公共权力、与世界市场、与世界政治等的关系这一系列的重大问题。运用马克思主义政治经济学的基本原理，理解当代现实，这方面的研究有待加强。

关于马克思主义政治学的研究。首先，关于马克思主义对西方资产阶级政治批判的研究要继续加强。关于资产阶级政治在金融资本的支配之下必然走向政治反动的研究，关于大资产阶级统治与自由主义、波拿巴主义、法西斯主义、右翼保守主义、右翼民粹主义之间的关系的研究，关于无产阶级政党在反金融贵族和土地贵族斗争中的纲领、策略思想，无产阶级政党与群众的关系，无产阶级政党的组织纲领、策略、指导思想等方面的研究，都具有现实意义，需要继续加强。在西方右翼民粹主义崛起背景之下，关于无产阶级政党推动西方社会变革的必要性、必然性和迫切性的研究，关于无产阶级政党在应对世界百年未有之大变局中的地位和作用的研究，还相对比较单薄。其次，对马克思主义关于社会主义国家政党和政治关系的论述的研究也需要继续加强。关于无产阶级政党在社会主义国家当中的作用，尤其是在社会主义市场经济条件下的作用，无产阶级政党对社会主义事业的全面领导，无产阶级政党在所有制关系、市场运行、保障民生、保护生态环境等方面的决定性作用的研究，已经有一大批成果，但是还仍有待继续深化。

关于价值观和意识形态领域的研究。价值观和意识形态研究是马克思主义基本原理研究中的一个重要的方面。这方面的研究，无论是在共产主义运动的实际发展当中，还是在西方马克思主义的发展中，都受到了越来越多的重视。随着时代的变迁，随着意识形态谱系的变化，要结合西方国家的经济基础、政治上层建筑的变化，结合全球化的新形势，结合新时代各种文化价值观博弈的新特点，结合自由主义、无政府主义、民粹主义、社会民主主义等的批判，加强对马克思主义意识形态的研究，发挥科学社会主义在文化、价值观和意识形态领域的引领作用。在新时代中国特色社会主义的文化建设中，还尤其需要结合对古代传统文化的批判、转化和吸收等方面，进行系统的研究。

关于马克思主义文献和文本的研究。马克思主义文献和文本研究领域，设立了一系列重大的项目，培养了一大批学者，也产生了大量的成果。但是，为了满足新时代的马克思主义领航工程的需要，马克思主义文献和文本研究，还需要提升与原理研究、与重大现实问题的阐释相结合的程度，增强文本研究对马克思主义理论各二级学科的支撑作用。

关于习近平新时代中国特色社会主义思想的研究。把新时代中国特色社会主义作为当代中国马克思主义、二十一世纪马克思主义来研究，就需要在马克思主义基本原理、马克思主义发展史、马克思主义中国化等的维度上，阐发新时代中国特色社会主义思想。这方面的研究虽然已经取得了丰硕的成果，但仍有广泛的研究空间。

## 二　未来研究展望

马克思主义哲学是时代精神的精华。时代精神决定着马克思主义基本原理研究的侧重点和方向。马克思主义基本原理的研究，是以对现实问题的解答为定向和归宿的。在世界百年未有之大变局和中国特色社会主义进入新时代的背景下，马克思主义基本原理的研究呈现出新的特点和趋势。

其一，对辩证唯物主义的研究。辩证唯物主义的世界观、自然辩证法研究，呈现复兴的趋势。首先，随着自然科学和科学技术的发展，人类对自然本身的结构、演化有了更深入的理解，这为赋予自然辩证法以更充实的、更具体的、更科学的内容提供了条件。其次，随着生态危机的加剧，大自然对人类惩罚的加重，人类日益清楚地认识到对大自然客观辩证法的漠视导致了人与自然之间的紧张对立，这为辩证唯物主义、自然辩证法研究提供了新的材料、条件和动因。最后，对于百年变局下金融资本主义世界体系的现实危机，需要人们以唯物主义态度分析危机的根源及其历史走向，这有利于复兴辩证唯物主义世界观、方法论的研究。自第二国际开始，就弥散着一种否定辩证唯物主义、否定自然辩证法的思潮，这种思潮把马克思主义引向主观主义的方向。列宁在《唯物主义和经验批判主义》以及《哲学笔记》中，对辩证唯物主义的根基进行了捍卫、巩固和新的探索。自李大钊先生开始，中国马克思主义哲学界一向较为重视辩证唯物主义的研究。随着 20 世纪 80 年代自由主义以及实证主义在全球范围蔓延，我国哲学界出现了一种否定辩证唯物主义的倾向。随着百年未有之大变局的到来，理论解释现实、理论符合实际的这种需求再次强烈起来。因为只有在辩证唯物主义的基础上，才能正确把握事物的本质以及事物的矛盾运动规律。在这种情况下，对辩证唯物主义的研究也就更加迫切。

其二，信息技术革命时代的生产力研究。信息技术革命时代，劳动方式发生了极大的变革。互联网、大数据、物联网、云计算、区块链、人工智能、元宇宙等技术的蓬勃兴起与广泛应用，使研发、制造、质检、运行等环节有机联结起来，促使社会劳动的组织方式发生了巨大变革。大数据、互联网、数据平台把广泛的社会成员组织起来，社会生产过程呈现出的组织性、计划性、协同性日益增强。在这种情况下，学界对历史唯物主义基本原理中的劳动、分工、技术形态、人与自然的关系、自在自然和人化自然的关系、劳动时间与自由时间等的研究日益丰富起来。

其三，金融资本主义的生产关系批判研究。对当代金融资本主义的分析必须纳入《资本论》的逻辑体系。在《资本论》中，马克思运用从抽象到具体的唯物主义辩证逻辑，从商品的价值形式这一资本主义经济关系的细胞形式出发，阐述了从价值形式转化为货币、货币转化为资本、资本分化为不同的职能资本、职能资本又在相互融合的基础上形成大货币垄断资本的过程，这种大货币垄断资本也就是金融资本。金融资本成为统治社会的力量，这种力量由科学技术和自然资源、政治权力、军事权力等所强化。数据平台、数据资源表现为一种与资本融合、服务于资本的力量。关键网络平台和数据技术的应用既显著提高了社会生产力、增强了生产过程的计划性，也强化了金融垄断资本在生产各环节的剥夺性特征。底层劳动者的劳动条件显著恶化，工作环境污染严重，劳动者的劳动时间延长，劳动强度增加，劳动者之间的竞争加剧，社会危机、生态危机、精神危机日益严重。当代世界资本主义的百年大变局，根源于金融资本主义的内在危机。剖析当代资本主义的危机，需要我们深入金融资本主义本质自身中的矛盾中去。为了适应这样的理论研究需求，出现了从马克思主义政治经济学角度研究货币理论、信用理论、银行理论、金融资本理论、金融资本与全球化、金融资本与新帝国主义等的理论研究潮流。

其四，对西方右翼民粹主义政治的批判研究。当前，欧美发达国家新自由主义主导的共识政治发生破裂，自由主义向保守主义和民粹主义转化。右翼民粹主义以种族主义身份政治取代新自由主义，转移阶级矛盾，试图在对外转嫁矛盾中重建政治共识。右翼民粹主义是一种反动、保守的意识形态，是大资产阶级蛊惑不自觉民众的一种表现。右翼民粹主义并不代表人民利益，它只是借助于民族或种族矛盾，把民众的反抗引向其他族群和国家，从而掩盖国内金融资本与民众的对立。右翼民粹主义是介于新自由主义和法西斯主义之间的一种新的意识形态和政策体系。随着金融资本帝国内部矛盾的尖锐和不可调和，右翼民粹主义有着越来越向新法西斯主义、新纳粹主义偏移的趋势。为了适应对右翼民粹主义的批判要求，学界对马克思主义政治学基本原理中阶级分析的研究，对流氓无产阶级、波拿巴主义、民粹主义、法西斯主义的批判研究越来越多了。

其五，对社会主义运动复兴条件、途径和社会主义现代化制度形式的研究。西方左翼学者普遍认为，国家应迫使私人企业更多从公共利益出发开展经营活动，应将关键性技术的管理权掌握在手中，应为劳动者改善工作条件，提供更多的社会保障，应促进更公平的收入分配，等等。但是，国家要行使这些职能，就必须有人民民主、人民主权做支撑，要改变国家的性质，而这又有赖于社会主义运动的复兴。西方马克思主义学者认为，为了抵制右翼民粹主义的反动势力，左翼力量必须行动起来，通过政党领导社会民主运动，将改革派、革命派、社会民主派以及广泛的劳动者阶级组织联合在一起，完成社会民主力量的动员；左翼力量也必须与一切反法西斯的政治力量实现最广泛的联合，必须重视斗争中的多元身份主体，有效凝聚各种社会力量。左翼运动的重要趋势必然是重新转向政党建设，通过建立强大的政党重建无产阶级的集体性，领导世界马克思主义革命。在这样的重大政治主题面前，对马克思主义关于无产阶级政党的纲领、战略和策略思想的研究就成为迫切而必须的了，相关研究也日益丰富起来。与此同时，关于社会主义制度文明的研究也是一个重要方面。从对金融资本主义内在扬弃的角度来研究社会主义现代化的经济制度和政治制度，研究社会主义的制度形式和制度功能，这成为马克思主义基本原理研究中的社会主义制度原理研究的新的向度和角度。

其六，社会主义文化和价值观的研究。在自由主义文化体系中，人权和人的法权自由紧密相连，而马克思主义则把人权问题和人的全面解放联系起来，人权的价值核心就是人的自由全面发展。社会主义社会要确立生产资料公有制、大力发展生产力，从而为人的自由全面发展提供物质基础和制度保障；应将社会主义文化和价值观问题与正义等问题结合起来，要从"个人"与"群众"的关系出发，强调文化要以每个人的全面发展和实现全人类解放的精神需求满足为自身的价值诉求，要真正实现"依靠人民发展"和"发展为了人民"。学界关于社会主义文化和价值观的研究，主要从马克思主义的自由哲学、马克思主义与中华优秀传统文化结合、社会主义核心价值观、文化自信等方面展开。

其七，马克思主义文献学和文本学研究。马克思主义文献学和文本学研究是马克思主义基本原理研究的重要方面。马克思主义文献研究包括马克思主义文献搜寻、编辑、出版、翻译、传播等。在马克思主义文献学研究中，《马藏》编纂与研究、MEGA$^2$研究是重要的组成部分。马克思主义文本学研究主要涵盖马克思主义经典文献的内涵和逻辑阐释，这种研究对揭示马克思主义的内在线索和发展逻辑具有重要意义。马克思主义文本研究，仍然是马克思主义基本原理研究中的重要方面，尤其是面向现实的文本逻辑基本原理研究，就更具有重大的理论和现实意义。

其八，当代中国马克思主义、二十一世纪马克思主义研究。习近平新时代中国特色社会主义思想，是当代中国马克思主义、二十一世纪马克思主义。对习近平新时代中国特色社会主义思想的研究展望，可以从三个层面来把握。第一，对习近平新时代中国特色社会主义思想的哲学基础及其对马克思主义哲学的创新发展的研究。第二，对习近平新时代中国特色社会主义思想对马克思主义政治经济学的守正创新的研究。第三，对习近平新时代中国特色社会主义思想对科学社会主义原理的继承与发展的研究。在马克思主义基本原理的连贯逻辑内理解和把握习近平新时代中国特色社会主义思想，是学界研究的一个重要方面和趋势。

　　上述八个方面，是马克思主义基本原理研究受当代重大现实影响而表现出来的未来研究趋势。

# 第三篇

## 马克思主义发展史研究

# 第六章

# 马克思主义发展史年度研究概述

## 一 研究论题及热点

根据北京大学、中国人民大学、南京师范大学等高校图书馆馆藏信息以及从中国知网数据库搜集的资料，综合考虑著作出版、论文发表、会议主办等方面的情况，2021年度马克思主义发展史学科研究的主要议题、关注热点大致如下。

### (一) 关于马克思主义发展史研究的一般问题

总体来看，2021年度在这方面的研究成果颇丰。其中，马克思主义理论研究和建设工程重点教材《马克思主义发展史》（第二版），由高等教育出版社、人民出版社出版。由北京大学马克思主义学院组编、顾海良总主编的《20世纪马克思主义发展史》（九卷本），在前两年推出第1～4卷的基础上，在2021年推出第7卷。由中国人民大学组织编写的《马克思主义发展史》（十卷本）的研究和出版亦继续推进。这些著作对马克思主义发展的研究对象、研究内容、研究方法等一般问题有较深入的探讨。此外，随着学术界从马克思主义发展史学科视角对中国特色社会主义研究的深入开展，"二十一世纪马克思主义""当代中国马克思主义"等热点话题持续引人关注。

### (二) 关于马克思主义专题史的研究

从马克思主义哲学、政治经济学、科学社会主义等角度展开的马克思主义专题史研究，热度仍在延续，且研究热度随着庆祝建党百年学术活动的开展而有所提升。其中，中宣部组织编写的《社会主义发展简史》，任平的《当代中国马克思主义哲学创新学术史研究》，方敏的《马克思经济学经典问题阐释与当代发展》，蒋茜的《马克思主义政治经济学与当代中国经济发展》等，较具代表性。

### （三）关于马克思恩格斯思想史的研究

关于马克思思想史研究的成果继续占据马克思主义发展史研究成果的较大比重，涉及马克思思想形成史、发展史，以及各个方面思想的主要内涵及当代价值等方面。恩格斯诞辰 200 周年纪念活动的历史节点效应继续显现。其中，学术界关于恩格斯的早年思想、晚年思想，以及恩格斯对马克思主义哲学、政治经济学、科学社会主义等方面贡献的研究，取得了较多的论文成果。

### （四）关于马克思恩格斯同时代相关重要思想家的研究

学术界在重点研究马克思、恩格斯思想的同时，也关注到与他们同时期的相关重要思想家的思想，如施蒂纳、鲍威尔、蒲鲁东、赫斯等人的思想，并特别关注了这些思想家与马克思、恩格斯的思想关系。

### （五）关于列宁思想史的研究

2021 年度关于列宁思想史的研究呈现出整体观照与局部突出相结合的研究态势，既有站在时代高度系统、全面阐发列宁主义的研究成果，也有分领域对列宁某个思想的深入解读。其中，由于 2021 年是新经济政策实施 100 周年，部分学术期刊组织发表了这方面的专栏论文。此外，社会主义革命理论，社会主义经济建设、政治建设、文化建设以及无产阶级政党建设思想等方面的研究仍在继续深化。

### （六）关于斯大林思想史的研究

近年来，关于这方面的研究相对较为平稳。在 2021 年度，学术界的有关研究主要集中于对斯大林历史地位和斯大林模式的再认识，斯大林时期的党内政治生态以及斯大林的国际关系思想、经济建设思想、民族思想等方面。总体来看，大致体现了如下特点：对斯大林思想史的研究角度更为多元，对斯大林和斯大林模式的认识与评价更趋客观，在斯大林思想研究中更加注重启示意义的阐发。

### （七）关于列宁斯大林同时代马克思主义者思想的研究

受近年来马克思主义发展史重大历史节点等因素的影响，学术界近年增加了对列宁、斯大林同时代的一些马克思主义者思想的关注。其中，2021 年度对考茨基、普列汉诺夫、卢森堡和布哈林的思想给予了较多的关注，且多注重将之与列宁思想作比较研究。

### （八）关于马克思主义经典著作文本的研究

近年来，学术界对《马克思恩格斯全集》历史考证版给予了持续关注。就具体篇目而言，对《论犹太人问题》《1844 年经济学哲学手稿》《共产党宣言》《资本论》《法兰西内战》《自然辩证法》的关注和研究较多。

## 二　研究路向及特征

### （一）注重从哲学、经济学、科学社会主义等多学科角度开展研究，体现出较强的综合性

马克思主义发展史在马克思主义理论一级学科中具有基础研究的性质和独特的学科地位，兼具历史学科和理论学科的特点。同时，它既要着眼于马克思主义理论整体发展史，又要观照马克思主义专题史。因此，马克思主义发展史研究具有综合性。这一点在 2021 年度依然表现得非常突出。例如，学术界关于《德意志意识形态》《共产党宣言》《资本论》的研究就体现了这一特点。其中，既有马克思主义哲学角度的解释，也有政治经济学角度的考察，还有科学社会主义角度的再认识，还有文献学、传播学、语言学等多学科的新发掘。

### （二）注重挖掘恩格斯思想、列宁思想的当代价值和对重大历史节点的回应，延续了理论拓新的研究旨趣

2021 年是中国共产党成立 100 周年。这一时间节点，为系统梳理马克思主义产生与发展、传播与接受的历史和规律，为继续推进马克思主义发展的科学研究和学科建设，提供了难得的机遇。学术界开展了诸如征集专题论文、举办学术论坛，主办"纪念恩格斯诞辰 200 周年"理论研讨会、"纪念巴黎公社150 周年学术研讨会暨《马藏》发现有关巴黎公社传入中国新史料发布会"等活动，以及第三届全国高校马克思主义发展史学科建设发展论坛暨"中国共产党百年历程与马克思主义中国化"学术研讨会。这些活动直接推动了有关经典作家生平及其著作的研究。尊重历史、发掘文本、思考当下，成为中国马克思主义发展史研究的重要特点。与此同时，以中国共产党建党百年为核心的"四史"研究亦成为学术界在 2021 年度研究的重要议题。

**（三）适应新冠疫情带来的新变化，探索运用视频在线会议的国际学术交流新形式**

2021 年，新冠疫情继续肆虐全球，既给国际学术交流带来诸多不便，也为国际学术交流会议形式创新提供了契机。其中，2021 年度内引人关注的学术活动包括 7 月 17~18 日在北京大学召开的第三届世界马克思主义大会。大会以"马克思主义与现代化"为主题，以线上和线下相结合的方式进行，来自世界五大洲的 60 多位国际学者和 200 多位中国学者与会。其中，"百年中国共产党与中华民族伟大复兴""马克思主义现代化理论""《马藏》与马克思主义在中国的传播""纪念巴黎公社 150 周年"等议题，具有较强的马克思主义发展史学科形式。

# 第七章

# 马克思主义发展史研究的主要论题

## 一 马克思主义发展史研究的一般问题

马克思主义发展史研究的一般问题既包含对马克思主义发展的科学研究，也包括对马克思主义发展史学科建设的反思。2021 年，学术界从"马克思主义发展的元问题""马克思主义发展的历程与主题""当代马克思主义的发展与前景""马克思主义发展史的学科发展"等方面，阐发了新思想、贡献了新理念。

### （一）马克思主义发展的元问题

马克思主义发展史的研究旨在揭示马克思主义发展的本质与规律，需要追问"什么是马克思主义的发展"与"马克思主义如何发展"。历史地看，"什么是马克思主义"的追问"贯穿于马克思主义发展始终"①。在这些意义上，"什么是马克思主义"同"什么是马克思主义的发展"、"马克思主义如何发展"一道，归属于马克思主义发展的元问题。

第一，对"什么是马克思主义"的思考。有学者指出，"什么是马克思主义"的追问集中出现在时代和社会总问题的转换时期，这一追问"表面上看是马克思主义遇到了一场危机，实质却蕴涵着推动马克思主义实现飞跃性发展和形成马克思主义新形态的重大契机"②。这种追问能够让人们跳出对马克思主义的固有理解，结合时代和社会的具体情境重新审读马克思主义经典著作并在实践中形成对马克思主义的新理解。同时，这一追问构成"马克思

---

① 梁树发：《关于"什么是马克思主义"的提问》，《中国人民大学学报》2000 年第 4 期。
② 谭清华：《论"什么是马克思主义"的追问——从马克思主义发展史上的一个现象谈起》，《马克思主义理论学科研究》2021 年第 10 期。

主义观"的核心，涵摄"马克思主义整体性"等问题。① 因而，关于马克思主义的来源、马克思不同阶段思想的关系、马克思与恩格斯的思想关系、不同马克思主义流派的关系、中国化马克思主义理论成果间的关系等问题，都需要放置在"马克思主义发展和传播的历史进程中"② 考察。

第二，对"什么是马克思主义的发展"的思考。有代表性的观点认为，"马克思主义发展是多形态的有机统一，是以理论发展形态为核心的包括条件、主题、道路、主体、阶段诸发展形态的系统"③。因为马克思主义发展的核心是马克思主义理论的发展，马克思主义发展史研究的历史才主要是"马克思主义理论发展的历史"④。当然，不是任何马克思主义理论观点的提出都构成马克思主义理论的发展，也不是任何马克思主义发展的形态都具有马克思主义发展史的总体意义。只有那些准确回应了时代问题、引领了历史潮流的观点和形态，才构成马克思主义一般意义上的发展。⑤

第三，对"马克思主义如何发展"的思考。2021 年学界的讨论集中在主体和动力两个方面。"马克思主义发展主体"是指"对马克思主义发展起积极推动作用和作出一定贡献的人物"，可从群体和个体两个视角进行分类。群体视角下的主体可分为人民群众、无产阶级和无产阶级政党三个层次，个体视角下的主体可分为马克思主义的学者和政治家。群体与个体是相对概念，个人存在于群体之中，群体是个人的集合，因此群体视角与个体视角下的主体划分也是相对的。⑥ 流行的观点认为，学者和政治家都对马克思主义发展有贡献，双方在互动中共同推动马克思主义理论创新，因而马克思主义发展史不能忽视学者在马克思主义发展中的重大作用。⑦ 就动力而言，生产力和生产关系、经济基础和上层建筑、有产阶级和无产阶级、马克思主义和其他社会思潮之间的矛盾，都可以成为马克思主义发展的动力。⑧

① 王玉山：《马克思主义整体性问题的发生及应对：对近二十年国内研究的"问题域"探查》，《思想政治教育研究》2021 年第 2 期。
② 程恩富：《论马克思主义研究的整体观——基于十二个视角的全方位分析》，《马克思主义研究》2021 年第 11 期。
③ 梁树发：《马克思主义发展的本质与形态》，《中国高校社会科学》2021 年第 1 期。
④ 《马克思主义发展史》编写组编《马克思主义发展史》，高等教育出版社、人民出版社，2021，第 1 页。
⑤ 参见程恩富《论马克思主义研究的整体观——基于十二个视角的全方位分析》，《马克思主义研究》2021 年第 11 期。
⑥ 梁树发、赵丹蕾：《关于马克思主义发展主体及其类型》，《教学与研究》2021 年第 12 期。
⑦ 程恩富：《论马克思主义研究的整体观——基于十二个视角的全方位分析》，《马克思主义研究》2021 年第 11 期。
⑧ 梁树发：《试论马克思主义发展的实现环节》，《理论视野》2021 年第 5 期。

### （二）马克思主义发展的历程与主题

关于马克思主义发展的历史进程与主题，有"通史"和"国别史"两个考察视角。通史视角下对历程与主题的考察目前有两个有代表性的观点。一是"四个50年"的历史分期与"人类解放"的理论主题。从19世纪40年代中期到19世纪90年代中期，是"马克思主义在科学论证人类解放的过程中创立和发展"的"第一个50年"。从19世纪末到20世纪50年代中期，是"马克思主义在追求人类解放的社会革命中发展前进"的"第二个50年"。从20世纪50年代中期到20世纪与21世纪之交，是"马克思主义在追求人类解放的社会主义建设和改革实践中曲折前进"的"第三个50年"。从21世纪伊始到21世纪中叶，是"马克思主义在追求人类解放的中国式现代化强国实践推动下开拓前进"同时包含已然和未然的"第四个50年"。[①] 二是"三个世纪"的历史分期与"社会主义取代资本主义"的理论主题。19世纪由马克思恩格斯创立和发展的马克思主义，以"社会主义必然取代资本主义为重大时代课题"；20世纪马克思主义以列宁主义和毛泽东思想为旗帜，把以社会主义必然取代资本主义的课题推进到社会主义社会如何取代资本主义社会的重大时代课题；21世纪马克思主义（二十一世纪马克思主义）以习近平新时代中国特色社会主义思想为代表，以"社会主义如何在与资本主义的并存中求得自身的发展和完善，在新的高度实现'必然取代'和'如何取代'"为时代课题。[②] 这两种观点，既是对马克思主义发展史基本分期方法的继承，又是在新的历史起点上对发展分期作出的新概括。

国别史视角下对历程与主题的考察集中在马克思主义中国化的历史进程与主题演进。有学者的概括与《中共中央关于党的百年奋斗重大成就和历史经验的决议》的有关表述大体一致，将马克思主义中国化百年历程划分为四个历史阶段。[③] 也有学者以中国化的三大理论成果"毛泽东思想""中国特色社会主义思想""习近平新时代中国特色社会主义思想"为依据，将马克思主义中国化历程总结为"三次结合"。[④]

---

[①] 孙来斌：《马克思主义发展的历史阶段及其主题演进》，《马克思主义研究》2021年第3期。

[②] 顾海良：《马克思主义中国化历史与理论的创新性探索》，《马克思主义理论学科研究》2021年第11期。该观点的更系统表述，参见顾海良《马克思主义的历史发展与21世纪马克思主义的时代课题》，《中国高校社会科学》2022年第3期。

[③] 徐光春：《马克思主义中国化百年发展历程和成功经验》，《马克思主义理论学科研究》2021年第5期。

[④] 曹富雄：《论新时代中国共产党人马克思主义观的发展——以建党百年的历史逻辑、理论建构及其前沿问题为视角》，《北京行政学院学报》2021年第4期。

## （三）当代马克思主义的发展与前景

当代马克思主义也称为二十一世纪马克思主义，对它的探讨包含"中国与世界"两个维度。[①] 就中国而言，习近平新时代中国特色社会主义思想是马克思主义中国化最新成果，是当代中国马克思主义、二十一世纪马克思主义。在这个意义上，探讨当代中国马克思主义就是探讨习近平新时代中国特色社会主义思想。有观点认为，习近平新时代中国特色社会主义思想在马克思主义观、马克思主义基本理论、马克思主义思维方式等方面，对发展马克思主义作出了具有时代意义的原创性贡献。[②]

就世界而言，有学者将二十一世纪马克思主义的问题域归纳为"立足于$MEGA^2$的文献学与文本学研究、国别和区域的马克思主义研究、当代资本主义最新发展研究、二十一世纪社会主义与新共产主义研究、中国化马克思主义最新发展研究"[③] 五个方面。就国别和区域研究来看，在欧陆马克思主义和原苏东马克思主义的研究方面 2021 年皆有研究专著和译著出版。[④] 还有学者结合科学技术发展使生产和消费领域"公共性"增强这一实际，通过回应"西方资本主义出现的矛盾与危机是不是属于制度性的矛盾与危机""苏联解体是不是由马克思主义、社会主义本身造成的""中国这些年所取得的成就是不是证明了马克思主义的科学性"这三个问题，展望了马克思主义在 21 世纪发展的光明前景。[⑤]

## （四）马克思主义发展史的学科发展

马克思主义发展史的学科发展总是与马克思主义理论学科的发展、马克思主义学院的发展相伴随。2021 年，中共中央办公厅《关于加强新时代马克思主义学院建设的意见》中有关"扎实推动马克思主义学院内涵式发展"的指示，为马克思主义学院的发展指明了新方向。[⑥] 在新的历史阶段，马克思主义发展

---

① 梁树发：《2022 年马克思主义研究两大主题》，中国社会科学网，http://phil.cssn.cn/zhx/zx_lgsf/202112/t20211231_5386447.shtml。

② 颜晓峰：《新时代发展马克思主义的原创性贡献》，《学术前沿》2021 年第 22 期。

③ 王凤才等：《21 世纪国外马克思主义与当代中国马克思主义发展趋向》，上海人民出版社，2021，第 10~11 页。

④ 参见户晓坤《可替代性道路的抉择：21 世纪俄罗斯马克思主义的发展趋向》，中国社会科学出版社，2021；〔英〕达罗·谢克特《从马克思至今的左派史》，魏南海译，重庆出版社，2021。

⑤ 本刊记者：《我为什么看好 21 世纪马克思主义的发展前景——访复旦大学马克思主义学院、哲学学院陈学明教授》，《马克思主义研究》2021 年第 7 期。

⑥ 陈占安：《关于扎实推动高校马克思主义学院内涵式发展的思考》，《学校党建与思想教育》2021 年第 19 期。

史的学科建设应通过强化与其他二级学科的关联，支持马克思主义理论学科和马克思主义学院的整体发展。① 当然，这种关联的强化是以对马克思主义发展史学科本身的认识发展为前提。有学者指出，马克思主义发展史研究不仅仅是一门科学和学科，也是一种研究方法。"作为一种研究方法的马克思主义发展史研究"就是"在马克思主义发展的历史经验中认识马克思主义"，这一经验可推广至马克思主义理论一级学科的整体研究。② 根据这一思路，应当从方法论的高度整合马克思主义发展史学科与其他二级学科，推进一级学科建设。

## 二 马克思主义专题史研究

马克思主义的专题史研究，主要是针对马克思主义在发展过程中的某一领域或某一问题进行全面系统的研究。2021 年，学界有关研究主要集中在如下方面。

### （一）关于马克思主义哲学史的研究

**1. 关于马克思主义哲学专题史**

（1）关于马克思主义实践哲学史。有学者采用从历史研究到现实研究的研究方法，系统地考察了马克思之前西方自然观的历史流变、马克思实践自然观的理论来源、马克思实践自然观的思想进路、马克思的自然观在西方的影响，以及马克思自然观对建设美丽中国的意义和价值。③ 有学者则基于马克思实践本体论，深入研究了西方马克思主义的开启及其理论困境，揭示了西方马克思主义走向逻辑终结的必然性，并提出要实质性地推进马克思主义实践本体论在现当代的深化和发展。④

（2）关于马克思主义经济哲学史。有学者总结了我国经济哲学研究 40 多年的历史，在文献实证基础上聚焦马克思经济哲学的四种微观存在形式，从"对资产阶级经济学哲学基础的批判"、"政治经济学范畴中的哲学"、"政治经济学命题中的哲学"和"政治经济学理论中的哲学"四部分展开论述。⑤ 有学

---

① 程恩富：《论马克思主义研究的整体观——基于十二个视角的全方位分析》，《马克思主义研究》2021 年第 11 期。

② 梁树发：《科学的马克思主义研究何以可能》，《马克思主义与现实》2021 年第 6 期。

③ 杨卫军：《马克思的实践自然观及其当代价值》，郑州大学出版社，2021。

④ 吴友军：《西方马克思主义的开启及其理论困境：基于马克思实践本体论的研究》，中国社会科学出版社，2021。

⑤ 宫敬才：《马克思经济哲学微观研究》，人民出版社，2021。

者分别从解释学总体方法、哲学视角、政治经济学、伦理学等视角切入，对"解释学视角下的《资本论》经济哲学"进行了研究。①

（3）关于历史唯物主义和辩证唯物主义演进发展史。有学者全面辩证地审视了"推广应用说"，探讨了"推广应用说"的由来、"推广应用说"的影响以及"推广应用说"的反思与评价。② 有学者系统梳理了辩证唯物主义的演进发展史以及马克思主义辩证唯物主义哲学的演进史，按照时间顺序论述了"青年马克思"与辩证唯物主义思想的初始奠基、"老年马克思"与辩证唯物主义思想的进一步确立、恩格斯与辩证唯物主义理论体系的最初构建、第二国际正统理论家对辩证唯物主义的创新与发展、列宁与辩证唯物主义思想的进一步发展、斯大林时期辩证唯物主义哲学体系的最终形成、中国与辩证唯物主义哲学思想的进一步传承。③

**2. 关于马克思主义哲学形态史**

（1）关于马克思主义哲学中国化。有学者把 20 世纪以来哲学在中国的发展趋势概括为"马克思主义的中国化"、"中国传统哲学的现代化"和"西方哲学的处境化"，并将 20 世纪哲学在中国的发展分为四个阶段。④ 有学者在回顾和总结马克思主义哲学中国化百年历程的过程中，着力探索了"问题导向"的马克思主义哲学中国化的理论思维，集中概括了"守正创新"的马克思主义哲学中国化的研究范式。⑤ 有学者从马克思哲学观、人的自我理解理论、辩证法理论、社会观、实践观点、价值观以及马克思哲学的中国形态的探索等具体的理论问题入手，探讨了在这些问题上马克思哲学所实现的哲学变革、所彰显的现代哲学意蕴以及对于推动当代哲学发展所具有的重大理论意义。⑥

（2）关于当代中国马克思主义哲学。有学者全面分析了马克思主义哲学教科书、马克思主义哲学原理、马克思主义哲学史、马克思主义文本文献学等 9 种研究范式的历史成因、主要特征、创新功能、内在局限和相互关系，按照马克思"从抽象上升为具体"的叙述原则，深入阐释了"当代中国马克思主义哲学创新学术史"的主要脉络、创新逻辑、出场规律和范式图谱。⑦

---

① 王维平等：《解释学视角的〈资本论〉经济哲学研究》，中央编译出版社，2021。
② 沈江平：《"推广应用说"反思与马克思主义哲学的诠读》，《学习与探索》2021 年第 10 期。
③ 赵庆元：《辩证唯物主义历史逻辑研究》，学习出版社，2021。
④ 赵敦华：《中西哲学与马克思主义哲学交流》，《中国高校社会科学》2021 年第 1 期。
⑤ 孙正聿：《用理论照亮现实：马克思主义哲学中国化的理论思维、研究范式和实践智慧》，吉林大学出版社，2021。
⑥ 贺来：《马克思哲学的当代性研究》，中央编译出版社，2021。
⑦ 任平等：《当代中国马克思主义哲学创新学术史研究》，人民出版社，2021。

## （二）关于马克思主义政治经济学史的研究

### 1. 关于《资本论》的形成史及当代意义

有学者从马克思对资本主义经济关系"现代史"和"形成史"内涵及其关系的阐释出发，强调了其对于理解《资本论》对象和体系结构、开拓和创新中国化马克思主义政治经济学对象和体系结构所具有的重要的理论和方法意义。[①] 有学者立足于《资本论》，重点讨论了《资本论》中的劳动价值理论、价格理论、经济危机理论、国际经济理论的要义及其当代价值，以及《资本论》中有关社会主义论述的要义及其价值等。[②]

### 2. 关于马克思主义政治经济学形态史

有学者强调，马克思主义政治经济学在中国运用的过程和它在中国发展、创新、升华为马克思主义政治经济学新形态的过程，就是马克思主义政治经济学中国化的过程，也就是中国特色的马克思主义政治经济学的发展过程。[③] 有研究整理并收录了马克思主义政治经济学、中国特色社会主义政治经济学、乡村振兴与脱贫攻坚、数字经济与人工智能这四个主题的最新研究成果。[④] 有学者批判地分析了马克思经济学与西方经济学的"范式之争"，从生产关系的高度强调商品经济和市场经济的制度属性，批判了西方经济学和市场化改革中的"科斯主义"，对劳动价值论、工资理论、危机理论等马克思经济学的经典理论做了进一步的辩护，对"转型问题"做了进一步的澄清。[⑤] 有学者着重分析了马克思主义政治经济学劳资关系理论、剩余价值学说、地租理论、国家理论等基本理论，论述了中国特色社会主义政治经济学在继承发展马克思主义政治经济学中所作出的重要贡献。[⑥]

### 3. 关于西方马克思主义政治经济学发展史

有学者把西方马克思主义的发展分成了彼此分离的三个阶段，并从"物化：科层制下的工具理性批判""全球化下的歧途：交往理性或碎片化的身份""重新凝聚：数字时代的革命"论述了西方马克思主义的演变历程。[⑦] 有学者重

---

① 顾海良：《中国化马克思主义政治经济学对象特征探析——基于马克思对政治经济学"现代史"和"形成史"问题的理解》，《经济纵横》2021 年第 11 期。
② 王岩：《〈资本论〉基本问题探析》，中国经济出版社，2021。
③ 顾海良：《不断发展中国特色的马克思主义政治经济学》，《红旗文稿》2021 年第 7 期。
④ 谢地、杨静、张广辉主编《马克思主义政治经济学的创新与发展》，中国社会科学出版社，2021。
⑤ 方敏：《马克思经济学经典问题阐释与当代发展》，社会科学文献出版社，2021。
⑥ 蒋茜：《马克思主义政治经济学与当代中国经济发展》，社会科学文献出版社，2021。
⑦ 蓝江：《从物化批判到数字资本：西方马克思主义的演变历程》，《学术界》2021 年第 4 期。

点分析了苏格兰启蒙运动与西方现代性逻辑生成、英国古典政治经济学的学术影响以及 19 世纪反思批判时代的政治经济学批判思潮兴起等学术背景，深刻研究了马克思政治经济学批判思想缘起的根本原因，并在此基础上围绕六个阶段、六个核心思想命题展开对马克思政治经济学批判思想史的探索。①

## （三）关于科学社会主义史研究

### 1. 关于社会主义思想史

中宣部组织编写的《社会主义发展简史》依据习近平的有关重要论述精神，分八章对世界社会主义 500 年的历史展开了简明扼要的阐述。② 有学者把社会主义发展史置于人类文明发展史中进行考察，指出社会主义是人类文明发展大道上的产物，社会主义的发展推动了人类文明的发展，这是贯穿社会主义发展史的主题。③ 有学者依据马克思对哲学与社会主义的关系的理解、对社会主义与共产主义概念的区分，将马克思社会主义思想变迁的历程概括为"人的自我解放的社会主义构想""实践的唯物主义者即共产主义者""资本主义的科学社会主义认知"三大阶段。④ 有学者从共产主义论、东方社会论、社会发展道路论、社会发展代价论、世界历史论、"共同体"论、平等论、公平论、马克思主义反思论、落后国家社会主义创新论十个热点难点问题切入，对这些问题的时代背景、基本内容、逻辑结构、发展脉络进行了梳理。⑤ 有学者以科学社会主义为主线，重点研究了科学社会主义的理论来源、科学社会主义从空想到科学、科学社会主义从理论到实践、科学社会主义在中国的理论与实践这四部分的内容。⑥

### 2. 关于科学社会主义专题史

（1）关于科学社会主义基本原则。有学者从"改革开放之初的坚持和探索""面向新世纪的捍卫与发展""站在新起点的完善与发展""进入新时代的守正与创新"等方面研究了中国共产党对科学社会主义基本原则的坚持与发展。⑦

---

① 张雄：《马克思政治经济学批判思想缘起及其发展逻辑》，《哲学研究》2021 年第 6 期。
② 本书编写组编《社会主义发展简史》，人民出版社、学习出版社，2021。
③ 孙代尧：《人类文明发展进程中的社会主义——讲授社会主义发展史的大思路》，《思想理论教育导刊》2021 年第 5 期。
④ 韩蒙：《马克思思想变迁的社会主义线索》，江苏人民出版社，2021。
⑤ 王聚芹：《科学社会主义经典理论专题探究》，黑龙江人民出版社，2021。
⑥ 王秀娟：《科学社会主义理论与实践研究》，黑龙江教育出版社，2021。
⑦ 段妍：《中国共产党对科学社会主义基本原则的坚持与发展》，《江西社会科学》2021 年第 9 期。

（2）关于马克思主义收入分配和公平正义理论。有研究围绕正义理论的历史考察、建构马克思主义"作为公平的正义"原则、马克思主义"作为正当的正义"这三部分进行研究，论述了古希腊古罗马的正义理论、基督教神学正义观、西方近代社会生活对正义观念的影响、马克思主义政治哲学方法论、马克思主义正义论与实践等内容。①

（3）关于马克思主义时代化理论。有学者从马克思主义发展史的角度研究时代化问题，具体阐述了马克思恩格斯的时代化思想、列宁的时代化思想以及马克思主义时代化的中国探索，探讨了当今中国面向时代的理论和策略。②

（4）关于马克思主义国家理论。有学者围绕"现代国家"这一主题，从"政治国家：现代国家成长的现代性维度""资产阶级国家：现代国家批判的资本性维度""社会共和国：现代国家超越的理想性维度""社会主义法治国家：马克思现代国家思想在中国的发展与实践"四个方面出发展开了研究。③

## （四）关于其他方面的阶段史、专题史研究

### 1. 关于马克思主义人民群众理论发展史研究

有研究围绕马克思人本思想的历史生成、核心话语、价值意义进行了系统探讨，指出实现经济人本是马克思人本思想的当代核心所在，并从民本、民生、民主、民权、民享五个维度作了阐发，把改善民生看作马克思人本思想的当代实践诉求。④ 有学者以人民主体思想为基础，详细地阐述了马克思主义人民主体思想的理论源流与理路、总体图景、中国化建构以及当代中国马克思主义人民主体思想的建构逻辑、实践原则、运行机制等具体内容。⑤

### 2. 关于马克思主义伦理思想史研究

有研究从价值论的角度思考当代中国马克思主义伦理学，立足新时代中国特色社会主义实践，重点把握社会主义核心价值观与马克思主义伦理学的内在逻辑，从马克思主义伦理学的价值语境、价值追求、价值使命、价值实现等多重维度入手，研究了当代中国马克思主义道德理论建设的基本问题，并探讨了建设当代中国伦理学的价值方案。⑥ 有学者以"历史的观点"为方法论，通过马克思主义伦理学基础研究、马克思主义伦理思想史研究、世界历史与世界图

---

① 闻晓祥：《马克思主义正义论的新阐释》，安徽人民出版社，2021。
② 陶文昭：《马克思主义时代化的理论与实践》，人民出版社，2021。
③ 郭强：《马克思现代国家思想研究》，南开大学出版社，2021。
④ 蒋锦洪、刘洋、闫莉：《马克思的人本思想及其当代价值研究》，上海人民出版社，2021。
⑤ 杨哲：《马克思主义人民主体思想与当代中国》，东北师范大学出版社，2021。
⑥ 高国希等：《当代中国马克思主义道德理论研究》，上海人民出版社，2021。

景研究、社会伦理与人类发展研究，集中讨论了与马克思主义伦理思想和人类社会发展等方面相关的问题。①

**3. 关于马克思主义世界交往思想史研究**

有学者从生产与交往的"逻辑同构"出发，对马克思世界交往理论进行了深入研究，突出了世界交往在唯物史观中的主线地位，力图为破解当代社会国际交往问题提供科学的世界观和方法论。② 有学者通过系统梳理马克思世界历史思想的原初解读和接续拓展，由源到流地把握了马克思世界历史思想的理论来源、基本内容，阐释了"历史向世界历史的转变"的过程、特征和趋势。③ 有学者用马克思的视角回溯过去、分析现在、展望未来，围绕意识形态、自由、西方民主危机、建构中国民主话语权、资本的新帝国主义、两种社会主义之争、《共产党宣言》对全球化的预见、科技与人类命运共同体等内容展开了丰富论述。④

**4. 关于马克思主义资源思想史研究**

有学者通过研究资本和资源、资本资源和资源资本化、资本积累和"自然力"贫困化积累以及资本逻辑和生态逻辑之间的联系，梳理了马克思关于资源的社会关系属性的思想，以及马克思关于资源配置方式的思想及其发展，从而进一步明确了面对全球资源困境、构建人类命运共同体的必然性。⑤ 有学者主要整理并探讨了马克思恩格斯自然资源思想的逻辑起点、马克思恩格斯关于自然资源的概念、马克思恩格斯关于人与自然资源的关系等七个方面的内容，指出要从马克思恩格斯自然资源思想中找寻缓解中国资源困境的经验启示。⑥

**5. 关于马克思主义生态文明建设史研究**

有学者较为系统地研究了广义上生态学马克思主义或生态社会主义的主要领域，并对国际学界广泛关注但国内关注相对较少的绿色左翼理论流派作了整体性研探，廓清了世界视野之中马克思主义生态学研究的理论概貌与前沿动态。⑦ 有学者借助生态学马克思主义挖掘和诠释马克思主义自然观的时代价值和生态意蕴，同时又以历史唯物主义基本立场对生态学马克思主义进行批判性

① 曲红梅：《从历史的观点看：对马克思主义伦理学及其当代性的探究》，中国社会科学出版社，2021。
② 李维意：《马克思世界交往理论研究》，人民出版社，2021。
③ 王莉、段光鹏：《马克思世界历史思想与中国特色社会主义研究》，人民出版社，2021。
④ 张飞岸：《马克思与人类命运共同体》，中国财政经济出版社，2021。
⑤ 肖安宝：《马克思资源哲学思想及其当代价值研究》，人民出版社，2021。
⑥ 康月平：《马克思恩格斯自然资源思想及其在中国的发展运用研究》，光明日报出版社，2021。
⑦ 郇庆治主编《马克思主义生态学论丛》（5卷本），中国环境出版集团，2021。

分析，深刻阐发了生态学马克思主义自然观的思想逻辑、理论内涵及其对资本主义生态批判的价值意义，并提出要以生态文明理念为引领建构中国特色社会主义生态文明理论。① 有学者围绕生态学马克思主义产生的时代背景及理论渊源、生态学马克思主义生态批判理论的多维阐述、生态学马克思主义的绿色解放之路——生态社会主义、生态学马克思主义的理论评析与实践价值等方面，从生态批判的角度出发对生态学马克思主义进行了梳理和贯通。② 有学者通过研究西方生态学马克思主义与西方生态中心主义的关系、西方生态学马克思主义与西方马克思主义的关系，揭示出了生态学马克思主义理论的理论逻辑和理论实质，并强调生态学马克思主义是对历史唯物主义生态视域的开启，是对资本主义社会的生态批判，是对消费主义价值观的批判和对生态价值观的重构。③ 有学者首先梳理了生态学马克思主义价值观的历史背景和理论来源，通过介绍生态学马克思主义中具有代表性的人物，从中提炼生态学马克思主义价值观的思想内涵和理论特征，并以历史唯物主义作为标准对生态学马克思主义价值观内容进行评价。④ 有学者围绕资本主义生态批判、社会主义生态文明、社会主义生态文明的中国实践，从唯物辩证法与历史唯物主义原则出发，探索研究了马克思主义生态理论在人类历史上的价值逻辑及其历史变迁，并集中展示了其价值主题、价值适用与价值实践。⑤

**6. 关于马克思主义传播史研究**

有研究则按照马克思本人生前在欧美的切身行走和精神关注，以地理-思想史的方式讲述了马克思主义在德国、法国、英国、美国等资本主义国家的传播过程及接受史，并在呈现跨越三个世纪的人类发展史与时代主题的交融的同时，也呈现出了思想者个体的情感与生活细节。⑥ 有研究分析了国外马克思学具体类型的不同倾向和侧重点，总结了二十一世纪世界马克思主义基本格局、热点问题和研究意义，指明了二十一世纪世界马克思主义研究需要处理的问题以及研究需要反对的错误倾向，并对二十一世纪马克思主义的新发展和未来发展趋势展开了详细的探讨。⑦

---

① 张夺：《生态学马克思主义自然观与生态文明理念研究》，人民出版社，2021。
② 初丹：《生态批判与绿色解放之路：生态学马克思主义研究》，中国农业科学技术出版社，2021。
③ 王雨辰：《生态批判与绿色乌托邦：生态学马克思主义理论研究》，北京师范大学出版社，2021。
④ 刘羽婷：《生态学马克思主义价值观研究》，吉林大学出版社，2021。
⑤ 刘希刚：《从生态批判到生态文明：马克思主义生态理论的价值逻辑研究》，人民出版社，2021。
⑥ 张秀琴等编著《马克思的欧美之旅》，中国财政经济出版社，2021。
⑦ 王凤才等：《21世纪国外马克思主义与当代中国马克思主义发展趋向》，上海人民出版社，2021。

## 三　马克思恩格斯思想史研究

2021 年，马克思恩格斯思想史研究涌现出许多学理深刻的成果。

### （一）关于马克思思想的研究

#### 1. 关于马克思早期思想的研究

关于早期思想历程的研究。有学者认为，青年马克思政治经济学批判缘起于苏格兰启蒙运动、近代英国古典政治经济学和 19 世纪反思批判时代的政治经济学批判思潮，直接受到李斯特和西斯蒙第的学术影响。[①] 有学者认为，现实观是马克思重构哲学的钥匙，他站在现实历史的基础上，向现实本身寻求观念。[②] 还有学者认为，宗教批判是马克思世界观形成的先声，其必然导向对传统知识论世界观、情感世界观和意志世界观的扬弃。[③] 有学者注意到，马克思早期对人本主义劳动异化的哲学分析，逐步被走向客观的"物质条件和社会条件"的现实分析所代替。[④]

#### 2. 关于马克思哲学思想的研究

其一，关于思想渊源的研究。有学者认为，黑格尔《历史哲学》、费尔巴哈"现实的人"的思想、英国古典政治经济学和法国空想社会主义等构成唯物史观创立的直接理论前提。[⑤] 有学者认为，马克思思想部分源于批判经院哲学，吸取英国唯名论，彻底清算思辨哲学。[⑥]

其二，关于马克思与黑格尔关系的研究。有学者指出，马克思将黑格尔精神哲学的辩证逻辑运用于批判现实精神状态，确立起以资本逻辑批判为枢纽的总体性批判，集中在资本现代性批判的精神维度。[⑦] 青年黑格尔的"抽象劳动"是交换领域中的异化劳动，青年马克思的"异化劳动"是生产领域中的抽象劳

---

① 张雄：《马克思政治经济学批判思想缘起及其发展逻辑》，《哲学研究》2021 年第 6 期。

② 李潇潇：《马克思现实观的思想逻辑》，《哲学研究》2021 年第 1 期。

③ 马拥军：《宗教批判在马克思世界观形成中的地位——从〈《黑格尔法哲学批判》导言〉看》，《中国浦东干部学院学报》2021 年第 3 期。

④ 张一兵：《批判"资产阶级社会"：走向科学世界观和方法论》，《马克思主义研究》2021 年第 11 期。

⑤ 左亚文：《马克思的唯物史观是否具有理论前提？》，《理论月刊》2021 年第 1 期。

⑥ 杨丽珍：《马克思对中世纪经院哲学的批判与超越》，《湖南社会科学》2021 年第 4 期。

⑦ 王海滨：《精神的实现与现实的精神：从黑格尔到马克思》，《北京大学学报》（哲学社会科学版）2021 年第 1 期。

动，后者更深刻地揭示了资本对人的统治问题。① 马克思在治史范式、终极目的、历史主体、人类命运等方面实现对黑格尔历史理论的超越。②

其三，关于唯物史观的研究。有学者指出，马克思在《人类学笔记》中升华了唯物史观，批判上层建筑的方法论误区，阐明其相对独立性，思索人类社会早期形态，对封建社会本质特征作出全面揭示。③ 有学者指出，内在逻辑揭示了各种社会形态具有"什么样"的本质和规律，方法论阐释了"怎么样"认识和把握这些本质和规律，二者的统一是马克思社会形态理论的鲜明特征。④马克思以两种方式构建方法论唯物主义：一是发生论的方式，即从历史起源的物质生产活动出发，描述其如何一般性地构建起人类社会；二是目的论的方式，即从既定的社会形态出发，回溯过去的各个因素如何发展以至构成当前特殊的社会结构。⑤

其四，关于辩证法的研究。有学者指出，马克思更重视"过程辩证法"，揭示资本主义产生、生存、发展和死亡的辩证过程，特别是人在劳动实践的基础上与环境相互作用的辩证过程。⑥ 马克思在哲学和政治经济学批判两个层面对因果论与目的论进行重构，进而立足人与自然关系维度、社会历史维度完成对机械论的双重超越。⑦ 辩证法是表现形态和运动形态的有机统一，马克思揭示黑格尔辩证法两种形态的断裂，立足于社会历史变革与人的存在方式的具体总体性，从本体论维度描述了辩证法的"合理形态"。⑧ 马克思的辩证法确立了基于实践立场的"能动原则"，表现在"为我关系"的生成和消解、能动与受动的对立和扬弃、资本所表达的劳动的生产性、社会革命的历史辩证法、资本主义生产方式的自我解构等诸方面。⑨

其五，关于社会哲学的研究。有学者认为，马克思的《资本论》从历时态上揭示资本主义产生、赓续与发展的显性社会学机理，从共时性上剖析资本主

---

① 冯波：《抽象劳动与异化劳动——青年黑格尔与青年马克思的现代社会批判之比较》，《马克思主义与现实》2021年第3期。

② 吴宏政、李沐曦：《马克思对黑格尔世界历史理论的改造》，《学习与探索》2021年第7期。

③ 段虹：《马克思〈人类学笔记〉与唯物史观的升华》，《马克思主义研究》2021年第1期。

④ 王峰明：《马克思社会形态理论的内在逻辑和方法论基础——基于〈资本论〉及其手稿的辨析》，《哲学研究》2021年第2期。

⑤ 刘宇：《论马克思方法论唯物主义的演进方式——从发生论的描述到目的论的解释》，《哲学动态》2021年第3期。

⑥ 安启念：《马克思辩证法思想再认识》，《山西师大学报》（社会科学版）2022年第1期。

⑦ 甄龙：《马克思对机械论问题的双重超越》，《哲学动态》2021年第12期。

⑧ 尹健、刘同舫：《马克思的总体性叙事对辩证法形态的澄清》，《江汉论坛》2021年第6期。

⑨ 何中华：《马克思哲学的"能动原则"及其历史意蕴》，《山东大学学报》（哲学社会科学版）2021年第3期。

义制度不断强化社会掌控能力的隐性社会学动因，勾勒出"人—物—人"的人类社会更迭谱系。① 有学者指出，马克思哲学是一种蕴含着革命彻底性的社会哲学，社会化的革命才是超越资本主义的道路。② 还有学者指出，"社会事实"内嵌于马克思"现实的个人"及其活动的本体论阐释，也是分析社会现象及其机制的认识起点和唯物史观形成的重要环节。③

其六，关于历史哲学的研究。有学者认为，马克思的社会进步观摆脱了启蒙语境中被高度思辨化的历史观念，实现了从历史哲学到历史科学的转变。④ 有学者认为，马克思主义历史哲学与辩证唯物主义存在理论"互证"，与历史唯物主义存在内容"包含"，与实践唯物主义存在功能"互变"。⑤

其七，关于政治哲学的研究。有学者指出，马克思不仅从生产逻辑解释正义，还对资本逻辑的实体形态、关系形态和观念形态的非正义性展开批判，彻底揭示了资产阶级正义原则的历史性局限。⑥ 马克思商品交换理论内含丰富的劳动正义意涵，交换正义是交换自由的理论基石，劳动者是劳动正义的主体，等价交换是实现劳动正义的要求。⑦ 马克思综合了正义问题的事实与价值二分，将正义问题的理论形式和法权形式转化并重构为社会发展与个性发展的历史趋势性问题。⑧

其八，关于批判理论的研究。有学者指出，马克思哲学是科学批判理论，包括以人的类本质为基础的人本学批判、以生产逻辑为基础的主体性批判、以资本逻辑为基础的拜物教批判。⑨ 马克思批判资本主义始于道德批判，随后发展到历史批判，实现了历史转向，实现道德批判和历史批判的统一。⑩

**3. 关于马克思政治经济学思想的研究**

其一，关于财产权批判的研究。有学者指出，马克思揭示出雇佣劳动和剩

① 温权：《〈资本论〉的社会哲学批判及其历史辩证法内涵》，《哲学研究》2021 年第 1 期。
② 夏莹、邢冰：《被想象的"政治"与被革命化的"社会"——当代视域下对〈路易·波拿巴的雾月十八日〉的再阐释》，《天津社会科学》2021 年第 3 期。
③ 吴辉：《马克思社会哲学研究的方法论自觉——"社会事实"何以成为马克思社会存在论的中介概念》，《哲学动态》2021 年第 6 期。
④ 张雯：《历史的"科学"展开：马克思社会进步观的逻辑审思》，《甘肃社会科学》2021 年第 3 期。
⑤ 钟慧容：《马克思主义历史哲学的形态定位与建构》，《哲学动态》2021 年第 5 期。
⑥ 魏传光：《从生产逻辑到资本逻辑：马克思正义思想的双重透视》，《哲学动态》2021 年第 3 期。
⑦ 贺汉魂、何云峰：《马克思商品交换理论的劳动正义意蕴研究》，《四川大学学报》（哲学社会科学版）2021 年第 4 期。
⑧ 郗戈、安昊楠：《马克思政治经济学批判对正义问题的重构》，《学习与探索》2021 年第 8 期。
⑨ 仰海峰：《马克思的批判理论：逻辑界划与话语体系》，《探索与争鸣》2021 年第 7 期。
⑩ 李双套：《马克思批判范式的历史转向》，《哲学研究》2021 年第 1 期。

余价值生产才是劳动与所有权从一致走向分离的原因，破解了洛克关于劳动产品—货币的二元难题。① 马克思批判财产权的规范性基础在于，区分"作为劳动的私有财产关系"与"作为资本的私有财产关系"，认定后者是有产者剥削和奴役无产者的权力支配关系。②

其二，关于《资本论》的研究。有学者指出，马克思揭示了资本作为"自我增殖的价值"表现为一个"过程的主体"，人实则沦为资本增殖活动的工具，因而需要检视资本主义发展以及在各场域中不同人的生存境况及其相互关系。③ 有学者指出，马克思"资本—劳动"关系思想以商品为逻辑起点，剖析了资本与劳动之间不可调和的阶级对立，分析了二者作为生产要素推动生产力发展的积极趋势，科学揭示了它们根植于资本主义社会的历史性与暂时性特点。④

**4. 关于马克思社会主义思想的研究**

其一，关于国家学说的研究。有学者指出，马克思社会政治理论起始于《论犹太人问题》，在该文献中马克思探讨市民社会的历史扬弃，筹划国家的可能样态，确立了国家社会化的理论定向。⑤ 马克思在《哥达纲领批判》中对"现代国家观"进行批判，揭示了国家与教育、国家与宗教、国家与经济组织的关系以及提出了无产阶级的革命专政时期。⑥ 马克思从现实的个人出发说明国家的本质和职能，把民主制作为同国家的人民基础相契合的制度，建构起人民主体性的国家权力体系。⑦

其二，关于意识形态理论的研究。有学者指出，马克思的意识形态话语建构经历了一个长期的历史演进过程，包括在意识形态话语萌芽时期对思辨话语和人本主义话语的沿用，在意识形态话语形成时期完成对旧哲学意识形态的批

① 夏少光：《破解"洛克悖论"：马克思对资产阶级契约政府理论的超越》，《哲学研究》2021 年第 7 期。
② 张守奎：《论马克思财产权批判理论的规范性基础》，《中南大学学报》（社会科学版）2021 年第 3 期。
③ 袁蓓：《马克思的主体理论变革及当代审视——重思〈资本论〉中的"主体"问题》，《哲学动态》2021 年第 2 期。
④ 王圆圆：《马克思"资本-劳动"关系思想及其时代价值——基于〈资本论〉的文本研究》，《马克思主义与现实》2021 年第 1 期。
⑤ 邹诗鹏：《论马克思社会政治理论的起点——黑格尔国家法哲学批判与国家社会化的基本定向》，《学术月刊》2021 年第 6 期。
⑥ 黄丁：《论马克思对"现代国家观"的批判——基于〈哥达纲领批判〉的分析》，《当代世界与社会主义》2021 年第 3 期。
⑦ 李淑梅：《马克思人民主体性的国家建构思想——基于〈黑格尔法哲学批判〉的探讨》，《北京大学学报》（哲学社会科学版）2021 年第 1 期。

判和新唯物主义意识形态话语的建构，在意识形态话语发展时期完成对资产阶级话语的解构和对"西欧中心论"意识形态话语的驳斥。①

其三，关于社会主义观的研究。有学者指出，马克思将社会主义理解为科学理论、社会制度和现实运动的有机统一，这是其社会主义观的真谛，也是区别于同时代乃至以后许多社会思潮的关键。②

其四，关于跨越"卡夫丁峡谷"的研究。有学者创新性地由落后国家经济发展问题切入"跨越论"研究，从整体、总和、体系及其方法论或发展观的高度进行深度挖掘，阐释"跨越论"对实现民族复兴的时代意义。③ 还有学者指出，马克思早年的"跨越"思想针对的是资本主义的经济制度，不存在能否跨越"资本主义制度的卡夫丁峡谷"问题。④

**5. 关于马克思其他思想的研究**

其一，关于生态思想的研究。有学者指出，《德意志意识形态》呈现出清晰的生态思想脉络，从"有生命的个人的存在"出发，把实践作为人与自然的中介和统一的基础，揭示生态异化现象，最终实现"自然的历史"和"历史的自然"的一致。⑤

其二，关于社会思想的研究。有学者指出，马克思通过劳动范畴完成了理论、实践与制作的整合工作，确立了人的幸福的内在规定性，从存在论上确立起实践哲学的无产阶级性质。⑥ 有学者指出，马克思财富思想隐含着公共性意蕴，贯穿于财富的创造、分配等各个环节。⑦

其三，关于法学思想的研究。有学者指出，劳动创造了法律需求，分工是法律产生的社会原因，私有制是法律系统化的直接原因，马克思基于劳动哲学的法律起源论具有正确性。⑧

其四，关于反贫困思想的研究。有学者指出，马克思澄清了资本这个贫困根源，澄清了资本批判的路径，揭示了反贫困思想的历史向度，即无产阶级解

---

① 袁银传、张顺凤：《论马克思意识形态话语建构的历史演进、基本特征和当代启示》，《马克思主义理论学科研究》2021 年第 12 期。
② 李艳、刘同舫：《马克思社会主义观的真谛》，《社会主义研究》2021 年第 6 期。
③ 孙来斌：《马克思的"跨越论"与落后国家经济发展道路》，社会科学文献出版社，2021。
④ 赵家祥：《全面准确地理解马克思早年的"跨越"思想》，《北京行政学院学报》2021 年第 1 期。
⑤ 庄忠正、陆君瑶：《马克思主义生态思想的逻辑构建——基于〈德意志意识形态〉的考察》，《思想教育研究》2021 年第 6 期。
⑥ 王邵军：《马克思劳动幸福观的哲学阐释》，《哲学研究》2021 年第 12 期。
⑦ 王洪波：《马克思财富思想的公共性意蕴及其现代价值》，《教学与研究》2021 年第 6 期。
⑧ 黄云明：《论马克思基于劳动哲学的法律起源论》，《四川大学学报》（哲学社会科学版）2021 年第 4 期。

放与全人类解放相统一。①

其五，关于工艺学的研究。有学者指出，工艺学既深刻揭示了物质生产方式的历史变革及由此引发的生产关系、社会结构和思想观念的变迁，又具有内在的历史局限性。②

## （二）关于恩格斯思想的研究

### 1. 关于恩格斯早期思想的研究

有学者指出，青年恩格斯通过分析"现实的人"的矛盾呈现出创立唯物史观的理论脉络、特点和独创观点，走出了"另一条道路"。③ 有学者认为，恩格斯在《神圣家族》中指出群众贫困化的社会历史根源，澄清关于英国工业革命和工人阶级的思想觉悟等方面的客观事实，强调历史作为现实的人的活动，作出了独创贡献。④ 也有学者认为，恩格斯通过政治经济学启发马克思的现代市民社会批判，利用他对工人运动的实际掌握，为《神圣家族》提供了必要的经验事实。⑤

### 2. 关于恩格斯晚年思想的研究

其一，关于科学方法和精神的研究。有学者指出，恩格斯晚年形成了研究和理解马克思学说的"'序言'标格"，最突出地表现出马克思思想精粹中两个"伟大发现"的坚持和把握，最显著地开启了马克思思想历史的真实境界。⑥ 有学者指出，恩格斯提供了既要从不断变化的社会现实出发，又绝不放弃马克思主义基本原理的理论创新原则。⑦

其二，关于科学社会主义的研究。在国家学说方面，恩格斯晚年创造性地把建立民主共和国作为向共产主义过渡的政治实现方案，致力于探索无产阶级政党、国家和人民有机统一的社会主义民主政治形式。⑧ 恩格斯晚年系统阐发了国家和法的起源与演进理论，阐述了无产阶级新型国家和法制的原理，揭示

---

① 周露平：《马克思的反贫困思想及其新时代启示》，《当代世界与社会主义》2021年第4期。
② 张福公：《马克思的工艺学批判与历史唯物主义的客体向度》，《哲学动态》2021年第2期。
③ 侯衍社：《青年恩格斯在创立唯物史观中的重要贡献》，《教学与研究》2021年第5期。
④ 唐正东：《恩格斯在〈神圣家族〉中的思想建构与学术贡献》，《江西社会科学》2021年第6期。
⑤ 李彬彬：《恩格斯在唯物史观创立中的思想贡献——以〈神圣家族〉为中心》，《山东社会科学》2021年第7期。
⑥ 顾海良：《恩格斯晚年的"序言"标格及其思想智慧》，《马克思主义与现实》2021年第1期。
⑦ 孙玉霞：《恩格斯晚年理论创新的核心原则及其当代意义——基于〈卡·马克思《1848年至1850年的法兰西阶级斗争》一书导言〉的分析》，《马克思主义研究》2021年第1期。
⑧ 薛俊强：《恩格斯晚年的政治思想及其价值意蕴》，《江苏社会科学》2021年第3期。

了法和国家对经济关系的积极反作用和相对独立性理论。① 在国际关系理论方面，恩格斯晚年以结构分析和动机分析为方法论原则，深刻透视了垄断资本主义时代国际关系的基本特征和根本动因，拓展了马克思主义国际关系理论的基本范畴、认知逻辑和分析范式。②

### 3. 关于恩格斯哲学思想的研究

其一，关于自然辩证法思想的研究。从思想的发生和起源来看，早期地球科学包括唯物的生成地球观、知性的渐变地质观、连续的进化生物观，它们共同促进恩格斯自然辩证法和新自然观的形成。③ 论及黑格尔对自然辩证法的影响，恩格斯的自然辩证法是对黑格尔哲学的批判性改造，肯定了其中的辩证法思想，又以唯物主义取代唯心主义，打破了形而上学的封闭体系。④ 恩格斯的自然辩证法始终沿着马克思批判继承黑格尔的基本思路，与无视黑格尔革命遗产的理论思潮划清了界限。⑤ 从自然辩证法的性质和特点来说，恩格斯比马克思更强调劳动，他的自然辩证法是一种合理的启蒙辩证法。⑥

其二，关于唯物辩证法的研究。有学者指出，恩格斯对实践的性质、关系、过程、工具和结果等有独到概括，能够为理解复杂性变化中"现实的人"提供哲学基础。⑦ 有学者指出，恩格斯充分论证了认识论的自由、实践论的自由、作为历史发展产物的自由、作为超越形式自由的实质自由，丰富了马克思主义自由思想。⑧

其三，关于唯物史观的研究。在技术观方面，恩格斯对技术的历史属性和革命潜能的讨论，不仅引发了更具批判性的社会认识论，也启示了当代妇女解放理论。⑨ 在文明观方面，恩格斯在理论范式上针对"理性决定论"，以实践为核心范畴实现了文明观的历史唯物主义变革；在研究立场上实现了从"社会精

① 吕世伦、叶传星：《恩格斯晚年对马克思主义法学的新贡献》，《北京行政学院学报》2021 年第 1 期。

② 兰洋：《恩格斯晚年的国际观及其当代启示》，《江海学刊》2021 年第 3 期。

③ 庞宝鑫：《地球科学发展对恩格斯自然辩证法思想的意义》，《科学技术哲学研究》2021 年第 2 期。

④ 史婉婷：《继承与超越：恩格斯自然辩证法对黑格尔哲学的批判性改造》，《马克思主义理论学科研究》2021 年第 2 期。

⑤ 宋晓杰：《论恩格斯自然辩证法中的黑格尔因素》，《自然辩证法研究》2021 年第 2 期。

⑥ 刘森林：《恩格斯的自然辩证法是一种启蒙辩证法》，《马克思主义哲学》2021 年第 1 期。

⑦ 叶妮：《恩格斯实践观的五维分析》，《学术研究》2021 年第 12 期。

⑧ 张艳涛：《论恩格斯自由思想及其当代意义——基于〈反杜林论〉的分析》，《马克思主义理论学科研究》2021 年第 6 期。

⑨ 包大为：《生产维度的意识形态出场：恩格斯技术观的当代评价和辩护》，《自然辩证法研究》2021 年第 7 期。

英论"到无产阶级文明主体的转变；在文明发展形态上实现了从"西方文明中心论"到以全人类的福祉为目标的创新。① 在道德观方面，恩格斯深刻揭示出道德的起源、本质，阐述了道德的阶级性、历史性和具体性，考察了道德的地位和作用，揭示了道德产生发展的过程及规律。②

其四，关于解释学思想的研究。有学者认为，恩格斯的相关论著蕴含着丰富的解释学思想，涵盖了理解的本质及其对象、理解的条件及其限度、文本的意义及其来源、理解的相对性与绝对性等诸多基本问题。③

### 4. 关于恩格斯政治经济学思想的研究

其一，有学者指出，恩格斯实现了研究对象从私有制到生产关系的转变，从狭义政治经济学到广义政治经济学的扩展，和马克思一起创立和发展了马克思主义政治经济学。④

其二，关于住宅问题的研究。有学者指出，恩格斯在《论住宅问题》中驳斥了蒲鲁东主义者和大资产者的观点主张，认为只有变革资本主义生产方式，消解住宅所有权，才能根本解决住宅问题。⑤

### 5. 关于恩格斯社会主义思想的研究

其一，关于无产阶级政党理论的研究。有学者指出，恩格斯在《反杜林论》中阐发马克思主义，批判杜林及杜林主义，教育领导干部和党员群众，成功捍卫了党的领导。⑥ 有学者认为，恩格斯指明了"两个革命"的基本规定及内在关系，揭示出无产阶级政党通过加强"自我革命"实现"社会革命"的可行路径。⑦

其二，关于国家学说和治理思想的研究。有学者指出，恩格斯在《反杜林论》中阐明未来社会主义的目标、道路和指导思想，为世界无产阶级就如何在

---

① 王庆丰：《重思恩格斯关于文明的论断》，《社会科学辑刊》2021 年第 3 期。
② 张新、翟宇：《论恩格斯对历史唯物主义道德观的贡献及其当代价值》，《思想理论教育导刊》2021 年第 6 期。
③ 桑明旭：《恩格斯的解释学思想及其当代意义》，《武汉大学学报》（哲学社会科学版）2021 年第 5 期。
④ 刘儒、魏嘉玉：《恩格斯关于政治经济学研究对象的阐释及其当代意义》，《社会主义研究》2021 年第 6 期。
⑤ 林进平、方程琳：《住宅所有权及其超越——基于恩格斯〈论住宅问题〉的研究》，《学术研究》2021 年第 6 期。
⑥ 李晶：《从恩格斯写作〈反杜林论〉看如何做到"两个维护"》，《马克思主义研究》2021 年第 12 期。
⑦ 余一凡：《恩格斯关于无产阶级政党自我革命与社会革命的基本规定及其内在关系探究》，《社会主义研究》2021 年第 2 期。

未来国家表达"人民意志"指明方向。① 《家庭、私有制和国家的起源》全面阐明了国家的起源、本质、职能及消亡规律，恩格斯阐发了"两种生产""国家相对独立性"等原理，实现了对国家理论的守正创新。②

其三，关于恩格斯社会主义观的研究。有学者指出，恩格斯在理论逻辑上阐明了资本主义被社会主义取代的必然性，马克思主义超越空想社会主义的科学性，在实践逻辑上指明了经济文化落后国家走上社会主义道路的可能性。③

其四，关于恩格斯批判错误思潮的研究。有学者认为，恩格斯以整体视野批判"真正的社会主义"革命过时论，以多元视角揭示"讲坛社会主义"的谬误，以系统思维考察"青年派"机会主义者教条主义谬误。④ 恩格斯从哲学认识、历史认知、人物评价和价值立场四个方面揭示杜林虚无主义的唯心主义本质，批判其为资本主义制度辩护的立场。⑤

## （三）关于马克思与恩格斯思想的研究

### 1. 关于马克思恩格斯哲学思想的研究

关于历史唯物主义的研究。在共产主义思想方面，马克思恩格斯"两个和解"思想源于黑格尔的"两个公设"，它通过对政治国家"虚幻共同体"的批判，提出只有"真正的共同体"才能使共同体伦理得以可能。⑥ 在科技使用观方面，马克思恩格斯认为主体是决定科学技术高效发展与否的关键，在场域论上包含生产力发展、社会关系变革等多个面向，在指归论上揭示人的解放的价值。⑦ 对于马克思恩格斯女性观来说，异化理论是理论基础，女性解放是认识论目的，两性和谐是辩证法诉求，人的自由全面发展是哲学归宿。⑧ 在自由观方面，马克思恩格斯对自由范畴进行逻辑的全新架构，自由与社会主义在必然性、可能性和应然性方面联系紧密，社会主义在制度、发展、改革等方面的实

---

① 牟成文：《恩格斯〈反杜林论〉的法哲学思想探微》，《学术研究》2021 年第 7 期。

② 马蒙、白平浩：《马克思主义国家理论的守正创新——重读〈家庭、私有制和国家的起源〉》，《当代世界社会主义问题》2021 年第 1 期。

③ 侯衍社、张喜英：《恩格斯社会主义观的双重逻辑及其当代意义》，《思想理论教育导刊》2021 年第 1 期。

④ 靳思远：《恩格斯批判错误思潮的方法论特征》，《思想教育研究》2021 年第 12 期。

⑤ 杨宏伟、卢孔亿：《恩格斯对杜林虚无主义的批判与启示》，《思想教育研究》2021 年第 7 期。

⑥ 苗贵山：《马克思恩格斯"两个和解"思想及其共同体伦理意蕴》，《伦理学研究》2021 年第 1 期。

⑦ 马秋丽、张永怀：《马克思恩格斯科技使用观及其在 21 世纪的新发展》，《学习与探索》2021 年第 4 期。

⑧ 戴科栋：《马克思恩格斯女性观的生成逻辑及哲学理路》，《理论视野》2021 年第 3 期。

践决定自由实现程度。①

**2. 关于马克思恩格斯政治经济学思想的研究**

关于国际政治理论的研究。有学者指出，马克思恩格斯揭示出国家贸易政策根源于生产领域，资本扩张是自由贸易的内在动因，自由贸易是资本扩张的自然结果，资源禀赋优越的落后国家容易获得"后发优势"，动摇先进国家的国际垄断地位。②

**3. 关于马克思恩格斯社会主义思想的研究**

其一，关于无产阶级革命理论的研究。在阶级理论上，工人阶级只有上升为无产阶级才具有世界历史意义，实现从"资本限定工人"到"无产阶级限定资本"逻辑的转变。③ 在政治信仰上，马克思恩格斯论述了"对社会主义的信心"的多重内涵，揭示了其对社会主义优越性、共产党领导的先进性和无产阶级革命性的条件保障。④

其二，关于国际关系理论的研究。有学者认为，马克思恩格斯将资本主义经济关系作为"东方问题"的深层根源，将国际力量的矛盾失衡视为战争起因，将阶级利益和政治体制作为各国外交政策的逻辑基础，站在无产阶级利益和各民族平等的立场上揭示各国意识形态的欺骗性，这些分析形成了关于"国际政治的基本秘密"的完整认知。⑤ 该学者还认为，马克思恩格斯提出了以分析维度和批判维度、结构性方法和动机性方法为核心的一整套基本范畴、认知逻辑和分析范式，构成了有别于西方主流学派的理论体系。⑥ 也有学者指出，马克思主义国际关系研究方法不把历史作为一种循环往复的过程，它是一种带有历史唯物主义色彩的政治经济学分析方法。⑦

其三，关于意识形态的研究。有学者认为，马克思恩格斯的意识形态批判包含着肯定、转化和出路的否定，他们在批判唯心论中触及了社会关系真实，

① 邹佰峰、李龙文：《马克思恩格斯自由思想的社会主义逻辑》，《科学社会主义》2021 年第 6 期。

② 赵茜：《马克思恩格斯的国际贸易政策思想及其当代启示》，《社会主义研究》2021 年第 2 期。

③ 任帅军、肖巍：《马克思恩格斯论工人阶级上升为无产阶级》，《复旦学报》（社会科学版）2021 年第 2 期。

④ 申雪寒、李忠军：《马克思、恩格斯经典文本中关于"对社会主义的信心"论述探析》，《思想理论教育》2021 年第 3 期。

⑤ 兰洋：《马克思恩格斯关于"东方问题"的评论及其当代价值》，《马克思主义研究》2021 年第 12 期。

⑥ 兰洋：《马克思恩格斯关于十九世纪欧洲国家关系的论述及其当代启示》，《哲学研究》2021 年第 6 期。

⑦ 李滨、陈子烨：《论马克思主义国际关系研究方法——兼评历史唯物主义与西方现实主义理论的方法差异》，《世界经济与政治》2021 年第 12 期。

在对阶级的历史考察中探寻超越意识形态虚假性的科学进路，着眼于现代无产阶级的具体分析，确认了无产阶级意识形态的历史地位。① 马克思恩格斯视野中的意识形态在总体上遵循社会发展的历时性时间秩序，又综合地表现为意识形态运行的共时态时间机制。②

**4. 关于马克思与恩格斯关系的研究**

其一，关于"马恩对立论"的研究。有学者认为，恩格斯完善了政治经济学批判方法与对象的统一性，从政治经济学批判的视角确证了马克思与恩格斯辩证法的一致性。③ 有学者考察恩格斯晚年书信后认为，恩格斯坚定维护马克思的形象和声誉，坚定捍卫马克思理论，进一步发展马克思主义，这彰显出二人紧密的学术联系和深厚友谊。④

其二，关于恩格斯对坚持和完善马克思主义的贡献。从总体上，恩格斯为马克思早期思想的形成和政治经济学转向奠定了基调，和马克思共同完成和整理出版了许多著作，为马克思主义理论体系作出了独特贡献。⑤ 恩格斯在打碎旧的国家机器、无产阶级专政、国家的作用、国家所有制等问题上提出了一系列创新性观点。⑥

# 四 关于马克思恩格斯同时代相关重要思想家的研究

2021 年，学界不仅重点研究了马克思、恩格斯的思想，而且对他们同时期的相关重要思想家——施蒂纳、鲍威尔、蒲鲁东、赫斯的思想也给予了关注。

## （一）关于施蒂纳的研究

麦克斯·施蒂纳（1806~1856），德国哲学家，小资产阶级无政府主义的创始人之一。长期以来，学界对施蒂纳对马克思早期思想发展的影响关注不足，但近些年来随着 MEGA² 的出版，对施蒂纳思想的研究不断增多，2021 年

---

① 李江静：《马克思恩格斯意识形态理论的建构逻辑阐释》，《马克思主义研究》2021 年第 12 期。

② 胡潇：《意识形态运行机制的时间解析——基于马克思恩格斯的思想》，《教学与研究》2021 年第 7 期。

③ 周丹：《政治经济学批判视域中的恩格斯辩证法》，《中共中央党校（国家行政学院）学报》2021 年第 2 期。

④ 王志林、刘金鹏：《晚年恩格斯书信中的"恩格斯与马克思学术思想关系"》，《湖北社会科学》2021 年第 3 期。

⑤ 林进平、〔英〕戴维·麦克莱伦：《恩格斯对马克思主义的贡献——戴维·麦克莱伦教授访谈录》，《山东社会科学》2021 年第 3 期。

⑥ 王中汝：《恩格斯对马克思主义国家学说的原创性贡献》，《理论视野》2021 年第 1 期。

中国学术界关于施蒂纳思想的研究主要聚焦于以下几个方面。

**1. 关于施蒂纳的"唯一者"思想**

有学者从本体论的视角进行研究，指出施蒂纳的利己主义唯我论构建了全新的本体论，"唯一者及其所有物"表达的是我与我的财产的关系，也就是主体与客体（对象）的关系，以此为基础建立的权力学说是一种超越主客二分的本体论，这对马克思形成"对象性活动"的世界观有积极影响。[①] 有学者从施蒂纳思想发展史的视角出发，指出施蒂纳是最早洞察到"哲学—启蒙"话语体系存在问题，并指出解决问题的方法只有突破启蒙的哲学框架，确立"唯一者"的自我规定的哲学家。[②] 也有学者从道德标准的内在规定性视角进行研究，指出施蒂纳认为道德标准取决于个人，但并非每一个个人都能制定标准，只有达到"唯一者"境界的人才有这种能力，这使"唯一者"成为一种神圣之物，与现实的个人相去甚远。[③]

**2. 关于施蒂纳的历史观**

有学者指出，施蒂纳把事物世界和精神世界的全部历史归结为三个阶段：儿童时期的唯实主义、青年时期的唯心主义和成人时期完成否定统一的利己主义。[④] 也有学者结合《唯一者及其所有物》的文本，认为施蒂纳的人学历史观就是"唯一者"的成长史，其包含两个部分：作为"唯一者"的逻辑前史的"人"的历史、作为"唯一者"的"我"的历史。[⑤]

**3. 关于马克思、恩格斯对施蒂纳的批判**

有学者结合《德意志意识形态》文本，认为对施蒂纳的批判是马克思确立新世界观的关键环节，马克思通过批判施蒂纳哲学的抽象性、非批判性，进而确立"改变世界"的新世界观。[⑥] 有学者认为马克思对施蒂纳不仅仅只有批判的一面，也有肯定的方面。马克思首先肯定了施蒂纳从个人出发的独特思维方式，但同时批判了这种思维方式的不彻底性，即施蒂纳的"唯一者"仍然只是费尔巴哈人本主义思想的某种变种。[⑦] 有学者从犹太人问题的视角出发，认为

---

① 林钊：《马克思"新世界观"诞生中的施蒂纳因素——以〈关于费尔巴哈的提纲〉为中心的考察》，《马克思主义与现实》2021年第6期。

② 魏博：《"施蒂纳冲击"与〈德意志意识形态〉的形成》，《国外理论动态》2021年第6期。

③ 汤迪：《道德虚无主义的理论形态及其批判》，《社会科学家》2021年第2期。

④ 李成旺编著《〈德意志意识形态〉研读》，研究出版社，2021，第82页。

⑤ 姜海波、徐娜：《论马克思对施蒂纳人学历史观的批判》，光明日报出版社，2021，第121页。

⑥ 马海军：《论马克思新世界观建构中的施蒂纳因素》，《社会科学战线》2021年第11期。

⑦ 张荣军、杨凡：《马克思"现实的个人"思想的超越向度》，《山东社会科学》2021年第8期。

施蒂纳提出解决犹太人问题的方式是确立利己主义与无政府主义，马克思批判这种主张，否定了施蒂纳有关财产权与自我意识的同一性的观点。①

## （二）关于鲍威尔的研究

布鲁诺·鲍威尔（1809～1882），德国哲学家，青年黑格尔派代表之一。随着对马克思的唯物史观思想形成过程的研究不断增多，学界越来越关注马克思与鲍威尔之间的思想联系。2021年中国学界对鲍威尔的研究主要聚焦于以下几个方面。

**1. 关于鲍威尔对犹太人问题的观点**

有学者结合鲍威尔《犹太人问题》的文本，指出鲍威尔认为种族压迫的根源在于政治尚未彻底解放而造成的人们彼此斗争，只要犹太人还是基督徒，还坚持他们宗教信仰的特殊性，否认普遍的自由和人性，就不会有真正的解放。这本质上是将种族问题规定为政治异化，把种族隔离的排他性看成政治的排他性的表现。② 有学者指出鲍威尔认为犹太人问题是源于基督教和犹太教的对立，只有消除二者的对立才能解决问题，因此他提出的办法是国家放弃基督教，犹太人放弃犹太教，把这两种宗教关系还原成不同历史阶段的人的精神之间的关系，这样就不会有犹太人问题了。③ 也有学者认为，实际上鲍威尔已经意识到犹太人在基督徒占绝大多数的现代国家之中也有可能获得公民权利，但这并不足以保证犹太人在政治上获得解放。即使国家从形式上废除了国教，人们在政治生活中也不会自觉放弃他们的宗教偏见，因此多数人的宗教偏见仍有可能通过民主程序上升为国家立法的内容，并对少数人形成宗教压迫。④

**2. 关于鲍威尔的自我意识哲学**

有学者指出鲍威尔的自我意识哲学是黑格尔哲学的一种激进化，虽然他提出自我意识是要超越黑格尔的绝对精神，但是把自我意识同样变成了超越于人之上的主体。⑤ 有学者从鲍威尔对"群众"概念的讨论来研究其自我意识的问题，认为鲍威尔是在自我意识获得能力的层面上来谈论群众概念的，只要是在

---

① 梁冰洋：《马克思对施蒂纳利己主义与无政府主义的批判——犹太人问题的超越进路》，《理论视野》2021年第10期。

② 兰洋：《马克思对反犹主义的批判及其当代价值》，《现代哲学》2021年第5期。

③ 何建津：《〈论犹太人问题〉的三重批判及其思想意蕴》，《中共福建省委党校（福建行政学院）学报》2021年第3期。

④ 方博：《青年马克思的公民浪漫主义——再论〈论犹太人问题〉》，《北京大学学报》（哲学社会科学版）2021年第3期。

⑤ 李彬彬：《马克思〈巴黎手稿〉与黑格尔辩证法激进化的第三种方向》，《马克思主义与现实》2021年第5期。

批判异化的自我意识、促进真正的自我意识的生成方面一事无成的人，都应包括在群众之中。①

### 3. 关于鲍威尔对马克思、恩格斯的影响

鲍威尔的思想影响了马克思、恩格斯早期思想的发展，但由于鲍威尔的哲学充满唯心主义色彩，也受到二人的批判。有学者指出鲍威尔兄弟对"群众"的思辨想象及其主张的"批判的社会主义"，促使马克思、恩格斯共同揭示无产阶级的现实境况，并提出"群众的社会主义"，这是马克思与恩格斯初次合作的思想契机。② 有学者指出鲍威尔的自我意识哲学曾影响了博士学位论文写作期间的马克思。在博士学位论文中，马克思对原子偏斜运动的观点给予了详尽的分析，在分析中表达了自己对于人的自由的自我意识的推崇。③ 有学者结合国外对鲍威尔的研究指出，马克思在写作博士学位论文以及《莱茵报》时期，是沿着鲍威尔的解读方向来理解黑格尔哲学的。④

### 4. 关于马克思对鲍威尔的批判

有学者指出马克思的思想与鲍威尔的自我意识哲学有着一致性，但也有着潜在的差异，这种潜在的差异就在于马克思向"现实"靠拢，自我意识哲学需要融入现实生活之中。⑤ 有学者指出马克思在《神圣家族》中，运用"果实"的例子，揭示了鲍威尔主观片面地发展黑格尔哲学中自我意识的部分，把自我意识看成不依赖于具体客观世界的精神性活动，这陷入了思辨唯心主义。⑥

### 5. 关于恩格斯对鲍威尔的批判

有学者以《布鲁诺·鲍威尔和原始基督教》为文本依据，指出恩格斯既肯定又批评了鲍威尔的观点，认为鲍威尔的唯心主义立场只能单纯地研究哲学教义，但无法从更根本的社会制度、生存环境、经济基础角度深入剖析基督教的起源。⑦ 有学者基于恩格斯在《神圣家族》的第七章中专门用"'软心肠的'和'需要解救的'群众"作为文本依据，指出恩格斯认为鲍威尔站在无限的自

---

① 唐正东：《恩格斯在〈神圣家族〉中的思想建构与学术贡献》，《江西社会科学》2021 年第 6 期。

② 韩蒙：《什么是"群众的社会主义"——论马克思与恩格斯初次合作的思想契机》，《哲学研究》2021 年第 4 期。

③ 张兵、孙晓彤：《马克思"非神圣形象"的三重形式及其意蕴》，《集美大学学报》（哲学社会科学版）2021 年第 4 期。

④ 张晓明、刘雄伟：《"社会现实"的发现——马克思〈莱茵报〉时期的哲学探索》，《社会科学论坛》2021 年第 4 期。

⑤ 李娜：《论鲍威尔自我意识哲学对马克思走向"现实"的内在影响》，《甘肃理论学刊》2021 年第 2 期。

⑥ 宋永平、刘晓勇编著《〈神圣家族〉研读》，研究出版社，2021，第 42 页。

⑦ 韦冲霄：《恩格斯的基督教历史研究及其政治隐喻》，《当代世界社会主义问题》2021 年第 3 期。

我意识的角度对各民族的未来发展指点迷津的做法，不过是基督教日耳曼精神的漫画化表现而已，它彰显的根本不是所谓"精神"的先进性，而只是德国落后的民族性。①

## （三）关于蒲鲁东的研究

皮埃尔–约瑟夫·蒲鲁东（1809～1865），法国政论家、经济学家，小资产阶级社会主义者，无政府主义思想的奠基人之一。马克思在《哲学的贫困》等著作中对蒲鲁东进行了批判。2021 年中国学界对蒲鲁东的研究主要聚焦以下几个方面。

### 1. 关于蒲鲁东理论的影响

有学者基于 19 世纪欧洲国家的社会思潮分析，指出蒲鲁东的理论影响主要体现在三个方面。第一，基于对资产阶级社会和政治经济学的批判性考察，确立了一种潜在的社会唯物主义思想；第二，基于抽象人性论对资产阶级法权观念和政治经济学范畴的政治法权批判；第三，蒲鲁东借用黑格尔的思辨辩证法设想了一种综合了私有制和共产制的自由社会，即平等的、无政府的和具有无限多样性与相称性的社会——这在本质上仍是一种空想社会主义方案。② 也有学者以蒲鲁东《什么是所有权》文本为依据，指出蒲鲁东运用二律背反的方法论，批判了所有权的占有说和劳动说，认为理想社会消灭所有权而保留个人占有，用契约取代政府，实行等价交换。③ 有学者基于当代意识形态的发展，指出当代意识形态领域中仍存在蒲鲁东主义的"变种"，比如以阶级调和解决劳资冲突、基于保留小私有制实施平均分配、将无政府状态作为组织原则、用各种所谓的"事实"来反对无产阶级专政等。④

### 2. 关于蒲鲁东的方法论

有学者指出蒲鲁东的经济学方法是形而上学的，他把任何经济学范畴都分为好和坏两个方面，矛盾的解决就是保存好的方面消除坏的方面。此外，蒲鲁东的历史观也是建立在黑格尔唯心主义基础上，把人类历史看成观念和永恒理性发展的历史。⑤ 也有学者认为蒲鲁东的辩证法吸收了费希特的历史哲学思想，

---

① 唐正东：《恩格斯在〈神圣家族〉中的思想建构与学术贡献》，《江西社会科学》2021 年第 6 期。
② 张福公：《从政治异化批判到经济异化批判：重访马克思的第一次思想转变》，《贵州师范大学学报》（社会科学版）2021 年第 5 期。
③ 毛昕哲：《解读蒲鲁东的财产权批判思想——以〈什么是所有权?〉为中心的考察》，《金陵法律评论》2021 年卷。
④ 杨洪源：《共产主义和社会革命的不同审视———重新探究马克思与蒲鲁东主义的思想交锋》，《教学与研究》2021 年第 2 期。
⑤ 《马克思主义发展史》编写组编《马克思主义发展史》，高等教育出版社，2021，第 54 页。

从而为他的政治经济学的历史分期提供线索。正是因为蒲鲁东采用了费希特的"系列"观念原则，他的辩证法和黑格尔的辩证法在形式上具有同构性。①

**3. 关于马克思、恩格斯对蒲鲁东的批判**

有学者以《哲学的贫困》文本为依据，指出马克思批判蒲鲁东抽象的平等观，究其本质是因为蒲鲁东用抽象的概念代替了事实批判，这是一种脱离现实的永恒正义观念。② 有学者对比了《哲学的贫困》和《1857—1858年经济学手稿》中马克思的货币理论，指出马克思通过对1858年经济危机的研究深化了在《哲学的贫困》中对蒲鲁东货币理论的批判，并认为货币关系是一种掩盖矛盾和对抗的形式，阐释了价值理论的内容。③

## （四）关于赫斯的研究

莫泽斯·赫斯（1812~1875），德国哲学家、社会主义者，早期曾是黑格尔左派的重要代表人物之一，后成为"真正的社会主义"的思想奠基人。学术界2021年对赫斯的研究主要聚焦于以下几个方面。

**1. 关于赫斯的货币批判理论**

有学者通过梳理赫斯思想发展的脉络，认为赫斯把异化批判逻辑从政治领域拓展到经济领域，提出货币异化理论，并指出当前资产阶级社会所处的异化交往阶段是人类历史发展的必经阶段，人类只有通过爱和理性的联合，才能最终实现共产主义。④ 有学者结合赫斯的《论货币的本质》一文，指出赫斯展开对货币的批判，从而揭示政治解放的限度，论证了社会解放的必要性和可能性。⑤

**2. 关于赫斯对马克思的影响**

有学者指出赫斯继承了德国古典哲学家的人本主义思想，开创性地用"人的自由活动"本质的异化理论在社会生活中延伸了费尔巴哈人本主义思想，揭示了基督教和资本主义私有制对人的本质的异化，并率先架构了异化理论与共产主义

---

① 徐多文：《重思马克思对蒲鲁东辩证法的批判》，《现代哲学》2021年第2期。
② 宋建丽：《马克思对蒲鲁东思想的哲学批判及其当代价值》，《厦门大学学报》（哲学社会科学版）2021年第6期。
③ 关山彤：《论马克思对蒲鲁东的批判——基于〈1857—1858年手稿〉"货币章"的考察》，《理论界》2021年第4期。
④ 张福公：《从政治异化批判到经济异化批判：重访马克思的第一次思想转变》，《贵州师范大学学报》（社会科学版）2021年第5期。
⑤ 陈东英、刘忠权：《马克思共同体思想的文化渊源探析》，《学术研究》2021年第2期。

相通的桥梁，这与青年马克思的思想发展是一致的。① 有学者结合《1844 年经济学哲学手稿》与赫斯的文本进行比较，指出《1844 年经济学哲学手稿》中的共产主义思想已具有科学社会主义性质，不宜过高估计赫斯对马克思的影响。② 有学者从马克思的唯物史观形成史的视角出发，认为赫斯对马克思的影响主要限于从青年黑格尔派解体到激进主义的形成。③ 有学者指出 20 世纪上半叶之前，以格奥尔格·卢卡奇为代表的相关研究者对青年黑格尔派的态度是基本否定的，认为赫斯的"真正社会主义"是唯心辩证法的体现，带有浓厚的乌托邦色彩。但从 20 世纪中叶开始，正面评价青年黑格尔派理论的声音逐渐增多，以广松涉为代表的相关研究者认为赫斯部分地引领了青年马克思从费尔巴哈异化论框架向唯物史观的过渡。④

### 3. 关于马克思对赫斯理论的超越

有学者将马克思与赫斯对斯宾诺莎的阐释进行对比，指出马克思在对斯宾诺莎问题的回应中实现了对赫斯的超越，并确立起以对象性活动为内涵的实践维度，进而展开了唯物史观理论。⑤ 有学者从马克思"协作"概念使用过程进行研究，指出赫斯的"共同活动"是个体之间的交往关系，与具体的、物质的劳动过程无关，而马克思在《德意志意识形态》中使用的"共同的活动方式"是与一定的生产方式、物质性生产劳动相联系，此时马克思还使用带有浓厚的赫斯色彩的概念，但是对赫斯理论的态度充满了矛盾，最后选择了带有经济学底色的"协作"概念来进行表达。⑥ 有学者指出，虽然赫斯与马克思都主张通过摒弃私有财产和高扬人的"类"价值来破解人的异化问题，但赫斯强调民族身份认同，最终走向了犹太复国主义，而马克思强调对人类社会的认同，最终走向人类解放之路。⑦

---

① 杨宏伟、陆春霖：《人的类本质：赫斯的悬设与马克思的确证》，《宁夏社会科学》2021 年第 5 期。

② 黄学胜：《"貌合神离"：马克思与赫斯早期思想关系再考察——基于〈1844 年经济学哲学手稿〉与赫斯相关文本的思想比较》，《复旦学报》（社会科学版）2021 年第 3 期。

③ 邹诗鹏：《赫斯与马克思思想形成关系再探——赫斯影响马克思的限度与马克思对赫斯的自觉批判》，《复旦学报》（社会科学版）2021 年第 3 期。

④ 崔琳菲：《〈德意志意识形态〉中的"青年黑格尔派问题"》，《国外理论动态》2021 年第 6 期。

⑤ 宋一帆：《从赫斯的激进行动话语到马克思的实践概念——兼析马克思对斯宾诺莎问题的回应及其效应》，《复旦学报》（社会科学版）2021 年第 3 期。

⑥ 潘沈阳、夏莹：《马克思"协作"概念之形成——兼论其批判性维度》，《辽宁大学学报》（哲学社会科学版）2021 年第 4 期。

⑦ 陈东英、刘忠权：《马克思共同体思想的文化渊源探析》，《学术研究》2021 年第 2 期。

## 五　列宁思想史研究

2021 年学术界关于列宁思想史的研究呈现出整体观照与局部突出相结合的研究态势。整体观照体现在，站在时代高度总揽列宁主义的理论和实践，系统、全面介绍论述列宁主义。局部突出体现在，基于实践发展分领域对列宁的某个思想进行深入解读。整体观照性的研究有助于建构起列宁主义的体系框架，局部突出性的研究有助于拓宽列宁思想研究的主题。

### （一）列宁的著作文本研究

学术界围绕列宁撰写的《论粮食税》《政论家札记》《新时代，新形式的旧错误》《怎么办？》等重要文献展开解读。如有学者指出，列宁在政治视野下看苏俄的新经济政策和历史进程，得出结论：1921 年俄共（布）和苏维埃政权的事业处于十月革命以来历史进程的"极高的高度"。列宁以政治行动为手段解决经济困难问题，如要求发扬无产阶级的革命精神，正确认识实施新经济政策以来国内的形势，增强克服"危险"的勇气；正确地、切实地确定自己的任务，特别是把握好"战略退却"的尺度和"停止退却"的时机，等等。[①] 有学者指出，新经济政策的实施标志着列宁认识和把握社会主义的新起点。作为阐述新经济政策必要性的纲领性文件，列宁在《论粮食税》中提出了小农经济占优势的国家应该如何向社会主义过渡的俄国方案，为后来的社会主义国家特别是中国的社会主义建设提供了重要的方法论启示。[②]

此外，列宁的其他重要著作也是学者们关注的重点。如有学者解读了《苏维埃政权的当前任务》一文，指出列宁在此文中提出了苏俄当时必须采取的各种措施，是苏俄向社会主义社会过渡的措施，体现了列宁温和而务实的过渡思想。[③] 有学者研读了《怎么办？》一文，指出列宁围绕帝国主义时代无产阶级革命"怎么办"这个重大课题，坚持和发展马克思主义，批判俄国党内机会主义"经济派"的错误思想，阐明了社会主义意识"只能从外面灌输进去""应当

---

① 俞良早：《列宁政治视野下的新经济政策——研读〈政治家札记〉等著作》，《当代世界与社会主义》2021 年第 4 期。

② 白晓红：《〈论粮食税〉的方法论意义及其当代启示——兼论列宁在实践中把握社会主义的基本方法》，《世界社会主义研究》2021 年第 10 期。

③ 俞良早：《列宁温和而务实的过渡思想——研读〈苏维埃政权的当前任务〉》，《江汉论坛》2021 年第 9 期。

积极地对工人阶级进行政治教育"等重要思想。① 有学者基于《共产主义运动中的"左派"幼稚病》的文本，考察了列宁在党的领导问题上对共产主义运动中"左派"观点的批判，并提出了一系列重要观点，包括：批驳"左派"否定政党和党的纪律的错误思想，强调坚持党的领导是无产阶级革命事业取得成功的根本保证；批驳"左派"将政党和阶级、群众和领袖对立起来的错误倾向，强调无产阶级政党必须造就出有权威的领导核心等。② 有学者研究了《青年团的任务》一文，指出这是一篇凝聚着丰富思想政治教育意蕴的理论文献，阐明了思想政治教育的具体目标、重点内容、主要途径和教育方法，提出了科学的思想政治教育论断。③

## （二）新经济政策研究

苏俄新经济政策是世界社会主义发展史上一次守正与创新的改革壮举。有学者指出，它坚守了巩固无产阶级专政、维护人民和国家利益、实现社会主义目标之正。这种坚定的守正，是新经济政策得以推行并取得较好成效的前提和保障，是新经济政策本质意蕴的体现。同时，它开创了经济文化落后国家实现向社会主义过渡的适当途径之新、根据苏俄国情正确开展经济建设的方略之新、妥善处理社会主义与资本主义的关系之新。这种务实的创新给苏俄的经济发展注入了活力，是新经济政策的鲜明特性。④ 有学者指出，从"战时共产主义"到"新经济政策"的换车改道，拉开了苏维埃俄国改革的历史序幕，是列宁在经济文化相对落后国家探索向社会主义过渡及其建设道路的伟大尝试。改革实践观、改革过程论、社会变革的辩证法、改革过程的辩证法，构成了列宁改革思想的主体框架。⑤

有学者指出，1921 年俄共（布）新经济政策的实施和中国共产党的成立，都是国际共产主义运动史上具有标志性意义的重大事件。俄共（布）新经济政

---

① 黄蓉生、李家富：《列宁党的理论建设思想及其当代启示——基于〈怎么办?〉的文本考察》，《马克思主义与现实》2021 年第 1 期。

② 王进芬、杨秀芹：《列宁在党的领导问题上对共产主义运动中"左派"观点的批判及其当代价值——基于〈共产主义运动中的'左派'幼稚病〉的文本考察》，《思想理论教育导刊》2021 年第 11 期。

③ 李东坡：《列宁〈青年团的任务〉中的思想政治教育意蕴》，《马克思主义理论学科研究》2021 年第 10 期。

④ 李爱华：《新经济政策对世界社会主义发展的守正与创新》，《当代世界与社会主义》2021 年第 4 期。

⑤ 张乾元、尹惠娟：《列宁的改革思想及其中国意义——纪念新经济政策 100 周年》，《科学社会主义》2021 年第 4 期。

策所代表的改革和中国共产党的成立所代表的革命，成为 20 世纪 20 年代世界社会主义发展大潮中具有标志性的两大支流。① 有学者则分析了新经济政策终结的多重原因，指出改革的总体步伐未能协调并进，对新经济政策的理解存在分歧，以及社会主义观层面的思想冲突，是新经济政策终结的多重原因。②

## （三）列宁对社会主义道路的创新研究

十月革命胜利和苏维埃政权建立后，列宁领导苏俄为巩固新政权和探索建设社会主义进行了艰苦卓绝的斗争。有学者研究了十月革命前列宁关于俄国如何走向社会主义社会、谁来领导民主革命、革命该如何发展等关涉社会发展道路的重大理论与实践问题的论述。列宁遵循历史尺度与价值尺度相统一的原则，在捍卫马克思主义的同时实现了马克思主义的俄国化。③ 有学者指出，苏俄社会发展途径的特殊性根源于俄国 1917 年十月革命的特殊性，马克思主义的"革命辩证法"指引和催生了这场革命。同俄国革命的特殊性相关联的是苏俄社会发展途径的特殊性——无产阶级在条件尚不充足的时候先夺取政权和建立工农政权，然后以工农政权的力量来发展生产力和创造实现社会主义所需要的各种条件。④

有学者认为，从马克思对发达资本主义的研究出发，列宁将分析重点转向经济社会落后国家。他将政治经济学、地缘政治学和结构社会学相结合，形成了新的革命理论与实践。他的社会主义革命理论综合了对资本主义发展不均衡、政治行动实践、资本主义的帝国主义阶段三个方面的分析。⑤ 有学者指出，列宁丰富并发展了无产阶级革命运动的战略与策略理论，主要包括：对时代问题作正确判断是前提，坚持社会主义革命目标的坚定性，关注殖民地半殖民地国家的革命运动，大力加强社会主义建设等。⑥ 有学者指出，列宁关于俄国革命与建设道路的探索，主要分三个阶段：一是 1917 年之前，列宁认为俄国必

---

① 郭春生：《在改革与革命之间——俄共（布）新经济政策实施和中国共产党成立一百周年的双重纪念》，《科学社会主义》2021 年第 4 期。

② 王晓南：《新经济政策终结的多重原因及其当代启示》，《马克思主义理论学科研究》2021 年第 7 期。

③ 徐芹：《十月革命前列宁对俄国社会发展道路的探索及其意义》，《马克思主义理论学科研究》2021 年第 7 期。

④ 俞敏：《列宁晚年关于苏俄社会发展途径特殊性的思想》，《马克思主义研究》2021 年第 9 期。

⑤ 〔英〕大卫·莱恩：《列宁的社会主义革命：理论、实践与现实》，李洋译，《马克思主义与现实》2021 年第 2 期。

⑥ 周森：《列宁关于社会主义运动战略与策略的理论与启示》，《世界社会主义研究》2021 年第 2 期。

须走美国式而不是德国式的资产阶级革命道路；二是 1917 年 4 月至 10 月，列宁主张俄国不能停留在资产阶级革命阶段，必须顺应革命形势变化，果断发动社会主义革命；三是 1921 年春到 1923 年 3 月，列宁主张根据实践而非本本认识社会主义，向发达资本主义国家学习，建设好社会主义。①

## （四）列宁关于无产阶级政党建设的思想研究

列宁在长期革命斗争实践中，经常思考如何建设无产阶级政党的问题。有学者认为，列宁党的组织建设思想主要包括：坚持对党员进行思想理论教育，保持党的先进性；加强党员干部队伍建设，提高治理国家的能力与水平；加强组织体系建设，提高党的战斗力；坚持民主集中制，确保党的健康发展。② 有学者指出，列宁与党内非马克思主义派别在思想领域进行斗争，形成了丰富的党内斗争思想，包括：确立"哲学有党性"原则，清除了"无党性"对党的影响；创新"两条战线斗争"原则，排除了"左"右倾错误思想对党的事业的破坏；坚持批评和自我批评的工作作风，严肃了党内政治生活；提出"清党"工作，加强了党员队伍建设以巩固党的执政地位。③ 有学者指出，19 世纪末 20 世纪初，列宁对"经济派"否定党的领导的错误观点进行了深刻批判，并提出了一系列重要思想主张：批判"经济派"的"马克思主义危机"论，阐明无产阶级政党只有以马克思主义理论为指导，才能发挥无产阶级先锋队对工人运动的领导作用；批判"经济派"崇拜、宣扬工人运动自发性，强调必须发挥党的引领作用以实现工人运动从自发性到自觉性的转变；批判"经济派"在组织问题上主张"手工业方式"的观点，主张建立职业革命家组织作为党的领导核心；批判"经济派"关于工人阶级只需要进行经济斗争的思想，要求党必须领导工人进行政治斗争。④

## （五）对列宁有关思想分歧与争论的研究

有学者认为，从历史的角度看，早在西方马克思主义时期，马克思与列宁的思想关系问题就已成为显性问题。国外学界在此问题上的立场可以分为三

---

① 王中汝：《列宁关于俄国革命和建设道路的探索及启示》，《科学社会主义》2021 年第 3 期。
② 汤德森、王沛杰：《列宁党的组织建设思想及其当代启示》，《湖北大学学报》（哲学社会科学版）2021 年第 4 期。
③ 丁敏、李包庚：《论列宁党内斗争思想及其时代价值》，《湖南师范大学社会科学学报》2021 年第 4 期。
④ 王进芬：《列宁对"经济派"否定党的领导的错误倾向的批判及其当代意义》，《马克思主义研究》2021 年第 3 期。

种："对立论"者认为，列宁曲解了马克思，并应该对十月革命后在俄国所发生的一切糟糕的事情负责；"差异论"者则认为，列宁深受马克思思想的影响，对其思想的"修正"是时代和实践的要求，二者都不应该对苏联模式负责；"一致论"者认为，列宁的思想与马克思之间存在着继承关系，二者应该共同对苏联模式的变形和失败负责。通过研究国外学者的观点得出了三点启示：第一，要肯定马克思与列宁的思想关系具有根本的统一性，但也不能否认其中的差异；第二，要避免陷入贬低和否定列宁思想的误区；第三，绝不能将苏联模式的畸形和失败归咎于马克思和列宁。①

此外，学术界还研究了列宁的意识形态思想、生态思想、民主法治思想、帝国主义论、新闻观等内容。

## 六　斯大林思想史研究

2021 年，我国学术界围绕斯大林历史地位的认识与评价、斯大林模式的探讨与评价、斯大林时期苏共党内政治生态等议题进行了较为深入的理论研究，取得了较为丰硕的研究成果。

### （一）2021 年关于斯大林思想史研究的基本特点

从整体上看，2021 年学界关于斯大林思想史的研究主要呈现以下特点。

一是对斯大林思想史的研究角度更为多元、方法更加新颖。2021 年度，学者在研究斯大林思想时，不仅运用了文献解读法、语义理解法等传统研究方法，还采用了专家访谈、共置比较等新兴研究手段，使得研究内容并不辄止于斯大林有关思想的话语阐释、逻辑推断，还涉及历史评价、差异梳理、实践启示等多个方面，从而形成了更为立体丰富的研究图景。

二是对斯大林和斯大林模式的认识与评价更为客观、更加辩证。随着有关斯大林本人以及斯大林模式研究资料的充实，学者们的有关研究也日益深化，应基于客观眼光评价斯大林及斯大林模式已渐成学界共识。有学者对赫鲁晓夫"去斯大林化"的极端做法进行了批驳，认为这是苏联历史虚无主义泛起的标志。有学者强调应以辩证唯物主义的视角看待斯大林的功过是非，不能笼统认识、以偏概全。有学者对"斯大林模式"的概念进行了深度挖掘，主张在具体分析后进行具体评价。这些都为客观、全面、辩证地评价斯大林及其思想奠定

---

① 刘明明：《列宁歪曲了马克思的思想吗？——基于国外学者对马克思与列宁思想关系不同视点的分析》，《贵州社会科学》2021 年第 7 期。

了科学基调。

三是在斯大林思想研究中更加重视与实际相联系、更加注重启示意义的阐发。2021 年度,学界所产生的斯大林思想研究成果体现出其较强的实践指向与问题意识,更多聚焦在斯大林的国际关系、经济建设、民族事务等思想上,特别注意归纳斯大林有关思想的价值指向、实践经验与现实启示。学者们将这些思想置于当代视阈进行阐释,力图做到以史为鉴、开创未来,希冀为新时代中国特色社会主义事业的向前发展提供有益借鉴。

## (二) 关于斯大林思想史研究的主要方面

第一,关于斯大林历史地位的认识与评价。首先,俄罗斯学者对斯大林有了新的认识与评价。在苏联解体前后的一段时期内,苏联理论界出现了严重的历史虚无主义倾向,丑化、歪曲苏联历史的现象频现,其中就包括对苏联领导人的非客观评价。2007 年,在普京"还历史本来面目"的明确要求下,《俄罗斯现代史(1945—2006)》这一被誉为"体现俄罗斯史学工作者诚实和奉献精神"的历史教科书出版。该书对俄罗斯现代史上的许多重大问题作出了拨乱反正的分析评价。有国内学者在 2021 年对书中关涉的斯大林历史评价的内容进行了研究,引介了书中提出的"斯大林被视为苏联最成功的领导人""为了能有助于弄清斯大林历史作用的问题,我们不仅需要把斯大林放在苏联时期的历史框架中审视,而且应当放在更为广阔的历史背景下分析"等论断,指出这是俄罗斯学界开始全面反思和肃清虚无评价斯大林问题的重要标志。① 其次,国内学者对斯大林的历史地位也有了更为客观的认识与评价。在整体性评价方面,有学者指出,斯大林不仅是使苏联成为当时世界第二、欧洲第一强国的领导者,还是领导红军击败法西斯军队的元帅,更是国际共产主义运动的领袖,对其评价必须客观真实,不能无情地批判与践踏。② 在此意义上,也有学者指出,没有做到全面客观地评价斯大林及其领导的苏联社会主义实践,没有充分肯定斯大林的历史地位和历史贡献,没有正确对待斯大林的错误和苏联社会主义实践中的问题,是苏联历史虚无主义滋生蔓延的关键因素。③ 在具体评价方面,有学者以《联共(布)党史简明教程》撰写、出版的史料为依托,梳理了斯大林在推动马克思主义哲学理论通俗化、框架化、教义化等方面的重要历

---

① 刘书林:《反对虚无主义,还历史本来面目——〈俄罗斯现代史(1945-2006)〉书评》,《经济导刊》2021 年第 12 期。

② 刘书林:《百年党史与科学评价毛泽东》,《重庆邮电大学学报》(社会科学版)2021 年第 6 期。

③ 汪亭友、吴深林:《历史虚无主义的思想认识基础、理论本质及其批判》,《马克思主义理论学科研究》2021 年第 9 期。

史贡献。①

第二，关于斯大林模式的探讨与评价。有学者从正面加以理解，认为斯大林模式是斯大林对马克思主义关于计划经济论述的具体实践，是在特殊时代背景下所选择的符合国家发展战略的适应性道路，应该从正面加以认识。② 也有学者持反面观点，认为苏联正因在斯大林的授意下取消了新经济政策，转而采用工业化、集体化的发展模式，才进入了曲折发展的历史时期。③ 还有学者基于辩证视角指出，斯大林模式是斯大林所建立并推行的苏联社会主义基本经济政治制度与具体管理体制机制的有机统一，所以不能不加分析地把两者笼统地称为苏联社会主义或斯大林社会主义模式而全盘肯定或否定，必须辩证看待、具体分析。④

第三，关于斯大林时期的党内政治生态研究。有学者从苏共史实出发，通过史料分析将斯大林时期的党内政治生态概括为矛盾积聚、斗争激烈两大特征。该学者指出，斯大林时期苏共党内政治生态恶化的原因主要有三个：一是苏俄在列宁时期并未建立健全党内最高权力的继承机制，二是斯大林在处理党内矛盾时惯于使用强力手段，三是斯大林成为党的核心领导者后权力欲极度膨胀。⑤

第四，关于斯大林的国际关系思想研究。如何处理社会主义国家同其他国家之间的关系，是斯大林这一苏联领导者所考虑的重要问题。有学者分析了斯大林国家关系思想的逻辑基点，认为斯大林在国际交往中，无论是处理同资本主义国家关系，还是处理同社会主义国家关系，都以苏联本国的国家利益为逻辑基点，并未体现出明显的国际主义精神，这是其沙文主义思想使然。⑥ 有学者探讨了斯大林二战前的对德关系思想，指出：1939 年斯大林与希特勒签订了互不侵犯条约，从苏联一国看这是保护本国利益的成功策略，但从国际主义的视角看这种实用主义策略给社会主义的世界性战略发展造成了困扰，这体现出斯大林颠倒了马克思主义战略与策略之间的正确关系。⑦ 还有学者探讨了斯大

① 任虎：《〈联共（布）党史简明教程〉与中国马克思主义史学（1919—1980）》，《人文杂志》2021 年第 6 期。
② 张志元、李政隆：《对苏联计划经济体制的再思考》，《世界社会主义研究》2021 年第 11 期。
③ 张喜德：《试论列宁晚年的社会主义建设思想》，《中国延安干部学院学报》2021 年第 1 期。
④ 李慎明：《苏共的蜕化变质是苏联解体的根本原因》，《政治学研究》2021 年第 6 期。
⑤ 冯华南：《从列宁"遗嘱"引发的党内斗争看早期苏共党内制度建设的缺陷——兼对苏联解体30 周年的反思》，《聊城大学学报》（社会科学版）2021 年第 6 期。
⑥ 孙西辉：《社会主义国家处理国际主义与国家利益关系的实践与理论》，《教学与研究》2021 年第 11 期。
⑦ 张翼星：《简述卢卡奇与列宁主义、斯大林主义的关系》，《国外理论动态》2021 年第 4 期。

林的对华政策思想，指出：二战后初期，斯大林对华政策经历了从与国民党政府结盟，到与中共结盟的历史过程，但无论政策如何确立与变迁，确保苏联战后远东战略目标的达成始终是其价值旨归。①

第五，关于斯大林的经济建设思想研究。斯大林的经济建设思想是斯大林思想史研究的重要方面，国内学者对其认识评价也不尽相同。有持正面评价的学者以斯大林创办的集体农庄为例，分析了在其经济思想指导下的苏联集体化运动，指出农业集体化为苏联工业化提供了资金来源，为苏维埃政权稳定提供了粮食支撑，认为这是斯大林经济思想实践效用的积极体现。② 有学者对斯大林经济建设思想的实践性成就进行了梳理：一是建成了大批新的工业部门，二是建立了保障工业化顺利开展的农业经济体制，三是从 1928 年到 1940 年的 12 年间推动苏联工业总产值增加 9 倍，年均增长 16.8%。③ 也有学者对斯大林的经济建设思想持消极观点，认为"对资本主义进行全线进攻"是斯大林经济建设思想的显著特征。斯大林提出并践行的"两个平行市场理论"，主张最大程度减少苏联同资本主义国家间的经济交往，最大程度降低国内资本的活跃指数，这是苏联经济颓势形成的关键原因。④ 斯大林之所以不愿使苏联加入世界经济体系，源于对苏联内部经济循环与国家体制的过分自信，源于没有意识到苏联在世界经济份额中只占 1.3% 的劣势地位。⑤ 也有学者对此持辩证观点，指出：一方面，斯大林是马克思主义经济学方法论的代表性继承者，他关于生产力与生产关系理论的系统论证，为马克思主义政治经济学研究奠定了重要理论基础；另一方面，斯大林片面地认为生产关系就是"生产中的关系"，因而在实践中忽视了政治、制度等外在力量的重要影响，这是致使苏联的生产关系日趋僵化的重要因素。⑥

第六，关于斯大林的民族思想研究。斯大林的民族思想是学界的关注要点，研究这一思想能够为在新时代认识和处理民族问题提供有益启示。有学者

---

① 郝江东：《二战后初期斯大林对中共政策的缘起与形成》，《首都师范大学学报》（社会科学版）2021 年第 3 期。

② 刘守英、程果：《集体所有制的理论来源与实践演进》，《中国农村观察》2021 年第 5 期。

③ 杨河、杨伊佳：《科学社会主义理论与实践中的"市场经济问题"》，《中国高校社会科学》2021 年第 5 期。

④ 吴英：《马克思关于后发国家向社会主义过渡的观点及其现实意义》，《学术前沿》2021 年第 22 期。

⑤ 沈志华、张昕：《美苏冷战起源的经济因素——沈志华教授访谈》，《俄罗斯研究》2021 年第 1 期。

⑥ 任瑞敏、张晖明：《马克思主义政治经济学方法论：现实体现与发展路向——兼论对中国政治经济学理论创新的先导意义》，《经济研究参考》2021 年第 22 期。

将斯大林的民族思想置于马克思主义民族概念的话语演进中进行研究，指出贯穿斯大林关于民族论述的思想主线是"民族是革命总问题的一部分"。斯大林始终把民族问题置于社会主义革命问题之内进行考察，这是相较先前马克思主义者在阐释民族问题概念方面的一大进步。[①] 也有学者指出，斯大林民族思想的重要贡献在于阐明了"大俄罗斯民族主义（沙文主义）"和"地方沙文主义"之间的关系，并概括出了阻碍苏联各民族团结合作的"主义残余"要素。[②] 还有学者指出，斯大林的民族意识缘起于苏联的客观历史元素，这一历史性的理解也为毛泽东民族形式概念的形成提供了理论资源。[③]

## 七　关于列宁斯大林同时代相关重要思想家的研究

2021 年，学术界对考茨基、普列汉诺夫、卢森堡和布哈林等与列宁、斯大林同时代的相关重要思想家的研究继续推进。

### （一）关于考茨基思想的研究

卡尔·考茨基（1854~1938）是社会民主主义活动家、德国和国际工人运动理论家、第二国际领导人之一。2021 年关于考茨基的研究主要包括以下方面。

**1. 关于考茨基的革命主张**

有学者认为，尽管考茨基对帝国主义战争和军国主义持反对立场，但他反对采取暴力革命推翻资本主义，其改造资本主义民主制为无产阶级利益服务的主张又过于抽象，导致在实践中滑向右翼立场。[④] 有学者强调，考茨基对伯恩施坦"和平长入社会主义"论调的批判并不彻底，在原则上主张革命，在实际行动上却主张走议会斗争与和平改良的道路。[⑤] 有学者指出，考茨基的"超帝国主义论"仅仅将帝国主义看作资本主义的一种政策选择，没有触及帝国主

---

① 张三南、谢丽萍：《马克思主义民族问题概念的话语演进——兼谈新时代对民族问题意涵的认识再深化》，《贵州民族研究》2021 年第 2 期。

② 张少春：《中国共产党反对"两种民族主义"的百年历程》，《民族研究》2021 年第 4 期。

③ 刘超：《毛泽东民族形式概念形成的理论资源与历史语境》，《湖南工业大学学报》（社会科学版）2021 年第 3 期。

④ 来庆立：《"革命"概念的一次历史大争论及其现实启示——对德国"十一月革命"的考察》，《科学社会主义》2021 年第 2 期。

⑤ 夏银平、冯婉玲：《无产阶级革命是进入社会主义的必由之路吗？——评伯恩施坦、考茨基和列宁的论争》，《广西大学学报》（哲学社会科学版）2021 年第 1 期。

义的本质；其通过战争走向和平的主张也滑向了改良主义。①

**2. 关于考茨基的历史影响**

有学者研究了考茨基在传播社会主义思想中发挥的作用，通过分析考茨基对约翰教父《使徒行传》布道词的解读，指出考茨基的解释深刻影响了包括卢森堡在内的社会主义者；但是，社会主义者们的解读引起天主教会异议，双方的争论集中反映了19世纪末20世纪初社会主义思潮与基督教传统的交锋。② 有学者关注了考茨基在《资本论》传播和普及过程中的作用，指出考茨基对写作《资本论》通俗读物和普及读物，以及编辑出版《资本论》手稿群作出了重要贡献。③ 有学者指出，考茨基具体分析了伯恩施坦歪曲和攻击唯物史观和辩证法的言论，捍卫了马克思主义哲学特别是历史唯物主义理论。④

## （二）关于普列汉诺夫思想的研究

格奥尔基·瓦连廷诺维奇·普列汉诺夫（1856～1918）是俄国科学社会主义第一人。2021年关于普列汉诺夫的研究主要集中在以下方面。

**1. 关于普列汉诺夫对伯恩施坦修正主义的批判**

有学者指出，普列汉诺夫反驳了伯恩施坦"回到康德"的哲学观点，揭露其根本目的是抹杀唯物论与唯心论的区别，以新康德主义取代马克思主义哲学。除此之外，普列汉诺夫还驳斥了伯恩施坦关于恩格斯晚年放弃暴力革命主张的观点，捍卫了马克思主义关于暴力革命是无产阶级解放道路的理论。普列汉诺夫否定伯恩施坦"运动就是一切"的主张，强调共产主义最高理想和无产阶级专政的重要性。⑤

**2. 关于普列汉诺夫的历史观**

有学者考察了普列汉诺夫的历史观，指出普列汉诺夫在一定程度上坚持和发展了历史唯物主义，尤其发展了关于社会结构的理论，但他未将生产力与生产关系的相互作用视为社会发展的终极原因，反而将地理环境从物质生产方式

---

① 《马克思主义发展史》编写组编《马克思主义发展史》，高等教育出版社、人民出版社，2021，第188～189页。

② 陈莹雪：《约翰·克里索斯托的古代社会正义理想——来自考茨基、卢森堡的评价及其同代人的见解》，《北京大学学报》（哲学社会科学版）2021年第2期。

③ 王瞻：《马克思〈资本论〉在德国的传播历程研究》，《国外理论动态》2021年第4期。

④ 《马克思主义发展史》编写组编《马克思主义发展史》，高等教育出版社、人民出版社，2021，第163～164页。

⑤ 《马克思主义发展史》编写组编《马克思主义发展史》，高等教育出版社、人民出版社，2021，第163～168页。

的要素中独立出来，并将之视为社会发展的终极原因。① 有学者认为，普列汉诺夫对唯物史观进行了开拓创新，提炼并阐释了诸多重要概念，丰富了马克思主义关于地理环境、社会意识两种形态，以及个人在历史上的作用的学说。②

## （三）关于罗莎·卢森堡思想的研究

罗莎·卢森堡（1871~1919）是国际共产主义运动著名政治活动家和马克思主义理论家、德国共产党创始人之一，德国社会民主党和第二国际左派领袖。2021 年是罗莎·卢森堡诞辰 150 周年。国内学者发表了诸多研究成果和纪念性文章，继续推进对罗莎·卢森堡思想的研究。

### 1. 关于卢森堡的资本积累理论

有学者指出，卢森堡在批判伯恩施坦修正主义的过程中结合马克思关于社会资本再生产的评析，创立了自己的资本积累理论，并从资本积累角度对帝国主义展开研究。③ 有学者认为，卢森堡资本积累理论的缺陷在于被"供给自动创造需求"的观点所误导，忽视了"消费有限性与占有货币欲望的无限性"的矛盾；在对这一立论基础加以改造的前提下，卢森堡的资本积累理论是逻辑自洽的。④

### 2. 关于卢森堡对伯恩施坦的批判

有学者指出，卢森堡在《社会改良还是革命?》一文中不仅有力地反击了资本主义经济矛盾趋于缓和的错误观点，还揭示了伯恩施坦向资本主义投降的方法论根源，维护和发展了科学社会主义理论。⑤ 有学者指出，在批判修正主义的第二国际理论家当中，卢森堡的角色和作用最为突出。她捍卫了马克思主义的劳动价值论和危机理论，论证了马克思关于资本主义必然灭亡的理论的科学性；反驳伯恩施坦"和平长入社会主义"的观点，坚持马克思主义的阶级斗争学说和无产阶级专政理论。⑥

---

① 赵家祥：《相互作用是事物的真正的终极原因——兼论普列汉诺夫的历史观》，《新时代马克思主义论丛》2021 年第 1 期。

② 李伏清、唐琦露琴：《哲学原创性视域下普列汉诺夫唯物史观探析》，《湘潭大学学报》（哲学社会科学版）2021 年第 3 期。

③ 《马克思主义发展史》编写组编《马克思主义发展史》，高等教育出版社、人民出版社，2021，第 165 页。

④ 卢映西：《罗莎·卢森堡资本积累理论的成就、误区与启示》，《经济纵横》2021 年第 4 期。

⑤ 吕佳翼：《〈社会改良还是革命?〉的当代意义——纪念罗莎·卢森堡诞辰 150 周年》，《科学社会主义》2021 年第 5 期。

⑥ 《马克思主义发展史》编写组编《马克思主义发展史》，高等教育出版社、人民出版社，2021，第 165~168 页。

### 3. 关于卢森堡的革命主张

有学者认为，卢森堡主张通过群众广泛参与的革命运动实现无产阶级专政，为新的社会形态创造基础；但她在一定程度上忽视了新型无产阶级政党的作用，导致革命本质被抽象化。[①] 有学者考察了卢森堡的群众罢工理论，指出其为无产阶级斗争提供了新的形式，其真理性在相当程度上为后来的俄国十月革命和德国十一月革命所验证；尽管该理论有高估群众自发性的倾向，但并未割裂党与群众、革命与罢工之间的联系。[②] 有学者研究了拉萨尔社会主义思想对卢森堡的影响，认为卢森堡吸收改造了拉萨尔的思想，一方面重视社会主义政党对群众的思想教育灌输，但另一方面也将对资本主义的理论分析和无产阶级的革命行动分离开来，对共产主义运动实践造成了消极影响。[③]

### 4. 关于卢森堡与列宁的分歧

有学者指出，卢森堡的《论俄国革命》一书充分肯定了十月革命的历史必然性和重大意义；由于个人经验和对理论的不同理解，卢森堡在土地政策、民族政策和苏维埃政权建设等问题上与列宁存在分歧，这种分歧体现了社会主义运动的复杂性和曲折性；卢森堡对苏维埃政权提出的部分批评在历史发展中被不幸应验，这为国际共产主义运动提供了宝贵的经验教训。[④] 有学者提出，卢森堡与列宁的争论基于捍卫马克思主义科学性、革命性和无产阶级根本利益这一前提，是出于对运用马克思主义解决具体问题的不同理解，并非根本立场上的分歧。[⑤]

### 5. 关于卢森堡的文献学与文本研究

《罗莎·卢森堡全集》[⑥] 中文版第一卷于 2021 年付梓，成为时年国内卢森堡研究领域的盛事，对推进国内卢森堡相关研究有重要意义。有学者专门撰文回顾卢森堡的生平和思想历程，《罗莎·卢森堡全集》不同版本的编辑、出版和传播情况，以及国内对卢森堡著述及思想的研究历史，详细介绍了《罗莎·卢森堡全集》中文版的结构、特点和学术价值。[⑦]

---

① 来庆立：《"革命"概念的一次历史大争论及其现实启示——对德国"十一月革命"的考察》，《科学社会主义》2021 年第 2 期。

② 贾伯鸿、王学东：《罗莎·卢森堡群众罢工理论评析》，《当代世界与社会主义》2021 年第 4 期。

③ 林浩超：《论拉萨尔的社会主义思想对罗莎·卢森堡的影响》，《国外理论动态》2021 年第 5 期。

④ 王中汝：《卢森堡对俄国革命的评述及列宁的回应》，《理论视野》2021 年第 9 期。

⑤ 贺敬垒：《伯恩施坦、卢森堡和列宁关于十月革命道路问题的论争及当代价值探略》，《湖北社会科学》2021 年第 5 期。

⑥ 《罗莎·卢森堡全集》第 1 卷，人民出版社，2021。

⑦ 何萍：《〈罗莎·卢森堡全集〉编辑出版的思想历程——写在中文版付梓之际》，《马克思主义与现实》2021 年第 3 期。

## （四）关于伯恩施坦思想的研究

爱德华·伯恩施坦（1850~1932）是德国社会民主党理论家、第二国际右派领袖、修正主义的鼻祖。2021 年关于伯恩施坦的研究主要集中在以下几个方面。

### 1. 关于伯恩施坦修正主义主张及其所受到的批判

有学者指出，"在反对修正主义的思想斗争中拉开无产阶级伟大革命斗争的序幕"是 19 世纪末至 20 世纪 50 年代马克思主义发展的历史特点。伯恩施坦鼓吹"和平长入社会主义"，散布机会主义观点；对此，列宁进行了深刻批判，揭露了机会主义为当前利益牺牲长远根本利益的理论实质。[①] 有学者具体指明了伯恩施坦对马克思主义所做的"修正"，还详述了马克思恩格斯的战友和学生对伯恩施坦修正主义的批判，认为他们坚持了马克思主义的基本立场和观点，但可惜未能将批判修正主义与在新的时代条件下继续发展马克思主义这一历史任务较好地结合起来。[②] 有学者还通过分析列宁对修正主义的批判，进一步探讨列宁对待马克思主义的科学态度，指出列宁认为"对理论信仰上的背离""思想方法上的错误"，以及资产阶级利用超额垄断利润对无产阶级的收买，是伯恩施坦修正主义形成的重要原因。[③]

### 2. 关于伯恩施坦的革命主张

有学者认为，伯恩施坦的改良主义主张在一定程度上把握到资本主义发展的新变化，但作出了错误的理论解释。[④] 有学者认为，伯恩施坦主张采取和平手段改良资本主义、完善民主共和国，其实质是对资本主义进行去意识形态化和中立化处理，结果使德国社会民主党从资本主义的反对者变成同路人。[⑤] 有学者指出，伯恩施坦从马克思主义文本的具体结论出发衡量俄国革命的现实，以俄国不具备社会主义的物质基础为由全盘否定十月革命的必然性、无产阶级专政的必要性和布尔什维克各项政策的合理性。[⑥]

---

① 孙来斌：《马克思主义发展的历史阶段及其主题演进》，《马克思主义研究》2021 年第 3 期。

② 《马克思主义发展史》编写组编《马克思主义发展史》，高等教育出版社、人民出版社，2021，第 160~163 页。

③ 孙来斌：《列宁对待马克思主义的科学态度》，《马克思主义理论学科研究》2021 年第 12 期。

④ 夏银平、冯婉玲：《无产阶级革命是进入社会主义的必由之路吗？——评伯恩施坦、考茨基和列宁的论争》，《广西大学学报》（哲学社会科学版）2021 年第 1 期。

⑤ 来庆立：《"革命"概念的一次历史大争论及其现实启示——对德国"十一月革命"的考察》，《科学社会主义》2021 年第 2 期。

⑥ 贺敬垒：《伯恩施坦、卢森堡和列宁关于十月革命道路问题的论争及当代价值探略》，《湖北社会科学》2021 年第 5 期。

## （五）关于拉法格思想的研究

保尔·拉法格（1842~1911）是杰出的马克思主义理论家、法国工人党和第二国际的主要创始人之一。2021年是拉法格逝世110周年，国内学者对拉法格的研究主要集中在以下方面。

### 1. 关于拉法格的理论主张

有学者指出，拉法格的文章《懒惰权》揭示了资本主义社会中劳动与贫困之间的恶性循环，反对强加给工人多余的劳动；他主张劳动应成为闲暇的调剂，为此，必须合理组织社会生产，公平地分配享受闲暇的权利。[①] 有学者认为，拉法格在一定程度上忽视了历史发展过程中的主体向度[②]，将马克思主义冠以"经济决定论"[③]，使历史唯物主义染上浓厚的机械决定论色彩[④]。有学者强调，蔡和森的《社会进化史》借鉴和融会了众多马克思主义经典著作，在理论与历史的结合中阐明了唯物史观的科学性，其中，拉法格的著作《财产及其起源》也对其产生了影响。[⑤] 有学者指出，拉法格以美国为例分析了垄断资本主义的特征和帝国主义对外侵略扩张的根源，认为垄断资本主义的发展已经为向社会主义过渡创造了条件。拉法格的这些研究成果得到了列宁的高度评价。[⑥]

### 2. 关于拉法格的历史地位

有学者指出，拉法格在与修正主义和机会主义的斗争中捍卫和发展了马克思主义基本原理，推动了法国无产阶级政党和共产主义运动的发展。但是，拉法格的思想创新性有所欠缺，这既受到客观层面的时代条件和社会历史环境的制约，也与他主观层面的认识水平有关。[⑦] 有学者对拉法格的社会主义思想进行了综合考察，指出拉法格"具有较完整的社会主义思想体系，其思想是对马克思主义理论的创造性继承和发展"，尽管他思想中对原理的继承性和诠释性色彩掩盖了其独创性的光辉，但这主要是现有研究不足和捍卫马克思主义的时

---

① 汪行福：《合成症候躺平现象分析》，《探索与争鸣》2021年第12期。
② 付清松：《历史辩证法视域下科学社会主义"科学性"的再定位——由〈社会主义从空想到科学的发展〉谈起》，《东南学术》2021年第5期。
③ 陈新夏：《唯物史观价值取向当代建构的路径》，《北京师范大学学报》（社会科学版）2021年第6期。
④ 关锋：《"历史特殊性的一般理论"和"历史一般性的特殊理论"——基于对一种曲解马克思主义的观点的批判分析》，《哲学研究》2021年第11期。
⑤ 张杰：《〈社会进化史〉的理论溯源及史学价值》，《史学理论与史学史学刊》2021年第1期。
⑥ 《马克思主义发展史》编写组编《马克思主义发展史》，高等教育出版社、人民出版社，2021，第185页。
⑦ 周莉莉、毛华兵：《保尔·拉法格的历史地位及其思想评析》，《科学社会主义》2021年第3期。

代任务所致。拉法格在马克思主义发展史和国际共产主义运动史上的地位不应被忽视。①

## （六）关于希法亭思想的研究

鲁道夫·希法亭（1877~1941）是奥地利马克思主义的代表人物，第二国际的重要理论家。2021 年关于希法亭的研究主要集中在金融资本理论方面。

有学者指出，希法亭考察了垄断组织的发展，提出了"金融资本"概念，分析了金融资本统治的形式和影响。希法亭的金融资本理论对列宁的帝国主义理论产生了重要影响。② 有学者研究了垄断资本学派对希法亭和列宁金融资本理论的继承和发展，指出垄断资本学派延续了区分生产部门和金融部门的分析方法，对金融资本概念进行了发展创新，尝试解释当代经济的金融化现象。③ 有学者指出，希法亭忽视国家形式和政府的阶级性质，幻想通过资本主义制度下的"经济民主"向社会主义过渡，其"组织化资本主义"的观点未能把握垄断时代帝国主义的本质，最终倒向改良主义立场，背离了马克思主义的基本原则。④

## （七）关于布哈林思想的研究

尼古拉·伊万诺维奇·布哈林（1888~1938）是联共（布）党和共产国际的领导人之一、马克思主义理论家。2021 年关于布哈林的研究主要集中在以下方面。

### 1. 关于布哈林的帝国主义理论

有学者比较了布哈林和列宁帝国主义理论的异同，批判了借布哈林否定列宁帝国主义理论原创性的观点，指出布哈林对垄断、帝国主义本质和民族殖民地等问题的认识不如列宁深刻；列宁的帝国主义理论既有对布哈林观点的借鉴，也在批判布哈林错误的基础上超越了布哈林；而在列宁逝世后，布哈林继续对帝国主义相关问题展开研究，丰富了列宁开创的帝国主义理论，为马克思主义的发展作出了贡献。⑤

---

① 周莉莉：《保尔·拉法格的社会主义思想及其当代价值》，人民出版社，2021，第 290~292 页。
② 《马克思主义发展史》编写组编《马克思主义发展史》，高等教育出版社、人民出版社，2021，第 186~188 页。
③ 张雪琴：《垄断资本学派论当代经济金融化》，《马克思主义与现实》2021 年第 1 期。
④ 孟飞：《被隐蔽的"组织化资本主义"——希法亭帝国主义理论再考察》，《政治经济学报》2021 年第 2 期。
⑤ 朱亚坤：《列宁和布哈林关于帝国主义理论之比较——重申列宁帝国主义论的独特贡献与多维旨趣》，《当代世界与社会主义》2021 年第 6 期。

**2. 关于布哈林对中国革命的影响**

有学者研究了共产国际对马克思主义在中国传播所起的作用，考察了布哈林在其中所扮演的角色，指出《共产主义 ABC》等布哈林的理论著作和他对中国共产党的指导对中国革命的发展产生了重要影响；但是，布哈林的诸如机械唯物论等错误观点也给马克思主义中国化进程带来一定问题。[①] 有学者专门考察了 20 世纪 20~30 年代围绕中国社会性质的大论战，指出布哈林与斯大林以革命阶段论反对托洛茨基的不断革命论，两派都希望自己的理论能够对中国共产党的革命道路选择产生影响。[②]

# 八　马克思主义经典著作文本研究

## （一）经典著作及有关摘编的编辑出版

2021 年 3 月，人民出版社出版了《马克思恩格斯全集》中文第 2 版第 29卷。该卷集中收录了恩格斯晚年的著作，包括恩格斯 1889 年 12 月至 1895 年 8月所写的 92 篇文章。与《马克思恩格斯全集》中文第 1 版的相应卷次相比，该卷正文新增 3 篇文章，附录新增 8 篇文章，此外还有 5 篇文章从正文移至附录。这些文献体现了恩格斯作为马克思逝世后各国工人政党和国际工人运动最为重要的领袖和导师的伟大贡献。[③]

2021 年 11 月，中国社会科学出版社出版了《马克思恩格斯列宁斯大林论妇女》。该书作为"中国社会科学院马克思主义理论学科建设和理论研究工程系列丛书"的著作之一，摘编了马克思、恩格斯、列宁和斯大林关于妇女及妇女解放的相关论述，比较全面地收集、整理了马克思主义经典作家在妇女问题上的观点和看法。

2021 年 12 月，中央编译局出版了《恩格斯论历史唯物主义书信选编》。该书作为"马列主义经典作家文库"专题选编本系列之一，精选了恩格斯从 1890年至 1859 年写的 22 封书信，集中体现了恩格斯晚年为丰富、发展和捍卫历史唯物主义所作的杰出贡献。附录还收录了恩格斯《〈社会主义从空想到科学的发展〉1892 年英文版导言》、《给〈萨克森工人报〉编辑部的答复》和《答保

---

① 谢从高：《共产国际与马克思主义在中国的传播》，人民出版社，2021，第 132 页。
② 李红岩：《马克思主义中国化的理论溯源：重思中国社会性质问题大论战》，《探索与争鸣》2021 年第 6 期。
③ 参见《〈马克思恩格斯全集〉中文第 2 版第 29 卷出版》，《光明日报》2021 年 3 月 18 日。

尔·恩斯特先生》三篇文章。①

2021 年 12 月，人民出版社出版了马克思主义经典作家文库专题选编本《列宁论中国》，以全文收录或部分节选的方式辑录列宁集中论述有关中国问题的论文、演讲、书信和笔记。该书是"马克思主义经典作家文库"的重要著作。

## （二）关于马克思经典著作全集的研究

2021 年，学术界的研究重点主要是马克思主义经典著作全集的编译出版与传播、MEGA² 文本内容和编辑等几个方面。

一是关于马克思主义经典著作全集的编译出版与传播研究。有学者总结了中国共产党领导下的马克思主义著作出版传播的百年历程，指出马克思主义著作的发行和传播从最初引进译介的尝试逐步走向成熟，发展成有组织、有计划的一整套体系。② 还有学者指出，新中国成立以来的马克思主义经典著作的编译与中国共产党的历史紧密相连。③ 有学者强调，马克思主义经典著作的传播与中国革命、建设和改革密切相连，经历了从分散化、个体性到初具规模化、组织化再到有组织、有计划、系统性地翻译和传播的不平凡发展历程。④

二是关于《马克思恩格斯全集》历史考证版（MEGA²）内容的探究。其一，对文本作者的考证。有学者通过对历史考证版提供的文献和恩格斯对《资本论》三卷的修改实例的对比，指出《资本论》是马克思和恩格斯两人的著作，两人在逻辑、结构和理论上都是统一的。⑤ 有学者则依据 MEGA² 第一部分第 5 卷考察了《共产党宣言》的作者问题，指出《共产党宣言》囊括了马克思和恩格斯的理论资源，并且马克思思想是主导。⑥ 其二，对文本具体内容的考察。有学者基于 MEGA² 的文本学解读，重新审视了马克思的《巴黎笔记》和《1844 年经济学哲学手稿》异化逻辑和对象化逻辑的内在关联。⑦

三是关于 MEGA² 的编辑研究。还有学者研究了 MEGA² 对《德意志意识形

---

① 参见《〈恩格斯论历史唯物主义书信选编〉》，《马克思主义与现实》2022 年第 3 期。

② 张品良：《马克思主义著作出版传播百年回望》，《出版发行研究》2021 年第 6 期。

③ 姚颖：《新中国成立以来的马克思主义经典著作编译事业》，《中国翻译》2021 年第 3 期。

④ 刘从德、谭春霞、郭巧云：《马克思主义经典著作在中国的百年传播与马克思主义中国化的伟大历史进程》，《学校党建与思想教育》2021 年第 11 期。

⑤ 徐洋：《"〈资本论〉是马克思和恩格斯两人的著作"命题的文本考证》，《马克思主义理论学科研究》2021 年第 12 期。

⑥ 王代月：《究竟谁是〈共产党宣言〉的"第一小提琴手"？——来自 MEGA² 第一部分第 5 卷的启示》，《马克思主义理论学科研究》2021 年第 9 期。

⑦ 张一兵：《〈巴黎笔记〉与〈1844 年经济学哲学手稿〉的文本学解读》，《北京师范大学学报》（社会科学版）2021 年第 5 期。

态》的逻辑编排，指出 2004 年 MEGA$^2$ 版《德意志意识形态》的先行版对"费尔巴哈"章采取了纯粹时间顺序的编排方式。2017 年 MEGA$^2$ 版《德意志意识形态》通过对先行版的否定之否定，实现了逻辑编排方式的重构。[①]

## （三）关于经典著作名篇的研究

近年来，马克思主义经典著作受到学术界的重点关注。2021 年，学术界产出了大量的研究成果，重点关注了《论犹太人问题》《1844 年经济学哲学手稿》《共产党宣言》《资本论》《法兰西内战》《自然辩证法》等著作。

**1. 关于《论犹太人问题》的研究**

《论犹太人问题》是马克思从唯心主义向唯物主义、从革命民主主义向共产主义转变过程中的重要著作。2021 年度学界主要从三个方面对其进行了研究。

一是关于批判思想研究。有学者认为，《论犹太人问题》是从宗教异化批判、政治国家批判和市民社会批判这三个角度，展现马克思从自由主义思想启蒙者向马克思主义者转变的思想过程。[②] 也有学者提出，马克思的最终目的是批判并超越政治解放，然而他对政治解放的论证却陷入了一种公民浪漫主义。[③]

二是关于马克思早期思想转变研究。有学者以青年马克思对货币的认识为线索探究了马克思的思想演变，指出在《论犹太人问题》中货币问题第一次进入马克思的理论话语，马克思将货币视为人的异己本质。[④] 也有学者基于《黑格尔法哲学批判》和《论犹太人问题》探讨了青年马克思早期市民社会话语转换，认为马克思在《论犹太人问题》中才深刻把握和超越了黑格尔的市民社会观，进而真正开始对资产阶级社会的批判。[⑤]

三是关于当代价值探究。有学者认为，马克思《论犹太人问题》的历史启示是，一个民族的解放与复兴必须同时获取和扬弃现代性。这对于致力于民族

---

① 赵玉兰：《〈德意志意识形态〉百年文献学研究的逻辑、主题与启示》，《哲学研究》2021 年第 4 期。

② 何建津：《〈论犹太人问题〉的三重批判及其思想意蕴》，《中共福建省委党校（福建行政学院）学报》2021 年第 3 期。

③ 方博：《青年马克思的公民浪漫主义——再论〈论犹太人问题〉》，《北京大学学报》（哲学社会科学版）2021 年第 3 期。

④ 李乾坤：《青年马克思对货币认识的演变及其意义》，《厦门大学学报》（哲学社会科学版）2021 年第 6 期。

⑤ 张一兵：《青年马克思早期市民社会话语实践的历史线索》，《福建论坛》（人文社会科学版）2021 年第 10 期。

复兴的中国具有重要意义。①

**2. 关于《1844 年经济学哲学手稿》的研究**

《1844 年经济学哲学手稿》是马克思早期重要著作之一，学界从不同的角度对其进行了研究。

一是关于人与自然思想。有学者揭示了《手稿》中蕴含的人与自然的三种关系及其生成的三种意识，即平等关系、共同体关系和伦理关系，及其对应的平等意识、共同体意识和伦理意识。② 还有学者以《手稿》中呈现的"生命哲学"为线索，探究了人与自然关系的应然样态及其实现路径，阐明了马克思人与自然关系思想的时代价值。③

二是关于异化劳动思想。有学者从价值评价与历史评价两个方面，对异化劳动进行了重新的审视，认为历史唯物主义的确立完成了异化劳动问题上由价值评价优先到历史评价优先的逻辑转变。④ 还有学者通过对《手稿》笔记本 Ⅱ 和 Ⅲ 的再研究指出，劳动的异化可以看作现代私有财产即资本的本质。⑤

三是关于共产主义思想。有学者从文献学视角考察了《手稿》笔记本 Ⅲ 中关于共产主义论述的七个要点，指出共产主义的核心观点是私有制的积极扬弃，马克思阐述共产主义的方法论立足点是费尔巴哈的人本主义和自然主义等。⑥ 还有学者将《手稿》与赫斯相关文本进行比较，认为《手稿》中的共产主义思想高于赫斯那种停留于"原则"的说明和思想启蒙的共产主义。⑦

**3. 关于《德意志意识形态》的研究**

《德意志意识形态》标志着马克思主义唯物史观的初步确立，是马克思主义发展史上的重要著作。2021 年度，学界关于《德意志意识形态》的研究主要有以下几个方面。

---

① 林钊：《现代性的超越——马克思论"犹太人问题"的历史启示》，《教学与研究》2021 年第 10 期。

② 张兴国：《马克思视域中的"人与自然"关系及其启示——〈1844 年经济学哲学手稿〉中人与自然关系思想再解读》，《湖北社会科学》2021 年第 2 期。

③ 陈思敏：《马克思人与自然关系思想的生命哲学议题及其时代价值——以〈1844 年经济学哲学手稿〉为例》，《东南学术》2021 年第 3 期。

④ 张彦：《价值评价与历史评价：〈1844 年经济学哲学手稿〉中异化劳动的双重逻辑检视》，《齐鲁学刊》2021 年第 3 期。

⑤ 张一兵：《私有财产的主体本质与劳动异化及其扬弃——马克思〈1844 年经济学哲学手稿〉第二、三笔记再研究》，《学术界》2021 年第 7 期。

⑥ 周嘉昕：《〈1844 年经济学哲学手稿〉中的共产主义问题再研究》，《马克思主义理论学科研究》2021 年第 12 期。

⑦ 黄学胜：《"貌合神离"：马克思与赫斯早期思想关系再考察——基于〈1844 年经济学哲学手稿〉与赫斯相关文本的思想比较》，《复旦学报》（社会科学版）2021 年第 3 期。

一是关于文献学研究。其一，对 MEGA² 第 I/5 卷的影响及以往其他版本地位的再评价。有学者指出，MEGA² 第 I/5 卷的问世和"费尔巴哈"章 online 版上线意味着《形态》文献学研究的新起点。其中，MEGA² 第 I/5 卷去体系化编辑引起的争论、online 版对成稿过程再现的价值、广松涉版的价值等问题值得学界进一步关注。① 有学者指出，MEGA² 第 I/5 卷的出版启示人们重新认识MEGA¹ 版的时代意义和历史局限，后者对"费尔巴哈"章所作的逻辑编排广受后世学者批评，但其在文献收录、资料考证和理论判定上都有重大学术价值。② 其二，对马克思恩格斯谁是"第一小提琴手"的争论。有学者指出，MEGA² 第 I/5 卷编者认为《形态》手稿是在季刊框架下创作的，由此推断出完整的著作并不存在；而日本学者则提出该著作是由马克思口述恩格斯笔录的，马克思在写作前就具备了历史唯物主义的思想条件，学者的争论证明了著作中历史唯物主义思想的存在。③ 有学者认为，MEGA² 第 I/5 卷中即时异文的分析可以为"口述笔记说"提供支撑，同时，从《形态》要驳斥鲍威尔的"最初论题"和写作动机看，马克思才是"第一小提琴手"。④

二是关于意识形态思想。有学者指出，马克思恩格斯从"思维与存在""经济基础与上层建筑""资产阶级与无产阶级"三个角度对德意志意识形态进行了批判，认为意识形态作为阶级意识存在的观念总体根植于社会经济生活中，只有在未来社会"真正的共同体"中人才能超越意识形态的束缚。⑤ 有学者指出，《形态》中关于社会存在决定社会意识的基本原理、社会基本矛盾运动规律理论、人的解放理论为思想政治教育提供了哲学基础、方法指引及目标导向。⑥ 还有学者认为，马克思全部哲学的真正用心在于让人们摆脱意识形态的陷阱和纠缠而直面"事情本身"，这体现出作为意识形态解构策略的现象学方法。⑦

---

① 韩立新：《〈德意志意识形态〉文献学研究的新起点》，《国外理论动态》2021 年第 6 期。

② 赵玉兰：《对 MEGA¹ 版〈德意志意识形态〉的历史性评估——以 MEGA² 为视域》，《山东社会科学》2021 年第 2 期。

③ 魏博：《历史唯物主义与〈德意志意识形态〉——日本学者对 MEGA² 第一部分第 5 卷出版的回应》，《马克思主义与现实》2021 年第 3 期。

④ 田毅松：《〈德意志意识形态〉"第一小提琴手"再考察——基于 MEGA² 第 I/5 卷对马克思恩格斯思想关系的分析》，《山东社会科学》2021 年第 2 期。

⑤ 王安平、冯奕佳：《马克思意识形态的内涵及其在当代中国的延展——基于〈德意志意识形态〉的文本分析》，《学校党建与思想教育》2021 年第 12 期。

⑥ 于俊、莫少群：《〈德意志意识形态〉的思想政治教育意蕴及时代价值》，《南京师大学报》（社会科学版）2021 年第 2 期。

⑦ 何中华：《论马克思哲学的现象学意味——再读〈德意志意识形态〉"费尔巴哈"章》，《天津社会科学》2021 年第 5 期。

三是关于共同体思想。有学者指出，马克思恩格斯从"现实的个人"出发，运用实践思维方式、引入分工视角考察了个人与共同体的关系，剖析了资本主义社会条件下国家作为共同体的虚幻本质，进而对未来社会"真正的共同体"的建构提出了设想。① 有学者指出，马克思对人类历史的理解和把握是从对现实的物质生活的分析开始的，他围绕现实历史进程中的人具体分析了人类历史上已经出现的几种所有制形式，指出只有到了共产主义阶段才能实现人的自我异化的积极扬弃。②

### 4. 关于《共产党宣言》的研究

《共产党宣言》标志着马克思主义的诞生，是马克思主义发展史上最经典的名篇之一。2021 年度，学界的有关研究主要聚焦以下方面。

一是关于《共产党宣言》在中国的传播和影响。其一，对中国《共产党宣言》译本的评价。有学者指出，1930 年华岗的《共产党宣言》译本具有十分重要的意义，开创了中国马克思主义传播史上的"七个第一"。③ 还有学者指出，中央编译局的《共产党宣言》译本总体上呈现去尖锐化、回归德文原初语境的趋势，对"消灭私有制"的诠释重点从革命行动的绝对化向具体行动的条件性转移。④ 其二，对《共产党宣言》在中国的影响的考察。有学者从早期中国共产党人阅读《宣共产党言》的动因、方法、效用三个角度进行了考察，指出阅读《共产党宣言》有助于早期共产党人确立马克思主义信仰、促进马克思主义在中国传播、推动中国共产党的成立与中国革命纲领的确立。⑤ 还有学者指出，中国共产党在革命、建设、改革中始终坚持践行《共产党宣言》中关于马克思主义政党的先进性要求，从而把党建设成了具有强大凝聚力和战斗力的核心力量。⑥

二是关于世界历史思想。有学者指出，马克思恩格斯阐明了新兴资本主义国家正在通过产业扩张、殖民侵略等方式成为世界新兴主导力量的格局，并指

---

① 郝立新、米乐平：《马克思恩格斯关于个人与共同体关系思想的历史建构——基于〈德意志意识形态〉的分析》，《山东社会科学》2021 年第 1 期。

② 隽鸿飞：《从〈巴黎笔记〉到〈德意志意识形态〉话语体系的转换及思想的连续性》，《吉林大学社会科学学报》2021 年第 6 期。

③ 杨金海、谢辉：《〈共产党宣言〉华岗译本的出版与华岗的理论贡献》，《党史研究与教学》2021 年第 3 期。

④ 陈红娟：《〈共产党宣言〉中"消灭私有制"的译法演化与诠释转移》，《中共党史研究》2021 年第 2 期。

⑤ 陈金龙、章静：《早期中国共产党人阅读〈共产党宣言〉的三维考察》，《陕西师范大学学报》（哲学社会科学版）2021 年第 1 期。

⑥ 吴育林：《中国共产党对党的先进性思想的百年发展创新——基于〈共产党宣言〉的研究》，《马克思主义理论学科研究》2021 年第 4 期。

出变革这一世界格局的必须是以无产阶级及其政党为代表的革命阶级。① 有学者指出，资产阶级与无产阶级的两极分化趋势及其背后的资本—劳动—市场力量构成全球化的一般性逻辑。② 还有学者认为，马克思恩格斯运用唯物史观深入对政治经济学的研究，实现了对以往世界历史理论的变革，揭示了资产阶级世界历史的暂时性，预示共产主义社会必将实现。③

三是关于唯物史观思想。有学者指出，马克思恩格斯在阶级斗争问题上的功劳不是发现了阶级斗争的历史发展，而是把阶级斗争的理解建立在唯物史观基础上，揭示了历史观层面的阶级斗争的深刻内涵。④ 还有学者指出，《共产党宣言》是"宣言"性质的政治组织的纲领，它对资本社会的形成、功能和未来进行了探究，为马克思深入进行资本批判奠定了基础。⑤

四是关于思想政治教育思想。有学者指出，马克思恩格斯阐述了无产阶级思想政治教育工作的重要性和合理性，揭示了无产阶级思想政治教育以人民为中心的工作导向，阐释了无产阶级思想政治教育彻底的革命批判精神，提出了无产阶级思想政治教育必须采取灵活多样的策略。⑥ 有学者指出，《共产党宣言》揭示了新时代大学生思想政治教育的必要性和阶级性，明确了大学生共产主义信仰教育的理论基础，提供了辨析各种错误思潮的例证，指明了实现大学生自由全面发展的价值旨归。⑦

五是关于《共产党宣言》的其他思想。其一，对序言地位的研究。有学者指出，序言作为马克思恩格斯根据历史变迁不断更新的理论文本，不仅回答了正文文本的思想归属、写作主体等问题，凝练概括了正文的基本原理与核心思想，还深刻体现了历史唯物主义的基本立场及其具体化的实践途径。⑧ 其二，

① 刘勇、王怀信：《〈共产党宣言〉对世界格局的判断与全球治理体系变革》，《理论探讨》2021年第3期。
② 刘怀光：《〈共产党宣言〉的全球化逻辑及其当代境遇》，《河南师范大学学报》（哲学社会科学版）2021年第6期。
③ 韩海涛、李珍珍：《〈共产党宣言〉世界历史思想的三重内在逻辑探析及时代启示》，《科学社会主义》2021年第3期。
④ 唐正东：《〈共产党宣言〉的唯物史观视域及其理论意义》，《中国高校社会科学》2021年第5期。
⑤ 刘秀萍：《全面理解〈共产党宣言〉对资本社会的分析和批判》，《山东社会科学》2021年第7期。
⑥ 谷佳媚、周静：《〈共产党宣言〉的思想政治教育意蕴》，《学校党建与思想教育》2021年第3期。
⑦ 邱海锋、潘玉腾：《〈共产党宣言〉对新时代大学生思想政治教育价值的三维阐释》，《社会科学家》2021年第6期。
⑧ 郑召利、王瀚洍：《〈共产党宣言〉序言的理论价值及其方法论启示》，《武汉大学学报》（哲学社会科学版）2021年第2期。

对《共产党宣言》党建思想的研究。有学者指出，《共产党宣言》阐明了共产主义政党建设指导思想的真理性，明确了共产主义政党的无产阶级性质与先进性特征，指明了共产主义政党的"最近目的"和"最高理想"两个层面的使命任务及共产主义政党建设的策略原则。① 其三，对美好生活思想的研究。有学者指出，《共产党宣言》从物质生产极大发展、人民主体地位、生产资料社会占有、人的自由全面发展等方面揭示了美好生活的核心内涵，同时提出了实现美好生活的路径。②

### 5. 关于《资本论》的研究

《资本论》是马克思创作的一部划时代巨著，在马克思主义发展史上具有十分重要的地位，同时也是学界一直关注的重点著作。

一是关于政治经济学批判研究。"政治经济学批判"是《资本论》的重要维度之一。有学者解读了马克思《资本论》中政治经济学批判的四重内涵，其表现在研究内容、研究方法、哲学基础和价值取向四个方面。③ 还有学者分析了《资本论》及其手稿中的不平衡发展问题，并将其作为马克思政治经济学批判当代化的重要路径之一。④ 也有学者在阐述阿尔都塞构建的认识论基础上，深入探究了《资本论》中政治经济学批判视域下的认识论变革。⑤

二是关于经济思想。有学者考察了"剩余价值"概念的不同内涵及其相互关系，并指出这些内涵有一个从抽象上升到具体的演进过程。⑥ 将剩余价值理论作为政治经济学的核心，并将其作为马克思主义整体性的论据之一。⑦ 有学者探究了超额剩余价值的来源问题，梳理了学界"转移论"、"综合论"和"自创论"三种观点，并指出自创论更符合马克思的研究意图。⑧ 还有学者研究了《资

---

① 吴学琴：《〈共产党宣言〉的马克思主义党建思想探赜》，《马克思主义理论学科研究》2021 年第 9 期。

② 范鹏、甄晓英：《〈共产党宣言〉：人民美好生活观的思想源头》，《甘肃社会科学》2021 年第 6 期。

③ 何玉芳、张晓：《马克思政治经济学批判的四重内涵及其当代价值——基于对〈资本论〉的解读》，《思想战线》2021 年第 5 期。

④ 林密：《马克思政治经济学批判的内在张力及其当代意义再思考——基于〈资本论〉及其手稿中的不平衡发展问题》，《中国高校社会科学》2021 年第 2 期。

⑤ 吴猛：《马克思政治经济学批判中的认识论变革——兼论阿尔都塞对〈资本论〉中的认识论建构》，《哲学研究》2021 年第 2 期。

⑥ 赵义良、田英：《〈资本论〉中"剩余价值"概念多重界定的内在逻辑及其现实启示》，《中共中央党校（国家行政学院）学报》2021 年第 6 期。

⑦ 赵家祥：《剩余价值理论是政治经济学的核心问题——兼论马克思主义的整体性》，《中国延安干部学院学报》2021 年第 2 期。

⑧ 马慎萧、朱冰霞：《超额剩余价值从何而来——基于"自创论""转移论""综合论"的梳理与思考》，《中国高校社会科学》2021 年第 6 期。

本论》中的劳动价值论思想，并将其作为《资本论》研究的逻辑辅线，指出在资本主义社会中，资本积累与雇佣劳动之间存在难以调和的矛盾。①

三是关于哲学思想。其一，对辩证法的研究。有学者探究了《资本论》对黑格尔辩证法的改造，认为其重新回到康德所开辟的实践哲学立场上来，超越了历史虚无主义。② 也有学者深入挖掘了《资本论》的历史辩证法思想，从社会结构辩证运动、主体与客体辩证规律、资本逻辑与历史逻辑等角度呈现历史辩证法发展的过程。③ 其二，对时间哲学的研究。有学者考察了《资本论》中蕴含的时间哲学，并指出其中包含的三个层次——本体论时间、价值尺度时间和物的尺度时间。④ 其三，对其他哲学思想的研究。有学者从解释学总体方法的视角研究了《资本论》的经济哲学，诠释了《资本论》的劳动价值理论、剩余价值学说、资本循环机制理论、虚拟资本理论等。⑤ 还有学者对《资本论》中的社会哲学进行了批判，对资本主义制度之社会性前提的历史唯物主义进行批判。⑥

四是关于文本考证和传播历程。其一，对《资本论》创作史和传播史的考察。有学者从结构、术语、引证等方面对《资本论》的创作史和传播史进行考证，详细论述了作为"从抽象到具体"的"叙述方法"是如何体现其科学性的。⑦ 还有学者指出，《资本论》是以资本主义经济关系的"现代史"而不是"形成史"为对象的。⑧ 其二，对《资本论》研究史的探究。有学者在学术史的视域中以 21 世纪以来学界关于《资本论》的相关研究为例，对经典文本解读问题作出方法论的反思。⑨ 也有学者考察了《资本论》在中国经历了从鲜有人问津到引起争论再被用于分析实际问题的早期接受推进过程。⑩

---

① 王维平、牛新星：《劳动、雇佣劳动与社会劳动——兼论〈资本论〉研究的逻辑辅线》，《内蒙古社会科学》2021 年第 3 期。

② 刘雄伟：《〈资本论〉的辩证法改造及其对虚无主义的超越》，《哲学动态》2021 年第 2 期。

③ 付泽宇：《〈资本论〉的历史辩证法研究》，中央编译出版社，2021。

④ 刘少明：《〈资本论〉的时间哲学体系》，《南京大学学报》（哲学·人文科学·社会科学）2021 年第 6 期。

⑤ 王维平：《解释学视角的〈资本论〉经济哲学研究》，中央编译出版社，2021。

⑥ 温权：《〈资本论〉的社会哲学批判及其历史辩证法内涵》，《哲学研究》2021 年第 1 期。

⑦ 聂锦芳：《究竟什么是〈资本论〉的"叙述方法"？——基于创作史、传播史的考察》，《世界哲学》2021 年第 6 期。

⑧ 顾海良：《中国化马克思主义政治经济学对象特征探析——基于马克思对政治经济学"现代史"和"形成史"问题的理解》，《经济纵横》2021 年第 11 期。

⑨ 王海锋：《视角转换与激发经典文本的思想活力——基于〈资本论〉研究史的检视》，《求索》2021 年第 1 期。

⑩ 刘吕红、张曼：《〈资本论〉在中国早期接受研究（1899-1921）》，《思想教育研究》2021 年第 3 期。

　　五是关于《资本论》理论价值的当代阐发。其一，为现实问题的分析提供思想源泉。有学者探究了《资本论》对认识西方金融资本的方法论价值，提出顺着《资本论》的逻辑来分析西方金融资本，可以发现正是金融资本本质自身的矛盾及其自我否定的必然性造成了西方金融资本主义大萧条。① 也有学者立足于《资本论》中的生产力和生产关系理论，论证中国已经全面建成小康社会。② 还有学者基于《资本论》及其手稿分析了人工智能的利弊。③ 其二，为理论创新提供思想基础。有学者认为，《资本论》中阐述的一系列原理有利于理解我国社会主义市场经济和生产力发展的新现象，有助于开拓当代中国马克思主义政治经济学的新境界。④

### 6. 关于《法兰西内战》的研究

　　2021 年是巴黎公社革命运动 150 周年，《法兰西内战》是关于巴黎公社历史经验总结的重要著作。学界主要从三个方面对其进行了研究。

　　一是基本内容分析。有学者在巴黎公社建立的历史背景和发展进程基础上解读了《法兰西内战》，指出它主要概括了巴黎公社的历史经验和教训，发展了马克思关于无产阶级革命和无产阶级专政的学说。⑤ 有学者认为，《法兰西内战》围绕人民是政治主体、经济主体和文化主体这一人民主体思想，揭露和批判了资本主义国家的社会治理，总结了巴黎公社的社会治理，并畅想和规划了未来社会的社会治理。⑥

　　二是关于翻译情况探究。有学者考察了《法兰西内战》在中国的译介和传播，提出它在中国经历了早期译介与初步传播、两种中文译本的出版与曲折传播、重新编译与进一步传播以及精准翻译与深入传播等四个阶段。⑦ 还有的学者探究了郭和翻译《法兰西内战》的社会文化背景、政治动机等，指出其主要目的就是要把马克思根据巴黎公社历史经验的总结、列宁从理论上进一步强化

①　宋朝龙：《〈资本论〉对认识西方金融资本主义大萧条的方法论价值》，《思想理论教育导刊》2021 年第 2 期。

②　朱哲、刘佳怡：《全面建成小康社会的〈资本论〉检验——基于对十九届五中全会精神的解读》，《学术探索》2021 年第 11 期。

③　刘海军：《人工智能的文明作用及其发展悖论——基于马克思〈资本论〉及其手稿的阐释》，《马克思主义研究》2021 年第 8 期。

④　张衔：《坚持〈资本论〉原理，开拓当代中国马克思主义政治经济学新境界》，《当代经济研究》2021 年第 2 期。

⑤　陈之骅：《巴黎公社与马克思的〈法兰西内战〉——纪念巴黎公社革命 150 周年》，《世界社会主义研究》2021 年第 10 期。

⑥　李东坡、陈静：《人民主体思想的社会治理价值研究——基于〈法兰西内战〉的文本分析》，《社会主义研究》2021 年第 5 期。

⑦　杜玉华：《〈法兰西内战〉在中国的译介与传播》，《求索》2021 年第 6 期。

的"建立新式无产阶级专政政权重要性"的观点引介给中国无产阶级。①

三是关于当代价值研究。有的学者研究了《〈法兰西内战〉导言》中的国家治理思想对推进中国国家治理体系现代化的重要指导价值，将导言中所阐明的新型国家治理的有关思想，深度对接国家治理体系现代化的总体要求，从而为国家治理能力提升提供重要的理论指引和行动依循。② 也有学者探究了《法兰西内战》的政治哲学意义，指出马克思对权力与法律有效性这一重大政治问题的深层理论建构对当代权力构建具有重要价值。③

### 7. 关于《自然辩证法》的研究

恩格斯的《自然辩证法》是研究自然界和自然科学的重要著作，在马克思主义哲学辩证唯物主义发展史上具有重要意义。2021 年度，学界关于《自然辩证法》的研究主要有以下几个方面。

一是关于辩证法思想。其一，对辩证法相关关系的研究。有学者指出，恩格斯在《自然辩证法》中对三对辩证法相关关系及其常见认识误区进行了澄明，即辩证思维是对形而上学思维的扬弃和超越，形式逻辑和辩证逻辑既有差异又各有其合理性限度，主观辩证法是客观自然界辩证运动的自觉反映等。④ 其二，对系统思想的研究。有学者认为，恩格斯把系统性原则和方法运用于自己的全部理论之中，构建起内含自然观、历史观、认识论和辩证法的系统思想，还揭示了系统所具有的整体联系性、动态过程性和层次性等特征，呈现出以系统方式存在的世界图景。⑤

二是关于自然生态观。有学者认为，恩格斯《自然辩证法》中辩证自然观与生态自然观在基本内容、目标指向、实现路径上有区别，但二者是"源"与"流"的关系，共同构成马克思主义自然观。⑥ 有学者认为，恩格斯的辩证自然与道家的道法自然在生成论维度上都将万物起源指向唯物论，在关系论维度上都强调人与自然的同一性，在发展论维度上都提出事物发展的内生动力是自然

① 王宪明、李玓：《〈法兰西内战〉郭和译本译者、翻译语境及动机考》，《广西社会科学》2021年第 4 期。

② 徐斌、李霁帆：《〈《法兰西内战》导言〉新型国家治理思想及其启示》，《山东师范大学学报》（社会科学版）2021 年第 4 期。

③ 张盾、黄涛：《论马克思〈法兰西内战〉的政治哲学意义》，《社会科学战线》2021 年第 3 期。

④ 陈彬：《恩格斯关于唯物辩证法中三对关系的澄明——基于对〈自然辩证法〉文本的理解》，《理论学刊》2021 年第 2 期。

⑤ 盛立民、张文雯：《恩格斯系统思想的逻辑进路及其当代价值——基于〈自然辩证法〉的理解》，《系统科学学报》2021 年第 3 期。

⑥ 徐海红、唐凡：《辩证自然观与生态自然观辨析——重读恩格斯〈自然辩证法〉》，《自然辩证法研究》2021 年第 5 期。

力，二者实现了逻辑会通。①

　　三是关于《自然辩证法》对唯物史观的贡献。有学者认为，恩格斯自然辩证法的人化自然具有辩证性、实践性和历史性特征，这决定了恩格斯自然辩证法从根本上超越了近代自然科学及其形而上学哲学意蕴，从而将自身置于唯物史观的整体构图中。② 有学者指出，恩格斯阐明了辩证法就是自然运动的客观规律，它能够有效纠正辩证法的"唯心"倾向和化解唯心辩证法的形而上学风险，同时，其展现的自然规律性与人的主体性的双向运动为生命共同体的价值实现提供了哲学保证。③

---

① 徐莹：《在道法自然与辩证自然之间——基于〈道德经〉〈自然辩证法〉文本的考察》，《山东社会科学》2021 年第 7 期。
② 李猛：《重思〈自然辩证法〉对唯物史观的独特贡献及其当代价值》，《自然辩证法研究》2021 年第 9 期。
③ 张首先、马丽：《恩格斯〈自然辩证法〉中的生命共同体思想》，《湖南社会科学》2021 年第 3 期。

# 第八章

# 马克思主义发展史 2022 年学术 研究展望

2021 年马克思主义发展史学科方向乘庆祝中国共产党成立 100 周年一系列重要活动特别是关于建党精神研讨和学习的东风,经由各级领导部门的重视和支持以及该学科方向全体同仁的努力奋斗,特别是近几年先后举行的几次"马克思主义发展史学科建设论坛"的推动,学科建设和学术研究工作有较大进步,研究成果的数量和质量有较大的提升,在马克思主义理论一级学科里该学科方向相对弱势的状况已经有所改变。

## 一 当前马克思主义发展史学科建设存在的不足

虽然该学科方向的建设近几年来有较大的进步,但同马克思主义理论一级学科中的其他学科如马克思主义基本原理、马克思主义中国化研究、思想政治教育等相比较,仍存在许多不足,情况如下。

### (一) 马克思主义发展史的招生和培养工作相对滞后

通过对上海市、江苏省、浙江省、安徽省和山东省有关高校马克思主义学院的调查,发现各校的马克思主义学院重视马克思主义基本原理、马克思主义中国化研究、思想政治教育等学科方向的建设与发展,基本不重视马克思主义发展史学科方向的建设。如上海市 8 所高校(包括上海社会科学院)拥有马克思主义理论一级学科博士学位授予权,但 8 所高校的马克思主义学院均未设置马克思主义发展史教研部或者教研室(组)。江苏省 8 所高校拥马克思主义理论一级学科博士学位授予权,这些高校的马克思主义学院也未设置马克思主义发展史教研部或教研室(组)。浙江省 2 所高校拥有马克思主义理论一级学科博士学位授予权,这 2 所高校的马克思主义学院未设置马克思主义发展史教研部或教研室（组）。安徽省 4 所高校、山东省 4 所高校拥有马克思主义理论一级学科博士学位授予权，但这些高校的马克思主义学院未设置马克思主义发展史教研部或教研室（组）。上述高校大多设置有中国近现代史纲要教研部或教研室（组），大多设置有形势与政策教研部或教研室（组）。可见，在这些单位的工作安排和部署上，马克思主义发展史学科方向的重要性不如上述各个学科方向。据调查，上述高校中的极少数高校的马克思主义学院，招收有少量的马克思主义发展史学科方向的博士生和硕士生。由于没有专门的教研单位和专业的教研工作者，招生工作和培养工作均达不到认真、周密、扎实的程度。华东地区属于中国的经济文化发达地区，这些地区马克思主义发展史学科方向的情况尚且如此，其他地区的高校相关的情况可能会更差。

### （二）马克思主义发展史学科方向获得的研究项目立项数偏少

2021 年国家社会科学基金重大招标项目共计 351 项，可属于马克思主义发展史或接近马克思主义发展史的项目只有 1 项，即"马克思主义关于人民民主思想研究"。2021 年国家社会科学基金重点项目中马列科社类共 24 项，其中属于或接近马克思主义发展史的项目只有 1 项，即"马克思主义国家职能理论及其当代价值研究"；一般项目共计 200 项，属于或接近马克思主义发展史方向的只有 6 项，如"列宁关于文化领导权思想及其当代价值研究""思想史视域下的马克思国家学说及其新时代价值研究""马克思社会运动理论及其当代价值研究"等。2021 年国家社会科学基金青年项目中马列科社类共 59 项，其中属于马克思主义发展史或者接近马克思主义发展史的项目有 4 项，如"MEGA$^2$ 的《资本论》法文版'独立科学价值'研究""历史唯物主义视域中未来共同体的生成问题及其现实进路研究""马克思对资本主义起源的解释范式转换及其当代价值研究""马克思恩格斯关于中国问题的基本观点研究"。就 2021 年西部项目立项数看，马列科社类项目共 36 项，属于马克思主义发展史或接近马克思主义发展史的只有 1 项，即"马克思恩格斯的共同体伦理原则研究"。2021 年国家社会科学基金项目中属于马克思主义发展史学科方向或者接近此方向的项目，无论从总数上看或者从各个类别的数目上看，都偏少。其原因或者与该学科方向上的研究者较少以及他们的申报数较少有关，但由此足见该学科方向同相关学科方向相比较处于弱势的状态。这个问题应该引起相关领导机构和领导者的关注，以一定的措施促进该学科方向的进步与发展。

## 二    马克思主义发展史前景展望

从近几年来马克思主义发展史学科逐年进步的形势看，它会继续发展和进步。从事该学科方向的工作者会日益增多，教学和研究水平会日益提高。

中国共产党第二十次全国代表大会的举行，将以极大的力量推动该学科方向的建设和发展。可以预见，这次党的全国代表大会将认真深入地总结马克思主义在中国的发展和创新，特别是总结其在新时代的发展和创新，同时会提出马克思主义继续发展和创新的一系列新理论和新观点，以引领和指导新时代中国的改革开放和中国特色社会主义事业。这就给马克思主义发展史学科方向的工作者提出了教学和研究的任务，即要通过自己的研究，阐明马克思主义经典作家相关理论形成和发展的情况，并阐明这些理论同新时代中国特色社会主义理论的必然的、不可分割的联系，特别是要阐明这些理论同党的二十大提出的新理论和新观点的必然的、不可分割的联系，阐明中国共产党人对马克思主义理论的新贡献和新发展，而且要将这些研究成果运用和贯穿在自己的教学工作中。

马克思主义发展史学科方向的工作者近几年的刻苦努力将促进该学科方向继续发展。近几年以来，由于疫情，人们的学术交流工作受到了影响，可是人们仍在刻苦努力工作。譬如，2021年春在陕西师范大学举行了马克思主义发展史学科论坛，2022年前半年，中国列宁思想研究会开展了"领读列宁著作"以及研讨和掌握列宁理论遗产的系列活动。同时，中国国际共运史学会、中国马克思恩格斯研究会展开了线上和线下相结合的学术研讨会。这些会议的议题与马克思主义发展史密切相关，所以马克思主义发展史学科方向的学者踊跃参加了上述会议。上述各项学术活动，是马克思主义发展史学科方向以后继续发展的准备，今后马克思主义发展史学科方向的学术交流活动会开展得更好。该学科方向的工作者将在一系列活动中展示研究成果，并提高自身的研究水平。

已然立项的研究项目的实施，将助力于马克思主义发展史学科方向的发展和进步。虽然立项的项目偏少，但这些项目的实施也将促进该学科的发展。此外，中国社会科学院马克思主义研究院、中央党史和文献研究院、北京大学等单位也拨经费设立了许多关于马克思主义发展史的研究项目。这些项目将产生重要的理论研究成果，这些成果在2022年内可以面世。这无疑将繁荣马克思主义发展史学科，并鼓舞该学科方向的工作者继续努力、不断进取，争取更大的成绩。

# 第四篇

---

## 马克思主义中国化研究

# 第九章

# 马克思主义中国化研究概述

## 一 马克思主义中国化研究的主要进展

综观 2021 年马克思主义中国化研究的全貌，学界在习近平新时代中国特色社会主义思想的指导下，紧跟时政热点，坚持问题导向，体现现实关怀，引领马克思主义中国化研究不断向纵深发展，取得了一大批研究主题鲜明、学术质量高的研究成果。总体上呈现出历史与现实相统一、理论与实践相统一、守正与创新相统一、宏观与微观相统一的基本特点。在研究主题上，学界以中国共产党成立 100 周年为契机，深刻把握习近平总书记有关重要讲话精神，持续深化马克思主义中国化基础理论研究、细致梳理中国共产党推进马克思主义中国化的百年历史进程、总结凝练中国共产党百年来推动马克思主义中国化的基本经验、深入解读马克思主义中国化的最新理论成果等成为 2021 年度的关注重点。在研究质量上，学术界对马克思主义中国化的研究体现为深度和广度双拓展，深度挖掘中国共产党推进马克思主义中国化的百年历史，深度提炼中国共产党百年推进理论创新的历史经验，马克思主义中国化研究命题和研究视野显著拓展，以理论研究回应现实之间的能力大幅提升。在研究方向上，马克思主义中国化的研究方向持续创新，"两个结合""马克思主义中国化历史性飞跃""共同富裕""中国式现代化"等成为 2021 年度新的热点研究方向。总体来说，兼具政治性与人民性、理论性和实践性、历史性与现实性、整体性与专题性的马克思主义中国化研究已经成为马克思主义理论研究的关键领域，日益成为马克思主义理论学科发展的主要方向。

### （一）马克思主义中国化研究的主要方面

2021 年，国内学者围绕着马克思主义中国化基础理论、马克思主义中国化百年历史进程和历史经验、马克思主义中国化的最新理论成果等方面展开研究，取得的成果可以概括为以下几个方面。

一是马克思主义中国化基础理论研究。对马克思主义中国化基础理论的研究是推动马克思主义中国化研究持续深化和拓展的前提和基础。2021 年度，国内学者围绕着马克思主义中国化的"认识论"和"方法论"问题持续深入探索，如马克思主义中国化"两个结合"、构建"三大体系"、马克思主义中国化时代化等。

二是马克思主义中国化百年历史进程和历史经验研究。马克思主义中国化历史是百年党史的一条主线，对马克思主义中国化史的研究有助于我们深刻挖掘马克思主义中国化的历史经验，有助于未来更好推动马克思主义中国化、时代化。2021 年度国内学者围绕着马克思主义传播史、马克思主义中国化历史进程、马克思主义中国化历史性飞跃、马克思主义中国化经验启示、党的领导人对马克思主义中国化的贡献、重大历史事件对马克思主义中国化的影响等展开研究，以丰富的史料为支撑，认真梳理历史进程，深刻凝练历史经验，不断开拓马克思主义中国化研究的新视野。

三是习近平新时代中国特色社会主义思想研究。在已有研究基础上，学界紧跟习近平新时代中国特色社会主义思想发展步伐，持续深入开辟研究新视阈。一是内涵拓展，紧跟党的十九届六中全会对习近平新时代中国特色社会主义思想从"八个明确"到"十个明确"的新发展开展研究。二是内容创新，跟进研究习近平新时代中国特色社会主义思想最新内容，如"马克思主义中国化两个结合""中国式现代化""人类文明新形态""共同富裕""全过程人民民主"等。三是立足现实，在"两个大局"时代背景和新时代党的实践经验基础上对习近平新时代中国特色社会主义思想深化研究，深刻阐释这一科学理论在回答全面建设社会主义现代化国家新征程中新的时代课题方面的指导意义。

## （二）马克思主义中国化研究的主要特点

在研究特点方面，2021 年马克思主义中国化理论的学术研究呈现出以下三个特点。

（1）坚持历史挖掘和经验总结并重。2021 年度，国内学者以建党 100 周年为契机系统梳理马克思主义中国化的百年历程，注重探究重大历史事件、重要人物、经典文献对马克思主义中国化的影响。同时，在梳理历史的基础上，深入挖掘马克思主义中国化的历史经验。

（2）坚持固本培元和守正创新并行。2021 年度，国内学界将马克思主义中国化的基础研究作为坚实基础，围绕着马克思主义中国化的概念、主题、动力、路径、价值等基础性问题开展研究。同时，围绕习近平总书记系列重要讲话精神，不断创新马克思主义中国化研究，围绕着脱贫攻坚与乡村振兴、党史学习教育、"七一"重要讲话、党的十九届六中全会等学术热点展开研究。

（3）坚持宏观把握和微观透视并举。2021年度国内学界在马克思主义中国化研究上，既立足于整体，注重把握马克思主义中国化的理论框架、科学内涵、价值遵循、主要特点等；又着眼部分，对马克思主义中国化的各细分领域深入研究，如共同富裕、党建、文艺、新闻舆论、意识形态、人口、自然生态等问题，形成宏观把握和微观透视兼顾的研究形态。

## 二　马克思主义中国化研究的主要论题

### （一）马克思主义中国化形成和发展研究

其一，马克思主义中国化的生成逻辑研究。有学者从"肇始何时"的角度认为，在党的历史上，先有马克思主义中国化的思想，后有"马克思主义中国化"的命题。[①] 有学者从"为何生成"的角度认为，马克思主义之所以能够中国化，首先因为"历史向世界历史的转变"，革命的重心由西欧转向了东方，从而赋予中国革命以合法性。这是马克思主义在中国得以传播的历史必然性所在。其次，资本主义国家内部的劳资关系，外化为西方—非西方国家的关系之后，无产阶级的角色因之转变为以民族为单位表征的形式。这是被压迫民族主体意识觉醒的历史契机，也是赋予马克思主义以民族形式的历史语境。最后，中国作为东方国家对"资本主义制度的卡夫丁峡谷"的实际跨越，客观上要求中国革命的主体发挥能动性。在这个方面，马克思主义和以儒家为代表的中国传统文化共同提供了丰厚资源。[②] 有学者从"如何生成"的角度认为，马克思主义中国化生成的历史逻辑表现为政党主导与人民主体、马克思主义"化中国"与中国"化马克思主义"、"走俄国人的路"与"走自己的路"之间的双向互动，呈现出从"一元主导"走向"二元共生"的逻辑进路。[③]

其二，建党百年来马克思主义中国化的形成与发展研究。有学者认为，百年来中国共产党在不断总结经验中把马克思主义中国化推向前进，即中国共产党选择马克思主义作为自己的指导思想是对中国近代历史的经验总结和对俄国

①　陈占安：《建党百年马克思主义中国化的回顾与历史经验》，《思想理论教育》2021年第5期。
②　何中华：《马克思主义中国化的历史意蕴再思考》，《哲学研究》2021年第10期。
③　陈加飞：《马克思主义中国化的生成：历史逻辑与方法论自觉》，《四川大学学报》（哲学社会科学版）2021年第5期。

革命的学习借鉴；党对中国革命经验教训的总结推进马克思主义中国化第一次历史性飞跃；党对新中国成立以来历史经验的认真总结推进马克思主义中国化的第二次历史性飞跃；新时代党对历史经验的最新总结则伴随着马克思主义中国化的最新成果。① 有学者认为，中国共产党在百年党史的研习中把马克思主义中国化不断推向前进，即延安时期开展的党史研习为马克思主义中国化奠定了重要基础，实现了马克思主义同中国革命实际相结合的第一次历史性飞跃；新中国成立后，党史研习的深化和规范化推动了中共党史学科的设立，创造性地建构了中国马克思主义理论体系；改革开放后，在科学认识和分析历史的基础上，马克思主义同中国特色社会主义现代化建设相结合，不断取得新的丰硕的理论成果；进入新时代，党史研习深深扎根于历史的沃土之中，以大历史观的恢宏视野推动马克思主义中国化进入新境界。②

其三，建党百年来马克思主义具体理论中国化的形成与发展研究。中国共产党的百年奋斗历程也是马克思主义各种具体理论中国化的过程。有学者认为，在马克思主义法学中国化的百年历史进程中，党领导人民创立了毛泽东法律思想、中国特色社会主义法治理论、习近平法治思想，实现了马克思主义法学中国化的三次伟大历史性飞跃。③ 有学者认为，马克思主义政治经济学中国化的百年历程展现为六次历史性变化：一是中国共产党成立前后马克思主义政治经济学在中国的传播和初步运用，这是马克思主义政治经济学中国化百年历程的起端；二是马克思主义中国化第一次历史性飞跃中实现的新民主主义革命时期政治经济学的理论升华，这是毛泽东思想的政治经济学理论形成的重要标志；三是马克思主义政治经济学在社会主义过渡时期的运用，形成具有中国特点的过渡时期政治经济学，也是毛泽东思想的政治经济学理论发展的重要成果；四是 1956 年社会主义基本经济制度确立到 1976 年"文化大革命"结束，以"第二次结合"的探索为线索，是中国社会主义政治经济学奠定基础、艰辛探索和曲折发展的阶段；五是 1976 年中国社会主义政治经济学重新起步、1978～2012 年改革开放新时期中国特色社会主义政治经济学的形成和发展时期，也是马克思主义中国化第二次历史性飞跃中中国特色社会主义政治经济学的发展阶段；六是新时代中国特色社会主义政治经济学发展时期，也是习近平新时代中国特色社会主义经济思想拓新和马克思主义政治

① 沈传宝：《中国共产党对历史经验的总结与马克思主义中国化》，《当代世界与社会主义》2021年第 5 期。

② 孙力、王莺：《中国共产党百年党史研习与马克思主义中国化进程》，《思想理论教育》2021 年第 4 期。

③ 张文显：《马克思主义法学中国化的百年历程》，《吉林大学社会科学学报》2021 年第 4 期。

经济学中国化发展的新阶段。① 有学者对建党百年来马克思主义宗教观中国化的基本经验进行了总结，即立足首要前提，即坚持马克思主义宗教观的指导地位；掌握历史主动，即坚持立足中国国情和宗教具体实际；明确着力方向，即坚持围绕党在不同时期的中心工作；把握关键所在，即坚持宗教工作是群众工作的本质定位。② 有学者围绕着学术自觉与马克思主义哲学中国化的百年探索展开，强调当代中国马克思主义哲学研究者要深入思考马克思主义同中华优秀传统文化相结合的内在机理，加强以问题为导向的哲学研究，以为繁荣和发展哲学社会科学贡献力量。③

　　总体来看，2021 年度马克思主义中国化形成和发展研究，体现为对马克思主义中国化生成逻辑进行细致研究、对建党百年来马克思主义中国化的形成与发展进行深入探寻，并对建党百年来马克思主义具体理论中国化的形成与发展进行系统梳理，取得了一批学术价值较高的研究成果。

## （二）马克思主义中国化科学内涵的研究

　　学界聚焦习近平总书记在庆祝中国共产党成立 100 周年大会上的重要讲话中首次提出的"两个结合"的新论断，进一步探索和把握马克思主义中国化的科学内涵。此外，着重把握新时代马克思主义中国化的科学内涵也是 2021 年度研究的焦点所在。

　　其一，在建党百年马克思主义中国化的历史发展中，把握马克思主义中国化的科学内涵。有学者认为，从建党百年的历史发展进程来看，马克思主义中国化实际上包含着两化，一个是"化中国"，一个是"化马克思主义"。"化中国"，就是运用马克思主义的立场、观点和方法来解决中国革命、建设、改革中的实际问题，落脚点为分析中国问题、影响中国历史进程。"化马克思主义"包括两个方面，一方面，就是总结和提炼中国革命、建设、改革的实践经验从而丰富和发展马克思主义理论的内容。另一方面，就是要运用中国喜闻乐见的民族语言来阐述马克思主义理论，使之具有中国特色、中国风格、中国气派，落脚点为中国话语、中国表达。④ 有学者认为，从中国共产党成立 100 年的

---

①　顾海良：《马克思主义政治经济学中国化的百年辉煌与思想精粹》，《社会科学战线》2021 年 3 期。

②　王超：《建党百年来马克思主义宗教观中国化的基本经验》，《中国宗教》2021 年第 10 期。

③　陈先达、臧峰宇：《学术自觉与马克思主义哲学中国化的百年探索》，《马克思主义与现实》2021 年第 6 期。

④　陈培永：《"马克思主义中国化"若干基本问题——基于中国共产党百年历程的思考》，《浙江社会科学》2021 年第 6 期。

"理论探索史"看，马克思主义中国化的本质是"中国化"和"化中国"，是两者的相互改变和互促发展，最终形成了一个系统完整并充满生机活力的马克思主义中国化体系：马克思主义内在发展要求、中国社会变革实践和中华文化创新发展要求、中国共产党科学对待马克思主义的现实要求相互助力的动力体系；马克思主义中国化、时代化、大众化相互支撑的过程体系；中国特色社会主义道路、理论、制度、文化相互转化的成果体系；党的理论创新成果、人民中心根本立场、社会主义千秋伟业、中华民族伟大复兴相互贯通的评价体系。①

其二，"两个结合"深化了对马克思主义中国化的内涵理解。有学者认为，"两个结合"重要论断是对中国共产党马克思主义中国化百年探索的深刻总结，进一步丰富和深化了我们党对马克思主义中国化内涵的理解。只有将马克思主义基本原理同中国具体实际和中华优秀传统文化双重结合，才能实现以马克思主义指导中国实践和在中国实践中发展马克思主义的双重功能。② 有学者认为，"两个结合"是对"一个结合"的坚持与发展、守正与创新。"第一个结合"既是马克思主义基本原理指导中国具体实践的过程，也是中国实践经验上升为马克思主义基本原理的过程。"第二个结合"一方面是指在马克思主义指导下推动中华优秀传统文化的创造性转化和创新性发展，激活其生命力，使中华优秀传统文化的思想内涵、价值理念、精神境界等得到具有马克思主义导向的根本性改造与提升；另一方面是指在中华优秀传统文化浸润下推动马克思主义内化为中国新文化之主要组成部分，形成具有中国文化特点、文化风格、文化气派的马克思主义。"两个结合"之间不是外在并列的关系，既有不同的内涵侧重，又有紧密的内在联结，是一个不可割裂的有机整体，统一于马克思主义中国化这个大命题之中。③ 有学者认为，"两个结合"既强调马克思主义在实践、实行、实用、实效即实际应用层面上的结合，又注重在精神、价值、理念、理论即思想文化层面上的结合，共同致力于推进马克思主义中国化，实现中华民族伟大复兴。"两个结合"作为习近平新时代中国特色社会主义思想的重要命题，开启了马克思主义中国化新叙事的逻辑起点。④

---

① 田鹏颖：《马克思主义中国化的体系探析》，《马克思主义理论学科研究》2021 年第 10 期。
② 王增福：《"两个相结合"与马克思主义中国化的内在逻辑》，《山东师范大学学报》（社会科学版）2021 年第 5 期。
③ 秦志龙：《马克思主义中国化"两个相结合"的科学内涵与逻辑关系》，《文化软实力》2021 年第 4 期。
④ 张允熠、张弛：《从"一个结合"到"两个结合"：马克思主义中国化的新叙事》，《思想理论教育》2021 年第 9 期。

其三，新时代马克思主义中国化的科学内涵。有学者认为，习近平新时代中国特色社会主义思想是马克思主义中国化的新飞跃。这种新飞跃主要表现在以下三个方面：一是形成了与新时代相适应的新的思想体系和话语体系。二是拓展和深化了对新时代中国道路的认识。三是形成了对民族发展和世界发展的科学判断。① 有学者认为，作为一个新的理论主体，习近平新时代中国特色社会主义思想具有新时代理论主体的时代开创性、主题综合性、体系重塑性、范畴再造性等主要特征。②

总体来看，2021 年度学界深化和拓展了对马克思主义中国化科学内涵的研究，体现出学术界坚持固本培元与守正创新相统一的研究品格。

### （三）马克思主义中国化的历史分期和基本规律研究

其一，对建党百年马克思主义中国化的历史分期的考察。有学者认为，建党百年来，马克思主义中国化经历了五个发展阶段，即新民主主义革命时期的马克思主义中国化阶段、中华人民共和国成立初期的马克思主义中国化阶段、社会主义建设时期的马克思主义中国化阶段、改革开放新时期的马克思主义中国化阶段、中国特色社会主义新时代的马克思主义中国化阶段。③ 有学者结合中国共产党的百年理论创新也将马克思主义中国化分为五个发展阶段，即毛泽东思想的理论创新阶段、邓小平理论的理论创新阶段、"三个代表"重要思想的理论创新阶段、科学发展观的理论创新阶段、习近平新时代中国特色社会主义思想的理论创新阶段。④ 有学者从革命、建设、改革、发展的角度把马克思主义中国化思想发展的百年历程划分为四个阶段，即在新民主主义革命的曲折进程中创立并不断完善毛泽东思想，在社会主义革命和建设的艰辛探索中丰富和发展毛泽东思想，在改革开放新的伟大革命中创立并不断发展中国特色社会主义理论体系，在新时代历史方位中创立并不断发展习近平新时代中国特色社会主义思想。⑤ 有学者结合马克思主义中国化历史性飞跃的相关理论将马克思主义中国化的百年历程划分为三个阶段，即毛泽东思想与马克思主义中国化的第一次飞跃阶段、中国特色社会主义理论体系与马克思主义中国化新的飞跃阶

① 郝立新：《新时代马克思主义中国化的内在逻辑和历史性飞跃》，《中国社会科学报》2021 年 6 月 15 日。
② 齐卫平：《中国共产党的理论创造与马克思主义中国化历史实践》，《理论探讨》2021 年第 5 期。
③ 中共广东省委宣传部编《马克思主义中国化一百年》，广东人民出版社，2021。
④ 奚洁人、缪开金、于洪生：《马克思主义中国化的逻辑发展》，上海人民出版社，2021。
⑤ 金民卿：《马克思主义中国化思想发展的百年历程》，《思想理论教育导刊》2021 年第 3 期。

段、习近平新时代中国特色社会主义思想与马克思主义中国化新的飞跃阶段。①

其二，对建党百年马克思主义中国化的基本规律的考察。有学者认为，总结建党百年来马克思主义中国化的历史经验，可以得出如下规律性的认识：准确把握马克思主义基本原理，真切了解中国具体实际，批判继承中华优秀传统文化，注意吸收人类文明进步成果，善于集中党和人民集体智慧，是成功推进马克思主义中国化的关键。② 有学者认为，贯彻马克思主义中国化百年发展历程始终的方法论原则是，以马克思主义基本原理为根本遵循，以中国共产党人的初心使命为奋斗目标，以事关中国前途命运重大问题为导向，以同中国实际相结合为关键。③ 有学者认为，建党百年来马克思主义中国化的历史进程鲜明地体现出从量变到质变、再从新质基础上的新量变达至更新质变的质量互变特征，可以从质量互变的规律来把握马克思主义中国化的历史进程。④ 有学者认为，正确认识和科学把握"连续性"与"阶段性"、"老问题"与"新问题"、"世界的"与"民族的"、"传统的"与"现代的"马克思主义中国化历史中的辩证法，也就把握住了建党百年来马克思主义中国化的基本规律。⑤

总的来看，2021 年度学界着眼中国共产党百年理论创新和理论创造史，紧跟党的十九届六中全会最新精神，推动马克思主义中国化的历史分期和基本规律研究取得不少新成果。

## （四）马克思主义中国化与马克思主义之关系的研究

其一，从总体上把握马克思主义中国化和马克思主义的关系。有学者认为，马克思主义中国化不是背离或放弃马克思主义，而是要坚持和运用马克思主义的立场观点方法来研究解决中国革命、建设、改革中的各种重大理论和实践问题。熟练掌握运用马克思主义立场观点方法，是我们党的看家本领，是推进马克思主义中国化的根本前提。⑥ 有学者认为，马克思主义基本原理是普遍适用的，在任何时候都要坚持它。但这里说的坚持基本原理，并不是把它们当作教条，而是把它们作为行动的指南，结合变化了的实际情况去灵活地实行，

---

① 秦宣：《中国共产党百年与马克思主义中国化的"三大飞跃"》，《教学与研究》2021 年第 12 期。
② 陈占安：《建党百年马克思主义中国化的回顾与历史经验》，《思想理论教育》2021 年第 5 期。
③ 徐光春：《马克思主义中国化百年发展历程和成功经验》，《马克思主义理论学科研究》2021 年第 5 期。
④ 裴植：《马克思主义中国化历史进程中的质量互变规律论析》，《思想理论教育导刊》2021 年第 6 期。
⑤ 王先俊、朱兆华：《马克思主义中国化历史中的辩证法》，《学术界》2021 年第 11 期。
⑥ 贺新元：《马克思主义中国化百年历程与基本经验》，《前线》2021 年第 10 期。

这就要求把马克思主义中国化、具体化。① 总的来看，学界对马克思主义中国化和马克思主义之间关系的认识较为一致，强调坚持马克思主义是马克思主义中国化的基本前提，要善于结合实际的变化灵活地运用和发展马克思主义。

其二，习近平新时代中国特色社会主义思想对马克思主义的创新发展。习近平新时代中国特色社会主义思想是当代中国马克思主义、二十一世纪马克思主义，是中华文化和中国精神的时代精华，实现了马克思主义中国化新的飞跃。有学者认为，习近平新时代中国特色社会主义思想深化了对马克思主义社会历史观的认识，明确中国特色社会主义进入新时代，丰富了马克思主义历史方位论；阐释新时代实干兴邦的内涵，发展了马克思主义社会实践论；强调发展动力要素的融合，深化了马克思主义社会动力论；提出新发展理念，创新了马克思主义社会发展论；坚持以人民为中心，丰富了马克思主义社会主体论；倡导人类命运共同体理念，拓展了马克思主义世界历史理论，实现了对马克思主义社会历史观的重要理论创新。② 有学者认为，习近平法治思想创造性地传承了法的物质性、政治性、人民性、社会性、实践性、继承性等马克思主义法治原理，创造性地丰富和发展了马克思主义法治理论体系，为中国特色社会主义法治体系和社会主义法治国家建设提供了强大思想武器。③ 有学者认为，习近平生态文明思想创造性地发展了马克思主义生态观中的生态本体论、生态价值论、生态生产力论、生态民生论、生态历史论、生态治理论等。这些新论断涵盖了从本体认识到价值引领、从本质把握到方法指南的多方面、全过程，对新时代生态文明建设具有重要的世界观与方法论意义。④

其三，马克思主义中国化的基础理论研究。有学者反思了现有关于马克思主义中国化发展的动力的研究成果，认为马克思主义自我批判的理论特质构成了马克思主义中国化发展的理论动力；中国现实问题的转换及其解决的客观要求是百年马克思主义中国化发展的实践动力。⑤ 有学者探讨了马克思主义中国化的体系构成，认为包括动力体系、过程体系、成果体系、评价体系四个方面。⑥ 有学者探讨了马克思主义中国化进程中理论创新的机制，认为包括学习

---

① 陈占安：《建党百年马克思主义中国化的回顾与历史经验》，《思想理论教育》2021年第5期。
② 洪光东、王永贵：《习近平对马克思主义社会历史观的理论发展》，《思想理论教育导刊》2021年第6期。
③ 孙谦：《习近平法治思想对马克思主义法治原理的传承与发展》，《法学研究》2021年第4期。
④ 高帅、孙来斌：《习近平生态文明思想的创造性贡献——基于马克思主义生态观基本原理的分析》，《江汉论坛》2021年第1期。
⑤ 刘同舫：《百年马克思主义中国化的发展动力》，《国外社会科学》2021年第1期。
⑥ 田鹏颖：《马克思主义中国化的体系探析》，《马克思主义理论学科研究》2021年第10期。

机制、党代会机制、中央全会和重要会议机制、纪念活动机制、重大突发事件应对机制和对外交流机制。① 有学者分析了马克思主义中国化三次飞跃的内在逻辑关系，认为马克思主义中国化的三次飞跃，都是建立在百年来党的理论创新的"总命题"（不断推进马克思主义中国化时代化）基础之上的时代命题，也都是在党的理论创新的"总要求"指导下需要正确回答的时代命题。彼此之间不是孤立的，而是拾级而上的，三者之间是继承与发展的关系。既充分反映了党的指导思想的继承与丰富发展，又反映了与时俱进的马克思主义理论品格。②

总的来看，2021年度学界既扎实推动马克思主义中国化与马克思主义之间关系的一系列基础性理论研究，又着眼习近平新时代中国特色社会主义思想这一马克思主义中国化最新理论成果，探讨其对马克思主义的继承与发展，取得了不少水平较高的学术成果。

## （五）马克思主义中国化与中国具体实际之关系的研究

其一，马克思主义基本原理和中国实际的关系。有学者认为，一般理论与具体实际之间是一种双向的运动，既要将一般理论结合具体实际以解决实际问题并创造些新东西，又要将丰富的实际经验进行理论概括和总结以形成理论。从广义上说，中国实际的马克思主义化的工作是马克思主义中国化的一个重要方面。③ 有学者认为，马克思主义是放之四海而皆准的普遍真理，但是马克思主义作为科学真理又是历史的、具体的。我们要从中国革命、建设、改革的具体实际出发，运用马克思主义的立场、观点与方法来分析、解决中国革命、建设和改革的实际问题，把在解决实际问题中积累的被实践所证明的正确的历史经验与实践经验提炼上升为理论，形成中国化的马克思主义的科学理论。④ 有学者认为，马克思主义中国化从根本意义上说就是马克思主义要切合中国的基本国情，在坚持马克思主义基本原理同基本国情相结合中创造出符合中国实际情况、推动中国创新发展的中国化的马克思主义。在新征程上，坚持马克思主义基本原理同中国基本国情相结合，最重要的是要牢牢把握我国仍处于并将长期处于社会主义初级阶段、中国特色社会主义进入新时

---

① 辛向阳：《马克思主义中国化百年历程中理论创新的机制研究》，《思想教育研究》2021年第5期。

② 刘红凛：《百年来党的理论创新与马克思主义中国化的三次飞跃》，《学术前沿》2021年第24期。

③ 陈占安：《建党百年马克思主义中国化的回顾与历史经验》，《思想理论教育》2021年第5期。

④ 赵增彦、张佳：《百年来中国共产党推进马克思主义中国化的基本历史经验探析》，《重庆社会科学》2021年第8期。

代和当前我国进入新发展阶段三个相互关联的科学论断。①

其二，马克思主义基本原理和中华优秀传统文化的关系。在庆祝中国共产党成立 100 周年大会上，习近平总书记首次提出把马克思主义基本原理同中华优秀传统文化相结合。对于马克思主义基本原理和中华优秀传统文化的关系，学界也展开了研究。有学者认为，马克思主义基本原理和中华优秀传统文化有其内在相连性。如中华优秀传统文化中的整体思维、和合哲学、德法相辅的治国理政理念，对天人、义利、理欲、荣辱、公私、群己、知行等关系的认识，有关人格境界的设想等，与马克思主义基本原理有着一定的契合性。这些正是马克思主义中国化所要借助的文化元素，使马克思主义融入中国具体实际，成为具有民族特色的中国马克思主义。② 有学者认为，尽管马克思主义和中华优秀传统文化产生的国度、时代背景、历史条件各不相同，但彼此之间并不是完全割裂甚至对立的，而是有着许多契合相通的地方。如马克思主义的共产主义理想和中国古代的大同社会都体现了对美好社会的追求、马克思主义的人民观和中国古代的民本思想都体现了人民至上的理念等，这也是两者能够结合的重要前提条件。③

其三，当代中国重大理论创新与中国实际的关系。当代中国正经历着最为广泛而深刻的社会变革，正进行着最为宏大而独特的实践创新，是一个需要思想而且能够产生思想的时代。对于当代中国重大理论创新与中国实际的关系，学界也进行了探讨。有学者认为，构建新发展格局是在中华民族伟大复兴战略全局和世界百年未有之大变局的时代大背景下，综合考虑我国经济发展趋势与全球政治经济形势重大变化等因素而提出的，具有深刻的现实依据。④ 有学者认为，全过程人民民主以人民的需求为起点，调动人民对公共事务的议事、公共决策的参与、公共利益的分配等的积极性，通过理性协商的方式达成最大的共识，减少阻力，包容分歧，提高效率，推动执行，通过纠偏纠错的精敏发现机制，将人民的需求、人民的参与、人民的协商、人民的监督有机统一起来，形成一个相互连接、有机互动的整体，型塑人民民主的实践形态，是既符合中

---

① 包心鉴：《在坚持"两个结合"中不断推进马克思主义中国化》，《山东社会科学》2021 年第 8 期。

② 马永庆：《马克思主义基本原理与中华优秀传统文化相结合的逻辑生成》，《山东师范大学学报》（社会科学版）2021 年第 6 期。

③ 周成、王也：《把马克思主义基本原理同中华优秀传统文化相结合》，《贵州日报》2021 年 10 月 27 日。

④ 曾宪奎：《构建新发展格局：背景、重点与战略路径》，《马克思主义研究》2021 年第 10 期。

国国情，又具有完整的制度程序和参与实践的民主形式。① 有学者认为，中国
式现代化新道路既遵循现代化发展的普遍规律，又立足和遵从现实国情的特殊
需要，坚持实事求是，坚定走自己的路的信心和勇气，坚持将马克思主义基本
原理与新时代中国特色社会主义具体实际相结合，在发展中实现了普遍性与特
殊性的有机统一。②

总的来看，2021 年度学界关于马克思主义中国化与中国实际之间关系的研
究更加注重当前的理论和实践，体现出强烈的现实观照。同时，在许多问题
上，学者们的共识较高。

## （六）马克思主义中国化与共产国际之间关系研究

2021 年度，关于马克思主义中国化和共产国际之间关系的研究学界主要聚
焦在共产国际与中国共产党的创建、中国共产党早期领导人与共产国际的交
往、共产国际对中国革命的影响等方面。

第一，探讨共产国际与中国共产党的创建。共产国际在中国共产党的创建
中发挥了重要作用，这是研究中国共产党建党史不能绕开的话题。有学者认
为，在中国共产党的成立过程中，共产国际扮演着特殊角色。共产国际成立
后，密切关注着中国这个东方大国的革命情况，不仅邀请中国革命者参加共产
国际的代表大会，还积极派遣代表赴华与中国各方面人士接触。共产国际来华
代表为中国共产党的成立和发展作出了贡献，特别是维经斯基、马林、尼克尔
斯基为中国共产党成立做了大量有益的工作。③ 有学者认为，在 1920 年初至
1921 年中，设在苏俄远东、从俄共（布）系统最终转到共产国际系统的机构
及其派遣人员，准确抓住了五四运动中兴起的以陈独秀、李大钊为核心的中国
共产党的发起力量，给予有力的组织推动，加快了中国的建党工作，推动了中
国共产党的成立，并帮助中国共产党在初登共产国际舞台时就赢得了地位。④
有学者研究了共产国际代表马林在中国共产党创建中的作用，主要体现为联络
中国共产党早期领导人，讨论建党问题，并帮助进行建党的准备；在中共一大
召开时以其高度的警惕性，避免了党的重大损失。⑤

---

① 唐亚林：《"全过程民主"：运作形态与实现机制》，《江淮论坛》2021 年第 1 期。
② 刘同舫：《理解中国式现代化新道路需要把握的几对重要关系》，《学习月刊》2021 年第 9 期。
③ 宫玉涛：《共产国际在中国共产党成立过程中的角色作用》，《当代世界与社会主义》2021 年第
5 期。
④ 张玉菡：《从组织推动到亮相共产国际舞台——苏俄、共产国际远东工作与中国共产党的创
建》，《上海师范大学学报》（哲学社会科学版）2021 年第 2 期。
⑤ 蒋元文：《帮助创建中国共产党的共产国际代表马林》，《炎黄春秋》2021 年第 7 期。

第二，中国共产党早期领导人与共产国际的交往。有学者研究了张太雷在共产国际与中共中央关系中的作用，认为张太雷不仅是首位在共产国际领导机关任职、首批亮相国际政治舞台的中共党员，而且先后担任多位共产国际、青年共产国际代表和苏联顾问的翻译和助手。他一直较好地执行了共产国际的指示，而且全力说服中共中央接受共产国际的指导，维护共产国际的指导地位，在俄共（布）中央、共产国际与中共中央之间，起到了重要的桥梁作用。① 有学者研究了陈独秀与共产国际矛盾分歧之缘由，认为陈独秀与共产国际发生分歧矛盾并最终决裂的总根源在于两者利益的根本差异，而共产国际高度集中的领导体制和苏俄内部的矛盾摩擦以及权力斗争加速了二者的决裂，同时陈独秀在理论知识、实践经验等方面的不足和自身性格特点的局限也是不可忽视的因素。②

第三，共产国际对中国革命的影响。有学者探讨了共产国际对中国革命的影响，积极方面主要包括向中国传播马列主义理论，培育中国革命的土壤；帮助创建了中共组织体系，促使中国共产党从一开始就是以列宁的建党原则为指导而组织起来的、高度集中统一的、有严格组织纪律的、布尔什维克式的新型革命政党，加快了中共的建党进程；在财务与军事方面的支持以及对中国革命领导人才的培养，对毛泽东成为党的领袖的支持。消极方面体现为：在指导各国共产党人开展革命斗争的过程中，犯有主观主义错误；共产国际的一些领导人在理论上搞教条主义，在政治上搞冒险主义，在组织上搞宗派主义；共产国际在处理各兄弟党之间的关系问题上，忽视了各国共产党平等、自主的原则，过分突出了联共（布）的作用。③ 有学者将共产国际对中国革命的指导分为三个阶段。第一阶段从 1919 年 3 月到 1927 年 7 月，共产国际对中国革命提供了思想路线、革命策略、干部培养和财政物资等多方面的指导和帮助。第二阶段从 1927 年 7 月到 1935 年，由于共产国际"第三时期"理论和共产国际代表的错误指导，严重的"左"倾错误路线造成中国革命的巨大损失。第三阶段从 1935 年 7 月到 1943 年 6 月，共产国际主要发挥积极的作用，推动国共两党第二次合作，助力中国取得抗日战争的胜利，但也出现不小的错误，例如在抗日民族统一战线问题上，苏联以本国利益为出发点，不顾中国的具体实际，过早地要求中国共产党放弃"反蒋"方针，导致共产国际在中国抗日战争中犯了右

① 徐光寿、徐敫：《张太雷在共产国际与中共中央关系中的作用探析》，《上海党史与党建》2021年第 3 期。

② 聂云鹤：《浅谈陈独秀与共产国际矛盾分歧之缘由》，《党史博采》2021 年第 11 期。

③ 贾烈英：《国际关系视域下的共产国际与中国共产党》，《学术前沿》2021 年第 1 期。

倾主义错误。总体而言，共产国际对中国革命的影响，可以概括为"两头好，中间差。两头好，也有一些问题；中间差，也不是一无是处"。①

## （七）党的早期领导人与马克思主义中国化研究

2021 年度研究主要涉及李大钊、陈独秀、蔡和森、邓中夏、恽代英、高君宇、赵世炎、李达等人物对马克思主义中国化的贡献，主要有以下几个方面。

其一，注重研究阐释党的早期领导人推动马克思主义在中国传播中的贡献。有学者认为，李大钊推动马克思主义在中国由介绍到传播，由学理探讨到付诸实践，他通过《新青年》《晨报副刊》《每周评论》等刊物发表一系列文章，第一个系统地、比较准确地宣传马克思主义，推动进步知识分子认识、学习马克思主义理论，极大地促进了先进知识分子对真理的追求与传播。在同非马克思主义者的论战中，李大钊不仅坚守马克思主义阵地，扩大马克思主义的影响，而且把马克思主义与中国实际结合起来，分析中国的具体的实际问题。②有学者认为，五四运动前后，陈独秀实现了由崇尚西方资产阶级民主政治向认同马克思主义的思想转变，这一转变推动了他对马克思主义的关注、研究与传播。在传播马克思主义过程中，陈独秀通过编辑刊物、翻译经典著作以及发表政治演说等方式广泛宣传马克思主义，为马克思主义在中国的早期传播与发展作出了突出贡献。深刻认识到无产阶级的性质及其历史地位和为中国共产党的成立做了思想上的准备是陈独秀推进马克思主义在中国早期传播的贡献。③有学者认为，恽代英大力宣传马克思主义，组建社团，创立初具共产主义信仰的组织，促成了泸州青年团组织的建立；同时，他还借助学生与青年教师的力量，组织夜校和旅行讲演团，扩大了马克思主义与革命、爱国思想的社会影响。在理论与实践结合过程中，恽代英在提高自身马克思主义素养的同时，推动了马克思主义在西南地区的早期传播。④有学者认为，李达是我国最早传播马克思主义的先驱者之一，毕生为党的思想理论建设作出不可磨灭的突出贡献。为进行建党的思想理论准备，他在斗争中宣传、传播马克思主义，主编了党的第一个机关刊物《共产党》月刊，创办"平民女校"，培训党的革命干部特别是妇女干部。王会悟积极协助李达完成《共产党》月刊和人民出版社的编

---

① 王子凤、潘金娥：《百年回眸与启示：共产国际及其与中国革命的关系》，《当代世界与社会主义》2021 年第 3 期。

② 庆祝：《李大钊对马克思主义传播的贡献——以〈新青年〉〈晨报副刊〉〈每周评论〉为中心的考察》，《学术交流》2021 年第 7 期。

③ 周于兰、殷昭鲁：《陈独秀与马克思主义在中国的早期传播》，《学理论》2021 年第 11 期。

④ 冯兵、徐鹏：《恽代英与马克思主义在西南地区的早期传播》，《中华文化论坛》2021 年第 3 期。

务、印刷工作，承担了"平民女校"的全部校务工作，包揽了党的"一大"的会务工作，是党的一大"卫士"，同样为中国共产党的创建作出了历史性的重大贡献。①

其二，关注党的早期领导人对推进马克思主义中国化历史进程的理论贡献。有学者认为，李大钊的经济思想，是在他接受和传播马克思主义的过程中逐渐形成的。五四运动后，李大钊积极地宣传和介绍马克思主义。他首先继续向思想界宣传唯物史观经济基础决定上层建筑的理论，论证在中国实现根本性社会经济制度变革的必然性。其次，他揭露资本主义制度特别是雇佣劳动剥削制度的罪恶，论证建立社会主义制度和无产阶级专政的合理性。在接受和宣传马克思主义的过程中，李大钊主张在中国通过建立社会主义公有制经济以实现工业化。李大钊运用唯物史观解释中国工人运动发生和发展的历史必然性，提出通过向农民群众宣传革命道理，把落后的农民武装改造成进步的革命武装。②有学者认为，李达和陶德麟是不同时期马克思主义哲学中国化的代表人物。他们在不同时代条件下全力投身于马克思主义哲学中国化，都在推进中国马克思主义哲学发展方面取得了卓越成就。他们都毕生致力于让马克思主义哲学"说中国话"，分别成为马克思主义哲学中国化传统的开创者和弘扬者；他们相继探索在中国马克思主义哲学发展的最前沿，引领了前后两个不同历史时期的中国马克思主义哲学研究；他们协力构建中国特色马克思主义哲学体系，共同赋予马克思主义哲学以鲜明的中国风格。③

总体来看，该领域的研究产出了一批具有较高质量的研究成果，呈现出史料丰富、视野广阔的特点。从报刊史入手探究马克思主义在中国的早期传播是2021年度该领域的一个研究亮点。

## （八）马克思主义中国化历史性飞跃关系研究

其一，学界重点探讨了习近平新时代中国特色社会主义思想对毛泽东思想的继承和发展。有学者认为，习近平新时代中国特色社会主义思想对毛泽东思想的继承和发展体现在三个维度上：一是对毛泽东思想"活的灵魂"的继承和发展，二是对社会主义建设事业的继承和发展，三是对党的建设的继承和发

---

① 朱传棨：《李达和王会悟在建党初期对马克思主义传播的重大贡献——庆祝中国共产党成立100周年》，《文化软实力研究》2021年第2期。

② 王明前：《论李大钊对中国马克思主义经济理论的贡献》，《连云港职业技术学院学报》2021年第3期。

③ 汪信砚：《陶德麟对李达的继承与发展：马克思主义哲学中国化的百年思想接力》，《哲学研究》2021年第1期。

展。"活的灵魂"是两大思想共同的哲学基础，与时俱进是两大思想共同的理论品格，人民立场是两大思想共同的价值立场。① 有学者认为，习近平对战略思维、历史思维、辩证思维、创新思维、底线思维等思维方法的论述和阐释是对毛泽东的思维方法论的继承和发展。习近平对毛泽东思维方法论的发展主要体现在三个方面：一是将毛泽东的有关思维方法论述概念化，二是将毛泽东的思维方法论述系统化，三是习近平对有些思维方法作出了新的阐释和发展。② 有学者认为，"为人民服务"思想是由毛泽东概括和阐发的。党的十八大以来，习近平把为人民服务阐释为中国共产党的初心，强化为中国共产党的根本政治立场，明确为衡量党员干部理想信念是否坚定的客观标准，落实为以人民为中心的发展理念和政策，深刻回答了新时代"为了谁、依靠谁"这一根本性问题，将毛泽东为人民服务思想的传承发展推向了一个崭新高度。③ 有学者认为，习近平强军思想对毛泽东建军思想的继承、丰富和发展，体现为党对军队绝对领导根本原则的时代擢升、全心全意为人民服务唯一宗旨的血脉赓续、赋予政治工作"生命线"新时代内涵，实现了马克思主义军事理论中国化时代化的新飞跃，开辟了当代中国马克思主义军事实践发展的新境界。④

其二，习近平新时代中国特色社会主义思想对邓小平理论继承和发展的研究。有学者认为，习近平总书记关于共同富裕的重要论述是对邓小平共同富裕思想的继承与创新，体现为时代主题、文化底蕴、理论基石、实践指向上的一脉相通，体现为共同富裕的内涵、战略、实践层面的独到发展创新。新时代实现共同富裕的现实启示在于必须始终坚持中国共产党的集中统一领导的根本经验，实现共同富裕是继承性与创新性的有机统一的核心要义，实现共同富裕是阶段性目标和长远性目标的统一的基本要求。⑤ 有学者认为，习近平法治思想对邓小平法制思想的继承体现在二者有共同的理论渊源、指导思想、演进路径和发展目标；习近平法治思想对邓小平法制思想的发展体现在从"法制"到"法治"的转变、法治建设战略的全局化、从加强制度建设到重视社会治理的转变。⑥

① 杨振闻：《习近平新时代中国特色社会主义思想对毛泽东思想的继承和发展》，《毛泽东研究》2021 年第 3 期。

② 杨玉成、王善铭：《习近平对毛泽东思维方法论的继承和发展》，《毛泽东研究》2021 年第 6 期。

③ 李佑新、许浩：《习近平对毛泽东为人民服务思想的传承与创新》，《马克思主义中国化研究》2021 年第 7 期。

④ 郑敏：《习近平强军思想对毛泽东建军思想的继承和发展》，《毛泽东邓小平理论研究》2021 年第 6 期。

⑤ 蒙慧、赵一琛：《习近平对邓小平共同富裕思想的继承与创新》，《理论建设》2021 年第 4 期。

⑥ 吴习伦、贺伟、梁别：《从重拾构建到笃定前行——习近平法治思想是邓小平法制思想的继承与发展》，《民主法制建设》2021 年第 6 期。

　　总体来看，该领域研究的重点放在习近平新时代中国特色社会主义思想与其他马克思主义中国化理论成果关系上，呈现出内涵丰富、视角多样等特点，产出了一批具备较高研究水平的学术成果，拓展了该领域的研究深度。

## （九）党的思想路线与马克思主义中国化的精髓研究

　　实事求是是中国共产党百年来不断从胜利走向胜利的根本依托。2021 年度，国内学者从回顾党的百年历史出发，深刻研究党百年坚持实事求是的历史经验。此外，2020 年 9 月习近平总书记在湖南考察期间，到岳麓书院发表了关于实事求是思想路线的重要论述，一些学者以此为契机研究了实事求是思想路线的传统文化渊源问题。具体来看，国内学界主要从以下两个方面进行探讨。

　　其一，实事求是思想路线历史经验研究。有学者认为，中国共产党的百年历程就是将实事求是思想路线坚持到底的不懈奋斗史、真理探寻史、自身建设史。实事求是思想路线，是我们党团结带领人民进行革命、建设、改革不断取得一个又一个胜利的根本保证和重要法宝。实事求是是马克思主义的精髓，是中国共产党人世界观、方法论的基石。坚持实事求是、不懈探索真理是立足"两个大局"、书写千秋伟业的根本保证。新时代弘扬伟大实事求是精神，要不懈探索真理，勇于推动理论创新，开创当代中国马克思主义、二十一世纪马克思主义新境界。[①] 有学者认为，实事求是思想路线贯穿于中国共产党的各项工作，是中国共产党百年来立党、兴党、强党的重要保障。中国共产党在坚持实事求是思想路线的百年历史实践中积累了宝贵经验。一是必须努力学习马克思主义理论，掌握马克思主义的立场、观点和方法，这是中国共产党坚持实事求是思想路线的前提条件；二是必须重视运用调查研究方法，准确把握中国具体实际，这是中国共产党坚持实事求是思想路线的核心要求；三是必须充分总结正反两方面经验，坚持解放思想、实事求是、与时俱进、求真务实，这是中国共产党坚持实事求是思想路线的关键环节。[②]

　　其二，实事求是思想路线的中华优秀传统文化渊源研究。有学者认为，"实事求是"是毛泽东思想的精髓，是毛泽东将马克思主义中国化最为重要的命题。这一命题与中国传统文化有着深刻的关系，具体来说与以岳麓书院为标志的湖湘传统文化有着密切的关系。湖湘文化传统对青年毛泽东文化性格塑造

---

①　贾立政：《实事求是：百年马克思主义中国化的基本经验》，《中国特色社会主义研究》2021 年第 3 期。

②　张士海：《坚持党的实事求是思想路线不动摇》，《党的文献》2021 年第 4 期。

产生的影响体现在其注重现实实践、注重实事求是、注重研究国情三个方面。①
有学者认为，马克思主义中国化之所以能胜利推进，靠的就是我们党实事求是
思想路线的引领。毛泽东实事求是思想的形成，与中国传统文化"实学"的影
响密切相关。毛泽东之所以无愧为马克思主义中国化的伟大开拓者，不仅因为
他是我们党实事求是思想路线最早的倡导者，而且因为他是实事求是的伟大践
行者。邓小平之所以能开辟中国特色社会主义道路新征程，实现马克思主义中
国化第二次理论飞跃，就在于他坚定不移地恢复和弘扬了党的实事求是思想路
线。习近平新时代中国特色社会主义思想之所以使马克思主义中国化达到一个
新高度，就是因为这一思想自始至终贯穿着党的实事求是思想路线。②

　　总体来看，学界将实事求是思想路线置于百年党史视野下加以考察，注重
总结党百年坚持实事求是的宝贵经验。同时，学界及时贯彻习近平总书记有关
论述精神，以岳麓书院为切入点，探讨了实事求是思想路线的中华优秀传统文
化渊源，这是 2021 年度该领域研究的一个亮点。

## 三　马克思主义中国化总体研究评析

### （一）马克思主义中国化研究存在的不足

　　回望 2021 年，学界在马克思主义中国化研究方面取得了丰硕成果，但同
时也应当注意到，我国马克思主义中国化研究学科的学术成果影响力和学术发
展创新力还需要进一步提高。马克思主义中国化研究存在的不足主要体现在以
下几个方面。

　　其一，学科意识仍需进一步强化。马克思主义中国化研究作为马克思主义
理论一级学科所属的一门二级学科，也应该有自己明确的研究对象、研究方
法、研究问题和学科边界。从现有的研究成果看，马克思主义中国化研究已经
构建起了一套比较成熟定型的学科研究体系，并且形成了学科体系、学术体系
和话语体系相互促进的有利形势。今后的研究要进一步增强学科意识，明确学
科边界，处理好同其他几个二级学科的关系，突出研究重点。

　　其二，回应现实的能力有待增强。理论研究是服务于现实的。正如习近平
指出，研究马克思主义"必须落到研究我国发展和我们党执政面临的重大理论

---

①　李佑新：《毛泽东实事求是思想的文化渊源和思想源头》，《新湘评论》2021 年第 4 期。
②　张国祚：《始终坚持实事求是思想路线的引领》，《新湘评论》2021 年第 4 期。

和实践问题上来，落到提出解决问题的正确思路和有效办法上来"①。在马克思主义中国化的研究中，要处理好文本研究和现实研究的关系，防止陷入"本本主义"。始终坚持问题导向，真研究问题、研究真问题，提高回应现实的能力，更好为中国共产党治国理政服务。

其三，研究方法和视野有待拓展。研究方法是在研究中发现新现象、新事物，或提出新理论、新观点，揭示事物内在规律的工具和手段，对研究结果有着重要影响。从现有的研究成果看，学界更加偏重于历史与逻辑相结合的研究方法，从历史活动中去考察马克思主义中国化的历史经验、内在规律及理论成果，进而构建起整个研究体系。但是马克思主义中国化研究是一个涵盖政治、经济、文化等不同方面，涉及政治学、经济学、历史学等不同领域的综合性学科。需要我们借鉴相关学科的研究成果和研究方法，如比较研究法、系统分析法、历史研究法等，提高研究成果的质量。

## （二）马克思主义中国化研究展望

从 2021 年度的研究侧重点来看，2022 年度学界主要会将焦点集中在以下几个方向。

其一，习近平新时代中国特色社会主义思想的新发展研究。习近平新时代中国特色社会主义思想是马克思主义中国化的最新理论成果，是当代中国马克思主义、二十一世纪马克思主义，是中华文化和中国精神的时代精华，开放性是其鲜明特征。在新时代治国理政的实践中，中国共产党坚持理论联系实际，推进理论创新，提出了一系列具有原创性的理论成果，如全过程人民民主、人类文明新形态、中国式现代化新道路等，丰富了习近平新时代中国特色社会主义思想的内涵，亟待学界深入研究和系统阐释。

其二，第三个"历史决议"的研究。第三个"历史决议"全面回顾党百年奋斗走过的光辉历程，全面总结党的百年奋斗重大成就和历史经验，是一篇马克思主义中国化的纲领性文献。第三个"历史决议"对马克思主义中国化的主题、进程、理论成果等理论命题作出了新表述。研究阐释第三个"历史决议"、加强党史上三个"历史决议"的比较研究，将成为研究的热点。

其三，马克思主义中国化"三大体系"构建研究。马克思主义中国化研究同样面临着学科体系、学术体系、话语体系建设水平亟待进一步提高的问题，建设具备中国特色、中国风格、中国气派的马克思主义中国化研究学科体系、学术体系、话语体系，建构中国自主的知识体系，以传播中国声音、中国理

---

① 习近平：《在哲学社会科学工作座谈会上的讲话》，人民出版社，2016，第 14 页。

论、中国思想，让世界更好读懂中国，提高我国哲学社会科学的世界性学术影响力，是学界下一阶段需要深入探索的命题。

其四，党的二十大专题研究。2022 年下半年党的二十大是我们党在进入全面建设社会主义现代化国家、向第二个百年奋斗目标进军新征程的重要时刻召开的一次十分重要的代表大会。对党的二十大精神的研究宣传阐释，将成为 2022 年度学界关注的焦点。

# 第十章

# 毛泽东思想研究

## 一　2021 年度毛泽东思想研究的主要进展

2021 年是中国共产党成立 100 周年，学界对于马克思主义中国化的伟大开拓者毛泽东和马克思主义中国化第一次历史性飞跃的理论成果毛泽东思想的研究，迎来了新的热潮。

### （一）2021 年度毛泽东思想研究的总体情况

党的十九届六中全会通过了《中共中央关于党的百年奋斗重大成就和历史经验的决议》，在前两个"历史决议"的基础上，对百年奋斗历程中党不断推进马克思主义中国化时代化作了全面总结，对毛泽东思想的历史地位再次作出科学的概括："毛泽东思想是马克思列宁主义在中国的创造性运用和发展，是被实践证明了的关于中国革命和建设的正确的理论原则和经验总结，是马克思主义中国化的第一次历史性飞跃。"① 同时，第三个历史决议还在前两个历史决议的基础之上，完善了对新民主主义革命时期党的历史分期的表述，把党在新民主主义革命时期的四个阶段界定为"建党之初和大革命时期""土地革命战争时期""抗日战争时期""解放战争时期"；② 结合遵义会议的历史事实，实事求是评价了遵义会议的历史意义，即"事实上确立了毛泽东同志在党中央和红军的领导地位"，增写了"开始确立以毛泽东同志为主要代表的马克思主义正确路线在党中央的领导地位，开始形成以毛泽东同志为核心的党的第一代中

① 《中国共产党第十九届中央委员会第六次全体会议文件汇编》，人民出版社，2021，第 6 页。
② 参见《中国共产党第十九届中央委员会第六次全体会议文件汇编》，人民出版社，2021，第 23、24、25、26 页。

央领导集体，开启了党独立自主解决中国革命实际问题新阶段"①，使遵义会议的重大意义更加凸显。这些重大成果，对于研究和阐释党史党建领域重点问题意义重大，更为毛泽东思想研究的深化提供了新的契机和方向。

从数据看，2021 年度国内学界关于毛泽东和毛泽东思想的研究成果相较上一年度数量均有所增长。首先，在学术专著方面，以"毛泽东"为题名关键词检索中国国家图书馆馆藏目录，2021 年度国内全年共出版相关书籍 62 部。其次，在学术期刊论文方面，以"毛泽东"为关键词检索中国知网期刊全文数据库，2021 年度国内各类期刊发表毛泽东思想研究相关学术论文共 1649 篇，其中 CSSCI 来源期刊和核心期刊论文 349 篇（若以"毛泽东"为篇名检索，学术论文 1024 篇，其中 CSSCI 来源期刊和核心期刊论文 249 篇）。同时，以"毛泽东"为题名检索中国知网硕博学位论文数据库，2021 年度国内相关主题的硕博学位论文为共计 82 篇。需要说明的是，由于相关图书馆、数据库收录研究成果时有一定滞后性，因此实际的成果数量必定超过以上列举的数据。由此可见，中国共产党成立 100 周年带来的党史党建研究"热"在毛泽东和毛泽东思想研究领域均有所体现。

## （二）2021 年度毛泽东思想研究的基本特点

总体来看，2021 年度学界对于毛泽东思想的研究主要有几个方面的特点。

第一，建党百年热点影响 2021 年度毛泽东思想研究的议题和方向。2021 年对于中国共产党来说是不平凡的一年，对于中共党史党建研究者而言同样也是不平凡的一年。党中央的系列重大活动和重大部署，习近平总书记的系列重要讲话，深刻影响着 2021 年度学界关于毛泽东思想研究的议题和方向。特别是党的十九届六中全会和全会通过的第三个历史决议对于中共党史党建研究、对于毛泽东思想研究产生了重要影响。综观 2021 年度毛泽东思想研究的议题，中国共产党成立 100 周年和党的十九届六中全会精神是绕不开的重要内容。

第二，毛泽东的政治思想仍然是研究的重点。2021 年度毛泽东关于党的建设、关于国家建设的思考，得到了不少学者的关注和对其展开的探讨；毛泽东的军事和外交战略思想，也受到了部分学者的关注。许多学者的研究成果，体现着理论深度和现实关怀。

第三，毛泽东的著作研究持续深入。毛泽东的著作是研究毛泽东的思想和生平经历的重要载体。2021 年度，关于《实践论》和《矛盾论》的"两论"研究仍然是学界关注的焦点。同时，关于毛泽东著作的版本问题的考证成果也

---

① 《中国共产党第十九届中央委员会第六次全体会议文件汇编》，人民出版社，2021，第 25 页。

比较丰硕，既有经典著作文本的版本考证，也有毛泽东诗词等文学作品的考证，体现出当前学界关于毛泽东著作的研究正在持续深入。

## 二　2021 年度毛泽东思想研究的主要论题

### （一）建党百年视域下的毛泽东思想研究

2021 年度，中国共产党成立 100 周年为毛泽东思想研究提供了重要的议题指引。

一是中共百年与毛泽东的贡献研究。"党和人民百年奋斗，书写了中华民族几千年历史上最恢宏的史诗。"[①] 站在中国共产党成立 100 周年的历史节点，许多学者采用"大写意"的方式聚焦毛泽东的历史贡献。例如，有学者从创建了一个担当民族复兴大任的党、开辟了中国革命正确道路、创建了党的绝对领导下的新型人民军队等十个方面，比较系统地总结了毛泽东对中华民族伟大复兴的独特历史贡献。[②] 有学者聚焦精神维度，系统梳理毛泽东关于中国共产党精神坐标的相关重要论述，认为毛泽东是中国共产党人伟大精神的塑造者、践行者，对党的精神谱系的培育、形成与发展发挥了奠基性作用。[③] 除了"大写意"还有"工笔画"。例如，有学者提出，党成功的根本在于"和中国人民结成一体"，而其中的奥秘是"它切实践行了毛泽东的群众动员组织理论"，他指出毛泽东群众动员组织理论的贡献在于，终结了中国思想史上的英雄史观，彻底坚持了马克思主义的群众史观，明确了中国革命的性质、对象、力量及群众动员、群众组织的主要方向，促使马克思主义中国化真正"落地"。[④]

二是马克思主义中国化视域下的毛泽东思想研究。"我们党的历史，就是一部不断推进马克思主义中国化的历史。"[⑤] 2021 年度，许多学者将马克思主义中国化作为研究毛泽东思想的重要切入点。首先，部分学者围绕毛泽东与马克思主义的关系展开了深入的探讨。例如，有学者认为，毛泽东的人民观集中体现了"中国共产党人继承和发展历史唯物主义的动力和目标"，展现历史唯

① 《中共中央关于党的百年奋斗重大成就和历史经验的决议》，人民出版社，2021，第 2 页。
② 李捷：《开创与奠基——毛泽东对中华民族伟大复兴的独特历史贡献》，《湘潭大学学报》（哲学社会科学版）2021 年第 11 期。
③ 陈晋：《毛泽东与中国共产党人的精神塑造》，《毛泽东研究》2021 年第 5 期。
④ 胡承槐：《毛泽东群众动员组织理论的基本内容、理论地位及其实践意义》，《浙江社会科学》2021 年第 9 期。
⑤ 习近平：《在党史学习教育动员大会上的讲话》，人民出版社，2021，第 12 页。

物主义从宏观的实践指导到具体的实践策略的现代中国理路。① 其次，也有学者聚焦毛泽东与列宁主义的关系问题。例如，有学者以列宁《共产主义运动中的"左派"幼稚病》一文为切入口，分析该著作以及列宁批判"左派"幼稚病对毛泽东等中国共产党人开展反对教条主义斗争、推进马克思主义中国化的影响；② 有学者认为，毛泽东对列宁主义的理解不仅贯穿在有关马克思列宁主义的整体阐释中，更体现在他就列宁主义的具体分析之中，毛泽东关于列宁主义的系统论述是毛泽东思想的重要组成部分。③ 同时，毛泽东推动马克思主义中国化的思想和实践过程同样得到部分学者的关注。例如，有学者探讨了毛泽东对马克思主义中国化本质内涵的多维阐释问题，认为毛泽东在长期的实践和理论创新过程中，对马克思主义中国化的本质内涵进行了多维阐释，为马克思主义中国化奠定理论基础。④ 同时，还有学者以毛泽东的著作为基础，梳理了民主革命时期以毛泽东为主要代表的中国共产党人对马克思主义中国化主题的认识。⑤

三是毛泽东思想与习近平新时代中国特色社会主义思想研究。2021 年度，许多学者也围绕毛泽东思想和习近平新时代中国特色社会主义思想之间的关系展开研究。例如，有学者关注到习近平对毛泽东为人民服务等思想的传承与创新问题，认为习近平继承和发展了毛泽东的为人民服务思想，"将毛泽东为人民服务思想的传承创新推向了崭新的高度，成为习近平新时代中国特色社会主义思想的核心内容"⑥。有学者则分析了习近平对毛泽东中国传统文化观的继承和发展。⑦ 通过对马克思主义中国化"开篇之作"和"最新成果"的相互比较，能够更好地理解习近平新时代中国特色社会主义思想的传承性和创新性。

四是毛泽东的党史观研究。从 2021 年 2 月起，党中央在全党范围内部署开展党史学习教育，有关党史观、历史观的问题成为学界研究探讨的热点。2021 年度有许多学者以毛泽东为研究对象，探讨和分析毛泽东的党史观。例如，有

---

① 包大为：《毛泽东的人民观对历史唯物主义的继承和发展》，《毛泽东研究》2021 年第 3 期。

② 陈明凡、张学森：《列宁批判"左派"幼稚病对中国共产党的深刻启迪》，《思想理论教育导刊》2021 年第 9 期。

③ 欧阳奇：《毛泽东论列宁主义的学习运用和发展》，《中国高校社会科学》2021 年第 3 期。

④ 金民卿：《毛泽东对马克思主义中国化本质内涵的多维阐释》，《毛泽东研究》2021 年第 1 期。

⑤ 刘晓慧、李婧：《民主革命时期党对马克思主义中国化主题的认识——以毛泽东三篇经典著作为分析视角》，《思想理论教育导刊》2021 年第 3 期。

⑥ 李佑新、许浩：《习近平对毛泽东为人民服务思想的传承与创新》，《马克思主义理论学科研究》2021 年第 7 期。

⑦ 曾天雄、夏小凤：《习近平对毛泽东中国传统文化观的继承和发展》，《广东社会科学》2021 年第 4 期。

学者关注到了毛泽东关于中国共产党创建问题的相关论述，认为这些论述"准确深刻，立意高远，极富哲理和教育意义"①。有学者认为，毛泽东关于党的创建的相关回忆和论述"既是研究中共创建史最基本最重要的史料，也是对中共创建的时代背景、阶级基础、具体过程和历史意义的最权威最准确的阐释"②。也有一些学者关注到了毛泽东关于中共党史的相关论述，并以此分析毛泽东的党史观问题，例如，有学者从"为什么要学习党史""从党史中学习什么""怎样学习党史"等维度对毛泽东关于学习党史的相关论述作了梳理。③ 有学者从毛泽东关于中共党史发展阶段、基本经验、重大事件、重要会议、相关人物等方面的论述出发，概述了毛泽东关于中共党史的重要论述。④

## （二）毛泽东的经历与事迹研究

毛泽东的生平与事迹是研究毛泽东思想形成发展的重要实践基础，2021 年度学界围绕这一论题形成了许多研究成果。

一是青年毛泽东的思想变化成为研究热点。作为中国先进知识分子的代表，青年毛泽东的思想变化过程具有典型性。2021 年度，关于毛泽东何时完成思想转变，成为一名马克思主义者的问题，不少学者表达了自己的观点。有学者认为，1920 年秋冬毛泽东"实现政治信仰的根本转变后"，从激进民主主义者转变为坚定的共产主义者，并总结了建党时期毛泽东在身份转变过程中显示出来的思想特点。⑤ 有学者认为，毛泽东马克思主义信仰的确立与他就读师范时政治思想的转变密切相关，尤其是这期间的人生经历对他的历史观、对待中国传统文化——国学的态度、对待中国社会变革方式的态度等产生了巨大的影响。⑥ 有学者对青年毛泽东政治话语的马克思主义转向问题展开研究，认为1920 年夏天"伴随着思想信仰的转变，毛泽东的政治话语也悄然发生了变化"⑦。有学者通过梳理 1918 至 1921 年毛泽东的思想变化，认为毛泽东第二次到北京、上海和李大钊、陈独秀的交谈，对毛泽东的思想转变影响较大，五四运动也对他的思想变化产生了影响，这一时期是毛泽东思想发展变化的"飞跃

①　沙健孙：《毛泽东论中国共产党的创建》，《红旗文稿》2021 年第 4 期。
②　蒋建农：《毛泽东谈中国共产党的创建》，《世界社会主义研究》2021 年第 6 期。
③　王颖：《毛泽东谈学习党史》，《党的文献》2021 年第 4 期。
④　欧阳奇：《毛泽东论中共党史》，《毛泽东研究》2021 年第 4 期。
⑤　金民卿：《建党时期毛泽东的身份转变和思想特点》，《毛泽东思想研究》2021 年第 2 期。
⑥　王习明：《毛泽东的师范学习经历与马克思主义信仰的确立》，《毛泽东研究》2021 年第 1 期。
⑦　李永进：《青年毛泽东政治话语的马克思主义转向》，《马克思主义理论学科研究》2021 年第 2 期。

时期"，"他逐步认识并接受了马克思主义，选择了十月革命的道路，积极从事中国共产党的建党活动"①。有学者通过考证和梳理建党过程中毛泽东思想的渐变及其原因和条件等问题，探讨了建党初期马克思列宁主义的"接受史"问题，认为"成长于相对封闭的内陆湖南的毛泽东，是不可能只靠几个月京沪之行和读了两三本论述 19 世纪欧洲社会主义思想主张的小册子，就一举发生思想转变的"②。虽然目前关于毛泽东具体何时转变为马克思主义者的问题众说纷纭，但是关于这一问题的深入探讨有助于我们更立体、全面地认识毛泽东思想的形成基础和理论来源。

二是有关毛泽东人生经历的新角度、新素材引起关注。首先是青年毛泽东的人生经历研究。例如，有学者从图书馆管理与运营的角度出发，以青年毛泽东创建的文化书社的运营模式为案例，分析建党初期湖南地区红色文献的传播及启示。③ 同时，也有学者关注到青年毛泽东的妇女解放思想。④ 还有学者以毛泽东的"阅读史"为切入口，探讨阅读与毛泽东的思想变化和人生经历的关系。⑤ 这些成果为下一阶段毛泽东生平事迹的研究提供了新的角度与新的素材。

## （三）毛泽东关于党的建设、国家建设的理论和实践研究

作为党的第一代中央领导集体的核心，毛泽东在治党治国过程中形成了一系列理论思考和实践经验。围绕这些问题，2021 年度学界从以下几个方面入手展开探讨。

一是毛泽东关于党的政治建设的思想研究。有学者关注到毛泽东关于维护党中央权威的思想，分析了毛泽东关于维护党中央权威和集中统一领导思想的演进历程、基本内涵、主要表现以及路径探索等。⑥ 有学者关注到毛泽东关于

① 张皓：《从主张"民众的大联合"到成为"一个共产党员"：1918 至 1921 年毛泽东的思想变化》，《北京师范大学学报》（社会科学版）2021 年第 3 期。

② 杨奎松：《浅谈中共建党前后的列宁主义接受史——以 1920 年前后毛泽东的思想转变及列宁主义化的经过为例》，《史学月刊》2021 年第 7 期。

③ 陈姣凤、徐浪：《建党初期湖南地区红色文献的传播及其启示——基于文化书社运营模式分析》，《图书馆》2021 年第 9 期。

④ 樊士博、齐卫平：《青年毛泽东对妇女解放问题的求解——以"赵五贞花轿自杀事件"为中心的考察》，《现代哲学》2021 年第 4 期。

⑤ 罗建华：《毛泽东的阅读史：理解毛泽东思想与人格魅力的重要维度》，《湖南科技大学学报》（社会科学版）2021 年第 5 期。

⑥ 朱益飞：《毛泽东关于维护党中央权威和集中统一领导思想探析》，《马克思主义研究》2021 年第 3 期。

党内政治纪律建设思想。① 一些学者还关注到了毛泽东关于党的建设的思维方法问题。例如，有学者以《〈共产党人〉发刊词》为线索，分析了其中体现出毛泽东关于党的建设的思维方法。② 关于毛泽东党建思想的历史地位问题，有学者提出毛泽东党建思想与时俱进地把马克思主义党的建设基本原理与中国共产党自身建设实践相结合，是中国化马克思主义党建理论的"开篇之作"。③

二是毛泽东的制度建设思想研究。作为党和国家制度建设的奠基者，毛泽东的制度建设思想具有重要的研究价值。2021 年度，学者围绕毛泽东与某一具体制度的关系展开研究。例如，有学者探讨了毛泽东对"坚持马克思主义在意识形态领域指导地位的根本制度"的重大历史贡献④，有学者分析了毛泽东探索政党协商制度的实践逻辑、理念、原则与历史意义⑤。学者也关注到毛泽东关于社会主义制度的观点和认识。例如，有学者梳理了毛泽东关于"建成社会主义"问题的理论和实践探索⑥；有学者则从唯物史观的视角分析了毛泽东关于巩固和完善社会主义制度的方法论，即"主要包括社会基本矛盾分析法、历史辩证法和群众路线方法"⑦。

此外，还有不少学者围绕毛泽东领导治国理政的实践展开探讨。有学者梳理新中国成立前和新中国成立后毛泽东的农业合作化思想，考察了这一思想的发展历程和演变逻辑。⑧ 关于毛泽东的国民经济建设思想，有学者关注到毛泽东贫困治理思想，对这一思想的历史渊源、逻辑理路和内涵作了阐释。⑨ 毛泽

---

① 李永春、岳梅：《毛泽东对党的政治纪律建设的重要贡献》，《湘潭大学学报》（哲学社会科学版）2021 年第 2 期。

② 柴念、王跃：《毛泽东关于党的建设的思维方法——以〈"共产党人"发刊词〉为中心的考察》，《党的文献》2021 年第 1 期。

③ 肖贵清：《毛泽东党建思想是中国化马克思主义党建理论的开篇之作》，《毛泽东研究》2021 年第 3 期。

④ 曾天雄、夏小凤：《毛泽东对"坚持马克思主义在意识形态领域指导地位的根本制度"的重大历史贡献》，《湖南科技大学学报》（社会科学版）2021 年第 3 期。

⑤ 黄显中、李盼强：《毛泽东对政党协商制度的创造性探索及现实启示》，《中南大学学报》（社会科学版）2021 年第 7 期。

⑥ 单孝虹：《毛泽东对"建成社会主义"的主要探索》，《毛泽东研究》2021 年第 2 期。

⑦ 阎树群、黎日明：《毛泽东关于巩固和完善社会主义制度的方法论及其当代价值——基于唯物史观的视角》，《毛泽东研究》2021 年第 5 期。

⑧ 谢俊如：《毛泽东农业合作化思想及其当代启示》，《湖南科技大学学报》（社会科学版）2021 年第 5 期。郑品芳：《毛泽东农业合作化思想及其历史价值》，《湘潭大学学报》（哲学社会科学版）2021 年第 5 期。

⑨ 郑继承、周文：《毛泽东贫困治理思想的理论阐释及其新时代价值》，《毛泽东思想研究》2021 年第 3 期。

东关于财政问题的思考也得到了一些学者的关注。① 这些研究为当前党领导的治国理政实践提供了宝贵的经验参考。

## （四）毛泽东哲学思想研究

2021 年度毛泽东哲学思想同样是学界关注的焦点，主要有以下几个方向值得关注。

一是毛泽东哲学思想的形成和发展研究。关于新民主主义革命时期毛泽东哲学思想的形成和发展问题，有学者探讨了延安时期毛泽东劳动伦理思想，认为这一时期毛泽东劳动伦理思想在中国美德伦理史上具有革命性理论变革意义，进而分析了这一思想的基本架构。② 有学者关注到毛泽东哲学思想的创新性问题，探讨了毛泽东为什么要否定"否定之否定规律"这一问题。③ 值得注意的是，一些学者关注到艾思奇在毛泽东哲学思想形成发展过程中发挥的作用。如有学者认为艾思奇"构建"了包括唯物主义的认识论、实践智慧的辩证法、社会主义基本矛盾的历史观等在内的毛泽东哲学思想体系，并为其大众化铺平了道路。④ 有学者探讨了延安整风时期艾思奇对毛泽东反对主观主义的哲学思想的补充。⑤

二是毛泽东哲学思想的内容和体系研究。关于毛泽东的认识论问题，有学者围绕毛泽东关于"哲学就是认识论"的命题展开了探讨，认为毛泽东提出这一命题所想要表达的观点是"哲学就是研究如何正确地认识世界的理论"。⑥ 围绕毛泽东的唯物史观⑦、辩证法思想⑧，以及关于意识形态工作的一系列重要论

---

① 史卫、李妮娜：《毛泽东的财政四问与中国共产党财政理论的构建》，《财政科学》2021 年第4 期。

② 李建森、朱锐博：《延安时期毛泽东劳动伦理思想的基本架构及其现代意义》，《西北大学学报》（哲学社会科学版）2021 年第 3 期。

③ 王南湜：《毛泽东为何要否定"否定之否定规律"？——一个探讨性的解析》，《天津社会科学》2021 年第 5 期。

④ 王海锋：《艾思奇与毛泽东哲学思想的"体系化"》，《中共中央党校（国家行政学院）学报》2021 年第 1 期。

⑤ 高贤栋：《延安整风时期艾思奇对毛泽东反对主观主义的哲学思想的补充》，《山东社会科学》2021 年第 2 期。

⑥ 刘秉毅：《如何理解毛泽东"哲学就是认识论"命题》，《武汉大学学报》（哲学社会科学版）2021 年第 4 期。

⑦ 欧阳英：《毛泽东的唯物史观：事实尺度与价值尺度的统一》，《湖南科技大学学报》（社会科学版）2021 年第 4 期。

⑧ 余乃忠：《毛泽东"极"性辩证法的"气度"》，《毛泽东邓小平理论研究》2021 年第 3 期。

述和观点①，许多学者展开相关研究。同时，还有一些学者关注到毛泽东对待宗教的态度问题。例如，有学者从 1963 年 12 月 30 日毛泽东关于宗教工作的一段重要批示切入，并结合毛泽东在其他不同场合关于宗教研究的论述，以及当事人的回忆，梳理了毛泽东"批判神学"的内涵和要求。②

三是毛泽东的政治哲学研究。一直以来，毛泽东的政治哲学都是学界探讨的热点。2021 年度，有学者从毛泽东关于"大同"论述和实践的历史逻辑、马克思主义中国化的理论逻辑、中国特色社会主义实践的现实逻辑入手进行了梳理和分析。③ 有学者梳理和分析了毛泽东现代化思想中的四个重要关系，即现代化与革命、全面性与重点性、理想性与现实性、自主性与借鉴性。④ 有学者则关注到了毛泽东的解放观问题。⑤ 总的看来，毛泽东的政治哲学所涉及的论题多、领域广、现实性强，是毛泽东哲学思想研究的"富矿"。

## （五）毛泽东军事和外交战略研究

2021 年度，毛泽东的国防军事和外交思想研究热度依旧，许多学者从多角度出发对这一思想展开研究。

一是毛泽东指挥领导革命斗争的战略战术研究。关于革命军队的建设和军事战略思想是毛泽东思想的重要组成部分。2021 年度，这一思想同样是学界关注的热点。其一，革命军队的建设角度。有学者以毛泽东领导的"三湾改编"为中心，考察了党对军队绝对领导制度的构建。⑥ 有学者认为推进古田会议研究必须建立"广义古田会议"的概念，从红四军前委接到中央"二月来信"开始的更长的时间段理解古田会议的历史意义。⑦ 其二，军事斗争的策略角度。部分学者以某一个历史时期毛泽东的军事思想为研究对象。例如，有学者分析了毛泽东全面抗战思想的生成、内涵、特征。⑧ 有学者以抗战末期国共两党对

① 韩佳君、谭群玉：《毛泽东对社会主义意识形态建设的思考与奠基》，《现代哲学》2021 年第 3 期。
② 毛胜：《论毛泽东"批判神学"的内涵和要求》，《世界宗教研究》2021 年第 4 期。
③ 李文：《理解毛泽东大同观的三重逻辑》，《湖南科技大学学报》（社会科学版）2021 年第 5 期。
④ 金民卿：《毛泽东现代化思想中的四个重要关系》，《马克思主义理论学科研究》2021 年第 2 期。
⑤ 包大为：《毛泽东的解放观：政治哲学内涵与当代指向》，《社会科学辑刊》2021 年第 4 期。
⑥ 王建国：《党对军队绝对领导制度的成功构建——以"三湾整编"为中心的考察》，《苏区研究》2021 年第 2 期。
⑦ 朱新屋：《"广义古田会议"概念建立的基本依据和重要意义》，《福建师范大学学报》（哲学社会科学版）2021 年第 4 期。
⑧ 刘大禹、胡耀平：《毛泽东全面抗战思想的生成逻辑及其内涵特征》，《毛泽东研究》2021 年第 1 期。

日军"一号作战"的研判为切入口，分析了毛泽东和蒋介石在面对战略决策和较量时的战略眼光和性格特征差异。[①]

二是毛泽东的外交战略研究。2021 年处在"新的十字路口"的中美关系备受学界关注，毛泽东关于中美关系的态度和策略也成为研究的热点。例如，有学者通过梳理毛泽东对美国认识的发展演变，总结了毛泽东对美国认识的理论与特征。[②] 有学者从七个方面对毛泽东关于中美关系的理论与实践作了全景式的梳理与回顾。[③]

### （六）毛泽东的著作研究

作为了解毛泽东思想形成发展、基本内容的最直观文本素材，毛泽东的著作始终受到学界关注。围绕毛泽东的著作与版本问题，2021 年度主要有以下几个研究论题。

一是毛泽东著作的版本问题研究。2021 年度，部分学者继续在版本问题上深耕。例如，有学者对"马克思主义中国化"历史命题提出前后毛泽东相关著作的理论聚焦及其特征进行了对比，认为"'马克思主义中国化'不但没有因为表述方式的多样而被削弱，反而充分彰显出阶段性突破和整体性延续的基本特征"[④]。1929 年《古田会议决议》即《中国共产党红军第四军第九次代表大会决议案》是毛泽东为红四军第九次代表大会起草的决议，是反映土地革命战争时期毛泽东建党建军思想的重要文本。有学者对《古田会议决议》的版本流传问题进行了考证，并对几个版本之间的流传接续关系进行了梳理。[⑤] 毛泽东诗词的版本问题受到了部分学者的关注。有学者结合史料分析认为《咏蛙》诗为毛泽东所作这一观点是"误传"。[⑥] 有学者经考证之后认为毛泽东《归国谣》词最有可能是 1925 年创作于韶山。[⑦] 有学者对毛泽东《七律二首·送瘟神》的创作成因进行了考证。[⑧] 对于新时代深化毛泽东著作及版本研究，有学者认为

---

① 姚江鸿：《国共两党对日军一号作战的研判与因应——兼论毛泽东、蒋介石二人的战略眼光和性格特征》，《党史研究与教学》2021 年第 4 期。

② 唐洲雁：《毛泽东对美国认识的理论及其现实启示》，《世界历史》2021 年第 3 期。

③ 薛庆超：《毛泽东与中美关系论》，《毛泽东思想研究》2021 年第 3 期。

④ 张文彬：《"马克思主义中国化"提出前后的著作对比及启示》，《北京社会科学》2021 年第 11 期。

⑤ 冯先书：《〈古田会议决议〉版本流传述略》，《党史研究与教学》2021 年第 2 期。

⑥ 胡为雄：《〈毛泽东"咏蛙"诗〉证伪》，《毛泽东思想研究》2021 年第 1 期。

⑦ 胡为雄：《毛泽东〈归国谣〉词最有可能 1925 年创作于韶山》，《毛泽东研究》2021 年第 4 期。

⑧ 马驰：《以人民为中心的生动写照——毛泽东〈七律二首·送瘟神〉创作成因考》，《学习与探索》2021 年第 4 期。

要解决好"与党的早期领导人及同时期领导人著作研究相结合""与党的历史文献研究相结合""与马克思主义经典著作研究相结合""与毛泽东思想发展历史研究相结合"等几个问题。①

二是毛泽东著作的内容与意义研究。毛泽东的著作是马克思主义中国化研究的重要文献，具有重要的研究价值。2021 年度，学界从不同文本出发，对毛泽东的著作进行了深入的研究和探讨。首先，《实践论》和《矛盾论》的"两论"研究继续深入。有学者探讨了新时代学习理解《矛盾论》的几个要点。② 有学者引入政治学的研究方法，将《实践论》放回毛泽东当时的历史语境中，从"文本与历史"互构的角度重新解读《实践论》。③ 其次，1917 年青年毛泽东发表在《新青年》杂志上的《体育之研究》一文研究热度较高，许多学者立足这篇反映青年毛泽东体育思想的重要文献展开研究探讨。有学者从该文的时代背景和历史渊源入手④，也有学者从该文中的"体育"概念出发梳理了清末民初中国"体育"概念的形成和演变⑤，等等。最后，毛泽东著作中的调查类文本也颇受学者们的关注。例如，有学者探讨了《寻乌调查》对新时代深化思想认识、践行群众路线、改进工作作风、丰富调查方法等方面的价值。⑥ 有学者依据中国国家博物馆所藏毛泽东《农村调查》多个版本的史料，详细梳理了《农村调查》的写作背景及思想成就、出版的时代背景及党内影响等。⑦ 关于毛泽东新民主主义革命时期的著作，有学者探讨了《反对本本主义》中的群众路线思想⑧，有学者探讨了《中国革命和中国共产党》一文的理论价值与历史意义⑨，有学者分析了《新民主主义论》对中国现代性话语的重构的"系统

---

① 肖贵清、蒋旭东：《论毛泽东著作及版本研究的几个问题》，《湘潭大学学报》（哲学社会科学版）2021 年第 5 期。

② 刘书林：《新时代学习理解毛泽东〈矛盾论〉的要点解析》，《毛泽东研究》2021 年第 2 期。

③ 常利兵：《政治学视域下的〈实践论〉新探》，《湖南科技大学学报》（社会科学版）2021 年第 2 期。

④ 崔乐泉、翟翠丽：《毛泽东〈体育之研究〉创作的时代背景与历史渊源》，《北京体育大学学报》2021 年第 6 期。

⑤ 李兆旭：《清末民初（1895—1920）我国"体育"概念形成与演变过程探究——以毛泽东〈体育之研究〉为中心》，《北京体育大学学报》2021 年第 10 期。

⑥ 刘先春、李金玲：《毛泽东〈寻乌调查〉的新时代价值》，《中南大学学报》（社会科学版）2021 年第 2 期。

⑦ 何宛昱：《中国国家博物馆藏毛泽东〈农村调查〉研究》，《中国国家博物馆馆刊》2021 年第 7 期。

⑧ 王树荫、高杨：《〈反对本本主义〉的群众路线思想探析》，《思想教育研究》2021 年第 6 期。

⑨ 高正礼：《在认清中国革命规律中勇担历史使命——〈中国革命和中国共产党〉研读》，《马克思主义理论学科研究》2021 年第 3 期。

性分析与思考"①。围绕毛泽东社会主义革命和建设时期的著作，有学者探讨了《关于正确处理人民内部矛盾的问题》一文对社会主义社会矛盾学说的阐发②，有学者分析了 1960 年《十年总结》一文的形成背景、思想内涵、影响意义③，等等。总体来看，毛泽东著作研究的相关成果内容丰富、覆盖面广，在成果数量上也比较多，显示出这一领域近年来逐渐成为毛泽东思想研究的热点和焦点。

三是毛泽东著作的翻译、出版、传播研究。首先，在毛泽东著作的海外翻译、出版、传播方面，有学者探讨了《毛泽东选集》伦敦英文版的出版背景、全球传播等问题④，以及毛泽东著作在巴基斯坦、孟加拉国、尼泊尔等国的翻译出版和传播⑤。有学者则对毛泽东著述多语种版本在海外的传播和利用问题进行了详细的考证和研究。⑥ 有学者梳理了全面抗战时期、战略相持阶段之初、日本败退时期《论持久战》在战时日本的译介及反响。⑦ 其次，在毛泽东著作的国内出版传播方面，有学者围绕抗战时期《在延安文艺座谈会上的讲话》一文的产生、修改与刊布过程进行了考证。⑧ 对于毛泽东著作翻译、出版、传播问题的研究有助于我们更深入地把握毛泽东思想的传播路径，把握中国化马克思主义走向大众化、时代化的内在逻辑。

## （七）海外毛泽东和毛泽东思想研究评介

2021 年度，国内学者对于海外毛泽东和毛泽东思想研究的评介主要有几个类别。

一是对海外学界毛泽东思想研究现状的评介。关于这一问题，有学者探讨了埃德加·斯诺在海外毛泽东思想研究中所产生的影响，认为其著作对于海外认识毛泽东思想起到了重要作用。⑨ 有学者梳理了拉丁美洲的毛泽东研究的几

---

① 张明：《〈新民主主义论〉与中国现代性话语的建构》，《马克思主义理论学科研究》2021 年第 5 期。

② 周向军、史杰：《社会主义社会发展规律的创造性探索——重读毛泽东〈关于正确处理人民内部矛盾的问题〉》，《马克思主义理论学科研究》2021 年第 5 期。

③ 王颖：《毛泽东〈十年总结〉与开创新局》，《毛泽东研究》2021 年第 1 期。

④ 何明星：《〈毛泽东选集〉伦敦英文版的世界传播》，《出版发行研究》2021 年第 6 期。

⑤ 何明星：《中国共产党百年对外翻译出版与传播的本土化探索——毛泽东著作在巴基斯坦、孟加拉国、尼泊尔》，《中国出版》2021 年第 11 期。

⑥ 张放、严丹：《毛泽东著述多语种版本的海外传播及利用》，《图书馆杂志》2021 年第 7 期。

⑦ 孙道凤、干保柱：《毛泽东〈论持久战〉在战时日本的译介及其影响》，《抗日战争研究》2021 年第 3 期。

⑧ 夏清、吴宇潇：《历史现场与文本生产：抗战时期〈在延安文艺座谈会上的讲话〉的刊布研究》，《毛泽东研究》2021 年第 1 期。

⑨ 孙帅：《论埃德加·斯诺对海外毛泽东思想研究的影响》，《毛泽东思想研究》2021 年第 3 期。

个阶段和主要领域，展现了拉丁美洲毛泽东研究的历史和现状。① 对于海外学界毛泽东思想研究动态的评介，有助于国内学界更准确及时把握海外毛泽东思想研究的新进展、新趋势，及时注意新成果、新素材、新观点的产生。

三是对海外学界关于毛泽东个人形象及思想内涵研究成果的评介。首先，围绕海外毛泽东的传记中存在的历史虚无主义问题，有学者梳理和列举了"通过'碎片化'的逸闻、戏说构建所谓的毛泽东生平历史""通过心理分析和主观臆测塑造毛泽东的个性人格""打着学术研究的幌子否定毛泽东思想的价值和指导意义""滥用'史料'进行论证，对毛泽东作出不符合史实的具有欺骗性和迷惑性的评价"等几种主要表现形式。② 其次，在海外学界对于毛泽东思想内涵的解读方面，有学者从"以何种态度对待马克思主义正统性""毛泽东的理论及其实践研究具有重大思想史意义""如何看待毛泽东与所谓'正统马克思主义'的关系"等角度，解析了尼克·奈特对毛泽东马克思主义观的研究。③ 值得关注的是，2021 年度，日本知名学者石川祯浩的学术专著《"红星"：世界是如何知道毛泽东的?》由北京大学出版社出版，该书前半部分依据大量史料探讨"毛泽东是如何从迷雾中走进世人视野的"，后半部分"聚焦曾对毛泽东形象的形成起到决定性作用的斯诺对陕北的采访，及《红星照耀中国》出版后世界各地的反响，并对《红星照耀中国》的英、汉、俄、日等各种版本加以探讨"④，是 2021 年度海外研究毛泽东形象问题的重要著作。

## （八）关于周恩来、朱德、刘少奇、陈云等老一辈革命家的生平与思想研究

回顾毛泽东思想的研究现状，同样需要关注到学界关于周恩来、朱德、刘少奇、陈云等老一辈革命家的生平与思想研究情况。

第一，周恩来的生平与思想研究。关于周恩来的研究，一直是党史党建学界关注的焦点。一是聚焦周恩来的人生经历和处事原则。例如，有学者回顾了 20 世纪 60 年代初周恩来领导克服粮食困难的过程与方法⑤，有学者通过对周恩来相关经历和论述梳理，回顾了新中国成立后周恩来对党的三大作风的倡导与

---

① 王晓阳：《拉丁美洲的毛泽东研究评述》，《理论月刊》2021 年第 4 期。
② 王芳：《海外毛泽东传记文本中历史虚无主义的表现与批判》，《毛泽东研究》2021 年第 4 期。
③ 罗馨、尚庆飞：《尼克·奈特对毛泽东思想肖像的重构及其启示——以毛泽东的马克思主义观为中心》，《南京大学学报》（哲学·人文科学·社会科学）2021 年第 1 期。
④ 〔日〕石川祯浩：《"红星"：世界是如何知道毛泽东的?》，袁广泉译，北京大学出版社，2021，第 8 页。
⑤ 熊华源：《20 世纪 60 年代初周恩来如何领导克服粮食困难》，《党的文献》2021 年第 3 期。

践行①。二是史实考证类。有学者对《建党以来重要文献选编（一九二一——一九四九）》收录的《中共苏区中央局转发中央对行动部署及任务的指示给周恩来的电报》一文的时间进行了详细的考证之后认为，苏区中央局转发该电的时间可能是 9 月 10 日而并非 8 月 10 日。②同时，还有一些研究者对目前馆藏周恩来档案进行介绍。三是周恩来的外交思想研究。周恩来长期从事党和国家的对外交往工作，其外交思想和外交工作经历也备受学界关注。例如，有学者对周恩来首次提出"和平共处五项原则"的问题进行了详细考证，认为"和平共处五项原则"从提出到最后定型"有一个逐步完善的过程"。③

第二，朱德的生平与思想研究。2021 年度，学界主要关注的依然是朱德的军事思想。其中，有学者关注到松毛岭战役的历史，包括作为第一阶段作战的温坊战斗和作为第二阶段作战的松毛岭战斗。④也有学者站在百年党史视角分析朱德在中国革命和建设史上"二十世纪中国革命的里程碑"、"中国军人的伟大导师"和"'建设中国式的社会主义'的明确提出者"的崇高地位。⑤

第三，刘少奇的生平与思想研究。一是文本研究。《论共产党员的修养》依然是学界关注的焦点。有学者探讨了该文对马克思主义中国化的理论贡献，认为"刘少奇对于马克思主义中国化的独特贡献就在于他的党性修养论"⑥。同时，有学者关注到刘少奇在六届六中全会所作的《党规党法的报告》一文。⑦二是革命实践研究。部分学者还关注到了抗战时期刘少奇的军事实践，例如有学者聚焦 1940 年八路军部分主力南下的军事行动，分析了这一军事行动的决策及其前后变化对彼时刘少奇战略规划的影响⑧；有学者分析了抗战时期在中央"发展华中"战略决策的背景下刘少奇和项英产生的战略分歧的来龙去脉⑨。

---

① 张谨：《新中国成立后周恩来对党的三大作风的倡导与践行》，《党的文献》2021 年第 5 期。

② 黄志高：《〈中共苏区中央局转发中央对行动部署及任务的指示给周恩来的电报〉时间考证》，《苏区研究》2021 年第 1 期。

③ 孙泽学：《关于"和平共处五项原则"的几个问题》，《华中师范大学学报》（人文社会科学版）2021 年第 1 期。

④ 蒋伯英：《"红军战史光荣的一页"：温坊战斗研究》，《苏区研究》2021 年第 4 期。蒋伯英：《松毛岭战斗研究》，《党史研究与教学》2021 年第 3 期。

⑤ 江泰然：《论朱德在中国革命与建设史上的地位》，《南昌大学学报》（人文社会科学版）2021 年第 1 期。

⑥ 龚群：《〈论共产党员的修养〉对马克思主义中国化的理论贡献》，《马克思主义研究》2021 年第 3 期。

⑦ 张海涛：《党内法规建设的源头及历史影响》，《理论视野》2021 年第 8 期。

⑧ 李雷波：《一九四〇年八路军南下华中战略行动及其影响》，《中共党史研究》2021 年第 4 期。

⑨ 冯超：《抗战时期"发展华中"战略的党内分歧及其化解——以中原局、东南局为中心的考察》，《安徽史学》2021 年第 1 期。

第四，陈云的生平与思想研究。首先是陈云的经济建设思想研究。有学者认为"稳中求进"和"活而不乱"是陈云经济思想的核心。[1] 有学者从实事求是、综合平衡、统筹兼顾、稳中求进几个方面分析了陈云关于经济建设的思想和工作方法。[2] 同时，陈云的战略思想、哲学思维、党建思想等也受到部分学者的关注。例如，有学者从五个方面分析了陈云在东北解放战争中的贡献[3]，有学者则从国家治理视域出发，探讨了陈云"'严'、'爱'辩证统一的全面从严治党思想"[4]；等等。

## （九）毛泽东思想研究的方法论探讨

2021 年度，关于毛泽东思想研究的方法论探讨，主要从两个方面展开。

一是关于毛泽东思想研究的史料问题。首先，在口述史料方面，有学者系统梳理了国内毛泽东口述史料研究发展的基本历程，提出中国大陆以外的地区与国家关于毛泽东口述史料是"有待深挖的富矿"，同时分析了当前毛泽东口述史料研究面临的困境。[5] 围绕毛泽东《在延安文艺座谈会上的讲话》，一些亲历者曾留下部分回忆性质的文本，但是部分文本呈现的内容与史料存在差异和出入。有学者从会议召开的具体时间、部分与会者的发言时间、次序及内容等方面对这些"回忆文本"进行了详细的考订，为延安文艺座谈会研究提供了史料支撑。[6]

二是关于毛泽东思想的历史评价以及历史虚无主义批判问题。在毛泽东思想的历史评价方面，有学者详细梳理了中国共产党对毛泽东和毛泽东思想评价的历史进程和主要内容，并分析了党对毛泽东和毛泽东思想进行评价的基本方法，即"实事求是的评价原则""人民至上的评价立场""大历史观的评价理念""与时俱进的评价方式"。[7] 在历史虚无主义的批判方面，有学者批驳了关于社会主义改造历史评价问题上存在的所谓"否定论"观点，提出"社会主义改革和社会主义改造并不矛盾，前者并不是对后者的否定和取缔，而是

---

① 朱佳木：《稳中求进和活而不乱——陈云经济思想的核心》，《中国金融》2021 年第 18 期。
② 彭庆鸿、吴晓荣：《陈云关于经济建设的几个思想和工作方法》，《党的文献》2021 年第 2 期。
③ 朱佳木：《陈云在东北解放战争中的贡献》，《党的文献》2021 年第 5 期。
④ 季春芳：《国家治理视域下陈云全面从严治党思想中的"严"与"爱"》，《思想理论教育导刊》2021 年第 1 期。
⑤ 陈芳宁、蒋建农：《毛泽东口述史料研究综述及未来研究设想》，《毛泽东邓小平理论研究》2021 年第 6 期。
⑥ 李惠：《延安文艺座谈会回忆文本考订》，《中国现代文学研究丛刊》2021 年第 7 期。
⑦ 欧阳奇：《中国共产党对毛泽东和毛泽东思想评价的历史进程及方法启示》，《思想理论教育导刊》2021 年第 10 期。

一种赓续和发展"，认为正确评价社会主义改造既要坚持政治性原则又要坚持历史性原则。①

## 三 新百年毛泽东思想研究的新增长点

2021 年，在中国共产党成立 100 周年的历史节点，国内学界关于毛泽东思想的研究主题鲜明、内容丰富，新的视角、新的材料、新的方法层出不穷。站在新时代、踏上新征程、面向新百年，毛泽东思想研究也迎来了新的发展时期，围绕毛泽东思想的研究必将始终是学界关注的重点和焦点。其中主要有几个新的增长点值得关注。

### （一）党的第三个历史决议精神与毛泽东思想研究

党的十九届六中全会审议通过的《中共中央关于党的百年奋斗重大成就和历史经验的决议》具有里程碑式的意义。这份决议深刻总结了毛泽东思想的历史地位。第三个历史决议关于毛泽东思想的表述同党的前两个历史决议相互衔接，对于当前理解和把握毛泽东思想的核心内涵意义重大。第三个历史决议还拓展了对新民主主义革命时期、社会主义革命和建设时期的一些重大历史事件历史意义的阐述，如遵义会议等，这对于拓展毛泽东思想研究的深度而言意义重大。下一个阶段，毛泽东思想研究的创新发展需要始终以党史上三个历史决议的结论为遵循和依据，尤其要深刻把握和吸收党的第三个历史决议的精髓要义，抓住新时代毛泽东思想研究的主题和方向。

### （二）马克思主义中国化"两个结合"命题与毛泽东思想研究

2021 年 7 月 1 日，习近平总书记在庆祝中国共产党成立 100 周年大会上提出"坚持把马克思主义基本原理同中国具体实际相结合、同中华优秀传统文化相结合"② 的重大命题。这是对中国共产党人推进马克思主义中国化历史规律的科学总结，更对未来推进马克思主义中国化历史进程指明了方向。毛泽东思想是马克思主义中国化的开篇之作。"两个结合"命题的提出，为中国化马克思主义研究提供了科学的视角，更为新时代的毛泽东思想研究提供了新的思路，即毛泽东思想研究不仅要把握"马克思主义基本原理同中国具体实际相结

① 徐晓光：《正确评价中国共产党百年史上的社会主义改造问题——关于社会主义改造"否定论"的驳议》，《当代世界与社会主义》2021 年第 5 期。

② 习近平：《在庆祝中国共产党成立 100 周年大会上的讲话》，人民出版社，2021，第 13 页。

合"这一维度，还需要把握"同中华优秀传统文化相结合"这一维度，注重毛泽东思想中所体现出的中华优秀传统文化要素，探寻"两个结合"在毛泽东思想形成发展过程中的重要作用。

毛泽东思想和习近平新时代中国特色社会主义思想都是"两个结合"的重要理论成果。其中，毛泽东思想是马克思主义中国化第一次历史性飞跃的理论成果，习近平新时代中国特色社会主义思想是新时代马克思主义中国化新的飞跃的理论成果。虽然两个理论成果的产生时代背景有所不同，但是习近平新时代中国特色社会主义思想和毛泽东思想在立场、观点、方法等方面一脉相承、相互呼应。毛泽东思想和习近平新时代中国特色社会主义思想的关系问题，值得学界深入思考和探讨。

### （三）中国共产党百年奋斗历史经验与毛泽东思想研究

"一百年来，党领导人民进行伟大奋斗，在进取中突破，于挫折中奋起，从总结中提高，积累了宝贵的历史经验。"[1] 第三个历史决议从十个方面，即"十个坚持"，系统总结了一百年来党的宝贵历史经验。其中，许多历史经验是以毛泽东同志为核心的党中央在领导新民主主义革命、社会主义革命和建设实践中所形成、积累下来的。踏上新征程，毛泽东思想研究应该注重从党的百年奋斗历程出发，深刻把握以毛泽东同志为主要代表的中国共产党人在党史上、在实现中华民族伟大复兴的历史进程中所作出的历史贡献，同时从中汲取治党治国的宝贵经验，为全面建设社会主义现代化国家提供支撑、借鉴、参考。

### （四）毛泽东思想研究与树立正确党史观、坚定历史自信

习近平在党史学习教育动员大会上提出"要树立正确党史观"。[2] 关于毛泽东和毛泽东思想的历史评价问题，有学者分析了党的三个历史决议对于毛泽东思想的认识和概括[3]，有学者梳理了党对毛泽东和毛泽东思想评价的历史进程、主要内容和基本方法[4]，等等。站在新的起点上，毛泽东思想研究特别是对于毛泽东和毛泽东思想历史评价研究的不断深化，将有助于我们"准确把握党的历史发展的主题主线、主流本质，正确认识和科学评价党史上的重大事件、重

---

[1]　《中共中央关于党的百年奋斗重大成就和历史经验的决议》，人民出版社，2021，第65页。

[2]　习近平：《在党史学习教育动员大会上的讲话》，人民出版社，2021，第24页。

[3]　田克勤：《中国共产党三个"历史决议"对毛泽东思想的认识和概括》，《马克思主义理论学科研究》2021年第12期。

[4]　欧阳奇：《中国共产党对毛泽东和毛泽东思想评价的历史进程及方法启示》，《思想理论教育导刊》2021年第10期。

要会议、重要人物"①，帮助我们实事求是地看待中国共产党的百年历史，反对历史虚无主义、树立正确党史观，更好正本清源、固本培元，坚定历史自信。

2022 年下半年，研究阐释党的二十大精神成为 2022 年学界的重点。毛泽东思想的研究如何与研究阐释党的二十大精神相结合，也是毛泽东思想研究学界需要思考的问题。我们相信，在这样一个重大的历史时刻，毛泽东思想研究也必将迎来新的热潮、进入新的阶段。

---

① 习近平：《在党史学习教育动员大会上的讲话》，人民出版社，2021，第 24 页。

# 第十一章

# 邓小平理论、"三个代表"重要思想和科学发展观研究

## 一 研究主要进展

### （一）研究主要方面

2021 年是中国共产党成立 100 周年，也是"十四五"规划实现良好开局、经济社会发展取得新的重大成就之年。面对复杂严峻的国内外形势和诸多风险挑战，党中央全力统筹疫情防控和经济社会发展，如期打赢脱贫攻坚战，实现第一个百年奋斗目标，开启全面建设社会主义现代化国家、向第二个百年奋斗目标进军新征程。继党的十九届五中全会后，2021 年 11 月，党的十九届六中全会的胜利召开和党的第三个历史决议的发布，为邓小平理论、"三个代表"重要思想和科学发展观的理论研究营造了浓厚的时政氛围。这一年，学界围绕中国式现代化道路探索、中国特色社会主义制度优势与治理效能以及中国特色反贫困理论与减贫道路等重大理论与现实问题，产生了一批高质量、有代表性的研究成果。

第一，丰富了对中国式现代化道路的问题研究。根植于中华民族伟大复兴历史进程的中国式现代化道路打破了对西方传统现代化道路的盲目追从与路径依赖，拓展了发展中国家走向现代化的新途径，创造了人类文明新形态，使科学社会主义在 21 世纪的中国焕发强大生机活力。2021 年度对中国式现代化道路的问题研究主要聚焦于以下三个方面：①从"三个伟大飞跃"的实现、"两大奇迹"的创造以及现代化建设目标、战略安排等维度系统梳理中国式现代化道路的历史逻辑；②围绕中国特色社会主义根本制度、基本制度、重要制度，从党的全面领导、全过程人民民主、马克思主义中国化的推进以及人类文明新形态等维度深入阐释中国式现代化道路的制度支撑；③从党的核心领导作用的

巩固与强化、治理体系与治理能力现代化、治国理政理念的守正创新等层面深入探讨超越西方现代化模式的中国式现代化道路的历史经验与世界意义。

第二，中国特色社会主义制度优势与治理效能问题研究取得重要进展。中国特色社会主义制度是全面建设社会主义现代化国家的重要基石，探索中国特色社会主义制度优势向治理效能的转化进路，既是不断推进国家治理体系与治理能力现代化与实现高质量发展的必然要求，也是实现第二个百年奋斗目标与中华民族伟大复兴中国梦的有力保证。2021年，学界围绕中国特色社会主义制度优势与治理效能的理论探讨主要聚焦以下三个方面：①中国特色社会主义制度的本质特征、逻辑演进与历史进程；②从社会形态、领导力量、主体建构、实践效能及国际影响等维度，有机结合理论根基与实践成果，对中国特色社会主义制度优势展开整体性阐释；③围绕全面深化改革总目标，从民主集中制、群众路线等角度，深入探讨制度优势转化为治理效能的实践进路。

第三，推动了中国特色反贫困理论与减贫道路问题研究的体系化。习近平总书记明确指出："我们立足我国国情，把握减贫规律，出台一系列超常规政策举措，构建了一整套行之有效的政策体系、工作体系、制度体系，走出了一条中国特色减贫道路，形成了中国特色反贫困理论。"① 2021年，学界对中国特色反贫困理论与减贫道路问题的研究主要集中在以下三个方面：①从路径方略、制度保障、价值旨归等层面深入探讨中国特色反贫困理论丰富内涵、实践特质与重大意义；②系统阐释中国特色反贫困的百年发展历程、治理经验和中国方案；③从乡村振兴战略、与国外减贫模式的比较研究、人类命运共同体等层面揭示中国特色减贫道路及其世界意义。

## （二）研究的主要特点

从2021年学界研究成果分布和发展态势来看，关于邓小平理论、"三个代表"重要思想和科学发展观的理论研究主要呈现如下几个方面的特点。

针对学界关注的热点和重点问题形成专题性和系统化的研究成果。基于中国共产党成立100周年这一重大历史节点，学界围绕中国共产党百年发展历程、辉煌成就、历史经验和伟大意义的总结展开深入研讨，集中梳理邓小平理论、"三个代表"重要思想和科学发展观在中国共产党百年历程中的重要理论贡献。国内重要学术期刊以系列专栏的形式，为这一重大论题的专题化、系统化、跨学科研究提供重要平台，极大地提升了中国共产党成立100周年专题研究的关注度和影响力。

---

① 习近平：《在全国脱贫攻坚总结表彰大会上的讲话》，人民出版社，2021，第11~12页。

进一步保持对重大理论问题研究的跟进追踪，基本形成了重大理论问题专题研究之间的理论链接与研究互动。2021 年围绕中国式现代化道路、中国特色社会主义制度优势与治理效能问题研究，已经搭建形成了同往年相同研究主题的承继与发展关系，研究广度和深度伴随着十九届六中全会和党的历史上第三个历史决议等现实素材的涌现进一步扩充；与此同时，中国特色反贫困理论与减贫道路等问题研究成果在延续 2020 年全面建成小康社会专题研究热度的同时，进一步围绕中国道路、人类文明新形态、现代化与国家治理等主题，形成了话题板块的联动，凸显了中国特色社会主义理论研究的系统性。

理论联系实际、理论成果解释现实问题、理论研究服务社会需要的能力不断提升。2021 年学界围绕中国特色反贫困理论与减贫道路的系统化研究成果，有助于巩固脱贫攻坚战的胜利果实，为实现"十四五"时期经济社会高质量发展，开启全面建设社会主义现代化国家新征程提供智力支撑。与此同时，制度优势和治理效能等相关问题的系列研究成果，能够紧密结合疫情防控等重大风险防范化解的现实场景，围绕沉着应对百年大变局与世纪大疫情，以我国疫情防控取得关键进展等治理效能为重要契机，极大地增强了理论研究"有理说理""以理服人"的实效，这是对以往理论研究陷于空洞、不接地气等瓶颈的一个重大突破。

## 二 研究的主要论题

### （一）中国式现代化道路问题研究

中国式现代化道路是以马克思主义为指导，根植于中国大地，具有中国特色的现代化发展道路，它充分彰显了中国独特的政治优势和制度优势。实现现代化始终是中国共产党的不懈追求，在中国共产党成立 100 周年的重大时间节点下，学界围绕中国式现代化道路的发展历程、制度支撑及历史经验等问题展开了广泛而深入的理论探究。

关于中国式现代化道路的发展历程，有学者认为，中国共产党在领导革命、建设和改革的过程中深刻认识到，不实现现代化，就不可能有国家富强、民族振兴、人民幸福。党的历任领导人都一以贯之地探索中国现代化的发展道路，依次形成既一脉相承又与时俱进的五个重大构想，积累了无比丰富的经验，实现了"三个伟大飞跃"，创造了"两个奇迹"。① 有学者认为，党基于对

---

① 成龙、郭金玲：《中国共产党对中国现代化道路的百年探索》，《武汉大学学报》（哲学社会科学版）2021 年第 4 期。

党和国家前途命运的深刻把握，于 1978 年召开十一届三中全会，作出了实行改革开放的历史性决策，实现了党和国家工作重点的转移，开启了改革开放和社会主义现代化建设的伟大征程。提出建设有中国特色的社会主义的重大命题，确立社会主义初级阶段基本路线，全面建成小康社会，发展中国特色社会主义。① 有学者认为，在改革开放新时期，党成功开辟出一条崭新的中国特色社会主义现代化道路，取得了一系列重要历史性成就。进入中国特色社会主义新时代，以习近平同志为核心的党中央，科学总结我国现代化建设的理论与实践经验，奋勇拼搏，锐意创新，推动了中国特色社会主义现代化建设迈上新的台阶，通向更为宽广开阔的新征程。② 有学者认为，现代化战略安排是我国社会主义现代化建设的重要战略部署，其演进历程与现代化建设进程密切相关，并依据不同时期我国现代化建设的发展战略而在动态调整中不断拓展和丰富，经历了以下几个发展阶段：一是初步构想——"两步走"发展战略，二是勾画蓝图——"三步走"发展战略，三是深化发展——"新三步走"发展战略，四是战略优化——"两个一百年"奋斗目标。③

关于中国式现代化道路的制度支撑，有学者认为，中国特色社会主义制度才是中国现代化道路的真正支撑，中国特色社会主义制度的根本制度、基本制度、重要制度是中国现代化道路的立论之本、发展之基、时代之选，是中国取得经济高速发展和社会长期稳定两大奇迹的原因。中国现代化道路的世界意义远高于一概而论的某种模式，它是人类历史上发展中国家走不同于西方的现代化道路的一次成功探索和伟大实践。④ 有学者认为，中国道路的百年探索是以中国共产党的成立为标志性开端的。中国的现代化进程之所以与马克思主义发生本质关联，是因为中国的现代化事业必须经过一场彻底的社会革命来为之奠基，而这场社会革命历史地采取了新民主主义—社会主义的定向。与中国的现代化进程发生本质关联的是中国化的马克思主义，因为只有中国化的马克思主义才与中国革命、建设和改革的实践发生本质的联系。⑤ 有学者强调，中国式

---

① 宋月红：《中国共产党百年来对建设社会主义现代化强国的探求和发展》，《马克思主义研究》2021 年第 11 期。

② 杨德山、葛雯：《百年来中国共产党关于现代化建设目标的探索》，《马克思主义理论学科研究》2021 年第 6 期。

③ 于安龙：《改革开放以来我国现代化战略安排的演进历程、特点与启示》，《科学社会主义》2021 年第 1 期。

④ 袁航：《中国现代化道路的制度支撑——基于世界意义的论析》，《社会主义研究》2021 年第 3 期。

⑤ 吴晓明：《中国道路的百年探索与马克思主义中国化》，《北京师范大学学报》（社会科学版）2021 年第 4 期。

现代化道路是坚持党的领导、人民当家作主、依法治国有机统一的现代化，党发挥总揽全局、协调各方的领导核心作用，党领导和支持人民当家作主，又在宪法和法律范围内活动。中国的人民民主是一种全过程的民主，有效弥补了单一选举民主的缺陷，体现了人民民主的真谛。中国的国家制度和国家治理体系，有效避免了党派纷争、利益集团偏私、少数政治"精英"操弄等现象的出现。① 有学者认为，中国式文化现代化新道路，是一条以坚持和巩固马克思主义在意识形态领域指导地位为轴心的社会主义先进文化发展道路，是一条在发展中保障和改进民生进而构建社会主义和谐社会的发展道路；中国式生态现代化道路，是一条坚持人与自然和谐共生的社会主义生态文明发展道路。② 有学者认为，党的全面领导是我国制度优势的根本所在，全面建设社会主义现代化国家，坚持党的全面领导是前提，也是"十四五"时期经济社会发展必须遵循的原则。坚持党的全面领导，才能科学确立现代化的目标，理性选择现代化的道路，协调各方关系，凝聚各方力量，做到一张蓝图干到底。党的全面领导，是全面建设社会主义现代化国家的根本保障。与此同时，全面建设社会主义现代化国家要求实践以人民为中心理念、新发展理念、系统理念和安全理念。③

针对中国式现代化道路的历史经验，有学者认为，要脚踏实地将现代化建设的系统布局落到实处，就需要坚持和加强中国共产党的全面领导，充分发挥中国共产党在中国现代化建设进程中的领导核心作用。中国共产党作为强有力的政治权威，不断塑造着中国现代化建设的道路和发展方向，这一点在中国共产党建党百年的实践中已得到有力印证。因而，唯有不断加强中国共产党的全面领导及自身建设，进一步提高国家治理体系和治理能力现代化，一以贯之地做好新时代中国现代化建设的系统布局工作，才能切实推动中国现代化建设事业向前发展，真正推动中华民族这艘巨轮抵达伟大复兴的光辉彼岸。④ 有学者认为，从中国共产党带领人民走过的救国、兴国和强国的百年探索道路中可以总结出中国新型现代国家构建的几方面基本经验：一是实事求是，一切从实际出发。二是坚持统一领导，维护中央权威。中国共产党成立百年来，正是因为

---

① 孙代尧：《论中国式现代化新道路与人类文明新形态》，《北京大学学报》（哲学社会科学版）2021 年第 5 期。

② 黄力之：《论中国共产党实现中国现代化的坚定意志》，《华东师范大学学报》（哲学社会科学版）2021 年第 3 期。

③ 陈金龙、张鹏辉：《全面建设社会主义现代化国家内涵的三维向度》，《马克思主义理论学科研究》2021 年第 5 期。

④ 张润峰、梁霄：《中国现代化建设的系统布局及历史演进——基于中国共产党百年历程的视角》，《当代世界社会主义问题》2021 年第 1 期。

坚持集中统一领导，坚决维护党中央权威，坚持民主集中制，才取得巨大成就。三是包容多样，民主协商。四是革故鼎新，以变求通。社会历史条件与社会主要矛盾不是静止的、一成不变的，而是不断变化发展着的。五是和平发展，互利共赢。① 有学者认为，如果中国式现代化新道路只有守正而没有创新，就会类似社会主义现代化道路的"苏联模式"，在保守停滞中不断透支自己的优越性和生命力，进而逐渐落后于时代、落伍于实践；如果中国式现代化新道路只有创新而没有守正，最终很可能是汇入西方现代化洪流之中，难以避免地陷入经济周期性停滞、政治冲突不断、社会动荡撕裂等资本主义现代化泥潭。② 有学者认为，现代化的理论构建与实际成就成功地突破西方国家现代化模式、超越苏东现代化模式，开辟了新型现代化道路。走出一条中华民族实现站起来、富起来、强起来的全面、和谐、协调、开放的现代化道路，其成就具有世界性，经验具有开创性，模式具有引领性，其结果可为人类的文明提供一个全新的文化起点。③

## （二）中国特色社会主义制度优势与治理效能问题研究

中国特色社会主义制度是当代中国发展进步的根本制度保障，是具有鲜明中国特色、明显制度优势、强大自我完善能力的先进制度。2021 年，学界继续保持了针对中国特色社会主义制度相关理论问题研究的热潮，围绕中国特色社会主义制度的本质特征、逻辑演进与历史进程，中国特色社会主义制度优势的整体性阐释以及中国特色社会主义制度优势与治理效能的关系问题研究成为学界聚焦的热点。

关于中国特色社会主义制度的本质特征、逻辑演进与历史进程，有学者强调，中国特色社会主义制度的本质特征主要体现在以下四个方面：一是在方向层面以中国共产党为"中轴结构"实现对一切工作的有效领导；二是在立场层面坚持以人民为中心的价值取向；三是在方略层面坚持守正与创新的有机统一；四是结构层次层面的延展性。④ 有学者指出，回顾社会主义制度在我国建立、发展的历程，制度建设的基本概念从"社会主义制度"发展到"中国特色

① 周光辉、彭斌：《构建新型现代国家：中国共产党救国、兴国、强国的百年道路》，《社会科学战线》2021 年第 4 期。

② 阮博：《论理解中国式现代化新道路的辩证视域》，《社会主义研究》2021 年第 6 期。

③ 韩喜平、郝婧智：《人类文明形态变革与中国式现代化道路》，《当代世界与社会主义》2021 年第 4 期。

④ 康晓强：《论中国特色社会主义制度的本质特征》，《浙江大学学报》（人文社会科学版）2021 年第 1 期。

社会主义制度",建构思路从单独的建章立制向完整的制度体系建构转变,制度内容由偏重社会主义基本模式向突出"中国特色"转变,指导思想从经典马克思主义制度理论向中国化、时代化的马克思主义制度建设思想转变,功能定位从保障功能向治理功能转变。① 有学者认为,党在制度探索的过程中,推动我国制度逐步经历了由社会主义制度的初步设想和建立到开创中国特色社会主义制度,再到完善中国特色社会主义制度的发展。这一历史过程呈现出阶段性和连续性相统一、理论性和实践性相统一、科学性和价值性相统一的主要特征。② 还有学者认为,中国特色社会主义制度的形成过程和内在特质深刻反映了中国共产党执政规律、社会主义建设规律和人类社会发展规律。中国特色社会主义制度的目的导向充分体现了其以尊重和维护人民主体地位为根本立场、以实现社会公平正义为核心价值取向、以实现中华民族伟大复兴为根本目的。③

关于中国特色社会主义制度优势的整体性阐释,有学者强调,中国特色社会主义制度优势的根源在于它是社会主义制度,中国特色社会主义制度创造的伟大实践成果充分证明了其具有显著优势,显示了我国社会主义制度,尤其是党领导下政治制度和公有制的优越性。④ 有学者认为,中国特色社会主义制度具有制度优势,是因为中国特色社会主义制度建立在对马克思主义所揭示的社会发展规律的深刻把握和具体运用之上,建立在对我国社会发展阶段的清醒认识和经验总结之上,建立在实现中华民族伟大复兴和实现人的全面发展的社会理想和价值目标之上,建立在真理与价值相统一的制高点上。⑤ 有学者指出,中国特色社会主义制度在社会形态上超越了资本主义制度,具有合乎历史发展规律的理论优势;在领导力量层面,坚持中国共产党领导,具有"集中力量办大事"的政治优势;在主体建构层面,坚持人民至上,具有保障人民利益、合乎人民认同的价值优势;在实践效能层面,创造了世所罕见的发展奇迹,能够持续推动中国发展,成功应对危机、化解危难,具有显著的治理优势;在国际影响层面,能够为其他国家的制度设计提供中国方案,具有明显的比较优势。⑥

---

① 刘思帆、顾钰民:《中国特色社会主义制度与时俱进的逻辑演进》,《河南社会科学》2021 年第6 期。
② 肖光文、霍豫:《新中国成立以来党对中国特色社会主义制度的探索:历程、特征和经验》,《天津师范大学学报》(社会科学版) 2021 年第6 期。
③ 郑士鹏:《中国特色社会主义制度的内在逻辑——合规律性与合目的性的统一》,《山东社会科学》2021 年第5 期。
④ 刘晨光:《社会主义制度在中国的成功实践——关于中国特色社会主义制度优势的几点认识》,《毛泽东邓小平理论研究》2021 年第6 期。
⑤ 孙正聿:《制度优势的理论根基》,《马克思主义理论学科研究》2021 年第1 期。
⑥ 黄建军:《中国特色社会主义制度优势的五重意蕴》,《马克思主义研究》2021 年第9 期。

围绕中国特色社会主义制度优势与治理效能的关系问题，有学者强调，为了把我国制度优势更好地转化为国家治理效能，必须通过全面深化改革，破除体制机制弊端，不断推进国家治理体系和治理能力现代化。同时，要确保人民在国家治理中的主体地位，充分发挥治理主体在国家治理中的积极性，形成国家主导下共建共治、蓬勃向上的国家治理新气象。① 有学者指出，国家治理体系和治理能力现代化与"完善和发展中国特色社会主义制度"相辅相成、不可或缺，共同构成了全面深化改革的总目标。国家治理现代化的根本目的和方向就是完善和发展中国特色社会主义制度，只有不断推进国家治理现代化，才能完善和发展中国特色社会主义制度。完善和发展中国特色社会主义制度，最终要体现于国家治理现代化的实际效能，而国家治理现代化的发展程序也是评判中国特色社会主义制度完善与否的重要标准。② 有学者指出，推进国家治理体系和治理能力现代化要求必须正确认识制度优势，树立制度自信。制度的生命在于执行，制度优势是在制度绩效中予以体现的，而静态的制度若不能转化为动态的治理效能则不能称其为优势制度，应从方法论的角度挖掘制度长期保持优势的实践经验，并提炼出制度优势转化为治理效能的演化规律，为提高国家治理体系和治理能力现代化提供参考。③ 还有学者认为，我国制度优势之所以能够有效转化为治理效能的实践机制，关键在于民主集中制与群众路线的有效运用，其中，民主集中制作为党与国家机构共同的组织原则，使得党内制度体系与国家制度体系具有同构性、协调性、调适性与强大制度合力，群众路线则有助于群策群力、提高政策执行力。④

## （三）中国特色反贫困理论与减贫道路研究

提高人民的生活水平，减少我国贫困地区和贫困人口数量既是社会主义的本质要求，也是中国共产党坚持践行"人民至上"的生动体现。在 2021 年中国共产党成立 100 周年之际，我们实现了第一个百年奋斗目标，在中华大地上全面建成了小康社会，历史性地解决了绝对贫困问题。在"两个百年"的交汇点，学术界围绕中国特色反贫困理论、党百年来反贫困的发展历程以及中国特色减贫道路与实践经验等问题进行了广泛的研究和探讨。

针对中国特色反贫困理论丰富内涵、实践特质与重大意义，有学者指出，

① 牛先锋：《我国制度优势如何转化为治理效能》，《党的文献》2021 年第 1 期。
② 谢伟：《国家治理的中国特色和制度优势》，《毛泽东邓小平理论研究》2021 年第 3 期。
③ 江必新、马世媛：《将制度优势转化为治理效能的若干思考》，《科学社会主义》2021 年第 2 期。
④ 刘红凛：《制度优势与治理效能何以实现？——论中国特色社会主义制度优势背后的政治保障、实现机制与价值归依》，《教学与研究》2021 年第 5 期。

中国特色反贫困理论是在立足我国国情、把握减贫规律而成功走出中国特色减贫道路过程中形成的，系统回答了脱贫攻坚的组织保证、价值和目标取向、力量和制度支撑、路径和动力持久、主体和内力激发、美德和力量凝聚、务实和求真作风等一系列重大问题，深刻揭示了脱贫攻坚取得全面胜利的制胜之道。① 有学者认为，中国特色反贫困理论创新性地提出精准扶贫精准脱贫方略、坚持党对扶贫工作的全面领导、坚持以人民为中心的发展思想、坚持构建扶贫大格局、坚持激发脱贫内生动力、坚持守望相助携手减贫等内容，在反贫困方法论、反贫困制度论、反贫困价值论、反贫困合力论、反贫困动力论以及全球减贫论等方面作出了创新性贡献，为全面推进乡村振兴战略、加快农业农村现代化指明了前进方向，提供了根本遵循。② 有学者强调，中国特色反贫困理论是在中国持续反贫困长期实践中形成的，也是在世界各国共同探索治国难题过程中形成的。它深刻、科学、系统地回答了在尚未完成工业化发展的中国如何大规模全面消除绝对贫困的难题，怎样在精准理念与方法指导下，构建一整套行之有效的政策体系、工作体系、制度体系，系统解决"扶持谁、谁来扶、怎么扶、如何退"等系列问题。③ 有学者提出，中国特色反贫困理论具有深邃的理论根基和实践基础，马克思主义反贫困理论、中华传统小康理念以及共产党人不懈的初心追求构成坚实的理论之源。中国特色反贫困理论派生于脱贫攻坚伟大实践，在脱贫攻坚的制度保障、价值取向、科学谋划、人文底蕴层面彰显其清晰的逻辑理路与丰富内涵，是马克思主义反贫困理论中国化最新成果。④ 有学者强调，中国特色反贫困理论既创造了减贫国家治理的中国样本，也为全球减贫事业作出了重大贡献，体现了特殊价值和普遍价值的辩证统一。⑤

围绕中国特色反贫困的百年发展历程、治理经验和中国方案，有学者认为，改革开放以后党以区域条件为重心，改善贫困地区的基础条件，在市场化改革和政府宏观指导的共同作用下，使我国贫困人口大幅度减少，减贫成效远远高于世界平均水平。通过"区域发展带动"和"开发式扶贫"的双管齐下，以扶持贫困户创造稳定收入来源为重心，多渠道增加贫困人口收入，促进我国扶贫工作由救济式向开发式转变。在反贫困的实践过程中所形成的群众路线传

① 郑有贵：《脱贫攻坚伟大实践孕育中国特色反贫困理论》，《红旗文稿》2021年第7期。
② 燕连福、谢克：《中国特色反贫困理论的创新性贡献及对推进乡村振兴战略的指导意义》，《思想理论教育导刊》2021年第7期。
③ 汤建军、姚选民、刘解龙：《中国特色反贫困理论的主要依据、科学体系和重大意义》，《学术前沿》2021年第13期。
④ 官进胜：《中国特色反贫困的理论向度与价值旨归》，《科学社会主义》2021年第5期。
⑤ 李正图：《中国特色反贫困理论的形成逻辑》，《人民论坛》2021年第18期。

统、农村双层经营体制以及政府—市场—社会力量的协同组织机制对乡村振兴、产业振兴也具有一定的经验价值。① 有学者强调，中国共产党领导全国人民历经百年减贫实践，实现了从解决温饱到全面小康的伟大跨越。在不同历史阶段，基于时代背景与国情变化，中国共产党领导下的减贫标准、减贫目标、减贫对象以及减贫方式呈现出差异性的演进逻辑。回溯中国共产党百年减贫伟绩的取得，实现国家主权独立自主是根本前提，坚持中国共产党对减贫的持续领导是基础保障，始终将人民利益放在首位是先决要素，发挥集中力量办大事的社会主义制度优势是关键支撑，益贫式增长的经济发展是核心动力。② 有学者指出，从消灭私有制到以改革发展生产力，以制度优势消除贫困是中国共产党的政治使命。从民族平等到精准扶贫，中国特色的脱贫道路是各民族的共同富裕。从五年规划（计划）的工业化目标、全面小康社会到现代化强国，反贫困任务的艰巨性决定了中国特色的反贫困是目标引领下的梯次推进战略，是全社会共同参与的新型人民战争。中国共产党倡导的人类命运共同体，不仅为全球治理提供中国方案和智慧，还包含着消除世界贫困的终极人文关怀。③ 有学者提出，百年来中国共产党带领中国人民不断进行理论探索和实践创新，开辟了一条摆脱贫困的中国式道路，实现了消除绝对贫困的千年梦想，彰显了中国特色社会主义制度在消除贫困方面无与伦比的制度优势。站在"两个一百年"的历史交汇点，一方面要巩固脱贫攻坚成果，逐步解决相对贫困的问题，为实现共同富裕不懈奋斗；另一方面要及时总结中国共产党反贫困经验，构建中国特色反贫困理论体系，为全球减贫事业贡献中国经验和中国智慧，不断增强中国特色社会主义道路自信、理论自信、制度自信、文化自信。④

　　关于中国特色的减贫道路与世界意义，有学者指出，推进乡村振兴与推动减贫治理是国家治理现代化的重要内容。二者既具有战略一致性，战略目标和战略举措都指向推动农村地区经济社会全面发展；又具有相互借鉴性，脱贫减贫实践为乡村振兴提供方法借鉴，乡村振兴战略为后续解决相对贫困问题提供制度保障。在新的历史阶段解决中国贫困问题，关键是要推动减贫治理和乡村振兴的有机共存和融合发展，通过实施乡村"五个振兴"，带动实现农业农村

---

① 李壮：《中国共产党贫困治理的百年历程与经验启示》，《当代世界社会主义问题》2021 年第 4 期。
② 袁红英：《中国共产党减贫实践的百年历程与经验》，《马克思主义研究》2021 年第 10 期。
③ 王建华：《中国共产党与百年反贫困的中国方案》，《南京大学学报》（哲学·人文科学·社会科学）2021 年第 3 期。
④ 韩喜平、何况：《中国共产党百年消除贫困的伟大创造》，《吉林大学社会科学学报》2021 年第 3 期。

农民"五个转变",提高减贫治理的目标导向性、路径有效性和体系综合性。①
有学者认为,中国作为世界上减贫人口最多的国家,走出了一条成功的减贫之
路。中国减贫的成功道路验证了发展才是硬道理,进一步深化改革开放、促进
经济发展与社会和谐稳定,是消除贫困的根本途径。中国减贫的成功经验还表
明,政策创新是消除贫困的制度保障,国家动员和社会参与是消除贫困的力量
源泉,公平公正是消除贫困的价值遵循。未来,国际减贫事业要站在人类命运
共同体的高度,强化政府间的合作,发挥国际组织的作用,共同建设人类美好
家园。② 有学者强调,中国在 2020 年底历史性地消除了绝对贫困。与美国、印
度等国外大规模减贫行动相比,中国在减贫过程中更加强调政府的主体性,
展现了政府极其强大的动员能力,在政治引领、责任落实、政策执行、资源
配置、战略调整等方面积累了丰富而独特的实践经验。较之国外减贫通常采
用的科层式治理模式,中国创造性地向科层体制注入了大量动员要素,实行
"动员式减贫"。这种减贫模式以人民性政党的坚强领导和宏观管控型国家基
本制度的强力支撑作为制度基础,遵循"无边界"调动资源的核心理念,采
取跨层级渗透、跨部门联动和跨区域衔接的运行机制,彰显了中国特色社会
主义的优越性。③

### (四) 邓小平理论研究的最新进展

作为中国特色社会主义理论体系的源头,邓小平理论敏锐把握时代脉搏和
发展契机,开辟性地回答了什么是社会主义、怎样建设社会主义的问题,制定
了一整套正确的方针、路线、政策,为实行改革开放政策提供了坚实的理论基
础和实践指引,引领中华民族走上了强国富民的中国特色社会主义建设道路。
2021 年,学界围绕邓小平理论对推进马克思主义中国化进程的重要意义、邓小
平和平思想与外交思想、邓小平法治经济思想等方面展开了全方位、多角度的
探讨。

关于邓小平理论对推进马克思主义中国化进程的重要意义,有学者指出,
马克思主义中国化是以中国共产党为核心的中国马克思主义者,在主体能动性
和客观规律性内在统一的基础上,将马克思主义基本原理同中国具体实际进行
自主性、创造性结合的实践和理论创新过程。社会实践运动同思想理论发展的
良性互动,随着社会革命的重大飞跃而形成了重大理论飞跃,继而产生了一系

---

① 杜庆昊:《从乡村振兴战略视角构建减贫治理体系》,《马克思主义与现实》2021 年第 4 期。
② 韩克庆:《国际减贫事业的中国经验:治理规律与创新路径》,《人民论坛》2021 年第 11 期。
③ 仲超:《中国大规模减贫的实践经验与理论创新》,《中州学刊》2021 年第 5 期。

列标志性的重大理论成果，而这些重大理论在指导社会实践发展的同时又不断上升到新的境界，从而构成了坚持与发展、守正与创新的历史连续性和理论开放性。① 有学者认为，改革作为第二次革命，是在坚持社会主义基本制度的前提下，破除影响生产力发展的体制机制障碍，是社会主义制度的自我完善过程。邓小平将两次革命放在一起言说，与马克思主义基本原理中生产力与生产关系、经济基础与上层建筑的理论和对不适应生产力发展的生产关系、上层建筑进行改造和变革的要求相契合。② 有学者强调，改革是社会主义的自我完善，经济领域的所有制改革是社会主义基本经济制度的完善。公有制为主体、多种所有制经济共同发展，是邓小平主导设计的社会主义初级阶段的基本经济制度，也是他对经济领域所有制改革作出的基本设计。③ 还有学者认为，邓小平奠定了坚持中国特色国家治理道路的本土化模式，其根本特征是坚持中国共产党的领导；实践特征是更好地发挥政府的职能；动力特征是充分调动人民的积极性。④

围绕邓小平的和平思想与外交思想的具体问题研究，有学者认为，和平与发展仍然是时代主题，求和平、谋发展，过高质量生活是世界人民的共同期盼。当今世界面临百年未有之大变局，建设中国特色社会主义事业站在一个新的历史交汇点上。学习并理解邓小平南方谈话中关于和平与发展是时代主题、改革开放、先富共富、人才强国和反腐败的重要论述，结合新时代背景、新发展阶段、新发展理念和新发展格局，学以致用，以保持战略定力，沉着应对各种风险挑战，推进党和国家的各项事业再上新台阶。⑤ 有学者指出，"和平"与"发展"是邓小平同志概括时代主题的两大关键词，这一判断在科学把握时代特征、准确分析我国所面临的机遇与挑战的过程中逐步形成，简练而深刻地说明了他对当时国际形势的深刻认识。⑥ 有学者强调，邓小平外交思想是党的宝贵财富，彰显了承上启下的当代价值。从坚持和平共处五项原则，到构建新型国际关系；从提倡反对霸权主义，到推动国际关系法治化建设；从提出三个世界划分理论，到正确看待中国与世界；从"和平为上"，到坚持走和平发展道

---

① 金民卿：《马克思主义中国化思想发展的百年历程》，《思想理论教育导刊》2021 年第 3 期。

② 杨凤城、肖正军：《中国共产党革命观的百年演进》，《社会科学战线》2021 年第 4 期。

③ 杨胜群：《邓小平对中国特色社会主义理论与实践的开创性贡献》，《党的文献》2021 年第 4 期。

④ 梁东兴、马博：《邓小平对中国特色国家治理道路的历史性贡献》，《社会主义研究》2021 年第 5 期。

⑤ 唐旺虎：《邓小平"南方谈话"的当代价值——基于百年未有之大变局的思考》，《重庆社会科学》2021 年第 1 期。

⑥ 闪月、刘占祥：《邓小平同志建构中国特色社会主义话语的生成语境、基本问题及时代价值》，《重庆社会科学》2021 年第 8 期。

路；从"国际间的事要由大家商量解决"到推动全球治理体系更加公正合理，为中国在世界格局中的崛起奠定了理论基石，也为"两个一百年"奋斗目标的实现在战略上提供了思想路径。[①]

关于邓小平法治经济思想的阐释，有学者提出，邓小平理论起着承上启下的关键作用，它是中国特色社会主义理论体系的初始理论、本源理论和基础理论，此后党的指导思想理论都是在此基础上进行与时俱进的创造性发展。邓小平一直坚持一手抓改革开放、一手抓惩治腐败的"两手政策"，同时强调要分清现实生活中的主流和支流，要区别理论要求与实际工作偏差，不能混为一谈。[②] 有学者认为，在开创中国特色社会主义道路过程中，以邓小平同志为代表的中国共产党人明确提出社会主义的本质和最大优越性就是共同富裕，并把打破"大锅饭"作为走向共同富裕的重要突破口。他还不断强调，鼓励一部分地区、一部分人先富裕起来，其方向和目的正是带动越来越多的人富裕起来，最终达到共同富裕。[③] 有学者强调，邓小平的法治经济思想有着内在的逻辑起点和丰富的理论内涵，在改革开放的实践中被证明是正确的。从历史的角度看，法治经济将使中国经济保持创新性、开放性、现代性的方向，继续融入人类文明的洪流，这是邓小平法治经济思想的强劲生命力和历史意义之所在。[④]

## 三　研究评析

### （一）研究存在的不足

从研究成果的整理情况来看，2021 年学界围绕邓小平理论、"三个代表"重要思想和科学发展观的理论研究学术成果丰硕，具有鲜明的时代性、理论性特点，代表了国内研究的水平和最新趋势。但是仍然存在一些不足，主要表现在以下几个方面：①部分研究成果缺乏学理性，学术观点同质化；②对现代化进程中共同富裕的时代必然性等社会热切关注的问题没有作充足的理论解析；③对长时段、广尺度时空情境下的邓小平理论、"三个代表"重要思想和科学发展观的世界历史意义未能给予更多的关注。

---

① 卫灵：《邓小平外交思想的民族精神、时代内涵与当代价值》，《学术前沿》2021 年第 20 期。
② 石仲泉：《百年党史视野下的中国共产党理论创新》，《中共党史研究》2021 年第 2 期。
③ 杨明伟：《共同富裕：中国共产党的坚定谋划和不懈追求》，《马克思主义与现实》2021 年第 3 期。
④ 钟祥财、魏华：《论邓小平法治经济思想》，《上海经济研究》2021 年第 5 期。

## （二）研究展望

回顾 2021 年学界围绕邓小平理论、"三个代表"重要思想和科学发展观研究的主要进展和主要论题，针对邓小平理论、"三个代表"重要思想和科学发展观研究的主要特点和存在的不足，今后学界将在近年来重大理论热点问题研究成果的基础上，结合党的十九届六中全会、香港回归祖国 25 周年、新冠疫情防控取得重大成果，特别是党的二十大等重大历史节点和标志性事件，更深入地从历史逻辑、理论逻辑和实践逻辑探究邓小平理论、"三个代表"重要思想和科学发展观在中国特色社会主义理论与实践发展中所焕发出的旺盛生命力和所承载的重要历史使命。

第一，基于香港回归祖国 25 周年的重大历史节点，围绕"一国两制"理论与制度设计，集中梳理在香港、澳门、台湾重大现实问题上的理论创新、基本立场和指导意义，研究阐释邓小平理论、"三个代表"重要思想和科学发展观在构建中华民族共同体伟大事业中的理论给养与现实启示意义，探寻其与习近平新时代中国特色社会主义思想在解决港、澳、台问题的总体方略之间的逻辑脉络。

第二，基于党的十九届六中全会通过的《中共中央关于党的百年奋斗重大成就和历史经验的决议》，深入探究由邓小平理论、"三个代表"重要思想和科学发展观等构成的中国特色社会主义理论体系作为马克思主义中国化的一次新的飞跃的基本内涵、价值旨趣和现实指引，把握党所确立的指导思想的接续性和与时俱进特点，进一步探索党百年奋斗不断推进马克思主义中国化进程的思想自觉和历史自信。

# 第十二章

# 习近平新时代中国特色社会主义
# 思想研究

## 一　研究的主要进展

### （一）研究的主要方面

2021 年是中国共产党成立 100 周年，是"十四五"规划开局之年，也是全面建设社会主义现代化国家新征程的第一年。一百年来，中国人民在中国共产党领导下，创造了举世瞩目的伟大成就。马克思主义理论研究也在实践中不断地丰富和发展。站在这样一个重要的历史起点上，习近平新时代中国特色社会主义思想形成了诸多理论生长点，理论界围绕习近平新时代中国特色社会主义思想的主体内容、重要论断、重大观点等展开研究，产生了一系列重要研究成果。其中既包括对理论热点问题的持续跟踪，也有对重大实践问题的理论阐释。习近平新时代中国特色社会主义思想涉及治国理政的方方面面，对习近平新时代中国特色社会主义思想的研究关涉多个学科，综合年度党的理论创新创造和年度理论研究热点趋势分析，2021 年的研究成果主要集中体现在以下十个方面。

第一，关于习近平新时代中国特色社会主义思想的整体性研究。习近平新时代中国特色社会主义思想深刻回答了新时代坚持和发展什么样的中国特色社会主义、怎样坚持和发展中国特色社会主义，建设什么样的社会主义现代化强国、怎样建设社会主义现代化强国，建设什么样的长期执政的马克思主义政党、怎样建设长期执政的马克思主义政党等重大时代课题，是当代中国马克思主义、二十一世纪马克思主义，是中华文化和中国精神的时代精华，实现了马克思主义中国化新的飞跃，开辟了马克思主义中国化新境界。自习近平新时代中国特色社会主义思想创立以来，学术界对于习近平新时代中国特色社会主义思想有了不同角度的深入研究，历经四年的积累，相关研究成果已经呈现出由表及里、向理论纵深推进的研究趋势。收获了一批高水平成果。

第二，关于习近平经济思想的研究。习近平经济思想是一套科学完整、逻辑严密的理论体系。它的形成和发展，具有广阔时代背景、深厚理论渊源和坚实实践基础，蕴含着坚定的理想信念、鲜明的人民立场、宏大的全球视野，是指导我国经济发展新实践的理论结晶，是习近平新时代中国特色社会主义思想的重要组成部分，是推动我国经济高质量发展、全面建设社会主义现代化国家的科学指南。2021年，习近平总书记聚焦"十四五"，先后在中央经济工作会议等多种场合发表系列重要讲话，深刻阐释一系列重大判断、重要观点，学术界聚焦于习近平经济思想的科学内涵、逻辑架构、理论贡献等方面，进行了深入的学理化研究。

第三，关于习近平法治思想的研究。习近平法治思想内涵丰富、论述深刻、逻辑严密、系统完备，从历史和现实相贯通、国际和国内相关联、理论和实际相结合上，深刻回答了新时代为什么实行全面依法治国、怎样实行全面依法治国等一系列重大问题，是习近平新时代中国特色社会主义思想的重要组成部分，为新时代全面依法治国提供了根本遵循和行动指南。中央全面依法治国工作会议明确提出和确立习近平法治思想之后，马克思主义理论界的学者们纷纷进行了研究阐释。2021年，中央马克思主义理论研究和建设工程重点教材《习近平法治思想概论》出版发行，深化了习近平法治思想的学理化阐释、学术化表达、体系化构建。此后不久，《习近平法治思想学习纲要》出版发行，该书系统阐释了习近平法治思想的重大意义、丰富内涵、核心要义、精神实质、实践要求，全面反映了习近平新时代中国特色社会主义思想在法治领域的原创性贡献，为学术界进一步学习和研究习近平法治思想提供了重要权威的资料。

第四，关于习近平生态文明思想的研究。习近平生态文明思想是站在人类发展命运的立场上作出的战略判断和总体部署，有着科学的理论范畴、严密的逻辑架构和深邃的历史视野。深刻回答了为什么建设生态文明、建设什么样的生态文明、怎样建设生态文明等重大理论和实践问题，把我们党对生态文明建设规律的认识提升到了一个新高度，是习近平新时代中国特色社会主义思想的重要组成部分，为新时代我国生态文明建设提供了根本遵循和行动指南。2021年，学术界围绕习近平生态文明思想展开了广泛研究，深化了对习近平生态文明思想重大意义、丰富内涵、核心要义、实践要求的理解和把握，为建构中国自主的生态文明知识体系打下了一定的基础。

第五，关于习近平外交思想的研究。习近平外交思想具有鲜明的科学性、时代性、先进性和实践性，旗帜鲜明地回答了中国应当推动建设什么样的世界、构建什么样的国际关系，中国需要什么样的外交、怎样办好新时代外交等一系列重大理论和实践问题，是习近平新时代中国特色社会主义思想的重要组成部分，是新时代我国对外工作的根本遵循和行动指南。2021年《习近平外交思想学习纲要》出版发行，该书系统阐释了习近平外交思想的重大意义、丰富内涵、核心要义、精神实质、实践要求，全面反映了习近平新时代中国特色社会主义思想在外交领域的原创性贡献。学术界对习近平外交思想进行了多方面的研究和阐释，产出了一大批理论成果。

第六，关于全面建成小康社会的研究。在庆祝中国共产党成立100周年大会上，习近平总书记庄严宣告："经过全党全国各族人民持续奋斗，我们实现了第一个百年奋斗目标，在中华大地上全面建成了小康社会，历史性地解决了绝对贫困问题，正在意气风发向着全面建成社会主义现代化强国的第二个百年奋斗目标迈进。"[1] 全面建成小康社会，是我们党向人民、向历史作出的庄严承诺，是几代中国共产党人不懈奋斗取得的伟大成就。全面建成小康社会实现了中国式现代化的阶段性目标，完善拓展了我国社会主义现代化建设的布局和途径，体现了社会主义的本质要求，彰显了我国国家制度和国家治理体系的显著优势，为全面建成社会主义现代化强国奠定了坚实基础，是实现中华民族伟大复兴的关键一步。新时代以来，理论界对全面建成小康社会进行了持续性研究，予以了极大关注。2021年，理论界关于全面建成小康社会的研究聚焦于两个方面的内容，一是注重全面建成小康社会的重大意义和历史影响方面的研究；二是着眼于全面建成小康社会经验启示的总结。

第七，关于"两个结合"的研究。习近平总书记在庆祝中国共产党成立100周年大会上首次作出"坚持把马克思主义基本原理同中国具体实际相结合、同中华优秀传统文化相结合"[2] 的重要论断。"两个结合"论断是对我们党百年理论发展史经验的深刻总结，深化了对马克思主义中国化的认识，丰富和发展了马克思主义中国化的内涵与范畴，蕴含着丰富而深刻的思想内涵。这个论断写进了党的十九届六中全会审议通过的历史决议之中。"两个结合"论断提出后，理论界对其展开了深入的研究，产生了一批重要理论成果。

第八，关于"两个确立"的研究。《中共中央关于党的百年奋斗重大成就和历史经验的决议》明确指出："党确立习近平同志党中央的核心、全党的核心地位，确立习近平新时代中国特色社会主义思想的指导地位，反映了全党全

---

① 习近平：《在庆祝中国共产党成立100周年大会上的讲话》，人民出版社，2021，第2页。

② 习近平：《在庆祝中国共产党成立100周年大会上的讲话》，人民出版社，2021，第13页。

军全国各族人民共同心愿，对新时代党和国家事业发展、对推进中华民族伟大复兴历史进程具有决定性意义。"确立习近平同志党中央的核心、全党的核心地位，确立习近平新时代中国特色社会主义思想的指导地位，是时代呼唤、历史选择、民心所向；是坚持和加强党的全面领导、推进党的建设新的伟大工程的应有之义。"两个确立"提出后，理论界反响热烈，纷纷对其进行阐释，深化了对"两个确立"决定性意义的理论阐释。

第九，关于中国式现代化道路的研究。中国式现代化道路是实现中华民族伟大复兴梦的必由之路。新时代以来，以习近平同志为核心的党中央成功推进和拓展了中国式现代化。党的十九届六中全会通过的《中共中央关于党的百年奋斗重大成就和历史经验的决议》把"以中国式现代化推进中华民族伟大复兴"明确为习近平新时代中国特色社会主义思想的主要内容。中国式现代化道路丰富和拓展了人类走向现代化的进路。2021 年，理论界围绕中国式现代化道路的科学内涵、理论形态、基本特征、重大意义等展开了研究，进行了深刻阐释，产出了一批具有重要影响的理论成果。

第十，关于人类文明新形态的研究。习近平总书记在庆祝中国共产党成立100 周年大会上指出，"我们坚持和发展中国特色社会主义，推动物质文明、政治文明、精神文明、社会文明、生态文明协调发展，创造了中国式现代化新道路，创造了人类文明新形态"。① 人类文明新形态是走中国式现代化道路的重要成果，不仅对中华民族伟大复兴至关重要，还将对人类文明发展产生重大影响，为人类文明发展提供了新样态。2021 年，理论界从多学科维度对人类文明新形态进行了多方位的学理性阐释，人类文明新形态也成为学术界重大热点问题。

## （二）研究的主要特点

2021 年，理论界关于习近平新时代中国特色社会主义思想研究呈现出如下三个方面的研究特点。

第一，持续关注重大理论问题。对于习近平新时代中国特色社会主义思想中的重大理论问题，始终保持研究的连续性，不断丰富和拓展研究的内容、视角和方法，取得了一系列理论成果，推动重大理论问题的深化探索。

第二，直面理论热点问题。在学习习近平总书记在庆祝中国共产党成立100 周年大会上的重要讲话、学习党的十九届六中全会精神上，在对"两个结合""两个确立"等重要论述的阐释上，理论界都率先发声，第一时间给予精

---

① 习近平：《在庆祝中国共产党成立 100 周年大会上的讲话》，人民出版社，2021，第 13~14 页。

准解读和精确阐释，不仅政治站位高，而且思想性、理论性强，加深了我们对理论热点问题的认识与理解。

第三，注重历史研究和现实研究相结合。2021 年是中国共产党建党 100 周年，也是全面建设社会主义现代化国家新征程的第一年。理论界对一些重大问题注重从历史的维度进行追溯，将其置于百年大历史视野进行阐释，同时也从坚持和发展中国特色社会主义的现实出发进行探讨，体现了历史研究和现实研究相结合的研究特点。

## 二　研究的主要论题

### （一）习近平新时代中国特色社会主义思想总体研究

#### 1. 习近平新时代中国特色社会主义思想的理论特征研究

有学者指出，习近平新时代中国特色社会主义思想在指导中国改革和发展的过程中，彰显出其自身重要特性，主要表现为科学性、时代性、实践性、人民性和世界性。科学性体现为对"三大规律"的深刻认识、正确把握，也体现为理论体系的逻辑性、自洽性；时代性体现为顺应时代潮流、回应时代问题、引领时代走向；实践性表现为映现着活生生的社会实践，并在实践中确证其现实性和力量；人民性体现为坚持以人民为中心的主体性和价值性的统一；世界性体现为世界视野、国际正义和人类情怀。[1] 有学者指出，习近平新时代中国特色社会主义思想是 21 世纪的马克思主义，是我们党必须长期坚持的指导思想。习近平新时代中国特色社会主义思想是在中国特色社会主义进入新时代，世情、国情、党情发生复杂深刻变化的历史条件下，为回答时代之问所提出的最新理论，具有鲜明的时代特征。作为当代中国马克思主义的理论本色，习近平新时代中国特色社会主义思想所蕴含的理论逻辑是一个既有理论权威性又有逻辑周延性、既有体系完备性又有结构开放性的基本框架，具有整体性、体系性、创造性特征。[2] 有学者指出，习近平新时代中国特色社会主义思想汲取了中华优秀传统文化的合理内核和思想精髓，又与时俱进地推动了中华优秀传统文化的创造性转化和创新性发展，从而使中华文化在新时代绽放出璀璨的光华，同时传承和弘扬了中国精神，使以爱国主义为核心的民族精神和以改革

---

[1]　徐斌、冯楠楠：《习近平新时代中国特色社会主义思想的主要特征论析》，《思想理论教育导刊》2021 年第 4 期。

[2]　黄凯锋：《习近平新时代中国特色社会主义思想的理论逻辑探析》，《毛泽东邓小平理论研究》2021 年第 3 期。

创新为核心的时代精神交融交织、相互辉映，为国家立心、为民族立魂，为伟大的中国精神注入了深沉的文化自信和崭新的时代元素，体现出鲜明的中国气派、中国风范。①

### 2. 习近平新时代中国特色社会主义思想的哲学研究

有学者指出，党的十八大以来，中国共产党人不断接受马克思主义哲学智慧的滋养，更加自觉地坚持和运用辩证唯物主义世界观和方法论，在推动中国特色社会主义伟大事业发生历史性变革、取得历史性成就的实践基础上，形成了习近平新时代中国特色社会主义思想。习近平新时代中国特色社会主义思想是集时代性、系统性、原创性于一体的科学理论体系，作为马克思主义中国化的最新理论成果，以马克思主义哲学为基础和前提，具体包括世界观层面的历史唯物主义，认识论层面的解放思想、实事求是，价值观层面的以人民为中心和方法论层面的辩证唯物主义等四个方面。② 有学者指出，习近平新时代中国特色社会主义思想重视哲学思维、善用哲学方法，蕴含着丰富的哲学智慧。第一，透过现象抓本质，从科学社会主义的本质规定和"中国特色"相结合的角度定性中国的社会主义事业，定题坚持和发展中国特色社会主义，定向走中国特色社会主义道路；第二，以大历史观审视中国特色社会主义的全景进程，厚植历史根基，明确现实定位，规划前瞻未来；第三，善于运用战略辩证法，从整体全局高度进行通盘谋划，在统筹国际国内两个大局中促进共同发展，坚持底线思维，集中力量办好自己的事；第四，洞察社会运行内在机理，坚持向改革要动力、构建中国社会新秩序，在活力和秩序的平衡中推动全面深化改革取得重大突破；第五，善于运用系统思维，从宏观、中观与微观耦合贯通的角度谋战略、促改革、定政策、抓落实。③ 有学者指出，习近平新时代中国特色社会主义思想内蕴的基本哲学理念主要体现在构成这一思想的各有机组成部分，即理论基础、理论主体、依靠力量、直接目标、主题内容和终极理想等方面，主要呈现为立论之基、主体之觉、力量之源、目标之向、治国之道和天下之念等六个基本理念。厘清六个基本理念的内涵和哲学意蕴，能够揭示这一思想的逻辑架构和核心要义。④

### 3. 习近平新时代中国特色社会主义思想的世界意义研究

有学者认为，习近平新时代中国特色社会主义思想具有强大的理论品质和

---

① 庞立生：《新时代马克思主义中国化新飞跃的新成果》，《思想教育研究》2021 年第 12 期。

② 冯颜利、刘庆芳：《习近平新时代中国特色社会主义思想的哲学基础研究》，《福建师范大学学报》（哲学社会科学版）2021 年第 2 期。

③ 方兰欣：《习近平新时代中国特色社会主义思想的哲学智慧》，《东岳论丛》2021 年第 6 期。

④ 周栋：《习近平新时代中国特色社会主义思想的哲学理念》，《东岳论丛》2021 年第 6 期。

实践品格，对世界的发展产生越来越重大的影响。新时代中国特色社会主义的理论和道路扩大了社会主义在世界上的影响力，中国特色社会主义现代化道路为世界各国建设现代化国家提供了更多选择，中国特色的现代治理体系在世界制度文明的竞争中彰显了社会主义的制度优势，构建人类命运共同体为全球治理体系提供了中国智慧和中国方案，中国特色社会主义的扶贫攻坚事业为世界范围内消除贫困作出重大贡献。① 有学者指出，习近平新时代中国特色社会主义思想作为当代最现实最鲜活的马克思主义，实现了马克思主义中国化的伟大新飞跃，开启了中华民族复兴史上从富起来到强起来的社会主义现代化建设的伟大新时代，以新时代中国特色社会主义的成功实践谱写了科学社会主义在二十一世纪的宏伟新篇章，以推动构建人类命运共同体的大国担当和使命将人类社会发展推进到全新阶段，是二十一世纪马克思主义的伟大新飞跃，具有极其重要的历史地位。② 有学者指出，习近平新时代中国特色社会主义思想科学分析了世界"百年未有之大变局"中存在的复杂问题，特别是找出了其中的症结，具有二十一世纪马克思主义的世界历史性意义。当今世界困境的症结是治理体系和治理能力的问题，而中国特色社会主义昭示着解决这一难题的出路所在。习近平总书记将中国与世界的进步事业紧密关联在一起，积极向世界展示着中国特色社会主义制度图景。中国特色社会主义制度样式是二十一世纪中国对马克思主义的最大原创性贡献，习近平新时代中国特色社会主义思想据此开拓了在当代世界推进科学社会主义的新型路径。③

## （二）习近平经济思想的研究

### 1. 习近平经济思想的理论逻辑研究

有学者指出，基于马克思主义政治经济学方法"两条道路"的洞见，遵循从具体到抽象再到具体的方法，习近平经济思想的逻辑主线的三大特征是：主题性、本质性和链接性。根据该特征界定，"以人民为中心"的经济发展模式能够契合新时代中国特色社会主义经济实践的主题，反映习近平经济思想的理论本质，承当习近平经济思想内容体系的关键链接。因而，"以人民为中心"的经济发展模式是习近平经济思想的逻辑主线。进一步来看，唯有将"以人民

① 仲崇东：《论习近平新时代中国特色社会主义思想的世界意义》，《西藏大学学报》（社会科学版）2021 年第 2 期。

② 刘从德、谭春霞：《论习近平新时代中国特色社会主义思想的伟大历史地位》，《科学社会主义》2021 年第 5 期。

③ 姜国敏：《习近平新时代中国特色社会主义思想的世界意义》，《马克思主义研究》2021 年第 1 期。

为中心"的经济发展模式确立为逻辑主线,才能确立"新发展理念"的逻辑框架、"高质量发展"的现实路径、通往人民"美好生活"的逻辑终点。① 有学者指出,习近平经济思想是"实践—认识—再实践—再认识"的过程,同时也是"具体—抽象—再具体—再抽象"的辩证运动过程。习近平经济思想理解和把握了"经济新常态",提出创新、协调、绿色、开放、共享的新发展理念,实现了从具体到抽象、从感性认识到理性认识的飞跃。以新发展理念指导生产关系的调整以促进生产力的发展,习近平经济思想发挥了指导新时代经济建设的作用。在实践中,新发展理念"合五为一"地表现为"推动经济高质量发展",而这一实践的不断深化,在新的发展阶段催生出关于我国经济运行和发展模式的新认识——构建新发展格局,这是对新发展理念的进一步提炼和升华。② 有学者指出,习近平经济思想具有丰富的理论内涵和内在的逻辑关联,对此进行学理性研究,就是要剖析其逻辑基础以及由此形成的整个逻辑框架。唯物史观是马克思主义政治经济学的方法论基础,也是习近平经济思想的方法论基础。以唯物史观为方法论基础,进一步探索习近平经济思想的逻辑起点为"中国特色的经济利益关系",并导出这一思想体系的全部逻辑要素,包括以人民为中心的逻辑主线、实现人民美好生活的逻辑终点、基本经济制度的逻辑保障、坚持党的领导的逻辑引领等。从而勾勒出习近平经济思想的基本逻辑线索和整体逻辑框架。③

**2. 习近平经济思想的贡献研究**

有学者指出,习近平经济思想是 21 世纪的马克思主义政治经济学,其原创性贡献表现在以下八个方面。一是提出以新发展理念为思想指引统筹经济发展全局的新要求;二是提出以稳中求进为工作总基调引领经济发展新常态的新思想;三是提出以推动高质量发展为主题转变经济发展方式的新论断;四是提出以深化供给侧结构性改革为主线完善宏观调控体系的新战略;五是提出以改革创新为根本动力培育中国经济新动能的新举措;六是提出以满足人民日益增长的美好生活需要为根本目的的新观点;七是提出以建设现代化经济体系为战略目标推动社会主义现代化建设走深走实的新谋划;八是提出以构建新发展格

---

① 王宝珠、马艳:《习近平经济思想的逻辑主线研究》,《人文杂志》2021 年第 12 期。

② 周绍东、陈艺丹:《从"经济新常态"到"新发展格局"——习近平新时代中国特色社会主义经济思想的认识论解读》,《江苏行政学院学报》2021 年第 6 期。

③ 严金强:《论习近平新时代中国特色社会主义经济思想的方法论基础》,《马克思主义研究》2021 年第 3 期。

局为战略遵循探索经济发展的新路向。① 有学者指出，习近平经济思想对马克思主义政治经济学进行了重大理论创新，初步形成了系统的理论体系，科学回答了马克思主义政治经济学是否过时的"时代之问"，始终坚持了马克思主义政治经济学的基本原则，开拓了当代中国马克思主义政治经济学的新境界。新时代新征程，我们必须不断推进马克思主义政治经济学的理论创新。要始终坚持马克思主义的基本方法，坚持以人民为中心的根本立场，坚持与时俱进的理论品质；要紧紧围绕经济发展现实，不断揭示新时代经济发展规律的新特点、新形式、新内容。② 有学者指出，中国共产党经济思想史是一部马克思主义政治经济学中国化与中国化马克思主义政治经济学相统一的百年历史。党的十八大以来，中国共产党经济思想的发展进入新时代，以习近平同志为主要代表的中国共产党人，坚持马克思主义政治经济学原理和方法，深刻把握我国经济社会发展所处的历史方位，紧密结合中国特色社会主义经济建设的伟大实践，形成了习近平经济思想。在中国共产党经济思想的百年历史上，习近平经济思想对马克思主义政治经济学作出了重大贡献，开创了中国特色社会主义政治经济学发展的新境界。③

**3. 习近平经济思想的"三进"研究**

有学者指出，习近平经济思想是马克思主义政治经济学原理与新时代中国社会经济发展实践相结合的最新理论成果。从社会主义高校落实立德树人根本任务、培养社会主义建设者和接班人的要求来说，加强习近平经济思想的研究和教学，势在必行。在加强习近平经济思想的研究和教学中，应强化"以人民为中心"立场的体现；在问题导向中提炼概括出反映其思想见解的"标识性的范畴"；从其对马克思主义政治经济学在新时代的发展、对中国特色社会主义政治经济学发展新境界的开创角度，阐释其与马克思主义政治经济学的关系。④有学者指出，深入学习领会和贯彻习近平经济思想，不仅是各级领导干部做好经济工作的必需，也是高校经济学专业教师做好教学科研工作的必需。在经济学研究中要以习近平经济思想为指引，在经济学专业课和形势政策通识课中，努力将习近平经济思想有机融入课程体系之中。这是落实立德树人的根本任务，也是加快推进新思想进教材、进课堂、进学生头脑，改革创新高校思政课

---

①　秦书生、王艳燕：《习近平新时代中国特色社会主义经济思想的原创性贡献》，《经济社会体制比较》2021 年第 4 期。

②　张建刚：《马克思主义政治经济学中国化的理论创新》，《理论视野》2021 年第 8 期。

③　张雷声：《中国共产党经济思想在新时代的发展创新》，《马克思主义与现实》2021 年第 4 期。

④　张雷声：《加强习近平新时代中国特色社会主义经济思想的研究和教学》，《思想理论教育导刊》2021 年第 5 期。

程的迫切需要。① 有学者指出，习近平经济思想进教材，一方面彰显了习近平经济思想的重要性，另一方面也明确提出了讲好习近平经济思想的现实要求。思政课教师要做好习近平经济思想备课工作，完成好习近平经济思想进课堂、进学生头脑的教学任务，推动习近平经济思想"三进"工作有机贯通、有序展开。思政课教师讲授习近平经济思想，要重点回答好习近平经济思想是什么、为什么、怎么样这三个问题，注重把握这一思想形成过程、时代背景、主要内容、理论意义、实践伟力等五个方面的教学点位，在"清""活""准""深""透"上发力，推动习近平经济思想"三进"取得扎实效果。②

## （三）习近平法治思想的研究

### 1. 习近平法治思想的理论特质研究

有学者指出，习近平法治思想是建党百年来中央首次冠以党和国家领导人姓名的法治思想，具有鲜明的中国特色与时代特征，其主要特点大致表现为系统科学地阐述了党与法的关系、立足治理来建设法治体系、统筹推进党的建设与国家法治建设这三个方面。这三个主要特点之间具有紧密的内在联系：党的执政能力和领导力建设与国家法治建设因具有共同的目的即达成国家的善治而能够实现有机统一；治理理念作为达成善治所必需的理念起着连接党的建设与国家法治建设的作用；党运用法治思想和法治体系加强执政能力和领导力建设的根本目的在于通过善治的达成来巩固和加强党的领导。③ 有学者指出，习近平法治思想充分阐扬了"理论与实践结合"的马克思主义法理学精义，具有科学的实践理性发展观，以人民为主体的价值取向进一步发展了马克思主义法律理念。习近平法治思想是站在历史前端的法治规划，不仅以辩证法的处理方式推动了法治与改革同轨并进，也将借由社会主义的制度优越性将改革向纵深推进。习近平法治思想总结了世界政治史的经验教训，强调必须坚持中国特色社会主义方向的法治建设，既立足于本土实际，又善于借鉴域外经验，从而在实践中凝结成现代法治文明的中国结晶。④ 有学者指出，习近平法治思想是习近平新时代中国特色社会主义思想的重要组成部分，它深刻回答了新时代为什么实行全面依法治国、怎样实行全面依法治国等一系列重大问题，是实现中华民族伟大复兴时代要求而产生的重大理论创新成果，具有许多显著特征。一

---

① 石建勋等：《习近平新时代中国特色社会主义经济思想"三进"研究》，《财经问题研究》2021年第 5 期。

② 孙贺：《习近平经济思想教学发微》，《思想理论教育导刊》2021 年第 12 期。

③ 刘方道、邓联荣：《习近平法治思想的主要特点研究》，《湖南社会科学》2021 年第 5 期。

④ 梁鸿飞：《论习近平法治思想的理论品格》，《求是学刊》2021 年第 6 期。

是坚持党对全面依法治国的领导，强调党的领导和社会主义法治是一致的，具有鲜明的政治性；二是坚持从实现中华民族伟大复兴中国梦、确保党和国家长治久安的高度谋划和部署全面依法治国，具有深远的战略性；三是坚持人民主体地位，强调法治建设必须以人民为中心，具有坚定的人民性；四是明确了全面依法治国的指导思想、发展道路、工作布局、重点任务和需要正确处理的重大关系等，形成了系统完备的理论体系，具有严密的系统性；五是对新时代怎样推进全面依法治国进行了系统回答、提出了明确要求，具有强烈的实践性。①

**2. 习近平法治思想的理论逻辑研究**

有学者指出，习近平法治思想是一个系统完备、逻辑严密、内在统一的法治理论体系，主要包括法治基本理论、法治推进方略、法治重大关系等三大理论板块。在基本理论板块，明确提出了全面依法治国战略、法治中国命题、中国特色社会主义法治道路、中国特色社会主义法治体系、中国特色社会主义法治理论、在法治轨道上推进国家治理现代化等一系列基本理论。在推进方略板块，明确提出了坚持党的领导、人民当家作主、依法治国有机统一，坚持依宪治国、依宪执政，坚持统筹推进依规治党和依法治国，坚持依法治国和以德治国相结合，坚持依法治国、依法执政、依法行政共同推进和法治国家、法治政府、法治社会一体建设，坚持全面推进科学立法、严格执法、公正司法、全民守法，坚持统筹推进国内法治和涉外法治，坚持专业力量和群众力量相融合，坚持抓关键少数和抓绝大多数相结合。在重大关系板块，明确提出了正确处理政治与法治、改革与法治、政策与法律、发展与安全、活力与秩序、维权与维稳等一系列关系的方法。② 有学者指出，"十一个坚持"是习近平法治思想的核心要义，其中第五个坚持回答了新时代为什么要全面依法治国的问题，第六个坚持回答了新时代全面依法治国的目标问题，它们都属于"怎么看"的内容。第一个坚持回答了新时代全面依法治国的领导力量问题，第二个坚持回答了新时代全面依法治国的根本立场问题，第三个坚持回答了新时代全面依法治国的方向道路问题，第四个坚持回答了新时代全面依法治国的首要任务问题，第七个坚持回答了新时代全面依法治国的工作布局问题，第八个坚持回答了新时代全面依法治国的关键环节和重点任务问题，第九个坚持从国内法治和涉外法治关系的角度回答了新时代怎样全面依法治国的问题，第十个坚持和第十一个坚持从重要保障的角度回答了新时代怎样全面依法治国的问题，它们都属于"怎么办"的内容。"十一个坚持"以这样的内在逻辑构成了系统完备、逻辑严密、

---

① 张金才：《习近平法治思想的显著特征》，《党的文献》2021 年第 5 期。
② 黄文艺：《习近平法治思想要义解析》，《法学论坛》2021 年第 1 期。

内在统一的科学思想体系。① 有学者指出，习近平法治思想从坚持和发展中国特色社会主义的全局和高度出发，定位法治、布局法治、厉行法治，是一个有着紧密内在逻辑的科学体系。首先，该思想从本质性、制度性、价值性、变革性四个方面定位法治，深刻阐明新时代全面依法治国的重要地位和战略方位。其次，统筹谋划全面依法治国的政治方向、发展蓝图、发展动力、发展路径，就这些方面布局法治；在此基础上，将厉行法治作为治本之策，战略推进新时代全面依法治国的系统部署和任务工作。准确把握这一思想的内在逻辑，有助于深刻理解其核心要义、实践要求和重大意义。② 有学者指出，习近平法治思想内在理论逻辑在于坚持将党性与人民性的有机结合作为社会主义法治的正当性基础，坚持从实际出发和实践第一的原则立场来发现法治中国建设中的真问题、寻找解决问题的有效办法，在坚持党的领导的前提下以民主集中制为公共权力有效运行的内在的动力机制，在生产关系与上层建筑辩证统一的社会关系结构中综合地看待法治的社会功能，主张以法治为基础的国家治理和社会治理，坚持系统治理和综合治理思想等。要精准把握作为顺应实现中华民族伟大复兴时代要求的重大理论创新成果以及马克思主义法治理论中国化最新成果的习近平法治思想，必须透彻理解其内在理论逻辑。③

**3. 习近平法治思想的贡献研究**

有学者指出，从大历史和大空间格局来看，习近平法治思想具有重大的原创性贡献：深刻洞悉中国历史兴衰规律，彻底告别中国人治传统，创造性转化、创新性发展中国德治传统，开辟新时代全面依法治国新境界，对治国理政作出了原创性贡献；扬弃西方资本主义党法关系，超越西方资产阶级法治立场，不同于西方资本主义法治规范构造，发展了中国特色社会主义良法理论，对世界法治道路作出了原创性贡献；借鉴并发展人类法治文明，提出高效的法治实施体系、严密的法治监督体系、有力的法治保障体系，深化了中国特色社会主义善治理论，对人类法治文明作出了原创性贡献。④ 有学者指出，习近平法治思想作为习近平新时代中国特色社会主义思想的"法治篇"，其丰富内涵包含一系列原创性贡献。在理论方面，习近平法治思想清晰阐释了党的领导、中国特色社会主义法治道路、中国特色社会主义法治体系，以及以德治国、依规治党与全面依法治国之间的深刻关系；在实践方面，在习近平法治思想指引

---

① 王轶：《论习近平法治思想核心要义的内在逻辑》，《地方立法研究》2021 年第 6 期。

② 李葳：《习近平法治思想的内在逻辑》，《马克思主义与现实》2021 年第 3 期。

③ 莫纪宏：《论习近平法治思想的内在理论逻辑》，《广东社会科学》2021 年第 3 期。

④ 金若山、周悦丽：《习近平法治思想的原创性贡献》，《新视野》2021 年第 5 期。

下，党领导全面依法治国的保障体系进一步健全，党依据宪法法律治国理政达到新水平，国家治理各领域全面纳入法治轨道，全面依法治国"关键少数"的法治淬炼与作用发挥程度明显提升；在战略方面，习近平法治思想生动擘画了全面依法治国在新征程上护航高质量发展、推进国家治理现代化、推动全球治理体系变革的宏伟蓝图。① 有学者指出，习近平法治思想的提出具有重大的历史意义、理论意义和实践意义。从历史意义上看，它是对全面依法治国根本问题回答的集大成之作，是对世界社会主义事业和人类法治文明的深刻原创性贡献。从理论意义上看，它具有完整的思想构成性，是对法治观点、命题、理论层次的超越，也是对马克思主义法律基本原理的继承、发展、创新和升华。从实践意义上看，它贯通了我们法治建设过去的经验、当下的聚焦和未来的远景目标，具有伟大的实践指导意义。②

## （四）习近平生态文明思想的研究

### 1. 习近平生态文明思想的内涵研究

有学者认为，习近平生态文明思想以"为什么—是什么—怎么做"为逻辑导向，对我国生态建设内容作出了重要回应，有效缓解了经济发展与生态保护的矛盾，为我国新时代美丽中国建设提供了理论遵循，是我国绿色发展进程中最强有力的精神武器。在"为什么"方面，习近平生态文明思想从民生角度出发，强调生态宜居度与人类幸福指数的正向关系，将生态文明建设与中华民族的永续发展以及民生问题结合起来，彰显出我国生态文明建设以人民为中心的发展理念。在"是什么"方面，习近平生态文明思想跳出了"经济至上"的发展陷阱，更新了生态与发展不可兼得的发展认知，拒绝走西方国家"先污染后治理"的发展道路。通过"两山论"的辩证阐述，突出生态文明的经济属性，强调经济建设与生态保护的协同发展，以前端防控代替末端治理，为中国特色社会主义的绿色可持续发展提供了治理思路。在"怎么做"方面，习近平生态文明思想以人与自然为主线、以绿色为工具、以"两山"为约束、以系统治理为空间、以制度改革和法治建设为保障，为我国生态体系构建提供了有力的实践向导。③ 有学者认为，在新时代背景下，应准确把握习近平生态文明思想的时代内涵的四个维度，即现代化的维度、总布局的维度、人与自然的维度

---

① 周叶中、闫纪钢：《论习近平法治思想的原创性贡献》，《中共中央党校（国家行政学院）学报》2021年第6期。

② 王旭：《习近平法治思想的历史意义、理论意义和实践意义》，《中国高校社会科学》2021年第1期。

③ 叶琪、黄茂兴：《习近平生态文明思想的深刻内涵和时代价值》，《当代经济研究》2021年第5期。

和美好生活的维度，这四个维度为人们学思践悟习近平生态文明思想的时代内涵提供了多样性的视角。从时代内涵上看，习近平生态文明思想主要明确了良好的生态文明是建成社会主义现代化强国的一个重要标识、"五位一体"总体布局中要着重补好的短板是生态文明建设、美好家园暨美丽中国的建设标准是实现人与自然和谐共生、优美生态环境是人民群众在生产生活上的热切需求等四个方面的内容。① 有学者认为，习近平生态文明思想是社会主义生态文明观的科学结晶和科学范式。在思想观念的层面，按照马克思主义立场、观点和方法，集中阐明了生态文明建设的原则，形成了二十一世纪马克思主义生态文明思想。在政治规定方面，进一步明确了党的领导、人民当家作主、社会主义制度对于生态文明的规范和规定作用，形成了以社会主义政治文明方式建设生态文明的系统观点。在未来理想上，根据社会发展规律，科学指明只有社会主义代表着生态文明的发展方向，只有人道主义和自然主义相统一的共产主义理想代表着生态文明的未来方向，形成了关于生态文明未来社会愿景的科学观点。② 有学者认为，"人与自然是生命共同体"是习近平生态文明思想的逻辑起点和核心命题，它不仅科学地继承了马克思主义关于"人是自然界的一部分"的思想，还在新的历史条件下创造性地将马克思主义人与自然关系思想推进到一个新的阶段和新的境界：一是基于"人与自然是一种共生关系"的科学认知，清晰准确地为人与自然的关系赋予了"合而为一"和"同生存、共命运"的"生命共同体"意涵；二是以"山水林田湖草是生命共同体"的科学认知为基础，为"人与自然是生命共同体"思想提供了现代生态学的理论支撑；三是顺应人类文明转型的历史潮流，结合当今中国和世界的实际，创造性地将"人与自然是生命共同体"思想作为核心命题和逻辑起点，为形成和发展习近平生态文明思想、大力推进生态文明建设提供了坚实的理论基础和行动指南。③

**2. 习近平生态文明思想的哲学研究**

有学者指出，习近平生态文明思想的四个部分是有机联系的整体。本体论科学回答了生态文明的本质属性，即"人与自然是生命共同体"，丰富和发展了马克思关于人与自然关系的思想，这是习近平生态文明思想认识论、实践论和价值论的哲学依据；认识论围绕马克思主义历史与逻辑相统一、系统论、唯

---

① 刘经纬、李玉佳：《准确把握习近平生态文明思想时代内涵的四个维度》，《理论探讨》2021年第5期。

② 张云飞：《习近平社会主义生态文明观的三重意蕴和贡献》，《中国人民大学学报》2021年第2期。

③ 黎祖交：《人与自然是生命共同体——习近平对马克思人是自然界一部分思想的继承和发展》，《学术探索》2021年第6期。

物辩证法三大规律等来阐释"绿水青山就是金山银山"的丰富内涵，深化了对生态文明建设规律、社会主义建设规律和人类社会发展规律的认识；实践论科学回答了生态文明建设的路径，为建设美丽中国、践行绿色发展提供了根本遵循；价值论明确了生态文明建设要坚持人民主体地位，社会主义能够比资本主义创造出更高形态的生态文明，更好地满足人民群众对优美生态环境的需要，真正实现人与自然的和谐共生。① 有学者指出，习近平生态文明思想坚持辩证唯物主义和历史唯物主义立场，运用唯物主义辩证法分析了我国生态文明建设的战略地位、核心要义、科学方法、方向目标。习近平生态文明思想深刻阐述了自然生态环境和科学技术在绿色生产力发展中的重要作用，明确了实践中推进绿色生产方式和发展方式的重大意义，强调生态文明建设的实质在于发展观和发展道路的绿色转型，为将这一理论建立在唯物论基础之上奠定了坚实的科学基础。在此基础上，习近平生态文明思想深刻揭示了人、自然、社会之间的辩证关系，全面系统分析了人与自然之间、经济发展与生态环境保护之间、自然生态系统之间的对立统一关系；从历史发展高度深刻阐明了人类史与自然史、文明兴衰与生态兴衰的关系，奠定了唯物辩证法和历史观的深厚基础。② 有学者指出，"生命共同体"是习近平新时代中国特色社会主义思想的标识性范畴之一，是习近平生态文明思想体系的"逻辑原点"。本体论层面的"生命共同体"在哲学自然观层面展开为"人与自然的和谐共生"，在宏阔的文明史观层面展开为"生态文明兴衰论"。由此，作为社会主义生态文明建设本体论的"生命共同体""人与自然和谐共生"的科学自然观及"生态兴则文明兴，生态衰则文明衰"的生态文明兴衰论共同构成了习近平生态文明思想的哲学基础。③ 有学者指出，恩格斯的自然观是马克思主义科学原理的重要内容。恩格斯的自然观科学阐明了自然的存在及其本质、自然与人之间的价值关系、自然的历史演进和发展、自然认识的原则与方法等一系列重大问题，全面建构了以自然存在论、自然认识论、自然价值论和自然历史论为核心内容的科学理论体系。习近平总书记立足世界百年未有之大变局，立足中国特色社会主义进入新时代，创造性地提出了关于生态文明建设的一系列新思想新观点新论断，丰富与发展了恩格斯自然观的重要原理。④

---

① 杨孝青：《习近平生态文明思想的哲学意蕴》，《新视野》2021 年第 2 期。
② 黄承梁等：《论习近平生态文明思想的马克思主义哲学基础》，《中国人口·资源与环境》2021 年第 6 期。
③ 李刚：《习近平生态文明思想的哲学意蕴》，《理论月刊》2021 年第 11 期。
④ 高帅：《习近平生态文明思想对恩格斯自然观的丰富与发展》，《思想理论教育》2021 年第 10 期。

### 3. 习近平生态文明思想的贡献研究

有学者指出，生态环境问题是全球性问题，是世界各国、各民族面临的共同挑战。以习近平同志为核心的党中央加强生态文明建设顶层设计，把生态文明建设纳入中国特色社会主义事业总体布局，深刻回答了生态文明建设面临的重大理论和实践问题，形成了习近平生态文明思想，指明了生态文明建设的方向、目标、途径和原则，开辟了当代中国马克思主义生态文明理论的新境界。习近平生态文明思想不仅指导中国生态文明建设取得了巨大成就，也为破解全球生态困境提出了中国方案，提供了正确的思想指引，具有重要的世界意义。通过加强生态文明建设顶层设计、构建生态文明建设国际合作新格局、建设全球生态环境新秩序等，习近平生态文明思想为全球生态文明建设的路径选择提供了重要借鉴。[①] 有学者指出， 习近平生态文明思想极大地推动了全球生态觉醒，丰富了全球环境治理体系，为全球可持续发展发出中国声音，提供中国方案，彰显了这一思想的包容性，体现了中国维护全球生态安全的使命和担当，也表达了中国加强与世界其他国家生态文明建设合作的意愿，充分体现了我国作为全球生态文明建设的重要参与者、贡献者、引领者的作用，在造福人类的伟大事业征程中闪耀着中国智慧，彰显着中国力量。[②]

## （五）习近平外交思想的研究

### 1. 习近平外交思想的总体研究

有学者指出，习近平外交哲学深刻揭示了中国特色大国外交的本质特征和发展的基本规律，是马克思主义外交哲学中国化时代化的理论创新，闪耀着辩证唯物主义和历史唯物主义的思想光辉，是把中国特色大国外交继续推向前进的科学世界观和方法论。贯穿其中的马克思主义立场观点方法，主要体现在外交大局观、外交全局观、外交目的观、外交为民观、和平发展观、外交道路观等相互联系的诸方面。其中，统筹大局是前提，把握全局是关键，外交目的是归宿，以民为本是根本，和平发展是途径，外交道路是方向。它们相互联系，相得益彰，构成了一个系统完整的科学体系。[③] 有学者指出，习近平外交思想是中国外交理论建设的重大成果，拥有系统、完整、科学的理论体系，指引着中国外交不断走向胜利，并具有日益扩大的国际影响力。习近平外交思想理论

---

① 田启波：《习近平生态文明思想的世界意义》，《北京大学学报》（哲学社会科学版）2021 年第 3 期。

② 叶琪、黄茂兴：《习近平生态文明思想的深刻内涵和时代价值》，《当代经济研究》2021 年第 5 期。

③ 石云霞：《论习近平外交哲学》，《马克思主义研究》2021 年第 7 期。

体系坚持实践本体论，是代表和推进时代前进方向的中国外交实践自觉的产物；它创新了外交领域的中国化马克思主义，坚持共产主义世界观，总结科学的方法论，强调造福人民的要旨；它内涵丰富，特别是包含了与时俱进的主权观、共同持续的全球安全观、正确的义利观、引领进步的国际体系观等核心理念，形成了一整套指导处理中国与世界关系的战略思想。① 有学者指出，习近平外交思想在方法论上具有强烈的实践性、深厚的历史观、鲜明的时代性，以具有高度内在一致性的价值观引领外交思想体系。人类命运共同体思想生成于世界大变局背景下，为引导世界大变局朝着人类命运共同体方向演进提供了科学理论指导。双循环新格局是中国与世界经济关系的新定位，加快构建新发展格局，可以实现中国与世界经济的多赢发展。在海洋领域，建设海洋强国、建设海上丝绸之路和构建海洋命运共同体是中国海洋安全观涵盖的核心内容。中国特色大国外交理论敏锐把握时代动向，对中国外交实践具有重大指导意义。②

**2. 人类命运共同体的内涵研究**

有学者指出，人类命运共同体理念的价值主体可以分为个人主体、民族国家主体和人类主体，民族国家是最重要的价值主体。人类命运共同体理念的价值目标包括人的安全、人的平等和人的全面发展。人的全面发展是马克思主义追求的根本价值目标，中国社会主要矛盾的转化显示了中国共产党和中国政府在促进人的全面发展上所取得的成效。人类命运共同体理念的价值标准包括和平发展、共同利益和和谐共生，和谐共生既包括国际关系的和谐共生，也应该包括人与自然的和谐共生。③ 有学者认为， 习近平总书记提出构建人类命运共同体理念实际上是对国内治理和全球治理的深度哲学思考。习近平总书记在宏阔的时空维度中思考民族复兴和人类进步的深刻命题。"共同体"的理念具有内在的逻辑性、深刻的理论性和很强的可操作性。中国对内提出"铸牢中华民族共同体意识"的思想，对外提出构建"人类命运共同体"的理念。"铸牢中华民族共同体意识"就是要实现中华民族的大团结和大融合，这是中华民族伟大复兴的必要条件。构建"人类命运共同体"就是要从理念和实践两个维度推动人类进步发展，谋求人类的大团结，实现世界大同。只有团结与合作，才能主动地摆脱贫穷、困苦、战争和灾难，才能主动自觉地掌握自己的命运。④

---

① 杨洁勉：《习近平外交思想理论体系探析》，《国际问题研究》2021 年第 2 期。
② 徐坚等：《中国特色国际关系理论与习近平外交思想笔谈》，《国际展望》2021 年第 5 期。
③ 娄伟、滕松艳：《价值哲学视域下习近平人类命运共同体理念探析》，《广西社会科学》2021 年第 2 期。
④ 邢广程：《习近平外交思想与周边命运共同体建设》，《当代世界》2021 年第 8 期。

### 3. 人类命运共同体的世界意义研究

有学者指出，人类命运共同体理念为人类社会未来的发展形态描绘了同舟共济、合作共赢的巨幅画卷。首先，人类命运共同体建构的目的，是为人类文明注入新的生命力，实现人类的共同发展，是世界各族人民寻求自我保护的现实途径。其次，人类命运共同体的建构理念以平等为原则，克服了"文明优越论""文明冲突论"所倡导的"唯我独尊"的非理性本质，强调文明交流的理念是"合作"，主张"建立更加平等均衡的新型全球发展伙伴关系，同舟共济，权责共担"，旨在减少甚至消除国家之间的隔阂甚至冲突。最后，人类命运共同体的建构以世界各国人民共赢为目的，增进了人类共同利益，克服了"文明优越论""文明冲突论"与现实脱节的顽疾，将全人类"共赢"的理念与世界各族人民和平共处、共同发展的客观现实紧密结合起来，超越了"文明优越论""文明冲突论"的非现实性特征。人类命运共同体已成为人类社会文明形态发展的大势所趋。① 有学者指出，习近平关于人类命运共同体的重要论述是习近平新时代中国特色社会主义思想的重要组成部分。这一重要论述是在当代全球化运动深入发展的背景下，世界各国各民族在应对共同矛盾、维护共同利益、实现共同发展、保障共同人权等的基础上，形成的一种具有普遍性价值共识的理念。这一重要论述的出场带有全球性、普遍性和时代性特征，主要体现在为发展二十一世纪马克思主义作出了"中国贡献"，为应对百年未有之大变局提供了"中国方案"，为解决人类社会发展问题供给了"中国理论"，为引领人类文明进步方向贡献了"中国智慧"。②

## （六）全面建成小康社会的研究

### 1. 全面建成小康社会的经验启示研究

有学者指出，全面建成小康社会的重要经验和启示：其一，要始终坚持党的全面领导。中国共产党的领导是中国特色社会主义最本质的特征，是中国特色社会主义制度的最大优势。其二，要始终坚持以人民为中心。全面小康是全体中国人民的小康。其三，要始终坚持实事求是。实事求是是马克思主义的根本观点。其四，要始终坚持高质量发展。发展是解决我国所有问题的关键。其五，要始终坚持改革开放。改革开放是党和人民大踏步赶上时代、全面建成小

---

① 刘泓：《人类命运共同体是人类文明形态发展的大趋势》，《人民论坛》2021 年第 34 期。
② 闫立光等：《习近平关于人类命运共同体重要论述的时代逻辑与世界意义》，《南京社会科学》2021 年第 11 期。

康社会的重要法宝，是坚持和发展中国特色社会主义的必由之路。① 有学者指出，全面建成小康社会的重要经验为以下几方面。一是办好中国的事情关键在党。全面建成小康社会之所以能取得伟大历史性成就，关键是因为有中国共产党的正确领导，党的领导是决胜全面建成小康社会的根本保证。二是坚持以人民为中心的根本立场。全面建成小康社会之所以能取得伟大历史性成就，就是因为有人民群众的赞成和支持，有人民群众的参与和团结，有人民群众的创造和奋斗。三是物质文明与政治文明、精神文明、社会文明和生态文明需要协调发展。四是深入贯彻落实新发展理念。五是统筹兼顾并下大力气破解重点和难点问题。② 有学者指出，回顾中国小康思想的历史演进和理论创新、小康社会的建设历程和现实成果，全面建成小康的经验启示可以提炼概括为以下几种。一是坚持走中国特色发展道路。全面建成小康社会取得历史性成就，最根本的经验就是坚持走中国特色发展道路，在增长中减少贫困，在发展中实现公平。二是坚持以科学理论为指引，小康理论体系既牢牢抓住了经济社会发展的根本，又及时把握住了时代发展的脉搏，是彻底的、科学的，是全面建成小康社会的重要指引。三是坚持强化各方面制度保障，中国共产党领导，是中国特色社会主义制度的最大优势。只有坚持党的领导，才能确保党和国家大政方针的稳定性和持续性，才能更好推进中国特色社会主义事业不断向前发展。四是坚持动员全社会广泛参与。人民是历史的真正创造者，社会认识和实践上的每一次重大发展和突破，都离不开人民群众的智慧和实践。③

**2. 全面建成小康社会的历史意义研究**

有学者指出，全面建成小康社会是中华民族伟大复兴征程上的一座重要里程碑，不仅为开启全面建设社会主义现代化国家新征程、向第二个百年奋斗目标进军奠定了坚实基础，而且实现了社会主义与现代化的有机统一，创造了人类减贫史上的世界奇迹，使人类制度文明史上的"中国制度"更加成熟定型。全面建成小康社会坚持"以人民为中心"的发展思想充分展现了中国共产党的天下情怀，"新发展理念"的理论体系深刻蕴含着人类的共同价值，"构建人类命运共同体"理念创造性地提供了世界治理的中国方案。全面建成小康社会在理论和实践上深刻回答了21世纪"社会主义向何处去""人类向何处去""世

---

① 姜淑萍：《深刻理解和把握全面建成小康社会的历史性成就和重大意义》，《经济社会体制比较》2021年第6期。

② 李海峰：《全面建成小康社会的战略意义和重要经验》，《人民论坛》2021年第10期。

③ 宋洪远、魏佳朔：《中国小康思想的传承创新和社会建设的实践经验》，《农业经济问题》2021年第9期。

界向何处去"的时代之问。① 有学者指出，小康社会自古以来都是中华民族无限向往和憧憬的理想社会状态，全面建成小康社会也是一代代中国共产党人责无旁贷的重要使命。全面建成小康社会在实现中华民族伟大复兴的历史进程中具有里程碑意义，这个意义概括起来就是政党意义、国家意义和世界意义三者的有机统一。从政党视角审视，全面建成小康社会正是中国共产党兑现庄严执政承诺的生动体现，能够不断厚植自身长期执政的群众基础，夯实坚固的执政根基；从国家视角审视，全面建成小康社会既能增强坚持走中国特色社会主义道路的政治共识，还能开启全面建设社会主义现代化强国的伟大征程；从世界视角审视，全面建成小康社会创造了举世瞩目的中国奇迹，不仅可以为人类经济社会发展作出卓越贡献，还能为发展中国家走向现代化拓宽途径。② 有学者指出，以中国全面小康加快人类减贫进程，增强世界各国减贫脱贫信心，打造世界减贫治理的中国样本，为各国贡献中国经验和方法，助力全球减贫事业是全面建成小康社会的世界减贫意义。以中国经济持续稳定增长提振世界经济，促进世界经济包容性增长，引领新型全球化进程，注入世界经济发展的中国动力是全面建成小康社会的世界经济意义。拓宽发展中国家现代化道路选择，推动国际关系民主化进程，加快国际格局深度调整和全球治理体系变革是全面建成小康社会的世界政治意义。彰显中国特色社会主义制度优越性，扩大科学社会主义影响力和感召力，推动国际制度格局变革和 21 世纪世界社会主义复兴是全面建成小康社会的国际制度意蕴。③ 有学者指出，全面建成小康社会书写了一个东方大国彻底摆脱贫困、逐步转变为繁荣富强的新兴大国的壮丽史诗，迈出了实现中华民族伟大复兴中国梦的关键一步；开启了全面建设社会主义现代化国家的新征程，奠定了全面建设社会主义现代化国家的坚实基础，积累了全面建设社会主义现代化国家的基本经验，在中国特色社会主义事业中处于承上启下的战略地位；贡献了贫困治理的中国智慧和中国方案，彰显了中国特色社会主义的制度优势，开辟了社会主义发展的新境界，是人类发展史上具有重大意义的伟业。④

---

① 田鹏颖：《全面建成小康社会的世界历史意义》，《马克思主义研究》2021 年第 4 期。

② 张润峰、胡伟：《政党、国家与世界：中国决胜全面建成小康社会的意蕴解读》，《河南社会科学》2021 年第 5 期。

③ 张立国、臧红岩：《百年变局下全面建成小康社会的世界历史意义》，《广西社会科学》2021 年第 9 期。

④ 方圆、吴家庆：《全面建成小康社会的伟大历史意义》，《思想理论教育导刊》2021 年第 8 期。

## （七）"两个结合"的研究

### 1. "两个结合"的内涵研究

有学者指出，"两个结合"的深刻内涵体现为理论与实践两个层面的结合。就理论层面的结合而言，"两个结合"是马克思主义基本原理同中华优秀传统文化的结合，这一结合形成了马克思主义中国化的一系列理论成果，即毛泽东思想、邓小平理论、"三个代表"重要思想、科学发展观、习近平新时代中国特色社会主义思想；就实践层面的结合而言，"两个结合"是马克思主义基本原理和中国具体实际的结合，其结合的结晶是探索出一系列马克思主义中国化的实践成果，即新民主主义革命道路、社会主义革命道路、社会主义建设道路、中国特色社会主义道路。"两个结合"中每一次结合的过程，都是双向互动和相互促进的过程，就理论层面的结合而言，马克思主义使中华优秀传统文化发生了深刻的变革，中华优秀传统文化又丰富发展了马克思主义理论，赋予其具体化和民族化特色；就实践层面的结合而言，马克思主义指导中华民族从站起来、富起来到强起来的伟大实践，中华大地上的社会主义实践又丰富发展了马克思主义理论。[①] 有学者指出，马克思主义基本原理的"两个结合"，是从整体上关乎马克思主义根本问题的一个重大论断。从现实维度讲，马克思主义基本原理同中国具体实际相结合，其实质就是使马克思主义在中国开花、结果，既寻求正确的中国道路，以解决中国社会主要矛盾和根本问题，推进中国发展进步，又创新发展了马克思主义；从历史维度讲，马克思主义基本原理同中华优秀传统文化相结合，其实质就是既使马克思主义在中国落地、扎根，又运用马克思主义立场观点方法对中华传统文化进行创造性转化和创新性发展；从理论维度讲，"两个结合"作为创新发展马克思主义的根本路径，产生了中国化马克思主义。推进"两个结合"，既需要系统深入总结并坚持推进"两个结合"的基本经验，也需要提炼中华优秀传统文化精髓，把"双方优势结合"和"双方功能互补"作为结合方式，还需要把握中国具体实际的根本内涵，把"历史方位""社会主要矛盾""根本问题""中国道路"作为结合点。[②]

### 2. "两个结合"的理论逻辑研究

有学者指出，"两个结合"重要论断是对中国共产党马克思主义中国化百

---

① 张小平：《百年奋斗成就的思想密钥——在"两个结合"中不断开辟当代中国马克思主义发展新境界》，《人民论坛》2021 年第 23 期。

② 韩庆祥：《全面深入理解"两个结合"的核心要义和思想精髓》，《马克思主义研究》2021 年第 10 期。

年探索的深刻总结，进一步丰富和深化了我们党对马克思主义中国化内涵的理解。只有将马克思主义基本原理同中国具体实际和中华优秀传统文化双重结合，才能实现以马克思主义指导中国实践和在中国实践中发展马克思主义的双重功能。新时代在开辟当代中国马克思主义发展新境界中，要更好地实现"两个结合"，就必须始终坚持求真务实和实事求是，坚持党的领导和以人民为中心，坚持立足当下和着眼未来，坚持继承传统和开拓创新。① 有学者指出，"两个结合"，是不能割裂的整体、无法剥离的实存，代表了我们党理论创新的新境界。无论理论上还是实践中，马克思主义基本原理同中国实际相结合，都包含着同中华优秀传统文化的结合。马克思主义的中国化和中华优秀传统文化的现代化同频共振、同步共进。其所以能够做到"两个结合"，是因为马克思主义的立场观点方法与中华优秀传统文化的主流和精髓有许多契合点与相通之处。② 有学者指出，中国社会实践所具有的鲜明民族特色为理论创新提供了极为富足的矿源，有力促进了立足中国国情的一系列社会主义革命和建设规律的探索；同时，特殊性又为普遍性开拓了道路，中国共产党的理论创新丰富了马克思主义的理论宝库。马克思主义基本原理同中华优秀传统文化相结合，激活了文化交融互鉴的宝贵基因，有力促进了马克思主义在中国的广泛迅速传播；建构了具有中国风格和中国气派的指导思想体系，实现了中华文化的现代转型；更加强化了民族的凝聚力，焕发了前所未有的改造社会的伟力。③

**3. "两个结合"的历史意义研究**

有学者指出，"两个结合"的重要论断是习近平总书记在新时代推进马克思主义中国化作出的原创性理论贡献，对于我们科学认识百年马克思主义中国化的历史逻辑，准确把握新时代马克思主义中国化的理论逻辑和实践逻辑都具有重要意义。它的提出标志着我们对马克思主义中国化命题的认识已经由实践探索上升到把握规律的新阶段。"两个结合"相互联结、相互促进，辩证统一于新时代中华民族伟大复兴的创造性实践。中国共产党百年奋斗，领导人民成功走出中国式现代化道路，创造了人类文明新形态，充分展现了马克思主义中国化的创造性本质和世界历史意义。④ 有学者指出，习近平总书记关于"两个结合"的重要论述，标志着马克思主义中国化进入新阶段、新境界，将中华优

① 王增福：《"两个相结合"与马克思主义中国化的内在逻辑》，《山东师范大学学报》（社会科学版）2021 年第 5 期。

② 李晓：《"两个结合"：中国共产党理论创新的新境界》，《人民论坛》2021 年第 27 期。

③ 孙力：《"两个结合"：马克思主义中国化的规律揭示》，《思想理论教育》2021 年第 9 期。

④ 张传平：《"两个相结合"：新时代马克思主义中国化理论的原创性贡献及其世界历史意义》，《南京社会科学》2021 年第 12 期。

秀传统文化置于更高的历史高度加以审视，突出的是中国特有的文化立场、文化基因、文化风范，彰显出更为鲜明的文化底蕴和文化自信，将中华优秀传统文化的创造性转化和创新性发展带入新的发展阶段。"走自己的路"是中国共产党百年奋斗得出的历史结论，"两个结合"是"走自己的路"的深化扩展，也是文化"两创"的必然要求和延伸发展。"两个结合"提升了马克思主义同中华优秀传统文化相结合的水平，要深入挖掘中华优秀传统文化与马克思主义、中国具体实际的契合点，发挥中华民族的语言魅力，增强马克思主义中国化的吸引力和感召力。① 有学者指出，习近平总书记在庆祝中国共产党成立100周年大会上的讲话中提出"把马克思主义基本原理同中国具体实际相结合、同中华优秀传统文化相结合"的重要主张，是党的最高领导人在重大正式场合对推进马克思主义中国化的最新论述。"两个结合"既强调马克思主义在实践、实行、实用、实效即实际应用层面上的结合，又注重在精神、价值、理念、理论即思想文化层面上的结合，共同致力于推进马克思主义中国化，实现中华民族伟大复兴。"两个结合"作为习近平新时代中国特色社会主义思想的重要命题，开启了马克思主义中国化新叙事的逻辑起点，是我们研究和推进马克思主义中国化的重大课题。②

### （八）"两个确立"的研究

#### 1. "两个确立"的内在逻辑研究

有学者指出，"两个确立"并列放在一起，需要进一步把握其内在的逻辑关系。前一个确立强调的是领导核心的作用，后一个确立强调的是科学理论的作用。党确立习近平同志党中央的核心、全党的核心地位，能够切实保证习近平新时代中国特色社会主义思想的指导地位，保证这一思想能够发挥实实在在的行动指南作用；确立习近平新时代中国特色社会主义思想的指导地位，则为确保习近平总书记领导核心地位注入了思想的元素，让领导核心更加具有说服力，更加令人信服。这两个确立因此缺一不可，互相支撑，共同成为确保新时代党和国家事业发展、中华民族伟大复兴的决定性因素。③ 有学者指出，"两个确立"是党的十九届六中全会取得的最重要的政治成果，对新时代党和国家事业发展、对全面建成社会主义现代化强国和实现中华民族伟大复兴具有

---

① 曹胜强：《"两个结合"：马克思主义中国化的新发展与新境界》，《理论学刊》2021年第5期。
② 张允熠、张弛：《从"一个结合"到"两个结合"：马克思主义中国化的新叙事》，《思想理论教育》2021年第9期。
③ 陈培永：《"两个确立"与建设长期执政的马克思主义政党的时代课题》，《思想理论教育导刊》2021年第12期。

决定性意义。从马克思主义政党的理论逻辑来看，"两个确立"是马克思主义政党的本质规定；从中国共产党百年奋斗历程的历史逻辑来看，"两个确立"是中国共产党百年奋斗历史的经验总结；从新时代中国特色社会主义的实践逻辑来看，"两个确立"是实现第二个百年奋斗目标的现实要求。①

**2. "两个确立"的重要意义研究**

有学者指出，"两个确立"是中国共产党百年政治建设在新时代的伟大成就，"两大奇迹"是中国人民在人类工业化现代化史上的卓越创举。"两大奇迹"的产生基于"两个确立"，是政治核心强有力正确领导的结果，是指导思想科学性和时代性之证明。续写"两大奇迹"是顺利实现中华民族伟大复兴的基本条件和必由之路，"两个确立"是全党之幸、全民之幸、中华民族之幸，继续坚持和坚定维护"两个确立"是续写"两大奇迹"和实现中华民族伟大复兴的根本保障。② 党的十九届六中全会指出，"党确立习近平同志党中央的核心、全党的核心地位，确立习近平新时代中国特色社会主义思想的指导地位，反映了全党全军全国各族人民共同心愿，对新时代党和国家事业发展、对推进中华民族伟大复兴历史进程具有决定性意义"。面对世界百年未有之大变局，在实现中华民族伟大复兴中国梦的关键时期，中国共产党总结历史、观照现实、面向未来，以党的决议形式，明确"两个确立"，确立习近平同志党中央的核心、全党的核心地位，是"未来继续成功"的强大政治保证和组织保证，确立习近平新时代中国特色社会主义思想的指导地位，是"未来继续成功"的科学指南与思想保证，清晰指出新时代党和国家各项事业"怎样才能继续成功"的核心密码。③

## （九）中国式现代化道路的研究

### 1. 中国式现代化道路的内在逻辑研究

有学者指出，中国共产党领导的现代化超越了西方现代化的局限，将全心全意为人民服务作为核心要素内植于现代化建设的使命之中，为人民谋幸福与为民族谋复兴在现代化建设征程中实现了内在的契合。因此，中国式现代化新道路具有三重逻辑特性：内含马克思主义、中国共产党领导和现代化的同构性；体现了历史逻辑、理论逻辑和实践逻辑的统一性；具有人民作为现代化期

---

① 冯海波：《理论·历史·实践："两个确立"的生成逻辑》，《天津市社会主义学院学报》2021年第4期。

② 李晓：《"两个确立"和"两大奇迹"的内在逻辑》，《人民论坛》2021年第32期。

③ 黄正平：《深刻认识"两个确立"的重要意义》，《党建》2021年第12期。

待者、建设者和享有者的同一性。深入把握中国式现代化新道路的三重逻辑特性，有助于我们认识中国式现代化的特色及其优势，进而更加坚定地推进中国式现代化建设。① 有学者指出，寻觅不同于西方的中国式现代化道路和致力于实现中国的现代化是中国共产党不懈探索的理论问题和实践主题。中国式现代化道路生成的历史逻辑是：新民主主义革命时期，中国共产党就开始了对中国现代化目标的规划，提出要将中国由落后的农业国变成先进的工业国；社会主义革命和建设时期，中国的现代化发展战略从最初单一的"工业化"逐步转变为"四个现代化"；改革开放新时期，"中国式现代化"成为社会主义现代化建设的总体指导思想；进入新时代，中国共产党创造性地提出了"中国式现代化道路"，开辟了中国现代化发展的新境界。② 有学者指出，中国式现代化新道路是中国共产党领导中国人民在实现中华民族伟大复兴中贡献给世界与人类的文明新形态，是中国人民融合现代历史、根植实践智慧、创建文明形态三重逻辑合一的现代化道路。自主地开创发展道路、坚持先进政党领导、不断推进理论创新的历史逻辑，社会革命、社会建设、社会主义现代化建设的实践逻辑，马克思主义中国化、中华优秀传统文化现代化、中国建设实践智慧文明化的文明逻辑，是中国式现代化新道路的本质特征。理解与阐释这三重逻辑，对于我们理解中国式现代化的历史进程、明确其对人类的贡献、探寻其未来可能具有重要的理论与实践意义。③

**2. 中国式现代化道路的科学内涵研究**

有学者指出，中国式现代化遵循了现代化的一般规律，又赋予现代化以新的内涵、新的结构—功能和新的精神境界，主要体现在：中国式现代化是科学理性的现代化；是以人民为中心，体现社会主义价值取向的现代化；是现代政治三要素协调有序运作的现代化；是五位一体均衡推进的现代化；是独立自主、自信开放、追求互利共赢的现代化。④ 有学者指出，中国式现代化新道路追求物质文明、政治文明、精神文明、社会文明、生态文明的协调发展，是"五个文明"综合发展的现代化，是总结西方现代化发展经验教训的结果。其中，特别突出的有两点：一是把坚持和完善中国特色社会主义制度、推进国家治理体系和治理能力现代化作为全面深化改革开放的总目标，并纳入国家现代化总体进程之中；二是突出生态文明建设的重要性，提出"人与自然生命共同

---

① 王治东：《论中国式现代化新道路的三重逻辑特性》，《思想理论教育》2021年第11期。
② 宋学勤：《中国式现代化道路生成的历史逻辑》，《学术前沿》2021年第24期。
③ 涂良川：《中国式现代化新道路的三重逻辑》，《学术交流》2021年第12期。
④ 孙代尧：《论中国式现代化新道路与人类文明新形态》，《北京大学学报》（哲学社会科学版）2021年第5期。

体"的价值理念，提倡"绿水青山就是金山银山"的发展理念，促进经济社会发展全面绿色转型，建设人与自然和谐共生的现代化。① 有学者指出，中国式现代化新道路是中国特色社会主义现代化道路在新时代的逻辑展开，从普遍性与特殊性相统一的视角来看，中国式现代化新道路蕴含着若干辩证统一关系，充分体现了其内在合理性。一是中国式现代化新道路坚持世情与国情的辩证统一，既饱含世界眼光，又立足中国实际，是顺应世界发展新形势又观照中国发展新方位的现代化之路。二是中国式现代化新道路坚持普遍规律与特殊规律的辩证统一，既符合世界现代化趋势，又反映中国社会主义现代化特质，是具有现代化一般特征又具有中国特色的现代化之路。三是中国式现代化新道路坚持普遍价值与特殊价值的辩证统一，既旨在实现全人类共同发展的"世界梦"，又致力于实现中华民族伟大复兴的"中国梦"，是造福世界又发展自身的现代化之路。② 有学者指出，中国式现代化新道路蕴含着丰富深刻的意涵，需要从辩证视域来理解把握。从"中"与"外"的比较视域来理解中国式现代化新道路，能够揭示出其与西方现代化道路以及其他社会主义国家的现代化道路之根本区别。从"前"与"后"的承接视域来理解中国式现代化新道路，能够揭示出其是一条历时性承续和阶段性超越的现代化道路。从"总"与"分"的结合视域来理解中国式现代化新道路，能够揭示出其总体形态和具体形态。从"守"与"变"的互动视域来理解中国式现代化新道路，能够揭示出其守正创新之道。从"上"与"下"的联动视域来理解中国式现代化新道路，能够揭示出其是作为领导力量的中国共产党与作为根基性力量的中国人民彼此联动所开创的并不断向前推进的现代化道路。③

### 3. 中国式现代化道路的历史意义研究

有学者认为，中国式现代化的世界意义，在于它以文明协调发展的新发展理念，创造了推进社会全面进步和人的全面发展的人类文明新形态。在中国式现代化的"叠加发展"中，最为主要的是不断地推进物质文明、政治文明、精神文明、社会文明和生态文明协调发展，凝练形成了引领中国式现代化的"两个文明"的协调发展理念、"三位一体"的持续发展理念、"四位一体"的科学发展观、"五位一体"的新发展理念，走出了一条生产发展、生活富裕、生态良好的文明发展道路。中国式现代化新道路，以推进社会的全面进步和人的

---

① 刘军：《中国式现代化新道路的科学内涵与动力源泉》，《人民论坛》2021 年第 28 期。

② 林伯海、李潘：《正确把握中国式现代化新道路中的若干辩证统一关系》，《思想理论教育导刊》2021 年第 11 期。

③ 阮博：《论理解中国式现代化新道路的辩证视域》，《社会主义研究》2021 年第 6 期。

全面发展为实质内容，赋予"现代化"以"中国式现代化"的新的思想内涵、时代内涵和文明内涵，不仅创造了人类文明的新形态，而且塑造和引导了人类走向未来的新的时代精神。因此，从大历史观看，中国式现代化新道路，不仅具有现实的世界意义，而且具有深远的关乎人类未来的世界意义。① 有学者认为，中国式现代化道路是基于科学社会主义中关于未来社会形态与人类解放思想的预设，贯彻马克思主义基本原理和基本方法的社会主义现代化道路，在博大精深的中华文明与复杂多变的时代背景共同影响下形成的创新型现代化模式。中国式现代化道路坚持社会主义原则，突破了西方资本逻辑架构下现代化的发展局限，形成了异于西方现代化方案的发展目标、发展模式、价值导向，超越了资本主义文明对社会发展的限制和对人存在的桎梏，为发展中国家的现代化道路提供了值得借鉴的理论基础和实践方案。同时，中国式现代化道路通过创造性转化、发展中国传统文化，吸收和借鉴人类现代化经验和文明成果，发展了马克思主义社会发展理论。② 有学者认为，中国式现代化道路对人类文明具有独特的贡献。第一，丰富了对现代化的认知。中国式现代化道路为世界上那些既希望加快发展又希望保持独立性的国家和民族提供了全新选择。第二，拓展了发展中国家走向现代化的途径。中国式现代化道路，不断深化了对共产党执政规律、社会主义建设规律、人类社会发展规律的认识，对于当前世界的发展来说，中国提供了有益的借鉴和方向。第三，给世界走出当前的全球困境提供了一把钥匙。中国提出全球发展倡议和推动构建人类命运共同体的重大意义，是中国式现代化道路可以为世界作出的贡献。第四，创造了人类文明新形态。除了民主、自由、平等、人权等在中国更好地得到了体现外，我们还提出了健康中国、共同富裕、人的全面发展等理念，提出了物质文明、政治文明、精神文明、社会文明、生态文明协调发展理念，这些都极大地丰富了人类文明的内容。③

## （十）人类文明新形态的研究

### 1. 人类文明新形态的内在逻辑研究

有学者指出，"人类文明新形态"是习近平总书记在庆祝中国共产党成立100周年大会上的重要讲话中首次提出的重大命题，是对中国共产党百年辉煌

---

① 孙正聿：《从大历史观看中国式现代化》，《哲学研究》2022 年第 1 期。
② 韩喜平、郝婧智：《人类文明形态变革与中国式现代化道路》，《当代世界与社会主义》2021 年第 4 期。
③ 赵昌文：《中国式现代化道路对人类文明的主要贡献》，《红旗文稿》2021 年第 24 期。

历史从文明形态角度给予的新概括、新论断，也是中华民族为世界文明作出的新贡献。从历史坐标、时代坐标、空间坐标、价值坐标和精神坐标等五个因素来考量这一文明形态在世界文明体系中的地位和价值具有重要意义。中国特色社会主义文明作为新文明形态，有其深刻的出场语境。其从历史逻辑看，是人类文明历史形态和中国文明历史形态发展的必然结果；从时代逻辑看，是完成"中华民族伟大复兴战略全局"时代任务和解答现代性危机的必然产物；从现实逻辑看，源自中国共产党领导中国人民对新文明的自觉追求和积极建构；从理论逻辑看，是对马克思主义文明形态理论的继承发展和对各种文明形态理论的积极扬弃。中国特色社会主义文明形态在思维方式、文明理念、发展方向、文明主体、核心价值、实现道路、内在维度、进步动力、交往路径等方面都实现了全方位的创新，是人类文明形态的革命性变革。① 有学者指出，人类文明新形态的出场逻辑系中华文明的转化逻辑、资本主义批判逻辑、社会主义创新逻辑的有机统一体。从文化逻辑来看，中华优秀传统文化塑造了人类文明新形态的独特精神气质，并在与马克思主义的历史结合中实现了中华文明的再造与新生；从批判逻辑来看，人类文明新形态以全面性超越片面性、以可持续性超越异化性、以和平性超越殖民性、以人民性超越资本性，实现了对资本现代性的救赎；从创新逻辑来看，人类文明新形态的道路创新、形态创新和话语创新标注着人类文明的光明前景。从整体上来看，人类文明新形态贯穿历史、现实和未来，回答了"文明该往何处去""世界该往何处去""人类该往何处去"的时代之问。② 有学者指出，从人类文明新形态的高度来审视中国式现代化新道路的历史合理性和时代进步性，既要看到人类文明新形态是从中国式现代化不断向前推进的实践中产生和发展起来的，又要看到中国式现代化蕴含着人类文明新形态的内在文明逻辑。只有从已然和应然两个维度，才能充分把握中国式现代化新道路与人类文明新形态的内在逻辑。③

**2. 人类文明新形态的内涵研究**

有学者认为，关于中国特色社会主义创造了人类文明新形态的论述，是基于中国特色社会主义对于人类文明进步的历史性意义和贡献的一种总体性历史叙述，具有可描述、可界定的意涵。中国特色社会主义已经成为一种新的文明形态，这个形态是中国特色社会主义道路、理论、制度和文化的统一体。中国

---

① 王文东：《人类文明新形态：生成逻辑与坐标体系》，《江海学刊》2021年第4期。
② 田鹏颖、武雯婧：《论人类文明新形态的生成逻辑》，《科学社会主义》2021年第6期。
③ 王岩、吴媚霞：《中国式现代化新道路与人类文明新形态的内在逻辑理路》，《思想理论教育》2021年第11期。

特色社会主义新文明的发展，将是在实践中进一步塑造和不断充实内涵的历史过程。① 有学者认为，中国特色社会主义创造的人类文明新形态，既体现了全人类共同的历史方向和时代呼唤，又展现了独立自主的发展道路。中国特色社会主义创造的人类文明新形态是中国现代文明进程的必然结果。在文明内部实践中，中国特色社会主义创造的人类文明新形态不断摒弃以资本为中心，不断超越资本主义的文明二元结构，逐渐探索和建立以人民为中心的，物质文明、政治文明、精神文明、社会文明、生态文明和谐统一的文明结构。在文明相互交往中，中国特色社会主义创造的人类文明新形态既坚持独立自主，又始终尊重差异、开放包容、交流互鉴，在充分尊重各种人类文明价值平等和相互区别的原则基础上，积极推动不同文明之间的交流互鉴。② 有学者认为，中国"创造了人类文明新形态"，人类文明新形态是一个宏大的概念，"人类"意味着全球视野，"文明"意味着深层内核，"新形态"意味着重大升华。大而言之是制度文明新形态、现代化新形态、世界文化新形态、国际关系新形态，小而言之是物质文明、政治文明、精神文明、社会文明、生态文明协调发展的新形态。现代化新形态、世界文化新形态、国际关系新形态，既是中国特色社会主义在这些领域的体现，同时又具有相对独立性。把握人类文明新形态这个新命题，要注意分析诸如"信息文明论""生态文明论""国家文明论"等观点，在坚定中国特色社会主义自信中，继续在理论上进行研究，在实践上进行探索。③ 有学者认为，人类文明新形态具有丰富的内涵，既是对中华文明的赓续和传承，也是对世界文明的贡献和创造。人类文明新形态追求的共同富裕是全体人民共创共享日益丰富的物质财富和精神成果。在人与自然关系问题上，人类文明新形态追求的是人与自然和谐共生。具体而言，就是要深刻认识到人与自然是生命共同体、利益共同体、发展共同体，在实践中遵循自然发展的客观规律，坚持开发自然和保护自然相结合，实现人与自然和谐共生。人类文明新形态弘扬全人类共同价值、推动构建人类命运共同体，是既发展自身又造福世界的新形态。④

**3. 人类文明新形态的历史意义研究**

有学者指出，人类文明新形态理念应当说是 21 世纪中国共产党人的人类文明观，是用马克思主义文明观从世界潮流发展高度看待人类社会发展所得出的科学结论，科学回答了在当今世界处于百年未有之大变局条件下人类文明向

---

① 孙代尧：《论中国式现代化新道路与人类文明新形态》，《北京大学学报》（哲学社会科学版）2021 年第 5 期。

② 李艳艳：《中国特色社会主义创造了人类文明新形态》，《人民论坛》2021 年第 34 期。

③ 陶文昭：《创造人类文明新形态》，《中国高校社会科学》2021 年第 6 期。

④ 谢晓娟、冯贺：《深刻把握人类文明新形态的丰富内涵》，《人民论坛》2021 年第 35 期。

何处去、中国应当如何作为的时代之问，对未来中华文明和世界文明的发展都具有深远的理论和实践意义。从理论方面看，人类文明新形态理念的提出极大地丰富和发展了马克思主义的人类文明观。从实践方面看，人类文明新形态理念的提出必将极大推进中国文明和世界文明的发展。① 有学者指出，中国式现代化新道路的目标是创造人类文明新形态，人类文明新形态是中国式现代化新道路开出的文明之花、结出的文明之果，中国式现代化新道路规定了人类文明新形态的特点，从中国式现代化新道路入手才能理解人类文明新形态的形成逻辑。中华民族历史上的辉煌是创造了灿烂的中华文明，实现中华民族伟大复兴的关键是中华文明的复兴，创造人类文明新形态是实现中华民族伟大复兴的目标和追求。人类文明新形态既是超越西方资本主义的文明形态，也是超越传统社会主义的文明形态，是中国特色社会主义的文明创造，为人类文明发展提供了新样态、新模式。人类文明新形态蕴含构建人类命运共同体需要的核心价值理念、世界交往规则和文明交流互鉴原则，人类文明新形态是构建人类命运共同体的文明基础。② 有学者指出，基于马克思主义世界历史理论理解中国式的现代化，它不仅是一种有别于西方的现代化，更是对资本主义文明的扬弃，是人类文明新形态的伟大实践。"党领导人民成功走出中国式现代化道路，创造了人类文明新形态"的重要论述，是中国共产党伟大历史创造最高层次的政治表达，既是中国道路自主性立场的最高表达，又是中国共产党伟大事业成功的政治宣示，在彰显中国道路普遍性意义的同时，开启了世界社会主义新的历史叙事。③

## 三　研究述评

### （一）研究存在的不足

回顾 2021 年，马克思主义理论研究蓬勃发展，从文献成果统计数量上看，2021 年理论界在研究阐释习近平新时代中国特色社会主义思想方面作出了大量努力，取得了一系列代表性成果，研究成绩有目共睹。理论界对二十一世纪马克思主义原创性贡献进行了系统化研究，并对中国之问、时代之问、人民之问、世界之问作出了理论回应，对重大问题作出了有效解答。但应该看到，随着世界历史的快速发展，目前我们的研究还存在一些不足。

---

① 杨金海：《人类文明新形态提出的深远历史意义》，《思想理论教育导刊》2021 年第 7 期。
② 陈金龙：《人类文明新形态的四重意蕴》，《广东社会科学》2021 年第 6 期。
③ 吴波：《人类文明新形态视域下的中国道路》，《中国特色社会主义研究》2021 年第 6 期。

第一，理论成果关于一脉相承的梳理较多、关于与时俱进的理论化创新阐释较少。对政治话语转化为学术话语、对党的创新理论进行学理化研究阐释的能力不足，研究成果的创新性有待提高。

第二，部分研究成果缺乏扎实的理论功底，对习近平新时代中国特色社会主义思想的核心要义、主题主线的研究略显单薄，对于其哲学性、创新性、开放性等研究虽有所涉及，但欠深入。

第三，部分研究者问题意识不足、现实感不强。新时代是一个需要原创性理论的时代，只有植根于中国现实问题才能生发真正的原创性理论。

第四，部分研究者的视野还不够宽阔，不能把握习近平新时代中国特色社会主义思想的体系性。

## （二）研究展望

思想理论研究是一项基础性学术工作，时代变迁呼唤思想理论学术的创造性发展。习近平总书记指出："当代中国正经历着我国历史上最为广泛而深刻的社会变革，也正在进行着人类历史上最为宏大而独特的实践创新。这种前无古人的伟大实践，必将给理论创造、学术繁荣提供强大动力和广阔空间。"① 我们相信，在伟大时代、伟大实践的激发下，马克思主义理论研究一定会出现更多具有思想穿透力的原创性成果。接下来，理论界应着重从以下几个视角展开研究。

第一，加强整体性研究。党的十九大以来，关于习近平新时代中国特色社会主义思想的研究不断丰富和成熟，已经呈现出体系化的发展趋势。但在已经取得的这一思想的研究成果中，主要集中于这一思想的某一内部要素或者某一具体要素的内部关系研究，而对习近平总书记最新理念缺乏系统研究，整体性研究文章较少。下一步，理论界要在既有的研究成果基础上进行整合，基于马克思主义整体性基本原则，多角度对这一思想进行整体性研究，形成更加体系化的研究成果。

第二，深化对新学术热点问题的研究。2021年，习近平总书记围绕治国理政，不断丰富和发展了习近平新时代中国特色社会主义思想内涵。一方面，提出了许多新概念、新范畴、新表述，生成了许多学术研究热点；另一方面，对没有破题的重要理论在相关场合予以破题，不断进行丰富和充实。这些既是党和国家必须解决的重大现实问题，也是理论界必须予以解读和阐释的重大理论问题，是未来一段时期理论研究的重点领域。

---

① 习近平：《在哲学社会科学工作座谈会上的讲话》，人民出版社，2016，第8页。

第三，开展跨学科研究。习近平新时代中国特色社会主义思想博大精深、内容丰富、体系完备，涵盖多个学科内容。但从已有研究成果来看，在哲学、政治学、经济学领域研究成果较多，而法学、历史学、文化学、社会学等领域研究成果较少。研究主题和视角容易发生重复，不利于研究创新。只有从多个学科加强科研协作，进行集体攻关，其理论价值和实践价值才能充分彰显，从而克服研究视角相对狭窄、研究范式相对单一、理论分析力度不足的问题，进一步形成高水平研究成果。

第四，拓展国际视野。对于习近平新时代中国特色社会主义思想国内研究成果较多，但翻译、介绍国外相关研究成果较少。习近平新时代中国特色社会主义思想在马克思主义发展史、中华文化发展史、人类思想发展史上都具有极其重要的地位和意义。因此，应将其放在更宏大的历史视域、更广阔的国际环境中进行分析，深化对其的分析与理解。也要采取多种渠道和多种形式，推动习近平新时代中国特色社会主义思想对外的学术交流，讲好中国故事、传播好中国声音、贡献中国智慧和力量。

第五，着眼于重大时间节点展开研究。党的二十大是我们党进入全面建设社会主义现代化国家、向第二个百年奋斗目标进军新征程的重要时刻召开的一次十分重要的代表大会，是党和国家政治生活中的一件大事。2022 年是个重要理论热点年。理论界开展习近平新时代中国特色社会主义思想研究，要结合这些重要时间节点、联系重大理论热点，在不断回应党和国家发展中的重大实践问题的同时，兼顾人民群众关注的理论热点问题。

# 第五篇

中国近现代史基本问题研究

# 第十三章

# 围绕重大庆祝活动、重大成就和重要会议开展的研究

2021 年是中国共产党成立 100 周年，是脱贫攻坚和全面建成小康社会得以实现之年，是党的十九届六中全会胜利召开之年，是党的十一届六中全会召开40 周年。本章主要概述学界围绕上述问题开展的研究。

## 一 关于庆祝中国共产党成立 100 周年的研究

庆祝中国共产党成立 100 周年，是 2021 年党和国家最重大的庆祝活动。学界围绕这一问题进行的研究，取得了丰硕成果。

### （一）研究概况

#### 1. 出版反映或论述中国共产党百年历史的系列权威文献

2 月，由中央宣传部组织，中央党史和文献研究院等单位编写的《中国共产党简史》，由人民出版社、中共党史出版社联合出版发行。该书共 10 章，约28 万字。其充分吸收党史研究最新成果，以史论结合的形式，重点叙述和评价重大历史事件和重要历史人物、重大方针政策和重要战略部署、重大理论创新成果及其发展历程。2 月和 3 月，中央党史和文献研究院编辑的习近平同志《论中国共产党历史》及《毛泽东 邓小平 江泽民 胡锦涛关于中国共产党历史论述摘编》，由中央文献出版社出版。其中，前书收入习近平总书记关于中国共产党历史的重要文稿 40 篇，部分文稿属首次公开发表；后书共计 141 段论述，分别摘自毛泽东、邓小平、江泽民、胡锦涛的讲话、报告、谈话、批示和书信等重要文献，部分论述属第一次公开发表。7 月，经党中央批准，中央党史和文献研究院编写的《中国共产党一百年大事记》，由人民出版社出版，全书 16.7 万字。

**2. 围绕中国共产党成立 100 周年召开各类研讨会**

4 月，由中国中共党史学会、中国人民大学联合主办的"百年大党的初心与使命：历程、成就与经验"研讨会在嘉兴召开，会议围绕中国共产党百年奋斗历程与经验、理论创新史、自身建设史、党史学习教育与学科发展等专题进行了讨论。① 5 月，由教育部习近平新时代中国特色社会主义思想研究中心、教育部高等学校社会科学发展研究中心主办的"中国共产党与中国现代化"理论研讨会在北京师范大学召开，会议围绕中国共产党领导现代化的历史进程、基本经验、理论成果及世界意义等专题展开探讨。② 7 月，中共中央组织部、全国党建研究会召开"庆祝中国共产党成立 100 周年党的建设历史经验研讨会"，会议强调要深入总结和运用 100 年来特别是党的十八大以来党的建设历史经验，不断推进新时代党的建设新的伟大工程，确保党在新时代坚持和发展中国特色社会主义的历史进程中始终成为坚强领导核心。③

## （二）研究的进展和亮点

**1. 对习近平总书记"七一"重要讲话的研究**

有学者从主线、主题、论题三方面阐释了讲话的核心要义，其中不忘初心、牢记使命是核心主线，实现中华民族伟大复兴是奋斗主题，中国共产党为什么能、马克思主义为什么行、中国特色社会主义为什么好是三大论题。④ 有学者结合百年党史从思想史视角解读了讲话的深远意义，认为从近代以来中华民族发展的历史谱系看，中国共产党重塑了中华民族的主体性身份，推动了世界历史叙事多民族参与的彻底变革；从社会主义发展的历史谱系看，中国共产党领导的社会主义建设彰显了人类社会历史叙事并非只存在资本主义这一种可能性，证明了社会主义的当代"在场性"；从人类现代化发展的历史谱系看，中国共产党创造的中国式现代化道路丰富了人类探索现代化的多元图景，开创了人类文明新形态。⑤

---

① 许源：《"百年大党的初心与使命：历程、成就与经验"学术研讨会暨第二届"中国共产党与中国道路"论坛综述》，《嘉兴学院学报》2021 年第 4 期。

② 李娟：《百年大党的现代化求索——"中国共产党与中国现代化"理论研讨会综述》，《中国高校社会科学》2021 年第 4 期。

③ 《不断推进新时代党的建设新的伟大工程——"庆祝中国共产党成立 100 周年党的建设历史经验研讨会"发言摘登》，《光明日报》2021 年 7 月 20 日，第 6 版。

④ 韩庆祥：《从党百年奋斗史汲取实现伟大复兴的强大力量——学习习近平总书记"七一"重要讲话精神》，《人民论坛》2021 年第 21 期。

⑤ 张明：《民族复兴、社会主义发展与中国式现代化新道路——从多维视角理解"七一"重要讲话精神与百年党史》，《南京大学学报》（哲学·人文科学·社会科学）2021 年第 4 期。

### 2. 伟大建党精神和中国共产党人精神谱系研究

品格特质。有学者认为，伟大建党精神彰显了科学性与价值性的有机融合、理想性与现实性的交相辉映、党性与人民性的辩证统一等鲜明品格。① 有学者认为，伟大建党精神的内在特质体现在四个方面：传承中国近代革命、国际共产主义运动、中华优秀传统文化的精神内核，具有延续性；规定马克思主义政党的指导思想、理想信念、责任使命、革命本色、组织原则、政治立场等本质特征，具有本源性；在实践中弘扬并衍生中国共产党人的精神谱系，具有实践性；在自身构成、结构功能和围绕的主题主流等方面完整统一，具有整体性。② 还有学者认为，中国共产党人精神谱系的理论特质体现为：以爱国为民为价值内核，以理想信念为内在支撑，以道义担当为深厚底蕴。③

内涵结构。有学者认为，伟大建党精神的内容分为认知（坚持真理、坚守理想）、目标（践行初心、担当使命）、特质（不怕牺牲、英勇奋斗）、主体（对党忠诚、不负人民）等四个层面，四者既相互独立、各有侧重，又紧密联系，相互融合，具有内在逻辑自洽性。④ 有学者认为，中国共产党人精神谱系是一个逻辑系统，有其根、枝、叶，主从分明、脉络清晰，其中民族精神、马克思主义、党的性质分别构成其的民族之根、科学之根、阶级和社会之根。⑤

逻辑关系。关于伟大建党精神和中国共产党人精神谱系的关系，有三类代表性观点。一是认为两者是纵向和类别的包容关系，前者是概念之总体性、价值之引领性的精神，后者是前者时代化、个性化体现。⑥ 二是认为后者是包括前者在内的系统整体，前者既是后者的源头，又是贯穿其中的红线。⑦ 三是认为后者是前者的延展与传承，是时代任务和时代价值的集中体现。⑧

研究方法。有学者对中国共产党人精神谱系研究的方法论提出三点看法，一是加强体系化研究，基于问题意识对不同精神进行重新提炼与整合，打破依循人物、地域或事件来划分的固有格局，克服当前精神与精神之间嵌套、内容

① 康晓强：《伟大建党精神的基本品格》，《科学社会主义》2021 年第 4 期。
② 高正礼：《论伟大建党精神的内在特质》，《中国特色社会主义研究》2021 年第 5 期。
③ 王霞：《论中国共产党精神谱系的理论意涵、鲜明特质与时代价值》，《中州学刊》2021 年第 11 期。
④ 代玉启：《中国共产党伟大建党精神的三重逻辑》，《求索》2021 年第 5 期。
⑤ 颜晓峰：《中国共产党人精神谱系的鲜明特质、系统逻辑和强党功能》，《思想理论教育》2021 年第 7 期。
⑥ 高福进：《"建党精神"：内涵界定和外延拓展》，《湖湘论坛》2021 年第 4 期。
⑦ 王炳林、张雨：《伟大建党精神和中国共产党精神谱系的关系探析》，《中国高校社会科学》2021 年第 5 期。
⑧ 赵凤欣：《伟大建党精神与中国共产党人精神谱系的逻辑关系研究》，《思想理论教育》2021 年第 8 期。

重复等问题；二是进行比较研究，包括同一时期精神的共时性比较、不同阶段精神的历时性比较及与其他政党的精神或价值观比较，以此来把握中国共产党的精神特质；三是深化现时性研究，注重中国共产党精神谱系的物化表征、意义输出和价值传导。①

### 3. 中国共产党创建史研究

结合新披露档案，研究共产国际在中国共产党创建中的推动作用。有学者依据中共一大会址纪念馆编写的《中共首次亮相国际政治舞台（档案资料集）》（上海人民出版社2016年版），认为1920年初至1921年中，一系列设在苏俄远东、从俄共（布）系统最终转到共产国际系统的机构及其派遣人员，准确抓住了以陈独秀、李大钊为核心的中国共产党的发起力量并给予有力的组织支持，从而加快推动了中共的创建。②

运用记忆史方法，研究中国共产党创建过程及其意义。有学者专文探讨了毛泽东关于中共创建的相关论述③，认为毛泽东的回忆和论述，既是研究中共创建史最基本最重要的史料，也是对中共创建的时代背景、阶级基础、具体过程和历史意义的最权威最准确的阐释。④ 还有学者将毛泽东的中共创建史回忆同党的一大其他代表的回忆和史实相对照，并指出毛泽东关于中共创建史记忆的多渠道公开传播，深刻影响了中共党史的编撰。⑤

立足党刊文献，关注中国共产党创建时期的组织建构问题。有学者以《共产党》月刊为典型案例，认为该刊物通过不同理论间的争论激荡，塑造了中共创建时期以马克思列宁主义为基本立场的组织价值观，采编和发行则成为维系组织关系的方式和手段。正是以该刊物为载体，身处世界各地的58名党员的组织认同得以建构起来。⑥ 还有学者以思想观念与政治实践互动为视角，认为"主义"与"组织"是中国现代思想转型的两个核心元素，中共的创建第一次将"主义"与"组织"有机结合起来，相互支撑、相得益彰，最终成就了近代知识精英唤醒民众、救亡图强的理想。⑦

引入技术史视角，阐述信息技术进步与中国共产党创建的关系。有学者指

---

① 陈红娟：《中国共产党人精神谱系研究的方法论探究》，《思想理论教育》2021年第10期。

② 张玉菡：《从组织推动到亮相共产国际舞台——苏俄、共产国际远东工作与中国共产党的创建》，《上海师范大学学报》（哲学社会科学版）2021年第2期。

③ 沙健孙：《毛泽东论中国共产党的创建》，《红旗文稿》2021年第4期。

④ 蒋建农：《毛泽东谈中国共产党的创建》，《世界社会主义研究》2021年第7期。

⑤ 李张容：《毛泽东关于中国共产党创建史的记忆》，《近代史研究》2021年第6期。

⑥ 唐荣堂：《建构组织认同:〈共产党〉月刊与中国共产党的创建》，《新闻记者》2021年第7期。

⑦ 李里峰：《从"主义"到"党"：政党观念转型与中国共产党的创建》，《江海学刊》2021年第2期。

出，现代铁路交通网下的邮政改革助推了早期政党思想启蒙，印刷技术下的革命报刊发行推动了马克思主义传播，电磁技术下的电报通信加强了共产党人之间的联络，以上为中共创建史研究提供了一种新视野。①

从性别史角度，论述女性对中国共产党创建的独特贡献。有学者认为，党的一大没有女性代表，与早期共产主义组织成员中女性占比小、代表名额的分配标准、党处于初创时期缺乏统一的规章及没有严格的组织手续等诸多因素有关。虽然党的一大没有女性代表，但以王会悟、黄绍兰为代表的女性为党的一大的顺利召开作出了独特贡献。②

此外，还有学者探讨了中国共产党创建史研究的方法论问题，强调应从哲学、历史、地理、政治、文化等多维度，全面研究中国共产党创建的必然性与可能性、历史进程、地理空间、政党内涵和建党精神，构建大的中国共产党创建史观。③

### 4. 关于党史学习教育的研究

有学者对新中国成立以来党史学习教育进行了历史考察，认为其经历了继承延续与曲折前进、拨乱反正与全面展开、系统布局与深层推进三个重要阶段。④

有学者认为，学史明理、学史增信、学史崇德、学史力行分别强调的是中国共产党要始终占据真理、信仰、道义、实践的制高点。⑤

有学者认为，树立正确党史观不仅是一种历史态度，更是事关中国前途命运和人民生活价值选择的一个重大政治问题，习近平总书记论述中共历史贯穿的大历史观、唯物史观、人民史观、使命观、创新观、斗争观，为树立正确党史观提供了科学方法论指导。⑥

有学者认为，正确党史观不是天生的，也不是自然而然形成的，而是从思想斗争实践中得来的。树立正确党史观，必须旗帜鲜明反对历史虚无主义，加强思想引导和理论辨析，站在党和人民立场、真理立场全面深刻认识党的历史。⑦ 有学者从本体论和方法论两个维度探讨了树立正确党史观的路径选择，认为党史观的本体论意义包括党史是什么、党史学是什么，其中包含了对中共

---

① 孙会岩：《信息传播技术进步对中国共产党创建的影响》，《思想理论教育》2021年第7期。
② 齐霁、朱行垦：《中国女性与中国共产党第一次代表大会》，《毛泽东邓小平理论研究》2021年第12期。
③ 徐光寿：《全面研究中国共产党创建史的若干维度》，《毛泽东邓小平理论研究》2021年第1期。
④ 刘杰、刘锦玉、杨昕：《新中国成立以来党史学习教育的历史考察》，《当代中国史研究》2021年第6期。
⑤ 李捷：《从五条脉络看百年党史》，《新湘评论》2021年第13期。
⑥ 齐卫平：《论树立正确党史观》，《思想理论教育》2021年第5期。
⑦ 李毅：《正本清源，树牢正确党史观》，《马克思主义研究》2021年第4期。

党史客观性、中共党史政治性与科学性的确认；党史观的方法论意义包括如何学习、研究党史，其中把握党史政治性和科学性的关系是树立正确党史观的关键。① 还有学者认为，树立正确党史观必须用马克思主义哲学这个思想武器，坚持社会存在和社会意识、矛盾普遍性和特殊性、现象和本质、客观规律和主观能动性四对关系的辩证统一。②

### （三）研究的不足及建议

其一，从史料角度看，应注重对建党时期史料的发掘和利用。在史料发掘方面，应继续重视对国外，尤其是对俄罗斯保留的档案资料的开发、整理、翻译、深化、细化共产国际与中国共产党创建的关系研究。

其二，从研究视角看，由于中国共产党人精神谱系是一个新命题，相关研究处于起步阶段，将其作为整体的理论阐释研究较多。但毕竟精神谱系是由作为部分的系列精神构成的整体，因此有必要强化比较性研究，在比较中明晰不同精神之间的共性与个性、连续性与发展性，以此推动研究视角从整体宏观层面转入微观具体层面。

## 二　关于脱贫攻坚和全面建成小康社会的研究

2021 年是实现中华民族伟大复兴历史进程中具有重要里程碑意义的一年。2 月 25 日，习近平总书记在全国脱贫攻坚总结表彰大会上庄严宣告中国脱贫攻坚战取得了全面胜利，为实现全面建成小康社会目标任务作出了关键性贡献。7 月 1 日，习近平总书记在庆祝中国共产党成立 100 周年大会上庄严宣告中国实现了第一个百年奋斗目标，全面建成小康社会是迈向中华民族伟大复兴的关键一步。围绕脱贫攻坚和全面建成小康社会，学界进行了深入研究。

### （一）研究概况

#### 1. 发布白皮书，编发大事记

2021 年 4 月 6 日，国务院新闻办公室发布《人类减贫的中国实践》白皮书；8 月和 9 月，先后发布《全面建成小康社会：中国人权事业发展的光辉篇章》和《中国的全面小康》白皮书。7 月 28~30 日，《人民日报》连续刊发中央党史和文

---

① 宋学勤：《树立正确党史观的路径选择》，《人民论坛》2021 年第 22 期。

② 商爱玲、程晓宇：《树立正确党史观要坚持"四个辩证统一"》，《中国高等教育》2021 年第 23 期。

献研究院编的《全面建成小康社会大事记》，同月由人民出版社出版。

**2. 举办论坛会议，上线成就展览**

2021 年 6 月 5 日，中共江苏省委和《求是》杂志在江苏省苏州市共同举办"全面建成小康社会"理论研讨会。① 同月 8～9 日，国家互联网信息办公室、外交部、贵州省人民政府共同主办的亚太经合组织数字减贫研讨会在贵州省贵阳市举办。② 10 月 19 日，由农业农村部和国家乡村振兴局主办、中国国际扶贫中心承办的"2021 乡村发展高层论坛"，以"全球可持续发展合作：推动减贫与乡村发展"为主题，以线上线下相结合方式在北京成功举办。中国国际扶贫中心充分发挥国际减贫交流合作职能，还举办了其他活动分享中国减贫的成功经验。③ 6 月 26 日，由中央宣传部、中央农办、农业农村部和国家乡村振兴局联合主办的"伟大壮举——中国脱贫攻坚成就展（网络展）"正式上线。④

**3. 发表论文，出版著作，发行专题片影视剧连环画集，实施"纪录小康工程"**

在发表论文方面，以"精准扶贫"为题名在中国知网检索，共有学术期刊文章 1065 篇、学位论文 170 篇。以"全面建成小康社会"为题名在中国知网检索，共有学术期刊文章 230 篇、学位论文 5 篇。

在出版著作方面，推出了一批具有研究性质的通俗论著和文艺作品，如新华社中国减贫学课题组编著的《中国减贫学》（人民出版社、新华出版社），汪三贵等著的《消除贫困：中国的承诺》（中国人民大学出版社），王晓毅等编的《图说中国特色减贫道路》（人民出版社）以及何建明著的《诗在远方："闽宁经验"纪事》（宁夏人民出版社、福建人民出版社），秦岭著的《高高的元古堆》（浙江教育出版社，2021 年重印），李迪著的《十八洞村的十八个故事》（作家出版社，2021 年重印）。还推出了若干具有史料性质的著作，如《习近平调研指导过的贫困村脱贫纪实》（人民出版社），《中国扶贫开发年鉴 2021》（知识产权出版社），《人间奇迹：中国脱贫攻坚统计监测报告》（中国统计出版社）。

在发行专题片影视剧连环画集方面，2 月 18～25 日，由中央广播电视总台摄制的 8 集脱贫攻坚政论专题片《摆脱贫困》播出，12 月人民出版社出版《摆脱贫困（视频书）》。1 月 12 日，23 集电视剧《山海情》首播。12 月，在《人民日报》刊载过的连环画集《脱贫故事绘》由江苏凤凰美术出版社出版。

---

①　贾雷、李民圣：《"全面建成小康社会"理论研讨会综述》，《红旗文稿》2021 年第 11 期。
②　《亚太经合组织数字减贫研讨会在贵阳开幕》，《农业工程技术》2021 年第 18 期。
③　《10 件事：盘点中国国际扶贫中心的 2021》，中国国际扶贫中心网站，2022 年 1 月 5 日，https://www.iprcc.org.cn/article/46HMR6DYgLR。
④　《"伟大壮举——中国脱贫攻坚成就展（网络展）"上线》，《人民日报》2021 年 6 月 27 日。

各地区、各部门组织实施"纪录小康工程",2021 年度国家出版基金评审立项了《中国扶贫脱贫史》《奋斗在脱贫攻坚一线的第一书记》等项目。[①]

## (二)研究的进展和亮点

### 1. 习近平扶贫思想研究

有学者分析了习近平扶贫方法的理论来源和现实依托,归纳出"扶志"结合"扶智"、"中央"统筹"全局"、"精准"帮扶"对象"、"输血"转向"造血"的主要内容,认为其具有多方面的现实意义。[②] 有学者分析了《摆脱贫困》蕴含的思想方法和工作方法。[③] 有学者探析了习近平早期反贫困认识的理论逻辑及其地位意义。[④] 有学者分析了习近平精准扶贫方略的重要思想方法即"精准是要义",阐明了其对未来发展的指导意义。[⑤] 有学者分析了习近平"精准思维"的形成过程、思想内涵、价值意蕴和实践要求。[⑥] 还有学者进一步讨论了习近平扶贫论述的重大贡献、历史地位和深远意义。[⑦]

### 2. 百年历史视野中的减贫进程和经验研究

建党百年之际,以百年历史观照中国减贫事业是研究的突出特点。有学者把 1921~2021 年的减贫实践划分为六个阶段,从标准、目标、对象、方式四个维度分析中国共产党减贫实践的演进,并从根本前提、基础保障、先决要素、关键支撑、核心动力五个方面总结经验。[⑧] 有学者依据"贫困观—减贫路径"分析框架,就中国共产党百年贫困治理提出"四阶段论","迭代创新"是中国特色梯次反贫困的理论逻辑,通往人的全面发展则是中国共产党反贫困的实践逻辑。[⑨] 有学者从百年党史四个历史时期角度,阐释了习近平总书记在全国脱贫攻坚总结表彰大会讲话中提出的党领导人民摆脱贫困的历史进程。[⑩] 还有

---

① 《激励精品力作涌现 助推出版业高质量发展》,《光明日报》2021 年 3 月 18 日。

② 郭红军、刘佳琪:《习近平的扶贫方法探论》,《科学社会主义》2021 年第 1 期。

③ 张瑞鹏:《〈摆脱贫困〉蕴含的思想方法和工作方法》,《红旗文稿》2021 年第 19 期。

④ 张博、袁泉:《习近平早期反贫困认识的理论逻辑及其意义》,《理论视野》2021 年第 9 期。

⑤ 曹应旺:《精准是要义——习近平精准扶贫方略的重要思想方法》,《毛泽东邓小平理论研究》2021 年第 1 期。

⑥ 张琳、于建贵:《习近平"精准思维"重要论述的理论阐释与科学逻辑》,《思想理论教育导刊》2021 年第 12 期。

⑦ 杨金海:《习近平扶贫重要论述的重大贡献及历史意义》,《马克思主义理论学科研究》2021 年第 3 期。

⑧ 袁红英:《中国共产党减贫实践的百年历程与经验》,《马克思主义研究》2021 年第 10 期。

⑨ 李壮:《中国共产党贫困治理的百年历程与经验启示》,《当代世界社会主义问题》2021 年第 4 期。

⑩ 杨明伟:《百年奋斗史中的摆脱贫困迈向共同富裕》,《红旗文稿》2021 年第 6 期。

学者将中国农村减贫历程划分为改革开放前，1978~2012年和2013~2020年三个阶段。[①] 有学者分析了民主革命时期中国共产党文化反贫困的中国化道路。[②] 还有学者归纳了马克思主义反贫困理论中国化的进程和基本经验。[③]

### 3. 脱贫攻坚精神及其融入高校思政课研究

脱贫攻坚精神是中国共产党精神谱系的"新成员"。有学者依据习近平总书记的重要论述，逐一阐释脱贫攻坚精神"上下同心、尽锐出战、精准务实、开拓创新、攻坚克难、不负人民"六个方面的丰富内涵。[④] 有学者对脱贫攻坚精神从形成基础、核心内涵、弘扬路径三大维度展开探讨，提出中华民族精神是其形成的文化基因，党的初心和使命是其形成的价值源泉，社会主义本质论是其形成的理论基础。[⑤] 有学者主编并出版了相关论著。[⑥] 在脱贫攻坚精神融入高校思政课研究方面，教育部2021年度高校思想政治理论课教师研究专项立项了8项相关研究课题[⑦]，形成了一些教学研究论文。

### 4. 贫困治理的中国智慧和未来趋向研究

有学者提出，中国创造的减贫奇迹，在理论上破解了世界反贫困的"伊斯特利悲剧"难题，在实践中向世界展现了脱贫攻坚的"中国智慧"，在后脱贫时代中国的世界性视野应着眼于共建"没有贫困的人类命运共同体"。[⑧] 有学者提出，中国通过分享减贫经验、参与全球减贫机制、探索建立"自力更生、平等互利、不附加任何政治条件"的对外援助模式为全球减贫事业作出了贡献。[⑨] 有学者认为，乡村贫困治理中社会动员的优化路径在于：社会动员主体的整体性塑造，社会动员边界的适度性控制，社会动员结构的系统性嬗变。[⑩] 有学者

① 魏后凯、王镭主编《中国减贫：成就、经验和国际合作》，社会科学文献出版社，2021，第4~12页。
② 王建华：《民主革命时期中国共产党文化反贫困的中国化道路》，《马克思主义研究》2021年第11期。
③ 任东景：《马克思主义反贫困理论中国化的进程及基本经验》，《马克思主义研究》2021年第2期。
④ 王均伟、边及岩：《脱贫攻坚精神的丰富内涵——基于习近平重要论述的分析》，《党的文献》2021年第1期。
⑤ 燕连福、郭世平、樊志远：《论脱贫攻坚精神的形成基础、核心内涵和弘扬路径》，《思想教育研究》2021年第3期。
⑥ 武力、王爱云：《中国脱贫攻坚精神》，华中科技大学出版社，2021。
⑦ 《教育部社科司关于2021年度高校思想政治理论课教师研究专项立项的通知》，教育部网站，2021年9月29日，http://www.moe.gov.cn/s78/A13/tongzhi/202109/t20210930_568389.html。
⑧ 孙咏梅：《破解反贫困"伊斯特利悲剧"难题：论脱贫攻坚的中国智慧》，《教学与研究》2021年第5期。
⑨ 骆明婷：《联合国减贫道路与中国的贡献》，《毛泽东邓小平理论研究》2021年第2期。
⑩ 张登国：《中国乡村贫困治理中的社会动员问题研究》，《教学与研究》2021年第7期。

认为，发展新型集体经济，符合马克思恩格斯关于建立集体所有制的"合作生产"思想，有利于巩固拓展脱贫攻坚成果，须明确其在乡村振兴中的战略地位，以"形式""管理""模式""领导""制度"创新推动农村集体经济实现新发展。① 有学者分析了规模性返贫风险的诱致因素和内在机理，提出了健全防止返贫的监测和帮扶机制、巩固完善扶贫政策、发挥市场主体支撑作用、构建返贫风险防控的智力体系等防范路径。② 有学者从制度创新层面提出从脱贫攻坚到乡村振兴，应坚持和完善"公平之制""政党之制""人民之制""效率之制"，防止"返回贫困"，聚焦"相对贫困"，摆脱"精神贫困"，治理"多维贫困"。③ 关于国际减贫合作研究，中国国际扶贫中心发挥交流平台作用，通过搭建研讨平台、开展减贫研究、举办国际减贫培训、推动国际减贫项目合作、拓展国际减贫网络，扮演着日益重要的角色，形成了一系列研究成果如《全球减贫案例集 2021》（知识产权出版社）、《国际减贫合作研究》（中国农业出版社）、《中国精准扶贫模式研究》（华中科技大学出版社）等。

### 5. 全面建成小康社会的科学评估、世界意义、历史启示研究

全面建成小康社会的成色如何，是国际国内的关注重点。有权威研究机构设定重大课题，开展研究与评估，形成了很有分量和说服力的研究报告。④

有学者从党史、新中国史、中华民族发展史的维度深入论述了其里程碑意义。⑤ 有学者提出中国全面建成小康社会是世界力量对比发生变化的重要标志，展示了科学社会主义的强大生机活力，拓展了发展中国家摆脱贫困的途径。⑥ 有学者从实践意义、理论意义和时代意义维度分析全面建成小康社会的世界向度，认为"以人民为中心"发展思想展现天下情怀，"新发展理念"蕴含人类共同价值，"构建人类命运共同体"理念提供世界治理方案，回答了"社会主义向何处去""人类向何处去""世界向何处去"的时代之问。⑦

有学者提出，美好生活观在全面小康中生成，同时具有未来指向意义，是

---

① 崔超：《发展新型集体经济：全面推进乡村振兴的路径选择》，《马克思主义研究》2021 年第 2 期。

② 王媛：《后扶贫时代规模性返贫风险的诱致因素、生成机理与防范路径》，《科学社会主义》2021 年第 5 期。

③ 骆郁廷、余杰：《全球贫困治理中国奇迹的制度密码》，《当代世界与社会主义》2021 年第 1 期。

④ 国务院发展研究中心课题组：《全面建成小康社会进展情况研究与评估》，中国发展出版社，2021。

⑤ 张爱茹：《全面建成小康社会是实现中华民族伟大复兴中国梦的关键一步》，《党的文献》2021 年第 4 期。

⑥ 陈江生：《中国全面建成小康社会的历史意义》，《理论视野》2021 年第 8 期。

⑦ 田鹏颖：《全面建成小康社会的世界历史意义》，《马克思主义研究》2021 年第 4 期。

全面小康的逻辑演进。① 有学者提出，全面建成小康社会对全面建设社会主义现代化国家的历史启示在于：应把握中国道路的内在脉络与前进方向，把握中国制度的演化逻辑与发展路径，形成中国理论的主体意识与发展特性，推动中国文化的现代转化与创新发展。② 有学者认为，共享发展理念揭示了发展的价值导向，揭示了当代中国的根本出发点和落脚点，为全面建成小康社会积累了经验，需在全面建设社会主义现代化国家新征程上继续深入践行。③ 有学者认为，"四个全面"战略布局中，从全面建成小康社会，到全面建设社会主义现代化国家，战略目标实现了递进提升，有其理论逻辑、实践逻辑、历史逻辑，并由此带动其他三个"全面"的内涵更加丰富。④

## （三）研究的不足及建议

### 1. 研究力度有待提升

对于脱贫攻坚和全面建成小康社会这两件在"四史"和中华民族发展史上具有重要历史地位的重大事件，研究韧劲不够强，研究的深度和广度亟待深化拓展，从中国扶贫脱贫史的阶段划分分歧看，对这两项选题的多维度的基于逻辑与历史相统一原则的书写应提上重要日程。

### 2. 资料利用视野受限

对于基础性史料如《中国扶贫开发年鉴》《中国农村贫困监测报告》以及藏之于各脱贫地区（以县乡村为主）的精准扶贫、精准脱贫原始档案还缺乏深度挖掘，多学科对话有待加强。

### 3. 对现实关切回应不足

如对中国精准扶贫经验在国际上的普遍性、适用性⑤的学理阐释偏弱，要讲好精准扶贫的中国故事、全面小康的中国故事，亟待构建既富有中国特色又融通中外的概念、话语，以加强国际传播、精准传播，推动构建没有贫困的人类命运共同体。

---

① 刘萍：《小康社会建设发展视阈下的美好生活观探析》，《思想理论教育导刊》2021 年第 7 期。
② 项敬尧：《从全面建成小康社会到全面建设社会主义现代化国家的伟大飞跃》，《马克思主义研究》2021 年第 2 期。
③ 韩保江、罗霈：《共享发展理念与全面建成小康社会和全面建设社会主义现代化国家》，《党的文献》2021 年第 2 期。
④ 冷兆松、周力航：《"四个全面"战略布局的发展创新——从全面建成小康社会到全面建设社会主义现代化国家》，《当代中国史研究》2021 年第 3 期。
⑤ 那朝英、刘尧：《国际社会对中国脱贫攻坚的关切和认知》，《国外理论动态》2021 年第 2 期。

## 三　关于党的十九届六中全会的研究

2021 年 11 月 8 日至 11 日，中国共产党第十九届中央委员会第六次全体会议在北京召开。全会听取和讨论了习近平总书记受中央政治局委托作的工作报告，充分肯定党的十九届五中全会以来中央政治局的工作，会议审议通过了《中共中央关于党的百年奋斗重大成就和历史经验的决议》（以下简称《决议》）和《关于召开党的第二十次全国代表大会的决议》，习近平总书记就《中共中央关于党的百年奋斗重大成就和历史经验的决议（讨论稿）》向全会作了说明。围绕党的十九届六中全会，学界开始进行多方面的研究。

### （一）研究概况

#### 1. 出版著作和发表论文

为帮助广大党员、干部、群众深入学习贯彻党的十九届六中全会精神，由中央有关部门组织编写，人民出版社出版发行的《〈中共中央关于党的百年奋斗重大成就和历史经验的决议〉辅导读本》，以及由党建读物出版社、学习出版社出版发行的《党的十九届六中全会〈决议〉学习辅导百问》，对全会《决议》进行了全面阐释，书中收录了习近平总书记在全会上所作的《关于〈中共中央关于党的百年奋斗重大成就和历史经验的决议〉的说明》。在中国知网以"十九届六中全会"为关键词检索，有 23 篇文章。

#### 2. 举办新闻发布会和研讨会

11 月 12 日，中共中央举行新闻发布会，中央宣传部、中央政策研究室、中央财经委员会办公室、中央党史和文献研究院四部门负责人对党的十九届六中全会精神，"两个确立"的重大意义，习近平新时代中国特色社会主义思想的核心内容，《决议》的重大意义，共同富裕的推进，全过程民主等问题进行了阐释。[①] 11 月 21 日，当代中国与世界研究院联合清华大学国家治理研究院、中国人民大学当代中国政党研究中心举办了"深入学习研讨党的十九届六中全会精神专家学者座谈会"。专家学者围绕党的十九届六中全会的重大历史意义、《中共中央关于党的百年奋斗重大成就和历史经验的决议》与新时代、从百年

---

① 丁小溪、范思翔：《"在重要历史关头召开的一次具有重大历史意义的会议"——中共中央举行新闻发布会解读党的十九届六中全会精神》，《人民日报》2021 年 11 月 13 日。

历程看世界百年未有之大变局三个主题展开讨论。① 11 月 27 日，由当代中国研究所和中华人民共和国国史学会联合举办的学习党的十九届六中全会精神座谈会在京召开。② 12 月 10 日，由中共中央对外联络部与中国人民大学联合主办，中共中央对外联络部世界政党研究所、中国人民大学当代政党研究平台承办，"中国共产党与人类文明新形态"——十九届六中全会精神研讨会在中国人民大学举办。学者围绕人类文明新形态的丰富内涵、独特价值、重大意义，马克思主义基本原理如何同中华优秀传统文化结合，如何实现中华优秀传统文化的创造性转化和创新性发展，中国共产党如何创造人类文明新形态等主题开展深入研讨。③ 12 月 14 日以"中国共产党百年辉煌与中国现代化"为主题的全国马克思主义院长论坛在福州举行，来自全国近 100 所高校马克思主义学院及科研院所的 200 多位专家学者参加会议，学者围绕《决议》里面的"党领导人民成功走出中国式现代化道路，创造了人类文明新形态"，探讨了中国式现代化道路形成的历史机理、理论逻辑、实践路径等问题。④

## （二）研究的进展和亮点

### 1. 关于《决议》体现的科学历史观和方法论以及《决议》对学科建设的指引

有学者指出，党的十九届六中全会重要文献强调与阐发了坚持唯物史观和正确党史观的重要意义，并要求全党坚持唯物史观和正确党史观。⑤ 有学者提出，要用大历史观审视党的百年历史。要把中国共产党的百年历史作为一个整体来审视，要把党的历史放在近代 180 余年的历史长河中审视，放在中华 5000 年文明的历史长河中审视，放在世界社会主义运动的全球进程中审视，放在人类文明进步尤其是第二次世界大战后的社会发展和制度竞争中去审视。⑥ 有学者认为，《决议》为中共党史学学科体系建设提供了方向指引，为中共党史学学术

---

① 季哲忱、陈旸：《在世界百年未有之大变局中深刻理解中国共产党的百年奋斗历程——"深入学习研讨党的十九届六中全会精神专家学者座谈会"会议综述》，《当代中国与世界》2021 年第 4 期。

② 浔邑：《当代中国研究所和国史学会联合举办学习党的十九届六中全会精神座谈会》，《光明日报》2021 年 12 月 22 日。

③ 《十九届六中全会精神研讨会在中国人民大学举办》，中国日报网，2021 年 12 月 14 日，https://cn.chinadaily.com.cn/a/202112/14/WS61b7f7fca3107be4979fce91.html。

④ 高建进：《全国马克思主义院长论坛在闽举办》，《光明日报》2021 年 12 月 15 日。

⑤ 仝华：《从党的十九届六中全会重要文献中体悟坚持唯物史观和正确党史观》，《毛泽东邓小平理论研究》2021 年第 12 期。

⑥ 杨凤城：《浅析党的十九届六中全会〈决议〉的特点》，《先锋》2021 年第 11 期。

体系建设提供了新的议题框架，为中共党史学话语体系建设提供了规范遵循。①

**2. 关于"两个确立"**

党的十九届六中全会公报指出："党确立习近平同志党中央的核心、全党的核心地位，确立习近平新时代中国特色社会主义思想的指导地位，反映了全党全军全国各族人民共同心愿，对新时代党和国家事业发展、对推进中华民族伟大复兴历史进程具有决定性意义。"② 学界对"两个确立"的重大意义进行了多维度研究。有学者指出，从百年党史维度回望，"两个确立"是党的一个优良传统；从新时代以来创造的"伟大飞跃"成就来看，这是党心所向和民意期盼；从"以史为鉴，开创未来"的向度言，这是向第二个百年奋斗目标奋进、实现中华民族伟大复兴中国梦的时代需要。③ 有学者认为，党的十九届六中全会明确提出"两个确立"，这是中华民族伟大复兴的重要政治保障和思想保证，也充分体现了中国共产党作为马克思主义政党对遵循政党建设规律、担当政党历史使命的高度自觉。④ 有学者指出，《决议》中"两个确立"的重要论断，是党的十八大以来最重要的政治成果，为我们深刻认识"两个确立"的基本内涵、重大意义、实践要求提供了基本遵循，我们要深刻领会、认真落实。⑤ 有学者从建设长期执政的马克思主义政党的角度来看"两个确立"，认为"两个确立"是新时代党和国家事业发展的需要，是将党的全面领导、全面从严治党落到实处的必然要求，是对民主集中制原则的有力贯彻。"两个确立"也需要从党的领导与人民当家作主、全面依法治国的关系中来把握，并转化为"两个维护""四个意识"的思想自觉与行动自觉。⑥

**3. 关于从党的百年奋斗历史中增强历史自觉和自信**

有学者指出，《决议》为高校思政课教学内容，提供了深广的理论精粹和思想富源。要以深厚的历史自觉和自信，展现党的百年奋斗的初心使命和辉煌成就。要从"三个历史"的结合上，深入理解百年奋斗四个时期和马克思主义中国化三次历史性飞跃中体现的党的理论创造和理论创新；要从党的百年奋斗

---

① 宋学勤：《准确把握党的百年奋斗重大成就和历史经验 努力构建中共党史学"三大体系"》，《光明日报》2021 年 12 月 17 日。

② 《中国共产党第十九届中央委员会第六次全体会议文件汇编》，人民出版社，2021，第 11 页。

③ 石仲泉：《论党的指导思想的三次飞跃——学习〈中共中央关于党的百年奋斗重大成就和历史经验的决议〉》，《毛泽东邓小平理论研究》2021 年第 11 期。

④ 辛鸣：《"两个确立"对中华民族伟大复兴具有决定性意义》，《理论导报》2021 年第 11 期。

⑤ 欧阳淞：《"两个确立"是时代呼唤人民期待和党的郑重选择》，《中国纪检监察》2021 年第 22 期。

⑥ 陈培永：《"两个确立"与建设长期执政的马克思主义政党的时代课题》，《思想理论教育导刊》2021 年第 12 期。

"历史意义"和"历史经验"的结合上，深透探析二十一世纪马克思主义的思想特征和精神实质。[1]

**4. 对《决议》多方面内容的解读**

例如，有学者指出，在中国共产党的百年奋斗中，党的领导核心的形成、确立与马克思主义中国化理论创新是相互贯通、相辅相成的，关系中国革命、建设、改革的兴衰成败，是贯穿《决议》一条鲜明的思想主线。[2] 有学者指出，中国共产党百年的自我革命历程形成了众多历史经验和历史智慧，深刻回答了我们党创造人间奇迹的成功密码。面向未来必须继续坚持自我革命。[3] 有学者指出，在百年奋斗征程中，中国共产党始终坚持把马克思主义人民民主理论与中国实践结合起来，与中华优秀传统文化结合起来，矢志不渝推进全过程人民民主，极大地发展了民主理论，丰富了民主标准，扩大了民主范围，拓宽了民主路径。[4]

### （三）研究建议

其一，习近平总书记在《关于〈中共中央关于党的百年奋斗重大成就和历史经验的决议〉的说明》中提出的"六个深入研究"[5] 是学术界今后努力的方向。

其二，在唯物史观和正确党史观指导下，运用大历史观研究百年党史，将中国共产党百年历史置于中华民族发展史、中国近现代史、马克思主义发展史、世界社会主义发展史、人类文明发展史的高度来研究，既可以是分阶段和分领域研究，也可以是整体性研究。

其三，运用多学科视域、基本理论和方法开展百年历史成就和经验研究，充分发挥多学科交叉研究的优势。

## 四　关于党的十一届六中全会召开 40 周年的研究

2021 年是党的十一届六中全会召开 40 周年。党的十一届六中全会通过的

---

[1] 顾海良：《理论的创新与创新的理论——十九届六中全会〈决议〉对高校思政课教学内容的拓新》，《思想理论教育导刊》2021 年第 12 期。

[2] 何毅亭：《中国共产党的领导核心与创新理论》，《光明日报》2021 年 12 月 30 日。

[3] 董振华、张恺：《坚持党的自我革命历史经验及现实路径》，《中共杭州市委党校学报》2021 年第 1 期。

[4] 祝灵君：《矢志不渝推进全过程人民民主》，《光明日报》2021 年 12 月 6 日。

[5] 《中国共产党第十九届中央委员会第六次全体会议文件汇编》，人民出版社，2021，第 110～111 页。

《关于建国以来党的若干历史问题的决议》（以下简称《决议》），完成了"文化大革命"后党的指导思想拨乱反正的任务，实事求是地评价了毛泽东的历史地位，充分肯定毛泽东思想作为党的指导思想的伟大意义，科学总结了新中国成立以来社会主义革命和社会主义建设的历史经验，初步概括了党的十一届三中全会开创新道路的要点，指明了新时期我国社会主义事业和党的工作继续前进的方向，具有重大的历史和现实意义。有关单位及专家学者通过举办研讨会、发表研究和宣传型文章等形式表达纪念。

## （一）研究的进展和亮点

### 1. 相关研讨会重要发言

2021 年 6 月 27 日，为纪念《决议》通过 40 周年，贯彻习近平总书记关于党史论述的一系列精神，配合党史学习教育和"四史"宣传教育，迎接即将到来的党的百年华诞，中华人民共和国国史学会在京召开主题为"第二个《历史决议》与新中国史编研"的学术座谈会。全国人大常委会原副委员长顾秀莲，国史学会副会长、原中央文献研究室常务副主任杨胜群，国史学会原副会长、国防大学原副政委李殿仁等出席了会议。座谈会由国史学会会长、中国社会科学院原副院长朱佳木主持。出席座谈会的专家学者 60 余人。朱佳木指出，《决议》起草历时一年多，其间始终受到邓小平、陈云等老一辈无产阶级革命家的悉心指导，并在党内 4000 多位高级干部中进行了充分讨论。它的起草过程是党的高层对新中国成立以来党的历史经验的深刻总结，也是对新中国历史经验的高层次总结，为此后开展的新中国史编研指明了正确方向，提供了重要指导思想。它对我们党和国家的发展发挥了重要而深远的历史作用，对当前全党全社会正在开展的党史学习教育和"四史"宣传教育活动也具有重要的现实指导意义。

### 2. 带有回忆史料性质的研究著作

有学者以亲历者的身份，对《决议》的起草和定稿情况、邓小平和胡乔木对《决议》的设计和成文所作的贡献、《决议》对党指导思想上的伟大贡献、《决议》的时代价值等问题作了较为扎实系统的研究，提出了邓小平是《决议》的总设计师，胡乔木是总工程师的观点。这篇长文是研究和回忆相结合的文献。①

---

① 石仲泉：《1981 年〈关于建国以来党的若干历史问题的决议〉与党的百年华诞》，《毛泽东邓小平理论研究》2021 年第 7 期。

### 3. 对党的十一届六中全会和《决议》的研究

有学者认为，党的十一届六中全会科学认识和总结了中华人民共和国成立后 32 年的党的历史并科学评价了毛泽东的历史地位和毛泽东思想、为推进中国特色社会主义实践和理论发展准备了条件、为不断深化认识党的历史提供了方法论的指导。① 有学者对《决议》形成的历史背景作了考察，认为《决议》形成于改革开放新时期解放思想、拨乱反正的历史转折之中，并对《决议》的基本内容和对于厘清历史问题、统一全党思想、增进全党团结方面的重大意义作了阐述。② 另有学者、记者对党的十一届六中全会和《决议》作了纪念与宣传性文章。③

### 4. 对前两个"历史决议"的结合研究

2021 年，把前两个"历史决议"结合起来考察的研究较多，限于篇幅，这里仅选其中较有代表性的进行介绍。④ 有学者指出，两个"历史决议""产生的历史条件、时代背景、所要解决的问题有所不同，但都在重大历史关头统一了全党思想，加强了全党团结，为推动党和人民的事业胜利前进发挥了重要作用、提供了重要保证"。⑤ 有学者重新探讨了两个"历史决议"的形成过程，回顾了它们起草的关键环节，阐述了围绕解决主要问题而展开的"历史决议"的丰富内容。认为两个"历史决议""是中国共产党人肩负民族独立、人民解放和国家富强、人民幸福历史使命，在伟大转折关头作出的"，"决议的形成准备充分、方法得当，既弄清思想又团结同志，既解决历史问题又为解决现实问题提供启示"。⑥ 有学者认为，两个"历史决议"是"中国共产党科学总结历史经验的两部典范之作，体现了党在重大历史关头科学运用马克思主义的基本原理和方法，立足如何为中国人民谋求独立与幸福、为中华民族谋复兴的坚定

---

① 师吉金：《中国共产党十一届六中全会再认识——纪念中国共产党十一届六中全会召开 40 周年》，《西华大学学报》（哲学社会科学版）2021 年第 4 期。

② 孙应帅：《〈关于建国以来党的若干历史问题的决议〉及其重大历史作用》，《机关党建研究》2021 年第 12 期。

③ 彭国华等：《以史为鉴更好前进——记党的十一届六中全会及〈关于建国以来党的若干历史问题的决议〉》，《人民日报》2021 年 3 月 16 日；中共延安市委党史研究室：《1981 年：中国共产党第十一届六中全会在北京召开》，《延安日报》2021 年 11 月 24 日；《党的十一届六中全会和〈关于建国以来党的若干历史问题的决议〉》，《支部建设》2021 年第 35 期。

④ 本报告未单独介绍的有：夏春涛：《从百年党史看两个"历史决议"的伟大意义》，《毛泽东研究》2021 年第 3 期；黄广友：《中国共产党总结历史经验的几个维度——基于两个〈历史决议〉的思考》，《人民论坛》2021 年 17 期；鲁书月：《百年视域下中共两个历史决议对我国历史进程的影响及当代启示》，《社会科学论坛》2021 年第 6 期。

⑤ 曲青山：《两个"历史决议"的制定背景、主要内容和重要意义》，《党建》2021 年第 11 期。

⑥ 张神根、唐莉：《两个历史决议与中国革命和建设》，《马克思主义与现实》2021 年第 3 期。

目标，科学认识和准确地评价当时的重大历史事件和重要人物，起到了正确总结历史经验教训、统一全党思想以接续奋斗的重大作用。两个'历史决议'是中国化马克思主义的重要文献，是新时代继承和发展马克思主义的宝贵精神财富"。①

### 5. 三个"历史决议"的结合研究

有学者提出，"前两个历史决议对成就党的百年辉煌起了定海神针作用"，而"第三个历史决议与时俱进对党的重大成就和历史经验所作的全面深刻总结，则是以史为鉴、开创未来，实现中华民族伟大复兴的行动指南"。该学者指出："如同制定前两个历史决议，毛泽东、邓小平分别起了决定性作用一样，第三个历史决议的制定，习近平总书记也起了决定性作用。第一，这个决议是习近平总书记提议制定的，他是首创者；第二，这个决议是习近平总书记亲自主持起草的，他是起草小组的组长；第三，这个决议的基本思想和主导性内容，都是习近平总书记的原创新论。"②

有学者从中国共产党话语权的研究视角切入，结合三个"历史决议"的形成过程，分析了党是如何在总结经验的过程中不断增强话语权的、党是如何以历史决议强化党的话语体系的。该学者指出："三个历史决议前后连贯，第三个历史决议充分借鉴与吸取了前两个历史决议的制定经验和历史智慧。""百年党史形成了三个历史决议，党对历史经验的总结逐步成熟，党对主流意识形态话语权的运用愈加主动，尤其是《中共中央关于党的百年奋斗重大成就和历史经验的决议》的制定，意味着党对历史经验的总结达到了一个新的高峰。"③

有学者认为，三个"历史决议"主要有四方面的相同点和三方面的不同点。相同点分别是：都是党自我总结、自我革命精神的体现；都达到了统一思想、加强团结的目的；都体现了群策群力、集思广益的民主精神；都促进和实现了马克思主义中国化的飞跃。不同点分别是：所处历史阶段面对的任务不同；历史主动精神体现的侧重不同；世界视域不同。④

### 6. 对党史人物与《决议》关系的研究

有学者从党史人物与《决议》关系视角开展研究，探究了邓小平在《决

---

① 陈宇翔、冯帆：《两个〈历史决议〉：中国共产党总结历史、接续奋斗的经典篇章》，《思想理论教育导刊》2021 年第 5 期。

② 石仲泉：《中国共产党三个历史决议的历史使命及重要意义》，《中共中央党校（国家行政学院）学报》2022 年第 1 期。

③ 高中华：《三个历史决议与中国共产党话语权的演进》，《学术前沿》2021 年第 23 期。

④ 杜丹：《三个历史决议的比较与思考》，《贵州日报》2021 年 11 月 24 日。

议》制定过程中的历史作用，对邓小平领导和主持起草《决议》的脉络作了梳理。①

有学者指出，邓小平"从历史唯物主义高度准确把握新中国成立后党的历史发展的主题主线、主流本质，为《决议》定下写作思路和原则，从弄清大是大非、统一思想、凝聚共识的要求出发，对《决议》的起草和修改进行了有针对性的指导；明确要求把'确立毛泽东同志的历史地位，坚持和发展毛泽东思想'作为'最核心的一条'和'最核心、最根本的问题'，实事求是、恰如其分地对毛泽东的历史功过和毛泽东思想进行评价和分析；要求对新中国成立后党史上的重大事件'进行实事求是的分析'，客观、辩证地看待党的历史；强调总结过去是为了引导大家团结一致向前看，为改革开放和社会主义现代化建设打下坚实基础"。②

有学者对胡乔木与两个"历史决议"的关系作了研究，指出"胡乔木是第一个历史决议的重要参与起草者，并协助毛泽东对决议中多个历史问题作了重大修改。胡乔木是第二个历史决议的主要参与制定者，是这个决议的总撰稿人和文字定稿人。在邓小平的主持和决断下，对影响党的历史进程的重大问题和难题作了正确说明和理论辨析"。③

有学者对邓力群与《决议》的关系作了研究，指出"在邓小平和胡乔木的领导下，邓力群积极推动决议的酝酿准备，直接参与组织起草工作"。《决议》通过后，他出色地完成了传达贯彻《决议》精神的工作，并受中央委托以《决议》精神为指导，组织编纂《当代中国》丛书，创建当代中国研究所，编纂出版《中华人民共和国史稿》，开拓了中华人民共和国史研究领域。④

**7. 从多角度对《决议》启示进行研究**

有学者提出，应用党的第二个"历史决议"精神指导党史学习教育和"四史"宣传教育。⑤ 有学者探讨了三个"历史决议"中，对毛泽东思想的认识和概括。指出"第一个'历史决议'在实际上形成了党对毛泽东思想科学体系基本框架的初步概括；第二个'历史决议'正确评价了毛泽东和毛泽东思想的历

---

① 蒋永清：《邓小平主持起草〈关于建国以来党的若干历史问题的决议〉》，《炎黄春秋》2021 年第 3 期。
② 韩晓青：《重温邓小平对起草第二个历史决议的指导——基于树立正确党史观的视角》，《党的文献》2021 年第 4 期。
③ 石仲泉：《胡乔木与两个历史决议》，《中国延安干部学院学报》2021 年第 4 期。
④ 徐轶杰：《邓力群与〈关于建国以来党的若干历史问题的决议〉》，《当代中国史研究》2021 年第 5 期。
⑤ 朱佳木：《用党的第二个〈历史决议〉精神指导党史学习教育和"四史"宣传教育——纪念第二个〈历史决议〉通过 40 周年》，《世界社会主义研究》2021 年第 11 期。

史地位，对毛泽东思想科学概念及其主要内容作出了系统阐述和概括；第三个'历史决议'紧紧围绕马克思主义中国化科学命题，对毛泽东思想作出了新认识和新概括"。① 有学者基于《决议》文本，探究了其中蕴含的认识论和方法论原理，指出《决议》是"马克思主义中国化发展史上具有继往开来意义的重要历史文献"。② 有学者基于三个"历史决议"，探讨了中国共产党对坚持马克思主义中国化的共识问题，指出"三大历史决议可以看作马克思主义中国化党史文本的开篇之作、继承之作和创新之作"。③ 有学者认为，《决议》是"开创中国式现代化道路的纲领性文献，为中国式现代化道路指明了方向，绘制了中国式现代化道路的建设理论和基本方略"。④ 有学者从学习党史的正确立场角度，谈了对《决议》的认识，认为《决议》"是全党共同研究党史的政治成果，系统总结了中国共产党革命和执政的基本经验和教训，深刻揭示了中国共产党历史发展的主题和主线、主流和本质，具有不容动摇的政治权威性，学习党史必须以它为根本遵循，自觉站在党的立场、人民的立场、科学的立场"。⑤ 有学者从党史学习研究的角度，论述了《决议》的重要意义，认为"作为党的历史上的重要文献，《决议》坚持从政治大局出发的基本原则，对新中国成立后前32年党的历史的主流与支流作出科学评价，也为科学评价党史人物提供了有效指引，对我们树立正确党史观、深入学习研究党的历史有着重要的指导意义"。⑥

## （二）研究的不足及建议

其一，从研究史料方面看，应着力加强对《决议》形成前后的档案史料与酝酿、起草过程的亲历者和当事人的口述访谈材料和文字回忆材料的收集和研究。目前，学者们所运用的研究史料丰富程度不高，他们虽努力从多角度切入研究，但总体上看，研究的同质化较严重，因此在研究的深入程度上，仍有较

---

① 田克勤：《中国共产党三个"历史决议"对毛泽东思想的认识和概括》，《马克思主义理论学科研究》2021年第12期。

② 宋月红：《"第二个历史决议"的认识论和方法论——基于党史、新中国史理论之研究》，《世界社会主义研究》2021年第7期。

③ 付云燕：《坚持马克思主义中国化的共识——基于三大历史决议的分析》，《黑龙江工业学院学报》2021年第12期。

④ 陈新田：《开创中国式现代化道路的纲领性文献——纪念〈关于建国以来党的若干历史问题的决议〉发表40周年》，《五邑大学学报》（社会科学版）2021年第4期。

⑤ 刘艳、王涛：《学习党史的基本立场——以〈关于建国以来党的若干历史问题的决议〉为依据》，《邓小平研究》2021年第6期。

⑥ 姜希伦：《论〈关于建国以来党的若干历史问题的决议〉对党史学习研究的重要意义》，《品味·经典》2021年第23期。

大拓展空间。综上所述，对史料的发掘是该领域研究的重中之重。

其二，从研究内容上看，对《决议》的作用、意义、影响作探讨的文章占了绝大多数，而对党的十一届六中全会召开的历史背景、全会的具体过程、《决议》的起草过程作深入细致的史学研究的文章不多。上述问题，有待新的研究作出回应。

# 第十四章

# 围绕历史上的重要事件
# 开展的研究

2021 年是太平天国农民起义 170 周年、辛亥革命 110 周年；是中华苏维埃共和国临时中央政府成立 90 周年、西藏和平解放 70 周年、恢复中华人民共和国在联合国的一切合法权利 50 周年；是九一八事变 90 周年、皖南事变 80 周年。本章将概述学界围绕上述问题开展的研究。

## 一 关于太平天国农民起义 170 周年的研究

1851 年 1 月 11 日，洪秀全集 2 万余人在广西金田村正式宣布起义，建号太平天国。太平天国农民起义是 19 世纪中叶中国最大的一场反对清政府黑暗统治的运动。2021 年是太平天国农民起义爆发 170 周年，以此为契机，学界通过举行研讨会、编写和出版相关史料、发表学术论文等方式，开展相关研究。

### （一）研究的进展和亮点

#### 1. 编写和出版的相关史料丰富了研究的史料基础

由中国社会科学院世界宗教研究所研究员周伟驰主编，社会科学文献出版社出版了《太平天国与基督教研究资料选编》。该书为"中国基督宗教重要文献汇编丛书"之一。共分五个部分：太平天国一般情形；上帝教与基督教；上帝教和《圣经》；《资政新篇》研究；人物比较研究。书后附录了一百多年来太平天国文献整理和研究的基本著作的目录。①

#### 2. 发表的若干学术论文从多方面丰富了太平天国研究

关于太平天国的评价。有学者认为，百余年来，关于太平天国的评价屡有

---

① 周伟驰主编《太平天国与基督教研究资料选编》，社会科学文献出版社，2021。

变化。特别是近 30 年来，与过去的正面评价相反，出现把洪秀全和太平天国"妖魔化"、一味美化曾国藩和湘军的偏向，形成一种社会思潮。指出有论者否定金田起义的正义性，并从源头上否定太平天国。强调学界要避免太平天国研究从显学沦为绝学。① 在这一问题上，围绕"唯物史观与太平天国研究"，有刊物集中发表了 7 位学者的文章，除重申"太平天国揭开了中国旧民主主义革命的序幕"等标志性的表述外，对近 30 年来，全盘否定洪秀全和太平天国、一味美化曾国藩和湘军等观点进行了深入思考，对相关问题进行了澄清，这些对推进太平天国有关问题的研究有所裨益。②

关于天京城内外太平天国王府建立的情况。有学者经考证后指出，太平天国初期，除天王洪秀全外，其余诸将仅封五王，主要以清政府官衙作为临时王府。但到咸丰九年九月、十月以后，洪秀全开始无节制地封王。位高权重、拥兵一方的王能营建王府，这些王府分为京内王府和京外王府，以天京最为集中。太平天国后期版图缩小，集中在江浙皖地区，遂在三省陆续建造或改建若干王府。天京城内外王府共 20 余座，加上其他地区的，总数约 50 座。该学者认为太平天国众多王府的营建，反映了太平天国农民政权迅速走向封建化。③

关于太平天国战争中火轮船的运用情况及对近代海军的影响。有学者指出，太平天国战争中清政府迫于军事压力，率先将火轮船用于军事，并在太平天国运动末期，火轮船的应用达到顶峰。火轮船的运用推动了战争形式的改变，由此影响到其后一系列军舰外购和自造的计划，且为中国近代海军培育了第一批本土专业人才，对中国近代海军的建设有着重要影响，可以视为中国近代海军的起点。④

关于太平天国对社会主义与农民阶级解放之间的关系的思考。有文章指出，太平天国颁布的《天朝田亩制度》虽然代表了农民的要求，但是其既无法跨越封建制度的门槛，又被农民作为小私有者的阶级本能所拒纳。而 20 世纪社会主义国家推行的农业集体化，虽然使农民阶级在政治上摆脱了压迫，但其经济生活仍旧贫困。中国的改革开放，开辟了农民阶级通过市场经济实现解放的康庄大道。改革开放以来，虽然一部分农民先富起来了，但实现全面脱贫的任务仍然非常艰巨。党的十八大以来，以习近平同志为核心的党中央把脱贫攻坚摆在特别突出的位置，推出一系列创造性举措，终于实现了现行标准下近 1

①　夏春涛：《太平天国再评价——金田起义 170 周年之反思》，《中国社会科学》2021 年第 7 期。
②　崔之清等：《唯物史观与太平天国研究》，《史学理论研究》2021 年第 1 期。
③　华强：《太平天国王府考订》，《太平天国及晚清社会研究》2021 年第 1 期。
④　王含溪：《太平天国战争中火轮船的运用及对近代海军的影响》，《太平天国及晚清社会研究》2021 年第 1 期。

亿农村贫困人口全部脱贫。①

　　关于中国共产党对太平天国斗争历史经验的吸收和借鉴。有学者认为，中国共产党自觉继承太平天国的革命传统，深入总结太平天国军事斗争经验，切实以太平天国发生内讧和分裂为鉴戒，深刻吸取太平军进入南京后奢侈腐化的教训，充分汲取太平天国历史中的营养成分，推动中国革命不断走向胜利。②

　　关于太平天国妇女的日常生活。有文章指出，太平天国的妇女政策使妇女权利扩大。前期的妇女政策从宗教上倡导男女平等，反对不正当的男女关系。中期的妇女政策涵盖的范围更加全面，包括在经济和教育层面上承认男女平等；在婚姻制度方面支持一夫一妻制；在政治方面，允许女性为官。后期则对妇女有了新的认识，其妇女政策更多的是从社会风俗方面出发主张释足以及禁止奴婢、娼妓。③

　　关于太平天国研究的其他方面。有文章分析了太平天国的社会组织结构及亲属制度，探讨了差序格局在太平天国运动初期的体现，得出太平军前期组织以地域为联结纽带，重视地缘与亲缘观念的结论。④ 有文章谈到了太平天国时期纪事诗的发展情况，指出，这一时期，江南地区诗人创作了大量的纪事诗，记述战争的历程、人民的遭遇及书生无用的苦楚。⑤ 有学者考证了太平天国纪年民契问题，指出太平天国纪年民契作为古文书学和太平天国史学界重要的研究对象，开展此方面的文献挖掘与研究有较大的学术意义。通过对目前所知6件存世的太平天国纪年民契进行汇总考述，发现太平天国纪年民契具有两个文书学特点，即契纸的双套制和纪年的多样性。⑥ 有学者分析了太平天国开朝诸王加宗教崇衔的时间，指出开朝诸王加宗教崇衔始于何时，文献没有记载，但综合多种史料考证，洪秀全给开朝诸王加宗教崇衔不会早于癸好三年（1853年）十一月，也不应迟于同年十二月。具体地说，他给开朝诸王加宗教崇衔经历了一个从提出、酝酿到落实的颇为复杂而又短暂的过程。⑦ 还有文章探讨了

①　叶书宗、叶天楠：《再论社会主义与农民阶级解放——写在中国实现全面脱贫和太平天国金田起义170周年之际》，《中国浦东干部学院学报》2021年第3期。

②　郑林华：《中共对太平天国斗争历史经验的吸收和借鉴》，《北京党史》2021年第3期。

③　唐唯琳、欧阳萍：《理论与现实背逆：太平天国妇女的日常生活》，《西部学刊》2021年第20期。

④　张旭：《"差序格局"在太平天国运动前期的再生产——以朱锡能反叛案为例》，《兰台内外》2021年第13期。

⑤　孙启华：《离乱江南：太平天国时期的纪事诗及诗史意识》，《苏州科技大学学报》（社会科学版）2021年第1期。

⑥　张全海：《太平天国纪年民契汇考》，《档案学研究》2021年第1期。

⑦　杨涛、张铁宝：《太平天国开朝诸王加宗教崇衔时间考析》，《史林》2021年第1期。

太平天国运动与粤戏的发展。指出 19 世纪中期，粤戏艺人除了参与太平天国运动外，还奔赴北美、澳洲进行"淘金"，以及新加坡和上海的经济发展中，粤戏于是从地方走向远方。①

### （二）研究的不足及建议

其一，从研究内容看，应进一步加强对太平天国史料的整理和挖掘，进一步拓展和丰富太平天国运动的研究内容。

其二，从研究方法看，针对目前学界在太平天国相关问题研究中出现的历史虚无主义现象，应坚持唯物史观，旗帜鲜明反对在太平天国研究中的历史虚无主义。

其三，从对有关太平天国运动研究的研讨会（线上线下）的报道整理看，具有代表性的研讨会不多甚至没有，应加强与国内外同行间的研讨交流和对话。

## 二　关于辛亥革命 110 周年的研究

2021 年是辛亥革命 110 周年。10 月 9 日，纪念辛亥革命 110 周年大会在北京人民大会堂隆重举行，习近平总书记出席并发表重要讲话。这一重要讲话引领学界对辛亥革命进行深入研究。

### （一）研究概况

从中国知网收录的文献情况来看，2021 年至 2022 年上半年，关于辛亥革命的学术文章有 200 多篇，聚焦主题主要分布在四个方面：辛亥革命与中国共产党、辛亥革命与中华民族共同体意识的建立、辛亥革命与中华民族伟大复兴、辛亥革命与史学研究，全面反映了习近平总书记的重要讲话精神。在资料汇编与研究专著方面，从国家图书馆收录的文献情况来看，包括陈芳的《辛亥革命战争》（中山大学出版社，2021），以及由孙中山故居纪念馆收集整理的《馆藏辛亥革命前后中外文档案》（广东人民出版社，2021）。这套文献专集共 5 册，收录了中外文档案 921 件（中文 606 件，英文 296 件，法文 19 件），包括大量中外人物的来往信函、电报以及实业、铁路、社会团体创办章程等。

---

① 李婉霞：《环太平洋视野下的太平天国运动与粤戏扩张》，《太平天国及晚清社会研究》2021 年第 1 期。

## （二）研究的进展和亮点

### 1. 辛亥革命与中国共产党

2021 年既是辛亥革命 110 周年，又是中国共产党成立 100 周年，有相当一部分论文聚焦二者之间的联系。有学者指出，在探讨辛亥革命对中国共产党领导的中国革命的影响时应注重两点，一是要放大历史视野，作大视距、长时段的纵向考察，探寻百年来的历史发展线索及其规律；二是要重视历史的连续性、复杂性，找到历史中承前启后的关键环节、关键问题与关键论域，从而呈现历史重大事件之间的因果之链。[①] 由此有学者总结指出，中国共产党从三个方面继承并极大发展了辛亥革命事业：第一，早期中国共产党人或多或少、直接间接地都曾受到过辛亥革命的思想洗礼，都曾有一个从民主主义者转变为共产主义者的过程；第二，中国共产党创立和完善的新民主主义革命理论极大革新了孙中山先生用以指导辛亥革命的思想理论；第三，孙中山先生当年的宏愿和构想，在中国共产党团结带领全国各族人民所进行的不懈奋斗中已经或正在成为现实。[②]

部分学者聚焦不同时期中国共产党对辛亥革命叙述逻辑的区别。例如，有学者指出，早期中国共产党人对辛亥革命的起因、性质、失败结局及原因进行了阶级分析，这是马克思主义阶级学说在中国开始本土化的初步尝试，实际上成为中国共产党阶级史观与革命话语建构这一思想实践最为突出和重要的标志性内容之一。[③]

### 2. 辛亥革命与中华民族共同体意识的建立

有学者指出，在辛亥革命的推动下，中华民族观念发生变革，描绘出民族共同体意识由"后台"到"前台"的动态图景，形成了中华民族的"一体"与各族成员的"多元"之间共生共融的生动展演。[④] 有学者认为，中华民族意识从一开始就蕴含"一"与"多"的内在冲突，即中华民族是由单一民族构成还是经多民族融合而成，具体表现为排满还是合满（辛亥革命前）、汉族同化其他民族还是各民族相互融合（辛亥革命后）。[⑤] 有学者指出，一方面，"中华民族"概念的确是在百年前辛亥革命过程中诞生的；另一方面，作为一个

---

① 马敏：《浅谈深化辛亥革命历史影响研究的三个视角》，《广东社会科学》2021 年第 5 期。
② 仝华：《中国共产党对辛亥革命事业的继承和发展》，《思想理论教育导刊》2021 年第 11 期。
③ 刘辉：《早期中国共产党人关于辛亥革命的阶级分析》，《中共党史研究》2021 年第 6 期。
④ 李伟：《辛亥革命前后中华民族观念变革的逻辑探析与当代启示》，《民族论坛》2021 年第 2 期。
⑤ 郭台辉、卢明佳：《百年中华民族意识觉醒的三个时刻》，《探索与争鸣》2021 年第 8 期。

"自在"的民族实体，中华民族早在近代以前就已经历了数千年的发展，具有深厚的历史根基。"中华民族"概念的提出，其实是"自觉"意识对"自在"民族实体的抽象与概括，是以明确的观念形态反映和表现实际存在的民族形态。① 有学者看到，一百多年前辛亥革命时期的民族认同，对我们今天铸牢中华民族共同体意识、形成"愿景共同体""利益共同体""命运共同体"高度统一的价值共识、情感归属与政治认同，有着重要的启示意义。②

**3. 辛亥革命与中华民族伟大复兴**

有学者从历史文献入手，梳理了中国共产党早期领导人对辛亥革命历史进步意义、失败原因的认识，指出中国共产党正是在以科学态度认识辛亥革命的基础上，继承了辛亥革命振兴中华的未竟事业。③ 有学者认为，辛亥革命给予中国共产党的养分主要体现在三个方面：思想资源上，辛亥革命提出了中华民族复兴命题；实践探索上，辛亥革命为实现中华民族伟大复兴探索了道路；精神传承上，中国共产党百年奋斗谋中华民族伟大复兴，是对革命先驱爱国为民崇高精神的传承与发扬。④ 有学者总结指出，辛亥革命在中华民族复兴中的重要作用，主要表现为促进了四个方面的社会转型，从而初步奠定了民族复兴的四大基础：①从"王朝"到"国家"，初步奠定了民族复兴的政治与社会基础；②从"革命"到"建设"，为民族复兴初步奠定了经济基础；③从"封闭"到"开放"，为民族复兴初步奠定了思想基础；④从"天下"到"世界"，初步奠定了中华民族融入国际社会、顺应世界潮流的对外交往基础。⑤

**4. 辛亥革命与史学研究**

辛亥革命是清季以来中国近代史学研究的重大事件。有学者指出，迄今为止，对辛亥革命的研究只是万里长征走完了第一步。对辛亥革命史的研究必须摆脱粗放式的研究状态，进入精细化的轨道。学者要提高自身学养，不能总想着发掘新史料、寻找所谓前人没有研究过的新问题，做貌似"填补空白"实则"拾人牙慧"的假学术。⑥ 有学者秉持同样的观点，认为对辛亥革命史研究中的

---

① 马敏：《辛亥革命是中华民族走向自觉的重要一环》，《历史评论》2021 年第 3 期。
② 王萍、杨敏：《辛亥革命时期的民族认同及其对铸牢中华民族共同体意识的现实意蕴》，《青海社会科学》2021 年第 6 期。
③ 齐卫平、樊士博：《民族复兴未竟事业的继承：中国共产党早期文献对辛亥革命的评述》，《思想理论教育导刊》2021 年第 10 期。
④ 宋学勤、卫玮岑：《从民族复兴视角认识辛亥革命的历史价值》，《马克思主义理论学科研究》2022 年第 3 期。
⑤ 马敏：《浅谈深化辛亥革命历史影响研究的三个视角》，《广东社会科学》2021 年第 5 期。
⑥ 桑兵：《辛亥革命史研究需要走向精细化》，《广东社会科学》2021 年第 5 期。

文献的考订与校勘依然任重道远，不仅要继续推进史料研读的精细化，在研究视野方面，还须注重将全球史、微观史、概念史、记忆史、情感史、生活史、疾病史、图像史等新视角引入辛亥革命的研究视野。① 一部分学者认为，对辛亥革命进行全面、客观的评价，必须建立在将辛亥革命与西方的资产阶级革命进行有效比较的基础上。比如，有学者将 20 世纪中国的辛亥革命与马克思主义经典作家笔下的 1848 年德国资产阶级革命纳入统一视野进行比较，认为辛亥革命虽然没有完成反帝反封建的革命任务，但中国人民在辛亥革命中，不仅"真正走上了革命的道路"，而且完成了自己的"第一次革命"。② 有学者关注到，民国前期的历史教科书以"共和"叙事展示出对于辛亥革命与民国建立的基本看法。尽管其中存在明显的历史局限性（比如把袁世凯担任中华民国总统看作共和制最终形成的标志），但毕竟也是一个时代的主导性叙事，对启发今人思考有其价值所在。③

### （三）研究的不足及建议

从改革开放以来历次辛亥革命整十周年纪念文章来看，在数量上，2011 年作为辛亥革命 100 周年，相关纪念文章的涌现达到巅峰。然而 2021 年与 2011 年相比，文章数量前者仅为后者的 2/3。由此可见，近年来学界对辛亥革命研究的热情有下降趋势。在内容上，纪念辛亥革命 100 周年的相关文章，较多聚焦在辛亥革命本身，如研究其性质、爆发的原因和失败的原因，如何科学界定其概念，在革命中谁起主要作用，对 20 世纪的中国造成何种影响，海内外关于辛亥革命研究的争议等。2021 年纪念辛亥革命 110 周年的文章，多从辛亥革命对中国共产党的影响，以及在中华民族伟大复兴命题下可被挖掘出怎样的时代内涵着手，对习近平总书记的重要讲话作了系统阐述。

综览 2021 年纪念辛亥革命 110 周年的相关论文，有亮点但也有不足。未来可以从以下几方面进一步研究。

辛亥革命与现代化。包括与社会主义民主政治发展的关系，与建设社会主义法治国家的关系，与中国式现代化的关系。

---

① 谭徐锋：《史料细化与视野转换——辛亥革命史研究的省思》，《史学理论研究》2021 年第 6 期。

② 余斌：《辛亥革命的重大意义——与 1848 年德国革命相比较的视角》，《观察与思考》2021 年第 11 期。

③ 李帆：《"共和"叙事：切近的历史表述——民国前期历史教科书中的辛亥革命与民国建立》，《民国档案》2021 年第 4 期。

辛亥革命与传统文化。包括辛亥革命对传统文化的批判，辛亥革命后中国文化的建构与重塑，辛亥革命对"四个自信"的正反影响。

辛亥革命与社会转型。正如陈独秀指出，革命"是社会组织进化的战争"，而反革命"是社会组织退化的战争"。① 今后学者可多挖掘辛亥革命给民众心理、社会秩序、民间传统带来的变化。

辛亥革命与伟大建党精神。虽然很多学者都强调中国共产党继承发扬了辛亥革命先辈的革命精神，但缺少从精神内涵与实质层面具体分析辛亥革命对伟大建党精神的影响。

## 三 关于中华苏维埃共和国临时中央政府成立 90 周年的研究

1931 年 11 月 7 日至 20 日，中华苏维埃第一次全国代表大会在江西瑞金召开，选举产生了以毛泽东为主席的中华苏维埃共和国中央执行委员会、中央执行委员会人民委员会，宣布了中华苏维埃共和国临时中央政府的成立。2021 年 11 月 2 日，纪念中央革命根据地创建暨中华苏维埃共和国成立 90 周年座谈会在北京举行。王沪宁出席会议并讲话。王沪宁回顾了中华苏维埃共和国创建的历史，总结了中华苏维埃共和国创建的意义，提出了"以史为鉴、开创未来、走好实现第二个百年奋斗目标新的赶考之路"的要求。② 新华社、江西省社会科学院等单位也组织了系列宣传活动和学术会议。③ 此外，《江西社会科学》《党史教学与研究》《苏区研究》等刊物也分别开设了相关主题的研究专栏。

### （一）研究的进展和亮点

#### 1. 关于中华苏维埃共和国的经济建设的研究

有学者认为，以往的"打土豪"筹款，已经不能满足中华苏维埃政府的财政支出和革命战争的需要。为此，临时中央政府把财政收入的主要来源放在税收方面，并制定了中华苏维埃共和国的农业税制。④ 1931 年中华苏维埃共和国

---

① 《陈独秀文集》第 2 卷，人民出版社，2013，第 306 页。
② 王沪宁：《在纪念中央革命根据地创建暨中华苏维埃共和国成立 90 周年座谈会上的讲话》，《人民日报》2021 年 11 月 3 日。
③ 《"纪念中央革命根据地创建暨中华苏维埃共和国成立 90 周年学术研讨会"在省社科院举行》，江西省社会科学院网站，2021 年 11 月 5 日，http：//www.jxsky.org.cn/Wap/NewsView.aspx?id=241755。
④ 参见易凤林、魏烈刚《中央苏区农业税制建设的特点及其历史意义》，《江西社会科学》2021 年第 10 期。

成立后，决定设立中华苏维埃共和国国家银行。有学者指出，中华苏维埃共和国国家银行的设立体现了在当时条件下共产党人对金融工作的认识，对新中国的金融系统的建设提供了历史参考。①

**2. 关于中华苏维埃共和国的政治建设的研究**

有学者认为，"革命的理想目标需要革命的手段来实现"②，苏维埃革命通过法律的形式进行，彰显了革命的正义性，广泛动员了农民的参与，促进了乡村社会的结构变迁和民众思想意识的转变。

有学者从乡苏"村选"的角度剖析了中华苏维埃共和国的民主选举，指出中华苏维埃共和国的乡村民主有着完善的制度安排，确立了明确的选举委员分会制度和人民代表大会制度等具体制度，取得了良好的制度绩效。③ 有学者指出，苏区时期，中国共产党通过群众大会，推动了基层苏维埃政权的建立，增强了群众对苏维埃政权的归属感和认同感，也增强了群众的阶级意识，强化了农民与地主的对立感，巩固了苏维埃政权。④

**3. 关于中华苏维埃共和国文化建设的研究**

有学者指出，中央苏区文艺活动是"应中国共产党领导的土地革命、武装斗争和政权建设需要而兴起的革命文化实践"⑤，对中国共产党的红色苏维埃政权建设发挥了重要政治文化功能。也有学者关注到红色歌谣的作用，认为红色歌谣是早期马克思主义大众化传播的特殊载体，中国共产党利用苏区特定的时空环境和独特的民情风俗，创作了许多与苏区民众人文环境相适的红色歌谣，真实生动地反映了苏区社会各方面的变化，为马克思主义的传播创造了有利条件。⑥ 有学者认为，文化反贫困是中国共产党领导群众摆脱贫困的重要主张。中国共产党在中央苏区时期通过发动"工农通讯员运动"，动员群众为党报写稿，积极表达群众对社会改造的观点，使无产阶级逐渐从"自在"走向"自为"，为中国共产党文化反贫困主张的实现提供了来自人民

---

① 参见李德《中华苏维埃共和国国家银行的创建》，《中国金融》2021 年第 7 期。

② 刘俊、曾绍东：《法律与革命：中华苏维埃共和国法制价值新论》，《江西社会科学》2021 年第 10 期。

③ 参见夏雪《乡苏"村选"：中华苏维埃共和国乡村民主选举制度研究》，《红色文化学刊》2021 年第 1 期。

④ 张宏卿、李博懿：《政治仪式与政治认同：苏区时期的群众大会》，《苏区研究》2021 年第 6 期。

⑤ 邓小琴：《中央苏区文艺研究述评》，《党史教学与研究》2021 年第 2 期。

⑥ 参见余芬霞、余玉《中央苏区红色歌谣与早期马克思主义大众化传播》，《出版发行研究》2021 年第 5 期。

群众的内生动力。①

## （二）研究的不足及建议

其一，需要进一步挖掘和运用新资料。在 2021 年学界的相关研究成果中，部分文章缺乏翔实的史料支撑，难以真正把握中华苏维埃共和国时期党的各方面工作的具体成效。为此，一方面学界需要充分运用已有的资料，另一方面需要进一步挖掘和运用多方面的新资料。

其二，需要进一步创新研究思路。中华苏维埃共和国成立已有 90 余年，相关文献浩如烟海，如何从中研究出有意义的内容，需要学术界进一步创新研究思路。如深入分析比较中国共产党在中央苏区、在延安、在西柏坡等不同地区各项工作的不同及联系，从而掌握革命史、政权建设史以及革命精神和红色基因的发展脉络。

其三，需要进一步拓展研究视野。研究中华苏维埃共和国不能脱离时代精神和时代需要。当前我国正处于全面建设社会主义现代化强国的重要阶段，可以进一步研究中华苏维埃共和国在社会治理、文化建设等各方面的成就，为当前我国的各项建设提供历史参考。

## 四 关于西藏和平解放 70 周年的研究

1951 年 5 月 23 日，《中央人民政府和西藏地方政府关于和平解放西藏办法的协议》（简称"十七条协议"）在北京签订。人民解放军进军西藏，驱逐帝国主义势力，西藏和平解放。从此，西藏进入从黑暗走向光明、从落后走向进步、从贫穷走向富裕、从专制走向民主、从封建走向开放的新时代。2021 年是西藏和平解放 70 周年，党和国家高度重视，举行重大纪念活动。学界以此为契机深入开展相关研究。

### （一）研究概况

#### 1. 隆重举行纪念活动

2021 年 7 月 21~23 日，在庆祝西藏和平解放 70 周年之际，中共中央总书记、国家主席、中央军委主席习近平来到西藏，看望慰问西藏各族干部群众，

---

① 参见林棵、王建华《中国共产党文化反贫困的早期探索——以中央苏区工农通讯员运动为例》，《江西财经大学学报》2021 年第 5 期。

给各族干部群众送去党中央的关怀。习近平作为中共中央总书记、国家主席、中央军委主席到西藏庆祝西藏和平解放，在党和国家历史上是第一次，充分表达了党中央对西藏工作的支持、对西藏各族干部群众的关怀。① 8 月 19 日上午，西藏各族各界干部群众 2 万多人欢聚在布达拉宫广场，热烈庆祝西藏和平解放 70 周年。中共中央、全国人大常委会、国务院、全国政协、中央军委就西藏和平解放 70 周年发来贺电。② 国际社会高度关注西藏和平解放 70 周年系列活动，赞赏西藏和平解放 70 年来发展取得的历史性成就。③

**2. 举办报告会、研讨会和座谈会**

5 月 14 日，西藏自治区社科联举办了"学史明理、学史增信、学史崇德、学史力行，推动西藏党史工作高质量发展"学术报告会。④ 19 日，由中国人权研究会、中国西藏文化保护与发展协会、中国藏学研究中心主办的"纪念西藏和平解放 70 周年国际学术研讨会"在中国藏学研究中心举行。中国西藏文化保护与发展协会副会长斯塔、西藏自治区政协副主席珠康·土登克珠、西藏自治区政协原副主席阿沛·晋源、中国藏学研究中心党组书记陈宗荣等出席会议开幕式并致辞，来自中央党校、中国社会科学院、中国藏学研究中心、清华大学、中央民族大学、西藏大学等近 20 家机构的 70 多位专家学者参加研讨。研讨会还邀请了美国、英国、挪威、拉脱维亚、巴基斯坦 5 个国家和中国台湾地区的 6 位学者通过现场或视频交流的方式参加会议。与会学者在西藏和平解放的重大意义、70 年来西藏取得的历史性成就、新时代党的治藏方略正确性等问题上深化了认识，凝聚了共识。会议出版了《纪念西藏和平解放 70 周年学术研讨会论文集》。⑤ 21 日，西藏自治区党委宣传部、自治区社科联组织召开"庆祝西藏和平解放 70 周年"理论研讨会。与会专家学者紧扣会议主题，从不同角度和不同学科进行了交流研讨，深刻总结了中国共产党领导下西藏工作的经验启示，对推进新时代西藏长治久安和高质量发展提出了对策建议。⑥

---

① 《全面贯彻新时代党的治藏方略 谱写雪域高原长治久安和高质量发展新篇章》，《人民日报》2021 年 7 月 24 日。

② 《庆祝西藏和平解放 70 周年大会隆重举行》，《新西藏》（汉文版）2021 年第 9 期。

③ 韩显阳、张任重、马赛：《国际社会高度关注我庆祝西藏和平解放七十周年》，《光明日报》2021 年 8 月 23 日。

④ 西藏自治区哲学社会科学界联合会：《西藏自治区哲学社会科学界联合会召开"庆祝西藏和平解放 70 周年"学术报告会》，《西藏研究》2021 年第 3 期。

⑤ 李作泰、王俊昌：《纪念西藏和平解放 70 周年国际学术研讨会综述》，《中国藏学》2021 年第 3 期。

⑥ 西藏自治区哲学社会科学界联合会：《西藏自治区哲学社会科学界举办"庆祝西藏和平解放 70 周年"理论研讨会》，《西藏研究》2021 年第 3 期。

## （二）研究的进展和亮点

### 1. 关于西藏和平解放的意义与启示

有学者指出，西藏和平解放是西藏地方历史上开天辟地的大事，是中国历史发展进程中的里程碑事件之一，有效构筑了国家安全和生态安全屏障、有力维护了国家统一和民族团结、开辟了西藏社会发展和人民幸福的光辉道路。① 有文章认为，"十七条协议"的签订，标志着西藏各民族彻底摆脱帝国主义羁绊拥入祖国怀抱，巩固和发展了中华民族大家庭，是当代中国史中具有重要历史意义的事件。② 还有文章总结了西藏和平解放的经验启示，指出西藏和平解放的经验启示是坚持中国共产党领导、中国特色社会主义制度、民族区域自治制度，坚持改革开放以及坚持以人民为中心的发展思想。③

### 2. 西藏和平解放的历史成就和历史进程

有文章详细回顾分析了西藏自和平解放以来，历经平息叛乱、民主改革、成立西藏自治区、社会主义改造等，西藏社会制度实现了由封建农奴制到新民主主义社会，再到社会主义社会的伟大历史性跨越，西藏政治制度实现了由政教合一制度到社会主义政治制度的伟大跨越。④ 有学者认为，从"三不"到"一宜一不宜"，体现了中共中央对国际局势有利时机的准确把握，同时西藏上层分裂分子变本加厉的分裂行动促使中共中央作出了进军西藏"宜早不宜迟"的战略决策，加快了西藏和平解放步伐，直至"十七条协议"签订。西藏和平解放的实践历程体现了中共中央对"和"与"战"关系的精准把握与灵活运用，反映了解放西藏是各族人民的热切期盼，为中国共产党在西藏开展工作创造了条件，也为西藏地区各项事业的发展奠定了基础。⑤

### 3. 少数民族干部的培养及其启示

有学者强调，选任培养少数民族干部对于实现西藏和平解放和开展西藏工作尤为重要。中国共产党运用群团组织、参观访问、文教建设等形式，拓展干部选任培养渠道，将干部选任培养对象由少数民族上层拓展到普通群众，随着干部队伍建设加强，党得以进一步影响和联系群众，贯彻群众路线，并为西藏

---

① 廉湘民：《西藏和平解放的伟大意义》，《当代中国史研究》2021 年第 4 期。

② 白江波、王少明、普布次仁：《论西藏和平解放对中华民族大家庭巩固与发展的历史贡献——纪念〈十七条协议〉签订七十周年》，《西藏大学学报》（社会科学版）2021 年第 2 期。

③ 陈宗荣：《西藏和平解放的伟大意义及经验启示》，《中国西藏》2021 年第 3 期。

④ 李德成：《和平解放以来西藏社会制度的跨越发展》，《中国藏学》2021 年第 2 期。

⑤ 柳欢、王小彬：《西藏和平解放的历史回顾》，《当代中国史研究》2021 年第 4 期。

民主改革奠定了基础。① 还有学者指出，西藏和平解放以来，少数民族干部队伍建设取得了巨大成就。认为 70 年来，西藏少数民族干部工作给予我们如下启示：必须坚持党对少数民族干部工作的全面领导、必须强化少数民族干部制度保障体系、必须根据不同时期历史任务加强少数民族干部队伍建设、必须不断提高西藏教育质量、必须继续促进民族交往交流交融。②

### 4. 关于外国势力对西藏和平解放的干扰和阻挠

有文章从整体上探讨了英美帝国主义对中国共产党和平解放西藏的干涉以及外国在藏特权的取消问题。指出了帝国主义在中国西藏地区存在及其被驱逐的历史事实，讨论了帝国主义对当代中国西藏事务的持续性影响，廓清了西藏和平解放时期帝国主义问题的历史脉络，对我们清醒认识西藏和平解放前后的帝国主义问题有着积极的意义。③ 有学者认为，西藏的和平解放，是一场美、英、印三国阻挠中国统一和新中国政府坚决反对分裂的政治斗争；指出美、英、印三国宣称中国对西藏拥有的是宗主权而非主权，西藏是"自治"的。在人民解放军向全国大进军中，三国援助噶厦中的分裂分子武器弹药，使其武力抵抗统一。在"十七条协议"公布之后，美国唆使噶厦拒绝接受。④ 有学者就美国对西藏和平解放的干扰进行了思考，指出 1950 年至 1951 年，美国政府通过驻印使领馆官员竭力阻挠西藏和平解放谈判，反对签署"十七条协议"。在谈判地点上，美国官员支持印度和英国的主张，希望在新德里举行。在阿沛·阿旺晋美代表团赴京后，美国官员又通过印度和噶厦中的分裂势力竭力阻挠谈判，反对达成和平解放西藏的协议。当"十七条协议"签署并宣布后，美国官员宣称西藏地方代表没有签署全权，协议是被迫签署的，劝说印英两国反对协议，并要求噶厦、达赖喇嘛发表声明对协议予以否认。⑤ 还有学者具体探讨了印度总理尼赫鲁企图在中印之间制造战略缓冲区，阻挠西藏和平解放的有关问题。⑥

---

① 狄鸿旭：《西藏和平解放时期党选任培养少数民族干部的情感进路及其实践》，《西藏民族大学学报》（哲学社会科学版）2021 年第 6 期。

② 廖承英：《西藏和平解放 70 年来少数民族干部队伍建设历程与启示》，《西藏研究》2021 年第 3 期。

③ 王小彬、柳欢：《论和平解放前后帝国主义势力在西藏的影响问题》，《西藏研究》2021 年第 3 期。

④ 张皓、王欣怡：《反对外国势力干涉下之西藏和平解放的性质和意义》，《青海民族研究》2021 年第 3 期。

⑤ 张皓：《冷战格局下美国政府对西藏和平解放谈判及协议签署过程对干扰与阻挠》，《社会科学》2021 年第 3 期。

⑥ 张皓：《1948—1951 年尼赫鲁对中国西藏和平解放之态度演变——西藏和平解放 70 周年纪念》，《中国浦东干部学院学报》2021 年第 6 期。

### 5. 中国共产党的西藏政策

有文章指出了共产党和国民党对"西藏问题"的不同反应，指出中国共产党领导下的中央人民政府一举重整在藏治权，驱逐了帝国主义势力，结束了辛亥革命之后中央与西藏地方关系极不正常的状态。[①] 有文章研究了西藏和平解放时期中央政府分步骤收回西藏地方外交权的问题，指出"十七条协议"签订后，中央人民政府采取了慎重稳妥的办法，分步骤收回西藏地方外交权，在取消了西藏非法外交机构的同时又争取了其工作人员。[②] 还有文章分析了西藏和平解放的主线问题，认为完整地观察昌都战役爆发和"十七条协议"诞生的过程，发现实现西藏和平解放的主线是政治解决，这体现了中国共产党解放西藏的和平本质与特征。[③] 有文章进一步探讨了西藏和平解放以来西藏民族工作的开展情况。认为其先后经历了初步探索期、改革调整期、稳步发展期、成熟完善期的发展过程。这是一条具有中国特色和西藏特点的民族工作之路，其发展过程具有丰富的理论内涵与价值意蕴。[④]

### 6. 西藏解放与中华民族共同体意识

有学者认为，解放西藏是中华民族共同体意识的必然要求，也是西藏各族人民中华民族共同体意识的内在要求，具有历史承续性和政治明确性。而西藏和平解放反映了全国人民特别是西藏各族人民的共同心愿。历史证明，西藏和平解放是中华民族共同体意识的充分体现。[⑤]

除上述外，还有学者从宪法学角度分析了"十七条协议"的内容。[⑥] 有学者具体分析了 1950~1952 年人民解放军进军西藏的情况和意义。[⑦]

---

① 冯翔：《中国共产党与国民党对"西藏问题"的不同因应——写在中国共产党成立 100 周年与西藏和平解放 70 周年之际》，《西藏研究》2021 年第 3 期。
② 徐万发、夏广珍：《论西藏和平解放时期中央人民政府收回西藏地方非法外交权》，《西藏民族大学学报》（哲学社会科学版）2021 年第 2 期。
③ 赵磊：《政治解决是从昌都战役到〈十七条协议〉一以贯之的主线——纪念西藏和平解放 70 周年》《思想理论教育导刊》2021 年第 2 期。
④ 李伟、李资源：《西藏和平解放 70 年来民族工作的发展历程与时代展望》，《西藏研究》2021 年第 3 期。
⑤ 喜饶尼玛、冯翔：《西藏和平解放是中华民族共同体意识的充分体现》，《中央民族大学学报》（哲学社会科学版）2021 年第 3 期。
⑥ 常安：《纪念西藏和平解放 70 周年："十七条协议"的宪法学解读》，《中国边疆史地研究》2021 年第 4 期。
⑦ 张皓：《一九五〇至一九五二年人民解放军之进驻西藏——西藏和平解放 70 周年纪念》，《党史研究与教学》2021 年第 4 期。

### （三）研究的不足及建议

其一，从研究成果看，重复性研究比较多。这就需要学者们进一步挖掘史料，进一步深化对西藏和平解放中的历史人物、重大事件等的解读，并将研究成果积极推向世界，在一定程度上增强自身的国际学术话语权。

其二，从资料的整理看，缺乏对西藏和平解放亲历者的口述史资料汇编，虽然从 20 世纪 80 年代以来编写了一些文献史料和刊登了一些回忆性的文章，但尚未形成规模，且在一定程度上缺乏系统性，没有形成大部头的著作，因此需要在已有成果的基础上，进一步挖掘西藏和平解放的口述史资料，编撰具有重要历史价值的著作。

## 五　关于中华人民共和国恢复联合国合法席位 50 周年的研究

1971 年 10 月 25 日，第二十六届联合国代表大会以压倒性多数通过第 2758 号决议，决定恢复中华人民共和国在联合国的一切合法权利。这是中共党史、新中国外交史上具有重要意义的事件。2021 年是中华人民共和国恢复联合国合法席位 50 周年。

### （一）研究概况

2021 年 10 月 25 日，党和国家在北京隆重举行纪念中华人民共和国恢复联合国合法席位 50 周年大会。国家主席习近平发表重要讲话，指出新中国恢复在联合国合法席位"是世界上一切爱好和平和主持正义的国家共同努力的结果。这标志着占世界人口四分之一的中国人民从此重新走上联合国舞台。这对中国、对世界都具有重大而深远的意义"，强调中国"坚决维护联合国权威和地位，共同践行真正的多边主义"。①

2021 年 6 月 25 日，中国外交协会举办"纪念新中国恢复联合国合法席位 50 周年"蓝厅论坛，国务委员兼外交部部长王毅出席并发表主旨演讲，指出新中国恢复联合国合法席位"是新中国外交的胜利，是世界公道正义的胜利，也是《联合国宪章》宗旨和原则的胜利，使世界和平与发展的力量得到空前壮大"。② 9 月

---

① 习近平：《在中华人民共和国恢复联合国合法席位 50 周年纪念会议上的讲话》，《人民日报》2021 年 10 月 26 日。

② 《"纪念新中国恢复联合国合法席位 50 周年"蓝厅论坛举行——王毅出席并发表主旨演讲》，《人民日报》2021 年 6 月 26 日。

8 日，由中国联合国协会和中国人民外交学会共同举办的"携手同心，共筑未来——纪念中华人民共和国恢复联合国合法席位 50 周年"研讨会在北京举行，王毅发表讲话，指出新中国恢复联合国合法席位"是具有重大历史意义的事件，标志着联合国真正成为最具普遍性、代表性和权威性的政府间国际组织，也开启了中国和联合国合作新篇章"。①

全国多所高校、研究所举行了相关学术研讨会。5 月 22 日，中国国际法学会和海南大学在海口共同举办"恢复联合国合法席位 50 周年：中国的国际法贡献"研讨会。② 9 月 23 日，中国社会科学院在北京举办以"全球化时代的全球治理——纪念新中国恢复联合国合法席位 50 周年"为主题的中国社会科学论坛，来自中国、德国、法国、意大利等国的 20 余位专家学者参会。③ 11 月 9 日，上海市国际关系学会、上海国际战略问题研究会、上海国际问题研究院共同举办"纪念新中国恢复联合国合法席位 50 周年——动荡变革期的全球治理体系与中国多边外交前瞻"学术研讨会。④

学界发表了一系列关于新中国恢复联合国合法席位的研究论著。如世界知识出版社出版了中国联合国协会编写的《携手之路——纪念中华人民共和国恢复联合国合法席位 50 周年》一书。2021 年关于新中国恢复联合国合法席位的研究文章累计 40 余篇。其中，《中国报道》《党史博采》等刊物分别开设了相关研究专栏。

## （二）研究的进展和亮点

### 1. 新中国恢复联合国合法席位相关史实研究

有学者通过梳理大量历史资料，指出毛泽东"一条线"和"一大片"的新外交思想对新中国恢复联合国合法席位起了重要作用，"不去联合国，就脱离群众了"的观点更是为彼时外交部是否去联合国指明了正确方向。⑤ 有学者

① 《王毅出席纪念中华人民共和国恢复联合国合法席位 50 周年研讨会并讲话》，中国政府网，2021 年 9 月 8 日，https：//www. gov. cn/guowuyuan/2021-09/08/content_5636185. htm。
② 《"恢复联合国合法席位 50 周年：中国的国际法贡献"研讨会成功举行——纪念中华人民共和国恢复联合国合法席位 50 周年系列活动》，外交部网站，2021 年 5 月 25 日，https：//www. mfa. gov. cn/web/ziliao _ 674904/zt _ 674979/dnzt _ 674981/qtzt/jnzghflhghfxw/202105/t20210525 _ 9184108. shtml。
③ 《专家学者在京探讨"全球化时代的全球治理"》，人民网百度百家号，2021 年 9 月 24 日，https：//baijiahao. baidu. com/s？ id＝1711781982387545719&wfr＝spider&for＝pc。
④ 《"纪念新中国恢复联合国合法席位 50 周年"学术研讨会在沪举办》，上海市社会科学界联合会官网，2021 年 11 月 12 日，https：//www. sssa. org. cn/xhyw/682084. htm。
⑤ 程飞：《毛泽东领导中国恢复联合国合法席位的高超艺术》，《世纪风采》2021 年第 10 期。

指出，从 1949 年 11 月起，新中国便主动出击，为获得社会主义国家、亚非拉民族独立国家乃至欧洲国家支持，开展了一系列外交斗争，最终于 1971 年恢复在联合国的合法席位。① 还有学者具体阐述了抗美援朝战争胜利后联合国对新中国态度的转变，指出彼时联合国意识到"许多重大国际问题，首先是亚洲问题，若无中华人民共和国参加，是不能得到解决的"。② 有学者梳理了 1971 年联合国大会通过第 2758 号决议的历史背景和过程，包括基辛格秘密访华、中美两国声明的发表、阿尔巴尼亚等国致函联合国秘书长、第二十六届联合国大会开幕等，指出该决议"从政治、法律、程序上彻底解决了中华人民共和国政府在联合国的中国代表权问题，充分体现了联合国所坚持的一个中国原则"。③ 有学者研究了 1971 年美国与台湾当局在联合国中国代表权问题上的有限"合作"，指出随着基辛格两次访华，台湾当局完全陷入被动，最终对美国所主张的"复合双重代表案"持消极默认态度。④

**2. 新中国恢复联合国合法席位历史意义研究**

有学者指出，新中国恢复联合国合法席位，是"国际社会正义力量反对霸权主义和强权政治的历史性转折"。⑤ 有学者通过梳理新中国恢复联合国合法席位后的多项外交活动，指出新中国外交依托联合国这一平台进入了新的发展阶段，极大改善了新中国所处的国际环境。⑥ 有学者指出，中华人民共和国与联合国携手走过的 50 年不平凡历程，"是一个相互成就、共同成长的历程"。⑦ 有学者认为，新中国恢复联合国合法席位即"政治入世"，开启了中国与联合国成员国之间的全面交往与合作。⑧ 有学者认为新中国恢复联合国合法席位时正值第三次产业革命浪潮，因而"成为中国改革开放的前奏"，为此后我国在经

---

① 张宏喜：《新中国恢复联合国合法席位的外交斗争》，《炎黄春秋》2021 年第 10 期。

② 胡新民：《雷震风雨何所惧 总有云开日出时——联合国恢复新中国合法席位 50 周年记》，《党史文汇》2021 年第 10 期。

③ 杨亲华：《联合国第 2758 号决议文的权威性不容挑战——纪念中国恢复联合国合法席位 50 周年》，《今日中国》2021 年第 11 期。

④ 丁志远：《1971 年美国与台湾当局在联合国中国代表权问题上的有限"合作"》，《台湾研究集刊》2021 年第 1 期。

⑤ 刘建超：《新中国恢复联合国合法席位的历史意义和现实启示》，《人民日报》2021 年 11 月 15 日。

⑥ 张磊：《中国重返联合国五十年：发展历程与演进逻辑》，《国际观察》2021 年第 5 期。

⑦ 王存刚：《始终站在历史正确和人类进步的一边——纪念中国恢复联合国合法席位 50 周年》，《当代世界》2021 年第 11 期。

⑧ 何田田：《国际法秩序价值的中国话语——从"和平共处五项原则"到"构建人类命运共同体"》，《法商研究》2021 年第 5 期。

济建设上取得伟大历史性成就打下了坚实基础。①

**3. 新中国参与联合国工作 50 年主要贡献研究**

有学者指出，重返联合国 50 年来，中国不仅"在国际社会积极倡导多边主义"，而且通过提出共商共建共享的全球治理观、推动构建人类命运共同体等"以实际行动践行多边主义"。② 有学者认为，新中国恢复联合国合法席位的 50 年来，推动建构平等互利、合作共赢的新型国际关系，提倡超越种族、文化与意识形态界限，共同构建人类命运共同体，对维护国际秩序和实现世界和平发展，发挥了不可替代的作用。③ 有学者认为，新中国恢复联合国合法席位以来积极参加人权理事会历次会议和各项工作并受到高度评价，充分说明中国"人权事业成就"、"人权发展道路"和"人权保障初心决心恒心"获得广泛认同。④ 有学者指出，新中国恢复联合国合法席位 50 年来，不仅对联合国维和行动的认知逐渐从消极转向积极，还主动塑造联合国和平安全议程，呈现出"以积极承担大国责任为导向、以主动塑造国际议程为特征"的发展趋势。⑤ 有学者强调，中国主张为发展中国家筹集更多发展资源，消除"发展鸿沟"，对推动构建更加平等、均衡的全球发展伙伴关系发挥了重要作用。⑥ 有学者指出中国数十年来积极参与全球减贫机制建设，深入探索"自力更生、平等互利、不附带任何政治条件"的对外援助模式，为推进联合国减贫事业作出了重要贡献。⑦

**4. 新中国参与联合国工作 50 年现实启示研究**

有学者从宏观角度总结了新中国同联合国合作 50 年的现实启示，即一是坚持党的领导，二是统筹两个大局，三是坚守多边主义，四是坚持和平发展，五是加强统筹协调。⑧ 有学者从微观角度分析了新中国参与联合国工作 50 年对进一步增强中国话语权的启示，指出要进一步增强中国在联合国立法机构中的作用。⑨

---

① 刘振民：《从中国和世界两个维度总结新中国恢复联合国合法席位的历史意义》，《人民日报》2021 年 9 月 10 日。

② 黄惠康：《从和平共处五项原则到构建人类命运共同体 为全球治理变革和国际法治贡献中国智慧——纪念新中国恢复联合国合法席位 50 周年》，《国际法学刊》2021 年第 3 期。

③ 迟永：《中国重返联合国开启"国际事务新时代"》，《历史评论》2021 年第 6 期。

④ 黄进：《联合国人权工作及中国的作用》，《人权研究》2021 年第 3 期。

⑤ 毛瑞鹏：《中国对联合国和平安全议程的参与和塑造》，《国际安全研究》2021 年第 5 期。

⑥ 赵明昊：《党的十八大以来中国维护联合国地位和作用的主张、行动和成果——纪念中华人民共和国恢复联合国合法席位 50 周年》，《思想理论教育导刊》2021 年第 11 期。

⑦ 骆明婷：《联合国减贫道路与中国的贡献》，《毛泽东邓小平理论研究》2021 年第 2 期。

⑧ 杨洁篪：《五十年深化同联合国合作 协力构建人类命运共同体》，《求是》2021 年第 21 期。

⑨ 杨泽伟：《中国与联合国 50 年：历程、贡献与未来展望》，《太平洋学报》2021 年第 11 期。

## （三）研究的不足及建议

### 1. 从研究史料看

当前学界在论述中国与联合国之间的关系时，主要使用国内公开出版的史料，且材料较为陈旧。因此，一是应重视对联合国文献档案资料的充分掌握和运用。如作为辐射全球的政府间组织，联合国及其相关机构的档案资料为研究中国重返联合国、中国与联合国的关系等问题提供了翔实的史料，应当充分利用。二是应重视对中国重返联合国口述史料的搜集与整理。如关于通过第 2758 号决议"台前幕后"的情况，通过亲历者回忆与讲述，可以得到更为丰富的信息，从而为研究这一问题夯实资料基础。

### 2. 从研究视角看

学界对新中国恢复联合国合法席位的研究多聚焦于一般性的历史过程，较少从毛泽东、周恩来等相关人物及台湾当局人物、国际人物的视角切入。今后可加强这方面的研究。

### 3. 从研究内容看

当前学界对新中国恢复联合国合法席位的研究已涉及从历史、安全、国际法到可持续发展、人权、减贫等多个微观领域，但宏观研究有待进一步加强，这对未来中国进一步处理与联合国的关系有重要参考意义。

## 六 关于九一八事变 90 周年的研究

"1931 年的九一八事变，是日本企图变中国为其独占殖民地的严重步骤。九一八事变后，中国人民在白山黑水间的奋起抵抗，成为中国人民抗日战争的起点，同时解开了世界反法西斯战争的序幕。"① 2021 年是九一八事变 90 周年。限于篇幅，在此，仅对这一问题的研究概况、研究的进展和亮点进行论述。

### （一）研究概况

### 1. 举办研讨会

10 月 9 日至 10 日，由南京大学历史学院、《抗日战争研究》编辑部、南京大学中华民国史研究中心共同主办，南京大学中日历史问题研究中心承办的

---

① 中共中央党史和文献研究院：《中国共产党的一百年》（新民主主义革命时期），中共党史出版社，2022，第 136 页。

"九一八事变 90 周年国际学术研讨会"在南京召开。与会者围绕九一八事变前后的中国、日本和第三方进行了集中探讨。12 月 11 日，沈阳"九·一八"历史博物馆以线上形式召开了"九一八事变 90 周年学术研讨会"。学者围绕九一八事变的历史背景、中国共产党组织和领导东北抗日义勇军的抗战、九一八事变后的国难文学研究及东北抗联精神等多个方面进行了多角度、深层次的研讨。[1]

**2. 出版著作和史料**

1 月，王美平的《日本对中国的认知演变：从甲午战争到九一八事变》，由社会科学文献出版社出版，该书涉及九一八事变期间日本政界、军界、知识界、民众的对华认知，并探究这些认知对日本发动九一八事变的影响。6 月，由范丽红主编的《九一八事变机密军事档案·关东军卷四》（全 53 册），由线装书局出版，该书记录了 1933 年 1 月至 7 月 31 日，日本关东军攻占热河，进攻长城及河北省北部地区的机密军事档案。

**3. 发表学术论文**

以"九一八事变"为关键词，在中国知网进行搜索，2021 年发表文章 96 篇。

## （二）研究的进展和亮点

### 1. 九一八事变与日本研究

日本发动九一八事变的原因。有学者根据日本原始档案资料，从关东军发动九一八事变与"满洲事件费"入手，探讨关东军"独走"是日本天皇、军部、政府、财阀以及民间团体合力作用的结果，是日本在明治维新以来所确立的大陆扩张战略梦想的体现。当侵略战争失败后，寻找借口推卸战争责任便成了历史必然，军部和关东军的"独走论"便是其中最明显的一个例证。[2] 有学者指出，自认对日本"不公"的国际秩序观、"满蒙权益"论和反苏防共意识，构成了一战后日本朝野对外认知的核心。而这三大错误认知逻辑的发展、交错及合流正是九一八事变爆发的深层原因。[3]

日本在中国的殖民统治。有学者指出，九一八事变后，日本出于维系庞大

---

① 《沈阳"九·一八"历史博物馆举行九一八事变 90 周年全国学术研讨会》，搜狐网，2021 年 12 月 20 日，http://news.sohu.com/a/510147393_121119243。

② 武向平：《"独走"背后：九一八事变与"满洲事件费"》，《日本侵华南京大屠杀研究》2021 年第 1 期。

③ 宋志勇：《国际秩序、"满蒙权益"、反苏防共：日本发动九一八事变的认知逻辑》，《社会科学辑刊》2021 年第 4 期。

的战争开支与破坏中国盐政统一等考量，违背国际公法和国联盟约，劫夺东北盐税并占领东北盐务稽核机关。日本的劫夺行径直接影响到中国外债偿还能力和 1929 年整理外债计划的实行，亦有损外国利权。相关各国从自身利益出发，一方面敦促日方将盐税摊付外债部分如期汇解上海，另一方面却奉行绥靖政策。南京国民政府也作出种种努力，但终究未能阻止东北盐税完全落入日本及其扶植的伪政权之手。这一事件也成为推动国民政府新一轮盐政改革与整理外债的重要因素。① 有学者认为，九一八事变后，日本殖民当局围绕向中国东北农业移民的问题引导国内舆论予以积极支持，国内虽有不同意见，但未能放缓殖民当局对外农业移民的步伐。而整个中国社会则表现出对日本侵占东北和称霸亚洲野心的坚决拒斥。②

九一八事变与日本军队。有学者对日本侵华陆军中的"中坚"军人群体进行研究，指出以石原莞尔为代表的日本陆军"中坚层"军人把其所受系统的军事教育转化为战争理论，并通过发动九一八事变、武力占领"满蒙"对其理论进行初步实践，为日后日本侵略全中国乃至日美作战进行全球性战略布局。③有学者认为，日本"中国驻屯军"在九一八事变后曾试图进行战略转向，以提高自身在陆军中央的地位和话语权。但其行动遭到关东军排挤抵制和陆军中央的疏远限制。虽然其增兵企图部分得到满足，但战略转向并没有完成。④

有学者还对九一八事变与日本民间组织⑤、九一八事变与日本对中国留日学生压制⑥、九一八事变与日本应对国际舆论调查⑦等问题进行了有新意的研究。

### 2. 九一八事变与国际联盟研究

有学者指出，九一八事变后，应国民政府请求，国联派遣调查团调处中日冲突问题。在国联理事会商议调查团的组建过程中，调查团的人数和来源国构

---

① 翁敏：《九一八事变后日本劫夺东北盐税及各方因应》，《日本侵华南京大屠杀研究》2021 年第 2 期。

② 徐茂宇、李勇军：《"九一八"事变后日本向中国东北农业移民的舆论因应》，《古今农业》2021 年第 4 期。

③ 马晓娟：《石原莞尔与日本陆军"中坚层"的战争实践——以九一八事变为中心的考察》，《军事历史》2021 年第 1 期。

④ 侯慧明：《九一八事变后日本"中国驻屯军"的增兵企图与战略转向（1931—1933）》，硕士学位论文，辽宁师范大学，2021。

⑤ 孟二壮：《助纣为虐：日本商业会议所在中国东北的活动评析》，《日本侵华南京大屠杀研究》2021 年第 2 期。

⑥ 陈珍：《九一八事变后中国留日学生的抗日活动及日方的应对》，《日本侵华南京大屠杀研究》2021 年第 4 期。

⑦ 潘德昌：《日本情报部门对九一八事变的国际舆论调查》，《外国问题研究》2021 年第 4 期。

成已经引发大国之间的较量。既有英、美、法、德、意五大国的内部政治权衡与人员遴选，又有中日两国的因应。此过程中所呈现的各国政治外交折冲深刻反映了大国意志、中国心态和日本预谋，直接影响有关九一八事变调查的实效性。① 有学者认为，包括中共在内的"共产主义"因素，是日本发动九一八事变、拒绝撤兵和建立伪满等一系列行动的借口之一。日本和国民政府利用多种方式对共产主义进行诋毁和"辩解"，误导李顿调查团调查方向，对《李顿调查团报告书》产生一定影响，并使欧美等国对九一八事变后的"共产主义"产生忧虑，逐步形成九一八事变与"共产主义"存在关联性的刻板印象。②

### 3. 九一八事变与报刊报道研究

如有学者指出，九一八事变后的《申报》"读者来信"栏目，引导读者从关注个人问题转为关注国家民族命运问题，投身抗日运动，引导读者对国民党政府的不抵抗政策等大胆提出批评，进而要求停止内战，在当时的思想界和舆论界引起了很大的反响。③ 有学者指出，九一八事变后，马占山领导的江桥抗战引起苏联共产党中央机关报《真理报》的关注报道，扩大了江桥抗战的国际影响，为日后国际社会支持中国抗战奠定了一定的舆论基础。④

### 4. 九一八事变与国民党研究

在这方面，学者分别对国民党与溥仪⑤、国民党的国际宣传政策⑥、国民党与社会组织⑦、国民党与阎锡山的关系⑧、冯玉祥反对外交依赖国联⑨等问题，进行了了有一定独到性的研究。

### 5. 九一八事变与中国共产党研究

有学者指出，九一八事变后，中国人民的抵抗成为抗日战争的起点。中国共产党是东北抗战的中流砥柱，是东北抗战的首倡者和先行者，是东北抗战重大战略决策的制定者和执行者，是东北抗联精神的铸就者和践行者。中国共产

---

① 陈海懿：《九一八事变后国联调查团代表选定研究》，《社会科学辑刊》2021 年第 2 期。
② 陈海懿、郭昭昭：《九一八事变中的"共产主义"因素研究——基于李顿调查团的视角》，《中共党史研究》2021 年第 4 期。
③ 朱英：《"九一八"事变后〈申报〉读者通信中的民意表达与舆论引导》，《贵州社会科学》2021 年第 1 期。
④ 刘丽丽：《九一八事变后〈真理报〉关于江桥抗战报道述论》，《学术交流》2021 年第 9 期。
⑤ 李在全：《九一八事变后国民政府争取溥仪考实》，《社会科学辑刊》2021 年第 2 期。
⑥ 拱岩颜：《王正廷辞职与国民政府国际宣传政策的转变》，《日本侵华南京大屠杀研究》2021 年第 2 期。
⑦ 韩成：《从合作走向对抗：九一八事变后的上海学生团体与国民党党部》，《社会科学辑刊》2021 年第 2 期。
⑧ 赵妍杰：《穆光政事件与九一八事变后山西政局变动》，《抗日战争研究》2021 年第 1 期。
⑨ 吴元康：《九一八事变后冯玉祥反对依赖国联之政治主张探析》，《安徽史学》2021 年第 6 期。

党领导的东北抗战对全民族抗战和世界反法西斯战争的胜利发挥了重要作用，具有重大意义。① 有学者指出，九一八事变后，在中国共产党抗日主张的影响下，入关的东北流亡民众组建了东北民众抗日救国会，中国共产党领导东北民众抗日救国会制定正确方针政策，率先开展抗日救亡宣传、组建抗日义勇军，建立统一战线，从而使救国会在抗战初期的地位与作用凸显。②

除上述外，学者还对九一八事变后的地方抗战史③、九一八事变前后中国知识界对东北的认知流变④等问题进行了研究。

## 七　关于皖南事变 80 周年的研究

1940 年 1 月 6 日，国民党顽固派制造了震惊中外的皖南事变，新四军遭受重大损失。以皖南事变 80 周年为契机，学界出版专著多部，其中包括：铁春燕主编的《刘少奇与华中局》（中共党史出版社）、诸暨市新四军历史研究会编的《金萧烽火》（人民日报出版社）、宁波市新四军历史研究会编的《烽火岁月——浙东抗战革命故事》（宁波出版社）、中共上海市委党史研究室等编的《新四军老战士的青年时代》（上海人民出版社）、北京新四军研究会铁军纪念园工作委员会编的《十年志：铁军纪念园开园十周年》（新华出版社）、江苏省新四军研究会等编著的《苏皖边区史（1945.9—1947.11）》（中共党史出版社）、广州新四军研究会编的《红色记忆：老战士口述历史选编》（第四辑，人民日报出版社；前三辑于 2018~2020 年相继出版）。以上专著多为新四军老兵的回忆录。此外，从中国知网收录的文献来看，2021 年至 2022 年上半年，关于皖南事变的学术文章有 60 余篇。研究的进展和亮点主要有以下几个方面。

### （一）皖南事变与中国共产党的建设

有学者指出，华中局与华中军分会成立的重要原因，是为了解决皖南事变中新四军在党的建设方面存在的诸多问题。⑤ 有学者阐释了伟大建党精神与新

---

① 王广义、王可研：《九一八事变后中国共产党领导的东北抗战》，《前线》2021 年第 9 期。

② 张万杰：《九一八事变后中国共产党对东北民众抗日救国会的影响》，《辽宁大学学报》（哲学社会科学版）2021 年第 1 期。

③ 李向来、张敏等：《中国共产党沈阳地方组织在早期抗战中的历史贡献》，《沈阳干部学刊》2021 年第 6 期。

④ 董学升：《从边陲到“中央”：九一八事变前后中国知识界对东北的认知流变》，《日本侵华南京大屠杀研究》2021 年第 4 期。

⑤ 余广选、闫耀升：《抗日战争时期中共中央华中局加强党的建设述论》，《军事历史研究》2021 年第 5 期。

四军铁军精神的关系。① 有学者以皖南事变为例，指出中共通过"我他有别"的叙述来应对重大突发事件的舆论风险。②

## （二）皖南事变与国共关系

有学者从林彪三见蒋介石、毛泽东两晤郑延卓入手，分析皖南事变后国共关系僵局的缓解。③ 有学者以豫皖苏根据地为观察对象，指出 1940 年国共之间关于防区划分的谈判破裂之后，1940 年底至 1941 年的国共摩擦在某种意义上是以军事力量为基础的另一种"防区划分"。④

## （三）皖南事变与中外关系

有学者认为，皖南事变发生时，中国共产党对时局转变作出准确分析，赢得美国舆论的同情，并打开了中国共产党与美国高层联络的渠道，使党在走向历史舞台中央之初就占得了主动的先机。⑤ 有学者立足于抗战期间日、国、共三方的复杂关系，指出在皖南事变善后过程中，日本军事行动打乱了国民党的部署，为国共关系的缓和提供了"转机"。⑥

此外，还有学者赞颂叶挺将军的崇高信仰和革命信念⑦，有学者分析总结项英加强新四军思想政治工作的具体做法、成效与经验⑧，有学者利用档案资料对相关历史细节进行了重新梳理⑨。

---

① 刘苏闽：《伟大建党精神蕴育新四军铁军精神》，《思想政治课研究》2022 年第 2 期。
② 吴锋、唐瑶：《中国共产党应对重大突发事件舆论风险的基本策略及经验启示》，《陕西行政学院学报》2022 年第 1 期。
③ 《皖南事变后国共关系僵局的缓解——林彪三见蒋介石与毛泽东两晤郑延卓（上）》，《世纪》2021 年第 1 期。
④ 赵鹏：《"半敌后"困境：1941 年豫皖苏根据地的国共摩擦》，《广东党史与文献研究》2022 年第 1 期。
⑤ 冯琳：《皖南事变前后的中共与美国》，《江海学刊》2022 年第 1 期。
⑥ 张展：《皖南事变善后过程中的日军因素》，《抗日战争研究》2021 年第 2 期。
⑦ 李平：《叶挺："我应该在烈火和热血中得到永生"》，《党建》2021 年第 3 期。
⑧ 文道贵、汪茜：《项英与新四军的思想政治教育工作》，《学习月刊》2022 年第 3 期。
⑨ 王建国：《皖南国民党地方政权与新四军（1938—1941）——以国民党档案为中心的考察》，《军事历史研究》2021 年第 5 期；张宗兰、梁大伟：《皖南事变前中共发展华中的战略支点演变》，《苏区研究》2022 年第 1 期；李恒俊：《从"进入"到"融入"：新四军外来医务人员的吸纳与群体转化》，《抗日战争研究》2021 年第 3 期等。

# 第十五章
# 关于若干重要历史人物研究概述

本章侧重从如下四个方面考察 2021 年中国近现代史重要历史人物研究的进展情况：一是中国共产党领袖人物研究，包括毛泽东、刘少奇、周恩来、朱德、邓小平、陈云；二是逢十周年诞辰马克思主义经典作家研究，包括罗莎·卢森堡；三是逢十周年诞辰的重要历史人物研究，主要包括邓恩铭、陈毅、华国锋、陶行知、梁思成、蒋光慈、钱学森、穆青、胡华等；四是逢十周年重要历史事件中的人物研究，主要为太平天国农民起义、辛亥革命、中国共产党成立、中华苏维埃共和国临时中央政府成立、九一八事变、皖南事变、西藏和平解放、党的八届九中全会、党的十一届六中全会等事件中的相关人物。

## 一 研究概况

### （一）中国共产党领袖人物研究

2021 年学界共发表关于毛泽东的研究论文 1300 余篇，涉及毛泽东与百年党史的关系、毛泽东革命思想与实践、毛泽东军事战略思想等；关于刘少奇的研究论文 30 余篇，涉及刘少奇的理论贡献、党的建设思想、共青团建设思想等；关于周恩来的研究论文 100 余篇，涉及统战工作、新中国各行业建设、外交思想与实践等；关于朱德的研究论文 50 余篇，涉及其军事思想、经济思想、调查研究思想等；关于邓小平的研究论文 200 余篇，涉及其对中国特色社会主义理论与实践的贡献等；关于陈云的研究论文 160 余篇，涉及其党建思想、经济思想等。

## （二）"逢十周年"诞辰马克思主义经典作家研究

2021 年是德国共产党和波兰社会民主党创始人罗莎·卢森堡诞辰 150 周年，学界共发表相关研究和纪念文章 17 篇，出版《罗莎·卢森堡全集》《罗莎·卢森堡的社会主义思想研究》等著作。

## （三）"逢十周年"诞辰的重要历史人物研究

在重要党史人物方面，2021 年是邓恩铭诞辰 120 周年，学界发表相关文章 19 篇，出版《中华先烈人物故事汇丛书——邓恩铭》等著作；是陈毅诞辰 120 周年，发表相关文章 140 篇，出版《陈毅传》等著作；是华国锋诞辰 100 周年，发表相关文章 10 篇。在著名专家学者方面，2021 年是鲁迅诞辰 140 周年，学界发表相关文章 1500 余篇，出版《明暗之间：鲁迅传》《回忆鲁迅先生》等著作；是陶行知诞辰 130 周年，发表相关文章 162 篇，出版《陶行知教育名篇》《陶行知年谱长编》等著作；是梁思成诞辰 120 周年，发表相关文章 75 篇，出版《梁思成全集》等著作；是蒋光慈诞辰 120 周年，发表相关文章 10 篇，出版《蒋光慈文学精品选》等著作；是钱学森诞辰 110 周年，发表相关文章 160 篇，出版《党的科技功臣——钱学森》等著作；是穆青诞辰 100 周年，发表相关文章 50 余篇，出版《穆青传》《穆青日记（域外部分）》等著作；是胡华诞辰 100 周年，发表相关文章 10 篇，出版《胡华学术思想研究》《生就是奋斗：胡华百年诞辰纪念文集》等著作。

## （四）"逢十周年"重要历史事件中的人物研究

2021 年是太平天国农民起义 170 周年、辛亥革命 110 周年、中国共产党成立 100 周年、中华苏维埃共和国临时中央政府成立 90 周年、九一八事变 90 周年、皖南事变 80 周年、西藏和平解放 70 周年、党的八届九中全会召开 60 周年、党的十一届六中全会 40 周年，除中国共产党领袖人物外，主要研究对象涉及洪秀全、孙中山、陈独秀、李大钊、张申府、冯玉祥、马占山、邓力群等重要历史人物。

## 二 研究的进展和亮点

## （一）中国共产党领袖人物研究

### 1. 毛泽东研究

2021 年毛泽东研究的亮点，主要体现在以下方面。一是对毛泽东与百年党史的关系进行深入研究。如建党前后毛泽东的身份转变和思想转变①，建党以后毛泽东对中国革命对象的认识路径②。二是结合新时代相关热点问题，揭示毛泽东思想与实践对当代的启示。如探讨三个"历史决议"对毛泽东思想的认识和概括③；对毛泽东实践哲学的探讨指出其对中国社会主要矛盾和马克思主义哲学中国化研究的意义④；对毛泽东有关党的政治纪律建设和实践⑤、党的自我革命理论⑥、无产阶级政党关系思想⑦、维护党中央权威和集中统一领导⑧、党的先进性建设⑨以及从严治党惩治腐败⑩等方面的认知的研究，指出其对解决当代中国的问题以及中国共产党的自身建设具有的重大意义，以及对社会主义国家意识形态建设工作的奠基⑪、意识形态话语权的建构⑫、意识形态管理权的

① 金民卿：《建党时期毛泽东的身份转变和思想特点》，《毛泽东思想研究》2021 年第 2 期；张皓：《从主张"民众的大联合"到成为"一个共产党员"：1918 至 1921 年毛泽东的思想变化》，《北京师范大学学报》（社会科学版）2021 年第 3 期；杨奎松：《浅谈中共建党前后的列宁主义接受史——以 1920 年前后毛泽东的思想转变及列宁主义化的经过为例》，《史学月刊》2021 年第 7 期；龙剑宇：《建党前后毛泽东的思想提纯和团队淬炼》，《毛泽东思想研究》2021 年第 4 期。

② 林志友：《建党初期毛泽东对中国革命对象的认识理路》，《毛泽东邓小平理论研究》2021 年第 8 期；王晓峰：《论毛泽东转向马克思主义后的"社会革命"思想》，《湖南科技大学学报》（社会科学版）2021 年第 6 期。

③ 田克勤：《中国共产党三个"历史决议"对毛泽东思想的认识和概括》，《马克思主义理论学科研究》2021 年第 12 期；沙健孙：《科学评价毛泽东思想——学习党的十九届六中全会〈决议〉的一个认识和体会》，《红旗文稿》2021 年第 24 期。

④ 韩步江：《论以现实问题导向为基础的毛泽东实践哲学》，《湖南科技大学学报》2021 年第 5 期；欧阳英：《毛泽东实践概念与马克思主义哲学中国化》，《理论视野》2021 年第 5 期；王南湜：《毛泽东实践智慧的辩证法——马克思主义辩证法疆域的中国式拓展》，《哲学研究》2021 年第 9 期。

⑤ 段妍：《毛泽东加强党的政治纪律建设的实践探索及现实启示》，《湘潭大学学报》（哲学社会科学版）2021 年第 1 期。

⑥ 邓倩、王成：《毛泽东对党的自我革命的理论思考及其当代价值》，《毛泽东研究》2021 年第 6 期。

⑦ 李爱华：《毛泽东无产阶级政党关系思想及其当代价值》，《毛泽东研究》2021 年第 3 期。

⑧ 朱益飞：《毛泽东关于维护党中央权威和集中统一领导思想探析》，《马克思主义研究》2021 年第 3 期。

⑨ 贺全胜、王焱：《毛泽东党的先进性建设思想及其当代启示》，《毛泽东研究》2021 年第 6 期。

⑩ 倪德刚、江溪泽：《坚决清除党自身的病毒——毛泽东在新中国成立初期"打老虎"的决心与启示》，《毛泽东邓小平理论研究》2021 年第 8 期。

⑪ 韩佳君、谭群玉：《毛泽东对社会主义意识形态建设的思考与奠基》，《现代哲学》2021 年第 3 期。

⑫ 霍畅、杨永志：《毛泽东意识形态话语权建构的基本经验探析》，《理论导刊》2021 年第 4 期。

基本内容和生成逻辑①等具有的重大价值；此外，毛泽东的劳动教育思想②、领导干部教育理论③、思想政治教育方法④、增强文化自信的观点⑤等也成为学界关注的热点。三是毛泽东军事战略思想研究。如对毛泽东战略决策思想的研究⑥、毛泽东军事思想的实践论和方法论的研究⑦、毛泽东处理边疆海疆问题的战略思想的研究⑧、抗美援朝战争与毛泽东军事思想关系的研究⑨等。四是对毛泽东有关经典著作篇目的研究。如通过学习《反对本本主义》强调调查研究的重要性⑩，重读《中国社会各阶级的分析》突出中国革命和建设必须分清敌友，重视阶级分析及农民问题⑪，新时代加强党的建设、增强党员先锋模范作用仍

① 申晓晶：《毛泽东早期意识形态管理权思想探赜》，《河南社会科学》2021年第12期。

② 李颖、李雨檬、崔京：《劳动创造幸福——重温毛泽东等老一辈革命家关于劳动和劳动者的重要论述》，《党的文献》2021年第2期；梅定国、同雪婷：《毛泽东生产劳动思想及其时代价值述论》，《毛泽东邓小平理论研究》2021年第5期。

③ 韩树海：《把握毛泽东领导方法的三个维度》，《湖南科技大学学报》（社会科学版）2021年第1期；贺全胜：《毛泽东干部"老中青"相结合思想及其当代意义》，《毛泽东思想研究》2021年第5期；李朝波：《领导干部要善于从挫折中增强坚忍力——回溯毛泽东挫折经历及有关论述》，《中国党政干部论坛》2021年第10期。

④ 刘洪森：《毛泽东"大学校"观念的多重意涵及其当代价值》，《思想理论教育导刊》2021年第12期；陈鑫、杨云霞：《毛泽东思想政治教育方法及对高校思想政治教育的启示》，《毛泽东思想研究》2021年第4期；余双好、王军：《毛泽东对思想政治教育理论的构建探析》，《毛泽东思想研究》2021年第3期。

⑤ 曾天雄、夏小凤：《习近平对毛泽东中国传统文化观的继承和发展》，《广东社会科学》2021年第4期。

⑥ 李宗辉：《毛泽东军事战略决策"科学预见"思想及当代价值》，《湘潭大学学报》（哲学社会科学版）2021年第4期。

⑦ 冯子纯：《毛泽东军事战略思想中的方法论》，《毛泽东思想研究》2021年第1期；王向清、朱晓珣：《毛泽东军事博弈实践论析》，《湘潭大学学报》（哲学社会科学版）2021年第4期；季春芳、赵文能：《新中国成立初期毛泽东国防和军队建设思想探析——基于国家治理视角的考察》，《毛泽东研究》2021年第2期。

⑧ 王晓霞、李洁：《毛泽东和平解放西藏的政治军事韬略——纪念中国共产党百年华诞暨西藏和平解放70周年》，《西藏民族大学学报》（哲学社会科学版）2021年第4期；李欣：《毛泽东关于中国海疆战略的重要思想》，《当代中国史研究》2021年第2期。

⑨ 杨冬权：《开国领袖的立国之战——再论毛泽东与抗美援朝战争》，《军事历史研究》2021年第1期；李洪峰：《战略家毛泽东的绝妙之笔》，《毛泽东思想研究》2021年第1期。

⑩ 殷路路：《力戒形式主义必须大兴调查研究之风——重温毛泽东〈反对本本主义〉》，《中国党政干部论坛》2021年第2期。

⑪ 朱继东：《中国革命和建设必须始终把握好的三大问题——重读毛泽东同志〈中国社会各阶级的分析〉》，《宁夏社会科学》2021年第4期。

然要学习白求恩精神①，《〈伦理学原理〉批注》中彰显的生命观的当代价值②，研读《〈共产党人〉发刊词》来进一步学习党建的思维方法③，《关于正确处理人民内部矛盾的问题》揭示出的社会主义国家的政治安全规律和社会主义发展规律④，《党委会的工作方法》体现出的党领导组织工作的方法⑤等，突显出研读毛泽东经典文献对现实具体工作的指导意义。

**2. 刘少奇研究**

党性修养理论和党的建设思想依然是 2021 年刘少奇研究的重点，并有如下突破。一是拓展了研究视野，分析指出刘少奇对马克思主义中国化的独特贡献。有学者将刘少奇《论共产党员的修养》评价为马克思主义中国化的扛鼎之作，在此基础上探讨了刘少奇对于中华优秀传统文化的高度认同和文化自信。⑥有学者指出，刘少奇是推动中国共产党从"以俄为师"到"以苏为鉴"的关键人物。⑦ 二是丰富了研究内容，有学者着重研究了刘少奇在华中局工作期间关于加强党的建设的理论和实践⑧、刘少奇共青团建设思想⑨和口号宣传思想⑩。三是关注现实意义，明确指出刘少奇党性修养理论的精髓是"立根固魂"⑪，除了《论共产党员的修养》《论党》之外，亦有学者关注刘少奇《党在

---

① 梁怡：《新时代仍然需要学习白求恩精神——再读毛泽东名篇〈纪念白求恩〉》，《毛泽东邓小平理论研究》2021 年第 10 期。

② 贺银垠：《青年毛泽东〈〈伦理学原理〉批注〉中的生命观及其当代价值》，《江苏社会科学》2021 年第 4 期。

③ 柴念、王跃：《毛泽东关于党的建设的思维方法——以〈〈共产党人〉发刊词〉为中心的考察》，《党的文献》2021 年第 1 期。

④ 王晓荣、李斌：《毛泽东对社会主义国家政治安全规律的探索——基于〈关于正确处理人民内部矛盾的问题〉的分析》，《理论学刊》2021 年第 1 期；周向军、史杰：《社会主义发展规律的创造性探索——重读毛泽东〈关于正确处理人民内部矛盾的问题〉》，《马克思主义理论学科研究》2021 年第 5 期。

⑤ 奚洁人：《毛泽东〈党委会的工作方法〉的理论价值和现实意义——兼论重温马克思主义经典著作的学习方法和思想方法》，《上海党史与党建》2021 年第 6 期。

⑥ 龚群：《〈论共产党员的修养〉对马克思主义中国化的理论贡献》，《马克思主义研究》2021 年第 3 期。

⑦ 杜立芳：《从"以俄为师"到"以苏为鉴"——刘少奇与马克思主义中国化》，《毛泽东思想研究》2021 年第 1 期。

⑧ 余广选、闫耀升：《抗日战争时期中共中央华中局加强党的建设述论》，《军事历史研究》2021 年第 5 期。

⑨ 董一冰、毕志晓：《刘少奇共青团建设思想及其现实启示》，《毛泽东思想研究》2021 年第 1 期。

⑩ 阮云志：《刘少奇口号宣传思想研究》，《党史博采》2021 年第 10 期。

⑪ 王进、宗诚：《"立根固魂"：刘少奇党性修养理论的政治品质意蕴》，《重庆社会科学》2021 年第 7 期。

宣传战线上的任务》《肃清空谈的领导作风》等著述对新时代宣传工作[①]、干部作风[②]、工作方法[③]等方面的现实启示。

### 3. 周恩来研究

2021 年周恩来研究在运用新资料方面有新的进展。一是其民生思想实践受到关注。20 世纪 60 年代初面对粮食供给空前紧张的局面，周恩来调整政策调动农民恢复和发展农业生产的积极性，展现出高超的领导技巧和工作方法[④]；其关于防灾减灾救灾的思想与实践，对于今天全面提升综合防灾能力具有重要的借鉴意义。[⑤] 二是对和平共处五项原则的研究有突破。有学者围绕和平共处五项原则概念提出的时间、适用范围以及措辞表述等问题进行了再探讨[⑥]；和平共处五项原则的提出不仅标志着中国周边外交战略的形成，而且也意味着在西方国家对华实行遏制孤立政策的情况下，中国的亚洲集体安全政策的创新。[⑦]三是对《建党以来重要文献选编》中收录的《中共苏区中央局转发中央对行动部署及任务的指示给周恩来的电报》的发出时间进行考证和解读。[⑧] 四是其党性修养理论与实践受到广泛关注。有学者回顾了周恩来在 1943 年 3 月 18 日撰写的《我的修养要则》一文，将其主要内容概括为处理好精与杂的关系；学习与工作的关系；当学生和当先生的关系[⑨]，涵盖了其思想、工作、生活等诸多方面，体现出周恩来作为一名真正马克思主义者严格自律、勇于自我革命的高度政治自觉，为今天如何加强党性修养提供了深刻启示[⑩]。

### 4. 朱德研究

2021 年朱德研究继续在多方面不断深入和细化。一是总体评价朱德是"二

---

① 曲直：《牢牢掌握党对宣传思想工作的领导权——学习刘少奇〈党在宣传战线上的任务〉》，《求知》2021 年第 12 期。

② 黄建国：《刘少奇〈肃清空谈的领导作风〉》，《湘潮》2021 年第 6 期。

③ 刘艳明、谢卓芝：《刘少奇关于工作方法的重要论述及其基本特征》，《湖南行政学院学报》2021 年第 3 期。

④ 熊华源：《20 世纪 60 年代初周恩来如何领导克服粮食困难》，《党的文献》2021 年第 3 期。

⑤ 孙宏、李雪峰：《新中国成立后周恩来关于防灾减灾救灾的思想》，《党的文献》2021 年第 1 期。

⑥ 孙泽学：《关于"和平共处五项原则"的几个问题》，《华中师范大学学报》（人文社会科学版），2021 年第 1 期。

⑦ 张颖、潘敬国：《和平共处五项原则与中国对亚洲政策的提出》，《当代中国史研究》2021 年第 3 期。

⑧ 黄志高：《〈中共苏区中央局转发中央对行动部署及任务的指示给周恩来的电报〉时间考证》，《苏区研究》2021 年第 1 期。

⑨ 茅文婷：《周恩来："加紧学习"，"习作合一"》，《党的文献》2021 年第 2 期。

⑩ 汤涛：《学习周恩来〈我的修养要则〉》，《党建》2021 年第 3 期。

十世纪中国革命的里程碑"、"中国军人的伟大导师"和"建设中国式的社会主义"的明确提出者。① 二是探究中国共产党人如何践行初心与使命。南昌起义中形成的"坚定信念、听党指挥，为民奋斗、百折不挠，敢为人先、勇于创新"的八一精神，继承发扬了伟大的建党精神，极大地促进了中国共产党精神谱系的丰富和发展②；朱德留下来的 550 首诗词，是加强新时代理想信念和党性锻炼的生动教材。③ 三是深化对其军事思想和实践的研究。苏区时期的朱德指挥的松毛岭战役摒弃了消极防御拼消耗的战略战术，为中共中央和中央红军战略转移争得了时间和空间④；抗日战争时期朱德积极探索适合抗日根据地兵工发展的正确路线⑤；解放战争时期朱德以"两个务必"思想改造革命队伍中的不良思想作风和习气⑥。

### 5. 邓小平研究

2021 年邓小平研究的亮点在于讨论邓小平对中国特色社会主义理论与实践的探索上。一是邓小平对中国特色社会主义理论与实践作出了开创性、奠基性贡献，为开创并坚持和发展中国特色社会主义创造了思想条件、理论基础、实践基础⑦；二是邓小平在起草第二个"历史决议"过程中，坚持正确党史观，端起历史望远镜回顾过去、总结历史规律，展望未来、把握历史前进大势，对中国特色社会主义成功开创，具有重要贡献⑧；三是邓小平确立了探索中国特色国家治理道路的方法论原则，奠定了坚持中国特色国家治理道路的本土化模式基础，推动重塑中国特色国家治理体系的探索性改革，为中国特色国家治理道路的形成和发展作出了历史性贡献⑨；四是邓小平于改革开放之初就切准文

---

① 江泰然：《论朱德在中国革命与建设史上的地位》，《南昌大学学报》（人文社会科学版）2021年第 1 期。

② 叶桉、杨海贵：《建军与铸魂：中国共产党精神谱系的丰富和发展》，《江西社会科学》2021 年第 8 期。

③ 李锡炎：《从朱德诗词领略中国共产党百年奋斗的初心和精神气质》，《中共四川省委党校学报》2021 年第 2 期。

④ 蒋伯英：《松毛岭战斗研究》，《党史研究与教学》2021 年第 3 期。

⑤ 王微、刘祖爱：《中共抗日根据地兵工建设方针的形成过程研究》，《军事历史》2021 年第 5 期。

⑥ 姚志军、姚雷：《西柏坡时期中国共产党以"两个务必"思想改造主观世界的历史考察》，《河北师范大学学报》（哲学社会科学版）2021 年第 4 期。

⑦ 杨胜群：《邓小平对中国特色社会主义理论与实践的开创性贡献》，《党的文献》2021 年第 4 期。

⑧ 韩晓青：《重温邓小平对起草第二个历史决议的指导——基于树立正确党史观的视角》，《党的文献》2021 年第 4 期。

⑨ 梁东兴、马博：《邓小平对中国特色国家治理道路的历史性贡献》，《社会主义研究》2021 年第 5 期。

化建设主题，顶层谋划一系列重大安排、战略举措，为开启改革开放和社会主义现代化建设新征程提供了强大精神动力和坚强思想保证①。

### 6. 陈云研究

2021 年陈云研究在运用新史料丰富研究内容上有新的突破。一是对其的生平研究有新进展。延安时期陈云哲学小组实际上是毛泽东小组迁移至中组部开展活动的延续，在不同历史时期推动了党的实事求是的思想路线的形成、确立和发展②；战后初期其在中共中央与东北抗联的互动进程中发挥了重要作用③；其大力推动党史史料的征集、出版工作，为保存党史史料、厘清党史过程和推动解决个人历史问题作出了重要贡献。④ 二是对其的经济建设思想的研究有进一步的深入。陈云提出的兵工筑路和加大铁路投资力度的方案，加强铁路行业的组织与管理等思考和建议，对中国铁路事业的发展产生了深远影响。⑤ 三是其政治建设思想得到拓展。抗战时期陈云就注重加强党对青年工作的领导，丰富发展了中国共产党指导青年工作的思想⑥；改革开放之初其力主"提拔培养中青年干部"，实现了新老干部交接班的平稳过渡⑦；其改变上海解放初期华东局和上海市政府大力疏散上海企业和人口的决策，反映出党从战时体制向国家政权建设过渡时期的决策变化及其特征⑧。

## （二）"逢十周年"诞辰马克思主义经典作家研究

2021 年的罗莎·卢森堡研究围绕如下方面展开。一是关于罗莎·卢森堡资本积累理论的研究。学界从政治经济学的视角出发，围绕卢森堡对马克思扩大再生产图式的分析、剩余价值的实现问题、"第三市场"理论以及西方马克思

---

① 刘水静：《接续奋进建成文化强国——改革开放决策前后邓小平布局文化发展的历史经验与深刻启示》，《湖北社会科学》2021 年第 10 期。

② 张忠山：《陈云哲学小组：实事求是思想路线确立的推进器》，《中国延安干部学院学报》2021 年第 4 期。

③ 郝江东：《一九四五年至一九四六年中共中央与东北抗联关系再考察》，《中共党史研究》2021 年第 3 期。

④ 王蕾：《陈云对党史存史工作的重视与贡献》，《北京党史》2021 年第 2 期。

⑤ 田永秀：《"铁路通了事情就好办了"——陈云与新中国铁路事业的起步》，《党的文献》2021 年第 1 期。

⑥ 刘芹、冯婧怡：《抗战时期陈云同志加强党对青年工作领导的方式、特点及启示》，《学校党建与思想教育》2021 年第 3 期。

⑦ 邱霞：《陈云"提拔培养中青年干部"思想论析》，《中国井冈山干部学院学报》2021 年第 1 期。

⑧ 阮清华：《上海解放初期党和政府对重大危机的回应与处理——以夏衍致周扬的一封未刊信件为线索》，《历史教学问题》2021 年第 5 期。

学者对资本积累理论的争论等问题展开探析和审视，为我国社会主义市场经济应对生产过剩问题提出解决路径①；二是关于罗莎·卢森堡社会主义革命理论的研究，从理论起点、核心、论证方法、逻辑以及实质层面出发，指出了卢森堡社会主义革命理论对伯恩施坦错误根源的揭示，有助于辩证认识落后国家的社会主义革命问题②；关于罗莎·卢森堡自发性理论和群众观的研究，总结归纳了卢森堡对于俄罗斯大规模罢工的自发性质、反对以考茨基为代表的中间派主张的议会改良策略以及为什么自发的革命斗争从未在德国发生的观点，并对其群众运动观进行了革命性的重塑。③

## （三）"逢十周年"诞辰重要历史人物研究

### 1. 重要党史人物研究

邓恩铭研究。2021 年邓恩铭研究聚焦其践行初心使命的历程、自我革命精神以及职业观。邓恩铭一生致力于发展党团组织和领导工人运动，用一生践行和诠释共产党员的初心与使命，这与伟大的建党精神相契合④，是红船精神的生动写照⑤；他在领导无产阶级革命斗争的过程中形成了丰富的自我革命思想，彰显了高度的自我革命精神⑥；他的职业观中反映出处理三种关系的艺术，即"小与大：个人职业要服务于国家发展大局""立与破：既要兢兢业业又要主动寻求变革危与机""于危机中育新机和变局中开新局"⑦。

陈毅研究。2021 年陈毅研究聚焦于其对上海的贡献、体育外交思想及诗词成就。其对解放、接管和保卫建设上海作出的贡献，体现在运筹帷幄统揽全局，取得军政双胜的奇迹上。⑧ 其领导上海人民粉碎了敌人大封锁、大轰炸阴谋，维护了社会治安，安定了人民的生活，为巩固新生的人民政权和建立新秩

---

① 卢映西：《罗莎·卢森堡资本积累理论的成就、误区与启示》，《经济纵横》2021 年第 4 期。
② 吕佳翼：《〈社会改良还是革命〉的当代意义——纪念罗莎·卢森堡诞辰 150 周年》，《科学社会主义》2021 年第 5 期。
③ 贾伯鸿、王学东：《罗莎·卢森堡群众罢工理论评析》，《当代世界与社会主义》2021 年第 4 期。
④ 刘畅：《伟大建党精神与邓恩铭的思想和实践》，《泰山学院学报》2021 年第 6 期。
⑤ 苏晓伟、杨雪：《从邓恩铭的初心使命看红船精神》，《世纪桥》2021 年第 3 期。
⑥ 王秀萍：《邓恩铭的自我革命思想及现实启示——庆祝中国共产党成立一百周年》，《重庆邮电大学学报》（社会科学版）2021 年第 6 期。
⑦ 寇晓东、顾兴德：《一大代表邓恩铭的职业观及其时代价值》，《中共桂林市委党校学报》2021 年第 2 期。
⑧ 刘苏闽：《陈毅对解放接管和保卫建设上海的重要历史贡献》，《思想政治课研究》2021 年第 6 期。

序，进而跨入社会主义初级阶段立下了不朽功勋。① 在体育外交思想方面，其主张通过民间体育交往的方式打开新中国外交的局面，尤其是"围棋外交"推动了我国与日本等国家之间关系的正常化②，为新中国体育事业的发展作出了卓越贡献③。在诗词成就方面，他一生创作了诗词 700 多首，蕴含着共产党人的理想信念、人民立场、斗争精神以及精神境界④，展现出其文韬武略的卓著功绩和刚直不阿的高洁品格⑤。

华国锋研究。2021 年华国锋研究聚焦其农业及农村改革思想，回顾了华国锋和袁隆平的水稻情谊，总结了华国锋同志对杂交水稻科研与推广工作的支持，点明了华国锋善于依靠农业科学的进步促进农业生产的发展⑥；其农业政策注重遵循既有体制寻求经济发展⑦。

**2. 著名专家学者研究**

鲁迅研究。2021 年鲁迅研究聚焦其立人思想、文学观念体系以及妇女解放思想。"立人"是鲁迅终身追求的信念，其所建构的乌托邦首要强调的是人国里的人，是有独立人格和独立意识的"真人"⑧；其目的在于改造中国人，改造中国社会⑨。鲁迅的文学表现了对中国封建社会的反抗和对中国文化与文学的深刻反思⑩；其文学观念以精神为起点和内核，以启蒙为用意，构建出一个独特的文学观念体系⑪。鲁迅的妇女解放思想体现在他的小说中塑造的系列鲜活的女性形象上，揭开了封建礼教下妇女悲惨命运的血淋淋的真相，对唤起民众起到了振聋发聩的效果⑫；揭示出妇女解放必须与社会解放相结合，与社会制度变革相结合，以制度的形式赋予女性经济自由与社会地位⑬。

---

① 陈挥：《建设人民的新上海——论陈毅对上海的接管和经济社会建设的杰出贡献》，《上海党史与党建》2021 年第 4 期。

② 张磊：《陈毅元帅与新中国体育事业》，《党史纵览》2021 年第 8 期。

③ 张磊：《陈毅元帅的体育情结》，《唯实》2021 年第 6 期。

④ 张大伟：《从陈毅的诗词看中国共产党人的党性品格》，《党史纵览》2021 年第 12 期。

⑤ 欧阳青：《陈毅的诗词岁月》，《百年潮》2021 年第 8 期。

⑥ 《袁隆平与华国锋的交往》，《记者观察》（上）2021 年第 19 期。

⑦ 赵树凯：《农村改革第一次政策性突破》，《湖北民族大学学报》（哲学社会科学版）2021 年第 2 期。

⑧ 丁卫果：《人国：鲁迅的乌托邦——一种革命伦理的生成场域》，《湖州职业技术学院学报》2021 年第 4 期。

⑨ 王得后：《鲁迅研究笔记》，商务印书馆，2021。

⑩ 徐忠友：《鲁迅：文化战线上的民族英雄》，《党史文苑》2021 年第 11 期。

⑪ 王晗：《以鲁迅早期文论为视角：探究鲁迅早期文学观念体系》，《汉字文化》2021 年第 S2 期。

⑫ 魏孝庭：《从鲁迅小说中的女性形象看中国近代的妇女解放》，《南昌师范学院学报》2021 年第 6 期。

⑬ 王瑜：《鲁迅的女性题材与中国共产党的使命》，《博览群书》2021 年第 6 期。

　　陶行知研究。2021 年陶行知研究聚焦其生活教育思想、"教学做合一"理论及劳动教育思想。陶行知生活教育思想在长期的革命实践和教育实践中不断得到发展①，宏观层面主要指具有改革精神和创造意识，微观层面主要指密切联系生活的教育方法，包含生活即教育、生活决定教育、教育作用于生活等内容②；其"教学做合一"理论重在将教学过程情境化、统一化，并具体在"做"中落实、巩固，对增进学生自主能力、完善人格，树立正确世界观、人生观、价值观方面具有重要作用③，是陶行知理论的魅力所在④；其劳动教育思想从教育救国角度出发，尤为关心和重视劳动教育的实践向度，通过开设学校课程、打造劳动校园、举行运动会、编写诗歌等形式积极推广和普及劳动教育，量化了劳动教育评价标准⑤，形成了"生活即教育、社会即学校、教学做合一"等与劳动教育密切相关的思想体系与实践经验⑥。

　　梁思成研究。2021 年梁思成研究聚焦其中西文化艺术思想、建筑教育思想以及建筑遗产保护思想。梁思成建筑文化艺术思想横贯中西，其运用西方科学技术手段研究中国古建筑，使中国古建筑文化在世界建筑文化领域大放异彩⑦；其建筑教育思想将中西方建筑教育理念与中国实际国情相结合，突破性地提出了基于"体形环境"观念的现代建筑教育体系⑧；其建筑遗产保护思想以保存现状为主，从擢选专业人员、政府立法及设立专项资金、公众教育、防火与防雷 4 个方面指出了古建筑的日常保护思路⑨；其指出对古建筑修缮最恰当的表现是"有若无，实若虚，大智若愚"等⑩。

　　蒋光慈研究。2021 年蒋光慈研究聚焦其革命文学思想、留苏体验与精神构建及其作品的现实意义。蒋光慈是无产阶级革命文学的拓荒者之一，也是现代文学史上著名的"工运小说"作家，其革命文学思想有彻底的暴力反抗压迫精

① 朱永新：《生活与教育——朱永新对话陶行知》，商务印书馆，2021。
② 王天桥：《陶行知生活教育理论与实践的演进》，《兴义民族师范学院学报》2021 年第 2 期。
③ 赵伟：《陶行知"教学做"合一思想对新时代劳动教育的启示》，《东北师大学报》（哲学社会科学版）2021 年第 5 期。
④ 刘新军：《行以求知："教学做合一"指导下的思政课教学》，《中学政治教学参考》2021 年第 45 期。
⑤ 张珍珍：《陶行知劳动教育思想及时代意蕴》，《巢湖学院学报》2021 年第 5 期。
⑥ 金钰珍：《陶行知劳动教育思想及其当代价值》，《南京晓庄学院学报》2021 年第 3 期。
⑦ 李林：《梁思成中西文化艺术思想的缘起与融合》，《文艺争鸣》2021 年第 12 期。
⑧ 刘垚梦：《化育栋梁——梁思成的建筑教育思想与贡献》，《中国艺术》2021 年第 6 期。
⑨ 李芇芇：《梁思成先生建筑遗产保护思想研究》，《自然与文化遗产研究》2021 年第 2 期。
⑩ 金磊：《梁思成令世人钦佩的建筑遗产保护贡献》，《建筑设计管理》2021 年第 3 期。

神、不屈的皖西大别山军民精神和丰富的革命理想主义情怀①，对左翼文学有着深远的影响②；留苏三年间，其完成了身份、思想和心态的转变，成为坚定的马克思主义信仰者③；其作品以实录精神和阶级意识推动中国新文学由启蒙文学向普罗文学和"人民文学"转型④。

钱学森研究。2021 年钱学森研究聚焦其系统科学思想、大成智慧思想及"钱学森之问"。其系统科学思想注重运用辩证唯物主义的世界观和方法论来解决复杂系统问题，体现在军事上，强调军事哲学和军事思想的重要性，强调军事科学要以马克思主义哲学的辩证唯物主义为指导⑤；体现在应对新冠疫情上，应正视疫情防控系统复杂的空间结构和复杂的时间结构，加强顶层设计系统布局，从上到下处处落实，从下到上处处响应。⑥ 其大成智慧思想应用于国防科技情报工作，应集定性与定量、感性与理性、归纳与演绎、理论与经验、逻辑与灵感之大成，建立高效联动的"智能+智慧"国防科技情报工作新模式⑦；体现在创新型人才培养上，应将现代科学的不同领域、不同学科、不同层次的知识相互关联、相互影响、共居一体⑧。围绕破解"钱学森之问"，应深化政治、经济、文化、教育方面的改革，特别是要深化教育改革，加强教师队伍建设，培养创造性人才⑨，尤其要将个人命运深深地内嵌于中国共产党百年创业的伟大征程之中⑩。

穆青研究。2021 年穆青研究聚焦于其群众观点、新闻人才培养观以及工作精神。其一生都在强调并恪守新闻工作的群众观点包含四重含义，"第一，新闻的主角是群众；第二，新闻报道应成为群众的精神养料，成为引导群众前进

---

① 王凤霞、蒋琼：《蒋光慈革命文学思想研究——纪念蒋光慈 120 周年诞辰》，《皖西学院学报》2021 年第 6 期。

② 王永兵、费鸿：《共产党文艺政策的阐释与"革命文学"的实践——论蒋光慈对左翼文学的贡献》，《百家评论》2021 年第 6 期。

③ 程胜、唐东堰：《留苏体验与蒋光慈的精神建构》，《东华理工大学学报》（社会科学版）2021 年第 2 期。

④ 李钧：《论蒋光慈的"非虚构写作"及其"现实主义"意义》，《齐鲁学刊》2021 年第 1 期。

⑤ 李先一：《新时代如何继承钱学森军事系统工程思想》，《中国军转民》2021 年第 23 期。

⑥ 干琳、史斌：《钱学森系统科学思想与新冠肺炎疫情综合治理研究》，《未来与发展》2021 年第 1 期。

⑦ 刘芝玮、周庆山：《基于钱学森大成智慧思想的国防科技情报工作模式初探》，《情报理论与实践》2021 年第 9 期。

⑧ 李琳斐：《钱学森大成智慧教育思想初探》，《中国航天》2021 年第 12 期。

⑨ 朱妙宽、徐玥恒：《关于钱学森之问的思考》，《连云港师范高等专科学校学报》2021 年第 2 期。

⑩ 吕成冬：《科学与忠诚：钱学森的人生答卷》，人民邮电出版社，2021。

的政治动力；第三，记者必须熟悉民情，建立与人民群众水乳交融的思想感情；第四，记者一天也不能脱离实际，脱离群众"①；这显示了一位共产党新闻宣传干部的党性②，体现了其对人民群众发自灵魂深处的热爱，对党的新闻事业的忠诚③。其留给后世的"勿忘人民"宝贵思想资源，为失落的新闻理想送去光亮④。新闻人才培养要育人树德，以马克思主义新闻观统领新闻教育事业，使新闻工作者在实践中成为专才与通才⑤。其工作精神主要包括热爱祖国、勿忘人民的民族情感；顾全大局、立场坚定的政治觉悟；求真务实、扎根基层的工作作风；堂堂正正、别无所求的高尚情操⑥。

胡华研究。2021 年胡华研究聚焦于其治学态度及其对中共党史学的贡献。在治学态度上，他以"生就是奋斗"为座右铭，以"刻苦钻研的治学态度和令人尊敬的师长之风"⑦体现对党的无限忠诚、对党史研究与教育事业的无限热爱⑧，他"对党和人民事业的忠诚、在科研领域取得的开创性成果、对教学工作的卓越建树和对学术交流的重大贡献，永远值得我们学习"⑨。其对中共党史学科建设的贡献，"一是在中共十一届三中全会以前，坚持历史唯物主义，以非凡的理论勇气撰写了《到粤、湘、赣、闽、浙、沪五省一市考察学习的初步汇报》；二是在中共十一届三中全会以后，坚持'实践是检验真理的唯一标准'，勇闯中共党史研究'禁区'，对一些重要的中共党史人物和史事，还原真实历史；三是主编了大型中共党史人物传记丛书《中共党史人物传》（1—50卷），留下了一笔珍贵的精神遗产"⑩。其对中共党史学形成和发展的贡献主要表现为：开创和奠基中共党史学科；丰富中共党史研究的学术宝库；倡议并参与创建中共党史研究的领导机构和学术团体；培育中共党史教学和研究的新生

---

① 陈建云：《群众观点 大局意识 调查研究——穆青新闻思想的核心理念》，《新闻爱好者》2021年第 11 期。

② 刘萍：《穆青"勿忘人民"精神对于新时代环境宣传工作的启示》，《现代商贸工业》2022 年第12 期。

③ 张严平：《穆青传》，新华出版社，2005。

④ 郑素侠、陈宇恒：《新闻理想的迷失与"穆青路"上的追寻——建党百年之际纪念穆青诞辰100 周年》，《今传媒》2021 年第 6 期。

⑤ 刘达明、易娇：《使命、信念与践行：穆青的新闻人才培养观探析》，《新闻战线》2021 年第12 期。

⑥ 陈雨、董广安：《穆青精神的内涵及其意义》，《中国记者》2021 年第 11 期。

⑦ 谢春涛：《不辜负胡华老师的培育之恩》，《百年潮》2021 年第 12 期。

⑧ 中国人民大学中共党史党建研究院：《生就是奋斗——胡华百年诞辰纪念文集》，人民出版社，2021。

⑨ 张树军：《纪念胡华教授诞辰 100 周年》，《百年潮》2021 年第 12 期。

⑩ 李良明：《胡华对中共党史学科拨乱反正的贡献》，《广东党史与文献研究》2021 年第 3 期。

力量；促进中外学术交流；积极'抢救'中共党史史料。①

## （四）"逢十周年"重要历史事件中的人物研究

### 1. 与太平天国农民起义相关的人物研究

一是反对"妖魔化"太平天国和洪秀全、一味美化曾国藩和湘军的研究偏向，指出广西局面失控、金田起义爆发绝不是洪秀全蓄意"煽动"的结果，而是官逼民反，有着深层次的社会政治根源②；二是比较晚清曾国藩、洪秀全对清廷的认知差异，指出他们对清朝统治和时局的认知出现根本对立③；三是运用民族学、社会学的理论，探讨了差序格局在太平天国运动初期的体现④；四是综合多种史料考证洪秀全给开朝诸王加宗教崇衔的时间在癸好三年（1853）十一月至十二月之间⑤。

### 2. 与辛亥革命相关的人物研究

相关研究更多聚焦辛亥革命时期的地方性领袖，或者与孙中山有关联的人物。一是基于翠亨孙中山故居纪念馆所藏档案，窥视普通人物对于革命的积极反应⑥；二是以汤寿潜在辛亥革命中的思想行事为主轴考察立宪派与辛亥革命的关系⑦，折射立宪党与同盟会、光复会在地方政府和中央政府权力安排上的复杂历史⑧；三是研究张凤翙领导西安新军起义和捍卫陕西辛亥革命成果的贡献⑨；四是考察"共和知识分子"成为辛亥革命领导力量的历史动因⑩；五是以容闳、伍廷芳、唐绍仪为分析对象能够感受、认识具有两种世界视野或文化视域的"双视野人"对于辛亥革命胜利的影响⑪。

---

① 石宏亮：《论胡华对中共党史学发展的历史贡献——纪念胡华诞辰 100 周年》，《四川师范大学学报》（社会科学版）2021 年第 2 期。
② 夏春涛：《太平天国再评价——金田起义 170 周年之反思》，《中国社会科学》2021 年第 7 期。
③ 崔之清：《晚清危局及其出路——洪秀全、曾国藩的认知与抉择》，《史学理论研究》2021 年第 1 期。
④ 张旭：《"差序格局"在太平天国运动前期的再生产——以朱锡能反叛案为例》，《兰台内外》2021 年第 13 期。
⑤ 杨涛、张铁宝：《太平天国开朝诸王加宗教崇衔时间考析》，《史林》2021 年第 1 期。
⑥ 赵立彬：《翠亨孙中山故居未刊档案所见辛亥革命社会面相》，《史林》2021 年第 6 期。
⑦ 桑兵：《辛亥汤寿潜的革命转向》，《民国档案》2021 年第 4 期。
⑧ 张皓：《从浙江都督到交通总长：辛亥革命期间卷入权力争夺漩涡中之汤寿潜》，《山东师范大学学报》（人文社会科学版）2021 年第 5 期。
⑨ 张华腾：《张凤翙与陕西辛亥革命》，《宝鸡文理学院学报》（社会科学版）2021 年第 5 期。
⑩ 杨天石：《加强对辛亥时期"共和知识分子"的研究》，《前线》2021 年第 10 期。
⑪ 熊月之：《"双视野人"与辛亥革命——以容闳、伍廷芳与唐绍仪为分析对象》，《广东社会科学》2021 年第 5 期。

### 3. 与中国共产党成立相关的人物研究

一是基于新见会审公廨判决书和法国领事馆档案，梳理1921年10月陈独秀被捕案中法租界出版监管制度的出现、法国领事对布尔什维克主义在华影响力的认知，揭示建党前后中国共产党在上海面临的机遇与挑战①；二是聚焦李大钊"大团体"思想考察其从中国实际出发的建党思路②；三是围绕李大钊的世界历史观探析唯物史观之于中国共产党的理论和实践意义③；四是分析张申府个人主义、自由主义观念与作为马克思主义译介者、信仰者的紧张关系④；五是通过日本档案馆馆藏档案解密资料考察施存统创建中共东京支部的贡献⑤。

### 4. 与九一八事变相关的人物研究

相关成果呈现出研究视野"下沉"的特点。一是从冯玉祥对国联的态度探讨冯玉祥与九一八事变的关系问题⑥；二是考察1931年12月18日太原进山中学学生穆光政在请愿抗日时被国民党山西省党部纠察队枪击一事的背景及影响，探究地方权力结构中党政关系的复杂性⑦；三是聚焦媒体对江桥抗战的报道，分析马占山抗战形象的建构⑧；四是以石原莞尔和日本陆军"中坚层"参谋为中心，考察九一八事变和伪满洲国建立的本质，指出军国主义教育体系培养出狂热的战争机器绝非偶然⑨。

### 5. 与皖南事变相关的人物研究

一是考察斯诺揭露皖南事变真相的历史，分析其对皖南事变的报道和发表《这是中国的内战吗》产生的国际影响⑩；二是考察林彪三见蒋介石与毛泽东两晤郑延卓后抗日民族统一战线得以维系的历史过程。⑪

### 6. 与西藏和平解放相关的人物研究

一是聚焦毛泽东在和平解放西藏过程中所体现的"不战而屈人之兵，善之

---

① 侯庆斌：《1921年陈独秀在上海被捕事件探赜》，《近代史研究》2021年第6期。

② 侯且岸：《李大钊的建党思考与实践》，《马克思主义与现实》2021年第3期。

③ 于沛：《李大钊的世界历史观》，《世界历史》2021年第3期。

④ 雷颐：《张申府的困境：在个人与组织之间》，《学术界》2021年第3期。

⑤ 陈安杰：《施存统与中共东京支部的创建》，《广东党史与文献研究》2021年第4期。

⑥ 吴元康：《九一八事变后冯玉祥反对依赖国联之政治主张探析》，《安徽史学》2021年第6期。

⑦ 赵妍杰：《穆光政事件与九一八事变后山西政局变动》，《抗日战争研究》2021年第1期。

⑧ 刘丽丽：《"九一八"事变后地方媒体关于马占山抗战形象的建构与影响——以〈滨江时报〉和〈国际协报〉为考察对象》，《吉林师范大学学报》（人文社会科学版）2021年第1期。

⑨ 马晓娟：《石原莞尔与日本陆军"中坚层"的战争实践——以九一八事变为中心的考察》，《军事历史》2021年第1期。

⑩ 郑学富：《斯诺第一个向海外"公布"皖南事变真相》，《工会信息》2021年第4期。

⑪ 杨天石：《皖南事变后国共关系僵局的缓解——林彪三见蒋介石与毛泽东两晤郑延卓》（上、下），《世纪》2021年第1、2期。

善者""敌变我变、以变应变""因时因势武战文战两手交替使用""攻心为上、攻城为下、攻城先攻心"等中国传统文化中的政治、军事、经济韬略。①二是聚焦尼赫鲁对西藏问题态度的演变过程指明西藏和平解放是历史的必然②；三是系统考察了藏学家和民族史学家任乃强③、牙含章④对于西藏和平解放的贡献。

### 7. 与党的十一届六中全会相关的人物研究

以当代中国研究所秘书档案处所藏相关档案、中国社会科学院院史研究室所藏档案资料为基础，考察了邓力群在第二个"历史决议"形成过程中的贡献。⑤

## 三　研究的不足及建议

### （一）研究的不足

#### 1. 对史料的利用不够充分

一是对已出版的人物文集、相关资料集的运用相对不足；二是对报刊资料的运用相对较少；三是对档案资料和口述史料的挖掘与整理不足。

#### 2. 研究内容存在同质化倾向

一是对人物的个体研究多集中于生平、思想、实践，结合时代背景深入探求人物思想、实践的动因与贡献的研究较为薄弱；二是群体研究较为薄弱，尤其缺乏比较研究；三是对与中国近现代史相关的外国人物研究明显不足。

#### 3. 研究的方法需要丰富

一是对已有相关成果的研究现状考察不足，不能有效呈现研究成果的创新性；二是比较研究的成果有待加强；三是运用多学科知识进行深入阐释的成果数量较少。

---

① 王晓霞、李洁：《毛泽东和平解放西藏的政治军事韬略——纪念中国共产党百年华诞暨西藏和平解放70周年》，《西藏民族大学学报》（哲学社会科学版）2021年第4期。
② 张皓：《1948—1951年尼赫鲁对中国西藏和平解放之态度演变——西藏和平解放70周年纪念》，《中国浦东干部学院学报》2021年第6期。
③ 杜永斌：《任乃强对西藏和平解放的重要贡献》，《西藏研究》2021年第3期。
④ 阿旺嘉措、王志豪：《西藏和平解放时期牙含章的民族工作实践与思想》，《西藏大学学报》（社会科学版）2021年第4期。
⑤ 徐轶杰：《邓力群与〈关于建国以来党的若干历史问题的决议〉》，《当代中国史研究》2021年第5期。

## （二）进一步研究的建议

### 1. 充分挖掘资料

一是充分利用已出版的人物文集、相关资料集开展研究；二是充分运用《红藏》等报刊资料集开展研究；三是注意运用档案文献、采集口述史料开展研究。

### 2. 拓宽研究视野

一是拓展个体人物研究视野，多角度观察研究对象，丰富人物研究内涵；二是注重开展人物之间关系研究，以此丰富人物研究内容；三是站在国际视野开展近现代史人物研究。

### 3. 增强创新意识

一是在已有研究成果止步之处起步，从源头保证研究成果的创新性；二是加强比较研究，进一步深化研究成果；三是运用多学科知识进行分析阐释，提高研究成果的理论性、科学性。

# 第六篇

## 国外马克思主义研究

# 第十六章

# 国外马克思主义的总体研究

## 一　贯通把握国外马克思主义的总体进程

习近平总书记在庆祝中国共产党成立 100 周年大会上，向全党全国人民乃至全世界宣示了一个基本结论：中国共产党为什么能，中国特色社会主义为什么好，归根到底是因为马克思主义行！回顾党的百年征程，我们可以清楚地看到，马克思主义的科学性和真理性在中国得到充分检验，马克思主义的人民性和实践性在中国得到充分贯彻，马克思主义的开放性和时代性在中国得到充分彰显。特别是在中国共产党成立 100 周年这个重大的历史节点上，党的十九届六中全会审议通过了《中共中央关于党的百年奋斗重大成就和历史经验的决议》，既对中国共产党百年征程作出了科学全面的把握和总结，也为党的历史性事业在新时代、新百年继续前进，为当代中国马克思主义、二十一世纪马克思主义的深入发展，提供了一个可靠的、长期的共识基础和规范引领。除了直接在关涉党史党建成就经验、关涉马克思主义中国化创新理论成果的领域开展研究，所有哲学社会科学分支学科，所有马克思主义理论学科的研究方向，也都需要牢固树立中国共产党人科学总结百年历程的这种"大历史观"，娴熟运用马克思主义的世界观和方法论，科学分析和全面把握相关研究对象的历史进程与现实意义，为马克思主义的理论大厦添砖加瓦。

对于国外马克思主义研究学界而言，我们也需要领悟和遵循这种马克思主义的大历史观和大智慧。习近平总书记在关于党的第三个"历史决议"所作的说明中，特别指出了我们党制定决议的根本历史前提："40 年来，党和国家事业大大向前发展了，党的理论和实践也大大向前发展了。站在新的历史起点上，回顾过去，展望未来，全面总结党的百年奋斗重大成就和历史经验特别是改革开放 40 多年来的重大成就和历史经验，既有客观需要，也具备主观条件。"① 我国的国外马克思主义研究工作，本身是与改革开放以来 40 多年间党和国家的整体事业同向同行的，特别是 40 年前党的第二个历史决议的制定，标志着自真理标准讨论和党的十一届三中全会以来党和国家在指导思想上的拨乱反正进程的全面完成和系统总结，并为我们在"反正"之后持续开拓创新确立了科学的思想原点——正是在第二个"历史决议"制定的次年，以徐崇温先生《西方马克思主义》一书为代表的比较系统和深入的学术研究成果开始逐步问世。这绝非巧合，而是由于在正确的大历史观指引下，党和国家自觉地、全面地开启了发展的新阶段，我国外马学界是在这股时代大浪潮中一支发挥了自身独特作用的理论力量。由此观之，今天我们党所制定的第三个"历史决议"，相应也就为我们锚定了新时代的新坐标，马克思主义的大历史观指引我们在国外马克思主义研究领域，也要站在当代中国创新发展的主观条件上，适应 21 世纪的客观需要，全面回顾过去，科学展望未来。

就国外马克思主义研究领域来说，以卢卡奇 1919～1922 年写作多篇关于共产主义革命理论与实践的反思作品并最终于 1923 年结集出版《历史与阶级意识》为起点，"西方马克思主义"思潮——这一我们开展国外马克思主义研究的最重要对象和外马学科研究范式形成的最重要动因——也已经走过了一百年。当然，国外马克思主义思潮自此以来的百年历程与中国共产党的百年历程不可相提并论，两者之间存在很多不可忽视的实质性差异，但两者"奋斗历程波澜壮阔，时间跨度长，涉及范围广，需要研究的问题多"② 的宏观走势和基本形态却是有着很大的相通之处的。例如，《21 世纪国外马克思主义哲学若干重大问题研究》一书③，就相当全面地提炼出了国外马克思主义思潮所关注和着力阐发的 12 个重大问题，包括资本主义生产方式批判、经济危机、阶级、国家批判、民主批判、意识形态、生态问题、空间批判、女权主义、身份政治学、生命政治学以及对中国道路的研究等。虽然该书从研究主题上来说聚焦在 21 世纪的特定区间，但这些问题本身都是国外马克思主义思潮百年来大跨度、大范围探索在经过思想砥砺和实践筛选之后，才最终在 21 世纪的节点上获得充分发展的，并呈现完整的意义。因而从辩证法的意义上来说，这种对国外马克思主义现当代重大问题的概括，实际上也就是对它既往波澜壮阔的百年历程的一个很好概括，是对百年历程进行的扬弃，并将之作为重要环节而包含在了当下自身之中。

① 习近平：《关于〈中共中央关于党的百年奋斗重大成就和历史经验的决议〉的说明》，《求是》2021 年第 23 期。

② 习近平：《关于〈中共中央关于党的百年奋斗重大成就和历史经验的决议〉的说明》，《求是》2021 年第 23 期。

③ 张亮等：《21 世纪国外马克思主义哲学若干重大问题研究》，人民出版社，2020。

对于国外马克思主义思潮的百年历程，我们在研究过程中应当学习好、领会好习近平总书记针对百年党史叙事所提出的"总结历史、把握规律、坚定信心、走向未来"和"贯通把握历史、现在、未来"① 的总要求，将这种历史性的使命担当落实到自身的具体研究当中去，做好深入思考、深入研讨。老一辈学人开启我们的学科方向和研究范式时，其初心就是追求"能够不凭想象、凭主观上的好恶，而是根据客观事实，根据原著，对'西方马克思主义'的性质和作用作出正确的判断"②，今天我们面对着更大历史尺度上、更加广泛和复杂的国外马克思主义思潮，我们需要将其走过的百年历程总结好、分析好，全面展现各种代表性人物、流派的思想版图，从中细致梳理出国外马克思主义发展的思想脉络和内在逻辑，将由此得出的规律性认识用来启示马克思主义理论研究，包括要在问题意识、思想方法、具体结论、价值评判等多方面多层次汲取经验和教训，获得对照和参考。

对于国外马克思主义思潮的百年历程，我们在研究过程中应当学习好、领会好习近平总书记针对百年党史叙事所提出的"准确把握党的历史发展的主题主线、主流本质，正确对待党在前进道路上经历的失误和曲折，从成功中吸取经验，从失误中吸取教训"③ 的方法论，将这种历史性的思想原则贯彻到我们的具体研究当中去，避免模糊认识和片面理解。无疑，国外马克思主义思潮在其百年历程中是存在很多的失误和偏颇的，这一点在几十年来我国外马学界的研究当中已经获得了相当充分的揭示，包括我们这一系列年度报告也在之前年份对此有过相当篇幅的评析。但是，就国外马克思主义思潮中的主题主线和主流本质而言，我们首要的是应当看到相关思想家们对于批判现代资本主义所作的正面贡献，而他们在寻找革命力量、建构未来社会等方面的弱点和欠缺之处则是支线支流。国外马克思主义思想家们的批判工作立足于他们所身处的资本主义社会现实，立足于自身视角当中的感性体验和思想背景，揭露了存在于资本主义社会中的种种矛盾危机现象，广泛涉及资本主义政治、经济、文化、社会、生态等各方面的具体弊病，任何人都无法否认这种批判至少在最根本的前进方向上为当代世界的马克思主义总体事业提供了助力。

更进一步说，国外马克思主义思潮中的主题主线和主流本质深刻地分析了

---

① 习近平：《关于〈中共中央关于党的百年奋斗重大成就和历史经验的决议〉的说明》，《求是》2021 年第 23 期。

② 徐崇温：《"西方马克思主义"研究在我国的开展》，《江西师范大学学报》（哲学社会科学版）2012 年第 1 期。

③ 习近平：《关于〈中共中央关于党的百年奋斗重大成就和历史经验的决议〉的说明》，《求是》2021 年第 23 期。

产生这些弊病的根源——也就是说，国外马克思主义思想家不是停留于把当今资本主义社会中存在的阴暗面罗列呈现在世人面前——如资本主义社会内部的剥削问题、社会分配不公问题、社会族群撕裂问题、环境污染问题，以及当代资本主义主导的全球市场中的不公平行为，新型帝国主义全球秩序下的不公正国际治理等——而是进一步追究了这些阴暗面产生的深层原因，并进行了根本性的质问。当今以美国为首的资本主义国家出现了一系列的矛盾，那么这些矛盾是不是从其"根基"上产生的？这些矛盾是"偶然"产生的，还是具有必然性？通过他们的分析论证，当今世界更多的人擦亮了眼睛，认清了是资本主义制度本身带来了所有这些不幸和苦难，看到了西方资本主义出现的矛盾与危机是属于内在的、制度性的矛盾与危机，这是相关国外马克思主义思想家的论述中最有理论启发意义和现实影响力的方面。

同时，也正因为他们的这种深挖，他们透视到了现代资本主义社会种种弊端导源于生产方式和运行机制的体系性、结构性矛盾，从而作为这种制度性内在矛盾的克服之道的马克思主义、科学社会主义，也就再次确证了自己的现实性和力量。马克思主义是资本主义的真正具有历史意义的否定性方面，可以说马克思主义就是为了批判和推翻资本主义而来到这个世界上的。如果说，尽管现当代资本主义还存在矛盾与危机，但这种矛盾与危机并不是从资本主义的"根基"上产生的，或者说并不是与资本主义的基本制度"绑"在一起的，那么，作为资本主义的批判武器的马克思主义也就确实可以"刀枪入库"了。但是，国外马克思主义思想家们确认了当今资本主义社会的矛盾与危机确实是制度性的，当今的资本主义社会依然深受资本的自我扩张的压力，那么只要这种自我扩张的重要机制继续发挥作用，现代资本主义社会的灾难也就不能仅仅被看成任何偶然性层面或者操作性层面的失误，而应被视为是社会层面和经济层面的巨大危机，它所面临的绝不是一个暂时的危机，而是一个真正历史性的制度的崩溃。这样，从根本上改变这一制度才是唯一的出路，而马克思主义也就继续会对改变资本主义制度具有不可替代的作用。①

所以，正是在这个层次上，我们贯通把握好国外马克思主义思潮中的主题主线和主流本质，也就不仅能够"增长智慧"，而且能够"增进团结、增加信心、增强斗志"②，而且能够增强在马克思主义的旗帜下奋斗新征程的力量。

---

① 陈学明：《我为什么看好 21 世纪马克思主义的发展前景——访复旦大学马克思主义学院、哲学学院陈学明教授》，《马克思主义研究》2021 年第 7 期。

② 习近平：《关于〈中共中央关于党的百年奋斗重大成就和历史经验的决议〉的说明》，《求是》2021 年第 23 期。

"百年恰是风华正茂"这个评语，不仅适用于中国共产党的百年历程，也在很大程度上昭示了国外马克思主义思潮的生机和活力。正如有研究者所指出的那样，中国共产党通过构建人类命运共同体，以有力的姿态为世界人民开启可供对话的正当空间，其不隶属于资本主义体系的某一环节，其合理性源于国家间对普遍解放、普遍正义与普遍民主的共识，这种共识一方面以跨国家、跨阶层的姿态保持多元性和开放性，另一方面也接受各国基于平等的协定与章程，就此开启一个异于资本主义霸权的崭新政治民主空间，也不失为一种跨文化、跨国界、跨传统的新政治的可能性，是马克思主义政党探索当下解放道路的一次面向现实的伟大尝试。[①]在这种努力和尝试当中，国外马克思主义思潮，我国的外马研究学科，必将继续发挥一种历史性作用，续写马克思主义在 21 世纪的大历史。

## 二　坚持国外马克思主义研究的中国立场

正如习近平总书记在哲学社会科学工作座谈会上的讲话中所指出的那样，世界上没有纯而又纯的哲学社会科学。世界上伟大的哲学社会科学成果都是在回答和解决人与社会面临的重大问题中创造出来的。研究者生活在现实社会中，研究什么，主张什么，都会打下社会烙印。国内学者对国外马克思主义的追踪和研究也是如此，总是带着我们自身的问题，带着我们自身的烙印。国外马克思主义是马克思主义理论下的二级学科，这是我们开展学术研究工作的科学定位。研究当代国外马克思主义，就是着眼于吸收和借鉴国外学者马克思主义研究的优秀成果，深化对马克思主义科学性和真理性的理解与把握，有助于我们认清资本主义的本质及其当代发展，正确处理与资本主义的关系，坚定中国特色社会主义的道路自信和理论自信。

20 世纪 80 年代，中国马克思主义学界开始重新思考什么是马克思主义、怎样坚持和发展马克思主义这一重大理论和现实问题。正是带着这样的问题，当时西方马克思主义思潮关于马克思主义本身精神、马克思主义正统的讨论进入了我国学界的视野。早期西方马克思主义者关于正统马克思主义的讨论尽管充满争议，但毫无疑问，卢卡奇对马克思主义历史辩证法的研究、葛兰西对马克思主义实践哲学的研究、科尔施对马克思主义革命性的研究、阿尔都塞关于马克思思想中的断裂论及多元决定辩证法的研究等对于中国马克思主义学界尤其

---

①　苟娇、韩秋红：《西方马克思主义与西方左翼视域下政党思想理论的探析与反思——以卢卡奇与激进左翼为例》，《毛泽东邓小平理论研究》2021 年第 7 期。

是哲学界产生了重大影响，为实践唯物主义的大讨论贡献了积极的理论资源。

20 世纪 90 年代，中国马克思主义学界逐渐从体系意识转向了问题意识，转向了对人的生存、发展、价值、意义等具体但又重大的现实问题的反思性研究。马克思主义生活哲学、发展哲学、价值哲学、文化哲学、人学等问题成为讨论的热点。在对这些问题的讨论中，国外马克思主义关于人的生存方式、文化工业、消费社会、意识形态等问题的先行讨论同样成为我国学界关注的热点。21 世纪以来，尤其是 2008 年西方金融危机以来，批判西方现代性、构建中国现代性成为学界关注的焦点。卢卡奇、霍克海默、阿多诺、哈贝马斯、霍耐特等关于资本与现代性的共谋关系、工具理性批判、交往理性重建、为承认而斗争等成为学界热议的话题。

新时代以来，世界发展的格局和形势发生了重大变化。中国高举社会主义大旗，向全世界证明了历史并没有终结，从资本主义向社会主义过渡的世界历史大势没有终结，社会主义依然具有生机和活力。在这个现实背景下，世界马克思主义发展的趋势也发生了重大变迁。如果说在 20 世纪，西方是马克思主义研究的中心，那么进入新时代以来，中国则日益担当起二十一世纪马克思主义研究的主导者。这就要求我们进一步摆脱马克思主义研究的学徒状态，包括在国外马克思主义研究中，需要进一步关注国外论者对资本主义本质及其当代发展的相关讨论，尤其是关于资本主义内在矛盾和发展趋势的研究，而相应地以中国为研究的出发点和落脚点，讨论资本主义面临的但未能解决的世界性难题，呈现能够真正解决这些普遍性问题的中国方案。

近年来，学界呼吁应关注国外马克思主义研究中的中国立场、中国视角。有学者认为，21 世纪国外马克思主义研究应该以中国为研究中心。[①] 这个判断的客观依据是 21 世纪世界变革中，中国地位的提升。中国的发展深刻地改变了世界历史发展的格局。中国的发展为解决世界性的难题提供了中国方案，为发展中国家提供了现代化道路的全新选择，为人类文明进步作出了巨大贡献。中国离不开世界，世界也离不开中国。因此，21 世纪国外马克思主义研究必须改变以西方为中心的研究范式，将中国的发展纳入世界的发展中加以考察，从中国与世界的互动关系中寻求人类普遍性问题的解决。这一点不仅是针对中国的国外马克思主义研究而言的，同样也是针对国外马克思主义学者而言的。世界历史发展的进程决定了二十一世纪马克思主义的研究不能局限于某一国家或地区，资本主义批判也不能脱离社会主义中国的视野。阐述中国道路、中国模

---

① 隽鸿飞、张海成：《21 世纪国外马克思主义研究中心的转换》，《马克思主义理论学科研究》 2020 年第 1 期。

式的世界历史意义应当成为国外马克思主义研究的基本视域。

又如，有学者从理论与现实的关系角度，既批评了当前国外马克思主义学界尤其是激进左翼哲学搬弄各种花哨语词，实质逐渐丧失了改变世界的旨趣，沦为了概念游戏的现况，也批评了当前国内学界对这些研究成果的追踪缺乏反思批判的立场，尤其是缺乏对中国现实问题的观照。① 中国的西方马克思主义研究应当把握时代精神和世界历史发展趋势，坚定中国立场，不能跟在西方马克思主义后面亦步亦趋，丧失自我意识。

学界对西方马克思主义研究中国立场的呼吁是研究水平不断提高的象征，是研究实力不断增强的象征，也是研究主体自我意识不断觉醒的象征，是自信的象征。国外马克思主义研究的中国立场并不是简单的自我中心主义，而是要立足自身去共同思考普遍的问题。因此，问题的关键首先是厘清国外马克思主义所思考的重大议题，比如资本逻辑问题，生态危机问题、身份政治问题等。这些问题哪些是具有普遍性的问题，哪些仅仅是西方所特有的问题。只有那些是人类共同关心的普遍性问题才应该是我们首要地加以关注的问题，其他非普遍性的问题则只能处于从属的地位。厘清问题的性质是坚持中国立场的基本前提。

其次，要思考西方马克思主义给出解决这些问题的方案，思考这些解决方案的理论得失。比如，哈贝马斯主张通过民主法治国家解决资本逻辑对生活世界的殖民化问题。霍耐特主张通过为承认而斗争解决资本主义批判问题。生态学马克思主义主张通过生活方式的改变解决生态危机问题。西方激进哲学主张复兴共产主义的共同体解决新自由主义全面私有化带来的公共性缺失问题。这些解决问题的方案有些具有明显的西方文化背景，有些具有明显的妥协和保守立场，有些则具有明显的空想色彩。这些解决方案的合理性和局限性是什么，这同样是我们需要追问的。

最后，要研究解决这些普遍性问题的中国方案是什么。西方马克思主义提出了具有普遍性的问题，也给出了一些具体方案。这些解决方案大多停留在理论构想层面。中国同样面临类似的问题，但我们给出了中国之治的现实路径。这些解决之道并不仅仅是理论构想，还是实践之道。我们要思考的是，中国在解决这些问题的经验中有哪些是普遍性的要素，哪些是中国特色的要素。这些特殊性的要素能否上升为普遍性层面。只有将中国的方案上升到普遍性的维度，才能突破一个国家、一个民族的局限，才能让国外马克思主义学界真正信服，才能真正让世界理解二十一世纪马克思主义在中国，才能理解中国话语的

---

① 王志强：《西方马克思主义研究的中国立场》，《中国社会科学报》2021 年 4 月 29 日。

马克思主义。这也是国外马克思主义研究中国立场的应有之义。

从广义上来说，国外马克思主义研究主要包含两个方面。一是对马克思主义的阐述，二是对资本主义现实问题的批判。两者是一体两面的关系。资本主义批判是前提，也是落脚点，阐释马克思主义是开展资本主义批判的方法和路径。两者也是相互推进的关系，没有新的历史条件下的资本主义批判，就不可能发展马克思主义；同样，没有对马克思主义的重新理解，就不可能推进资本主义批判。隽鸿飞认为，国外马克思主义研究的意义可以从三个方面来考察："一是思想史的意义，二是理论的意义，三是现实的意义。"① 从国外马克思主义研究的中国立场来看，国外马克思主义对马克思主义的重新理解构成了研究的理论意义，其包括了"思想史意义"和"理论意义"，而对资本主义的批判虽然也丰富了马克思主义的相关理论，但更重要的意义在于其现实指向性，在于为我们思考类似的现实问题提供思想启示，因而我们应将之放到现实意义中考察。

## 三　剖析国外马克思主义研究的理论意义

国外马克思主义对马克思主义的重新理解主要包括对马克思主义理论性质与特征的研究，对马克思主义核心范畴的重新阐释，对马克思主义当代意义的重新阐发等方面。2021 年学界对相关问题的讨论主要包括西方马克思主义和西方马克思主义史研究范式与研究方法的自觉，在马克思主义发展史教材体系中讨论西方马克思主义，国外马克思主义的问题意识、理论问题和当代意义等方面。

2005 年国家新设立国外马克思主义二级学科的时候，就有学者撰文指出了西方马克思主义特别是其哲学理论在国外马克思主义思潮当中的关键性地位，认为这一理论有助于我们正确地领悟马克思主义哲学的本真精神，这对于我们实施马克思主义理论研究与建设工程，进而对构建当代中国新哲学都是不可或缺的。② 西方马克思主义的马克思主义观对于我们理解和发展马克思主义无疑具有重要的借鉴意义，但西方马克思主义在重新理解马克思主义的过程中也存在诸多误解或者说曲解，这就要求我们辩证地看待其理论意义。

2021 年，我国学界继续围绕这一议题进行探讨。有学者认为，西方马克思

---

① 隽鸿飞：《论国外马克思主义研究学科的边界》，《马克思主义理论学科研究》2021 年第 11 期。

② 陈学明：《论研究"西方马克思主义"在当代中国的意义》，《南京大学学报》（哲学·人文科学·社会科学版）2005 年第 2 期。

主义的积极意义在于唤醒和革新了我国马克思主义研究的思维方式，从肯定性思维转向了批判性思维，阐发了马克思主义的当代意义，坚定了我们的马克思主义信念，为我国马克思主义研究重新注入了信心与活力，拓展与丰富了我国马克思主义研究领域、研究主题、研究方法，打开了研究的世界视野与开放格局，催生了中西马克思主义对话研究模式。但西方马克思主义自身又存在明显的局限性，主要表现为偏离了马克思主义理论的核心，理论与实践的脱节，研究方式和话语方式的"西马化"。① 因此，在阐发西方马克思主义当代意义的时候，我们既需要看到其积极层面，也需要看到其不足的一面，既需要与传统马克思主义观进行比较研究，也需要与中国马克思主义进行比较，尤其要看它们是否真正抓住了当代资本主义的核心问题，进而根据实践检验它们的理论意义。

在另一篇论文中，该学者又指出，西方马克思主义的当代性主要表现为其超越了近代形而上学，阐释了马克思的新哲学本质，突出了文化批判的实践力量，弘扬了马克思主义的批判精神。在与现代西方思潮的融合中，西方马克思主义推动了马克思主义的当代运用、发展和创新。因此，新时代，我们需要继续与西方马克思主义展开深度对话，基于中国实践和中国问题，从中国眼光、中国立场、中国意识、中国价值去甄别和借鉴其理论成果，从与中国语境相契合的西方马克思主义本土化的角度去挖掘其当代价值。②

辩证地看待西方马克思主义研究的当代意义，意味着需要反思我们自己的研究方法，树立独立自主的研究范式。近年来，有学者一直致力于西方马克思主义学术史研究，指出了西方马克思主义研究范式中存在的主要问题，提出了学术史研究范式的方法论意义、研究进路和现实意义，主张只有从历史维度、文化维度、理论维度和实践维度四个方面展开对西方马克思主义学术史的研究，梳理西方马克思主义研究的"问题史"，才能真正把握西方马克思主义产生和发展的理论逻辑与理论个性，才能真正揭示西方马克思主义研究的理论效应和实践效应。③

在学术史的研究范式下，我们需要将西方马克思主义放到马克思主义发展

---

① 夏巍：《西方马克思主义的传播对中国马克思主义研究的影响》，《贵州大学学报》（社会科学版）2021 年第 6 期。

② 夏巍：《西方马克思主义对马克思思想当代性的阐扬》，《学术界》2021 年第 8 期。

③ 王雨辰、周玉林：《从西方马克思主义思想史研究到西方马克思主义学术史研究——中南财经政法大学哲学院王雨辰教授访谈》，《社会科学家》2021 年第 1 期；王雨辰：《西方马克思主义学术史研究方法论的四个维度》，《社会科学家》2021 年第 1 期；王雨辰：《论西方马克思主义的问题逻辑及当代价值》，《马克思主义与现实》2021 年第 4 期；王雨辰：《论西方马克思主义学术史研究的三个面向及其当代价值》，《马克思主义理论学科研究》2021 年第 8 期。

史中加以考察。齐泽克曾指出，卢卡奇并不与列宁主义相对立，而是一位列宁主义的哲学家。葛兰西曾指出正是列宁将马克思主义理论变成了现实。科尔施在讨论马克思主义与哲学的关系时，也指出 20 世纪的十月革命恢复了马克思主义与哲学的关联。从这些相关论述中来看，卢卡奇和早期西方马克思主义者都是列宁主义的传人。这就为我们在马克思主义发展史中理解西方马克思主义提供了基本依据。我们可以说，在列宁主义之后，马克思主义发展史的线索至少是两维的。一个维度是马克思列宁主义传入了中国，在中国生根发芽，开花结果，繁花盛开，实现了三次飞跃。另一个维度则是传入了西欧，形成了西方马克思主义，在西方马克思主义将近百年的发展史中，同样形成了"诸子百家"，流派众多，形态各异。因此，在马克思主义发展史中理解西方马克思主义不仅可以拓展马克思主义研究的视野，为发展马克思主义提供更多的理论资源，而且在比较研究中，也能进一步彰显中国马克思主义的独特贡献。2021 年，有学者从马克思主义哲学发展史教材的角度，梳理了西方马克思主义在马克思主义发展史中的地位，分析了西方马克思主义在中国传播的历程和理论贡献。①

理论意义来源于理论问题，讨论国外马克思主义离不开对其理论问题的反思。有学者认为，西方马克思主义问题逻辑的理论起点是关于西方革命的战略和策略问题。从问题逻辑的角度来看，西方马克思主义强调了马克思主义哲学的当代性质，揭示了马克思主义哲学的使命和功能，强调了马克思主义哲学批判价值功能。② 在具体理论讨论上，有学者分析了西方马克思主义的民族理论，提出了西方马克思主义分析民族问题的五种视角。一是历史主义的视角，也就是从历史的角度研究民族问题，二是民族主义与现代化的关系，三是从经济关系视角讨论民族问题，四是从社会政治运动的视角讨论民族主义，五是社会文化的视角。西方马克思主义民族理论的特征是采取了现代化的认识方法，运用了唯物史观的历史视域和辩证分析的态度，预设了超越资本主义的理想。但西方马克思主义的民族理论具有地域局限性。③ 还有学者讨论了政治经济学与西方马克思主义的关系问题，指出了应当拓宽狭义西方马克思主义的时空范围，从政治经济学的角度讨论广义的西方马克思主义，用广义西方马克思主义研究框架将后马克思主义、新马克思主义马克思学、激进左翼哲学等流派整合起来，突出马克思主义的整体性视角，彰显马克思主义基础理论研究与实践应用

---

① 张秀琴：《马克思主义哲学史视域下的西方马克思主义》，《学术界》2021 年第 4 期。
② 王雨辰：《论西方马克思主义的问题逻辑及当代价值》，《马克思主义与现实》2021 年第 4 期。
③ 刘烨：《当代西方马克思主义民族理论的研究视角》，《世界民族》2021 年第 2 期。

研究之间的联系。<sup>①</sup> 有学者同样指出，国外马克思主义研究的第二次转向，也就是从文化研究转向了政治经济学批判。<sup>②</sup>

政党理论是马克思主义理论的重要组成部分。卢卡奇、葛兰西、阿尔都塞等讨论过这个问题，但西方马克思主义对这个问题明显重视不够，尤其是当代西方马克思主义与现实政党明显脱离。有学者认为，西方政治革命理论与实践之间的分离越来越大，西方左翼的政党理论日益陷入缺乏本体论基础的激进主义与缺乏实践维度的政治路线的经院主义空想的窠臼而不可自拔。<sup>③</sup> 还有学者认为，阿尔都塞、拉克劳和墨菲在坚持政党能动性的同时，提出了新的阶级建构策略，当代西方马克思主义超越经济决定论，强调从阶级建构走向社会建构，并推崇温和的社会建构理念。<sup>④</sup>

西方马克思主义理论旨趣复杂多样，涉及历史学、艺术学、意识形态、方法论等各个方面。有学者在《西方马克思主义史学的过去、现在与未来》中，以葛兰西与卢卡奇等为例，讨论了西方马克思主义的历史理论，指出了要想以东方经验完善唯物史观，则有赖于中国马克思主义学者的努力。<sup>⑤</sup> 有学者在《西方马克思主义艺术史发展的内在逻辑》中指出，20世纪七八十年代西方马克思主义艺术史研究与新艺术史融合，对传统的理论和方法提出了质疑，借鉴精神分析、符号学和女性主义等后现代主义理论，探讨了艺术中的性别政治、种族等问题，揭示了艺术生成语境的丰富性，呈现出多元化的特点。<sup>⑥</sup> 还有学者指出，西方马克思主义意识形态理论的变化表明，西方发达资本主义国家资产阶级意识形态也在发生变化。以西方马克思主义意识形态理论的发展为研究基准，通过反向解构的方式，探究当代发达资本主义国家资产阶级意识形态演进的历史逻辑，进而分析当代发达资本主义国家资产阶级意识形态的特点，这对我国防范资产阶级意识形态的侵蚀有着重要意义。<sup>⑦</sup>

有学者在《西方马克思主义的"空间转向"与历史唯物主义的当代重光》中指出，西方马克思主义的"空间转向"实质是经典马克思主义既有空间思想的再发挥，历史唯物主义空间转向增强了历史唯物主义的解释力，开辟了资本

① 邰丽华：《政治经济学视域下的广义西方马克思主义研究》，《政治经济学评论》2021年第2期。
② 王雨辰：《论西方马克思主义的问题逻辑及当代价值》，《马克思主义与现实》2021年第4期。
③ 苟娇、韩秋红：《西方马克思主义与西方左翼视域下政党思想理论的探析与反思——以卢卡奇与激进左翼为例》，《毛泽东邓小平理论研究》2021年第7期。
④ 闫翠翠、王立峰：《西方马克思主义论政党与社会的关系》，《新视野》2021年第4期。
⑤ 汪荣祖：《西方马克思主义史学的过去、现在与未来》，《文史哲》2021年第1期。
⑥ 马蹢非：《西方马克思主义艺术史发展的内在逻辑》，《中国人民大学学报》2021年第3期。
⑦ 郭明飞、陈继伟：《西方马克思主义意识形态理论嬗变论析》，《东岳论丛》2021年第2期。

主义危机化解的思想视角，锻造了"空间"武器并使其成为反抗资本主义的新生力量。但西方马克思主义运用"空间逻辑"置换"生产逻辑"，最终一厢情愿地扛起"空间本体论"大旗。① 有学者在《西方马克思主义实践哲学的进路与困境》中指出，西方马克思主义创造了一种以人的实践、行动为核心范畴的实践哲学。但马克思主义实践哲学不能仅仅局限在文化批判的逻辑上，它需要吸取经济分析的视角，实践哲学也不能忽视对多元的社会群体的政治建构。这种政治建构，需要我们思考如何围绕着阶级斗争这一核心，争取广泛的团结，争取不同社会群体的支持。② 还有学者在《在黑格尔与马克思之间：西方马克思主义的方法论迷局》中指出，法兰克福学派在其理论发展中忽视了马克思与黑格尔在哲学旨趣和方法上的根本区别，从而导致西方马克思主义批判理论只能滞留在一般性的文化审美批判层面，难以实现马克思主义理论指导社会变革实践的诉求。马克思与黑格尔的理论旨向和研究路径有着根本差异，深刻领悟这些差异是正确坚持和发展历史唯物主义哲学方法的前提。③

## 四　发掘国外马克思主义研究的现实意义

虽然任何理论都是在思想中把握时代的，理论与现实是不可分离的，但我们仍然可以采取形式上的区分，研究国外马克思主义的理论意义主要是针对马克思主义理论自身而言的，而现实意义则主要是针对国外马克思主义的研究对象而言的。各种国外马克思主义思潮的资本主义批判既包括从整体上揭示资本主义的本质和当代发展，也包括对资本主义具体现实问题的讨论。因而，研究国外马克思主义的现实意义，也就集中表现为能帮助我们正确揭示资本主义的运行机制和本质规律，坚定中国特色社会主义现代化的道路自信。

早期西方马克思主义产生的现实背景是资本主义发展到垄断阶段，形成了帝国主义。帝国主义之间发展的不平衡引发了第一次世界大战。资本主义走向了它自身的反面。十月革命的爆发使人们看到了无产阶级革命的希望和社会主义理想实现的可能性。正是基于这样的时代背景，十月革命爆发后，卢卡奇迅速加入了共产党，组织领导无产阶级革命。西欧无产阶级革命的失败激发了早

---

期西方马克思主义的资本主义批判，研究西欧资本主义的特殊性。卢卡奇关于物化的研究、葛兰西关于政治国家与市民社会的研究，就是对西欧资本主义革命道路的探寻。20 世纪 60～70 年代，随着资本主义的转型，国外马克思主义的资本主义批判也发生了变化，集中体现为聚焦资本主义发展中的问题，为社会主义运动寻找新的可能性。法兰克福学派在哈贝马斯的努力下，试图通过商谈伦理，寻找拯救资本主义现代性的道路。这种保守的立场受到了后马克思主义的批评。拉克劳、墨菲等后马克思主义者基于新社会运动的背景，重申激进民主的可能性。2008 年，资本主义经济危机爆发，激进左翼哲学扛起资本主义批判的大旗，以"告别社会主义，欢迎共产主义"为口号对资本主义展开了激烈批判。国外马克思主义者们所开展的资本主义批判工作为我们理解资本主义的本质和新变化提供了重要启示与参照。

从总体上说，国外马克思主义的资本主义批判集中表现在对新自由主义的批判上。有学者指出，国外马克思主义的新自由主义批判具有四个不同视角，分别是生产视角、制度视角、阶级与种族视角、地缘政治视角。[①] 这四个视角全面系统揭示了国外马克思主义新自由主义批判的代表性路向。有学者在《近年来国外马克思主义对资本主义的批判及启示》中指出，国外马克思主义对新冠疫情与资本逻辑关系的讨论、对资本逻辑压缩城市空间的批判、对"数字技术"资本逻辑的批判、对资本逻辑反生态的批判、对资本逻辑反性别的批判等，都是对新自由主义和新帝国主义批判的代表路径，这些批判对于当代中国特色社会主义现代化建设无疑具有积极的启发意义。[②]

马克思主义社会批判理论的基本路径是从生产方式出发，这就要求我们从生产力与生产关系的矛盾运动中理解资本主义的新变化。有学者认为，当数据成为主要生产资料、平台成为数据枢纽时，资本主义就进入了平台。平台资本主义是资本主义自我调适的一种新变化。平台资本主义具有参与门槛低、灵活性高、透明性高、协同性高的"一低三高"特征，因而被认为是共享经济的代表，开启了一条通往减少剥削实现共同繁荣的后资本主义道路。但这只是表象，从其本质来看，它并未改变资本主义生产关系，实质上具有竞争性高、分散性高、监视性高、稳定性低"三高一低"特征，大部分是零工经济与无合同经济，只会加速新自由主义的转向，激化资本主义的矛盾。西方左翼人士虽然希望通过平台联合斗争来批判资本主义，但这无法触及资本主义本质，不能有

---

① 刘慧：《国外马克思主义的新自由主义批判研究述评》，《马克思主义研究》2021 年第 8 期。

② 宋晓丹：《近年来国外马克思主义对资本主义的批判及启示》，《毛泽东邓小平理论研究》2021 年第 7 期。

效解决平台资本主义内在的矛盾与冲突。这也说明，平台资本主义的新变化并不意味着马克思主义对资本主义的基本判断已经过时。①

有学者指出，进入 21 世纪之后，通信技术和数字技术的突飞猛进，让交往行为的主体间性模式让位于数字资本主义下的新无产阶级，而今天的西方马克思主义再一次从马克思的政治经济学批判和阶级概念那里获得动力，形成了数字资本主义下的非物质劳动的大众的新反抗形式。② 他认为，资本主义在这 20 年里进入一个新的阶段。在这个阶段，数字平台已经成为主要的生产方式，而资本主义采用更为灵活的奖金模式来剥削无产阶级。无产阶级已经蜕变为"流众"。这是无产阶级的新变化。数字资本主义的这些变化，迫使马克思主义必须实现转变，当代国外马克思主义的理论家们开始意识到，在个体性的意识形态的支配框架下，马克思主义必须要重新发明集体性，而重新发明无产阶级集体性的关键在于重建新的无产阶级政党，只有新政党才能将无产阶级凝聚起来，成为抵抗资本主义社会的可靠力量。③

有学者指出，通过数字技术赋能，资本主义的组织形态和内部机制发生了变化。数字、算法、物联网、无线宽带等已然成为数字空间的必备工具。然而，尽管发展到数字资本主义的新阶段，资本主义的本性并没有发生变化，资本不仅实施着对公共空间的宰制，还时刻渗透着数字形式的权力话语。数字资本主义存在三重悖论，在一般性表象之下，遮蔽并强化了以数字技术为载体"剥削—掌控—规训"的组织形式。这主要表现为三个方面，数字中立掩盖了数字资本更强的逐利本性，导致社会财富占有愈益不平等的事实；程序民主遮蔽了数字资本和权力融为一体的实质，加深社会政治领域更多权力落差的事实；自由至上庇护了数字资本与意识形态同谋，更深地塑造资本社会价值系统的事实。对数字资本主义这三重悖论的揭露，能够更明确更清晰地把握数字资本主义的实质，从而洞悉数字资本主义发展的双重性。④

资本增殖逻辑带来生态问题，这是西方生态学马克思主义形成和发展的基本背景。西方马克思主义的资本主义批判包括生态危机批判。有学者指出，生态学马克思主义是马克思主义与生态学结合的产物，资本主义制度是生态危机发生的根源，生态社会主义或共产主义是解决危机的途径。生态学马克思主义对于资本主义技术使用、控制自然的意识形态、异化消费、资本主义制度的批

---

① 焦佩：《论平台资本主义的变与不变——兼评左翼的解决策略》，《探索》2021 年第 2 期。
② 蓝江：《从物化批判到数字资本：西方马克思主义的演变历程》，《学术界》2021 年第 4 期。
③ 蓝江：《数字资本主义批判和重建无产阶级集体性——21 世纪国外马克思主义新趋势探析》，《华中科技大学学报》（社会科学版）2021 年第 1 期。
④ 付英娜：《透视与反思：数字资本主义的生成及三重悖论》，《天府新论》2021 年第 4 期。

判和对于生态社会主义和共产主义的展望，为中国的生态文明理论提供了理论资源。① 有学者指出，生态学马克思主义开启了历史唯物主义生态维度，对资本主义社会的生态批判有助于我们挖掘马克思主义生态文明理论，建构以环境正义为价值诉求的中国形态的生态文明理论，超越生态文明西方霸权话语。②

资本主义的发展带来了城乡的二元对立。城市问题是国外马克思主义进行资本主义批判的重要问题。近年来，随着中国现代化的迅速发展，马克思主义城市理论、城市哲学进入学界的视野。有学者指出，西方马克思主义城市地租问题具有两个层面。一是一般理论问题层面，主要包括城市地租形成机制、城市地租来源，这部分理论深化了我们对土地与资本之间关系以及城市地租形式的认识。二是特殊现实问题层面，主要包括城市空间分化、土地所有权作用、住房金融化等。这些理论有助于我们从城市情况特殊性中探寻城市地租的一般规律，为推动马克思主义城市地租理论发展完善提供了有益探索，对分析我国当前的城市发展和房价治理问题也具有启示意义。③ 有学者指出，国外马克思主义城市批判理论的逻辑前提是对新自由主义的批判，城市危机与资本逻辑内在关联，城市批判开创了空间资本化批判；城市批判理论的现实依据是阶级结构变化；城市批判理论的认识论基础是马克思主义空间辩证法；城市批判理论的方法论转向是"后"学的发展，包括后政治城市、后结构主义空间理论等。不过，当代国外马克思主义城市批判理论的缺陷是"除了大声疾呼之外，仍然束手无策""唯心主义色彩浓重""后现代主义意味厚重"。④

有学者指出，20世纪60年代后期，资本主义社会普遍深化的城市危机使马克思主义革命理论明显缺乏说明力。国外马克思主义论者结合马克思政治经济学批判方法和城市问题，寻求社会革命新的理论生长点。在马克思主义城市理论上形成了三个论断：一是城市权斗争昭示新的社会革命可能；二是城市空间消费要素矛盾关系的激化，是推动城市社会结构转变实现社会变革的真正路径；三是资本积累的失衡、城市化生产如何被摧毁成为新的激进社会革命形式，并可以此追寻空间正义的社会愿景。三者均重在突破权力关系，追寻更加公平、正义和可持续的城市化模式。这些观点共同开辟出马克思主义社会革命

---

① 陈茂林：《西方文论关键词 生态马克思主义》，《外国文学》2020年第6期。

② 王雨辰、周玉林：《从西方马克思主义思想史研究到西方马克思主义学术史研究》，《社会科学家》2021年第1期。

③ 谢富胜等：《当代国外马克思主义城市地租理论：研究进展与前景展望》，《中国人民大学学报》2021年第6期。

④ 赫曦滢：《后危机时代国外马克思主义城市批判理论的变迁与启示》，《世界哲学》2021年第3期。

理论的城市空间阐释路径，但也在不同程度上弱化了马克思政治经济学批判的社会革命内涵。西方马克思主义城市理论的缺陷是：城市权的革命最终走向了实现"总体人"的协商政治乌托邦，城市空间的要素化重构旨在改良资本主义，迈向商谈伦理主导的空间正义。①

佩里·安德森曾指出经典的西方马克思主义在理论重心上偏离了马克思主义理论核心，也就是不关注经济基础领域，只关注上层建筑领域。虽然这个判断忽视了西方马克思主义资本主义批判的总体性维度，但这个重大偏向本身确实是存在的。近年来，西方马克思主义的国家批判尤其受到学界关注。有学者指出，国内学界关于西方马克思主义国家理论研究的主要论题涉及国家与资本逻辑的关系、国家与政治民主的关系、国家与阶级的关系、国家与意识形态的关系、国家与社会的关系、资本主义国家的危机问题、全球化背景下的国家等方面。有学者认为，从这些讨论来看，学界并没有从根本上厘清西方马克思主义与马克思主义国家理论的差异。面对全球化对民族国家的影响以及资本主义的新形态，我们应立足马克思主义国家理论进行深入思考，阐释其当代影响和现实解释力。②

当代西方马克思主义的资本主义批判涉及对西方新社会运动的讨论。有学者认为，南希·弗雷泽基于对战后西方社会运动和女性主义运动的系统研究，对当代资本主义政治经济与社会不平等的深入批判，建构了独具特色的正义理论，又探索性地发展了马克思主义的解放理论。弗雷泽的正义理论受到国内外学界的广泛重视，但她的解放理论被严重忽视，其理论价值和现实意义也被低估。她的解放新规划全面而深刻地批判了当代资本主义的制度性危机，为分析和认识当今的资本主义危机提供了一个新的视域。③ 有学者认为，西方社会主义女性主义理论认为，女性受压迫的根本原因在于资本主义与父权制之间的相互作用，是政治、社会和经济制度的产物。社会主义女性主义主张彻底废除公私领域的区分，并且借助异化理论，揭示女性的多种异化形式，构建了女性从属的政治理论。社会主义女性主义发展了对"物质基础"的解释，主张生育民主，提倡广泛的政治活动，诉求实现全面的社会变革，最终消灭阶级与性别压迫。这为女性主义提供了一种理论构想。④ 还有学者分析了新冠疫情与生命政

① 张一方：《西方马克思主义城市批判理论的社会革命观研究——以列斐伏尔、卡斯特和哈维为例》，《广西大学学报》（哲学社会科学版）2021 年第 4 期。

② 李媛媛：《近十年国内西方马克思主义国家理论研究状况概述》，《理论视野》2021 年第 5 期。

③ 付文忠、李丙清：《当代资本主义危机与反抗不平等运动的辩证法——南希·弗雷泽对当代西方左翼解放规划的理论建构》，《四川大学学报》（哲学社会科学版）2021 年第 1 期。

④ 刘慧姝：《马克思主义视域下对西方"社会主义女性主义"的考察》，《求索》2021 年第 2 期。

治的内在关联。生命政治学诠释了当代资本主义国家权力和资本权力对生命的深层奴役，政治经济学批判依旧是解剖现代资本主义的锐利武器，是实现"另一个世界"的根本方法。①

有学者指出，西方左翼思潮以更加激进的政治话语掩盖了其阶级上的退却，最终我们在上述左翼思潮再政治化方案的探析过程中可以得到的，不仅是反思西方虚假政治承诺的科学思维，还有对我国制度的自信。② 有学者认为，当代西方马克思主义的批判理论可称为一种时代的批判意识。这种社会批判理论的着眼点虽然背离了马克思主义从生产方式出发展开的社会批判的理论逻辑，转向了对人及其主观生存状态的强调，着重对资本主义社会的意识与文化政治与经济科技与消费等诸生存样态的全景式批判，但是，其理论旨趣仍然坚持着马克思主义对资本主义的批判维度，并在对发达资本主义社会的文化批判指向中，为人们展示了一个新的理论视域。在讨论西方马克思主义的消极影响时，有学者认为西方马克思主义忽视了经济关系、阶级关系③，这就涉及了对西方马克思主义话语和话语体系的理解。有学者指出，"从阿尔都塞到哈贝马斯，再到拉克劳和墨菲，话语理论的理论背景涵盖了从五月风暴到苏东剧变的整个时期，目的都是针对经典马克思主义面临的危机作出回应"④，但是西方马克思主义将话语作为中介民主和霸权的理论也不免存在对马克思主义理论的误读与偏离。

---

① 刘黎：《生命政治学研究范式与方法的当代审视——简评〈21世纪国外马克思主义哲学若干重大问题研究〉》，《湖南科技大学学报》（社会科学版）2021年第1期。
② 亓光、魏凌云：《当代西方左翼思潮再政治化方案之"难"——以政治马克思主义为切入》，《内蒙古社会科学》2021年第2期。
③ 王振林：《一种时代的批判意识：当代西方马克思主义社会批判理论研究》，《吉林大学社会科学学报》2021年第4期。
④ 张丹：《西方马克思主义话语理论及其局限——以阿尔都塞、哈贝马斯、拉克劳和墨菲为例》，《世界哲学》2021年第2期。

# 第十七章
# 国外马克思主义的思潮、
# 前沿问题研究

## 一 对国际左翼围绕新冠疫情所作的反思批判的研究

### （一） 对疫情冲击下资本主义前途命运的研究

有学者认为，在新冠疫情全球流行和大国竞争博弈等因素的影响下，世界社会主义或将迎来发展"窗口期"，应顺应时代潮流，抓住有利时机，推动世界社会主义振兴前行。①

有学者借助列宁帝国主义理论研究了新冠疫情冲击下帝国主义垄断趋势的新变化，即生产集中趋势受到冲击，国际金融垄断资本加紧掠夺世界财富，并加紧对金融机构和国家机器的操纵垄断，这些趋势的新变化更加证明帝国主义是资本主义的最后阶段。②

有学者基于马克思经济危机理论，认为在新冠疫情这种破坏力极强的外生因素冲击下，西方主要资本主义国家迅速陷入经济衰退之中。在同样的新冠疫情冲击下，中国却能凭借社会主义制度的优越性，迅速控制疫情，并成为当时经济唯一实现正增长的主要经济体，在后疫情时代，中国社会主义制度优势会进一步得到发挥。③

---

① 姜辉、潘金娥主编《国际共运黄皮书：国际共产主义运动发展报告（2020—2021）》，社会科学文献出版社，2021。
② 郭一君：《新冠肺炎疫情冲击下帝国主义垄断趋势的新变化——基于列宁的帝国主义理论》，《世界社会主义研究》2021年第2期。
③ 杨小勇、吴宇轩：《后疫情时期世界经济格局的变化与中国机遇：基于马克思经济危机理论视角》，《上海财经大学学报》2021年第1期。

有学者通过对意大利左翼学者的访谈，指出新冠疫情暴露了资本主义国家的治理缺陷，也加剧了起始于 2008 年的经济社会危机。[①] 另有学者认为瑞典政府之所以在抗疫过程中处置失当，表面上是因为担心抗疫封锁会影响国内经济发展，以及担心医疗费用等社保支出的大量增加引发财政危机，而本质原因是长期以来新自由主义逻辑不断向政治经济领域的渗透，使瑞典国家权力向资本倾斜，社会不平等加剧，政府不愿在民生领域对抗资本权力。[②]

有学者阐述了"灾难资本主义"的批判视角，揭示了资本寡头如何玩弄"自由"概念，将一切制约资本的力量妖魔化为实现"自由"的障碍，从而为资本利用灾难来攫取财富和权力大开方便大门。[③]

有学者研究了疫情背景下西方左翼对资本主义的经济、政治、社会和生态等的全面批判，认为西方左翼思想界将此次疫情视作批判和替代资本主义、重建社会共同体的契机，其呼吁开展社会变革，朝建立一个平等、共享、团结、绿色的社会主义共同体迈进。[④]

## （二）对疫情下国外左翼理论工作的经验教训的研究

有学者认为，阿甘本等左翼学者显然遭遇了生命政治理论与其自身所处时代的断裂与脱节问题，哲学批判不能将形而上学关怀无限上升，而放弃有效政治和技术治理的结合。问题在于何种前提下的政治和技术的弥合才是人道的，显而易见，每一个生命的被尊重和解放只有在"公有制"的意义上才有可能被实现，政治与技术更应是对于"人"的生命存在的维护，而不是出于对政治或技术的恐惧，从而"将婴儿与洗澡水一起倒掉"。[⑤]

有学者认为，齐泽克关于"世界末日"的乐观隐喻受到普遍怀疑，阿甘本忧虑人们在对新冠疫情的恐惧下，逐步沦为赤裸生命，而埃斯波西托则试图在新冠疫情危机中构造"肯定性的生命政治"。[⑥]

---

① 李凯旋：《新冠肺炎疫情下新自由主义资本主义的多重危机：意大利左翼学者访谈》，《马克思主义与现实》2021 年第 4 期。

② 郭灵凤：《疫情下看瑞典新自由主义改革的后果及其代价》，《世界社会主义研究》2021 年第 9 期。

③ 佟坤达、李涛：《新冠疫情背景下新自由主义的颠覆：基于灾难资本主义的批判视角》，《前沿》2021 年第 4 期。

④ 李旸、王卓群：《新冠肺炎疫情背景下西方左翼思想界对资本主义的全面批判》，《当代世界与社会主义》2021 年第 6 期。

⑤ 张颖聪、韩璞庚：《"例外状态"下的生命、技术与政治》，《自然辩证法研究》2021 年第 9 期。

⑥ 胡敏：《"例外状态"与"生命政治"——新冠肺炎疫情的哲学反思》，《国外理论动态》2021 年第 2 期。

有学者访问了两位法国著名左翼学者，梳理了他们的主要观点，他们主张加大对中国经验和中国道路的关注与分析，同时在全球范围内加强交流合作。①有学者认为，在疫情等全球性问题面前，人类只有达成"命运共同体"，以汇聚对抗全球化风险、战胜疫情的合力，才能在流动的现代性中彰显人类不断追求自由的本性。②

有学者总结了疫情期间部分西方政客及媒体在意识形态领域挑起的论争，认为要有效化解来自西方敌对势力的意识形态攻势，就要树立意识形态风险防范意识，增强重大突发事件时期意识形态防御力；注重热点事件的信息公开和及时传达，提高主流媒体舆论引导力；做好网络空间的净化与建设工作，培养网民群体意识形态风险鉴别力；把握对外话语权的导向性与针对性，提高我国的国际舆论影响力。③

## （三）对疫情下国外左翼实践运动的发展态势的研究

有学者梳理了发达资本主义国家共产党和进步力量对疫情下社会主义的新认识，总结认为危机后的世界不可能再回到大流行之前的状态，未来世界秩序必然发生转变，为此需要推动财富和收入的重新分配，促进经济社会更加平等。④

有学者研究了新冠疫情下外国共产党的发展变化，发现外国共产党的行动方式因疫情而发生重大改变，疫情相关议题也更多地进入了外国共产党的视野。⑤

有学者研究了欧洲共产党对资本主义推卸防疫责任的批判，揭露了资本主义的唯利是图的本质；它们指出中国的做法凸显了社会主义的优越性并对中国进行声援；强调应借鉴中国经验，谋求共同发展。⑥

有学者通过研究美国共产党疫情期间对资本主义的批判和斗争，认为美共对资本主义制度的批判成果主要有三点，第一，资本主义制度固有的基本矛盾

---

① 赵超：《新冠肺炎疫情与新自由主义全球化：法国左翼学者访谈》，《马克思主义与现实》2021年第3期。

② 江虹、林滨：《从资本到病毒：后疫情时代关于现代人的自由困境思考》，《理论导刊》2021年第5期。

③ 李鑫、何玲玲：《警惕疫情下西方敌对势力的意识形态攻势》，《世界社会主义研究》2021年第4期。

④ 石晓虎：《资本主义国家共产党和进步力量对疫情下社会主义的新思考》，《世界社会主义研究》2021年第3期。

⑤ 于海青、陈爱茹：《新冠肺炎疫情下外国共产党的发展变化》，《当代世界》2021年第2期。

⑥ 杨成果、陈垚：《新冠疫情背景下欧洲共产党的政策主张》，《政治经济学研究》2021年第4期。

导致疫情冲击下人权危机的必然暴发，第二，资本主义政治制度的结构性缺陷削弱了国家疫情应对中的治理效能，第三，资本主义制度的价值取向消解了团结一致抗击疫情的凝聚力。①

有学者介绍了疫情以来日本左翼对资本主义霸权的批判性反思，他们认为疫情暴露了新自由主义政策的局限性，特别是社会保障危机和贫富差距扩大。日本左翼政党主张尽快摒弃新自由主义经济政策，放弃对短期效率和经济增长的执着，强化社会的缓冲措施，建立以关怀人类为首要原则的社会，建立尊重科学和能够赢得国民信赖的政治。②

有学者访问了俄罗斯左翼学者和政党领袖，他们大多认为新冠疫情引发的全球性危机，表面上看是医疗卫生问题，而实质上是世界政治、经济发展不平衡所致，是资本主义体系本身固有矛盾在新条件下的爆发，新冠疫情引发的全球性危机表明，新自由主义主导的全球化时代已结束。③

有学者认为，疫情影响下经济衰退加速、贫困人口锐增等问题更令拉美的困境雪上加霜。这一情形促使拉美国家更愿意向中国靠拢，乐于同中国开展疫情应对、经济贸易等各方面合作。④

有学者认为，在古巴共产党的坚强领导和古巴人民的团结互助下，古巴疫情防控成效显著优于拉美各国，对外医疗援助展现的国际主义精神受到国际社会的高度评价。

有学者研究了斯里兰卡阵线社会主义党的复兴社会主义运动，斯里兰卡阵线社会主义党提出新冠疫情造成了全球危机，资本主义体制内没有解决办法，解决的方案只能是社会主义和共产主义。⑤

有学者则认为老挝社会主义革新在疫情背景下既有坚守也有突破，老挝人民革命党以对人民群众生命安全和身体健康高度负责的精神，团结带领全国人民成功抵制疫情蔓延，取得抗疫战争的胜利，彰显了社会主义制度的巨大优势。⑥

①　刘力波、张子鉴：《新冠肺炎疫情背景下美共对资本主义制度的批判与斗争》，《当代世界与社会主义》2021 年第 1 期。

②　张梅：《新冠肺炎疫情以来日本左翼对资本主义霸权的批判性反思》，《世界社会主义研究》2021 年第 12 期。

③　郭丽双：《根源与出路：反思新冠肺炎疫情与全球性危机：俄罗斯学者访谈》，《马克思主义与现实》2021 年第 1 期。

④　徐世澄：《新冠疫情与中拉合作共同抗疫》，《唯实》2021 年第 8 期。

⑤　杜敏、胡月：《斯里兰卡阵线社会主义党的复兴社会主义运动探析》，《当代世界社会主义问题》2022 年第 1 期。

⑥　方文、海贤：《新冠疫情背景下老挝社会主义革新：坚守与突破》，载《国际共产主义运动发展报告（2020—2021）》，社会科学文献出版社，2021，第 201~217 页。

还有学者译介了 2021 年共产党和工人党国际会议的特别电话会议内容，各国共产党与工人党就疫情大流行以来的国际局势发展特别是疫情大流行造成的资本主义复合危机，维护资本利润、剥夺劳动人民权益的资本主义危机解决方案以及帝国主义攻击的内在逻辑等问题，进行了全面而深刻的阐述，制定了 2022 年世界共产党和工人党联合行动的具体方案。这场会议认为要抛弃对帝国主义的各种幻想，做好与帝国主义长期共存、长久斗争的准备。①

## 二　对全球疫情下生命政治理论的研究

生命政治是近年来国内外学者热议的话题，随着新冠疫情的全球性暴发，这一理论的热度持续上升。因为在这一灾难性的现实面前，政治权力直接作用于我们的生物性生命且变得更加直观化与现实化，而生命政治理论的批判性维度在疫情治理的过程中也不断遭遇挑战和困境，亟须进一步地创新探索与深度挖掘。基于这一理论困境与社会现实，国内外学界的研究视角再一次聚焦生命政治，针对全球疫情与生命政治的问题展开了多视角的研究。

### （一）对生命政治理论的再解读

在新冠疫情全球蔓延期间，国内学者结合疫情，对生命政治理论及其概念进行了重新解读与反思。

有学者对埃斯波西托的"免疫"概念进行了详细解读，论述了免疫辩证法与通常所谓辩证法的关系，最后指出免疫辩证法就是"例外状态"的常态化。②还有学者翻译了埃斯波西托在疫情发生后所撰写的一篇文章。埃斯波西托在文中指出人有两种生命，一是生理意义上的物质性生命，二是制度性的社会生命，新冠疫情的全球性蔓延导致了两种生命形式的冲突。③

此外，学界也探讨了其他思想家的生命政治理论。有学者指出南希在疫情中强烈批判了新自由主义和生命政治学，反对从经济和政治的视角介入生命，

---

① 刘旭东、杨立志：《世界共产党和工人党视野中的资本主义新态势与社会主义新斗争——2021年共产党和工人党国际会议特别电话会议论析》，《当代世界与社会主义》2022 年第 2 期。

② 程广云：《论防疫常态化中的免疫辩证法》，《北京交通大学学报》（社会科学版）2021 年第 2 期。

③ 〔意〕罗伯托·埃斯波西托：《新冠疫情下的生命政治哲学与制度化生活》，牛小雪译，《当代国外马克思主义评论》2021 年第 1 期。

应该以人的存在作为生命的最高关涉进行思考。① 有学者以巴特勒的理论为出发点，认为巴特勒与诸多生命政治学者相比，其理论独特之处在于通过再现战争语境中生命的真实境况，揭示了生命的脆弱性本质，从而将权力与生命之间的关系更加直观地展现在世人面前。作者评价巴特勒对生命问题的讨论发展和深化了西方生命政治理论。②

还有学者关注疫情背景下的数字生命政治，指出，依靠算法所构建的数据化身体已经对社会化的主体构成了挑战，这会改写生命政治权力的布展，对生命政治场域的一些问题产生重大影响。③

## （二）对疫情时期国外学者的思想交锋的综述与批判

一方面，学界开展了整体性的综述。有学者在文中深刻剖析了当代众多知名哲学家针对此次疫情所发表的言论。④ 另一方面，相关研究着力对阿甘本的若干理论进行了分析和批判。有学者批判了阿甘本在疫情期间的相关言论，认为新冠疫情下例外状态并不具备常态化的必然性。⑤ 有学者认为阿甘本的言论与实际是割裂的，在后疫情时期不能一味陷入"主权者恒恶"的偏执。⑥ 有学者批判了阿甘本等人在疫情状态下对政治权力的绝对拒斥。⑦ 有学者认为阿甘本的理论缺乏实践性。⑧ 还有学者批判了阿甘本例外状态常态化的观点，认为各国政府应对疫情的措施并非制造"赤裸生命"，而是保护生命。⑨

---

① 林修能：《让·吕克·南希在疫情中对人的存在的三重思考》，《贵州社会主义学院学报》2021年第4期。

② 马乔恩、马俊峰：《生命脆弱性视阈中的全球治理》，《江苏大学学报》（社会科学版）2021年第1期。

③ 吴静：《从健康码到数据身体：数字化时代的生命政治》，《南通大学学报》（社会科学版）2021年第1期。

④ 胡敏：《"例外状态"与"生命政治"——新冠肺炎疫情的哲学反思》，《国外理论动态》2021年第2期。

⑤ 赵海泉、刘冬妮：《例外状态中的生命意义——疫情下阿甘本生命政治理论的批判限度》，《西部学刊》2021年第16期。

⑥ 刘祎璠、李秀玲：《后疫情时代对阿甘本生命政治学理论的再思考——以阿甘本关于新冠疫情言论为线索》，《邢台职业技术学院学报》2021年第4期。

⑦ 张颖聪、韩璞庚：《"例外状态"下的生命、技术与政治》，《自然辩证法研究》2021年第9期。

⑧ 李爱龙：《生命权力能否切中现实生命：生命政治的文明面及其当代建构》，《宁夏社会科学》2021年第2期。

⑨ 谢晖：《论"例外生存"的治理决断——基于COVID-19期间"阿甘本命题"的思考之一》，《法治社会》2021年第2期。

### （三）后疫情时代的国家治理与生命政治的未来

有学者对生命政治与共同体的关系进行了论述，认为在疫情时代，只有深刻认识到生命的脆弱性本质，认识到生命之间不可分割的联系，才能真正认同并践行"人类命运共同体"这一具有强大生命力和显著优越性的全球善治方案。①

## 三　对国外马克思主义数字劳动理论的研究

在当下社会语境中，数字化生存已然是一个不争的事实。今天我们不仅依靠数字技术参与日常状态下的生活实践、社会交往，我们也以此开展生产活动，以数字化的技术、劳动、资本为核心的生产体系正日渐成为驱动当代经济发展的新引擎。由此而引发的问题在于：今天我们应该如何思考数字化时代的主体生存问题？如何思考劳动形态向非物质性、不稳定性、灵活雇佣性的转型问题？以及如何思考平台模式与算法逻辑之下劳动与资本的关系问题？在瞬息万变的社会背景下，诸如此类的问题不胜枚举。以福克斯、奈格里、肖尔茨、埃兰·费舍尔为代表的西方学者对此率先作出了反思与回应，并由此开启了数字劳动研究的新起点。在此社会与理论的双重背景之下，数字劳动问题既构成了国内外马克思主义学界交流对话的新视角，同时也为中国马克思主义学界审视与反思中国的数字经济实践提供了新契机。

数字劳动研究在西方已经开展了二十余年，经历了从概念和理论创设到多元学科和视角的融合扩充，再到对数字劳动概念泛化的理论反思，数字劳动研究的体系化与理论化工作正渐趋成熟。相较而言，国内的数字劳动研究则是新近才出现的研究视点，现有发展也主要分为评述译介与理论建构两大面向。2021 年出版的有代表性的著作是《数字劳动：理论前沿与在地经验》，本书一方面从研究视角、全球语境、零工经济、后工作社会等角度系统讨论了国内外数字劳动研究的前沿动态，另一方面则从在线众包平台、自动化新闻、情感劳动等视角评述了本土化经验研究的最新成果，理论前沿与在地经验的双重结合，将国内数字劳动研究推向了新的高潮。

数字劳动在马克思政治经济学视域中的出场，其首要任务在于正面回应资本主义本质与形式之间的变化张力，并适时推进马克思主义基本观点对于解释

---

① 马乔恩、马俊峰：《生命脆弱性视阈中的全球治理》，《江苏大学学报》（社会科学版）2021 年第 1 期。

社会发展规律的现实效力。自后工业社会、非物质劳动、认知资本主义、知识经济等概念兴起以来，马克思的劳动价值论与政治经济学批判便深陷过时论的争辩之中，数字劳动的出现自然也毫不例外。在过去十年间，福克斯、安德烈维奇、亚当·阿维森、拉诺·克莱尼、雅各布·里吉、罗伯特·波雷、理查德·麦克斯韦等西方学者就数字劳动是否创造价值、是否存在剥削等问题所展开的激烈争论便是最为直接的证明。就此而言，数字劳动成为正确理解当代资本主义转型与正确认识二十一世纪马克思主义时代价值的关键锚点。

（1）对数字劳动的若干前提性问题的争论。就广义的数字劳动研究而言，国内学界的普遍观点认为，互联网并没有改变 21 世纪资本主义的内在本质。[①]但是当面对狭义的数字劳动概念，以及走向全面泛化的数字劳动概念时，分歧便由此产生。有学者认为，"数字劳动"并不符合政治经济学相关术语的运用规则，是不恰当的学术概念，数字化生产与数字化经营可能更适用于对数字经济活动的分析。[②] 也有学者对于数字劳动泛化的现象保持同样的观点，认为单纯的数据生成并不构成数字劳动的充分必要条件，因为未经处理与开发的数据既不会创造价值，也无涉于资本剥削。[③]

（2）基于马克思劳动过程理论的数字劳动分析。马克思的劳动过程理论为具体界定数字劳动的本质特征提供了强大的理论分析工具。有学者从马克思劳动过程理论出发，系统分析了我国数字经济条件下企业的内部劳动过程与社会总体劳动过程，分别概述了不同视角下劳动的技术形式、社会组织形式及其相互关系。[④] 有学者具体阐述了数字资本主义劳动过程的三重特征：生产界限模糊、数据控制与劳动过程全程监控，并指出资本创造出了新的剥削形式——情绪剥削。[⑤] 还有学者认为，对于数字劳动过程的理解应当借助于马克思的科学抽象法，既要看到数字劳动相较于一般劳动的特殊性，也要看到数字劳动相较于具体劳动形式的一般性，只有牢牢把握一般与特殊的辩证特性，数字劳动的

---

① 常江、史凯迪：《克里斯蒂安·福克斯：互联网没有改变资本主义的本质——马克思主义视野下的数字劳动》，《新闻界》2019 年第 4 期。

② 余斌：《"数字劳动"与"数字资本"的政治经济学分析》，《马克思主义研究》2021 年第 5 期。

③ 石先梅：《数字劳动的一般性与特殊性——基于马克思主义经济学视角分析》，《经济学家》2021 年第 3 期。

④ 胡莹：《数字经济时代我国的劳动过程分析——基于马克思劳动过程理论的视角》，《社会主义研究》2021 年第 4 期。

⑤ 王蔚：《数字资本主义劳动过程及其情绪剥削》，《经济学家》2021 年第 2 期。

价值创造、价值实现、价值决定等问题才能得到正确的阐释。① 此外，还有学者基于马克思劳动价值论，对数字劳动的价值作了分析。②

（3）基于劳资关系的政治经济学批判。对于数字劳动的分析，除了从生产的技术方式维度界定其基本特征，还需从生产的社会关系维度进一步定位其理论内涵。当前学界关于数字资本关系的说明主要从劳动控制、算法规训、数字监控、数字殖民、资本积累与资本垄断等维度展开，其具体表现为：一边是日益强大的资本垄断势力与数字帝国，另一边是日益不稳定的无产阶级，即盖伊·斯坦丁所说的"流众"。对此，有学者指出，数字劳动的出现并未改变资本主义的剥削机制，资本的增殖本性依旧遭遇着无法克服的危机问题。③

综上，在数字劳动理论的译介和评述领域、马克思主义与数字劳动的关系领域、数字资本主义的反思与批判领域等，国内学术界都取得了新进展，涌现出大量的学术成果。这不仅有利于学界从整体上准确定位当代资本主义的发展特征，也有利于彰显马克思主义哲学的当代价值，更重要的是，能够为中国的数字经济实践提供丰富的理论观照与反思基点。但是，国内数字劳动研究在日渐深化的同时，也暴露出研究的针对性与建设性不足的问题，许多争议也尚未得出定论。因此，未来数字劳动研究既要立足于马克思主义经典理论，也要着眼于发展变化的社会现实，应当在理论与实践的双重观照下对当代资本主义展开具体的分析。

## 四 对国外马克思主义美好生活理论的研究

早在十八届中央政治局常委同中外记者见面会上，习近平总书记就在简短讲话中郑重宣示，人民对美好生活的向往，就是我们的奋斗目标。在党的十九大上，习近平总书记所作的政治报告更是深刻指出，中国特色社会主义已经进入新时代，我国社会主要矛盾已经转化为人民日益增长的美好生活需要和不平衡不充分的发展之间的矛盾。基于这个重大判断，"美好生活"成为新时代的一个重大理论和现实议题，并迅速成为一个理论热点，有关研究成果出现井喷式增长。国内学界从多元的研究视角出发，注重挖掘和吸收不同学科领域中的

---

① 石先梅：《数字劳动的一般性与特殊性——基于马克思主义经济学视角分析》，《经济学家》2021年第3期。

② 何玉长、刘泉林：《数字经济的技术基础、价值本质与价值构成》，《深圳大学学报》（人文社会科学版）2021年第3期。

③ 孟飞、程榕：《如何理解数字劳动、数字剥削、数字资本？——当代数字资本主义的马克思主义政治经济学批判》，《教学与研究》2021年第1期。

美好生活理论，丰富和发展中国特色社会主义话语体系下的美好生活理论。对国外马克思主义美好生活理论的研究是其中十分重要的内容之一，同样得到了极大的发展。

## （一）"美好生活"概念的丰富内涵与适用情境

（1）西方思想史中的"美好生活"。西方对于"美好生活"的探讨从古希腊发端，长期以来积累了丰富的理论资源。"美好生活"对应的希腊语是"eudaimonia"，指的是"受善神守护的美好生活"。英语世界用"happiness"、"well-being"或"good life"来对应"eudaimonia"，三者侧重有所不同，"happiness"强调主观上的幸福感，"well-being"强调美好的存在状态，而"good life"兼而有之。因此，对于"eudaimonia"的理解不同，"eudaimonia"所表明的含义也就有所不同。亚里士多德是第一个系统研究美好生活（eudaimonia）的人，他认为美好生活是完整的最好生活，人要实现美好生活需要在经验层面作出和谐一致的道德行动，这是人的最高、最完满的幸福。因此，亚里士多德对美好生活的理解兼具政治哲学和伦理学意义，政治哲学和伦理学中的"良善生活""好生活"实际上就是"美好生活"的传统译法。亚里士多德奠定了西方对美好生活的理解路径。当代西方政治自由主义者们则把正义和美好生活关联起来，认为正义是美好生活的基础和首要品质，实现美好生活的关键就在于如何实现公平正义。因此，西方思想研究中的"良善生活"、"好生活"、"幸福"或正义问题实质上都可以算作对美好生活的讨论。国外马克思主义的美好生活理论极大程度上在西方思想史的脉络中展开，因而国内学界对国外马克思主义良善生活、好生活和正义理论的研究均属于对美好生活理论的研究。

（2）中国对"美好生活"的言说。从中文词源学的角度来看，"美好"两字组成词语最早出现在《庄子·杂篇·盗跖》中："生而长大，美好无双，少长贵贱见而皆说之。"这里用来形容盗跖这个人相貌美好，每个人都喜爱他。"生活"最早出自《孟子·尽心上》："民非水火不生活，昏暮叩人之门户，求水火，无弗与者，至足矣。"这里指的就是关乎个人的生存的生活状态。"美好生活"在中文的原初含义里就指令人愉快的客观生活状态。美好生活自古以来就是中国人追求和向往的目标，《礼记》中就描述了天下为公的大同社会理想。但"美好生活"的确不是中国传统思想中直接言说的理论主题，其更多作为传统思想的一种价值追求。直到党的十九大，美好生活从生活话语和思想追求上升为政治术语，其理论主题的地位才得以彰显。而目前国内学界也尚未对"美好生活"的概念及其内容达成一致①，中国特色社会主义的美好生活理论仍然处于建构之中。

（3）"美好生活"的主要特征。由此可见，从概念上来看，"美好生活"并没有完全确定的内涵，而是一个动态的具有社会历史性的范畴，在不同时期，不同的思想家对"美好生活"内涵的界定有所不同，在中文里的译法也有所不同。从理论内容上来看，美好生活既是直接的理论主题，又是蕴含于理论中的价值追求。因此，国内学界对国外马克思主义美好生活理论的研究，既包括直接对国外马克思主义思想家们作为理论主题的美好生活、良善生活、好生活、正义和幸福等的研究，又包括从国外马克思主义思想家们的理论内容中间接发掘其美好生活思想的研究。

## （二）对国外马克思主义美好生活理论内容的研究

我国学界对国外马克思主义美好生活理论内容的研究主要涉及对法兰克福学派思想家、阿格妮丝·赫勒及其他国外马克思主义理论家的美好生活理论的研究。

其一，对法兰克福学派思想家美好生活理论的研究。法兰克福学派思想家们的美好生活理论是国内学界研究的一个重点，国内学界对法兰克福学派各个世代的思想家的美好生活理论均有所研究。有学者对弗洛姆的美好生活理论进行了全面研究。他指出，弗洛姆认为马克思主义和社会主义必须以人本身为目的、必须为实现人的美好生活而奋斗，而美好生活就是实现自我能动性、爱和劳动这些人的本性的生活，弗洛姆将"占有"与"存在"作为区分生活是否美好的准则，把"工作"与"爱"视为实现美好生活的途径，还特别强调自由对于美好生活的重要意义。② 有学者对法兰克福学派新一代代表人物哈特穆特·罗萨的美好生活理论进行了阐释。他们指出，罗萨认为衡量美好生活的标准在于检视主体与世界之间的关系，美好生活应当是主体与世界建立起共鸣关系，而当代资本主义的动态稳定社会造成了去同步化和异化的共鸣危机，"后增长社会"是超越"加速社会"从而实现美好生活的方案。③

其二，对阿格妮丝·赫勒美好生活理论的研究。东欧新马克思主义代表人物赫勒明确提出了自己的良善生活和正义理论，因此，对她的研究是国内学界

---

① 闵琪、冯孟爽：《我国"美好生活"研究回顾与展望》，《中共云南省委党校学报》2021年第2期。

② 陈学明：《弗洛姆对美好生活的研究及其启示》，《国外理论动态》2021年第3期。

③ 张彦、李岩：《"共鸣"何以超越"加速"：罗萨批判性美好生活观的逻辑演进》，《浙江社会科学》2021年第10期。

研究国外马克思主义美好生活理论的另一个重点。有学者对赫勒的正义理论进行了研究，认为赫勒正义理论的目标就是要实现良善生活即美好生活，而良善生活以生命和自由为最高价值，赫勒提出了"超越正义"以期超越传统的"静态正义"和"动态正义"。①

## （三）对国外马克思主义美好生活理论的启示的研究

虽然国内学界对国外马克思主义美好生活理论早已有过关注，但应当承认的是，其对国外马克思主义美好生活理论研究兴趣的增长来源于中国特色社会主义新时代美好生活问题的提出。因此，国内学界对国外马克思主义美好生活理论的研究特别注重寻求其理论对我国的启示意义。国内学界主要从以下两个方面挖掘国外马克思主义美好生活理论的启示意义。

其一，国外马克思主义美好生活理论对确定美好生活内涵的启示。国内学界普遍认为国外马克思主义对美好生活的不同理解在一定程度上有助于我们确定新时代美好生活的内涵。如有学者认为，"弗洛姆把对美好生活的界定与人的本性联系在一起，认为所谓美好生活就是能够实现人的本性的生活的思想，应当说是一种富有哲理的深刻见解。而他把人的本性归结为人的自我能动性、归结为劳动的看法，也是符合马克思主义的。他关于把是否能发挥自我能动性、是否能让劳动成为一种自我实现的活动作为确定美好生活的主要依据的主张，也为我们探索美好生活的内涵提供了很好的思路"。② 有学者认为，"罗萨的共鸣理念本身确实是一种强有力和具有启发性的美好生活观念，它与中国的发展理念具有一定的契合之处"。③

其二，国外马克思主义美好生活理论对我们实现美好生活的启示。有学者认为法兰克福学派批判理论家们对当代资本主义社会弊病的诊断和剖析，对正义社会和美好生活的探讨具有启发与借鉴意义，霍耐特和弗雷泽的分配正义之争启示我们"需要厘清社会公平的多种维度及彼此之间的关系，努力寻求兼顾各方利益的平衡点，构建社会利益公平分配的制度规范，促进社会公平保障体系的建设"④，福斯特和罗萨对新异化的分析启示我们要保障人民对美好生活的追求。

---

① 刘爽：《赫勒正义理论的批判性研究》，《马克思主义理论学科研究》2021 年第 6 期。
② 陈学明：《弗洛姆对美好生活的研究及其启示》，《国外理论动态》2021 年第 3 期。
③ 张彦、李岩：《"共鸣"何以超越"加速"：罗萨批判性美好生活观的逻辑演进》，《浙江社会科学》2021 年第 10 期。
④ 宋建丽：《法兰克福学派批判理论传统中的正义与美好生活》，《马克思主义与现实》2021 年第 5 期。

国内学界在肯定国外马克思主义美好生活理论积极性启发意义的同时，又客观地评价了国外马克思主义美好生活理论存在的局限性。

### （四）对国外马克思主义理论与美好生活关联性的研究

国内学界除了对国外马克思主义美好生活理论内容及其启示展开研究，还立足中国特色社会主义的美好生活寻求国外马克思主义理论的启示。这类研究的存在，是因为美好生活并非国外马克思主义的一般性的具体理论主题，我们无法直接对除了弗洛姆、罗萨、赫勒等将美好生活确定为理论主题以外的理论家的美好生活理论进行言说，但其理论背后又蕴藏着对美好生活的追求或者美好生活思想，因此，国内学界积极展开了对国外马克思主义理论与美好生活关联性的研究。这类研究注重汲取国外马克思主义理论的合理成分，对美好生活建构的具体问题提供理论资源。

其中，运用罗萨的社会加速、新异化或共鸣理论建构美好生活的研究最为突出。有学者运用罗萨的批判理论，结合本雅明"经验贬值"的思想，探索了人类美好生活在网络空间如何构建的问题。[①] 有学者将罗萨的共鸣和异化理论具体运用到对小企业主移民所追求的美好生活的分析上。[②] 此外，列斐伏尔、马尔库塞、霍耐特等人的理论也得到了关注。

## 五　对国外马克思主义的主体性理论的研究

自卢卡奇以来，国外马克思主义思想家们拒斥第二国际、第三国际对历史唯物主义的"经济决定论"阐释，他们不懈追求主体自由能动性的理论线索的实践，仍然在当代延续并发挥着重要影响——尽管这在一定程度上摆脱不了某种矫枉过正的嫌疑，但他们对于主体意识和行动的探究确实为我们提供了有效的借鉴，也因而依然是我国外马研究的重要议题。

### （一）对主体意识和行动之间关系理论的研究

有学者指出，卢卡奇的理论特点是并没有太多地谈论工人与资本家的关系，他的批判目标已经变成了机械化和合理化，也就是聚焦于工人与机械性生

---

① 师曾志：《数智时代的认知加速与算法游戏——以生命传播的视域》，《台州学院学报》2021年第2期。
② 阿荣娜、孙九霞：《从异化到共鸣：旅游小企业主移民向往的生活》，《人文地理》2021年第4期。

产和合理化过程的关系。在这个合理化的构成中，工人一方面与整个生产过程的总体相切断，另一方面，工人的价值被转化为一个抽象的量，这个量可以用来被计算，于是，工人的价值不再是他的主观能动性，也不再是工人的特殊性和个性，而是一种被客观化的量。换言之，由于工人的劳动被贬损为一种合理化的量，那么意味着工人变成了物，即工人被物化了。正是在这里，卢卡奇巧妙地作出了一个置换，即造成工人悲惨命运的，不再是个别的资本家，而是一种看不见的合理化和机械化的体制，这种在机械大工业条件下的物化成为工人沦落的最根本原因。相应地，卢卡奇的批判路径的要害也就恰恰在于，从马克思的政治经济学批判（即批判资本家对工人阶级的剥削与压迫）转变成为基于大工业生产的物化批判（因为机械和合理化过程将工人变成了物，而工人的阶级意识在于摆脱这种物化状态）。

　　而随着新自由主义的全球性机制形成，人们在政治经济的实践上和思考方式上都实现了向新自由主义的转变，西方马克思主义的批判对象相应也转变为科层制下的物化现象，也就是说，西方马克思主义将个体的活动（无论是工人的生产活动还是行政人员的工作）定位成完全被一个巨大的机制掌控并操纵的消极活动，人的主体性在这种力量面前遭到了排斥，人被掏空了灵魂，成为在机器旁按照规定动作活动的行尸走肉。但哈贝马斯指出，这种将社会凝结成一个整体的方式不仅仅只是被卢卡奇、霍克海默、马尔库塞等人批判的合理化行为，而且还存在另一种将社会凝结成一个整体的行为，与之前的抽象的总体性对个体的物化不同，哈贝马斯提出了交往行为，希望借助主体间性的概念，来重构社会的根基。各个孤立的主体或许可以被大机器生产和冷漠的科层制所物化，但一旦各个主体能够在交往行动中进行沟通，通过合理的商谈和协商，建立了新的规范，便能打破韦伯所说的科层体制的支配形式，从而开创一种新的社会形态。哈贝马斯认为早期西方马克思主义的问题恰恰在于，不能走出主体意识哲学的藩篱，因为在他所处的时代，整个社会的背景已经从主体解放问题转向了社会规范的问题，而主体意识哲学也因此必须转向生活世界哲学。①

　　直至今日，齐泽克、柯林尼克斯（Alex Callinicos）、巴迪欧、巴特勒（Judith Butler）、奈格里、哈特等学者仍旧在发掘马克思文本中的主体维度思想的路径上努力着。特别是当代数字资本主义的新变化，也迫使马克思主义必须实现转变，与哈贝马斯等人将新世界秩序合法性的基础建立在抽象的主体间性的商谈之上不同，哈特和奈格里认为这种合法性的根基是通信、传播、互联网带来的新兴传播通信产业。换句话说，当哈贝马斯谈到抽象的交往理性的时候，他已

---

　　①　蓝江：《从物化批判到数字资本：西方马克思主义的演变历程》，《学术界》2021 年第 4 期。

经摒弃了构成马克思主义的物质基础，即一定社会历史条件下的生产和生活状况，在当代也就表现为以传播通信产业为基础的社会结构。这种社会结构同时生产出两个对立的阵营，一个是掌控着数字和传播通信权力的新帝国资产阶级，在今天，我们可以称其为数字资产阶级；而另一个是被传播通信产业所掌控的大众，他们在受到传播通信产业的资本家的剥削压迫的同时，也将自己构成一个革命性的力量，即大众。[①]

## （二）对革命阶级和政党之间关系理论的研究

在发达资本主义社会体当中，市场经济作为主导经济社会发展的基本运行模式，其个体性、自发性的原则也实际上规制着包括无产阶级在内的全体社会成员。历史上马克思主义指导下的无产阶级政党，特别是按照列宁主义的先锋队理论和民主集中制原则建立起来的共产党，形成了一套为实践所充分证明行之有效的组织机制，并且在党本身组织性基础上形成了革命和建设当中的社会整合机制。如何在新的不同历史情境下安置好、发挥好这种组织性，是世界马克思主义发展进程当中的一个重大问题，也是进行理论思考和阐发的巨大富源。当代国外马克思主义的理论家们开始意识到，在个体性的意识形态的支配框架下，马克思主义必须要重新发明集体性，而重新发明无产阶级集体性的关键在于重建新的无产阶级政党，只有新政党才能将无产阶级凝聚起来，成为抵抗资本主义社会的可靠力量。

历史上，卢卡奇在党的领导、党员、群众三者关系以及阶级意识层面提出了"不断生成的党"的概念，而从 20 世纪 70 年代开始，当代西方左翼开启新一轮转向——"事件转向"（turn to event），在后现代主义和后解构主义思潮的影响下，西方左翼进一步将卢卡奇的观点发展为非理性诸众自觉联合的"新"无产阶级集体性，希望借此获得推翻当下强权政治的可能性空间，去政治化、去身份化主体的形塑则成为合理共同体创生的必要前提，形成了一条彰显情感关怀的主体—共同体交互生成的伦理哲学路径。

但是，西方马克思主义与激进左翼开拓的两种路向，要么拘泥于某一"物化"现象，要么陷入以伦理弥合"碎片"生发出解放效能的幻境，无法对主体介入现实以及主体以"集体性"形式发挥效能作出合理解答。相较而言，马克思主义政党是主客观统一体，以实践为中介，能有效弥合西方学者百年来无法突破的理论与现实鸿沟。西方左翼的"哲学因然"与卢卡奇中介型的"亚集

---

[①]　蓝江：《数字资本主义批判和重建无产阶级集体性——21 世纪国外马克思主义新趋势探析》，《华中科技大学学报》（社会科学版）2021 年第 1 期。

团"政党始终受困于思辨话语体系。事实上，无产阶级政党的先进性不是先验性的，也不是永久性的，尤其在向共产主义过渡的无产阶级专政阶段，党要始终保证自身的纯洁性与人民性，不论是共产主义的远大理想还是现代化建设的阶段性任务，都要求党在现实需求与现实矛盾的张力中不断提升认识规律、把握规律的能力，培养满足时代呼声的高尚品格、科学认知和实践能力。今天，全世界尚未实现人权的普遍保障，甚至在一些国家人的生存的基本保障也尚未实现。在如此参差不齐的发展阶段推崇脱离政治的生命个体，只会将更多群体置于"纯粹赤裸"的脆弱境地，使之由于缺乏科学的理论指导、统一的组织策略而流于涣散，难以在实践中真正介入或影响政治。①

例如，前文当中所提到的史坦丁描述的那种处于当代动荡不定生活之中的、不觉得自己属于一个团结的劳工社群的新无产阶级——流众（precariat）——他们不像传统工人阶级那样具有稳定的雇佣关系，他们常常打零工或兼职，并不会与一个公司和资本家具有恒定的关系，他们的收入来自散落在网络空间和社会空间中的偶然机会，可以是临时帮人发发广告，也可能在网络游戏中替人代练。这种零工和兼职的流动性关系，让他们不可能形成资本主义早期那种稳定的雇佣关系，相对于马克思笔下的产业工人，他们没有一个固定老板，也不可能通过工会和社会保障团体来维护权益，相反，他们如同在这个世界上流动不定的候鸟，在熙熙攘攘的城市里，在喧嚣躁动的网络中，用偶尔滴落的残羹冷炙来勉强度日。随着平台资本主义的出现，资本主义盘剥的对象不再是具有稳定雇佣关系的工人或雇员，而是离散在各个角落中的流众，每一个人都可以成为资本主义剥削的对象。这势必产生新的生产关系，这种生产关系让资本主义对流众的剥削更为灵活，他们发明了一种新的剥削方式，即绩效方式。在绩效方式下，形成了一种数字资本主义下的特有的生产关系，我们可以称其为数字生产关系。数字生产关系已经成为新的剥削方式，其前提是资本掌控的大的网络平台掌控了所有的资源之后，资本形成了对流众进行控制的手段。②

在由新自由主义意识形态占据主导地位的时代里，无产阶级政党的概念已经被污名化了，即使是许多左翼思想家如拉克劳、墨菲、奈格里等人发出对资本主义和新自由主义的批判，实际上也是诉诸一种近似于没有领导的自发性斗争。例如，即使奈格里和哈特在 2017 年出版的《集会》（*Assembly*）一书中，他们二人已经意识到马克思主义的革命运行不能只依靠生命政治生产和一般智

---

① 苟娇、韩秋红：《西方马克思主义与西方左翼视域下政党思想理论的探析与反思——以卢卡奇与激进左翼为例》，《毛泽东邓小平理论研究》2021 年第 7 期。

② 蓝江：《从物化批判到数字资本：西方马克思主义的演变历程》，《学术界》2021 年第 4 期。

力自发形成的无产阶级联合，无产阶级需要一种有机集体，即需要一种领导来帮助大众抵抗被高度组织起来的资本主义统治，但是奈格里和哈特仍然对领导持有怀疑态度，所以他们提出了"战略上不需要领导，但策略上需要领导"的态度。

对此，巴迪欧和迪恩这一类更为激进的思想家认为，没有一个先锋队的领导，实际上无法完成有效的无产阶级运动，也无法真正打败资产阶级的统治。迪恩在她的《群众与党》（*Crowds and Party*）一书中指出："在数字资本主义下，个体的反抗、抵抗、文化生产和意见表达等行为，无论多么鼓舞人心，它们都很容易被全球媒体网络的循环内容所消化。这些抵抗不能扩散，不能持久。"在迪恩之类的当代马克思主义者看来，真正的问题是我们将太多的希望寄托于个体性的反抗，从而忘却了个体性本身就是资本主义的症候，集体性的丧失恰恰就是当代资本主义社会下最大的悲剧，而打破这种悲剧的唯一可能性就是重新发明一种集体性，用集体性的"我们"来代替个体性的"我"。为了解决这个问题，迪恩认为只有重新借助党的力量，"形成同志间的关系，来取代个体倾向的特殊关系"。迪恩的方案说明，在西方马克思主义的视野中，在数字资本主义时代，只能通过马克思主义政党才能重新凝聚人心，避免一盘散沙式的毫无效力的抵抗，将散布在世界各地的无产阶级重新凝结为一股革命性的力量。可以说，当代马克思主义者重新转向党组织，希望建立一个强大的共产党来领导世界马克思主义的革命，这已经成为 21 世纪国外马克思主义运动的一个显著特征。①

## （三）对建构马克思主义政治理论的相关工作的研究

从一个更宏观的角度说，国外马克思主义思想家们致力于发掘主体性在人类解放事业当中的作用，也就指向了一种马克思主义政治哲学的系统构建。有学者结合对葛兰西的研究指出，葛兰西在国外马克思主义思潮中具有独特开创性地位，他之所以有这么大的吸引力、之所以能得到相当普遍的认可，一个重要的原因就在于他在法西斯监狱中以近乎密码式的语言书写出了马克思主义的新篇章——马克思主义政治理论。之所以说这个论域是新篇章，是因为马克思在 1857~1858 年曾计划专门写一本关于国家的著作，但一直没有能够将这个计划付诸实施；列宁虽然在俄国十月革命之前仓促写出了《国家与革命》，但没有写完他计划写的七章，并且已写出的部分也主要"应景"于俄国问题。显

---

① 蓝江：《数字资本主义批判和重建无产阶级集体性——21 世纪国外马克思主义新趋势探析》，《华中科技大学学报》（社会科学版）2021 年第 1 期。

然，在马克思主义理论中，政治理论不仅是"薄弱环节"，而且存在某种空白。20 世纪，在列宁去世之后，马克思主义需要对一般性的政治问题——比如，西方资本主义的政治权力问题，东方社会与西方社会的结构性差异以及由此衍生出的西方无产阶级革命战略调整问题，社会主义社会的性质问题等——进行系统而深入的理论化探讨。

葛兰西既强调了政治的方面，又站在了马克思的根本理论立场上，以另一种方式保留并延续了黑格尔思想中的活东西，即反黑格尔之道而行之，将市民社会不断扩大并逐渐吸收国家。在黑格尔那里，国家是最高的具体普遍性领域，而市民社会则天然具有某种反伦理因素，所以国家不仅调节、规范市民社会，而且它最终把市民社会吸收在自身之内。葛兰西的市民社会概念在本质上源于黑格尔，并从黑格尔那里继承了市民社会与国家两相对立的思想构架，但是对于两者对立的终极结局，葛兰西没有选择黑格尔的方式。葛兰西的思想坐标处在黑格尔与马克思之间，他在市民社会与国家对立这一由黑格尔最先确立的论题中长期漫游之后重新回到了马克思，即他遵循马克思的理论目标指向了国家的相对性与必然消亡，而逆转了黑格尔所认为的理想化结局，最终成就了属于马克思主义的政治理论。[①]

在英美分析的马克思主义阵营当中，反对机械的经济决定论、建构马克思主义政治哲学同样也是其一大核心任务。有学者结合对保罗·威瑟利的研究，评估了分析的马克思主义者对马克思文本中的经济事实与自由自觉活动的双重逻辑如何融贯问题的政治哲学解决方案。在威瑟利看来，资本主义自身稳定的结构需求，可以为资本主义的国家制度和行动，为资本自我增殖过程的持续性和稳定性提供（柯亨意义上的）功能解释，威瑟利将其称为"资本需求"。这种需求为资本主义的一切上层建筑的解释提供了基础或原则，资本主义制度下的一切法律制度都在为这一需求及其内在的系统逻辑服务。在资本需求的驱动下，资本主义经济结构与其自身在量变和质变过程中形成的资本与劳动间的张力，共同构成了资本主义国家行动的特定结构制约性，以及资产阶级和无产阶级斗争过程中国家行动的相对独立性。

可见，"资本需求"是威瑟利解读马克思国家观的一个重要基础性范畴，他看到了资本主义内在需求的加深推动着资本主义经济结构变迁，同时也不断加深着资本和劳动之间的内在紧张关系。威瑟利试图在主体和结构、资本和劳动之间找到一种契合资本内生驱动力和外在制约因素的某个衔接点，来开启他重构马克思国家理论的征程。他认为作为法和政治上层建筑表现形式的国家意

---

① 周凡：《论博比奥对葛兰西市民社会概念的批判性阐释》，《国外理论动态》2021 年第 1 期。

志、国家策略和国家行动必然体现着特定历史条件下的某种经济结构性质。对威瑟利而言，资本主义国家首先是一个具有统一性的独立的权力主体，但是他认为资本主义国家政策的执行与资本主义的社会因素并非毫不相关，作为"权力容器"的国家在促进资本主义生产关系的再生产和资本积累过程中发挥着资源分配的重要作用。在此，威瑟利把国家视为行使权力的独特人格，它仍旧是资产阶级利益的代言者。①

20世纪末，阿甘本立足晚期福柯的"生命政治学"洞悉了西方国家治理中的主权政治维度，颠覆了从契约与法权出发的西方政治传统，也同样谱写了一个版本的具有相当马克思主义取向的政治哲学理论。时至21世纪，新自由主义的剧变迫使阿甘本转向研究西方政治中的"经济神学"范畴，这触及与主权政治维度相反的经济治理维度，从而揭露了当代西方国家治理的停滞困境。西方国家治理研究是当前学术界关注的热点问题，但由于主流的研究视角往往过于强调契约和法权等概念，因而在一定程度上忽视了当代西方国家治理中具有根基性特点的维度和视域，即主权政治维度与经济治理维度，这导致了对西方国家治理的批判性研究一直没有得到充分展开。阿甘本敏锐地观察到了这一问题，并在此基础上揭示了当代西方国家治理的停滞困局，在当今世界处于"百年未有之大变局"的时代背景下，其观点极富理论预见性。在确立全球统治的同时，新自由主义也不得不面对具有多样性、复杂性与不可预知性的全球问题，而很多问题事实上远超传统西方政治的契约与司法框架。因此，国家治理便成了当代西方全球政治的新方案，主权也就成为当代西方国家政治博弈的"底牌"。阿甘本则从内部视角揭示了西方国家治理中的主权政治维度。阿甘本对当代西方国家治理的批判，回答了规范政治在当代西方国家失效的问题。

当代西方国家治理的基础构成，是路径相反的主权政治维度与经济治理维度。主权政治维度以例外状态保护共同体，其结果是对威胁主权的生命进行排斥并将其剥夺为赤裸生命；经济治理维度则管理共同体内的生命、维系共同体并通过荣耀吸纳生命，使得生命能够自愿走进和维护共同体。在这一意义上，阿甘本从主权政治维度转向对"经济神学"的剖析，是其对西方国家治理之剖析的深化。西方国家治理中的主权政治维度与经济治理维度，都不属于规范政治的范畴，但却是后者的前提与基础，在必要情况下甚至可以悬置规范政治。自20世纪90年代后期以来，新自由主义政治扩张在经济、政治以及当下的疫情危机的剧烈冲击下逐渐偃旗息鼓，这一历史现象背后深刻地体现出主权政治

---

① 洪燕妮：《保罗·威瑟利对马克思国家理论的反思与重构——一种分析学派功能解释法的视角》，《哲学动态》2021年第12期。

维度与经济治理维度的矛盾，即经济治理维度保护一部分人利益，而主权政治维度则把另一部分人赶出共同体，这必然造成两个政治群体之间的尖锐矛盾。所以在经济繁荣时期，当代西方国家治理总是要面对难民与恐怖主义等问题，而在经济危机、疫情暴发等特殊时刻则会出现族裔、身份与阶层等社会问题集中"暴雷"的现象，这使得西方政治发展止步不前。①

## 六　2021 年度重要学术论坛综述

### （一）第十六届全国国外马克思主义论坛综述

2021 年 10 月 15~17 日，"第十六届全国国外马克思主义论坛"在北京大学召开，会议主题是"当代国外马克思主义研究：反思与拓展"。

（1）对国外马克思主义研究学理基础的反思。随着学界对于国外马克思主义理解与研究的深入，对其学理基础进行反思的条件更臻成熟，需求也愈加迫切。与会的专家学者以不同的视角展开了对这一主题的热烈讨论。学者们首先聚焦国外马克思主义研究与发展中国马克思主义的关系。有学者回顾中国国外马克思主义研究的发展历程和整体状况，高度肯定国外马克思主义研究对于推动二十一世纪马克思主义构建、对于推动当代中国马克思主义构建的积极意义。有学者反思西方马克思主义"理论总问题"，从学术史研究的视角揭示了西方马克思主义研究与中国马克思主义哲学改革创新之间的关系。有学者以国外马克思主义在马克思主义哲学等教材中的呈现为例，在马克思主义哲学史的视域中考察了国外马克思主义在中国的传播与接受过程，全面展现我国国外马克思主义发展的理论路径及研究境况。

学者们还聚焦国外马克思主义研究的学科建设问题。有学者围绕国外马克思主义学科的科学化问题，分析了马克思主义发展中科学化与学科化的不同含义及其先后关系，主张国外马克思主义研究需要经历从学科化到科学化的过程，这就必须深入思考和总结它的基础理论、重大或基础理论问题以及研究方法论。有学者认为，当代国外马克思主义研究应从世界历史的高度把握人类文明的走向，需要借鉴国外马克思主义对于现代西方文明的批判，在比较视野中把握人类文明演进逻辑，为探索中国式现代化新道路与人类文明新形态作出贡献。

---

① 闫培宇：《当代西方国家治理的视域转换与停滞困境——基于阿甘本理论转向的诊断与省思》，《哲学动态》2021 年第 11 期。

学者们还展开了对国外马克思主义研究的方法论反思。有学者认为，正是由于马克思主义具有的开放性特征，所以国外马克思主义研究的方法论自信与自觉显得极为重要，这植根于对现实的清醒认识、对经典著作掌握的扎实基本功以及对于前人研究的继承与发展当中。有学者讨论了国外马克思主义发展的三个阶段：重思马克思主义正统性的奠基阶段；以哲学本体论和方法论的不同理解为核心的人本主义与科学主义的大分化阶段；以各种新社会运动为现实基础的多元发展阶段。多元发展是当今国外马克思主义发展不可逆转的趋势和突出的特点。

（2）对国外马克思主义研究视域的拓展。过去 40 年我国国外马克思主义研究取得了长足的进步，其研究视域与对象也进一步拓展。在此基础上，结合国外马克思主义重释马克思主义哲学史问题成为会议讨论的一大热点。有学者从马克思对黑格尔在国家与市民社会关系上的颠倒与批判出发，揭示出马克思与黑格尔在此问题上的根本分歧在于研究方法的不同，黑格尔是从自由意志推导出个人财产权的合法依据，而马克思则是从现实社会的经济关系出发来理解自由之含义的，这种对立拉开了马克思主义理论与自由主义理论论争的序幕。

对国外马克思主义研究视域的拓展还表现在会议对国外马克思主义发展史的发掘与讨论中。有学者以资本主义危机与政治倒退为主线，重新梳理了国外马克思主义研究从自由主义资本主义危机到无产阶级革命或法西斯主义统治，再到新自由主义资本主义危机与政治倒退的历史进程。有学者以葛兰西实践哲学的历史内在性概念为切入点分析了《狱中札记》对历史唯物主义的理论贡献，认为历史内在性是葛兰西用于批判机械唯物主义的理论利器，同时也是其扬弃黑格尔思辨哲学的重要范畴。

（3）对国外马克思主义流派及人物研究的反思。对于不同流派及人物的研究始终是国外马克思主义研究中的重要内容。关于英美马克思主义，有学者以科恩、罗默和赖特为例，分析了他们对于新社会主义制度的构想和探索，表明这对于我们的社会主义理论建设和制度完善来说具有重要的现实意义。有学者剖析了英国文化马克思主义社会变革思想的方法论意义。英国文化马克思主义是以马克思主义为指导进行国家治理的总体性思想的表现，对于中国的社会主义文化强国建设具有启示意义。有学者讨论了英国新左派的民族观念，英国新左派对民族问题的反思，有助于我们更有效地铸牢中华民族共同体意识的基础。

同时，与会学者也高度关注欧陆地区的马克思主义研究。有学者关注阿多诺对康德主体性哲学进行的批判性重构。阿多诺通过批判康德哲学的主体主义解读、抽象主体概念和先验主体概念，确立了自己理论框架中的诸要素，完成了对于康德哲学"哥白尼转向"的回转。有学者则以阿多诺从辩证法角度对海德格尔的观念论倾向批判为题,详细分析了阿多诺对于海德格尔反主体的"主体"哲学的定义及批判。有学者剖析了巴塔耶的黑格尔阐释及其一般政治经济学建构所隐含的马克思思想底色。巴塔耶借助黑格尔的死亡观念以整合马克思思想,围绕"牺牲"概念构筑了富有原创性的耗费经济学。

(4)对国外马克思主义研究与现实问题的拓展。在当代国外马克思主义的研究中,现实问题越来越成为理论的直接出发点和着眼点。对于生态文明问题,有学者对于生态学马克思主义解放理论批判进行了分析,阐明其解放目标背后要求经济理性管制、消费主义观念变革以及生态社会主义运动实践方案的三重路向,揭示其解放理论的价值与局限。有学者从学术文献史的视角,讨论了欧美生态社会主义视域下的生态经济,指出欧美生态社会主义视域下的生态经济虽然包含作为抗拒或替代资本主义反生态经济制度及其国际秩序的理论论证与愿景构想,但现实中却并未出现社会主义性质的经济社会绿色变革案例,这正凸显出中国社会主义生态文明建设实践的现实价值。对于国家治理问题,有学者以国家治理为主线,回顾了自20世纪60年代以来,西方马克思主义转向空间批判并形成都市马克思主义学派的现实背景,同时又揭露出国外马克思主义"都市总问题式"的实践路径在从批判走向现实方面的无力。究其根源在于,想要在资本主义的条件与资本逻辑的视域下实现空间正义与空间解放的可能性微乎其微。而当今中国所进行的自上而下的"国家治理现代化"的实施方案,则为国外马克思主义空间批判理论遇到的困境提供了现实的解决途径。对于公平正义问题,有学者通过对于科恩、罗默、伍德与赛耶斯等围绕着马克思与正义问题的不同表述的回顾与反思,试图去探索一种基于历史必然性的道德论证的可能,以构建一个现实的符合历史必然性与道德有效性的共识性方案。

与会者一致认为,当代国外马克思主义研究要立足于中国,要具有时代眼光和世界历史的视野,以扎实的马恩文献与哲学史为基础同西方展开对话,为探索中国式现代化新道路与人类文明新形态贡献中国思考、中国方案与中国智慧。

## (二)第二届中外马克思主义比较研究论坛综述

2021年12月26日,"西方左翼对新冠疫情的反思与21世纪马克思主义的发展——第二届中外马克思主义比较研究论坛"学术研讨会在线上举办。

有学者提出,西方马克思主义者和其他西方左翼学者对新冠疫情的反思为我们认识当代资本主义、当代社会主义和当代马克思主义的现状和命运提供了极其宝贵的思想资源，应当切实地加以跟踪研究、加以消化和吸收。二十一世纪马克思主义的构建离不开当代中国马克思主义和当代国外马克思主义的互动和融通，可以说，构建二十一世纪马克思主义，就需要当代中国马克思主义和当代国外马克思主义这两个"轮子"同时运转，需要当代中外马克思主义的交流和互鉴，只有这样，二十一世纪的马克思主义才有可能发展起来。

有学者分别从新冠疫情改变世界存在方式、例外状态与赤裸生命、紧急状态常态化与数字监控等方面论述了疫情带给个体的影响。有学者基于绿色左翼的视角，从国内与国外两个维度对全球新冠疫情进行了思考。有学者以在美国生活的经历为切入点，强调了此次疫情不仅加剧了美国社会矛盾而且加速了资本主义走向崩溃的趋势。有学者从疫情时代的治理技术、社会认识与算法识别等角度论证了数字技术对于疫情的防控和社会主体的影响。有学者基于齐泽克、韩炳哲、阿甘本等左翼学者的论述进行了分析和批判，并指出了资源共享与平台数据私有化、跨国资本与国家主权、知识经济的意识形态与"系统化愚蠢"等方面的矛盾。有学者从生命、潜能、伦理和哲学视野，重新思考了当前的左翼共产主义思潮，并结合疫情进一步强调了疫情的不确定性。

有学者指出，国外左翼对疫情的反思，不仅涉及对资本主义体系的批判与反思，而且对于社会主义发展趋势的展望具有重要意义；并且提出了诸如疫情暴发对于当今世界体系的冲击是否改变了当今主题，疫情对资本主义政治、经济和价值观等体系的冲击是否意味着资本主义趋于瓦解崩溃的状态等问题。有学者以传播政治经济学家的数字媒体论述为例，对于西方左翼的疫情论述进行了反省与思考，并着重论述了数据监控与隐私保护、虚假信息与阴谋论等问题。有学者从"新"自由主义这一历史性前提对西方国家防疫政策进行了深入的生命政治学反思，探讨了新冠疫情中生命政治实践的不同类型。有学者从俄罗斯学者的相关论述出发，指出了疫情的暴发是由世界政治、经济发展不平衡所致，并从问题与出路阐明了俄罗斯学者对于替代资本主义的全球化方案。有学者以俄罗斯文化中的伦理原则分析了后疫情时代的全球化问题，并以多元文明形态理论为基础，提出了另一条全球化的可能道路。有学者从国外批判视野对新冠疫情与资本主义的互相影响进行了分析，分别阐述了新冠疫情对于资本主义经济、政治、社会以及生态问题的具体影响。有学者从生态危机产生的时空机理、生态恶化加速的制度性根源、超越资本主义生态危机的希望空间等方面指出了哈维对于生态危机的看法和思考，并强调生态问题的出路与文明道路的选择息息相关。

有学者对梅扎罗斯的资本批判理论进行了阐述和评判，指出了梅扎罗斯对于资本主义危机的看法。有学者从法国左翼学者的论述出发，具体阐述了让-

努马·迪康热和达尼埃尔·西雷拉对于疫情发生与民族问题和中国道路的看法。有学者从国际共产主义的复兴与中国共产党的战略选择为主题，提出坚持引领而非领导、典型示范而非强制的方法手段，进一步拓展 21 世纪国际主义的新内涵。有学者从美国社会主义政党对资本主义抗疫政策的批判出发，指出资本主义疫情危机把人类社会主义前景与中国道路的世界意义连接在一起，揭示了全球抗疫的积极效应。有学者认为，举国体制、巨型经济、传统中医药是中国成功控制疫情的若干原因，同时强调疫情考验的是国家应对非常状态的能力，并对影响国家能力的要素进行了思考。有学者以"资本主义的多重危机与共产主义的再认识"为主题，指出新冠疫情激化了资本主义"生产"与"再生产"的内在矛盾，加剧了"工资铁律"原则对无产阶级的压迫。

有学者指出，当我们思考马克思危机理论的时候，不仅仅要回溯危机发生的原因、分析危机的现状以及资本主义应对危机的可能对策，更为重要的是马克思主义的思想者和行动者必须将危机理论引向对社会主义和共产主义的积极追寻上。有学者指出，实行新自由主义的资本主义国家无法有效应对疫情，疫情危机的本质是资本主义的内部危机，社会主义制度在疫情应对中彰显了优越性。有学者以实证主义的研究方法，用美国县级横截面数据具体分析了资本、经济权力与疫情的关系。有学者以"西方左翼资本主义批判新动向"为主题，指出疫情造成了新的两极分化，并指认了资本主义内部的脆弱性，提出了突破资本原则的替代方案。有学者以"后疫情时代西方左翼学者眼中的公共危机及出路"为主题，探讨了现代公共哲学的"公共性"概念，并强调构建一个具有共同价值的社会的重要性。有学者以"资本主义国家社会公共卫生危机中的新自由主义因素"为主题，具体论述了新自由主义经济政策在公共资源分配上的失衡现象。

### （三）第一届全国当代欧陆马克思主义论坛综述

2021 年 11 月 6~7 日，"第一届全国当代欧陆马克思主义论坛"在重庆召开。本次论坛以"当代欧陆马克思主义研究"为主题。

（1）当代德国马克思主义及其他。法兰克福学派一直是西方马克思主义尤其是德国马克思主义研究的重阵。如何看待法兰克福学派的具体理论主张及其启示，是与会学者关注的重中之重。

有学者认为，阿多诺在海德格尔等人批判传统形而上学的基础上，于《否定的辩证法》一书中提出一种全新的形而上学，即要拯救形而上学经验。而如何拯救形而上学经验？就是要放弃肉体和精神的二元对立，这样生命和精神才能得到拯救。相关学者结合这次新冠疫情指出，在现实生活中人自我持存的钳制被过度延长，人们把自己束缚在生存斗争的模式之中，这种模式改变了人们对于生命和死亡的体验，而阿多诺的非同一性思想是破除这种思想的有力方法之一。对此，有学者提出，阿多诺把形而上学经验与精神与肉体之间的关系联系在一起思考具有一定的创新性；在后形而上学的时代重新思考形而上学的经验确实具有必要性。

将法兰克福学派学者与其他西方马克思主义学者进行比较分析也是与会者的重要话题。有学者根据国外的研究状况，将波洛克、格罗豪斯、诺伊曼、基希海默的政治经济学批判进行分析对比，同时对霍克海默和阿多诺政治经济学批判进行挖掘和阐释。对此，有学者提出应该对几个问题进行进一步的探讨：一是法兰克福学派的政治经济学批判与意识形态批判或者一般而言的文化批判之间的关系问题；二是政治经济学批判、文化批判与阶级斗争理论之间的关系问题。有学者主要围绕自然和自由两大主题，考察斯宾诺莎与伯格森在其各自的哲学中如何处理这两大主题，并尝试在二者之间展开理论对话。

本次论坛还对法兰克福学派的理论方法进行了宏观的把握。有学者结合哈贝马斯在不同时期的文本中对"合理重构"的论述，详细介绍该方法的内容，并阐明哈贝马斯为什么青睐此方法，以此澄清他的元理论立场。对此有学者提出了可进一步延伸的内容：一是基于哈贝马斯在不同时期方法的演变，如何建构一种批判的社会知识类型？二是运用什么样的方法？三是从与马克思比较的立场来看，哈贝马斯的"合理重构"方法存在哪些承继和迁移？

（2）当代法国马克思主义及其他。自拉法格在 19 世纪将马克思主义引介到法国，法国始终是世界马克思学术主要阵地之一和左翼思想传统的大本营。本次论坛中，与会者重点关注：一是以福柯为代表的学者对生命政治和生命权力的思考，二是以列斐伏尔以及朱迪斯·巴特勒为代表的学者对多元化治理的思考。

有学者通过对福柯的生命权力的人权框架，以及海德格尔的向死而生的生命存在论的分析，在历史的比较之中去挖掘阿甘本的生命政治的精髓。有学者认为阿尔都塞的难题性概念及其哲学实践方案，其思想背景是目前学术界对于马克思主义的黑格尔化以及斯宾诺莎化的讨论和比较，从两者对比中切入阿尔都塞的断裂论，探讨在哲学和政治断裂中，如何生成无产阶级的话语空间和解放的可能。有学者提出追问：与俄国的马克思主义的革命性相比，如何理解西方马克思主义学者，包括卢卡奇和葛兰西他们的革命性？

以现代性批判为基础的多元化治理同样也是本次论坛的重点讨论领域，与会者从女性主义和日常空间批判等角度，来展现法国马克思主义对主体自由和人的解放的关注。有学者讨论了塞拉·本哈比和朱迪斯·巴特勒的女性主义争论，认为两者分别代表批判女性主义与后现代女性主义，并从性别认同、女权主义与政治、女性主义与精神分析学几个维度展开比较，提出了现代女性主义所面临的生物主义和文化主义的二元困境。有学者认为，不仅女性是被塑造的，男性也同样是被社会文化塑造和建构的，并提出了一个"自性为空"的理念来解构这种性别主义的区分。

其他与法国马克思主义相关联的代表人物与思想也得到了关注和探讨。有学者通过梳理德里达、德勒兹、巴特勒、奈格里的物质概念，引出了齐泽克的新唯物主义的理论。有学者探讨了科耶夫的辩证法，并从生存的角度提出，辩证法是人的存在方式。也有学者认为，对于科耶夫的辩证法的内涵和外延需要更加清晰的、更加明确的一个界定。

（3）拉吕埃勒与数字资本主义。数字资本主义不仅是"数字的"，更是"资本"的，对其进行批判性研究是我国进行西方马克思主义研究的重点关切。本次论坛特别凸显了对弗朗索瓦·拉吕埃勒的研究。

要超越数字资本主义，对数字劳动本身进行研究是首要的问题。有学者对数字劳动和数据劳动进行了理论的区分，探究以数字劳动为名对数据劳动的三重遮蔽并引出何为数据劳动，在区分了有效数据和数据尾气的基础上，重点分析了数据劳动和数字劳动的四重区别。有学者以马克思"机器论片段"中一般智力的讨论为出发点，对维尔诺和雷特尔对一般智力的观点进行了比较，提出基于历史唯物主义的现实启示。有学者认为，自治主义学者德波、鲍德里亚、波斯特等人，将对景观、符号、仿真、信息的认知推进到抽象层面，都是讨论一般智力的学术资源。有学者讨论了数字技术兴起背景下，网络流动空间中的权力变迁的原因和基础，讨论了从草根民众的自发联合中获得权力的可能，解构了少数精英把控网络权力的逻辑，看到了草根阶层进行自我解放的可能道路。

对于拉吕埃勒的研究，学者们主要阐释了拉吕埃勒对革命主体的思考。有学者提出，拉吕埃勒革命理想是神秘主义的，是一种意念革命，具有不可知论色彩，是对共产主义的叛离。他从寻找新的主体来抵抗超级资本主义的统治为切入点，探寻关于革命主体转变及其未来革命可能的途径。有学者认为，拉吕埃勒的非共产主义理论以人亲身、实在一元一、非无产阶级和非共产主义四个概念为中心，展示出其与以往的共产主义理论不同的理论倾向，其理论倾向表面上很激进，但如果仔细探究就会发现，实际上还是比较保守的，因为它放弃了总体性革命和暴力革命的策略，主张的是一种折中和调和路线，不可能真正超越资本主义。在某种程度上，这只是一种伪激进，是资本主义文化工业生产的一部分。

除此之外，与会者还探讨了"法"在资本主义生产关系中的运行及其在再生产中扮演的角色。有学者认为，资本主义的法律是连接资本主义社会上层建筑与下层建筑之间的桥梁，对二者都有反作用。通过对比阿尔都塞和齐泽克对法的无意识作用分析，揭露法以其意识形态机制来保障资本主义再生产过程的作用。有学者认为对资本主义法权及其意识形态的批判需要放进批判历史的长河中进行纵深比较。

# 第十八章

# 国外马克思主义研究的
# 前景与建议

从 2021 年度的这些讨论来看，学界积极肯定了国外马克思主义研究的理论意义，尤其呼吁要从学术史、马克思主义发展史、马克思主义整体性、西方马克思主义问题逻辑等角度讨论国外马克思主义研究的意义。这些讨论无疑为研究国外马克思主义指明了方向，为国外马克思主义本身，为马克思主义理论学科整体，为马克思主义理论其他二级学科包括马克思主义基本原理、马克思主义发展史、马克思主义中国化的发展和相互之间的深度融合，提供了重要的启示和借鉴。对于深化马克思主义基本原理研究而言，加强国外马克思主义研究无疑具有积极意义，因为马克思主义基本原理的内核是依托经典文本而对基本概念、整体框架和科学方法加以研究与阐发，国外马克思主义思潮在这些问题上无疑作出了积极贡献，例如卢卡奇所开启的物化批判理论是对马克思异化和拜物教理论的继承与发展，哈贝马斯、霍耐特等人对生产范式的批判，对于理解马克思主义实践观无疑具有启发意义，卢卡奇、阿尔都塞、科西克、阿多诺等对辩证法的多角度研究更是打开了马克思主义辩证法的新视野，这些都需要我们在新的历史条件下不断进行再考察、再反思。从马克思主义发展史和马克思主义中国化的视角来看，我们在研究国外马克思主义的时候，尤其需要注意运用比较的视野，着力于彰显马克思主义中国化所形成的理论成果对国外马克思主义的超越，中国化的马克思主义无疑解决了西方马克思主义提出但未能解决的理论和实践问题，开创了马克思主义理论的新境界，引领了世界范围内的科学社会主义运动，而与此同时，国外马克思主义又作为一个重要的参照维度，对于我们把中国之治的伟大成就和丰富经验转化为理论言说、讲好中国故事具有助力意义。

从相关现实问题的讨论来看，国外马克思主义分析批判资本主义当代发展的相关理论成果是国内学界关注的焦点，也是今后重要的理论生长点所在。这些讨论尤其集中在资本主义生产方式的新变化上。当数字、数据、平台成为资本增殖的内在逻辑得以展开的重要乃至首要工具时，资本主义便进入了全面加速阶段，这是资本主义发展的客观现实。分析这些问题时，我们需要关注的不仅是资本关系中生产要素的变化，而且应当关注生产关系本身。马克思在批判资本主义时明确指出，生产和生产关系是不可分离的，任何生产都是特定生产关系范围内的生产。因此，我们在讨论数字、数据、平台等新的生产要素时，同样不能忽视资本增殖的深层逻辑，不能忽视在资本逻辑中人的生存方式的重大变化。数字、数据、平台等新的生产要素一方面加快了资本增殖的速度，另一方面掌握数字、数据、平台的资本家们凭借着准入门槛，实际上形成了新的垄断。这种垄断关系不仅表现在资本主义国家范围内，而且由于数字、数据、平台的流动，这种垄断关系也拓展到世界范围内，因而也很可能形成数字控制、平台殖民等，这是我们需要警惕的。同时，当代中国正在大力发展数字经济、平台经济，我们同样需要注意在生产要素层面它们给国人带来重大便利的时候，其所蕴含的经济关系可能会导致数字控制和两极分化，我们同样需要有效治理其可能带来的垄断和支配关系，实现数字经济的健康发展。这也是我们关注国外马克思主义数字资本主义、平台资本主义批判的应有之义。

除了启示我们对资本、资本主义、资本逻辑的分析、批判和治理，从正面建构中国特色社会主义发展道路和文明形态的角度来看，国外马克思主义研究也大有可为。自党的十九大召开以来，"美好生活"成为中国特色社会主义新时代的重大议题，我国学界对国外马克思主义美好生活理论研究也得到了蓬勃的发展。从总体上来看，国内学界初步挖掘了国外马克思主义的美好生活理论并以此为基础寻求其对中国特色社会主义美好生活问题的启示，同时在思考美好生活问题上注重吸收国外马克思主义的理论资源，国外马克思主义美好生活理论不仅在马克思主义理论中得到了研究，同时受到了哲学、社会学、新闻传播学、人文地理学等学科的关注，产生了重要的影响。但是，国内学界对国外马克思主义美好生活理论的研究仍然处于起步阶段：国内相关研究成果已成气候，但不够丰富，许多国外马克思主义思想家的美好生活理论尚未得到重视；国内研究水平参差不齐，既有深入全面的研究，也有浅尝辄止的介绍；相关研究整体上处于探索阶段，许多重要的问题尚未得到解决。因此，国内学界需要进一步挖掘国外马克思主义美好生活理论资源，继续推动相关研究。

第一，弄清国外马克思主义美好生活理论研究中的元问题。"美好生活"是中国特色社会主义新时代出现的独特的中文学术概念，"国外马克思主义美好生活理论"是研究中国特色社会主义新时代美好生活问题产生的议题，其合法性不在于自身，这也是"good life"译名存在出入的原因。研究国外马克思主义美好生活理论的前提是，存在"国外马克思主义美好生活理论"，此为国外马克思主义美好生活理论研究的元问题。"国外马克思主义美好生活理论"有两种存在方式：一是国外马克思主义思想家明确展开对美好生活（good life）的具体思考，如弗洛姆、罗萨等人；二是我们能够从国外马克思主义思想家的著述中合理合法地建构起美好生活理论，如前述有学者对霍克海默美好生活理论的建构。而后者，我们必须多加注意，任何具有重要影响的国外马克思主义思想家理论的旨趣无疑都是在追求自己心中的美好生活，在对其美好生活理论进行建构的过程中必须区分其理论内容和理论的价值追求，不能将美好生活泛化为国外马克思主义的具体理论主题。只有在国外马克思主义的美好生活理论存在的基础上，我们才能够谈对国外马克思主义美好生活理论的研究。在弄清国外马克思主义美好生活理论研究中的元问题的基础上，我们才能进一步挖掘更多的国外马克思主义美好生活理论的代表人物及其思想。

第二，加强与相关研究领域的互动性对话。在国外马克思主义美好生活理论研究的视域里，有三个相关领域值得关注，一是马克思主义经典作家的美好生活思想，二是西方政治哲学和伦理学中的美好生活理论，三是中国传统思想中的美好生活思想，这三者与国外马克思主义美好生活理论共同构成了中国特色社会主义新时代美好生活问题研究的理论资源与基础。而国外马克思主义美好生活理论既在马克思主义经典作家对美好生活的思考中展开，又从属于西方思想史的学术脉络。因此，需要在进一步研究马克思主义经典作家的美好生活思想和西方政治哲学与伦理学中的美好生活的基础上才能深入研究国外马克思主义美好生活理论，同时其与中国传统思想的对比研究是一个具有价值的研究方向。我们要在相关研究领域的互动性对话中，提升国外马克思主义美好生活理论的研究水平。

第三，深入研究国外马克思主义美好生活理论对中国特色社会主义新时代美好生活问题的启发。对国外马克思主义美好生活理论的研究无论是研究的出发点，还是落脚点无疑都是中国特色社会主义新时代的美好生活。国内学界已有的研究成果秉持这一理论立场，注重研究国外马克思主义美好生活理论对中国特色社会主义新时代美好生活问题的启发，但是研究较为不足，相关内容较为空泛。因此，我们一方面要继续加强对国外马克思主义美好生活理论的研究，另一方面要理解中国特色社会主义新时代的美好生活，只有在深刻理解国外马克思主义美好生活理论，切实把握中国特色社会主义新时代的美好生活的基础上，才能够得出具体的，具有理论和现实意义的结论。

# 第七篇

## 思想政治教育研究

# 第十九章

# 思想政治教育基本原理研究

2021 年，思想政治教育学界结合建党一百周年，积极探讨思想政治教育学科建设中的重大理论和实践问题，深入研究思想政治教育发展历程、成绩和经验，特别是新时代思想政治教育经验和规律，取得了一系列重要成果。

## 一 思想政治教育基础理论的研究

### （一）运用马克思主义经典理论的研究进展

#### 1. 坚持以马克思主义理论指导思想政治教育发展

第一，坚持辩证唯物主义和历史唯物主义的世界观与方法论。习近平总书记 2021 年 5 月 27 日致世界马克思主义政党理论研讨会的贺信中指出，"马克思主义科学揭示了人类社会发展规律，指明了人类寻求自身解放的道路，推进了人类文明进程，是我们认识世界、改造世界的强大思想武器"。马克思主义具有一切从实际出发、理论联系实际、实事求是、在实践中检验和发展真理的理论本质。必须始终坚持马克思主义理论指导，不断推动思想政治教育理论和实践守正创新。有学者指出，中国共产党在长期的思想政治教育理论与实践中，之所以能够取得如此大的成就，其中非常重要的一个原因就是其始终植根于中国建设发展实际情况，不断丰富思想政治教育发展的实践支撑，坚持了实事求是、与时俱进的思想路线，不断推进理论与实践创新，即坚持用发展中的马克思主义指导思想政治教育的实践。[①] 马克思主义具有为无产阶级和广大人民群众谋利益的政治立场。有学者指出，必须始终坚持以人民为中心，不断在

---

① 王树荫：《中国共产党百年思想政治教育基本经验》，《教学与研究》2021 年第 5 期。

满足群众诉求和期待中增强思想政治教育内生动力。①

第二，坚持马克思主义关于"人的本质是社会关系总合"的论断。有学者从唯物史观的前提出发，揭示思想政治教育把"人的活动本身理解为对象性的活动"，把人的本质把握为"一切社会关系的总和"；从社会历史发展总趋势和无产阶级历史使命的角度出发，揭示思想政治教育把"人类社会"作为基本立足点，把"改变世界"作为历史使命。② 在驱除理论研究中的抽象人性论方面有了积极的新进展。

第三，对相关马克思主义经典著作进行深入挖掘和探讨。有学者指出，《德意志意识形态》蕴含了丰富的思想政治教育资源，其中关于社会存在决定社会意识的基本原理构成了思想政治教育的哲学基础，社会基本矛盾运动规律理论为有效开展思想政治教育提供了方法指引，人的解放理论规范了思想政治教育的目标导向。《德意志意识形态》所确立的唯物史观具有强大的真理性，对于加强新时代思想政治教育具有根本的指导价值，新时代思想政治教育必须坚持唯物史观教育，坚持人民主体地位。③ 有学者指出，《共产党宣言》中包含着丰厚的思想政治教育意蕴。马克思恩格斯在其中阐述了无产阶级思想政治教育工作的重要性和合理性，揭示了无产阶级思想政治教育以人民为中心的工作导向，阐释了无产阶级思想政治教育彻底的革命批判精神，提出了无产阶级思想政治教育必须采取灵活多样的策略。④ 还有学者通过对《〈黑格尔法哲学批判〉导言》的文本分析，探求"思想与现实"的对立统一关系，从《青年团的任务》中论述思想政治教育的具体目标、重点内容、主要途径和教育方法等。除此之外，还有学者对《社会主义从空想到科学》《关于费尔巴哈的提纲》《论犹太人问题》等文本中的思想政治教育原理亦作了非常详细的探究和整理。可见，马克思主义经典作家对思想政治教育的论述构成了思想政治教育原理研究的基础。

**2. 将习近平新时代中国特色社会主义思想纳入思想政治教育学科视域的研究**

将习近平新时代中国特色社会主义思想纳入思想政治教育研究范围，是立

---

① 刘建军、许庆华：《中国共产党百年思想政治教育的基本经验》，《西北大学学报》（哲学社会科学版）2021年第3期。

② 钟启东：《〈关于费尔巴哈的提纲〉中的思想政治教育理念》，《社科纵横》2021年第5期。

③ 于俊、莫少群：《〈德意志意识形态〉的思想政治教育意蕴及时代价值》，《南京师大学报》（社会科学版）2021年第2期。

④ 谷佳媚、周静：《〈共产党宣言〉的思想政治教育意蕴》，《学校党建与思想教育》2021年第3期。

足新时代新的历史方位，开拓思想政治教育原理研究新境界的应有之义。

第一，关于习近平新时代中国特色社会主义思想对于思想政治教育的指导意义。有学者指出，习近平总书记关于新时代意识形态建设重要论述是马克思主义意识形态理论在当代中国的新发展，其"彻底性"实现了社会主义意识形态的再塑，是主流思想舆论建设的支柱，是新时代意识形态工作的理论指南。[①]思想政治教育的目标是要培养德智体美劳全面发展的社会主义建设者和接班人。有学者指出，教育同生产劳动相结合是人的自身改变与社会改变的统一，强调的是与大工业生产劳动的结合，是"普遍生产劳动同普遍教育的结合"，只有通过这一根本方法才能造就全面发展的人。[②]

第二，关于思想政治教育高质量发展。新时代新征程要求思想政治教育实现高质量发展，把意识形态、精神文明形态、思想政治工作作为全局性重要的工作。有学者指出，思想政治教育高质量发展是理念导向、过程导向和效果导向的有机统一，体现的是新时代思想政治教育由"有没有"转向"好不好"的新命题，回应的是供给不足、需求日益强劲、供需连接不畅的新矛盾。[③] 实现高质量发展，关键在于必须客观分析思想政治教育理论创新与实践发展之间的矛盾、协调解决思想政治教育内生动力与外在动力之间的张力，系统缓解思想政治教育"有效"供给与"个性"需求之间的张力问题等。[④]

第三，关于百年党史教育与党的精神谱系教育。2021 年 5 月，中共中央办公厅指出高校是开展"四史"教育的主阵地，红色文化融入高校思想政治教育是开展"四史"宣传教育的重要内容。有学者指出，习近平总书记在庆祝中国共产党成立 100 周年大会上涵括了丰富的创新思想和伟大建党精神，映照出中国共产党百年历史教育和精神教育的时代品质，守正创新是新时代赋予中国共产党思想政治教育时代品质的核心内涵，具体体现为与时俱进的理论品质、辩证系统的思维品质以及初心不移的实践品质。新型政治传播是中国共产党思想政治教育时代品质外化的有力依托，其要素及特点是传播场域的象征性与符号化凸显、传播主题的权威性与亲和力兼具、传播方式的理性与感性融合、传播

① 沈江平、李大千：《习近平关于意识形态重要论述的生成逻辑探究》，《湖南社会科学》2021 年第 6 期。

② 杨兆山、陈煌：《马克思主义教育同生产劳动相结合思想的几个基本问题》，《社会科学战线》2021 年第 1 期。

③ 沈壮海、刘灿：《论新时代思想政治教育的高质量发展》，《思想理论教育》2021 年第 3 期。

④ 张国启、刘亚敏：《新时代思想政治教育高质量发展的逻辑内涵与实践理路》，《思想理论教育》2021 年第 5 期。

内容的思想与文化交汇。①

第四，顺应信息科技时代发展，研究思想政治教育要实现数智化。习近平总书记向 2021 年世界互联网大会乌镇峰会致贺信，并指出，要"顺应信息化、数字化、网络化、智能化发展趋势"。有学者指出，只有不断探寻思想政治教育的新信息技术范式，以新一代技术要素赋能思想政治教育数智化发展，才能构筑起思想政治教育的"先发优势"，实现思想政治教育理念、方法、载体、环境、队伍等各环节数智化能力的跃升。② 也有学者指出，将科学家精神融入新时代思想政治教育中，是实现立德树人根本任务、贯彻创新驱动发展战略、应对大国博弈挑战、全面建设社会主义现代化强国的时代要求。③

对于习近平新时代中国特色社会主义思想纳入思想政治教育的研究，目前学者们大多数是根据习近平总书记相关讲话以及相关文件来进行解读和阐释的，对于习近平新时代中国特色社会主义思想的全局性把握不足，对于其与思想政治教育原理的内在关联性挖掘较少，仍需不断发展与探究。

## （二）思想政治教育在研究继承传统文化方面的新进展

思想政治教育作为中国共产党的独特优势，肩负着继承和弘扬优秀传统文化的使命。2021 年，传统文化纳入思想政治教育有关的研究主要有以下几个方面的进展。

### 1. 传统文化融入思想政治教育的研究视野的新拓展

对于传统文化与思想政治教育的研究，过去所关注的重点主要是：传统文化与思想政治教育的关系、传统文化对现代思想政治教育的启示、传统文化在思想政治教育中的价值等。2021 年，学界研究视野进一步拓展，着重探讨在新时代如何运用优秀传统文化进行思想政治教育、如何开发传统思想文化中的思想政治教育资源、传统思想文化与思想政治教育创新、新时代优秀传统文化的价值等。有学者指出，思想政治工作要发挥其在思想引领、精神凝聚、文化宣传、文明培育上的独特作用，加强马克思主义的宣传教育、推动中华优秀传统文化的传承和弘扬、推进社会主义核心价值观的培育和践行，促进社会主义精神文明建设，为新时代巩固和发展中国特色社会主义制度提供强大的文化支撑和智力支持。④ 有学者则从领导干部的角度认为，中华优秀传统文化、革命文

---

① 董雅华：《中国共产党思想政治教育的时代品质》，《思想理论教育》2021 年第 11 期。

② 宫长瑞、轩宣：《数智化思想政治教育的图景展现及其实践策略》，《思想教育研究》2021 年第 11 期。

③ 骆郁廷、余晚霞：《科学家精神融入思想政治教育刍议》，《思想理论教育》2021 年第 1 期。

④ 张智：《新时代加强和改进思想政治工作论略》，《思想理论教育导刊》2021 年第 9 期。

化和社会主义先进文化是党员领导干部弘扬和践行社会主义核心价值观的文化基础。①

　　有学者以传统文化具体内容为切入点，进一步拓宽了传统文化融入思想政治教育的视野。如有学者从礼文化出发，认为其作为一种无形的道德力量，约束着中华儿女的基本行为习惯，是新时代依然需要传承和创新的独特精神资源。以中华礼文化为镜鉴推进新时代社会公德建设，需要加强人们的社会公德教育、树立正确的网络舆论导向、完善社会公德建设机制，进而使人们自觉践行社会公德所倡导的价值理念。② 也有学者认为传统礼乐思想与社会主义核心价值观有着较为一致的价值诉求，对传统礼乐思想进行创造性传承与运用对培育和践行社会主义核心价值观具有积极的作用。③

　　福建省高教工委自党的十九大以来，结合老革命根据地所在地的优越条件，带头组织骨干教师力量编写了大、中、小学各个层次的以革命红色资源为核心内容的系列"红色文化读物"。也有部分学者着重研究了红色文化，探讨了红色文化融入思想政治教育的重要意义。如有学者认为，红色资源是对大学生进行思想政治教育的生动教材，具有强大的铸魂育人功能。将红色资源融入大学生思想政治教育，应实现教育主体供给与教育对象需求的高位对接、坚持思想认识与实际行动的双向"奔赴"，通过融入课堂教学主渠道，构建红色文化教学体系；融入校园特色文化建设，营造红色文化教育生态；融入学生社会实践活动，丰富红色文化育人载体。④ 有的学者从红色经典美术作品出发，找寻其中蕴含的思想政治教育价值：由于时代主题与阶段性任务不同，红色经典美术作品在革命、建设、改革、复兴等不同的历史时期呈现出不同的面貌。红色经典美术作品不仅具有高超的艺术价值，更蕴含着丰富的思想政治教育价值。新时代应充分发掘百年红色经典美术作品的思想政治教育元素，在新时代文艺思想及融媒体、多元价值的交流、交锋中实现创新与传承。⑤

---

① 吴晓庆：《社会主义核心价值观教育对象的三个维度论析》，《思想理论教育导刊》2021 年第 11 期。
② 张艳丽：《中华礼文化对新时代社会公德建设的启示》，《学校党建与思想教育》2021 年第 19 期。
③ 郭敏飞：《传统礼乐思想对培育和践行社会主义核心价值观的启示》，《学校党建与思想教育》2021 年第 24 期。
④ 张丽、肖盈：《红色资源有效融入大学生思想政治教育探析》，《学校党建与思想教育》2021 年第 16 期。
⑤ 余晓燕：《论红色经典美术作品的思想政治教育当代价值》，《学校党建与思想教育》2021 第 24 期。

**2. 思想政治理论课是传统文化融入思想政治教育实践的主渠道**

2020年6月，教育部印发《高等学校课程思政建设指导纲要》，明确指出，全面推进课程思政建设要"紧紧抓住教师队伍'主力军'、课程建设'主战场'、课堂教学'主渠道'，让所有高校、所有教师、所有课程都承担好育人责任"。思想政治理论课作为传统文化融入思想政治教育实践的重点场域受到重视。有学者指出，应从营造中华优秀传统文化的教育环境、创新中华优秀传统文化和思想政治教育相结合的教育载体、建设具有中华优秀传统文化素养的思政课教师队伍等方面，促进中华优秀传统文化与大学生思想政治教育的融合。① 也有的学者指出了当前思想理论课融入传统文化的不足，高校传承中华优秀传统文化根本在于传承文化基因。当前在部分高校，中华优秀传统文化传承存在浅尝辄止的表层化传承问题，需要进一步深化。

**3. 传统文化与思想政治教育话语改进的研究**

关于传统文化与思想政治教育话语的关系，《马克思主义研究》《马克思主义与现实》《思想理论教育导刊》《马克思主义学科研究》《思想教育研究》等学术期刊都有这方面的规划和研究成果出现。有学者认为应当把握历史继承与开放发展相统一的原则：新时代多元文化的存在，是思想政治教育话语开放交流的推力，传统文化和旧有话语是思想政治教育话语构建的根脉和底蕴。所以，思想政治教育话语要在秉承传统话语根脉的基础上达至现代话语开放发展的目标。历史继承与开放发展相统一的原则成为多元文化场域中思想政治教育话语构建需要坚持的基本方法原则。② 也有学者指出注重传统文化与思想政治教育的融合有助于提高思想政治教育话语的有效性，并指出了具体的措施。第一，传承优秀传统文化的思想精髓。第二，弘扬优秀传统文化的艺术传播形式。第三，推动中华优秀传统文化创造性转化、创新性发展，不断提高人民思想觉悟、道德水平、文明素养，不断铸就中华文化新辉煌。③

**4. 传统文化融入思想政治教育途径和方法的研究更加细化**

随着中国特色社会主义进入新时代，高校思想政治教育也进入到了一个新的场域之中，从而推动着高校思想政治教育问题域的深化，与此同时，高校思想政治教育的价值体系和价值系统也出现一定的结构调整和内部优化。为有效

---

① 张洪娟：《论中华优秀传统文化与大学生思想政治教育的融合》，《学校党建与思想教育》2021年第17期。

② 李洁、廖小琴：《多元文化场域中思想政治教育话语构建的基本原则》，《广西社会科学》2021年第5期。

③ 李娟：《试论新媒体语境下思想政治教育话语建设面临的挑战及对策》，《思想理论教育导刊》2021年第3期。

应对新时代背景下高校思想政治教育场域、问题域和价值域等方面的变化，有学者认为，应该以推进思想政治教育思维方式转型、话语体系创新和思想政治理论课课程改革为抓手，因事而化、因时而进、因势而新，推动高校思想政治教育实践域转换，从而实现高校思想政治教育与新时代同频共振，推动高校思想政治教育不断发展。[①]

## （三）思想政治教育在借鉴西方的有益成果方面的研究

思想政治教育学是一门综合性与实践性很强的学科，借鉴西方的有益成果是题中应有之义。

**1. 研究视野更为多样**

2021 年，学界综和借鉴西方哲学、社会学、政治学、伦理学、心理学和教育学的积极成果，丰富并发展了思想政治教育思想。有学者从人工智能的角度指出，思想政治教育在同人工智能的深度融合中有了新的发展形态，即智能思政。

有学者从传播学角度对思想政治教育的传播效果进行了分析，现阶段随着"新媒体+人工智能"与 5G 终端等新技术的兴起，思想政治教育的阵地正逐步向网络新媒体发生转移。有学者基于 5W 模式理论，运用有序回归模型对互联网与学生思想政治教育结合所产生的传播效果及其作用机制进行分析，并发现大学生的思想政治教育传播效果与三项内容（与互联网的娱乐信息接触、碎片化阅读以及接触时长）呈现显著负相关。

**2. 问题导向逐步强化**

问题导向是新时代思想政治教育研究的一项鲜明特色。近年来，在国家实施大数据战略和加快建设数字中国的背景下，大数据的概念和成果成为经济社会发展和人民生活改善的重要基石。关于大数据为思想政治教育构建所起作用的研究成为学界研究热点。有学者指出，大数据为思想政治教育的育人作用起到了重要的思维和技术导向作用，但同时也存在一些多余的元素。而如何以合理的方式舍弃这些东西，把握好取舍与平衡的关系，最大限度提升思想政治教育的质量，就成了新时代思想政治教育工作者无法回避的问题。因而，以辩证的思维来考虑大数据时代的小数据对于精准发展思想政治教育具有重要的推动作用，同时能够有效破解思想政治教育领域的大数据困境，提高思想政治教育

---

① 杨昌华：《试论新时代高校思想政治教育的"四域"转换》，《思想教育研究》2021 年第 4 期。

实效性。[1]

### 3. 学科主体性意识更加明确

近年来，学界在对西方相关理论学说进行借鉴时更注重以我为主为我所用，思想政治教育学科的主体性意识更加明确。例如，有学者指出，网络思想政治教育的话语在不同主体下有着不一样的样态，同时也面临话语自律性不强、官方话语效力有待提高、环境构建须待优化的困境。对此学者指出，网络思想政治教育的话语主体应从内容优化、网络道德自律、媒介融合以及包容性话语环境建构角度来为网络思政主体创建良好的话语空间。[2]

随着新时代我国社会主要矛盾的转化，人们对精神文化的需求成为思想政治教育工作的重点，而思想政治教育要能够更好、更有效地满足人们的精神、思想需求，就需要对相关的现象与规律进行研究。有学者将管理学的一些理论融入思想政治教育环境领域，深化新时代思想政治教育管理学研究，指出"课程思政"是高校整体育人环境的一部分，要以"专业课"为载体和基点，发挥"隐性思想政治教育"的理念功能，实现知识教育与思想教育的结合。[3]

总体而言，2021 年思想政治教育在借鉴西方相关理论方面取得了诸多进展，但仍有广阔的进步空间。思想政治教育学科的特点和实践要求决定了新时代思想政治教育学科理论体系的拓展和深化需要在凝聚思想政治教育学科的价值共识、明晰思想政治教育学科的边界与范畴、坚守思想政治教育学科的本质与指导理论、加强推进思想政治教育学科的人才队伍建设等方面下更大功夫，以适应学科研究前沿的发展需要。总的来说，思想政治教育学科的发展不仅要批判与借鉴现代西方思想政治教育理论，还应立足于对中国特色社会主义社会治理经验的总结升华。

## 二 思想政治教育方法的研究进展

思想政治教育方法具有丰富的内涵和重要的意义，一般分为方法论研究和方法的创新研究。2021 年，思想政治教育学界继续在这两个方面推进。

---

[1] 宫长瑞、轩宣：《从大数据到小数据：思想政治教育精准发展的新思考》，《思想教育研究》2021 年第 1 期。

[2] 陈希、邓淑华：《网络思想政治教育话语的困境及其优化》，《学校党建与思想教育》2021 年第 20 期。

[3] 赵海月：《"大思政"育人为本意涵研究——以管理学门类"课程思政"的建构为例》，《中国青年社会科学》2021 年第 2 期。

## （一）思想政治教育的方法论研究

2021 年思想政治教育学科领域对思想政治教育方法的研究，总结了以往的阶段性研究成果，立足于马克思主义经典著作探寻思想政治教育的哲学理论基础，系统总结中国革命、建设和改革历程中的丰富思想政治教育方法历史经验，聚焦新时代思想政治教育面临的突出矛盾，以习近平新时代中国特色社会主义思想为新时代思想政治教育工作的根本遵循，深入学习研究习近平总书记关于思想政治教育的系列重要论述，积极推动思想政治教育方法的实践和理论创新。

### 1. 思想政治教育的方法论研究

思想政治教育深深植根于马克思主义理论，马克思、恩格斯、列宁等马克思主义经典作家为思想政治教育方法哲学提供了深厚的科学理论支撑。庆祝建党百年之际，习近平总书记对中国共产党在长期的革命、建设和改革历程中积累的丰富的思想政治教育方法经验，进行了高度的新概括，高度重视思想政治教育方法论的研究和运用，提出了问题导向、底线思维、大历史观等一系列新的思想政治教育方法论命题，推出了新时代思想政治工作的一系列新思想新举措，为新时代思想政治教育工作提供了根本遵循。

（1）立足马克思主义经典，夯实思想政治教育方法的理论根基。马克思主义经典著作中蕴含着丰富的思想政治教育思想，体现和贯穿着特色鲜明的思想政治教育方法。列宁在与俄国社会民主党内经济派论战的过程中，全面系统地阐述了马克思主义灌输原理，这一思想政治教育基本原理具有超越时空的永恒价值。有学者指出，在新时代，习近平总书记提出要把握住思想政治教育基本方法的新特点新要求，科学掌握灌输的过程和方法，充分注意灌输作为本质和目的的含义同作为方法论层面含义的区别，坚持灌输的本义，以及灌输者主导性和被灌输者主体性的统一，以在极端复杂严峻的内外形势中牢牢把握国家前进的社会主义方向。① 有学者认为，马克思主义"灌输论"这一教育方法的重要性和必要性，对于新时代思想政治教育方法的创新发展具有重要的启示意义，思想政治教育灌输必须坚持科学方法，与时偕行、守正创新，不断提高灌输水平和效果。② 在对马克思恩格斯等经典作家的思想政治教育理念进行研究

---

① 方闻昊：《新时代思想政治教育基本方法的新特点新要求》，《马克思主义与现实》2021 年第 3 期。

② 梁德友、唐智：《思想政治教育灌输"存""废"之争：分歧、实质与回应》，《思想教育研究》2021 年第 8 期。

的过程中，不仅要梳理经典著作中包含的思想政治教育论断，更重要的是要将经典作家本人作为思想政治教育家来考察，坚持"理论与实践相统一是马克思恩格斯思想政治教育实践的突出特点，也是我们确证思想政治教育之历史作用的根本着眼点"。①

（2）以史为鉴，在党的百年奋斗实践中推动思想政治教育方法理论创新。从历史角度来看，在长期的革命斗争和建设实践中，以毛泽东为代表的中国共产党人以马克思主义基本原理为指导，充分吸收借鉴中国优秀传统教育经验，结合中国革命和建设的具体实践，探索出了一条符合国情且行之有效的思想政治教育方法。这些方法在中国革命和建设中发挥了巨大作用，为中国共产党的思想政治教育工作提供了方法论指导和理论支撑。

有学者指出，毛泽东强调思想政治工作是全党工作的中心，是党一切工作的生命线，在长期的革命和建设实践中，以毛泽东同志为主要代表的中国共产党人在思想政治工作实践中，总结出了具有鲜明特色的毛泽东思想政治教育方法，在中国革命和建设中发挥了重要作用，为新时代思想政治教育工作提供了重要启示和借鉴，合理借鉴和运用这些方法可以提高思想政治教育的针对性和时效性。② 有学者指出，我们党对思想政治教育方法论的认识是一个在实践中不断加深的过程，中国共产党在百年历史实践中积累了丰富的思想政治教育方法，以毛泽东同志为代表的第一代中国共产党人，系统建立了思想政治教育理论体系，实践探索了思想政治教育地位作用、方针原则、理论基础、内容任务、方式方法、领域途径、队伍建设和领导管理等方面的内容，具有整体性、全面性、系统性、说理性和社会动员性的鲜明特征。③

有学者指出，经历新民主主义时期、社会主义革命和建设时期、改革开放新时期，再到中国特色社会主义新时代，思想政治教育方法总体呈现出一个探索、奠基、精进、全方面深化拓展的历史过程。④ 新时代总结中国共产党百年思想政治教育的基本经验，必须"坚持以马克思主义为指导、为党的中心工作服务、以人民为中心的思想以及坚持与时俱进的创新精神"⑤，推进新时代思想

---

① 常宴会：《马克思恩格斯的思想政治教育实践初论》，《思想教育研究》2021 年第 7 期。
② 陈鑫、杨云霞：《毛泽东思想政治教育方法及对高校思想政治教育的启示》，《毛泽东思想研究》2021 年第 4 期。
③ 佘双好、王军：《毛泽东对思想政治教育理论的构建探析》，《毛泽东思想研究》2021 第 3 期。
④ 佘双好、张琪如：《中国共产党思想政治教育方法的百年演进》，《思想理论教育导刊》2021 年第 5 期。
⑤ 刘建军、许庆华：《中国共产党百年思想政治教育的基本经验》，《西北大学学报》（哲学社会科学版）2021 年第 3 期。

政治教育的创新与发展。研究方法的创新是推动思想政治教育学科发展的关键活力，发掘百年党史的丰厚底蕴为丰富创新思想政治教育的研究方法提供了重要思路，思想政治教育学科应充分运用史论结合的研究方法实现自身的深化发展，推动思想政治教育学科研究方法进一步创新。①

**2. 思想政治教育的方法研究**

中国共产党在百年奋斗历史中，在思想政治教育方法方面积累了十分丰富的历史经验，形成了具有中国特色与中国国情相适宜的系统的思想政治教育方法理论。党的十八大以来，习近平总书记在治国理政实践中对于思想政治教育工作作出了一系列重要讲话和指示，提出诸多思想政治教育方法的新理念、新观点、新思想，也提出具有实践指导意义的思想政治教育方法论，成为新时代推进思想政治教育实践的行动指南和建设思想政治教育方法论的根本指针。

（1）深入学习贯彻习近平总书记关于思想政治教育的重要论述。有学者指出，党的十八大以来，以习近平同志为核心的党中央高度重视思想政治教育，在继承改革开放以来思想政治教育制度化、专业化和法制化的基础上，对思想政治教育方法的整体性、全员性和贯通性等方面进行了进一步深化和拓展。②习近平总书记系列重要讲话和论述为做好新时代思想政治工作指明了前进方向、提供了根本遵循。高校作为人才培养重要阵地，要全面贯彻党的教育方针，落实立德树人根本任务，把思想政治工作贯穿教育教学全过程，推动思想政治工作高质量发展。

有学者指出，习近平总书记先后发表了一系列关于榜样学习的重要论述，以榜样践行初心使命、彰显文化自信、汇聚磅礴伟力，体现了明确的价值旨归，对榜样教育和思想政治教育方法提供了重要遵循。③习近平总书记创造性地把隐喻方法引入新时代的思想政治教育之中，形成了高超精妙的思想政治教育隐喻艺术，这在方法论意义上给新时代的思想政治教育工作者以有益的启示，有利于拓宽思想政治教育话语的创新路径。④

（2）总结百年历史经验，推动思想政治教育方法创新。中国共产党在长期革命、建设和改革实践中积累了非常丰富的思想政治教育方法，对中国共产党

---

① 冯刚：《以百年党史丰厚底蕴引领思想政治教育学科高质量发展》，《思想理论教育导刊》2021年第10期。

② 余双好、张琪如：《中国共产党思想政治教育方法的百年演进》，《思想理论教育导刊》2021年第5期。

③ 李成超、郭小靓：《习近平榜样学习论述的鲜明特色及价值旨归》，《湖南大学学报》（社会科学版）2021年第6期。

④ 胡艺华：《论习近平思想政治教育隐喻艺术及其方法论启示》，《理论月刊》2021年第9期。

的诞生、成长和壮大起到了生命线的作用，是中国共产党团结和带领中国人民取得革命、建设和改革成功的重要法宝。

有学者指出，以毛泽东为代表的中国共产党人在长期的革命斗争和社会主义建设实践中积累了丰富的思想政治工作经验，经过系统总结，形成了以理论教育法、实践教育法、自我教育法、榜样教育法、激励教育法等为主要内容的具有鲜明特色的毛泽东思想政治教育方法①，开创了具有中国特色的思想政治教育方法论，为社会主义建设、改革时期和新时代思想政治教育工作提供了实践方向。社会主义革命和建设时期，中国共产党形成了以说理教育为核心的思想政治教育方法。改革开放以后，思想政治教育选择了科学化、专业化和制度化发展路径，形成了以疏导为特点的思想政治教育方法。②

有学者指出，中国共产党百年思想政治教育工作为思想政治教育学科提供了丰富的经验和强烈的信心，思想政治教育学科可以从中国共产党百年思想政治教育工作中总结经验，吸取智慧，创造未来。建立思想政治教育学科是中国共产党思想政治工作的重大决策和创举，在新时代，思想政治教育学科应当努力做到：坚持正确政治方向，以培养青年马克思主义者为目标，增强面向实践和理论的问题意识，深化基础理论研究，正确处理两个关系（"小思政"与"大思政"、"内涵式"发展与"外延式"发展），增强学科意识，加强师资队伍建设，自觉参与和赢得世界意识形态斗争。③

（3）落实立德树人根本任务，推动思想政治教育体系改革创新。党的十八大以来，习近平总书记十分重视思想政治教育工作，强调"要坚持把立德树人作为中心环节，把思想政治工作贯穿教育教学全过程"④，"要高度重视对青年一代的思想政治工作，完善思想政治工作体系，不断创新思想政治工作内容和形式"⑤，提出了对思想政治教育方法改革的要求，也提出了许多原则方法要求，体现了时代新特点和新成果。有学者指出，习近平高校思想政治工作重要论述为高校立德树人、铸魂育人提供了根本遵循，为高校思想政治工作改革创

---

① 陈鑫、杨云霞：《毛泽东思想政治教育方法及对高校思想政治教育的启示》，《毛泽东思想研究》2021 年第 4 期。

② 余双好、张琪如：《中国共产党思想政治教育方法的百年演进》，《思想理论教育导刊》2021 年第 5 期。

③ 陈秉公：《建党百年思想政治教育学科建设的回顾与展望》，《思想政治教育研究》2021 年第 6 期。

④ 《习近平谈治国理政》第 2 卷，外文出版社，2017，第 376 页。

⑤ 《习近平谈治国理政》第 3 卷，外文出版社，2020，第 220 页。

新赋予了根本任务，为高校思想政治理论课建设指明了根本方向。①

　　"学史明理、学史增信、学史崇德、学史力行"②，党史教育是新时代全面贯彻党的教育方针，落实立德树人根本任务，做好高校思想政治教育工作的关键所在。有学者指出，以科学性与思想性相结合、主导性与主体性相结合、知识性与实践性相结合为原则，注重学习教育的系统性，用好课堂教学主渠道，用活网络新媒体平台，提升文化艺术体育活动涵育效果，拓宽实践研学路径，是加强高校党史教育的必由之路。③ 同时，加强理想信念教育和价值观教育需要将科学家精神融入思想政治教育实践中，培养真正具有科学家精神的能够担当民族复兴大任的时代新人。④

## （二）思想政治教育方法创新的研究

　　2021年，学界围绕思想政治教育的方法创新问题，出版了刘小春的《高校网络思想政治教育引论》、张蕾蕾的《网络时代的智慧思政课——翻转课堂新论》和朱丽霞主编的《课程思政视域中的思想政治理论课"三合一"实践教学模式研究》等专著，此外共发表收录于中国学术期刊网络出版总库的核心期刊、CSSCI期刊论文200余篇。同时在国家社会科学基金项目、教育部人文社会科学项目、教育部哲学社会科学项目、各省市社会科学研究专项中均有相关课题立项。2021年，学界继续深化对于思想政治教育方法研究的纵向梳理与系统构建，在学科基本方法研究方面持续深入，并在多视角推进方法创新发展方面取得了一系列突出成效。

### 1. 探索思想政治教育方法的研究进展

　　2021年，学界关于思想政治教育方法研究进展的探索进路主要包括历史梳理和现实审思。一方面，总结建党百年的思想政治教育方法演进，在把握研究脉络的基础上关注具体时期，强调历史资源的挖掘运用。研究成果主要集中于三方面。一是提炼归纳党在各历史时期的思想政治教育方法特点，勾勒完整清晰的发展脉络。中国共产党在长期实践中积累了丰富的思想政治教育方法，经历新民主主义时期、社会主义革命和建设时期、改革开放新时期，再到中国特色社会主义新时代，思想政治教育方法总体呈现出一个探索、奠基、精进、全

① 顾家山：《习近平高校思想政治工作重要论述的精神实质、问题导向与科学方法》，《学术界》2021年第3期。
② 习近平：《在党史学习教育动员大会上的讲话》，《求是》2021年第7期。
③ 漆勇政、张贵礼：《在大学生思想政治教育中加强党史教育的意义、原则和路径探析》，《思想教育研究》2021年第10期。
④ 骆郁廷、余晚霞：《科学家精神融入思想政治教育刍议》，《思想理论教育》2021年第1期。

方面深化拓展的历史过程。① 二是聚焦特定时期，重视历史教育方法的新时代启示。有学者以抗美援朝时期为研究范例，认为该时期形成的说理引导法、实践锻炼法、典型教育法和持续渗透法等一系列教育方法契合实际、特征鲜明、效果显著，对新时代学校思政教育方法创新发展具有深远的启示意义。② 三是深度挖掘百年党史所蕴含的思想精华，增强思想政治教育方法研究的历史厚度、内容广度和内涵深度。③ 进入新时代，思想政治教育必须始终贯彻"四个加强"，做到"理""情""境""势"四要素的统一，进一步探索与创新教育方法，加强理论学习、榜样示范、环境塑造与舆论宣传等工作。④ 总结而言，党的百年实践有力地证明了思想政治教育方法必须与时俱进、不断创新，满足不同时代的发展要求。习近平总书记"因事而化、因时而进、因势而新"⑤ 的"三因"理论不仅是对历史规律的深刻概括，更是对新时代思政工作的科学指导。

另一方面，评述思想政治教育方法研究的已有学术成果，积极回应现实关切，助推方法创新的系统化发展，提升思想政治教育方法的实效性。有学者以2020 年的研究为视点，分析了学界研究思想政治教育方法的广阔视域，并通过总结思想政治教育修辞、思想咨商、实验思政等新颖性教育方法，展现了学界对具体方法创新的密切关注与积极探索。该学者还指出当前研究存在基础理论研究较浅显、国内外比较研究缺失、整体性统摄缺乏等局限，未来应重点突破，精准发力，解决这些局限性问题。⑥ 另有学者坚持明确的问题导向，从方式方法创新不足的现实问题出发，致力于提升高校思想政治教育的质量与成效。其认为解决该问题要从多角度入手，一是发挥思政课堂主渠道作用；二是加强网络思想政治教育；三是强化以文育人和实践育人。⑦ 除以上进展外，现有研究领域还存在方法的理论创新与实践运用"两张皮"的尴尬境况亟待

---

① 余双好、张琪如：《中国共产党思想政治教育方法的百年演进》，《思想理论教育导刊》2021 年第 5 期。

② 谢玉进、温树峰：《抗美援朝战争时期学校思想政治教育方法及现代启示》，《广西社会科学》2021 年第 7 期。

③ 冯刚：《以百年党史丰厚底蕴引领思想政治教育学科高质量发展》，《思想理论教育导刊》2021 年第 10 期。

④ 刘卫琴：《中国共产党思想政治教育百年经验启示》，《理论导刊》2021 年第 10 期。

⑤ 习近平：《把思想政治工作贯穿教育教学全过程　开创我国高等教育事业发展新局面》，《人民日报》2016 年 12 月 9 日。

⑥ 王习胜、杨晓帆：《思想政治教育方法探索的面相描画与取向审思——以 2020 年的研究为视点》，《安徽师范大学学报》（人文社会科学版）2021 年第 6 期。

⑦ 顾家山：《习近平高校思想政治工作重要论述的精神实质、问题导向与科学方法》，《学术界》2021 年第 3 期。

改善。

总体而言，2021 年思想政治教育在方法研究进展的探索方面取得了诸多成效，但仍存有广阔的发展空间。基于思想政治教育理论性与实践性的要求，未来的思想政治教育方法创新研究应当在加强理论思想指导、提升现实落地效果两方面同时发力。

**2. 多层次深化思想政治教育基本方法研究**

思想政治教育基本方法仍然是学界关注的重要领域，多层次深化基本方法研究成为 2021 年学科发展的主要特点之一。归纳来说，学界关于基本方法的研究侧重于三个层面：其一，历史溯源和理论阐发；其二，对相关学术问题的回应或相关模糊认识的厘清；其三，结合时代要求，深化对基本方法的创新拓展。

榜样教育法的研究进展也相对突出。一是总结与审思榜样教育法的历史演进。有学者立足于中华优秀传统文化，以儒家意义上的榜样教化为切入点，分析与阐释了古代社会治理中的思想政治教育基本方法。① 部分学者致力于回顾中国共产党的榜样文化建设历史，认为选树典型、弘扬榜样是党一以贯之的优良传统，也是党开展思想政治教育工作的政治优势和有力抓手。② 有学者分析了新时代习近平总书记关于榜样学习的重要论述，指出重视榜样教育、弘扬榜样精神是践行初心使命、彰显文化自信和汇聚磅礴伟力的重要路径。③ 此外，有学者提出应当谨防历史虚无主义对榜样的"虚无"。④ 二是回应了学界有关"偶像"与"榜样"的话题争议。有学者从否定角度出发展开了对"饭圈文化"的道德批判，认为必须通过重塑偶像的道德示范作用等方式整治畸形的"饭圈文化"。⑤ 部分学者站在更为中立、理性的立场探讨了"泛偶像时代"的榜样教育，指出偶像榜样化、榜样"偶像化"是构建多元化、立体化榜样教育模式的必要举措。⑥ 偶像崇拜消解了传统榜样教育所带来的价值引领，因此必

---

① 陈继红：《榜样教化：古代社会治理中的思想政治教育》，《教学与研究》2021 年第 1 期。

② 刘伟、刘晓哲：《百年回眸：中国共产党榜样文化建设的历史演进与经验启示》，《社会主义研究》2021 年第 1 期；严文波、邱其霖：《中国共产党榜样文化建设的百年流变、基本经验及赓续发展》，《江西师范大学学报》（哲学社会科学版）2021 年第 6 期。

③ 李成超、郭小靓：《习近平榜样学习论述的鲜明特色及价值旨归》，《湖南大学学报》（社会科学版）2021 年第 6 期。

④ 米丽娜：《历史虚无主义"虚无"榜样的表现、危害及其批判》，《马克思主义理论学科研究》2021 年第 5 期。

⑤ 曹刚：《"饭圈文化"的道德批判》，《中国文艺评论》2021 年第 10 期。

⑥ 孙宏艳、耿雅倩：《从偶像崇拜到榜样教育》，《人民教育》2021 年第 7 期。

须积极寻求二者的契合点，实现效应互补，增强榜样教育的实效性。① 此外，另有学者从影视视角切入，论述了中国电影所展现的"英雄叙事"和偶像式人物塑造对推动主流意识形态再生产的积极作用。② 三是正视时代要求，探索榜样教育创新的方法路径。有学者剖析了道德榜样叙事在主体、本体、媒介、环境、思维五重维度的嬗变，进而提出了新时代的路径审思。③ 具体而言，要在思想层面把握"培养和造就时代新人"的新要求④；在组织层面重视群体教育功能，构建良性互动的长效机制⑤；在内容层面实现榜样精神的内化与社会实践的有机结合⑥；在载体层面推动技术与媒介融合的双轮驱动建设。⑦

关于舆论引领法，学者们从如下方面展开探讨。一是关注中国共产党舆论思想的转变及其创新发展。一些学者认为党的舆论思想在百年发展历程中，完成了从制造舆论到引导舆论的重要转变。⑧ 二是坚定党的领导地位，聚焦官媒、党媒的舆论引导进路。有学者提出，加强党对新媒体舆论工作的领导是实现党的领导现代化的必然要求。同时，作为衡量新媒体领导力的重要标准，党的舆论引导能力可通过提高舆情预警能力、发挥政务新媒体传播优势等具体路径得到提升。⑨ 围绕舆论工作开展，有学者强调了官媒、党媒的特殊引导价值，认为其是党治国理政的有力抓手。⑩ 以各级共青团组织为研究范例，有学者指出共青团必须通过科学的议题设置，构建思想宣教、话题传播、舆论风控、网络心战四维梯度的舆论策略体系，以期实现对社会的正向赋能。⑪ 三是结合疫情防控背景和新时代网络环境，分析舆论引导的方式创新。有学者认为重大公共

---

① 杨帅、张庆美：《"泛偶像"时代青少年榜样教育》，《思想政治课教学》2021年第10期。

② 刘帆、曾雯：《从"榜样"到"偶像"：中国英模题材电影研究》，《北京电影学院学报》2021年第1期。

③ 陈红、米丽艳：《新中国成立以来道德榜样叙事的嬗变与审思》，《长白学刊》2021年第2期。

④ 崔欣伟：《新时代少年儿童榜样教育的现实境遇和改进策略》，《人民教育》2021年第7期。

⑤ 陆士桢：《新时代，我们需要什么样的榜样教育——再谈青少年榜样教育》，《人民教育》2021年第7期。

⑥ 李昱蓉：《劳动育人机制中榜样教育的视点选择》，《思想政治课教学》2021年第2期。

⑦ 陈红、米丽艳：《新中国成立以来道德榜样叙事的嬗变与审思》，《长白学刊》2021年第2期。

⑧ 丁柏铨：《从制造舆论到引导舆论——中国共产党百年来舆论思想的一个重要转变》，《西北师大学报》（社会科学版）2021年第6期；蓝天、邹升平：《习近平关于舆论引导的重要论述探析》，《思想教育研究》2021年第1期。

⑨ 田智辉等：《论中国共产党的新媒体领导力》，《出版发行研究》2021年第7期。

⑩ 杨保军、许鸿艳：《论我国党媒体系新闻舆论的特殊价值》，《南昌大学学报》（人文社会科学版）2021年第4期。

⑪ 程艳林、庞燕：《共青团的青年传播范式与舆论引导进路研究》，《中国青年研究》2021年第9期。

卫生事件中的舆论引导是思想政治教育的"特殊参与"①，是对舆论场中共情与共意话语体系的积极建构②，体现了"信任与信心"引导策略的有效性③。针对大学生群体，部分学者指出网络舆论引导实质上是一种由"被动"到"主动"的转变④，各高校应当从培养意见领袖、激发主体性入手，着力搭建网络传播矩阵，积极完善引导机制⑤。

总体而言，2021 年思想政治教育在基本方法研究方面持续不断深化，坚持沿用好方法、改进老方法、探索新方法，以期提升思想政治教育的先进性与实效性。

**3. 多视角推进思想政治教育方法创新发展**

多视角推进思想政治教育方法创新发展是 2021 年学科研究的又一主要倾向，具体涉及学科交叉、网络变革、话语表达等多重领域。

从学科交叉视角来看方法创新，学界普遍认为具备"学科本位"意识的思想政治教育学科交叉研究正"反哺"学科建设。⑥ 其一，有学者将情景学习理论引入高校思政理论课教学，认为"情景化"是思政课方法创新的新形式，有利于提高教学的针对性和实效性。⑦ 其二，有学者聚焦心理学领域"完整人格"理论对方法创新的推动作用，认为要将受教育者的身心发展看作有机整体，探索多种形式的实践教学，培养大学生的人格判断力。⑧ 其三，有学者探讨了社会学与思想政治教育的融合发展，认为社会记忆的再生产能够在疫情等特定情景中快速形成共同体凝聚力，是对思想教育工作方式的创新性构设。⑨ 其四，

---

① 马建青、钟尉今：《三维并进：思想政治工作有效应对新冠肺炎疫情的经验与启示》，《思想教育研究》2021 年第 9 期。

② 杨丽雅、宋恒蕊：《共情与共意：新型主流媒体在舆论场中的话语机制研究——以〈人民日报〉微信公众号新冠肺炎疫情报道为例》，《新闻爱好者》2021 年第 7 期。

③ 郑湛、王慧、肖磊：《基于重大公共卫生事件"信任与信心"舆论引导策略实证研究》，《河海大学学报》（哲学社会科学版）2021 年第 3 期。

④ 谭妤晗、李峰：《新时代大学生网络舆论引导的现状审视与治理路径》，《湖北社会科学》2021 年第 12 期。

⑤ 盖逸馨：《新时代大学生网络舆论引导和路径研究》，《思想理论教育导刊》2021 年第 11 期。

⑥ 叶方兴：《论思想政治教育学科交叉研究中的"学科本位"意识》，《学校党建与思想教育》2021 年第 1 期；侯勇、钱锦：《思想政治教育学科交叉研究范式：现状、问题与创新》，《思想教育研究》2021 年第 8 期。

⑦ 王立：《情境学习理论视域下高校思政课教学创新论析》，《思想政治教育研究》2021 年第 2 期。

⑧ 张庆花：《"完整人格"理论视域下高校思想政治教育的创新发展》，《学校党建与思想教育》2021 年第 18 期。

⑨ 康丹丹：《重大疫情应对中思想教育工作创新与发展研究——基于社会记忆再生产的视角》，《思想政治教育研究》2021 年第 2 期。

有学者致力于发掘计算机学科对思想政治教育方法创新的赋能。一方面认为"VR+思政"突破了传统的线性教学模式，重塑了受教育者与教育场景的关系，让学生能够以"第一视角"获取知识，实现真正的"在场式"体验。[①] 另一方面提出了依托于人工智能的智能思政，分析了打造数据库、描绘制导图、设置云端实践场等具体应用路径。[②] 总结而言，思想政治教育学科在创建伊始就呈现出跨学科的特点，从交叉学科的视角助推思想政治教育方法创新不仅是时代发展的客观要求，也是学科自身发展的必然要求。

从网络变革视角来看方法创新，网络思想政治教育的发展是大势所趋。其一，有学者认为网络变革带来了思想政治教育方法的革新，促使其实现信息化、可视化。[③] 一方面，基于大数据信息技术的现代化教育方法日趋多样，网络直播、网络"快闪"等形式皆以其强大的感染力激发着受教育者的参与热情，推动教育与自我教育的统一。[④] 此外还有学者提出了"同场域、同频率、同成长"的"新三同"模式，通过线上线下的协同化运行，将育人纳入思想政治教育的全过程。[⑤] 另一方面，网络变革将传统教育中的抽象文字转化为了"可视化"图像，思政工作者通过直播、短视频、慕课等形式取得了良好的教育效果。[⑥] 其二，有学者认为网络变革助推思想政治教育"共享化"发展，提出了全民共享、全面共享、共建共享、渐进共享的四维模式。[⑦] 有学者针对"数据孤岛"现象，认为通过各部门的共享共用，高校思想政治教育摆脱了信息零散性、重复性、碎片化的桎梏。[⑧] 其三，有学者指出培养意见领袖是网络思想政治教育的破局新解，体现了对网络文化规律和创新教育理念的遵循，实

---

① 温旭：《VR 技术赋能高校思想政治教育的价值与应用》，《思想理论教育》2021 年第 11 期。

② 崔建东、白显良：《智能思政：思想政治教育创新发展的新形态》，《思想理论教育》2021 年第 10 期。

③ 罗红杰：《大数据与思想政治教育深度融合：前提认知·结构革新·实践策略》，《思想教育研究》2021 年第 12 期。

④ 毕亮等：《网络直播时代大学生思想政治教育的三维省思》，《江苏高教》2021 年第 11 期；杨增崇、祝大勇：《从适应到超越："互联网+"时代思想政治教育活动的创新——基于《我和我的祖国》网络"快闪"的分析》，《中国青年社会科学》2021 年第 1 期。

⑤ 王鑫等：《大学生思想政治教育"新三同"线上线下协同探析》，《思想理论教育》2021 年第 10 期。

⑥ 龚强、侯士兵：《疫情防控常态化下大学生网络思想政治教育的对策研究》，《思想政治教育研究》2021 年第 6 期。

⑦ 闫兴昌、曹银忠：《高校网络思想政治教育共享理念的出场逻辑》，《学校党建与思想教育》2021 年第 20 期。

⑧ 陈坤、李佳：《大数据时代背景下高校思想政治教育创新研究》，《思想政治教育研究》2021 年第 1 期。

现了网络思政从被动到主导的转变。① 总结而言，互联网与大数据的发展为新时代思想政治教育创新发展带来了更大可能性，思政研究者与工作者必须深刻认识大数据的"属人性"，用新方式、新方法促进教育对象的思想品德发展，帮助其更好地适应社会要求。②

从话语表达视角来看方法创新，学界普遍认为创新话语表达方式是提升思想政治教育实效性的必然要求。③ 其一，有学者认为习近平总书记关于思想政治工作的重要论述具有独特的艺术魅力，为话语创新发展提供了重要遵循。④以习近平总书记思想政治教育隐喻艺术为例，有学者认为隐喻的本质是理论阐述和通俗表达的有机结合，具有大众性和通俗性的双重属性。该学者指出这种隐喻艺术为思想政治教育话语创新提供了价值导向和示范引领。⑤ 其二，有学者致力于探索高校辅导员的话语优化路径，认为其可通过叙事手法的故事化和修辞手法的策略化，提升话语表达的丰富性。⑥ 此外，各高校也应积极采取举措，重视辅导员话语能力建设，全面更新表达机制。⑦ 其三，部分学者将研究重心回移思政理论课建设，探究其话语方法的创新。有效运用教学话语艺术，是促进思政课教材体系向教学体系转化的关键。⑧ 有学者指出，高校思政理论课教育话语应当在遵循思想政治教育基本规律的基础上进行创新，完成从文本到生活、从独白到对话、从灌输到情感、从传统到现代的话语转化。⑨

---

① 陈永峰：《从围观到行动 从被动到主导——通过网络意见领袖的网络思想政治教育创新》，《思想政治教育研究》2021 年第 5 期。
② 李玲：《论大数据时代高校网络思想政治教育创新》，《学校党建与思想教育》2021 年第 19 期。
③ 陈艳艳、陈杰：《思想政治教育话语表达方式的三种路径》，《思想政治教育研究》2021 年第 4 期。
④ 刘新庚、谭紫菱：《论习近平思想政治工作的语言艺术》，《思想政治教育研究》2021 年第 1 期。
⑤ 胡艺华：《论习近平思想政治教育隐喻艺术及其方法论启示》，《理论月刊》2021 年第 9 期。
⑥ 黄戈林等：《高校辅导员思想政治教育话语特征、运行逻辑及优化进路》，《思想教育研究》2021 年第 10 期。
⑦ 温晓年、余维法：《高校辅导员网络话语能力的内涵、构成、价值表达及提升策略》，《黑龙江高教研究》2021 年第 6 期。
⑧ 马忠、李园园：《思想政治理论课常见教学话语方法探究》，《思想教育研究》2021 年第 8 期。
⑨ 滕飞、徐川：《论新时代高校思想政治理论课教学的话语转换》，《思想政治教育研究》2021 年第 5 期。

# 第二十章

# 中国共产党思想政治教育史和比较思想政治教育发展

2021 年，中国共产党思想政治教育史和比较思想政治教育的研究不断推进，研究成果颇为可观。在党的思想政治教育史的重新阐释方面呈现出值得关注的显著态势，既体现出方法论意义上的深入讨论，也提供了颇具示范意义的研究成果。在中国共产党思想政治教育史料研究、经典作家作品的阅读与研讨，以及比较思想政治教育中其他值得重视的研究方面，涌现出许多成果。对2021 年中国共产党思想政治教育史和比较思想政治教育研究的回顾与反思，梳理其中的"老问题"和"新进展"，有助于更好地推动学科的向前发展。另外，蓬勃发展的思想政治教育学科在取得巨大成就的过程中也逐步暴露了一些拔根脱土的问题：对思想政治教育学科存在的基本事实、具体现象和部门实践不够了解，加强学科建设却脱离了实践，疏远了社会，淡化了关怀，缺乏生动活泼的精神面貌，与中国共产党思想政治教育实践创新的关联度越来越低。系统总结中国共产党百年思想政治教育的基本经验和内在规律，加强思想政治教育的国际比较研究，完善思想政治教育学科理论体系，推进新时代思想政治教育工作创新发展，是思想政治教育学科的重要任务。

## 一　党的思想政治教育史研究进展

### （一）思想政治教育经验与规律研究

目前学界关于中国共产党百年来思想政治教育的经验和规律研究较为集中，研究角度和切入点也各具特色。有学者从方法论角度认为总结党的思想政治教育基本经验必须要遵循整体性原则、普遍性原则、基础性原则、科学性原则、时代性原则，并在此基础上将党的思想政治教育基本经验归结为坚持以马克思主义为指导、为党的中心工作服务、以人民为中心的思想、坚持与时俱进的创新精神。强调要进一步坚持理论创新，提升思想政治教育科学化水平；增强责任意识，推进思想政治教育固根守魂；强化问题意识，着力提高思想政治教育实效性；树立创新意识，实现思想政治教育规范化发展。① 有学者认为，百年来思想政治教育的立足点是遵循马克思主义"灌输"原则、发挥"生命线"作用原则、服务党的中心工作原则、为人民服务的立场原则。党的思想政治教育必须以解决实际问题来化解思想问题、必须重视组织机构和队伍建设、必须与时俱进创新工作方式方法、必须以促进人的自由全面发展为价值取向。新时代思想政治教育要加强理论学习，以"理"服人；加强示范引导，以"情"感人；加强环境塑造，以"境"塑人；加强舆论宣传，以"势"导人。② 思想政治教育工作要坚持久久为功才能收到实效。

中国共产党百年思想政治教育经验丰富、深刻。有学者认为中国共产党百年思想政治教育的基本经验主要包括：党的领导与指导思想与时俱进、实践探索与理论创新良性互动、组织机构与队伍建设协调推进、教育对象与内容方法辩证统一、服务大局与人的发展同向同行。③ 有学者从经验总结和时代启示两个维度予以解读，总结了中国共产党思想政治教育百年发展的经验：始终坚持理论创新，不断用马克思主义中国化最新成果武装群众；始终坚持党的领导，用党的精神谱系和实践经验不断丰富思想政治教育资源和内容；始终注重整体谋划，在思想政治教育顶层设计与实践探索双向互动中深化思想政治教育治理；始终突出问题导向，在解决思想问题与实际问题相结合中不断增强思想政治教育实效。党百年来的思想政治教育的发展经验为加强思想政治教育治理促进其更好地服务于党和国家发展大局提供了重要的时代启示：必须始终坚持马克思主义理论指导，不断推动思想政治教育理论和实践守正创新；必须始终坚持以人民为中心，不断在满足群众诉求和期待中增强思想政治教育内生动力；必须始终紧扣党和国家的历史任务，不断深化思想政治教育发展服务于党和国家中心任务；必须始终根植中国建设发展实际，不断丰富思想政治教育发展的实践支撑。④ 有学者从中国共产党的政治优势和传家宝的角度总结思想政治工作的十大经验：坚持思想政治工作生命线"信仰"；坚持党对思想政治工作的

---

① 刘建军、许庆华：《中国共产党百年思想政治教育的基本经验》，《西北大学学报》（哲学社会科学版）2021年第3期。

② 刘卫琴：《中国共产党思想政治教育百年经验启示》，《理论导刊》2021年第10期。

③ 王树荫：《中国共产党百年思想政治教育基本经验》，《教学与研究》2021年第5期。

④ 冯刚、白永生：《中国共产党思想政治教育百年发展的经验与启示》，《人民教育》2021年第11期。

领导；坚持思想政治工作以人民为本；坚持思想政治工作的理论基础；坚持思想政治工作服从、服务的原则；坚持思想政治工作实施的科学化；坚持思想政治工作队伍建设；坚持思想政治工作是一门科学的观点；坚持加强和改进思想政治工作与时俱进；坚持思想政治工作体制完善创新。① 系统总结中国共产党百年思想政治教育蕴含的具有普遍性与规律性的基本经验，有助于把握党的思想政治教育的本质规律，有助于完善思想政治教育学科的理论体系，有助于实现新时代思想政治教育工作的创新发展，对改进和加强新时代思想政治教育工作具有重要借鉴作用，学界在继续发扬光大予以活化的同时应寻求新的研究突破口，有学者从中共党史和中国共产党教育史相结合的角度展开了初步的交叉研究。

## （二）思想政治教育史学科建设研究

在思想政治教育史学科建设方面，学界结合马克思主义理论教育、宣传思想工作、意识形态建设和斗争等领域的概念范畴、教育形态和教育效果等方面进行了学理研究。有学者从马克思主义理论教育及马克思主义中国化理论教育的范畴进行了经验总结：坚持以马克思主义为根本，用党的创新理论武装全党；弘扬马克思主义学风，坚持思想理论教育密切联系实际；坚持思想理论教育的意识形态性质，旗帜鲜明讲政治；坚持正面教育为主，又坚决进行意识形态斗争；树立群众观点，坚持教育者与教育对象教学相长；区分教育层次和对象，坚持先进性与广泛性、重点与一般相结合；以人为本，坚持思想理论教育正确价值取向；立德树人，坚持思想理论教育的根本任务和目标；把实效性放在首位，坚持用科学的标准检验思想理论教育；坚持党的领导是思想理论教育的根本保证。② 有学者对建党百年来中国共产党宣传思想工作概念的思想性、全员参与性、多向互动性、广泛群众性等特点进行了总结，结合党的宣传思想工作的特定内涵及其生成史将其与意识形态工作、思想政治工作、思想政治教育、新闻舆论工作等概念的联系和差异进行了细致的学理分析。③ 也有学者从意识形态建设与斗争史方面总结了中国共产党加强意识形态建设六点经验：坚持党性和人民性相一致、一元性与多样性相统一、理论性与实践性相结合、继承性与发展性相耦合、建设性与批判性相铆接、价值性与制度性相连接。④ 有

---

① 孙其昂：《关于中国共产党思想政治工作百年十大经验》，《台州学院学报》2021 年第 4 期。
② 石云霞：《中国共产党百年思想理论教育的历史经验研究》，《思想理论教育》2021 年第 5 期。
③ 佘双好、汤帧子：《建党百年来中国共产党宣传思想工作概念的生成及其特点》，《西北工业大学学报》（社会科学版）2021 年第 4 期。
④ 张志丹：《中国共产党百年意识形态建设的基本经验》，《马克思主义与现实》2021 年第 4 期。

学者讨论了中国共产党加强青年理想信念教育的百年历程与现实启示，提出党坚持加强理论、历史与国情教育为青年树立理想信念提供了重要引领，坚持推进课程与媒体建设为青年理想信念教育提供了载体支撑，坚持完善青年组织建设为青年理想信念教育提供组织保障。① 在新时代要着力构建青年理想信念教育的理论支撑机制、课程机制、实践机制、组织机制，更好发挥制度优势，以制度优势提升理想信念教育的针对性与实效性。

思想政治教育工作必须坚持发扬传统优势和推动改革创新相统一。有学者分析了百年思想政治教育发展经验对于新历史方位下加强思想政治教育治理，服务于党和国家发展大局的时代价值：必须始终坚持马克思主义理论指导，不断推动思想政治教育理论和实践守正创新；必须始终坚持以人民为中心，不断在满足群众诉求与期待中增强思想政治教育内生动力；必须始终紧扣党和国家的历史任务，不断深化思想政治教育发展服务于党和国家中心任务；必须始终根植中国建设发展实际，不断丰富思想政治教育发展的实践支撑。② 也有学者认为新时代思想政治教育要立足国家治理的新发展，坚持党的核心领导，以习近平新时代中国特色社会主义思想为指引，守卫为民初心，遵循人的发展、社会的发展、执政和社会主义建设等规律，以党员干部、青年学生为重点，抢占网络高地，做到面面兼顾、层层推进，进一步推进思想政治教育科学化、理论化。③ 有学者在分析党百年思想政治教育的探索发展历程后，认为新时代思想政治教育的任务和重心发生深刻变化，形成了新的思想政治教育模式，应以习近平新时代中国特色社会主义思想为指导，推动思想政治教育从部门专业向整体全员发展，推动形成其他各领域以思想政治教育为导向的协同效应。④ 思想政治教育新模式有助于共创新时代思想政治教育伟业。

## （三）思想政治教育史的具体研究

目前学界在思想政治教育的制度建设、具体内容和主要人物研究方面也取得了系列研究成果。全面回顾和系统总结中国共产党思想政治工作制度建设成

---

① 段妍：《中国共产党加强青年理想信念教育的百年历程与现实启示》，《思想教育研究》2021 年第 8 期。

② 冯刚、白永生：《中国共产党思想政治教育百年发展的经验与启示》，《人民教育》2021 年第 11 期。

③ 洪向华、冯文燕：《中国共产党成立一百年以来思想政治教育的历程、经验和启示》，《北京联合大学学报》（人文社会科学版）2021 年第 1 期。

④ 余双好、王军：《中国共产党百年征程中对思想政治教育的探索与创新》，《福建师范大学学报》（哲学社会科学版）2021 年第 6 期。

就和重大举措，对于新时代充分发挥思想政治工作传家宝和生命线作用，为全面建设社会主义现代化国家提供强大政治保证、舆论支持和精神动力有着重要的理论价值和现实意义。有学者系统研究了中国共产党百年来为了提升思想政治工作质量和水平，围绕不同历史时期宣传思想工作的中心任务所制定和颁布的一系列思想政治工作制度。党的思想政治工作制度建设始终坚持服从服务党和国家的中心工作创建制度，坚持围绕思想政治工作的重要内容、关键人群和重点领域构建制度，坚持守正与创新相结合建构制度。新时代加强和改进思想政治工作，必须坚持马克思主义在意识形态领域指导地位的根本制度，坚持顶层设计与基层创建相统一，围绕重要内容、关键人群和重点领域进一步健全和完善思想政治工作制度，不断提升思想政治工作的科学化、规范化和现代化水平。① 有学者对中国共产党百年历程中思想政治教育的教育目标、教育方法、道德教育内容进行了系统分析。有学者研究成仿吾思想政治教育思想和实践历程，总结成仿吾为党的马克思主义理论教育（思想政治教育）的创建和发展作出的巨大贡献，以及成仿吾思想政治教育思想和实践的宝贵经验，这既是对党的百年教育成果的历史传承，也是新时代思想政治教育理论守正创新和实践突破的重要借鉴。② 有学者对毛泽东思想政治教育理论构成和特点进行了分析，认为毛泽东不仅提出了思想政治教育的概念，而且建立了包括思想政治教育地位作用、方针原则、理论基础、内容任务、方式方法、领域途径、队伍建设和领导管理等方面的思想政治教育理论内容；总结了毛泽东思想政治教育理论的整体性、全面性、系统性、说理性和社会动员性的鲜明特征。③ 新时代思想政治教育理论要在毛泽东思想政治教育理论的基础上，充分吸收改革开放以来思想政治教育科学化、学科化和制度化的经验，以习近平总书记关于思想政治教育重要论述为指导，实现思想政治教育理论的时代升华。

## （四）思想政治教育重大举措研究

成功的思想政治教育离不开一整套政策体系的支撑，思想政治教育政策绩效的提升依赖于政策执行模式的良性运行。2021 年 7 月，中共中央、国务院印发了《关于新时代加强和改进思想政治工作的意见》，结合新时代特点和治党治国要求对思想政治工作进行重新定位，首次提出把思想政治工作作为治党治

---

① 张智：《中国共产党百年思想政治工作制度建设的历程、经验与启示》，《马克思主义理论学科研究》2021 年第 5 期。

② 吕增艳：《成仿吾思想政治教育思想研究》，博士学位论文，东北师范大学，2021。

③ 佘双好、王军：《毛泽东对思想政治教育理论的构建探析》，《毛泽东思想研究》2021 年第 3 期。

国的重要方式，深刻阐明了新时代思想政治工作的重大意义、根本任务、方针原则、基本要求，丰富和发展了我们党对百年思想政治工作的规律性认识，为进一步加强和改进思想政治工作提供了根本遵循。学界围绕这一重要理论创新从多个角度予以理论阐释。有学者认为新时代把思想政治工作作为治党治国的重要方式，是完善和发展中国特色社会主义制度、推进国家治理体系和治理能力现代化的重要内容，是适应社会主要矛盾转化的必然要求，是防范化解意识形态安全风险的迫切需要，是不断推进党的建设新的伟大工程的现实需求。它在治党治国中发挥着显著的社会动员优势、政治引领优势、思想教育优势、文明培育优势和自我革命优势。① 有学者通过对比《关于新时代加强和改进思想政治工作的意见》相较于《关于加强和改进思想政治工作的若干意见》呈现出的新变化，认为变化主要体现在时代环境和社会背景的不同而呈现的新境遇上，以及体现在对思想政治工作的作用功能不同的新定位，对思想政治工作要着力解决的问题的新认识，对思想政治工作指导方针原则的新确立，对思想政治工作方式方法的新创设，对思想政治工作内容和领域的新深化和具体化上。② 新时代的思想政治教育工作要进一步加强政策整合和统筹运作，协同发力。

为适应新形势新任务的迫切需要，推动马克思主义理论研究和建设，解决马克思主义学院建设在教育教学、研究宣传、队伍建设、人才培养等方面存在的差距问题。2021 年 9 月，中共中央办公厅印发了《关于加强新时代马克思主义学院建设的意见》，指明了加强新时代马克思主义学院建设的具体路径，推动实现高校马克思主义学院高质量发展。有学者认为应进一步明确马克思主义学院建设在高等教育事业发展全局中的重要意义，着力推动马克思主义学院内涵式发展。③ 具而言之，要从发挥马克思主义理论学科领航作用，推进思想政治理论课改革创新，加强马克思主义理论研究宣传，着力打造高素质教师队伍，提高专业人才培养质量等方面推动马克思主义学院内涵式发展。同时，提出要以新时代思想政治教育工作、理论工作"四大平台"建设、社会实践和教育基地建设等共同推动马克思主义学院内涵式发展。④ 为进一步加强学习研究宣传马克思主义的主阵地建设，有学者认为应重视发挥全国重点马克思主义学院的示范作用，落实《普通高校马克思主义学院建设标准》，充分发挥马克思主义理论学科的引领作用，深化思想政治理论课的改革创新，打造高素质的思

---

① 张智：《论思想政治工作是治党治国的重要方式》，《思想理论教育》2021 年第 10 期。
② 余双好：《新时代思想政治工作的深刻变化》，《思想政治教育研究》2021 年第 4 期。
③ 王易：《推动新时代马克思主义学院高质量发展》，《红旗文稿》2021 年第 22 期。
④ 谢晓娟、冯贺：《扎实推动马克思主义学院内涵式发展》，《思想理论教育导刊》2021 年第 12 期。

想政治理论课教师队伍，探索马克思主义理论专业人才培养体系。① 有学者认为马克思主义学院体现政治引导功能，要充分发挥思想政治理论课的价值塑造功能，加强理想信念教育塑造大学生的政治认同，加强党的理论创新成果教育塑造大学生的时代品质，加强道德教育塑造大学生的世界观、人生观、价值观。② 有学者认为，针对思想政治教育政策执行中长期存在的问题，党和国家高度重视政策执行模式的创新：加强思想政治教育政策的顶层规划是政策执行的基本前提，构建系统完备的机制框架是政策顺利执行的基础保障，优化执行结构是政策有效执行的动力支撑，资源与环境建设打造的良好执行生态是政策执行的重要有利条件。③ 政策科学视野中的思想政治教育制度研究尚处于起步阶段，未形成科学系统的学术成果。

## （五）思想政治教育史研究中的问题与不足

百年党史蕴含着丰富的思想政治教育成功经验和实践智慧，是思想政治教育学科的精神财富和力量源泉。目前，基于百年党史的丰厚底蕴拓展思想政治教育学科内容，推动思想政治教育学科研究方法创新，运用深邃的历史思维、系统的辩证思维、强烈的创新思维、精准的对象思维深化思想政治教育学科建设，还需要进一步汇聚学术力量加强深入的系统研究。④ 从中国共产党思想政治教育史研究的基础性和长远性来看，深化中国共产党思想政治教育史研究，吸收和应用历史经验，在思想政治教育史料的阅读和应用方面还有大量工作可做，大量公开出版的文献资料并没有得到学界的充分关注和使用，文献意识和文献使用功夫都不到位，没有使用必要的史料佐证，对史实的具体分析论证不够充分细致，素材、资料与方法之间的结合不够紧密，脱离历史背景和历史素材空谈理论的研究缺乏史论融合的深度说服力，直接影响了中国共产党思想政治教育史研究的系统化、规范化水平。

研究中国共产党百年思想政治教育史，既有具体的理论问题，也有宏大的理论问题。单一学科专门研究微观、具体的理论问题，对于宏大的理论问题，

---

① 陈占安：《关于扎实推动高校马克思主义学院内涵式发展的思考》，《学校党建与思想教育》2021 年第 19 期。

② 齐卫平：《努力在思想政治理论课的价值塑造上下功夫——学习〈关于加强新时代马克思主义学院建设的意见〉》，《思想政治课研究》2021 年第 6 期。

③ 蒙慧、武小兵：《党的十八大以来思想政治教育政策执行的模式创新——以中发〔2016〕31 号为中心的考察》，《山东行政学院学报》2021 年第 5 期。

④ 冯刚：《以百年党史丰厚底蕴引领思想政治教育学科高质量发展》，《思想理论教育导刊》2021 年第 10 期。

思想政治教育史需要有多学科广泛参与、相互配合，才能提升研究水准。目前很多研究和交流大都局限于思想政治教育学科内的思想政治教育史方向，注解式研究较多，有深度的学理思考和问题阐释不足。有些成果基本上是从讲话到讲话、从文献到文献、从人物到人物，用论断说明论断、用概念说明概念，缺乏深度的学理思考和理论性的深刻阐释。对"是什么"归纳比较多，对"为什么"论证比较少，对"怎么办"缺乏针对性的分析，自我封闭研究空间，整体感不强，仅凭过去的概念、范式、方法，已无法满足新时代理论研究的需要，还没有形成马克思主义理论学科和多学科配合研究的机制与动力。

在中国共产党思想政治教育史的研究过程中，宏观层面的归纳总结和整体性、总体性的研究较多，从微观层面具体考察思想政治教育史的成果较少，应坚持微观研究和宏观分析相结合。重建中国共产党思想政治教育史的微观基础是深化中国共产党思想政治教育史研究的重要学术生长点。从思维上还应该进一步拓展思维方式，引入比较思维，多角度地分析史实，应该关注同时段、同时期相关政党和政府的思想政治教育工作理论与实践。学科一旦建立起相对完备的知识体系，可能会禁锢多元思想、压制自身发展。适时对自身进行批判性考察，探索新的研究方法和方法论，是思想政治教育研究创新发展的关键点和突破口。但是，方法论是基于本体论与认识论的，没有对本体论与认识论的彻底改造，很难谈得上方法论的更新。一旦改造本体论和认识论，又会变动思想政治教育学的理论基础和哲学基础，动摇一些看似已经确立的知识体系，进而需要重新解释一些已成定论的问题和核心概念。所以学界对于方法论的新探索普遍比较谨慎。有学者结合思想政治教育学科的综合性特征，主张研究者"要采取复合型的学科思维方式，视思想政治教育为一门聚焦复杂社会现象，并依赖多门单一学科综合而成的整体学科"。[①] 转换思维方式具有先导性和引领性价值，对问题的探索和改革往往以思维方式的变革为先导。学科在对知识进行分门别类研究的同时，要课徒授业、传递学科文化，往往更强调训练一种思维方式和研究方法。从转换和改造思维方式的角度探索如何开展思想政治教育史研究，有可能取得新进展。

## 二 思想政治教育比较研究进展

比较思想政治教育学要观察、分析、比较、研究不同民族、国家即他者思想政治教育的实践形态、理论形态和制度形态。比较思想政治教育学科建设应

---

① 叶方兴：《论思想政治教育学的综合性及其学科效应》，《思想教育研究》2021 年第 11 期。

根据形势发展变化和现实需要，精准把握新时代方位，认识自我，尊重差异，吐故纳新，紧扣"比较"这个关键词对"为什么比较""如何比较""比较什么"等学科主题继续探索，不断拓展基础理论和实践应用研究范围。别外，应进一步更新比较研究理念，科学规划与设计学科建设未来发展方案和研究方向，围绕比较思想政治教育学科建设的基本问题、研究论域、方法论和发展趋势等主题进行深入研讨，将比较思想政治教育学的研究不断引向深入。

## （一）比较思想政治教育学科基本问题研究

"比较"是比较思想政治教育的思维特质和哲学根基，是比较思想政治教育学科的本体论、认识论以及价值论基础。有学者从"以何存在、以何比较"维度将"此在思想政治教育"与"他者思想政治教育"的关系性存在作为比较思想政治教育的本体存在，凸显"比较"的关系性思维以及该学科的理论特质。从"能否认识、能否比较"维度研究比较思想政治教育的认识主体在语言、经验、思维以及政治立场等方面的独有优势，认识客体的"可比性"与"通约性"，对比较思想政治教育能否被认识予以肯定性回答。从"为何研究、为何比较"维度研究比较思想政治教育对思想政治教育学科建设、促进人的全面而自由发展以及构建人类命运共同体的重要价值。① 紧扣"比较"这一关键词，也有学者认为从三个层次弄清楚"比较"的内涵和意蕴有助于更好地理解比较思想政治教育基本理论问题：比较是"人类的基本思维活动、工具层面的技术性具体方法以及本体论意义上的比较视野"。本体论意义上的比较视野，是学科层面的比较，也是比较思想政治教育的本质特征。② 有学者回归并挖掘马克思主义经典著作中关于思想政治教育国际比较的必要性、可能性与规范性问题的相关论述，认为"必要性在于民族精神的世界交往有利于促进人类解放，以及对历史现象的异域透视有利于掌握基本规律；可能性在于开放国际环境与交往手段革命性变革的实践基础、阶级社会价值观灌输普遍性的对象基础以及人类社会发展阶段联系性的认识基础；规范性包括政党纲领、阶级道德与文化传统的视角选取以及一般规定、特殊规定与个别规定的概念通约"。③ 有学者认为，应从思想政治教育学科的整体性出发，在辩证统一中澄明比较思想政治教育发展的理论规约、方向导引与反哺之路；同时要在强化内功上下功夫，

---

① 舒练：《本体·认识·价值：比较思想政治教育的哲学根基探究》，《教育导刊》2022 年第5 期。

② 郭小香：《比较思想政治教育的"比较"意蕴研究》，《思想理论教育》2021 年第 10 期。

③ 管晓婧：《马克思主义思想政治教育国际比较观初探》，《思想政治教育研究》2022 年第 4 期。

加强基本范畴等元理论问题的研究，通过学理考量与实践确证提升比较思想政治教育学基本范畴的科学性，提升比较思想政治教育的学术品质和学术声誉①，推进新时代比较思想政治教育学科建设。

　　思想政治教育比较研究以揭示思想政治教育特殊规律和一般规律为其价值旨趣，有学者认为研究中应把握抽象思维、历史思维、方向思维、批判思维等四种基本的思维方法，这四种基本思维方法呈现出内在的逻辑自洽及相互交融的特质。② 在思想政治教育比较研究中熟练掌握、运用这些思维方法，有利于提升比较研究的科学性、思想政治教育学的贡献度。费孝通在谈到社会学研究方法时指出，"'心领神会'就是古人所理解的一种真正深刻、正确地认识事物的境界，它不是我们今天实证主义传统下的那些'可测量化'、'概念化'、'逻辑关系'、'因果关系'、'假设检验'等标准，而是用'心'和'神'去'领会'，这种认识论的范畴不仅仅是文学的修辞法的问题，它就是切切实实生活中的工作方法，也确实支持着中国文化和文明历经几千年长盛不衰，其中必定蕴含着某种优越性和必然性的"。③ 比较思想政治教育在研究域外思想政治教育时可以采用一种通情达理的具身认知方式来研究思想政治教育活动，形成置身事内、具身应对的思维方式。

## （二）思想政治教育区域与国别比较

　　美国是比较思想政治教育学的重点研究对象。有学者认为学界对美国高校思想政治教育的研究经历了萌芽稳定期、高潮期和衰退低谷期等阶段，研究内容有美国高校"通识教育""公民教育""道德教育""思想政治教育""价值观教育"等五大聚类④，对于美国高校思想政治教育的比较研究尚需要继续强化研究的理论性、实践性和整体性。美国高度重视通过各种手段和渠道加强意识形态教育和公民教育。有学者研究美国高校传播美国倡导的主流价值观的公民教育、道德教育、宗教教育及政治社会化教育等途径后，认为美国高校思想政治教育体系成熟完善，比较注重隐性教育方式，学生事务管理实现职业化和专业化，思想政治教育效果良好，美国高校在培养合格公民、促进社会稳定发

　　① 王春英：《比较思想政治教育发展进路之思》，《思想理论教育》2021 年第 6 期。
　　② 阮一帆、柳健：《思想政治教育比较研究的基本思维方法论析》，《高校马克思主义理论教育研究》2021 年第 6 期。
　　③ 费孝通：《试谈扩展社会学的传统界限》，《北京大学学报》（哲学社会科学版）2003 年第 3 期。
　　④ 韩洪政：《我国学者对美国高校思想政治教育的研究——基于 CiteSpace 的可视化分析》，《煤炭高等教育》2021 年第 6 期。

展、维护资本主义制度等方面发挥了十分重要的作用。① 也有学者通过对美国联邦教育立法相关法案的文本挖掘，分析其弘扬美国精神、提升国家竞争力和维护国家安全的成功案例。在新的国家发展战略需要之下，美国丰富爱国主义教育内容，将国家竞争力教育和国家经济安全教育纳入其中，教育理念由民主爱国主义转向忠诚爱国主义；爱国品质的培育从"全球公民"转向"美国公民"；推崇包含经济爱国主义在内的更加全面的爱国主义教育。美国以国民教育立法的形式强化爱国主义教育，在美国青少年中倡导忠诚爱国主义，宣扬国家主义的爱国主义，强调经济爱国主义，使他们认同国家权威，自觉承担维护本国利益优先的公民责任，树立全面的国家利益和国家安全意识，使爱国主义成为团结社会和引领美国"再次伟大"的精神动力。② 美国还通过教育法案将资本主义的价值理念渗透到教育体系之中，确立了以主流社会的文化价值观、政治价值观和道德价值观为核心的国家意识形态教育体系。③ 认清美国联邦政府掌控价值观教育的客观事实，揭示思想政治教育作为在世界范围均具有普遍性，有助于我们构建视野更加开阔、理论更加深化的思想政治教育体系，理直气壮地开好思政课。从比较研究的角度增强我国思想政治教育的道路自信和理论自信，注重形成"隐性"影响力，更新思想政治工作理念，提升思想政治教育工作的说服力。

西方公民教育与我国思想政治教育的比较一直是学界的研究重点和难点。有学者认为二者均具有"政治性""心理性""教育性"三个特征："政治性"是二者的本质区别；"心理性"与"教育性"是二者之间存在的可连通与可借鉴的"特殊结构维度"。④ 有学者从治理的角度细致考察了公民教育的治理功能：公民教育起源于西方社会治理实践，并且随着社会发展而产生流变。公民教育在古典城邦治理中体现为公民德性教育，在神学统治时代社会治理中体现为宗教信仰教育，在近代西方社会形态转变中确立了公民教育法治主义传统，在现当代社会治理中走向繁荣。公民教育切合西方社会治理注重法治精神、规则意识和多元治理的特点，在制度约制和规则教化两方面为社会治理提供支

---

① 鲍婷婷、许依帆：《美国高校的思想政治教育及其启示》，《云梦学刊》2021 年第 2 期。

② 刘梦慈、余玉花：《21 世纪美国爱国主义教育改革特点及其新理念——基于国民教育法案的考察》，《比较教育学报》2021 年第 1 期。

③ 李帅：《美国价值观教育的国家体系构建与思考》，《高校马克思主义理论教育研究》2021 年第 2 期。

④ 孔德生、谢宇格：《公民教育与思想政治教育结构之比较与借鉴》，《学术前沿》2021 年第 8 期。

撑。① 公民教育在西方社会治理中发挥的作用为新时代我国社会治理提供了很好的镜鉴。有学者认为公民教育研究中在职能定位、内涵界定、性质特征等方面尚存在认知误区。党的十九大报告中指出的"深入实施公民道德建设"与"加强和改进思想政治工作"，是公民教育与思想政治教育协同育人模式的现实表征，具有深远意义和时代价值，两者构成彼此独立但又相互支撑、相互促进的良性关系。② 也有学者研究了后多元文化时代对构筑在多元文化主义基础之上的西方公民教育的挑战性特征后，认为当前西方国家的公民教育面临三重困境：一元与多元的矛盾、族群认同与国家认同的矛盾、国家认同与世界认同的矛盾。突破后多元文化时代困境的要旨在于建构全新的全球公民教育体系，通过世界公民教育构筑人类命运共同体。③ 这种世界公民教育思想的理论和实践还未引起必要的重视。美国高度关注公民教育并突出其政治性本质，公民教育在各个方面积极论证资本主义制度的合理性、巩固美国政府的政权稳定以及丑化、敌视社会主义的意识形态。在教育过程中更注重教育手段的策略性。公民教育在一定程度上也促使美国民众对政府的敌意与无视增加，引发层出不穷的社会问题，以及培养出美国民众故步自封的大国心态。④ 要关注美国公民教育的系统性、时代性、引导性与实践性等特点。

在思想政治教育的具体教育内容方面，有学者研究俄罗斯中小学校园文化的丰富内涵与多元构成。从继承与弘扬主流价值观、积极利用各类教育资源、采用有章可循的管理模式以及开展形式多样的校园活动等多重视角，探究俄罗斯中小学校园精神文化、物质文化、制度文化与行为文化建设的实践路径，总结了"其具有文化场馆建设的重要性、多维主体的协同性及传统文化的相承性等主要特征"。⑤ 有学者研究澳门青年国家认同的当代特质，认为其国家认同的叙述方式由国家叙事转向个体生命叙事，澳门青年国家认同与个体生命历程、个体生命境遇紧密相连；情感成为不可或缺的国家认同资源，经济上的获得感、政治上的尊严感以及文化上的自豪感成为联结澳门青年国家认同的重要纽带；空间、记忆以及仪式成为澳门青年国家认同的重要具象化表现形式。⑥ 有

---

① 曹金龙、宇文利：《约制与规化：西方社会治理中的公民教育》，《教学与研究》2021 年第 1 期。

② 陶鑫杰：《论公民教育的认知误区、内涵澄明与概念辨析——兼析公民教育与思想政治教育之关系》，《天津中德应用技术大学学报》2021 年第 3 期。

③ 王兆璟、李琼：《后多元文化时代西方国家的公民教育：困境与变革》，《社会科学战线》2021 年第 7 期。

④ 林慧：《美国公民教育的策略及局限性研究》，《教育教学论坛》2021 年第 18 期。

⑤ 张宣艳：《俄罗斯中小学校园文化建设探究》，《教学与管理》2021 年第 25 期。

⑥ 赵凤莲、林滨：《澳门青年国家认同的当代特质》，《中国青年研究》2021 年第 6 期。

学者认为新加坡在全社会弘扬"一个民族、一个国家、一个新加坡"的核心价值观，及其建构的包含新加坡身份认同文化、儒家伦理文化和国家危机管理文化的国家意识教育三重文化路径，为经济社会快速发展奠定了思想道德基础。[①]对于我国加强中华民族认同教育、中华优秀传统文化教育、国家安全教育以及铸牢中华民族共同体意识教育具有一定的启发意义。有学者依托"在线可访问样本数据库"，对美国、日本、俄罗斯等 10 个国家开展调查研究发现：当前国外价值观教育效果具有显著的差异性，处于不同发展程度、不同文化圈的国家的价值观教育内容和方式不尽相同，但追求"和平"与"发展"是世界各国的普遍共识，注重"良好品格培养"、发挥政府作用也正在成为国外民众广泛认同的价值观教育方式。与此同时，国外价值观教育在个人价值取向与社会价值导向上还面临较大的间距和冲突，国外民众对价值观教育效果的评价表现出较为明显的阶层分化特征，宗教对国外民众价值观养成发展的影响正在日趋减弱。[②]这份世界范围内的价值观研究得出的一些结论在一定程度上打破了我们既有认识和观感。

### （三）比较思想政治教育研究的问题与不足

虽然近年来比较思想政治教育学在知识积累、平台建设和人才培养等方面取得了一定程度的发展，但发展规模和进度相对于思想政治教育学科总体上的繁荣景象而言，仍显得相对缓慢。比较思想政治教育学的基本理论问题并未完全廓清，对国内外思想政治教育展开对比研究的范围拓展力度不大，对"自我"与"他者"之间的共通性、差异性和多样性的关系研究，以及对国外思想政治教育的事实观察与价值评判都没有明显的突破，代表性成果不够突出，未能形成良好的可持续发展态势，与新时代发展的期待和要求尚有较大差距。进一步推进比较思想政治教育的研究，发挥其对思想政治教育学科应有的价值，是新时代比较思想政治教育要面对的重要议题。

比较思想政治教育研究中的思维方式具有开放性、综合性、实践性的特征，也存在顺势思维、反馈滞后等弊端，缺乏对研究对象的本质认识，有时候甚至会削足适履地使用一些错误的理论或者违背思想政治教育实践品质的理论知识思考问题，滋生自以为是的文风，并由此造成了庸俗轻率的学风。有学者

---

① 阮一帆、唐祎睿：《新加坡国家意识教育的三重文化路径及其当代启示》，《社会主义核心价值观研究》2021 年第 1 期。

② 杨晓慧：《当前国外价值观教育的现状、特征及其对我国的启示——基于全球 10 国价值观教育调查》，《社会科学战线》2021 年第 12 期。

认为在思想政治教育学科的建设和发展中，"必须强调理论研究专注于具体的、历史的思想政治教育实践本身，努力发现思想政治教育现实生活世界的各种关系、各种问题、各种矛盾和冲突，将思想政治教育实践活动归结为理论"。[①] 比较思想政治教育研究中的比附式、标签化现象比较明显，新意和特色不足，研究方法单一，描述现象之后缺乏深层阐发，缺乏对理论逻辑、历史逻辑、实践逻辑的深度把握，难以从本质上揭示比较思想政治教育的真谛。比较思想政治教育的研究成果数量和精品力作少，以现有研究人员的体量势必会造成研究队伍后继乏人，难以形成促进学术繁荣的"规模效应"，必须把人才培养和学科建设统一起来解决"后继有人"的问题，从学科导向转向问题导向，以问题为牵引，凝聚多学科的知识力量和学术给养，盘活各类学术资源，聚焦于解决问题，从整体建设马克思主义理论学科的角度，对于如何从整体上提升马克思主义理论教育有效性问题拿出切实有效的教育实施方案。

---

① 张耀灿、钱广荣：《思想政治教育学科范式简论》，安徽师范大学出版社，2018，第61页。

# 第二十一章
# 思想政治教育前沿与热点研究

2021 年，思想政治教育学科围绕中国共产党思想政治教育百年发展历程、辉煌成就和基本经验，思想政治教育为党育人为国育才，中国精神与思想政治教育，新时代思想政治教育创新发展等学科发展的前沿与热点问题展开研究，取得了丰硕成果。

## 一 中国共产党百年思想政治教育研究

思想政治教育作为中国共产党一以贯之的优良传统和治党治国的重要方式，贯穿于党的百年奋斗发展历史中，成为铸就百年辉煌的成功密钥之一。2021 年，中国共产党百年思想政治教育研究成为学界关注度最高的话题之一，学者们围绕党的思想政治教育百年发展历程、辉煌成就与基本经验等前沿与热点问题进行了深入探究。总体来讲，各项研究成果丰硕。然而，还需在整体把握"纵向"历史基础上，进一步厘清"横向"内涵，构建立体化、多维度的研究体系，为推动思想政治教育提质增效、促进思想政治教育学科建设和发展夯实根基。

### （一）研究党的思想政治教育百年发展历程

中国共产党思想政治教育百年历程是中国共产党百年奋斗实践的重要内容，长期以来，都是学界重点关注的课题，也是思想政治教育学科、理论和实践研究的主题①，在 2021 年这样一个特殊的重要历史节点，更加如此。关于发

---

① 万美容：《中国共产党百年历程中思想政治 教育的守正与创新——访华中师范大学马克思主义学院张耀灿教授》，《马克思主义理论学科研究》2021 年第 12 期。

展历程，学界研究主要基于两大视域：一是从总体上加以全面考察，即对中国共产党百年思想政治教育的探索实践作整体回顾和梳理；二是作主题化的深度剖析，即从党的思想政治教育实践维度进行分论题、分要素、分领域的专题式探讨，呈现鲜明的横纵共进式研究态势。

**1. 立足整体缕析党的思想政治教育百年历史脉络**

即按照一定的线索和依据，对百年思想政治教育历程进行不同的阶段划分，并提供较为详尽的历史素材和基本观点。归纳起来，主要有"三阶段论""四阶段论""五阶段论"几种代表性观点。有学者以我国社会历史变革的整体性发展主线和使命主题，将其划分为"站起来"阶段、"富起来"阶段和"强起来"阶段的思想政治教育，且每一阶段都紧紧围绕党的核心任务发展创新。[①]《中共中央关于党的百年奋斗重大成就和历史经验的决议》将我们党的百年历史划分为四个阶段，这也成为学者们研究的重要依据，突出强调思想政治教育的实践在场。有学者用"奠根基"、"定大局"、"走新路"与"创伟业"四个阶段进行概括。[②] 还有学者以更为细化的分期模式进行划分，力求把握好其中的主脉与变化。譬如，将其分为五个阶段，即革命战争时期的形成确立（1921~1949年）、新中国成立后的转变发展（1949~1956年）、动荡时期的曲折探索（1956~1978年）、改革开放后的科学建构（1978~2012年）、新时代的全面推进（2012年至今）。[③]

**2. 聚焦主题考察某一论域的历史演变进程**

思想政治教育实践形态多样、内容丰富、存在丰满，2021年学者们从多个领域和维度作专题式的百年历史研究与考察。例如，青年作为思想政治教育的重点对象，青年思想政治教育是把握百年思想政治教育发展历史的重要方面。有学者指出，中国共产党自成立以来，就高度重视借助思想政治教育对青年进行意识形态教育，其发展历程主要分为发端阶段、发展阶段、完善阶段以及守正与创新阶段。[④] 再如，"思想政治教育'生命线'理论与中国共产党的百年历史相伴相生，其奠基于马列主义经典作家关于思想政治教育'生命线'的理

---

① 曲士英：《中国共产党百年思想政治教育的历史演进和实践逻辑》，《学校党建与思想教育》2021年第7期。

② 余双好、王军：《中国共产党百年征程中对思想政治教育的探索与创新》，《福建师范大学学报》（哲学社会科学版）2021年第6期。

③ 洪向华、冯文燕：《中国共产党成立一百年以来思想政治教育的历程、经验和启示》，《北京联合大学学报》（人文社会科学版）2021年第1期。

④ 丁兆明、周月朋、冯爱秋：《百年大党青年意识形态教育的历史进程与基本经验》，《北京联合大学学报》（人文社会科学版）2021年第3期。

论资源，随着党在中国革命、建设和改革实践中历史任务的变化而不断创新发展"①，而作为传递主流价值观念的语言符号系统，党的思想政治教育话语也在不断规范化、系统化、条理化、整合化，并呈现出不同的历史特征，表现为新民主主义革命时期的"革命理想高于天"、社会主义革命和建设时期的"敢教日月换新天"、改革开放和社会主义现代化建设新时期的"团结一致向前看"以及中国特色社会主义新时代的"我们都是追梦人"的历史图式和实践反映。②还有学者立足党的百年发展探究宣传思想工作概念的演变，指出中国共产党宣传思想工作的概念历经改革开放前"以宣传为核心"与改革开放后"以宣传思想为核心"的两大发展阶段。③ 正因为有这些卓有成效的实践探索，我们要学会并善于通过发掘百年党史的丰厚底蕴梳理思想政治教育工作的历史脉络，解读重要发展节点，提炼有效经验做法，增强思想政治教育学科的历史厚度。④

## （二）研究党的思想政治教育百年辉煌成就

纵观百年发展历程，党的思想政治教育取得了诸多历史性成就和标志性成果，为新时代深入推进思想政治教育守正创新发展奠定了坚实基础，因而要"从党的百年奋斗中看清楚过去我们为什么能够成功、弄明白未来我们怎样才能继续成功"。⑤ 对此，学界透过百年历程，从理论建设、价值实现、学科发展以及条件保障等各个方面总结了思想政治教育的辉煌成就。

### 1. 关于理论建设的成就研究

"基础研究是整个科学体系的源头。"⑥ 思想政治教育发展成就离不开理论的建构，尤其是对基础理论的高度关注和研究。学界集中从对象、方法、内容、话语体系等方面对党的思想政治教育百年成就进行了探讨。有学者指出，中国共产党始终重视青年思想政治教育工作，经过百年奋斗，建立起了完整的青年思想政治教育理论和实践体系，为青年一代培根铸魂、启智润心发挥了重

---

① 周湘莲、陈琳：《中国共产党思想政治教育"生命线"理论的百年透视》，《吉首大学学报》（社会科学版）2021年第6期。

② 鲁明川、朱存华：《中国共产党百年思想政治教育话语体系的历史演进与现实启示》，《学校党建与思想教育》2021年第9期。

③ 佘双好、汤桢子：《建党百年来中国共产党宣传思想工作概念的生成及其特点》，《西北工业大学学报》（社会科学版）2021年第4期。

④ 冯刚：《以百年党史丰厚底蕴引领思想政治教育学科高质量发展》，《思想理论教育导刊》2021年第10期。

⑤ 《中共中央关于党的百年奋斗重大成就和历史经验的决议》，人民出版社，2021，第2页。

⑥ 《习近平谈治国理政》第3卷，外文出版社，2020，第249页。

要作用，赢得了广大青年的信赖和认可。① 从加强青年的理想信念教育来看，党始终结合理论、历史与国情三者，充分借助课堂教学与媒体建设，高度重视组织建设，不断推进青年理想信念教育的常态化与制度化，构建了全方位青年理想信念教育新格局。② 在革命、建设和改革的长期实践中，中国共产党积累了十分丰富的思想政治教育方法，成为克敌制胜、武装全党、教育人民为实现党的理想和目标奋斗的法宝③，思想政治教育话语体系为国家政权的合理性、社会主流意识形态的应然性及个体价值判断的规范性提供了理论支撑和科学论证，发挥着关键作用。④

**2. 关于价值实现的成就研究**

习近平总书记强调，"我们培养人的目标是什么要搞清楚，现在非常明确坚定地提出要培养社会主义建设者和接班人。"⑤ 有学者指出，百年来，党的思想政治教育不断服务和满足社会进步与个体发展需要，彰显并实现自身的价值目标。以高校思想政治教育为例，在新民主主义革命时期，其为传播马克思主义、培养马克思主义信仰者传播者贡献力量；在社会主义革命与建设时期，坚决贯彻党的教育方针，培养有社会主义觉悟的劳动者；进入改革开放新时期，围绕中心工作培养社会主义建设者和接班人；立足新时代，紧扣"举什么旗"和"走什么路"的关键，立足解决"培养什么人"的首要问题开展工作，为培养一代又一代社会主义建设者和接班人提供了重要保障和有力支撑。⑥

**3. 关于学科发展的成就研究**

建立思想政治教育学科是中国共产党思想政治工作的重大决策和创举，是马克思主义思想政治教育中国化的重要理论成果和实践成果。伴随中国共产党波澜壮阔的历史进程，思想政治教育的学科体系逐步完善、学术水平明显提升、人才培养质量明显提高、学科支撑作用明显、队伍建设不断加强，发展迅速，成绩显著。⑦ 有学者指出，党的思想政治教育百年历程作为党百年奋斗实

---

① 王利萍：《中国共产党百年青年思想政治教育探索》，《人民论坛》2021 年第 14 期。
② 段妍：《中国共产党加强青年理想信念教育的百年历程与现实启示》，《思想教育研究》2021 年第 8 期。
③ 余双好、张琪如：《中国共产党思想政治教育方法的百年演进》，《思想理论教育导刊》2021 年第 5 期。
④ 万成：《中国共产党思想政治教育话语体系的百年探索：历程、逻辑与展望》，《中国矿业大学学报》（社会科学版）2021 年第 4 期。
⑤ 习近平：《思政课是落实立德树人根本任务的关键课程》，人民出版社，2020，第 4 页。
⑥ 冯刚等主编《中国共产党高校思想政治教育发展史》，人民出版社，2021，第 29~61 页。
⑦ 陈秉公：《建党百年思想政治教育学科建设的回顾与展望》，《思想政治教育研究》2021 年第 6 期。

践的重要内容，我们理应从其中汲取智慧力量，坚持思想政治教育学科理论建设、改革创新、问题导向，从基础理论研究进行深层次突破，助力思想政治教育学科全面发展。①

**4. 关于保障条件的成就研究**

对此，学者们主要从制度保障与政策保障两方面进行了总结与概括。基于制度保障，有学者指出，百年来中国共产党形成了重视思想政治工作制度建设的优良传统，也形成了科学完整的制度体系，为思想政治工作的各方面发展提供有章可循、照章办事的重要保障。② 基于政策保障，有学者指出，在党的百年发展历程中，对青年的思想政治引领政策经历了以"革命"救国为主题（1921~1949年）、以"建设"兴国为主题（1949~1978年）、以"改革发展"富国为主题（1978~2012年）、以"民族复兴"强国为主题（2012~2021年）的过程，充分利用教育、宣传、组织、规划、动员等多种形式，取得了巨大成效，为引领青年"听党话、跟党走"发挥了重要作用。③

## （三）研究党的思想政治教育百年基本经验

习近平总书记强调，"要把党的历史经验作为想问题、作决策、办事情的重要遵循，善于从历史经验中增强赢得主动、赢得优势、赢得未来的定力、魄力、能力"。④ 有学者指出，中国共产党百年思想政治教育积累了弥足珍贵的实践经验，遵循科学的方法论原则对其加以总结与提炼，既有助于把握党的思想政治教育的本质规律，也有助于完善思想政治教育学科的理论体系，还有助于实现新时代思想政治教育工作的创新发展。⑤ 2021年，学者们从不同维度和视角进行了凝练和概括，总结了百年思想政治教育的基本经验，集中体现在以下几个方面。

**1. 始终坚持以马克思主义及其中国化最新成果为指导**

马克思主义及其中国化最新理论成果既是思想政治教育的根本指导思想，也是思想政治教育的关键核心内容。有学者指出，百年辉煌历史雄辩地说明，

① 万美容：《中国共产党百年历程中思想政治教育的守正与创新——访华中师范大学马克思主义学院张耀灿教授》，《马克思主义理论学科研究》2021年第12期。

② 张智：《中国共产党百年思想政治工作制度建设的历程、经验与启示》，《马克思主义理论学科研究》2021年第5期。

③ 王冠中：《中国共产党对青年思想政治引领的百年政策变迁及启示》，《中国青年研究》2021年第5期。

④ 习近平：《以史为鉴、开创未来 埋头苦干、勇毅前行》，《求是》2022年第1期。

⑤ 刘建军、许庆华：《中国共产党百年思想政治教育的基本经验》，《西北大学学报》（哲学社会科学版）2021年第3期。

马克思主义是党的思想政治工作的理论基础，必须始终坚持以马克思主义为指导，努力用马克思主义中国化最新成果武装全党、教育人民、推动工作，不断巩固马克思主义在意识形态领域的指导地位、不断巩固全党全国人民团结奋斗的共同思想基础。① 进一步而言，马克思主义作为人民的、科学的、实践的、不断发展的开放的理论，不仅为思想政治教育提供了科学的世界观和方法论，也实现了教育内容的科学性与合理性、教育效果的实效性和有效性，使之始终保持强大的生命力与活力。②

**2. 始终坚持党的领导**

中国共产党领导是中国特色社会主义最本质的特征，是中国特色社会主义制度的最大优势。中国共产党自成立伊始就一直坚持党管宣传、党管意识形态。③ 有学者指出，百年来思想政治教育始终坚持党的领导，"党中央提倡的坚决响应，党中央决定的坚决执行，党中央禁止的坚决不做"，这既是思想政治教育的鲜明特征，也是思想政治教育的重要经验遵循。④ 在新的历史条件下，要进一步加强党的全面领导，坚决维护习近平总书记党中央的核心、全党的核心地位，坚决维护党中央权威和集中统一领导。⑤

**3. 始终坚持以人民为中心思想**

中国共产党的思想政治教育坚持社会价值与个体价值相统一，始终以人的彻底解放与全面发展为价值导向。⑥ 从话语体系出发，有学者指出，坚持以人民为中心是党的思想政治教育话语体系的根本立场，也是我们不断增强思想政治教育话语影响力和向心力的重要经验。⑦

**4. 始终坚持围绕中心服务大局**

一定程度上讲，党的思想政治教育的百年辉煌史，实际上就是一部为党的中心工作服务的历史，并随着党自身地位的变化和形势的发展而不断调整工作

---

① 靳诺：《中国共产党百年思想政治工作基本经验》，《中国党政干部论坛》2021 年第 10 期。
② 刘建军、许庆华：《中国共产党百年思想政治教育的基本经验》，《西北大学学报》（哲学社会科学版）2021 年第 3 期。
③ 朱继东：《中国共产党百年意识形态建设的主要原则》，《毛泽东研究》2021 年第 4 期。
④ 冯刚、白永生：《中国共产党思想政治教育百年发展的经验与启示》，《人民教育》2021 年第 11 期。
⑤ 李春晖：《中国共产党百年思想政治教育工作成就和基本经验——"2021 年全国思想政治教育学术研讨会"综述》，《马克思主义研究》2021 年第 12 期。
⑥ 王树荫：《中国共产党百年思想政治教育基本经验》，《教学与研究》2021 年第 5 期。
⑦ 李韵琦、陈坤：《建党百年思想政治教育话语体系的逻辑源点与历史经验》，《思想政治教育研究》2021 年第 3 期。

重心。① 有学者指出，作为其他一切工作的生命线，思想政治教育渗透到各项经济业务工作中，为实现目标、达成任务创造了良好的思想政治环境，提供了巨大的精神动力，成为中国共产党思想政治教育史上的一条基本经验。②

**5. 始终加强组织机构与队伍建设**

思想政治教育的核心与本质在于人，成效与成败也在于人，在于思想政治教育的组织力量和队伍力量。有学者认为，协调推进思想政治教育组织机构与队伍建设，充分发挥各级主体作用，形成思想政治教育合力，是百年思想政治教育的成功经验。③ 有学者指出，百年历史经验告诉我们，着力建设一支理论扎实、能力较强、方向正确的马克思主义教育队伍，是我们党百年来推动马克思主义在中国传播的一个重要原则和基本经验，也是在新时代提升马克思主义传播效果的必然要求。④

**6. 始终坚持与时俱进创新发展**

社会发展、时代变化是不以人的意志为转移的客观事实，思想政治教育要始终与社会同进步、与时代同步伐，才能准确化解矛盾，提升实效。有学者指出，百年发展实践证明，党的思想政治教育必须与时俱进创新工作方式方法，以解决发展中的实际问题为导向，满足受教育者不同的时代需求，才能取得良好的教育效果。⑤ 还有学者指出，意识形态工作是在人的头脑里搞建设，要达到入眼、入耳、入脑、入心的效果，必须坚持立破并举、创新增强社会主义意识形态凝聚力和引领力。⑥

## 二 思想政治教育"为党育人为国育才"研究

习近平总书记强调："教育是国之大计、党之大计。要从党和国家事业发展全局的高度，坚守为党育人、为国育才。"⑦ 思想政治教育贯穿党的百年发展

---

① 伍建军：《中国共产党百年思想政治教育：脉络、历程和启示》，《党政干部论坛》2021年第7期。
② 刘建军、许庆华：《中国共产党百年思想政治教育的基本经验》，《西北大学学报》（哲学社会科学版）2021年第3期。
③ 王树荫：《中国共产党百年思想政治教育基本经验》，《教学与研究》2021年第5期。
④ 王刚：《马克思主义在中国的传播与中国共产党百年辉煌历程》，《思想理论教育导刊》2021年第4期。
⑤ 刘卫琴：《中国共产党思想政治教育百年经验启示》，《理论导刊》2021年第10期。
⑥ 朱继东：《中国共产党百年意识形态建设的主要经验》，《山东社会科学》2021年第7期。
⑦ 《习近平在看望参加政协会议的医药卫生界教育界委员时强调：把保障人民健康放在优先发展的战略位置着力构建优质均衡的基本公共教育服务体系》，《人民日报》2021年3月7日。

历程，在开启全面建成社会主义现代化强国的第二个百年奋斗目标新征程上，必须巩固思想政治工作"生命线"地位，发挥思想政治教育"铸魂育人"作用。立足新形势和新要求，2021年学界围绕以下论题展开持续深入的研究，呈现出良好的学术增长态势，成为思想政治教育研究的又一前沿和热点问题。

## （一）深入学习习近平总书记关于思想政治教育重要论述

学者们从丰富内涵、价值意蕴、逻辑理路、实践路向等多个方面对习近平总书记关于思想政治教育重要论述进行系统研究。

**1. 关于思想政治教育重要论述的丰富内涵研究**

习近平总书记关于思想政治教育工作的重要论述蕴含着丰富的思想内涵。有学者认为，习近平总书记关于思想政治教育的重要论述，以"意识形态工作是党的一项极端重要的工作"强调了新时代思想政治工作的地位作用，以"党性和人民性相统一"明确了基本立场，以宣传思想战线"进入了守正创新的重要阶段"提出了重要任务，以"把思想政治工作贯穿教育教学全过程"指明了创新路径。[1] 有学者指出，习近平总书记关于思想政治教育重要论述的核心思想表现在目标、任务、原则、方法等四个方面，譬如，强调为人民服务的根本任务与培养德智体美劳全面发展的社会主义建设者和接班人的中心任务，在教育方法上坚持问题导向法、唯物辩证法、理论学习法、榜样示范法、舆论宣传法等多种方法。[2] 还有学者基于政治引领视角指出，旗帜鲜明、理直气壮地讲政治是习近平总书记关于思想政治教育重要论述的精髓要义。[3]

**2. 习近平总书记关于思想政治教育重要论述的重大价值研究**

在研究习近平总书记关于思想政治教育重要论述过程中，学者们全方位关注了其价值意蕴。立足思政课之维，有学者指出，习近平总书记关于思政课建设的系列重要讲话与指示，充分阐述了思政课建设的地位和作用，深刻揭示了其建设发展的规律，指明了新时代思政课改革发展方向，是新时代思政课建设的价值指针。[4] 立足高校马克思主义理论教育之维，有学者指出，这些重要论

[1] 韩宪洲、孙瑞婷：《高校贯彻落实习近平总书记关于思想政治工作的重要论述探析》，《北京联合大学学报》（人文社会科学版）2021年第2期。

[2] 张世飞、王冰冰：《习近平关于思想政治教育的重要论述研究》，《新疆师范大学学报》（哲学社会科学版）2021年第4期。

[3] 刘贤玲、刘剑津：《新时代思想政治教育的政治引领》，《福建论坛》（人文社会科学版）2021年第4期。

[4] 佘双好：《新时代思想政治理论课建设的价值指针》，《马克思主义理论学科研究》2021年第3期。

述既夯实了社会主义办学方向理论根基，又提供了推进思想政治理论课守正创新科学方案，还树立了打造铸魂育人"梦之队"目标示范。① 还有学者从青年思想政治教育的角度指出，习近平总书记关于思想政治教育的历史性贡献，主要表现为：标志着马克思主义青年思想政治教育理论的新发展，形塑了习近平新时代中国特色社会主义思想的新亮点，建构了中国特色思想政治教育话语的新体系，铸就了解决青年思想政治教育现实问题的新武器，提供了实现中华民族伟大复兴中国梦的新支撑。②

**3. 习近平总书记关于思想政治教育重要论述的逻辑理路研究**

基于"立德树人"的战略高度，习近平总书记关于"根本问题、根本任务、立身之本和关键课程"的四个论断，从教育真谛的时代之问出发，到教育真谛的核心应答，再到教育主体的神圣使命及落实根本任务的关键抓手，清晰勾勒出了其中蕴含的逻辑理路以及落实立德树人的实践进路。③ 从理论逻辑层面看，有学者指出，习近平总书记关于高校思想政治工作的重要论述，首先准确定位了高校的四个"服务"目标，其次强调全面发展、以德为先，丰富教育内涵要求，再次系统谋划高校思想政治理论课教学的体系化布局和顶层设计，最后提出系统推进思想政治工作的新策略、新举措，逻辑严谨、自成体系、环环相扣。④ 意识形态工作作为党的一项极端重要的工作，有学者对此进行了重点关注，认为，习近平总书记关于意识形态工作重要论述具有深刻的逻辑意涵，从理论上看，它不仅是对马克思主义的当代继承、发展和创新，而且是习近平新时代中国特色社会主义思想的重要组成部分；历史地看，它既是对中国共产党意识形态建设历程的科学总结，也是对其他社会主义国家意识形态工作经验的深刻剖析和反思；现实来看，它不但是对长期以来我国意识形态领域存在的亟待解决的难题的创造性解答，而且是对新时代意识形态领域出现的新情况新问题新挑战的有力回应。⑤

**4. 习近平总书记关于思想政治教育重要论述的实践路向研究**

理论为实践提供科学指导，同时也要借助于实践深化发展。学者们在研究

---

① 张驰：《习近平关于高校马克思主义理论教育重要论述及时代价值》，《思想教育研究》2021 年第 10 期。

② 王乐乐、顾友仁：《习近平关于青年思想政治教育工作重要论述的创新性及其历史贡献》，《湖北社会科学》2021 年第 3 期。

③ 陈始发、朱格锋：《论习近平立德树人重要论述的逻辑理路》，《现代教育管理》2021 年第 5 期。

④ 杜安国：《习近平关于高校思想政治工作重要论述的理论逻辑》，《思想理论教育导刊》2021 年第 5 期。

⑤ 韩昀：《习近平关于意识形态工作重要论述的逻辑探析》，《理论学刊》2021 年第 2 期。

习近平总书记关于思想政治教育重要论述时，特别观照其科学实践性。有学者指出，在意识形态建设方面，应从其内在规定性要求出发，坚持马克思主义为根本指导思想铸牢思想基础、注重内容创新厚植育人基础、强化工作力量夯实队伍基础、营造环境氛围筑牢阵地基础、加强党的领导巩固政治基础。① 有学者从立德树人的具体实践要求来看，认为，应进一步加强学校的主阵地作用、发挥家庭的奠基功能、聚合社会的协同力量、建立健全立德树人落实保障体制机制。②

## （二）培养担当民族复兴大任的时代新人

"时代新人"一经提出，就引起了学界的高度关注，并作为一个热门议题得到了持续性的跟踪，对其研究也经历了一个逐步深化、不断拓展的过程，从解释性、阐释性逐步走向学理化、系统化。2021 年，学者们从其科学内涵、鲜明特征、价值意蕴、方法策略等方面进行了更为深入系统的探讨，产出了诸多高质量的研究成果，尽管这些研究成果在表述上具有多样性，但从本质上看，其正向着进一步达成学术共识的目标迈进。

### 1. 研究时代新人的科学内涵

全面把握时代新人的科学内涵，才能将其贯穿系统研究的全过程，从而为推进深层次的研究奠定基础。有学者指出，理解"时代新人"的思想内涵至少应从三个维度展开，一是德智体美劳全面发展的主体性存在，二是新时代道德风尚和价值动向的风向标，三是能够为创造自身价值和社会价值贡献青春与力量的有志之人。③ 从构成要素看，可以用"五有"来概括，即有理想、有本领、有担当、有道德、有力量，这是彼此关联的五个位面，其中，有理想是灵魂，有本领是基础，有担当是关键，有道德是前提，有力量是保障。④ 而具体到特定群体，"时代新人"是指符合新时代中国特色社会主义期望与要求，主动担当中华民族伟大复兴大任、积极投身全面建设社会主义现代化强国、努力践行社会主义核心价值观、自觉传承和传播中华民族文化的青少年群体。⑤

---

① 周浩：《习近平关于高校意识形态建设重要论述的多维阐释》，《湖南科技大学学报》（社会科学版）2021 年第 5 期。

② 王蓉、韩振峰：《习近平新时代立德树人重要论述探析》，《北京交通大学学报》（社会科学版）2021 年第 2 期。

③ 张瑞涛：《论培育时代新人理论思维的内在逻辑及其基本意涵》，《思想政治教育研究》2021 年第 5 期。

④ 田海舰：《"时代新人"的基本内涵与培育路径》，《社会科学家》2021 年第 1 期。

⑤ 邓志强：《"时代新人"的科学内涵、主要特征与培育路径——基于共青团工作视角》，《中国青年社会科学》2021 年第 1 期。

## 2. 研究时代新人的鲜明特征

特征特质是一事物区别于其他事物的显著标志，鲜明特征是准确把握时代新人的重要内容。从特质上讲，"担当民族复兴大任"是时代新人在理想信念层面的表征，"奋进者、开拓者、奉献者、坚定者、搏击者"是精神状态层面的表征，而"德智体美劳全面发展的社会主义建设者和接班人"则是综合素质和价值旨归层面的表征。[①] 还有学者指出，时代新人的主要特征表现为党性和人民性的统一、个人发展和民族复兴的统一、中国情怀和国际视野的统一。[②]

## 3. 研究培养时代新人的价值意蕴

有学者指出，时代新人的培养旨在为实现中华民族伟大复兴奠定坚实的人才基础，民族复兴视域下的时代新人必须是新时代中国特色社会主义事业的建设者与接班人、德智体美劳全面发展的人、社会主义核心价值观的信仰者传播者与实践者，必须能够做到知行合一。[③] 而这一使命任务，源自满足人类生存发展、社会自我存续的双重需要，因而具有促进个体发展和社会发展的双重价值。具体表现为促进教育理论建构和教育实践展开、推进社会主义核心价值观的反向建构、调动人的积极性主动性创造性等方面。[④]

## 4. 研究培养时代新人的方法路径

从时代新人培育的原则方法来看，有学者指出，培养时代新人要把握特定的内在规定，即坚持过程演进与阶段发展的有机统一、主观能动与客观遵循的有机统一、时代责任与使命担当的有机统一。[⑤] 有学者指出，新时代思想政治教育要实现"铸魂育人"目标，必须把"铸"马克思主义之魂作为"育"时代新人的必要条件和首要条件，坚持用习近平新时代中国特色社会主义思想铸魂育人。[⑥] 就具体方法而言，有学者指出，加强党史教育是培育时代新人的重要内容与方式[⑦]，要借助历史文化涵养培养"时代新人"，进一步强化红色资源的教育功能[⑧]。还有学者指出，伟大建党精神体现了马克思主义的科学世界观

① 王婷：《关于时代新人特质的思考》，《北京师范大学学报》（社会科学版）2021年第6期。
② 冯刚等：《新时代高校思想政治教育学原理》，人民出版社，2021，第158页。
③ 杨猛、吴林龙：《民族复兴视域下时代新人培育的理性探寻》，《学校党建与思想教育》2021年第15期。
④ 石亚玲、王树荫：《论培养时代新人的理论蕴含与实践指向》，《学校党建与思想教育》2021年第3期。
⑤ 胡华、刘社欣：《培养时代新人的三重维度：思想内涵、内在规定和实践路径》，《广西社会科学》2021年第10期。
⑥ 王学俭：《新时代思想政治教育基本问题研究》，人民出版社，2021，第42页。
⑦ 刘嘉圣、梁超锋：《党史教育对时代新人培育的功能和作用》，《思想教育研究》2021年第11期。
⑧ 郑卫丽：《赓续红色血脉 培育时代新人》，《红旗文稿》2021年第20期。

和方法论，它所蕴含的真理力量、信仰伟力、实践精神、人民情怀等为时代新人培养提供了丰厚精神滋养，要以伟大建党精神引领新人培养，充分发挥学校主阵地、社会大课堂、融媒体大氛围、党史学习新契机、红色基因好传统的协同作用，增强实践自觉。①

概括起来，现有研究成果在类型上以学术和宣传文章为主，相对缺乏实证性和数据化的有效支撑，在内容上以宏观论述及抽象论证为主，聚焦于中观尤其是微观层面的探讨不多，在理论界也尚未真正实现高度共识。因此需要进一步走向思想政治教育实践田野，深入思想政治教育具体场域，关注思想政治教育重点对象。

## （三）扎实推进"四史"教育

习近平总书记在党史学习教育动员大会上指出："我们党历来重视党史学习教育，注重用党的奋斗历程和伟大成就鼓舞斗志、明确方向，用党的光荣传统和优良作风坚定信念、凝聚力量，用党的实践创造和历史经验启迪智慧、砥砺品格。"② 2021 年，学界结合党史学习教育扎实推进"四史"教育的研究，重点关注了"四史"教育的价值意蕴、发展历程、方法路径等，同时还探讨了"四史"教育融入思政课等相关前沿热点问题。

### 1. 研究"四史"教育的价值意蕴

有学者从马克思主义视角分析指出，全面开展"四史"教育，能够以系统的历史认知增进对辩证唯物主义和历史唯物主义的真理性理解；能够以深邃的历史记忆加深对无产阶级政党的感性体悟与理性认同；能够以开阔的历史思维看待一切风险和挑战，激昂奋进的斗争精神；能够以高度的历史自觉主动担责作为，不断推进中国特色社会主义伟大事业走向新高潮。③ 需要强调的是，"四史"是一个内在连贯、逻辑严密的有机整体，具有深刻的解释力、说服力、感召力，以其教育引导广大青年，有助于培植青年的精神家园，落实立德树人根本任务。④ 还有学者指出，深入开展"四史"教育，能够以深厚的历史底蕴强化爱国主义效果，有助于引导人们从历史中汲取智慧、增强民族认同感与历史

---

① 郑卫丽、王标：《伟大建党精神引领时代新人培养的三个维度：精神要义、实现思路与意义表达》，《重庆社会科学》2021 年第 11 期。

② 习近平：《在党史学习教育动员大会上的讲话》，人民出版社，2021，第 2 页。

③ 项久雨、欧丹：《马克思主义视域下"四史"教育的价值逻辑与深刻意蕴》，《马克思主义理论学科研究》2021 年第 4 期。

④ 栾永玉：《将"四史"教育贯穿高校立德树人全过程》，《中国高等教育》2021 年第 17 期；陈超凡：《要从"四史"中汲取力量》，《中国高等教育》2021 年第 10 期。

使命感，从而为伟大梦想、伟大目标踔厉奋进。①"四史"教育中，党史学习教育是核心。通过开展常态化的党史教育，真正达到学史明理、学史增信、学史崇德、学史力行的目的。

**2. 研究"四史"教育的历史演进**

在开展"四史"教育的历程中，党史学习教育经历了继承延续与曲折前进、拨乱反正与全面展开、系统布局与深层推进三个重要阶段，并不断走向全方位、系统化、常态化②，在一定程度上体现从分散进行到集中开展、从党内向社会延伸、从改革发展到全面深化的演进规律③。有学者指出，研究"四史"教育的演进历程不仅要直接从党自身的实践历史中凝练经验，还要拓宽视野，及时关注国外研究，掌握与"四史"研究相关的国外研究动态，这样对总结国外中国共产党党史研究的经验，开展好"四史"的学习教育具有重要的政治和社会意义。④

**3. 研究"四史"教育的方法路径**

科学有效的方法途径是完成"四史"教育任务的重要条件，围绕"四史"教育方法途径，学者们进行了系列探讨。有学者指出，针对全体党员干部进行"四史"教育，必须与其认知体系建构、意志品质锻造、知行转化以及服务意识养成等方面高度吻合。⑤有学者指出，新媒体时代"四史"教育要与时俱进，延伸时间和空间，实现由单向传授向双向互动转变、由集中教学向浸润式教学转变、由课堂教学向协同教育转变的"三个转变"。⑥

**4. 研究"四史"教育融入思政课**

思政课作为高校推进"四史"教育的主要阵地，如何与之实现有效融入，提升"质"与"效"，也是学者们关注的重点。这是因为，二者目的相通、思想贯通、内容融通，都彰显鲜明育人价值，有助于增强党史学习教育针对性，

① 张智：《"四史"教育：新时代爱国主义教育的必修课》，《社会主义核心价值观研究》2021 年第 3 期；韩菲：《"四史"教育筑牢爱国主义的思想堡垒》，《广西社会科学》2021 年第 4 期。

② 刘杰、刘锦玉、杨昕：《新中国成立以来党史学习教育的历史考察》，《当代中国史研究》2021 年第 6 期。

③ 丁俊萍、赵翀：《中国共产党百年党史学习教育的历程和经验》，《思想理论教育》2021 年第 5 期。

④ 梁怡：《百年国外中国共产党党史研究与"四史"教育》，《世界社会主义研究》2021 年第 5 期。

⑤ 赵卯生：《新时代持续推进"四史"教育的科学路径》，《人民论坛》2021 年第 Z1 期。

⑥ 杨盈盈、章小纯：《新媒体时代大学生"四史"学习教育的创新发展》，《人民论坛》2021 年第 26 期。

提升高校思政课铸魂育人实效，开创高校思想政治工作新局面。① 还有学者从逻辑关系、现实意义、发展策略三重维度揭示了"融入"的科学合理性、时代价值性、发展方向性，并指出"融入"过程不仅各要素共同存在，还须实现接受主体、内容结构、方法体系和相关运行机制等方面的衔接与匹配。② 同时，要处理好讲道理与讲故事、历史知识与历史规律、课堂讲授与实践教学、历史性与现实性之间的关系。③ 在实施路径上，要围绕"四史"教育培养优质的教师队伍、注重激发与调动学生"四史"学习兴趣和习惯、加速改革建构教学体系丰富内容支撑、充分挖掘资源优化方法载体。④ 而作为学习中的一项重要任务，还必须引导人们树立正确的大历史观，破除历史虚无主义。⑤

## 三　中国精神与思想政治教育研究

一百年前，中国革命的先驱们在创建中国共产党的实践中形成了伟大建党精神，开凿了中国共产党的精神之源。"一百年来，中国共产党弘扬伟大建党精神，在长期奋斗中构建起中国共产党人的精神谱系。"⑥ 思想政治教育作为社会主义精神文明建设的基础工程，发挥着"更好构筑中国精神、中国价值、中国力量，巩固全党全国各族人民团结奋斗的共同思想基础"⑦ 的重要功能，2021 年学界围绕中国精神与思想政治教育的研究，取得了显著成效。

### （一）继承和发扬伟大建党精神

习近平总书记在庆祝中国共产党成立 100 周年大会上的重要讲话中首次鲜明提出并精辟论述了"坚持真理、坚守理想，践行初心、担当使命，不怕牺牲、英勇斗争，对党忠诚、不负人民的伟大建党精神"⑧，号召全党永远把伟大

---

① 黄蓉生、石海君：《党史学习教育融入高校思想政治理论课的多维论析》，《思想理论教育导刊》2021 年第 9 期。
② 周苏娅：《"四史"教育融入高校思想政治理论课的三重维度》，《思想教育研究》2021 年第 4 期。
③ 王炳林、刘奎：《关于"四史"融入思想政治理论课的思考》，《思想教育研究》2021 年第 8 期。
④ 冯霞、刘进龙：《"四史"教育融入高校思想政治理论课的三维审视》，《思想理论教育导刊》2021 年第 2 期。
⑤ 张国义、郭斌：《"四史"学习中的历史虚无主义批判》，《思想理论教育》2021 年第 6 期。
⑥ 习近平：《在庆祝中国共产党成立 100 周年大会上的讲话》，人民出版社，2021，第 8 页。
⑦ 《中共中央关于党的百年奋斗重大成就和历史经验的决议》，人民出版社，2021，第 44 页。
⑧ 习近平：《在庆祝中国共产党成立 100 周年大会上的讲话》，人民出版社，2021，第 8 页。

建党精神继承下去、发扬光大。作为中国共产党人精神谱系的源头活水，伟大建党精神贯穿中国共产党人精神谱系始终，是对党在百年奋斗历程中产生的各种精神的高度凝练和概括，集中体现了中国共产党人革命精神的核心要义，是在新时代条件下振奋民族精神、凝聚民族力量的宝贵精神财富和文化资源，成为学界研究的热点。

### 1. 研究伟大建党精神之于思想政治教育的重要价值

深刻领会伟大建党精神的时代意义，深入把握伟大建党精神的核心特质，弘扬伟大建党精神，对于新时代思想政治教育创新发展、教育引导青年成长成才具有重要价值。有学者认为，伟大建党精神蕴含深刻育人价值，为新时代思想政治教育特别是大学生思想政治教育提供了宝贵资源，是新时代思想政治教育创新发展的强大精神动力。[1] 尤其是，伟大建党精神对于教育引导青年大学生坚定理想信念[2]，引领当代大学生价值观建设等意义重大。有学者指出，伟大建党精神发源、孕育于中国共产党百年生动实践，是引领大学生成长成才的"导航仪""指明灯"，对于培养大学生使命、担当、情怀具有较强的现实意义和时代价值。[3]

### 2. 研究用伟大建党精神涵育时代新人的理论与实践

学者们集中研讨了用伟大建党精神涵育时代新人的理论与实践问题。伟大建党精神体现了马克思主义的科学世界观和方法论，其所蕴含的真理力量、信仰伟力、实践精神、人民情怀等为培养时代新人提供了丰厚精神滋养。有学者认为，伟大建党精神能引领时代新人以科学理论建构伟大梦想，鼓舞时代新人以过硬本领投身伟大事业，号召时代新人敢于牺牲奉献投入伟大斗争，警示时代新人胸怀"国之大者"铸魂伟大工程。[4] 有学者提出，伟大建党精神站在历史与现实的交汇点上，从理想信念、实践品格、意志品质、政治定力等多个层面，为培养时代新人提供了指引。[5] 也有学者认为，革命青年是造就伟大建党精神的青春力量，伟大建党精神是引领新时代青年大学生成长成才的精神根源，从伟大建党精神中不断汲取丰厚养分和强大力量，对于涵养新时代青年大

---

① 周兰珍、刘金芝：《伟大建党精神融入高校思想政治教育的路径选择》，《学校党建与思想教育》2021 年第 24 期。
② 黄进：《弘扬伟大建党精神 汇聚立德树人伟力》，《中国高等教育》2021 年第 Z2 期。
③ 王管：《伟大建党精神融入大学生思想政治教育的理论审思和实践路向》，《国家教育行政学院学报》2021 年第 11 期。
④ 郑卫丽、王标：《伟大建党精神引领时代新人培养的三个维度：精神要义、实现思路与意义表达》，《重庆社会科学》2021 年第 11 期。
⑤ 徐蓉：《以伟大建党精神引领当代大学生价值观建设》，《同济大学学报》（社会科学版）2021 年第 6 期。

学生的志气、骨气和底气具有重要的现实价值和方法论意义。①

**3. 研究伟大建党精神融入思想政治教育**

学者们主要围绕"为何融入""何以融入""如何融入"等问题进行了探讨。在"为何融入"上，有学者指出，伟大建党精神是增强大学生思政课程实效性的重要因素，是提高大学生社会实践效果的重要依托，是提升大学生校园文化品质的重要载体②，也是践行高校思政课育人使命的新境界、提升高校思政课教师素养的新途径、助力高校思政课改革创新的新契机③。在"何以融入"上，有学者认为，伟大建党精神与大学生思想政治教育具有目标的契合性、内容的耦合性、时机的恰切性。④ 在"如何融入"上，有学者着眼思政课课程，指出要将伟大建党精神纳入思政课程的教学体系、教学课堂与质量评价中，同时突出红色资源的政治功能，体现红色理论的引领功能，发挥红色文化的育人功能，开设线上融合的"红色课堂"。⑤ 也有学者聚焦思政课教学认为，要以伟大建党精神的形成机理贯穿高校思政课教学体系，以伟大建党精神的内涵结构切入高校思政课教学过程，以伟大建党精神的时代价值指导高校思政课教学设计。⑥

有学者认为，伟大建党精神具有重要的历史价值和时代价值，是照耀百年征程的熊熊火炬、建党强党的精神之基、实现民族复兴的动力之源。⑦ 走好新时代的赶考路和奋进路，需要继续弘扬党的光荣传统，传承伟大建党精神的精神基因。有学者指出，继承和弘扬伟大建党精神，要以"四史"教育为切入点、以理想信念培育为着力点、以全面从严治党为立足点、以强化舆论宣传为连接点，厚植传承和弘扬伟大建党精神的历史基础、夯实思想基础、筑牢政治基础、拓展社会基础。⑧ 有学者指出，要发挥高校独特优势，围绕伟大建党精

---

① 任鹏：《以伟大建党精神涵养青年志气骨气底气》，《人民论坛》2021 年第 34 期。

② 刘萍：《伟大建党精神融入大学生思想政治教育的现实考量》，《学校党建与思想教育》2021 年第 19 期。

③ 刘丽娟、许静波：《伟大建党精神融入高校思想政治理论课教学论略》，《思想教育研究》2021 年第 10 期。

④ 王管：《伟大建党精神融入大学生思想政治教育的理论审思和实践路向》，《国家教育行政学院学报》2021 年第 11 期。

⑤ 周兰珍、刘金芝：《伟大建党精神融入高校思想政治教育的路径选择》，《学校党建与思想教育》2021 年第 24 期。

⑥ 刘丽娟、许静波：《伟大建党精神融入高校思想政治理论课教学论略》，《思想教育研究》2021 年第 10 期。

⑦ 颜晓峰：《弘扬伟大建党精神》，《红旗文稿》2021 年第 18 期。

⑧ 熊治东：《伟大建党精神的生成逻辑、科学内涵与弘扬路径》，《南通大学学报》（社会科学版）2021 年第 6 期。

神的理论逻辑、历史逻辑、现实逻辑，发挥学科优势、人才优势和资源优势，开展深入系统的研究阐释，形成一批有深度、有分量、有影响的高质量学术成果，创新解读宣讲方式，有效融合党言党语、学言学语、民言民语、网言网语，充分运用新媒体、新技术、新载体，组织情境体验、互动接力、研学实践等，让伟大建党精神更加直观、形象、生动地呈现出来，从而凝聚实现中华民族伟大复兴的磅礴力量。①

## （二）弘扬和赓续中国精神

精神是一个民族的内在灵魂。党的十九届六中全会指出，要"更好构筑中国精神、中国价值、中国力量"。② 中国精神是一个与中华民族共在的主题，深植于几千年中华民族历史演进和文化发展的精神基因与集体意识中，自然成为思想政治教育的重要课题，2021 年，思想政治教育界的研究主要聚焦于中国精神的价值、中国精神的内涵、中国精神的弘扬等方面。

### 1. 研究中国精神的重要价值

有学者指出，将中国精神与某一具体领域结合起来剖析其时代价值是 2021年研究中国精神的新路向。中国精神是一个民族的内在灵魂，是当今中国时代发展的急需，扮演了重要的引领角色。③ 从国家治理视域来看，中国精神在新时代国家治理中发挥着重要的政治整合价值、政治发展价值、政治净化价值、政治保障价值④；从塑造人民信仰来看，中国精神具有思想指南优势、价值导向优势、政治保障优势，凸显了中国精神的价值功能⑤；从助力抗击疫情斗争来看，中国精神是中国抗疫奇迹取得的重要基础、重要支撑和重要保障⑥。

### 2. 研究中国精神的丰富内涵

关于中国精神的丰富内涵，学者们形成了广泛共识，即以爱国主义为核心的民族精神和以改革创新为核心的时代精神。从纵向维度审视，以爱国主义为核心的民族精神是中华优秀传统文化的创造性转化和创新性发展，是中国精神的时代内涵；从横向维度考量，中国精神是以改革创新为核心的时代精神（本

---

① 沈壮海、刘灿：《传承弘扬伟大建党精神》，《中国高等教育》2021 年第 Z2 期。

② 《中共中央关于党的百年奋斗重大成就和历史经验的决议》，人民出版社，2021，第 44 页。

③ 左亚文、常晨：《民族精神的内在觉醒：我们何以需要中国精神》，《江汉论坛》2021 年第 12 期。

④ 鲁力：《国家治理视域下中国精神的政治价值探析》，《学校党建与思想教育》2021 年第 23 期。

⑤ 张敏娜：《中国精神指引人民信仰的本体优势、现实困境与突破路径》，《探索》2021 年第 4 期。

⑥ 韩欲立、章含：《"中国精神"铸就抗疫奇迹》，《思想政治课教学》2021 年第 5 期。

真内涵)、改革开放精神的标识内涵、社会主义核心价值观的灵魂内涵等的有机统一。① 爱国主义和改革创新分别作为民族精神和时代精神的内质核心,共同构成中国精神的中心内涵,通过以国家为核心的价值取向、推动民族发展的驱动导向、人民至上的利益旨归、构建人类命运共同体的志向表达了中国精神的集体主义内核。②

**3. 研究中国精神的弘扬路径**

有学者从中华民族集体记忆视角进行探讨,认为,中华民族集体记忆为中国精神的生成、传承与弘扬提供前提条件和现实路径,为此需要打牢记忆的集体框架、丰富记忆载体、注重记忆的策略性传播和打造新的记忆。③ 有学者基于学术创新进行研究,认为,弘扬中国精神是当代中国哲学社会科学工作者的理论自觉,"要用新的学术视角诠释好中国精神、用新的学术理念彰显好中国精神、用新的学术方法助力好中国精神"。④ 也有学者从传播学视角进行分析,认为,要用新的传播方式弘扬中国精神,如借助典籍实现古今对话,用新的传播理念和手段进行情景化呈现、通俗化解读,让典籍里的文字通过人物和故事活起来⑤,特别是电视行业要承担起讲述中国文化、传递中国精神的现实使命。⑥

## (三) 从党的精神谱系中汲取智慧力量

习近平总书记在庆祝中国共产党成立 100 周年大会上指出,"一百年来,中国共产党弘扬伟大建党精神,在长期奋斗中构建起中国共产党人的精神谱系,锤炼出鲜明的政治品格"。"我们要继续弘扬光荣传统、赓续红色血脉,永远把伟大建党精神继承下去、发扬光大!"⑦ 2021 年 9 月 29 日,中国共产党人精神谱系第一批伟大精神正式发布。思想政治教育界在中国共产党人精神谱系的研究上,主要围绕生成理路、内在逻辑、鲜明特征、时代价值、赓续发展等问题进行了深入探讨。

---

① 王引兰:《中国精神的时代内涵及其伦理支撑》,《伦理学研究》2021 年第 3 期。
② 张智、陈怡帆:《中国精神中的集体主义内核研究》,《思想教育研究》2021 年第 3 期。
③ 史宏波、黎梦琴:《在强化中华民族集体记忆中弘扬中国精神》,《马克思主义与现实》2021 年第 6 期。
④ 李建华:《在学术创新中弘扬中国精神》,《伦理学研究》2021 年第 4 期。
⑤ 《用新的传播方式弘扬中国精神、传承中国文化——大型文化创新节目〈典籍里的中国〉创作座谈会纪要》,《电视研究》2021 年第 2 期。
⑥ 司达、俞虹:《中国精神:电视文化的时代意义与现实途径——党的十九大以来主流电视文化类节目述评》,《电视研究》2021 年第 6 期。
⑦ 习近平:《在庆祝中国共产党成立 100 周年大会上的讲话》,人民出版社,2021,第 8 页。

**1. 研究中国共产党人精神谱系的生成理路与内在逻辑**

有学者指出，中国共产党人精神谱系的形成有着深刻的理论逻辑、历史逻辑和实践逻辑，是马克思主义与中华优秀传统文化相互融合的产物，体现了中国共产党对自身政治实践的文化自觉与价值思考，是党领导推进社会革命与深化自我革命相互激荡的结果。① 其中，马克思主义是科学指引，中国共产党的革命、建设和改革事业是实践来源，人民群众是主体力量，中华优秀传统文化是丰厚基础。② 概括而言，中国共产党人的精神谱系，以百年接续的历史发展为纵坐标，以英雄模范、典型地域、历史时刻、重大事件的交织叠加和延展为横坐标，最终呈现出立体多维的整体精神谱系。③

**2. 研究中国共产党人精神谱系的科学内涵**

有学者指出，就精神谱系本身而言，其类型是多样的，包括重大事件孕育的伟大精神、特殊地域产生的伟大精神、先进模范人物彰显的伟大精神、科技创新激荡的伟大精神、重大灾难磨砺的伟大精神；其核心要义是丰富的，涵括坚定的理想信念、深厚的为民情怀、先人后己的奉献精神、积极进取的开拓精神、实事求是的务实精神等。④ 有学者认为，就其与伟大建党精神的关系来看，伟大建党精神是中国共产党的精神之源，中国共产党人的精神谱系是对伟大建党精神的延展和传承，二者共同作用于中国革命、建设和改革的历程，是中国共产党奋斗实践的宝贵精神财富。⑤

**3. 研究中国共产党人精神谱系的时代价值**

探讨党的精神谱系的时代价值，从中汲取智慧和力量，是研究中国共产党人精神谱系的逻辑归宿。有学者探讨了其之于培养时代新人的价值，认为，中国共产党人精神谱系有助于坚定时代新人的崇高理想信念、厚植时代新人的爱国主义情怀、加强时代新人的品德修养、提振时代新人的奋斗精神。⑥ 有学者探讨了其之于中华民族伟大复兴的价值，认为，要以中国共产党人精神谱系提振推进民族复兴伟业的强劲动力、保持应对民族复兴风险挑战的强大定力、增

① 彭冰冰：《论中国共产党精神谱系生成与发展的内在逻辑》，《江西社会科学》2021年第12期。
② 张有武、陈智：《中国共产党精神谱系的生成逻辑、现实价值与传承发展》，《学校党建与思想教育》2021年第12期。
③ 吴雷鸣：《构筑中国共产党精神谱系的逻辑理路》，《人民论坛》2021年第30期。
④ 李梦云：《中国共产党精神谱系的科学内涵》，《中国高校社会科学》2021年第4期。
⑤ 赵凤欣：《伟大建党精神与中国共产党人精神谱系的逻辑关系研究》，《思想理论教育》2021年第8期。
⑥ 冯刚、张发政：《中国共产党百年红色精神谱系引领时代新人培育》，《中国高等教育》2021年第5期。

强实现民族复兴伟业的高强能力。[1] 有学者探讨了其之于党的建设的价值，认为，中国共产党人精神谱系为立党兴党强党提供了丰厚滋养，是立党兴党强党的红色基因，是新时代建设强大政党的精神指引。[2]

## 四　新时代思想政治教育创新发展

2021 年 7 月，在中国共产党成立 100 周年之际，中共中央国务院印发的《关于新时代加强和改进思想政治工作的意见》指出，把思想政治工作作为治党治国的重要方式、深入开展思想政治教育、提升基层思想政治工作质量和水平、推动新时代思想政治工作守正创新、构建共同推进思想政治工作的大格局。[3] 这为新时代思想政治教育不断推动理论与实践创新发展，强化党的思想政治工作优良传统、鲜明特色和突出政治优势，更好肩负起时代赋予的新使命提供了根本遵循。思想政治教育学界对此展开了深入研讨，成绩显著。

### （一）思想政治教育基础理论创新发展

基础理论是思想政治教育学科发展的重要支撑、实践创新的重要指导、队伍建设的重要保障，基础理论创新是新时代思想政治教育创新发展的重要内容。2021 年学界围绕思想政治教育功能、方法、内容等基础理论展开了深入研究与探讨，形成了丰富的创新理论成果。除了第一章已经提到的研究思想政治教育方法创新发展以外，还有以下两个方面值得注意。

**1. 研究思想政治教育功能创新发展**

对这一基础理论问题的研究，主要基于推进国家治理能力和治理体系现代化时代背景，聚焦思想政治教育治理功能进行深入探究。有学者从思想政治教育在国家治理现代化中的角色定位出发，认为思想政治教育是国家治理现代化价值方向的"指引者"、价值共识的"缔结者"、精神氛围的"营造者"，在建构性角色中发挥着治理功能。[4] 关于思想政治教育治理功能的具体内涵，有学

---

[1] 韩建华、牛涛：《中华民族伟大复兴征程中红色精神谱系的时代价值》，《学校党建与思想教育》2021 年第 23 期。

[2] 颜晓峰：《中国共产党人精神谱系的鲜明特质、系统逻辑和强党功能》，《思想理论教育》2021 年第 7 期。

[3] 《中共中央国务院印发〈关于新时代加强和改进思想政治工作的意见〉》，《人民日报》2021 年 7 月 13 日。

[4] 叶方兴：《论思想政治教育在国家治理现代化中的角色定位》，《思想理论教育》2021 年第 2 期。

者指出，思想政治教育治理功能主要表征为保证功能、理论解释功能、价值引领功能、激励功能、铸魂育人功能等五个方面。① 有学者提出，思想政治教育治理功能包括维护国家治理的思想秩序、价值秩序，凝聚全体人民关心国家治理的共识，激发全体人民投身国家治理的行动等。② 关于思想政治教育治理功能的实现，学者们主要聚焦制度与政策设计③，围绕提升思想政治教育服务国家治理现代化的导向力、解释力、引领力、凝聚力、向心力等④予以阐释。

对这一基础理论问题的研究，主要从以下两个方面展开。一方面，以中国共产党思想政治教育百年发展为线索对思想政治教育方法进行系统梳理，总结思想政治教育方法发展经验与启示。有学者从百年的整体视角系统梳理了中国共产党在长期革命、建设和改革实践中积累的以说理教育为核心的思想政治教育方法、以疏导为特点的思想政治教育方法、以融入渗透为特征的思想政治教育方法等，成为新时代思想政治教育方法创新发展的重要经验。⑤ 另一方面，立足对马克思主义经典著作中蕴含的思想政治教育方法的解读，探究新时代思想政治教育方法创新。有学者认为，列宁《青年团的任务》关于教育同实际生活相结合的论断，启示新时代思想政治教育以融入日常生活为重要途径，注重理论教育、实践教育方法的创新。⑥ 也有学者对思想政治教育的基本方法——灌输——进行历史溯源和系统阐发，提出新时代思想政治教育运用这一方法要坚持"真学真懂真信真用"马克思主义，坚持因时制宜、因地制宜、因人制宜，坚持主导性与主体性相统一等。⑦

**2. 研究思想政治教育内容创新发展**

有学者聚焦高校思想政治教育内容创新发展，认为新时代境遇下，高校思想政治教育内容面临的客观环境发生了巨大转变，进行内容创新是应对所处环境变化的逻辑自洽；新时代高校思想政治教育内容的创新发展要遵循守正与创新相结合、简化与拓展相结合、信息与管理相结合的基本思路，让内容有

① 旷永青、卢俞成：《多重功能透析：思想政治教育服务国家治理现代化的五个向度》，《思想教育研究》2021 年第 9 期。
② 项久雨：《思想政治教育服务国家治理论纲》，《思想理论教育》2021 年第 2 期。
③ 冯刚：《构建新时代高校思想政治教育治理体系》，《中国教育报》2021 年 9 月 13 日第 6 版。
④ 旷永青、卢俞成：《多重功能透析：思想政治教育服务国家治理现代化的五个向度》，《思想教育研究》2021 年第 9 期。
⑤ 余双好、张琪如：《中国共产党思想政治教育方法的百年演进》，《思想理论教育导刊》2021 年第 5 期。
⑥ 李东坡：《列宁〈青年团的任务〉中的思想政治教育意蕴》，《马克思主义理论学科研究》2021 年第 10 期。
⑦ 方闻昊：《新时代思想政治教育基本方法的新特点新要求》，《马克思主义与现实》2021 年第 3 期。

"理""意""趣"，使内容不仅"有意义"，更"有意思"。① 有学者从合理性向度探索思想政治教育内容创新发展的问题，认为，思想政治教育内容应展现真理的魅力，贯彻国家的意志，契合教育对象的需要，坚持以文化人，才能提升内容本身说服人和掌握人的水平。② 有学者从思想政治教育学科近 40 年的建设发展历程维度，分析了思想政治教育内容结构从知识观念的合一状态分化出思想政治观念、专门知识和行为规范三大要素的变迁特征，在此基础上构建了由主导内容、基础内容、通识内容构成的体系结构和由观念、知识、规范构成的要素结构形成的经纬交织的思想政治教育内容结构网络。③

## （二）网络思想政治教育的守正创新

《关于新时代加强和改进思想政治工作的意见》指出，要提升基层思想政治工作质量和水平，"加强网络思想政治工作，深入实施网络内容建设工程，加强网络传播能力建设，依法加强网络社会管理，推动思想政治工作传统优势与信息技术深度融合，使互联网这个最大变量变成事业发展的最大增量"。④ 由此可见网络思想政治教育成为新时代思想政治教育创新发展的新课题。在此背景下，学界"研究主题持续拓展，研究内容更加丰富，研究格局不断提升，呈现出由单一到多维、由小领域到大格局、由分散化到整体化的发展趋势"。⑤ 概括起来，学者们关于网络思想政治教育的研究主要集中在以下两个方面。

### 1. 研究网络思想政治教育理论的守正创新

关于网络思想政治教育理论的守正创新，学者们主要探讨了网络思想政治教育自我认同、内容建构、跨学科融合等问题。关于网络思想政治教育自我认同，有学者认为，网络思想政治教育视域下的自我认同是主体内在连续性和一致性状态的达成，它要求网络思想政治教育要坚持正确价值导向、保证连续性和一致性以及激发主体内生动力，并呈现为外推的自我认同、内生的自我认同和走向实践的自我认同等三种实现样态。⑥ 关于网络思想政治教育内容建构，

---

① 尹楠、徐志远：《新时代高校思想政治教育内容的创新发展理路——从"有意义"到"有意思"》，《学术探索》2021 年第 1 期。
② 陈娟、庞立生：《思想政治教育内容合理性及其实现研究》，《广西社会科学》2021 年第 1 期。
③ 陈念、毕四通：《论思想政治教育内容结构的体系建构》，《思想教育研究》2021 年第 12 期。
④ 《中共中央国务院印发〈关于新时代加强和改进思想政治工作的意见〉》，《人民日报》2021 年 7 月 13 日，第 2 版。
⑤ 谢玉进、王苗：《网络思想政治教育基础理论研究的现状、热点与展望——基于 CNKI 期刊文献的计量分析》，《思想教育研究》2021 年第 9 期。
⑥ 董兴彬、吴满意：《网络思想政治教育中的自我认同研究》，《学校党建与思想教育》2021 年第 7 期。

有学者聚焦大学生网络思想政治教育，指出，大学生网络思想政治教育要坚持"内容为王"，其内容要随着时代发展而守正出新，要坚持平等性与互动性、固本性与创新性、开放性与时效性、价值性与结构性的原则和要求，以科学化、艺术化、信息化的思路来建构内容。[①] 关于网络思想政治教育跨学科融合，有学者梳理了网络思想政治教育跨学科融合的演变历程，探讨了新时代网络思想政治教育与特色学科、基础学科、热门学科及应用学科的交互融合，同时探索了实现其系统化的教学创新和现实应用，从而创新网络思想政治教育研究方法与思维模式，以应对信息时代所面临的复杂现实问题。[②] 探索这些理论问题为提升网络思想政治教育实效奠定了良好基础。

**2. 研究网络思想政治教育实践的守正创新**

关于网络思想政治教育实践守正拓新，学者们主要探讨了网络思想政治教育实践图式、作用机理、话语表达、体系建构等问题。关于网络思想政治教育实践图式，有学者以马克思主义交往实践观为理论指引，构建了以话语权共享、生活化面向和交互式引领为主要特征的网络思想政治教育实践图式。[③] 关于网络思想政治教育作用机理，有学者指出网络思想政治教育作用机理的实质就是网络公共空间的思想互动，遵循和体现的是思想矛盾运动的对立统一规律，认为，网络空间思想价值的有效引领，要在比较中鉴别、在批判中构建、在实践中检验、在创新中引领。[④] 关于网络思想政治教育话语表达，有学者提出网络思想政治教育话语主要呈现为大众交互话语、教育者话语、受教育者话语的结构样态，认为，优化网络思想政治教育话语，要以内容优化为基点推动网络思想政治教育话语体系的构建，以网络道德自律为重点提升多元话语主体的媒介素养，以媒介融合为动能增强网络思想政治教育话语传播的效度，以包容性话语环境建构为抓手平衡协调不同话语空间的关系。[⑤] 关于网络思想政治教育体系建构，有学者在分析网络思想政治教育面临的现实困境基础上，建构了以内容体系、教育理念体系、服务受众体系、交互体系为主要内容的网络思

---

① 张凤寒等：《新时代高校大学生网络思想政治教育内容构建》，《思想政治教育研究》2021 年第6 期。

② 邓国峰、傅益南：《网络思想政治教育跨学科融合的新态势及其应用》，《学校党建与思想教育》2021 年第 10 期。

③ 徐璐、杨湘弘：《基于交往实践观的高校网络思想政治教育图式构建》，《学校党建与思想教育》2021 年第 12 期。

④ 骆郁廷、李恩：《论网络思想政治教育的作用机理》，《马克思主义与现实》2021 年第 5 期。

⑤ 陈希、邓淑华：《网络思想政治教育话语的困境及其优化》，《学校党建与思想教育》2021 年第20 期。

想政治教育体系。① 这些研究成果为"使互联网这个最大变量变成事业发展的最大增量"②，奠定了较为坚实的基础。

## （三）思想政治教育主渠道更新拓宽

思想政治理论课是思想政治教育的主渠道。2021 年，学界聚焦思政课教学话语创新、教师队伍建设、教学方式革新、大中小学思政课一体化建设等论题展开深入研究，有效推进了思政课在更新跃升中创新发展。

### 1. 研究思政课教学话语创新

话语是教育者传授知识的重要途径，贯穿思政课教学全过程。有学者从话语"力"的角度探讨思政课教学话语创新，认为，要基于满足学生成长成才的实际需要提升话语的吸引力，以"彻底的"思想理论解释现实和说服学生提升话语的解释力，通过讲求复调式叙事的话语表达策略提升话语的表达力。③ 有学者从话语转换的角度探讨思政课教学话语创新，提出思政课教学话语要契合大学生话语实际、打造亲和的话语情境、拓展通畅的话语渠道，实现由文本话语向生活话语、由灌输话语向情感话语、由传统话语向现代话语的转换。④ 也有学者从话语发展角度探讨了思政课教学话语创新，指出，在新媒体视域下思政课教学话语要由"独白式教学"转向"对话式教育"，坚持话语叙事的"多元复调"，营造对话式教育的"话语场""关系场""共识场"。⑤

### 2. 研究思政课教师队伍建设

办好思政课关键在教师，关键在发挥教师的积极性、主动性、创造性，激发思政课教师创新的内在动力。有鉴于此，学者们主要围绕思政课教师后备队伍培养、素质能力提升等展开探讨。关于思政课教师后备队伍培养，有学者认为，当前思政课教师后备人才的供给面临多而不强、多而不优的现实困境，关键要以"创新"为牵引，推动体系化的改革，通过"横到边、纵到底"的协同机制，开辟一体化推进教师队伍、学科建设与思政课建设的新局，培育与制度相配合的文化软环境，进一步推动思政课教师队伍的内涵式发展。⑥ 有学者

---

① 蒋春燕、孙祺：《新时代高校网络思想政治教育的现实困境及发展路径》，《学校党建与思想教育》2021 年第 12 期。

② 习近平：《加快推动媒体融合发展　构建全媒体传播格局》，《求是》2019 年第 6 期。

③ 黄禧祯：《思想政治理论课话语创新片论》，《广州大学学报》（社会科学版）2021 年第 2 期。

④ 滕飞、徐川：《论新时代高校思想政治理论课教学的话语转换》，《思想政治教育研究》2021 年第 5 期。

⑤ 崔燕：《新媒体下高校思想政治理论课话语发展论纲》，《广西社会科学》2021 年第 9 期。

⑥ 李蕉、王博伟：《完善思想政治理论课教师后备人才培养制度的新思考》，《思想理论教育导刊》2021 年第 11 期。

提出，思政课教师要自觉提升能力素质，持续坚定马克思主义信仰、夯实马克思主义理论功底、塑造高尚人格、具备高超的教学方法与教学艺术、提升科学研究能力等，从而为办好思政课提供坚实的人才保障。[①] 也有学者从受教育者出发，立足受教育者的内化外化环节，提出教师要结合教学实践，搭建思想教育课外平台，充分调动学生参与教学的积极性，发挥思想政治教育的协同作用。[②]

### 3. 研究思政课教学方式革新

习近平总书记在教育文化卫生体育领域专家代表座谈会上强调，"要总结应对新冠肺炎疫情以来大规模在线教育的经验，利用信息技术更新教育理念、变革教育模式"。[③] 学者们关于思政课教学方式革新的探讨主要围绕充分利用信息技术展开。有学者充分肯定了利用信息技术开展思政课教学的发展态势，指出，当前思政课呈现出的线上教学与线下教学齐头并进的发展态势并非特殊时期的"昙花一现"，而是未来思政课教学发展的必然趋势，为此，要释放线上教学的"潜力优势"、打通线下教学的"屏障壁垒"、促进线上线下的"互融共生"，为双线教学增效、助力、提质。[④] 关于如何具体应用信息技术革新思政课教学方式，有学者从信息技术赋能的角度进行了探究，提出要加强对大数据的运用，认为，大数据技术以"群体画像"与"个体肖像"融合的方式全面把握教学对象信息，以即时数据与稳态信息结合的方式动态监测教学过程全貌，以因果关系与相关关系共在的方式提高教学评价效度，这都有助于提升思政课教学实效。[⑤] 还有学者指出，要在思政课教学中引入虚拟实践，准确把握和遴选适合虚拟实践的教学内容，充分利用"互联网+"技术构建软硬件相结合的一体化平台，充分实行过程考核与结果考核相结合的成绩评价方式。[⑥]

### 4. 研究大中小学思政课一体化建设

推动大中小学思政课一体化教学是深化新时代思政课改革创新的必然要求。习近平总书记强调："在大中小学循序渐进、螺旋上升地开设思政课非常

① 谭劲松：《思政课教师要努力提升自身综合素质》，《思想理论教育导刊》2021 年第 8 期。

② 路丙辉：《讲好思想政治理论课应扫清学生思想上的"小障碍"》，《思想理论教育导刊》2021 年第 4 期。

③ 习近平：《在教育文化卫生体育领域专家代表座谈会上的讲话》，《人民日报》2020 年 9 月 23 日，第 2 版。

④ 赵耀、王建新：《新时代高校思想政治理论课"双线教学"的价值意蕴、问题研判与优化策略》，《思想教育研究》2021 年第 1 期。

⑤ 刘洋：《运用大数据提升高校思想政治理论课教学实效的反思》，《思想理论教育》2021 年第 11 期。

⑥ 杨丽艳：《虚拟实践融入高校思想政治理论课实践教学的研究与探索》，《思想政治教育研究》2021 年第 2 期。

必要，是培养一代又一代社会主义建设者和接班人的重要保障。"① 围绕这一问题，学者们集中观照大中小学思政课一体化建设的教学目标、课程设计、教学内容、教材建设、队伍优化、资源供给、交流互动、领导保障等方面，呈现出对思政课一体化建设的整体性、系统性、立体化和时代化的研究局面。比如，有学者针对大中小学思政课课程目标的一体化，构建了大中小学思政课一体化的课程目标体系，认为，大中小学思政课一体化推动了课程目标体系的形成，为建构合理的思政课课程目标体系，要做到课程总目标的一体化设计、学段性目标的一体化衔接和学科分目标的一体化贯穿。② 又如，有学者针对大中小学思政课教学内容、教师队伍的一体化，指出，要合理编写教材，做到教材学段共性与个性的结合，"根据学生成长规律推进大中小学思政课教学内容兼顾交融"，同时还要理顺机制、搭建平台，促进大中小学思政课教师间的沟通交流。③

---

① 习近平：《思政课是落实立德树人根本任务的关键课程》，人民出版社，2020，第 6 页。
② 杨威、管金潞：《论大中小学思想政治理论课一体化的课程目标体系》，《思想理论教育》2021年第 9 期。
③ 宋玉静：《大中小学思想政治理论课一体化建设研究》，《现代教育管理》2021 年第 11 期。

# 第八篇

## 党的建设研究

# 第二十二章

# 2021 年度党建学科研究概述

2021 年是中国共产党成立 100 周年，党的建设学科（以下简称"党建学科"）步入了全新的发展阶段。2021 年 12 月，国务院学位委员会发布《关于对〈博士、硕士学位授予和人才培养学科专业目录〉及其管理办法征求意见的函》，其中一个显著的变化是在法学门类下增设"中共党史党建"一级学科并将其列为国家亟须发展的重点建设学科，这成为党史党建学界乃至马克思主义理论学科建设和发展中具有里程碑式意义的大事件。中共党史党建学科的设立标志着党建学科的定位愈加清晰，属性愈加明确。2021 年学界继续深化对"为何建设党建学科，如何建设党建学科"等基本问题的探讨，学者们陆续刊发了许多有质量的研究成果，为促进党的建设学科的科学化、规范化和系统化的发展贡献出新的理论智慧与研究力量。

## 一 研究论题及热点分布

2021 年学界围绕党的建设学科的发展历史、学科体系、学术体系、话语体系、建设路径等方面进行了系统研究并取得了较大的研究进展。

### （一）关于党建学科发展历程的研究

回眸学科建设的发展历程，有助于从整体上理解和把握学科发展的现状和未来走向。党史学科的发展也在一定程度上带动党建学科的发展。有学者系统回顾了党史学科发展的基本历程和发展现状，指出党史学科随着时代的发展而不断取得新的进步，具体来说，党史学科研究领域、研究方法、研究队伍和研究成果方面取得了新的进展，产生了横跨不同一级学科的具有亲缘关系的若干副学科，如马克思主义中国化、党的建设、党内法规等，这些学科与中共党史学科存在无法分割的亲缘关系，甚至是由中共党史学科派生出来的新学科。① 还有学者指出，党建学科是具有中国特色的学科，是专门研究中国共产党领导和自身发展壮大规律的学科，从百年的党史出发，可以将党的建设的学科化发展历程划分为四个基本阶段，即"民主革命时期对党的建设学科的初步探索，社会主义革命和建设时期党的建设学科的逐步形成，改革开放以来党的建设学科的日益完善，党的十八大以来党的建设学科步入独立化发展新阶段。建党以来，随着党的领导和自身建设实践的展开，对党的自身规律认识的逐渐深化，党建理论的逐步体系化，党建学科也逐步走向成熟。可以说，党建学科的学科化发展经历了一个从初步探索到渐成体系、从半独立到逐步独立的过程，是对党的建设实践经验的科学总结，也是对党的领导和自身发展壮大规律认识的升华。经过百年的历史发展，中国共产党科学回答并正确地解决了建设一个什么样的党如何建设党的问题，党建学科也逐步走向成熟化和学科化的发展道路"。②

## （二）关于党建学科体系的研究

学科体系主要包括学科研究对象、学科属性、学科定位、学科建设原则等内容。全国党建课题研究会课题组在《中国组织人事报》刊发理论文章，对党建学科体系进行了深入的研究。课题组指出，"党的建设学科是兼具理论性和实践性的学科，是专门研究马克思主义政党理论，党的领导、党的执政、党务工作和自身建设等内容，并努力揭示其内在规律、本质特征、发展进程和基本经验的学科"。关于党建学科的学科目标，课题组概括为三个方面：第一，党建学科深入研究党建理论与实际问题，总结中国共产党的执政经验和规律，为构建中国化的马克思主义党建理论体系和确保党始终成为中国特色社会主义事业的领导核心作出新的学理贡献和支撑；第二，党的建设学科必须准确宣传党的理论、政策和路线方针以及党的建设的伟大成就，推动形成新时代中国化的马克思主义党建理论体系；第三，党的建设学科必须努力培养业务精湛、政治立场坚定的党务工作者和党建人才队伍。关于党的建设学科建设原则和方法，课题组认为必须坚持"三个相统一"即科学性和政治性相统一，理论性和实践性相统一，保持特色与包容镜鉴相统一。在学科归属问题上，课题组认为，党的建设与一级学科马克思主义理论、政治学，与二级学科中共党史都有密切关系，目前学界对党建学科的归属问题还存在争论，但应该努力跳出党建学科归

---

① 耿化敏：《中共党史学科建设的回顾与展望》，《大学与学科》2021 年第 3 期。

② 韩强、李剑：《建党以来党的建设的学科化发展及其理论贡献》，《北京联合大学学报》（人文社会科学版）2021 年第 1 期。

属马克思主义理论学科还是政治学的争论，从党史与党建学科彼此离不开的基本判断，将中共党史和党的建设定位为一级学科。① 还有学者着重探讨了党建学科的学科属性问题，认为"党建学科作为一个新设置的二级学科，首要的和基本的问题是要进一步理清和界定学科属性的问题，党建学科的基本属性'姓马'，根本属性'姓党'，这是党建学科最鲜明的学科特征"。并且指出"党建学科的'姓马'和'姓党'的学科属性对明确党建学科的学科定位、研究方向、科学研究等方面具有重要的导向作用"。②

## （三）关于党建学科学术体系的研究

学术体系包含理论知识体系和研究方法体系，其中理论知识体系就是一门学科特有的且能够区别于其他学科的学术概念、思想观点、学理范畴、学科理论等内容，研究方法体系则强调解决问题的路线、技术和策略等。系统完备的学术体系是一门学科建设和发展的前提条件。目前学界对党建学科学术体系的研究主要从知识体系和方法体系两方面展开。有学者认为，"党的建设学科是相对年轻的学科，在中国共产党加强自身建设的百年实践中形成了具有中国特色、中国气派和中国风格的学术体系。党的十八大以来，习近平总书记关于党的领导和党的建设的重要论述为党建学科的发展提供了新的理论动力和发展方向。同时，当前党建研究的对象愈加清晰，包括了党的领导论、执政论和党务工作论等内容，涉及党内关系、党群关系、党际关系等多领域，在研究方法上形成了包括唯物论、辩证法、阶级分析法、比较研究法、历史分析法等在内的学科研究方法，党建研究方法愈加规范"。③ 有学者认为，"党建学科的学术体系是揭示党建学科的研究对象的本质和规律的体系化、系统化的理论和知识，学术体系更加接近于理论体系的概念。侧重于党建理论的逻辑和状态，与党的建设实践形成相互对应的逻辑关系。在信息化的时代，党的建设的学术体系和话语体系需要进一步完善，这有助于进一步提高党的建设的解释力、影响力和传播力。今后必须进一步推进党的建设理论创新，形成具有中国共产党特色的，体现党建学科特征的概念、理论知识、范畴、方法"。④ 有学者提出"中共

---

① 全国党建研究会课题组：《大力推进党建学科建设与发展》，《中国组织人事报》2021 年 6 月 16 日。

② 丁俊萍、刘秀华：《党的建设学科属性及其对学科建设的导向作用》，《山东社会科学》2021 年第 5 期。

③ 祝灵君：《不断完善党的建设学科体系、学术体系、话语体系》，《党建研究》2022 年第 3 期。

④ 韩强、李剑：《建党以来党的建设的学科化发展及其理论贡献》，《北京联合大学学报》（人文社会科学版）2021 年第 1 期。

党史党建学科设立为一级学科并非是概念的简单相加，而是在推进中共党史党建学术化的进程中凝练出来的，其研究的内容可以包括以下几个方面：（1）中国共产党不同历史时段的政治史、经济史、文化史、自身建设史以及对外关系史。（2）党的领导和党的建设。（3）海外中共学的研究。（4）中共党史党建一级学科的理论、方法与学术史"。①

## （四）关于党建学科话语体系的研究

话语是理论知识和概念范畴的体系化的规范性表达。构建科学规范的党建学科话语体系能够增强党建学科话语的影响力和传播力，学界对此也展开了研究。

关于构建党建学科话语体系的必要性研究。中共党史党建学科话语体系是对中国共产党的思想理论、实践经验、现实发展以及未来前途的规范性表达，是对中国共产党本质和规律的正确认识，是系统化的科学知识，是经过逻辑论证和实践检验的一系列概念、判断、推理表达出来的知识体系。构建新时代中共党史党建学科话语体系能够科学解读"中国共产党为什么能，马克思主义为什么行，中国特色社会主义为什么好"等重大理论与实践问题，是阐释中国精神、中国价值和中国理论的话语支撑，也是新时代中国共产党人理论自觉、文化自觉和学科自觉的重要体现。②

关于党建学科话语体系主要内容的研究。有学者认为，"党建学科的话语体系是党的建设理论和知识的语词表达，是党的建设学术体系的表现形式和语言载体，话语体系必须既要遵从学科理论的基本要求又要适应现代化信息传播的需要"。③ 全国党建研究会课题组则分析了党建学科话语的组成部分和基本特征，认为，"党建学科话语体系可以分为四个层次：第一，核心概念：中国共产党、党的建设、党的领导、党的执政等；第二，基本概念：党的性质、党的根本组织原则等；第三，重要概念：党的性质下的'两个先锋队'、中国特色社会主义事业领导核心；第四，具体概念：'两个先锋队'下的中国工人阶级的先锋队、中国人民和中华民族的先锋队等。课题组还认为，'内容丰富、实

---

① 李飞龙：《中共党史党建一级学科理论体系构建刍议》，《思想理论教育》2022 年第 2 期。

② 孙堂厚：《中共党史党建学科话语体系时代建构的逻辑维度与基本进路》，《高校马克思主义理论教育研究》2021 年第 4 期。

③ 韩强、李剑：《建党以来党的建设的学科化发展及其理论贡献》，《北京联合大学学报》（人文社会科学版）2021 年第 1 期。

践性强、来源广泛'是党建学科话语的突出特点"。①

关于推进党建学科话语体系建设路径的研究。有学者认为，当前党建学科话语体系创新性表达不足，缺乏具有标志性和特色性的话语概念和范畴，这必然会影响和制约党建学科话语体系的建设与发展。故此，必须从以下三个方面完善党建学科话语体系。①始终保持学科话语体系强大生命力的理论研究。必须坚持和巩固马克思主义在学科中的指导地位，以共同的问题意识以及扎实的学术研究为基础，不断增强党建学科的解释力和影响力。还应该加强知识创新、理论创新，以与时俱进的话语应对学科的不断发展，积极拓展学科研究的视野，开展跨学科、跨领域、多方面的研究，努力提出具有主体性和原创性的理论观点，推动学科话语国际化的研究。②着眼于话语主体能力与时俱进研究。必须加强中国共产党政治领导力建设，为党建学科话语体系的发展提供正确的政治方向；必须加强思想引领力建设和群众组织力的建设，扩大党建学科话语体系的阶级基础和群众基础，同时还要加强学科多元话语主体的能力共建，充分发挥其他话语主体的积极作用。③在实践的基础上构建党建学科话语体系。实践是话语内容的主要来源，党建学科话语体系必须紧紧围绕新的发展阶段党和国家事业发展的中心任务，立足全面建设社会主义现代化国家的伟大实践，不断地总结实践的新鲜经验，凝练和升华成新的学科理论和话语。当然，构建党建学科话语体系还必须把握我国哲学社会科学发展的一般规律和中共党史党建学科发展的特殊规律。②

## （五）关于党建学科建设路径的研究

如何建设好党建学科是学者们长期关心和重点关注的研究话题。学者们从不同角度对如何加强和推进中共党史党建学科的建设与发展提出了建议。

第一，加强顶层设计，完善学科布局。有学者指出，"建设中共党史党建一级学科，应该理清相近学科的关系，完善学科的顶层设计，既要看到中共党史党建学科和马克思主义理论学科、政治学等学科的联系，又要把握其特殊性，看到它们在学科属性、研究对象和学科话语方面的区别与联系"。③ "'党史是党建之基'，'党史党建合则两利、分则两伤'，建立中共党史党建学科，

---

① 全国党建研究会课题组：《大力推进党建学科建设与发展》，《中国组织人事报》2021年6月16日。

② 孙堂厚：《中共党史党建学科话语体系时代建构的逻辑维度与基本进路》，《高校马克思主义理论教育研究》2021年第4期。

③ 耿化敏、吕晓莹：《建党百年形势下高校中共党史师资队伍建设研究》，《济南大学学报》（社会科学版）2021年第6期。

进行顶层设计，加强学科整合，聚合研究力量，能够更好地发挥'以史为鉴、资政育人'的作用，因此需要从历史和现实、理论和实践相结合的角度科学规划、统筹谋划，做到坚持理论武装，坚持把握规律，遵循学科建设规律和实事求是、守正创新的基本原则。"①

第二，注重内涵发展和外延发展，合理设置学科方向。2021年12月，北京师范大学马克思主义学院和中共党史党建研究院以线上方式举办了"新时代中共党史党建一级学科建设研讨会"，学者们在会上对如何建设党建学科提出了有益的建议。有的学者认为，推进党建学科的发展就必须注重二级学科的设置，要避免追求大而全，尽可能少而精。有学者提出要注重与其他学科的融合发展，要与马克思主义理论学科、中国共产党历史与理论学科、马克思主义政治经济学、科学社会主义等构成一个中国共产党与马克思主义的学科群。②

第三，必须推进党建学科的体系化构建。有学者从党建学科评价体系的视角切入，认为"'党的建设'学科当前发展最大的不足在于缺乏学科评价体系。发挥'党的建设'学科评价体系对学科发展的促进作用，在于通过制定学科评价体系，明确学科发展的基础标准、目标规划、现实问题和实践导向，通过评价结果反哺学科发展，以评导建、以评促建，围绕科研水平、人才培养、师资水平和社会效益全方位提升学科发展质量"。③ 有学者认为，推进党建学科体系化构建必须注意以下几方面。其一，要携手同心推进学科体系建设，既要乘势而上，也要避免一哄而上，防止重复建设。既要突出自身优势，合理设计学科和专业，又要在学科建设中找准位置，重视分工与合作。其二，要聚精会神推进学术体系建设。重点在于要明确研究对象、规范研究方法，还要重视教材建设，编写高质量的教材。其三，要全力以赴推进话语体系建设。推动党建工作话语、宣传话语和学术话语相融通，坚持以人民为中心的立场，加大党建话语体系的基础研究，促进党建话语的国际表达。④

第四，加强学科队伍的建设，建设高素质的研究队伍。有学者认为，"党建学科的发展则需要高质量人才队伍的支撑，因此，建设一支政治上坚定，年龄、职称、学历和学缘结构合理，具有较强的教学科研能力的学科队伍，这是党的建设学科发展的关键所在"。⑤ 有学者则进一步指出"要重视学科建设和发

① 耿化敏：《中共党史学科建设的回顾与展望》，《大学与学科》2021年第3期。
② 李娟：《新时代中共党史党建一级学科建设述要》，《中国高校社会科学》2022年第2期。
③ 郑敬斌、庞然：《"党的建设"学科评价体系构建初探》，《东岳论丛》2021年第9期。
④ 祝灵君：《不断完善党的建设学科体系、学术体系、话语体系》，《党建研究》2022年第3期。
⑤ 丁俊萍、刘秀华：《党的建设学科属性及其对学科建设的导向作用》，《山东社会科学》2021年第5期。

展中'人'的工作，即师资队伍建设和人才培养工作。党建学科必须要树立起只争朝夕，为党育人育才的意识，稳定扩大培养规模、提升培养质量"。① 除上述之外，学界还对党建学科的教材建设、课程设置等方面的问题进行了广泛研究和深入探讨。

### （六）关于党建学科其他相关问题的研究

学界对党建学科建设和发展的研究还涉及其他方面。如党建学科设置的价值意义。有学者指出，建设中共党史党建一级学科有利于"更好发挥'党字口'、'马字口'学科的协同共建效应，推动中共党史师资队伍建设，完善中国特色哲学社会科学体系"。② 构建党建学科评价体系的问题。构建具有中国特色的学科评价体系，既有助于人们对学科发展有较为全面深入地了解，也有助于推动学科的进步和发展，而关于为何构建学科评价体系，如何构建党建学科评价体系的相关研究处于起步阶段，仅有少部分学者关注此类问题。如有学者提出，必须"构建党建学科评价体系，这是学科进步发展的必然趋势。要依据其学科的本质属性，遵循学理性与党性相统一、协调全面与特色评价相统一、理论评价与实践评价相统一的基本原则，形成以科研水平、人才培养、师资水平和社会效益为主体框架的评价细则"。③

## 二　研究不足及未来进路

关于学科建设问题的研究是学科发展的基础，也是理顺学科发展方向的重要方面。2021 年学界关于党的建设学科发展问题的研究，取得了一定数量的研究成果，提出了不少具有开拓性、建设性和创新性的学术观点与见解，这些都为促进中共党史党建学科的建设和发展奠定了初步基础，营造了浓郁的学术氛围，但仍有许多值得关注和深化的问题。

第一，关注度上升，但研究内容有待进一步深化。关于党建学科建设和发展有许多问题应当值得关注，具体来说，主要有以下三个方面的问题。一是如何科学设置中共党史党建学下属的二级学科。2021 年是党建学科进一步发展的关键时期，特别是增设"中共党史党建学"一级学科的设想成为现实之后，学

---

① 杨德山、张冬冬：《新时代高校党的建设学科发展现状调查及展望》，《上海交通大学学报》（哲学社会科学版）2021 年第 1 期。

② 耿化敏、吕晓莹：《建党百年形势下高校中共党史师资队伍建设研究》，《济南大学学报》（社会科学版）2021 年第 6 期。

③ 郑敬斌、庞然：《"党的建设"学科评价体系构建初探》，《东岳论丛》2021 年第 9 期。

界对如何建设中共党史党建学科的研究兴趣逐步上升，在全国范围内召开了学术研讨会，在相关重要期刊、报纸和网站上发表了有分量的研究成果，重要基金项目研究课题予以立项，相关教学科研机构相继设立，这些都为促进中共党史党建学科的建设和发展贡献了有益的学术力量。但总体上来说，当前学界关于党建学科建设和发展问题的研究仍然处于起步阶段，党建学科建设出现的问题仍然需要学界进一步思考和研究，以便达成更多的学术共识。例如学界需要进一步深入思考和研究如何科学设置中共党史党建学一级学科下的各二级学科或学科方向，这是一个事关学科发展的重要问题。学界对此也有过相关的探讨，但还未达成共识。二级学科有各自的研究对象和研究范围但又相互联系，设置中共党史党建学一级学科中的各二级学科既要突出特殊性，理清二级学科之间的学科边界，防止重复设置和分界不清，同时也应注意到一级学科和二级学科具有内在的关联性和契合性，因此，需要从宏观的视角出发，根据学科的属性和功能定位，科学设置二级学科。这必然是学界在一段时期内高度关注的热点话题之一。二是如何突出党建学科研究方法问题的研究。2021 年国家社会科学基金一般项目"党的建设学科研究方法论研究"的成功立项，充分说明国家对党建学科的研究方法问题的研究高度重视，但从 2021 年现有的研究成果来看，学界对此议题的关注度不够。显然应该重视党建学科的研究方法问题的研究，因为研究方法是学科知识生产的根本问题，关系到学科发展的未来，关注研究方法，特别是总结如何将多学科的研究方法融入到党建学科当中，从而形成独具特色的研究方法是学者未来深耕的内容。三是关于建设党建学科发展的评估和反馈的体系和机制的研究。如何确立学科评估的标准和评估的内容，是目前学界鲜有关注的话题，这也需要进一步深入研究。除上述问题之外，中共党史党建学科还存在许多亟待解决和完善的问题，例如党史党建学科的衔接协同问题，党建学科本、硕、博学生培养的衔接问题等。这些都需要学者们在未来研究中继续发挥学科建设的主动性，提升学术的责任感，不断解决学科建设当中的"老问题"和"新情况"，为学科的建设和发展作出更大贡献。

　　第二，研究成果多以理论分析为主，定量分析不足。数据统计的研究方法为我们准确了解党建学科的发展现状、存在问题提供了翔实且可靠的数据资料。就 2021 年现有的研究成果来看，仅有少部分学者注重数据资料的整理和统计分析，如有学者统计了部分高校中共党史党建学科教学研究机构的设立、部分高校中共党史专职教师数量以及全国 5 所高校中共党史专业本科招生数量的情况。有学者统计了第一批全国重点马克思主义学院党建专业招生数量、部分全国重点马克思主义学院党的建设专业博士研究生导师情况、学界近五年党建研究学术论文和课题数量、党建学科研讨会基本信息。有学者对截至 2021

年底的全国党建学科建设状况数据进行分析。但总体来说，以数据来支撑党建学科建设研究的文章尚不多见，学界对党建学科的研究多以阐释性说明为主，定量分析和实证分析不足，这样容易陷入"自说自话"的研究局面。因此，加强实证研究，注重调研分析，鼓励运用现代统计方法并以年度为结点，对党建学科的设置高校、研究方向、师资队伍、招生情况、研究成果等方面进行数据资料的统计和整理，并建立起完善的党建学科发展数据库。同时，在有条件的情况下，应该按照地域进行划分，对东中西部的高等院校、党校系统进行全面调研，建立起党建学科发展的区域数据库，以便做横向分析和纵向对比。因此，建立起党建学科专业发展的数据库是学界今后努力的方向之一。

第三，尚未形成稳定的学术研究共同体。党的建设学科的发展是构建中国特色哲学社会科学体系的重要构成部分，需要学界广泛参与和深度协作，才能推动党建学科的发展。但就目前的研究成果来看，只有少部分学者持续关注此类研究话题并形成了阶段性的研究成果。从研究者和研究机构的协作程度看，科研合作较少，合作密度较低，这说明党建学科的学科建设问题还未形成稳定的研究团体，科研协同的力度有待进一步加强。从发文的期刊上看，刊发党建学科建设研究文章的期刊较少，仅有少部分学术期刊刊载相关研究成果，这说明研究成果的传播渠道较为狭窄，传播机制有待进一步建立和完善。因此，学者们应该进一步树立"学术共同体"意识，发挥不同地区的高等院校、党校系统和社科院系统的优势，进行深度的学术合作与交流，为推动党的建设学科的发展提供研究力量。同时，要鼓励创办党建学科建设的专业性期刊或在相关期刊上开辟专栏，建立专业性的网站和微信公众号，畅通学术传播的机制，吸引更多学者参与到党建学科的发展建设中来，为学科的进步和发展注入新鲜的力量。

# 第二十三章

# 2021 年度党建学科研究的主要论题

2021 年，学术界在马克思主义政党理论研究、中国共产党人党建理论与实践研究、基层党的建设理论与实践研究、中国共产党百年历史经验研究、党的领导制度体系的内涵及优势研究、越老朝古社会主义国家党建理论与实践研究等方面有较大进展和突破，取得了丰富的研究成果。

## 一 马克思主义政党理论研究

2021 年，马克思主义政党理论研究向纵深推进，在政党使命、政党制度、政党治理、政党自我革命、政党纪律、政党形象等方面取得了一系列的研究成果。

### （一）政党使命研究

#### 1. 研究概述

2021 年政党使命再度成为学术界关注的研究热点。学界围绕政党使命的研究主要有以下几个方面。一是关于马克思主义政党使命的理论溯源研究。以马克思主义经典论著为理论溯源路径的研究较多。二是关于马克思主义政党使命的基本问题研究。主要在前期研究的基础上进行创造性诠释、创新性阐述，从政党特质、实质内涵、功能价值等方面进行了多视域考察。三是关于马克思主义政党使命的实践发展研究。坚持马克思主义的世界观与方法论，探索历史责任在政党实践中发展的逻辑理路。

#### 2. 主要观点

一是关于马克思主义政党使命的理论溯源研究。有学者在马克思主义经典论著的文本研究基础上，对《共产党宣言》中共产党人的历史使命进行了深刻揭示和集中阐述，指引我们思索无产阶级政党使命思想的基本内容和价值意蕴。①

二是关于马克思主义政党使命的基本问题研究。有学者从政党组织与成员之间的使命契约关系视角审视使命型政党组织的价值认同②，成为党的建设构成要素体系静态研究的代表。在此基础研究上继续深入，有学者根据政治理想背后的意识形态属性的强烈程度以及政治理想与政党角色、政党纲领、政党路线、政党政策、政党责任等结合程度，重点考察基于政治理想的政党功能。并根据马克思主义政党的诞生、革命、建设与改革的实际历程，充分考虑无产阶级政党所肩负的历史使命与发展责任，将政党性质、政党功能、政党主体作用与政党政治理想等有机统一，提炼出基于性质、功能与使命"三位一体"的"使命型政党"新型政党理论分析范式建构的表达。③

三是关于马克思主义政党使命的实践发展研究。有学者偏重于政党活动的动态研究，阐述使命型政党以承担特定历史责任作为实践拓展与组织成长的动力之源，并聚焦马克思、恩格斯遵从唯物史观的范式指引，聚焦"资本—劳动"关系，论证了资本主义社会的残酷现实和基本矛盾，提出无产阶级要以"暴力"方式打碎资本主义国家政权，建构生产资料公有制基础上自由人联合体的主张。④ 综上，学界将研究融贯于理论构成要素与实践过程的静态研究与动态研究有机协同的脉络之上，致力于建构理论与实际紧密结合的知识体系。

### 3. 研究中的不足及完善建议

科学客观地认识并理解政党使命，对推进新时代党的建设新的伟大工程具有重要价值意义。一要继续加强马克思主义政党使命的学理性建构研究。目前的研究论域主要以马克思主义政党的"使命型"特质展开具体研究，缺乏具有多元化理论积淀和系统化学理构建的深化研究。二要注重借鉴吸收、自主创新和发挥优势相结合。目前学术界缺少创新性建构关于马克思主义政党新型理论分析范式的研究，研究视野有待拓宽。

---

① 徐岩、唐登蕓：《〈共产党宣言〉中无产阶级政党使命思想研究》，《学校党建与思想教育》2021 年第 4 期。

② 李海青：《马克思主义政党与成员：一种独特的使命型契约》，《社会主义研究》2021 年第 2 期。

③ 唐亚林：《使命型政党：新型政党理论分析范式创新与发展之道》，《政治学研究》2021 年第 4 期。

④ 巩瑞贤：《"使命型政党"：百年历程、精神特质与实践进路》，《云南行政学院学报》2021 年第 5 期。

## （二）政党制度研究

### 1. 研究概述

政党制度是保障政党活动有效运转的坚实支撑，政党制度研究的重要价值是由政党制度的重要地位决定的。2021 年，政党制度在学术界的研究热度持续上升，学界对这一问题的研究也持续拓展。一是马克思主义政党制度的理论溯源研究。学术界基于马克思主义经典作家的相关理论展开政党制度的理论回溯。二是马克思主义政党制度的基本问题研究。学术界从政党制度的概念内涵、价值意蕴、制度运作、演进发展等维度进行深入阐述。三是马克思主义政党制度的时代发展研究。包括马克思主义政党制度与不同场域的关系链接，以及马克思主义政党制度构成要素之间的理论逻辑架构与实践互动机理等新探索。

### 2. 主要观点

一是马克思主义政党制度的理论溯源研究。有学者聚焦马克思、恩格斯及列宁的多党合作思想，指出全面准确理解和把握马克思主义多党合作理论的思想内涵、精神实质及其中国化的发展历程，总结其中蕴含的宝贵经验，遵循马克思主义多党合作思想的方法论指引，有助于更好地发挥我国新型政党制度的国家治理效能。[①] 有学者认为，马克思主义多党合作思想为中国共产党的成立和壮大、中国新型政党制度的建立和发展提供了思想指导，中国共产党也在实践中不断丰富并发展了马克思主义多党合作思想。[②] 还有学者以政治发展的分析视角，系统阐述政党政治取代皇权、军权政治是历史的必然；合作型政党政治取代竞争型、垄断型政党政治同样是历史的必然；在政党合作基本框架下，唯有选择中国共产党领导的多党合作和政治协商制度，走上社会主义政党政治道路，并建立起与之相适应的新型政党制度，才有挽救民族危亡、获得民族独立与人民解放，进而实现中华民族伟大复兴的最大可能[③]，这些成果都是关于政党制度问题的理论溯源研究视域拓展的新尝试。

二是马克思主义政党制度的基本问题研究。有学者就学界关于政党制度的概念界定展开研究指出，探究政党制度概念内涵的理论逻辑，理清概念发展的历史脉络和实践效果，有助于在国内外政党制度的实际对比中凸显中国政党制

① 张师平、宫捷：《马克思主义多党合作理论中国化的发展历程与经验启示》，《山西社会主义学院学报》2021 年第 4 期。

② 吕楠：《新型政党制度对马克思主义多党合作思想的发展及其世界意义》，《当代世界与社会主义》2021 年第 6 期。

③ 黄恩华、张师平：《中国共产党成立百年来中国政党制度的嬗变逻辑——基于政治发展的分析视角》，《江西师范大学学报》（哲学社会科学版）2021 年第 1 期。

度的鲜明特色和显著优势。① 有学者从历史发展动态之维、中西政党制度比较之维、马克思主义政党理论中国化创新之维及合作之维解读新型政党制度深刻的思想意蕴。② 在新型政党制度的话语权建构视域，有学者明确指出新型政党制度以革命性的制度学习、制度创新实现了对旧制度的革命以及对旧制度理论话语体系的突破。③ 有学者紧扣新型政党制度的话语权建构，明确提出具体的实践进径，即必须树立世界眼光、扩大视域范围，把握"三大要点"、立足"四重维度"，科学建构富有中国特色、契合时代要求、具有世界意义的政党制度话语体系和话语权。④ 有学者在比较视域下梳理了中西政党制度在理论逻辑上的民主分野、文化逻辑上的异质多元、实践逻辑上的内生演进等方面存在的鲜明差异，深入分析中国新型政党制度生成的内在必然性、本土自生性与伟大创造性。⑤

三是马克思主义政党制度的时代发展研究。有学者结合中国之治将新型政党制度与旧式政党制度进行比较，得出新型政党制度在国家治理方面表现出无可比拟的制度优势，实现了在社会发展形态和国家治理效能上的双重超越的结论，并总结出中国新型政党制度效能优势突出表现为具有强大组织动员力、利益整合力、民主科学的决策力和秩序保障力。⑥ 有学者指出，新型政党制度通过手段与目标的增量赋权，发展与治理的双轮驱动以及价值与工具的弹性整合，作用于全过程民主。⑦ 有学者通过中西政党制度对比发现，中国新型政党制度与国家治理现代化具有特殊而重要的关联性并具有诸多优势。⑧ 也有学者基于执政党与参政党成员的实证分析，对新型政党制度视域下协商民主认知与治理效能提升路径进行探索，并得出新型政党制度的治理效能提升一方面要靠新型政党制度宏观制度的设计与实施，另一方面也需要执政党与参政党成员等微观行为主体的支持。⑨

① 梁东：《改革开放以来学界关于政党制度的概念界定》，《新视野》2021 年第 4 期。
② 陈冬冬、齐卫平：《中国新型政党制度内涵的多维解读》，《上海市社会主义学院学报》2021 年第 5 期。
③ 孙林：《制度学习与变革：新型政党制度的话语突破》，《科学社会主义》2021 年第 6 期。
④ 刘华超、臧秀玲：《论中国新型政党制度的话语权建构》，《理论视野》2021 年第 2 期。
⑤ 王士珩：《内缘演进与本土自生：比较视阈下中西政党制度的生成逻辑论析》，《广西社会主义学院学报》2021 年第 5 期。
⑥ 顾榕昌：《中国之治与新型政党制度效能》，《理论导刊》2021 年第 3 期。
⑦ 阙天舒、方彪：《国家治理场域中全过程民主与新型政党制度——基于新时代中国话语建构的视角》，《社会主义研究》2021 年第 4 期。
⑧ 闻丽、刘晖：《中国新型政党制度的治理优势》，《中州学刊》2021 年第 1 期。
⑨ 李锋、宋雄伟：《新型政党制度视域下协商民主认知与治理效能提升路径分析——基于执政党与参政党成员的实证分析》，《河南社会科学》2021 年第 11 期。

### 3. 研究中的不足及完善建议

一是亟须继续加强学理性研究。包括对中国新型政党制度在内的马克思主义政党制度的价值、历史、文化等底层逻辑生成问题的学理考察。目前学术界大多还停留在对马克思主义政党制度具体理论的一般解读上，重复论述较多，缺乏对政党制度的嬗变逻辑进行多视角分析。二是要注重实践创新研究。学术界大多从理论、历史、现实三个层面论证中国新型政党制度的发展，对马克思主义政党制度的创新性实践研究视域不够开阔。

## （三）政党治理研究

### 1. 研究概述

政党治理是推进政党政治发展的重要内容，也是能够直接解决党建问题并引领社会、国家治理现代化发展的关键领域，故而成为2021年学术界关注的热点。其主要围绕以下几个方面进行。一是马克思主义政党治理的基本问题研究。通过比较研究探讨马克思主义政党治理的优越性。二是政党治理与国家治理的关系研究。以马克思主义经典论著的文本研究发掘文献价值、总结经验，探索实现政党治理与国家治理现代化协同发展新方向。三是马克思主义政党治理的实践路径研究。聚焦具象化的政党制度，通过研究政党与国家互动规律，探寻如何提高政党治理现代化实践效能等问题的可行方案。

### 2. 主要观点

一是马克思主义政党治理的基本问题研究。有学者梳理了马克思的"治理"思想并从其"治理"的含义和历史类型总结马克思在很大程度上讨论的是政治统治和公共管理之间的关系，并指出恩格斯曾在《反杜林论》中，对此有过深入的分析。[①] 有学者对比研究中欧政党治理指出，在理念层面，二者对政党治理的概念、理论的建构以及目标的限定等皆有不同理解；在治理路径层面，二者在治理格局及治理专业化建设、党纪治理等方面皆有所差异。通过借鉴欧洲政党治理的经验和汲取其教训，中国的政党治理要注重政治建设、人民主体地位建设、法治建设，以此促使政党治理与国家治理实现双向良性互动。[②] 有学者通过研究《法兰西内战》中马克思恩格斯充分总结人民民主专政下巴黎公社治理的教训等思想，发掘其在政党治理及建设中的时代价值。[③]

---

① 田卫：《向马克思学"治理"》，《中国纪检监察报》2021年8月10日。

② 关孔文、黄燕芬、杨宜勇：《中欧政党治理比较研究：理念、路径与意蕴》，《经济社会体制比较》2021年第3期。

③ 向汉庆、唐斌：《〈法兰西内战〉中马克思恩格斯的政党建设思想及其时代价值》，《湖南工业大学学报》（社会科学版）2021年第6期。

二是政党治理与国家治理的关系研究。聚焦政党治理与国家治理的双向互动问题，一度为政党治理开启了新方向。有学者通过研究马克思国家治理理论及其当代发展，梳理了马克思关于国家的本质、社会主义国家治理主体、社会主义国家治理目标、社会主义国家治理原则等重要国家治理理论，认为中国共产党对其继承和发展推动了马克思国家治理理论的发展。[①] 有学者探讨了党建创新引领基层治理问题，认为"从政党重塑基层，关键在于党建要始终秉持以服务理念为先导的价值取向，与国家发展战略和地方发展需要相衔接，不断回应基层社会发展和民生领域中的突出现实问题，通过优化党组织嵌入和引领基层社会的制度、技术、平台和方法，提升服务基层社会有效治理的能力是政党重塑基层的生命线"。[②]

三是马克思主义政党治理的实践路径研究。学界聚焦政党治理与国家治理的双向互动，并进行研讨对话。其中诸多学者在政党政治领域内，旨在研究政党自身建设、国家治理以及政党与国家互动的规律，为政党建设和国家治理提供有益的借鉴。[③] 有学者从政党治理的视角，提出了政党治理理念、模式和技术为党内巡视制度提供了现代化的平台的观点。[④]

### 3. 研究中的不足及完善建议

一要在政党治理问题的研究过程中回归马克思主义经典论著，运用文本研究但又要避免落入文本式解读的窠臼，从中总结规律性认识，指导解决治理领域的现实问题。二要进行分析方法、分析视角创新，充分运用现代组织学、管理学、系统论、生态论、传播学的相关理论，努力构建一整套从概念到范畴再到理论的学理研究体系。

## （四）政党自我革命研究

### 1. 研究概述

作为组织体的政党，不仅要有能够凝聚成员的意识形态，要有能够生发力量的组织状态，还要有能够担当使命的优良人才。自我革命成为解开这些重大课题的"金钥匙"。马克思主义政党自我革命是马克思主义政党本质属性的必

---

① 刘少明：《马克思国家治理理论及其当代发展》，《中国社会科学报》2021 年 10 月 28 日。
② 邓正阳、向昉：《从政党重塑基层：党建创新引领基层治理的实践透视》，《社会主义研究》2021 年第 5 期。
③ 徐学通：《政党治理与国家治理的双向互动——首届政党治理高端论坛会议综述》，《党政论坛》2021 年第 6 期。
④ 单灵芝：《政党治理视角下党内巡视制度的技术与价值研究》，《科学社会主义》2021 年第 1 期。

然要求，是中国共产党长盛不衰的重要原因所在，相关研究为学术界持续高度关注。一是马克思主义政党自我革命的理论溯源研究。学术界主要从马克思恩格斯等有关无产阶级政党自我革命的思想中探寻马克思主义政党自我革命的理论来源。二是马克思主义政党自我革命的基本问题研究。学术界聚焦马克思主义政党自我革命的深层逻辑、本质属性及价值意义。三是马克思主义政党自我革命的实践机制研究。学术界着眼马克思、恩格斯的相关论述，发掘始源性意义下的实践指导价值，围绕自我革命的实践逻辑、实践策略等展开了深入探讨。

### 2. 主要观点

一是马克思主义政党自我革命的理论溯源研究。有学者提出，梳理恩格斯关于"两个革命"的相关论述是新时代马克思主义研究的重要课题。[①] 有学者梳理了恩格斯有关无产阶级政党自我革命的思想内容，并总结了其思想启示。[②]

二是马克思主义政党自我革命的基本问题研究。有学者以马克思主义革命党的建构逻辑为基，指出党在执政后仍需要革命的时代依据在于我们依然处在马克思主义所揭示的从资本主义向社会主义过渡的历史大时代，能够革命的根本原因在于无产阶级政党所具有的彻底革命性，革命方式包括社会革命和党的自我革命。[③] 有学者指出，"坚持自我革命"的深层逻辑在于其是党的自我改造进程、自我反思进程、自身建设进程。[④] 有学者定位自我革命品格，通过梳理党自我革命的百年锻造史，指出中国共产党始终以毫不讳疾忌医的政治勇气，敢于直面各种问题和不足，始终不忘初心、牢记使命，在自我净化、自我完善、自我革新、自我提高中，开展了伟大的自我革命实践，缔造了伟大的自我革命精神，形成了伟大的自我革命理论，实现了自我革命与社会革命的辩证统一，从而锻造了伟大的自我革命品格。[⑤]

三是马克思主义政党自我革命的实践机制研究。有学者基于马克思恩格斯关于无产阶级政党学说视角，认为自我革命源于无产阶级政党批判性和发展性的理论品格、先进性和革命性的本质属性、全心全意为人民服务的根本立场、

① 余一凡：《恩格斯关于无产阶级政党自我革命与社会革命的基本规定及其内在关系探究》，《社会主义研究》2021 年第 2 期。

② 汤志华、赵伟程：《恩格斯有关无产阶级政党自我革命的思想及其当代意义》，《当代世界与社会主义》2021 年第 5 期。

③ 张浩：《论马克思主义政党的双重建构逻辑》，《马克思主义研究》2021 年第 8 期。

④ 黄蓉生：《坚持自我革命历史经验的价值伟力》，《思想理论教育导刊》2021 年第 12 期。

⑤ 白显良：《论中国共产党自我革命品格的百年锻造》，《西南大学学报》（社会科学版）2021 年第 4 期。

伟大历史使命的责任担当和内部矛盾运动的发展规律。① 有学者通过研究马克思恩格斯政党的领导思想，指出马克思恩格斯根据无产阶级所肩负的历史使命，不断总结无产阶级革命斗争的经验，并为无产阶级政党领导制定了抓眼前与管长远相结合、讲联合与讲斗争相结合、原则性与灵活性相结合的实践策略。②

### 3. 研究中的不足及完善建议

自我革命是历史的、发展的、实践的，因此对自我革命的研究追根溯源很重要，但同时在新的条件下，更需要时代分析的视角。这就要求：一是要系统建构马克思主义政党自我革命的历史经验、内在规律、实践进路一整套理论体系。目前学术界对这一问题的研究缺乏完整的科学建构。二是要关注弘扬自我革命精神的实践路径研究。目前学术界提出的策略性构想多由经验总结而成，缺少针对性的路径探索。三是充分发挥多学科借鉴融合思维，创新研究方法。目前学术界缺少学科交叉性研究，需要在增强多学科交叉研究方面下功夫、出成果。

## （五）政党纪律研究

### 1. 研究概述

高度重视政党纪律问题是马克思主义政党的政治本色和独特优势。政党纪律研究作为 2021 年学术界的热议话题，主要围绕马克思主义政党纪律的理论溯源展开。学术界深入挖掘马克思主义经典作家关于党的纪律建设思想蕴含的学理本质及内在规律，探寻马克思主义政党纪律的理论渊源。另外，学术界也关注了马克思主义政党纪律的基本问题研究，其中包含着基本理论视域与历史实践视域在内的多视角探讨。

### 2. 主要观点

一是马克思主义政党纪律的理论溯源研究。有学者以列宁的《共产主义运动中的"左派"幼稚病》这一论述无产阶级政党纪律建设和革命策略的重要著作为抓手，分析其对加强党的纪律建设，增强党的团结统一具有的重要价值。③ 有学者直指有必要从对马克思恩格斯思想的继承与发展，对国际共产主义运动经验教训的反思与总结，对革命民粹派的批判与扬弃，对普列汉诺夫的斗争与

---

① 武思浩：《百年来中国共产党为何勇于自我革命 基于马克思恩格斯无产阶级政党学说》，《实事求是》2021 年第 3 期。

② 段光鹏：《马克思恩格斯论无产阶级政党的领导》，《中国社会科学报》2021 年 4 月 13 日。

③ 陈明凡、张学森：《列宁批判"左派"幼稚病对中国共产党的深刻启迪》，《思想理论教育导刊》2021 年第 9 期。

借鉴等四个方面探寻列宁关于党的纪律建设思想根源问题，为中国共产党加强纪律建设提供理论参考。①

二是马克思主义政党纪律的基本问题研究。有学者指出，自政党发端始，其经历了从依附"显贵"的身份制政党到组织化的科层制政党的重大转变，并在此基础上衍生出了组织形态上更加"现代"的列宁主义政党。② 有学者通过对比列宁与习近平总书记的党的纪律建设思想，从战略重心、主要方法以及有效抓手等维度探讨二者在理论上的继承与发展关系。③ 有学者运用马克思主义哲学的立场、观点和方法进行思考、分析，拓展了马克思主义政党纪律思想的哲学向度思考。④ 除了政党纪律的基本理论视域，还有学者回首党的百年纪律建设实践，即从新民主主义革命时期的初步探索，到社会主义新时代的日臻成熟，系统梳理了四个发展阶段，系统阐述了具有中国特色的政党纪律建设思想，并指出信仰与纪律同行、在坚持党性中实现个性、以铁的纪律巩固党内团结成为党纪律建设的独特优势。⑤

### 3. 研究中的不足及完善建议

一要重视重点问题的研究，立足时代发展。如结合党对马克思主义政党纪律建设理论与实践的继承、发展进行创新研究。二要加强大历史观下马克思主义政党纪律的机理与实践的转化研究。现阶段学者大多局限于政党纪律阶段性的演进研究，研究视域不够广阔。三要重视比较研究，加强国内外比较研究并总结经验，目前学术界研究大多聚焦国情和党情审视问题，需要开拓国际视野促进党的纪律建设研究的交流。

## （六）政党形象研究

### 1. 研究概述

形象塑造是中国共产党作为马克思主义政党在国际舞台上展示自己、宣传自己、强大自己的重要一环。马克思主义政党形象问题成为 2021 年学术界关注的一个议题。主要研究成果有以下几方面。一是马克思主义政党形象的基本

---

① 石宗鑫：《列宁对党的纪律建设思想的继承与发展》，《沈阳师范大学学报》（社会科学版）2021 年第 1 期。

② 石伟：《纪律塑造政党——基于政党变迁史的制度考察》，《思想战线》2021 年第 1 期。

③ 王志强：《习近平对列宁党的纪律建设思想的多维发展》，《南昌航空大学学报》（社会科学版）2021 年第 4 期。

④ 陈丽晖：《马克思主义政党纪律的哲学追问、特性与认同》，《理论导刊》2021 年第 10 期。

⑤ 马鸣镝、王建华：《中国共产纪律建设的百年历程与独特优势》，《西南民族大学学报》（人文社会科学版）2021 年第 5 期。

内涵研究。其中包括对马克思主义政党形象的制度、机制进行系统研究。二是马克思主义政党形象建设的实践路径研究。坚持理论与实践相结合的方法论，基于马克思主义政党形象的价值功能，对马克思主义政党形象建设的实践路径进行探讨。

**2. 主要观点**

一是马克思主义政党形象的基本内涵研究。有学者从意识形态视角审视，指出政党形象建构是一个围绕政党意识形态发展而丰富自身内涵的过程。[①] 有学者对政党形象的生成进行学理性诠释，即政党客观映像浸入民众主观意象，以趋于稳定性的政党评价孕育出政党形象；并总结出推进党的形象建设，既必须着眼于相关制度创构，形成完备制度安排，打造以形象"立起来"为内核的党内专属制度体系，也必须着力于运行机制探索、形成有效机制链条，落地以形象"动起来"为内核的党内专用行动方案。[②]

二是马克思主义政党形象建设的实践路径研究。有学者从政党形象构建理论与实践相结合的视角出发，得出政党形象是政党定位与功能的现实产物的结论。并认为要通过形象构建的动力转化维系形象生产的可持续性，优化政党形象构建逻辑保持适应性，创新政党形象构建实践模式提升有效性。[③] 有学者发现，新媒体时代重置了现代政党政治运行的基本环境，突破政党形象建构的传统机制越发重要。[④] 进而有学者认为全面探索时代化实践进路，必须在思想上明确政党形象塑造的价值意义，把政党形象塑造放在突出的战略地位，这是政党形象塑造的逻辑前提；必须坚持以人民为中心的政党本色，建设"服务型"马克思主义政党，这是政党形象塑造的价值指向；必须抓住领导干部这个"关键少数"，充分发挥其模范带头作用，这是政党形象塑造的核心要求；必须综合运用多种宣传媒介，不断提升政党宣传的能力和水平，这是政党形象塑造的关键环节；必须勇于自我革命，在从严治党中推进党的建设"伟大工程"，这是政党形象塑造的基本路径；必须建立健全党的建设制度体系，建设马克思主义法治型执政党，这是政党形象塑造的根本保障。[⑤] 除此之外，还有学者回归

---

① 张明纲、韩旭：《意识形态治理视域下政党形象建构论析》，《理论导刊》2021 年第 3 期。

② 张书林：《中国共产党的形象建设：内涵、制度与机制》，《中共天津市委党校学报》2021 年第 3 期。

③ 丁长艳、王静静：《中国共产党"自我革命"政党形象构建：挑战与应对》，《社会主义研究》2021 年第 2 期。

④ 吴阳松：《问题与回应：新媒体时代的政党形象建构》，《江汉论坛》2021 年第 6 期。

⑤ 张士海、靳大力：《中国共产党形象塑造的百年历程、历史经验和时代要求》，《江苏社会科学》2021 年第 4 期。

历史，通过审视全面抗战时期中国共产党形象塑造的主要做法及其成效，从更宽广的视域探寻中国共产党发展壮大的内在逻辑，以期为今天的时代条件下党的形象塑造提供经验借鉴。① 还有学者认为中国共产党的"大党"形象植根于马克思主义政党的初心使命以及中华优秀传统文化中，是带领人民在革命、建设、改革发展的历程中塑造而成的。并总结百年历程中国共产党成功塑造"新民主主义革命的领导者""新社会的建设者""改革开放的推动者""民族复兴的引领者"等形象，汇聚成风华正茂"大党的样子"。同时强调新时代大党形象塑造要更加注重大党大国与领袖形象塑造的内在统一性；更加注重形象塑造的"内外兼修"；更加注重通过重大历史时间节点发生的重大历史事件讲好党的故事；更加注重形象塑造的话语权与"污名化"的斗争，展示开放自信的大党形象。②

**3. 研究中的不足及完善建议**

一要加强对马克思主义经典论著及理论的创新性阐述，将马克思主义政党形象研究向纵深推进，夯实学理基础，探索马克思主义政党形象建设的长效机制。二要丰富研究方法。目前研究范式较为单一，从多学科综合视角进行理论探究的、富有价值的成果不足。三要重视深化实证研究，目前研究多是理论阐发，实证探究略显不足。

# 二 中国共产党人党建理论与实践研究

2021 年，学界聚焦中国共产党人党建理论与实践，从不同学科领域和层次对各个时期中国共产党人关于党的建设的理论与实践展开探讨和研究，形成了一系列研究成果。

## （一）早期中国共产党人的党建理论和实践研究

**1. 研究概述**

建党初期，中国共产党人运用马克思主义作为观察国家命运的工具，尝试探索如何建立一个新型的革命政党、如何进行党的自身建设，由此推进马克思主义建党学说在中国大地上的应用和发展始开新篇。2021 年，学界在伟大建党精神的感召和引领下，聚焦李大钊的建党理论思考与实践过程，陈独秀加强党

---

① 洪富忠：《全面抗战时期中国共产党形象塑造的主要做法及成效——以大后方为中心的考察》，《党的文献》2021 年第 6 期。

② 王强：《中国共产党形象塑造的百年历程与现实启示》，《马克思主义研究》2021 年第 6 期。

的组织建设的思想观点和实践举措，恽代英建立一个新型革命政党的方略等相关问题深入挖掘和阐释，进而厘清了百年大党党建理论和实践的源头与原点所在。

**2. 主要观点**

第一，李大钊的建党实践研究。"南陈北李，相约建党。"李大钊是中国共产党的主要创始人之一，也是党的自身建设包含思想建设、组织建设、作风建设等方面的早期探索者。有学者强调以李大钊为代表的早期中国共产党人并未完全依循苏俄模式建党，而是从中国北方的实际出发，根据政治斗争形势的变化，调整思路，探索符合自身特点的国民革命方略，努力实现自主建党。[①] 他通过历史解构把握中国近代革命的特点，从政治理性、政党与国家、政党与人民等方面进行深入的理性反思，形成了自己的"新政党观"，进而在此基础上形成了以"中心势力"论、"大团体"思想和"革命党"观念为核心内容的建党思路，由此带领北京共产党早期组织以北京大学为中心开展革命活动。

第二，陈独秀的党建思想研究。陈独秀作为中国共产党的主要创始人和中共成立初期的主要领导人，高度重视党的建设，他的党建实践和思想吹响了马列主义党的建设基本原理与中国共产党党的建设的实际相结合的前奏。有学者总结指出，陈独秀加强党的组织建设的活动，主要包括贯彻实行民主集中制的组织原则、严格执行党的组织纪律、推动党的基层组织党支部建设和积极发展党员提升党员质量等方面。[②] 在共产国际的指导和支持下，陈独秀在党的组织原则、组织纪律、基层组织和党员队伍等方面开展建设，其理论和实践是中国共产党早期对组织建设的初步探索，深刻影响了党的基本品格和后来的发展走向。

第三，恽代英的党建思想研究。恽代英是中国共产党早期领导人和中国共产主义青年团的创始人之一，既致力于革命和党建的伟大实践，同时笔耕不辍，留下了近 300 万字的宝贵著述，为我们研究早期共产党人党建理论和实践提供了丰富鲜活材料。有学者指出，党的早期理论家恽代英极其重视党的纲领的制定。恽代英要求制定党纲，并帮助那些有见识有主张的政治领袖。他还在党内较早地提出要重视农民，要求共产党员深入农村，努力获得农民这个无产阶级最可靠的同盟军的支持。[③] 中国共产党自建党以来始终重视宣传思想工作。

① 侯且岸：《李大钊的建党思考与实践》，《马克思主义与现实》2021 年第 3 期。
② 徐光寿、王文杰：《陈独秀治党思想与实践评析》，《安庆师范大学学报》（社会科学版）2021 年第 3 期。
③ 张磊：《中国共产党早期代表人物对党的建设的探索》，《党政干部论坛》2021 年第 6 期。

恽代英作为中国共产党早期理论家、宣传家，他关于"革命宣传是改造世界的重要手段""革命宣传兼有'破坏'与'建设'的辩证作用"以及"革命宣传必须在宣传能力和宣传对象上'下功夫'"的重要认识，为中国共产党的宣传思想工作留下了宝贵经验。①

### 3. 研究中的不足及完善建议

第一，大力推进创新性研究。目前，学界的研究成果大多以某位早期中国共产党人的生平党建活动、在党的建设具体领域的思想理论等展开，缺少具有新维度、新亮点的研究成果，学者应善于立足新时代、运用新视角、创造新方法对早期共产党人的党建思想进行多维阐释。第二，加强史料的发掘及解读。对于早期共产党人党建思想的阐释要以史为据、史论结合，为此学界要广泛发掘文献资料并进行文本分析，推进早期中国共产党人党建理论和实践的研究不断向深度发展与广度扩散。

## （二）毛泽东党建理论与实践研究

### 1. 研究概述

2021 年，国内学界对毛泽东党建理论和实践研究持续走向深入，呈现议题多元、内容丰富的鲜明特点。主要围绕以下四个方面展开。一是毛泽东党的政治建设思想研究。研究重点包括毛泽东党的政治建设思想的生成逻辑、核心要义、价值意蕴；毛泽东党的政治建设思想与马克思主义无产阶级政党建设思想之间的理性逻辑关系；毛泽东新民主主义革命时期党的政治建设的实践探索。二是毛泽东对中国共产党精神谱系建构的贡献研究，学界重点关注了毛泽东与伟大建党精神和以此为源头的中国共产党精神谱系的关系问题。三是毛泽东在特定历史时期的党建实践研究。一些学者分析研究了某一关键时期毛泽东的党建理论和实践，概括了其所彰显的示范和借鉴意义。四是毛泽东党建思想理论地位与当代价值研究。学界认为，毛泽东的党建理论是中国化马克思主义党建理论的开篇，并深入剖析了毛泽东党建理论对推进新时代党的建设的实践指向。

### 2. 主要观点

第一，毛泽东党的政治建设思想研究。有学者分析，毛泽东重视从政治上加强党的建设，原因在于其受到马克思主义关于政党要有自己的政治立场和政

---

① 王萌苏：《恽代英的革命宣传观及其对新时代宣传思想工作的启示》，《上海党史与党建》2021年第 5 期。

治属性、形成领导核心的思想启迪。具体表现为：重视"党内生活政治化"、提高党内政治水平，"党领导一切"、维护党中央权威，坚定正确的政治方向，重视党的干部的重要作用等。① 在毛泽东对党的政治纪律建设的实践探索方面，有学者指出，在中国革命建设的浩荡进程中，毛泽东通过强化政治纪律教育、纠正党内无纪律无政府状态、制定党规党纪、建立健全党的纪律检查机构等措施，开启了政治纪律建设的良好开端。② 在毛泽东对党的政治纪律建设的重要贡献方面，有学者指出，毛泽东不断丰富党的政治纪律内容，统一党员政治行为准则，反对党内各种错误倾向，严格执行党的纪律处分，为党的政治纪律建设提供了基本保证、基本规范、思想基础和有力保障。③

第二，毛泽东对中国共产党精神谱系建构的贡献研究。有学者认为，毛泽东是中国共产党人伟大精神的塑造者、践行者，对中国共产党精神谱系的培育、形成与发展发挥了奠基性作用。④ 有学者认为，毛泽东是中国共产党人精神谱系内涵特质的阐发者。因为他为中国共产党人精神谱系确立了马克思主义的科学内核，夯实了理想信念的定力支撑，明确了为人民服务的价值追求等，构建起中国共产党人精神谱系的基本框架与核心要义。⑤ 还有学者将目光聚焦到了毛泽东与红岩精神的关系问题上。抗日战争时期，毛泽东为中共中央南方局领导的大后方革命斗争导航定向，推动了红岩精神的初步形成。抗战胜利后，毛泽东亲赴重庆入驻红岩，进行国共谈判，进一步丰富了红岩精神。而在抗战时期走向成熟的毛泽东思想是红岩精神形成发展的理论基石。⑥

第三，毛泽东在特定历史时期的党建实践研究。一是井冈山斗争时期毛泽东党的政治建设思想研究。有学者指出，这一时期毛泽东的思想蕴含着党的政治凝聚力建设的丰富内涵和成功做法，主要体现为政治信仰的坚定性、指导思想的革命性、组织建设的政治性、政治工作的人民性、纪律建设的严明性。⑦

---

① 彭付芝、谭桂贤：《毛泽东党的政治建设思想研究》，《北京航空航天大学学报》（社会科学版）2021 年第 1 期。

② 段妍：《毛泽东加强党的政治纪律建设的实践探索及现实启示》，《湘潭大学学报》（哲学社会科学版）2021 年第 1 期。

③ 李永春、岳梅：《毛泽东对党的政治纪律建设的重要贡献》，《湘潭大学学报》（哲学社会科学版）2021 年第 2 期。

④ 陈晋：《毛泽东与中国共产党人的精神塑造》，《毛泽东研究》2021 年第 5 期。

⑤ 李永进、刘亦泽：《毛泽东与中国共产党人精神谱系的构建》，《毛泽东研究》2021 年第 6 期。

⑥ 潘洵、刘小苑：《论毛泽东对红岩精神形成与发展的历史贡献》，《西南大学学报》（社会科学版）2021 年第 2 期。

⑦ 钟贞山：《论井冈山斗争时期中国共产党政治凝聚力建设的基本经验》，《西藏大学学报》（社会科学版）2021 年第 2 期。

二是抗战时期毛泽东党的政治建设思想研究。有学者指出，抗日战争爆发后，以提出"民族革命战争"概念为逻辑起点、以"伟大工程"建设为逻辑中介、以实现党的政治领导和打败日本侵略者为逻辑终点，抗战时期毛泽东党的政治建设思想的逻辑进路得以形成。① 三是毛泽东在新中国成立初期开展的反腐败斗争研究。有学者指出，毛泽东在"三反""五反"运动期间，用半年多时间集中开展了"打老虎"伟大斗争，下定了把"老虎"彻底打干净的决心，制定了有效合理的"打老虎"政策。②

第四，毛泽东党建思想理论地位与当代价值研究。有学者总结指出，毛泽东党建思想包括确立党的领导核心地位、强调着重从思想上建设党、重视依靠党的政治路线指引党的建设、实现民主集中制原则的中国化等方面。③ 2021年，学界在进行毛泽东党建思想研究时，尤为注重凸显其现实借鉴意义。有学者认为，毛泽东对党的自我革命的理论思考具有当代价值，对新时代中国共产党继续推进自我革命，增强政治免疫力、提高政治判断力、提高政治鉴别力、激发政治活力具有重要意义。④ 有学者探讨了毛泽东党的先进性建设思想的当代启示。认为新时代要坚持不懈开展党的先进性和纯洁性建设，推进党的长期执政能力建设新的伟大工程；坚持以人民为中心的发展思想，以党的先进性巩固党的执政基础和执政地位。⑤

### 3. 研究中的不足及完善建议

一是研究视角有待拓展。毛泽东党建思想的传统性议题依然占据主要地位，重复性、同质化研究成果较多。在今后的研究中，学者们应致力于挖掘新材料、发现新问题、提出新观点，与时俱进推进党的建设理论创新发展。二是研究范式仍需创新。毛泽东党建思想研究的大多数成果在研究方法的使用上以文本解读、文献归纳为主，比较研究法、跨学科分析法引入还相对较少，须以系统辩证思维审视考量这一党建思想。

---

① 王光森：《论抗战时期毛泽东党的政治建设思想的逻辑进路》，《毛泽东邓小平理论研究》2021年第 2 期。

② 倪德刚、江溪泽：《坚决清除党自身的病毒——毛泽东在新中国成立初期"打老虎"的决心与启示》，《毛泽东邓小平理论研究》2021 年第 8 期。

③ 肖贵清：《毛泽东党建思想是中国化马克思主义党建理论的开篇之作》，《毛泽东研究》2021 年第 3 期。

④ 邓倩、王成：《毛泽东对党的自我革命的理论思考及其当代价值》，《毛泽东研究》2021 年第 6 期。

⑤ 贺全胜、王焱：《毛泽东党的先进性建设思想及其当代启示》，《毛泽东研究》2021 年第 6 期。

## （三）党的第一代领导集体其他人物的党建思想研究

### 1. 研究概述

2021年，学界对党的第一代领导集体的党建思想研究，既突显以毛泽东为主要代表，同时进一步把周恩来、刘少奇、陈云等代表人物作为研究对象，基于广泛化、细致化的双重维度推进中国共产党第一代领导集体其他人物的党建思想研究。第一，周恩来的党建理论与实践研究，主要集中在周恩来党的作风建设思想和党的形象建设实践两个方面。第二，刘少奇的党建理论与实践研究，主要围绕刘少奇的党性修养理论展开。第三，陈云的党建理论与实践研究，主要针对陈云的政治质量观、政治生活观、政治利益观、"严""爱"结合的全面从严治党与国家治理具有内在统一性的观点进行论述。

### 2. 主要观点

第一，周恩来党建理论与实践研究。有学者指出，新中国成立后，周恩来十分重视倡导与践行党的三大作风，强调"要把学习和实践结合起来，这样修养才是全面的""永远不与群众隔离""要经常反省，与同志们交换意见，经常'洗澡'"。[1] 有学者认为，以周恩来为核心的中共中央长江局在国统区通过创办《新华日报》《群众》周刊等报刊，积极组织和参与外事活动，向外界宣传中共的抗战主张，有力地塑造、传播了中国共产党抗战引领者的形象。[2]

第二，刘少奇党建理论与实践研究。一是刘少奇党性修养理论的内涵意蕴研究。有学者从《论共产党员的修养》文本出发，分析探讨刘少奇党性修养理论的政治品质意蕴，指出刘少奇认为共产党人只有通过实践中的锻炼和修养，并在学习马克思主义理论的过程中不断改造自身，才能成为"品质优良、政治坚强"的合格党员。[3] 二是刘少奇党性修养理论的文化根源研究。有学者认为，刘少奇在提出中国共产党党员的党性修养问题时，对承袭传统修身思想的思维进路、借鉴和创造性转化传统修身思想的方法路径等问题给予了充分关注。[4] 三是刘少奇党性修养理论的重大贡献研究。有学者提出，党性修养论将马克思主义的修养论提升到一个新的高度，是创造性地将马克思主义与中国革命实践

---

[1] 张谨：《新中国成立后周恩来对党的三大作风的倡导与践行》，《党的文献》2021年第5期。

[2] 岳奎、郭倩：《中共中央长江局对中国共产党抗战形象的塑造与传播》，《社会科学》2021年第2期。

[3] 王进、宗诚：《"立根固魂"：刘少奇党性修养理论的政治品质意蕴》，《重庆社会科学》2021年第7期。

[4] 苏冰：《中国传统修身思想的传承与创造性转化——以刘少奇〈论共产党员的修养〉为例》，《现代哲学》2021年第5期。

相结合而提出的重要成果之一。①

第三，陈云党建理论与实践研究。有学者提出，陈云关于党的政治建设的理论观点既关涉党的领导机关的建设情况又强调党内生活的制度支撑，同时注重把握党员政治质量这一"人"的因素的考量。② 还有学者提出，陈云以"严"为底色的思想建党与制度建党同向发力的全面从严治党，为国家治理提供了重要保障；以"爱"为本色的关心基层党员、爱护干部党员、关怀离退休党员的全面从严治党，为国家治理提供了精神动力。③

### 3. 研究中的不足及完善建议

第一，从研究对象来看，学界对包含周恩来、刘少奇、陈云在内的其他领导人物的研究还需加强，研究对象有待进一步拓展。第二，从研究议题来看，当前研究主要针对某一领导人的党建具体问题加以分析，存在碎片化、零散化的现象。学界更应注重从整体性角度对党的第一代领导集体的党建思想开展系统性、宏观性的研究，基于当时特定的时空场域构建出系统的第一代领导集体党建思想，同时立足现实的时空转换对这一集体思想进行有效阐释，为新时代新征程推进党的建设新的伟大工程提供有益指导。

## （四）邓小平党建理论与实践研究

### 1. 研究概述

2021 年，学界关于邓小平党建理论与实践的研究涉及政治建设思想、党风建设思想、党的自我纠错能力建设思想等方面，基于三个方面展开。一是广大理论研究者重点关注了邓小平坚定马克思主义信仰、坚持党的领导、重塑良好党风政风的思想观点；二是面对党风建设出现的新形势、新问题，邓小平提出的新观点、新做法；三是邓小平对促进中国共产党直面问题、纠正错误、总结经验的历史贡献。

### 2. 主要观点

第一，邓小平的政治建设思想研究。有学者认为，改革开放初期，邓小平探索出加强党的政治建设的多维路径，即通过重新确立党的思想路线和政治路线，绘制党的政治建设的主线；通过维护党中央权威和集中统一领导、改进

---

① 龚群：《〈论共产党员的修养〉对马克思主义中国化的理论贡献》，《马克思主义研究》2021 年第 3 期。

② 陈丽晖、张龙林：《陈云关于中国共产党政治建设的理论与实践探索》，《学习与实践》2021 年第 12 期。

③ 季春芳：《国家治理视域下陈云全面从严治党思想中的"严"与"爱"》，《思想理论教育导刊》2021 年第 1 期。

和完善党的领导，巩固党的政治建设的领导保障；通过规范党内政治生活、培育健康向上的党内文化，打造党的政治建设的基础工程。① 同时改革开放初期邓小平关于党的政治建设重要论述和实践举措对当前加强党的政治建设具有重要的启示价值。

第二，邓小平党风建设思想研究。有研究指出，党的十一届三中全会以来，邓小平看到了整顿党的作风和纯洁党组织之于改革开放和社会主义现代化建设的迫切性与重要性，结合时代要求提出了一系列关于党风建设的精辟论述，采取了一系列有力措施加强党的作风建设。② 突出表现为要恢复和发扬理论联系实际、密切联系群众、批评与自我批评的党的优良作风，坚持解放思想、实事求是的思想路线，坚决反对形式主义、官僚主义、特权思想和贪污腐败，兼顾思想教育和法制约束双向发力，矢志不渝全面加强党的作风建设。同时邓小平党风建设思想对于当前我国党风建设具有重要指导意义。

第三，邓小平党的自我纠错能力建设思想研究。有学者认为，改革开放以来，邓小平先是重新确立了实事求是的思想路线、积极发展党内民主、开展整党运动，为党自我纠错提供了思想基础、内在动力和组织保障；而后，完善党的监督体系和推进党的制度化建设，提升了党自我纠错的自觉性、持续性。③ 同时这一思想对于在全面深化改革的新时代，继续以党的自我革命引领社会革命，"着力解决党自身存在的突出问题，不断增强党自我净化、自我完善、自我革新、自我提高能力"极具现实意义。

**3. 研究中的不足及完善建议**

2021 年，学界对于邓小平党建理论与实践的研究在观点与方法上的创新性不高，高质量、高水平的研究成果不多。邓小平党建理论与实践研究是一个广泛而深刻的话题，尤其是在新时代新征程上要保持独有清醒和坚定解决百年大党独有难题，持续深入挖掘邓小平党建思想的理论特色和实践经验极为必要。

## （五）新时代党建理论与实践研究

**1. 研究概述**

2021 年，理论研究界关于新时代党的建设思想研究如火如荼，逐渐构架起完善的理论研究体系框架。一是习近平总书记关于党的自我革命重要论述的研

---

① 刘惠、唐仁焕：《改革开放初期邓小平关于加强党的政治建设重要论述及当代价值》，《邓小平研究》2021 年第 6 期。

② 吕春阳：《邓小平党风建设思想及其现实意义》，《邓小平研究》2021 年第 3 期。

③ 华诺、周竞风：《浅析改革开放以来邓小平对提高党自我纠错能力的贡献》，《中共四川省委党校学报》2021 年第 2 期。

究。学者们针对该论述的基本问题、核心要义、严密逻辑、实践路径展开了归纳和分析。二是习近平总书记关于全面从严治党重要论述的研究。学界基于哲学角度和文化角度进行剖析阐发，进一步拓展了习近平总书记关于全面从严治党重要论述的研究视角。三是习近平总书记关于党的政治建设重要论述的研究。学界针对这一重要论述的时代背景、逻辑理路、思想方法等方面进行了深入学理分析和结构剖析。四是习近平总书记关于党内政治文化建设重要论述的研究。学界围绕习近平总书记提出的一系列党内政治文化建设的新观点、新论断、新举措，立足新时代党的建设面临的条件变换深入阐释论析。五是习近平总书记关于党内监督重要论述的研究。学者们主要针对此论述的核心要义、战略安排进行系统论述。六是习近平总书记关于反腐败重要论述的研究。对此，学界主流研究方向为习近平总书记关于反腐败重要论述的价值意义和鲜明特点。

**2. 主要观点**

第一，习近平总书记关于党的自我革命重要论述的研究。有学者认为，习近平总书记科学回答了中国共产党为什么要进行自我革命、为什么能进行自我革命、什么是党的自我革命以及如何推进党的自我革命等问题，创造性地回答了新时代党的自我革命的战略地位、科学内涵以及党的自我革命的原则、路径、方法等基础性问题。① 有学者指出，党的初心和使命是推进党自我革命的内在动力；强化对权力运行的制约和监督是推进自我革命的重要手段；党员干部尤其是领导干部是推进自我革命的主体力量；推动伟大社会革命是推进自我革命的重要目的。② 有学者认为，要牢牢把握习近平总书记关于党的自我革命重要论述中的历史传承与时代创新、使命引领与问题倒逼、权威维护与初心坚守、顶层示范与基层助力等辩证统一关系。③ 有研究指出，习近平总书记提出要做到"四个统一"，以党的政治建设为统领，持续高压反腐与权力制约监督问责相结合，完善党的领导制度体系和全面从严治党制度。④

第二，习近平总书记关于全面从严治党重要论述的研究。一是全面从严治党重要论述的哲学视角。有学者提出，新时代全面从严治党必须树立科学的哲学思维方法，以实践为基础的战略辩证法是习近平总书记关于全面从严治党重

---

① 何克祥：《习近平论党的自我革命的基本问题》，《中国延安干部学院学报》2021 年第 5 期。

② 颜杰峰：《习近平总书记关于党的自我革命的重要论述探析》，《马克思主义研究》2021 年第 9 期。

③ 黄立丰：《习近平新时代党的自我革命重要论述蕴含的十大辩证关系》，《思想理论教育导刊》2021 年第 1 期。

④ 严宗泽、王春玺：《习近平关于党的自我革命重要论述的创新性贡献》，《广西社会科学》2021 年第 5 期。

要论述的哲学方法论，其内蕴着底线思维、创新思维、法治思维、系统思维。作为习近平总书记关于全面从严治党重要论述哲学基础的战略辩证法，具体体现为坚持实事求是、人民中心、知行合一的有机统一。① 二是全面从严治党重要论述的文化视角。有学者提出，习近平总书记全面从严治党重要论述汲取了中华优秀传统文化立德修身的思想精髓，从传统家训家规中继承创新了中国古代优良家风家训家规的价值理念，从中华优秀传统文化中汲取了廉政智慧的精华。②

第三，习近平总书记关于党的政治建设重要论述的研究。一是习近平总书记关于党的政治建设重要论述的时代背景。有学者认为，党的十四大把政治建设凸显出来，党的十九大则更加突出了党的政治建设的统领地位，提出把党的政治建设摆在首位，这是基于对我们党的政党属性、政党传统、政党挑战的逻辑考量而作出的伟大抉择。③ 二是习近平总书记关于党的政治建设重要论述的逻辑理路。有学者认为，这一论述彰显了继承性与发展性相统一的生成逻辑、科学性与实践性相统一的理论逻辑、认识论和方法论相统一的实践逻辑以及党性与人民性相统一的价值逻辑。④ 三是习近平总书记关于党的政治建设重要论述的思想方法。有学者认为，该重要论述呈现出坚持实事求是、贯穿辩证思维、重视主体活动、饱含世界眼光的思想方法特征。⑤

第四，习近平总书记关于党内政治文化建设重要论述的研究。一是党内政治文化的内涵要义。有学者认为，习近平总书记深刻揭示了党内政治文化的本质属性、科学判断了党内政治文化的独特地位、全面阐释了党内政治文化的建设思路。⑥ 二是加强党内政治文化建设的价值意义。有学者认为，新时代加强党内政治文化建设，是习近平总书记抓住党的建设基础性、深层次问题而提出的创造性策略，不仅有利于引领和规范党内政治生活，还有利于净化和修复党

---

① 王世谊：《论习近平关于全面从严治党重要论述的哲学意蕴》，《广西社会科学》2021年第8期。
② 王世谊、张志祥：《论习近平全面从严治党重要论述的传统文化渊源》，《东吴学术》2021年第3期。
③ 曹鑫、倪素香：《论党的政治建设的出场与在场——以习近平关于党的政治建设重要论述为中心的考察》，《辽宁大学学报》（哲学社会科学版）2021年第2期。
④ 查少刚、魏巍：《习近平关于党的政治建设重要论述的逻辑理路》，《思想教育研究》2021年第5期。
⑤ 周茜：《对习近平关于党的政治建设重要论述的思想方法探析》，《学校党建与思想教育》2021年第5期。
⑥ 丁卫华：《习近平党内政治文化观的逻辑生成、内涵要义与理论品格》，《学校党建与思想教育》2021年第4期。

内政治生态。① 三是党内政治文化建设的实践路径。有学者认为，习近平总书记提出要在反思与认知中唤醒党内政治文化自觉，在坚守与践行中培育党内政治文化自信，在独立与创新中实现党内政治文化自强。②

第五，习近平总书记关于党内监督重要论述的研究。一是习近平总书记关于党内监督重要论述的基本要义。有学者指出，这一重要论述的基本要义包括"坚持民主集中制是强化党内监督的核心"、"形成监督合力"、"既要讲两点论，又要讲重点论"和完善党内监督途径等方面。③ 二是习近平总书记对于推进党内监督的部署安排。有学者指出，习近平总书记提出应以改革创新精神构建党内监督制度体系，不断提升监督制度执行力，推进党内监督制度文化建设。④

第六，习近平总书记关于反腐败重要论述的研究。一是习近平总书记关于反腐败重要论述的价值意义。有学者提出，习近平总书记这一重要论述的形成和发展，是基于中国共产党人所肩负的中华民族伟大复兴的历史使命和时代担当的价值追求。⑤ 二是习近平总书记关于反腐败重要论述的鲜明特点。有学者提出，其特点主要体现为：坚持人民至上的价值取向，反腐败与改革协同推进，制度建设是主线，以法治的思维方式反腐败。⑥ 三是习近平总书记关于党的廉洁形象建设重要论述。党的十八大以来，以习近平同志为核心的党中央坚定不移改作风、惩腐败、塑形象，对新时代如何塑造、维护党的廉洁形象进行了深入思考和实践探索。⑦

### 3. 研究中的不足及完善建议

第一，强化学理支撑。学界在进行习近平总书记关于党建重要论述研究时，解读、论证角度较多，学理上的深度挖掘较少。在后续研究中，要由现象叙述深入到本质探索，由总结阐释上升到理论抽象。第二，强化问题意识。要从有针对性的现实角度去研究习近平总书记关于党的建设的重要论述，不断增

---

① 李长学：《习近平关于加强党内政治文化建设重要论述的科学内涵》，《科学社会主义》2021 年第 3 期。

② 张晋宏、李景平：《习近平党内政治文化观探析》，《西南大学学报》（社会科学版）2021 年第 2 期。

③ 颜杰峰、陈丹丹：《习近平总书记关于党内监督的重要论述探析》，《毛泽东邓小平理论研究》2021 年第 5 期。

④ 常晨：《习近平总书记关于党内监督制度体系建设重要论述的四维阐读》，《毛泽东研究》2021 年第 4 期。

⑤ 谭玉龙：《习近平总书记关于新时代反腐败斗争的重要论述的生成逻辑》，《学校党建与思想教育》2021 年第 2 期。

⑥ 孙杰、叶庆丰：《习近平反腐败重要论述的鲜明特点》，《理论视野》2021 年第 10 期。

⑦ 梁超、张荣华：《论习近平新时代党的廉洁形象观》，《理论导刊》2021 年第 4 期。

强学术研究的现实观照。第三，强化实践研究。习近平总书记关于党建重要论述不仅是严密的理论体系，也是科学的实践体系。学者的研究不能仅停留在文本理论层面，还需将理论与实践联系起来进行研究。

## 三 基层党的建设理论与实践研究

2021 年基层党的建设理论与实践研究总体上呈现出进一步深入和全面发展的趋势。尤其是国企党建、农村党建和"两新"组织党建的研究，高质量成果不断涌现。

### （一）企业党建研究

**1. 研究概述**

2021 年企业党建研究主题主要聚焦于习近平总书记关于国企党建重要论述、国企党建实践与非公党建等。出版了一些质量较高的学术著作、研究报告和优秀案例选集等，如《新时代混合所有制企业党的建设研究》（人民出版社）、《国有企业党建发展报告（2021）》（社会科学文献出版社）等。中国知网收录的相关文章有 1200 多篇。

**2. 主要观点**

（1）国企党建

国企党组织如何有效融入公司治理是国企党建的研究重点、热点。有学者认为推动党建工作融入企业法人治理体系，必须明确党组织在公司治理结构中的法定地位，确定党组织的设置形式、职责权限和工作机制。[1] 有学者认为新时代加强国企党建的关键在于三个方面：落实党建工作责任制，签好责任书，规范工作流程；理顺企业内部党组织关系，优化党组织班子建设；切实加强"三基建设"和高质量落实"三会一课"制度；健全党员干部人才培养模式。[2] 近些年，学界对国企党建注重制度建设的倾向的研究兴趣日益增强。

（2）非公党建

有学者指出，私营企业党组织覆盖率的增加来自国家的有力推动与私营企业主的主动改变和模仿。[3] 有学者提出信息化深刻影响了非公企业的党建工作，

---

[1] 汪显东：《国有企业党建工作融入公司治理体系研究》，《社会科学家》2021 年第 4 期。

[2] 尹茜：《新时代加强国有企业党组织建设的实践路径》，《理论导刊》2021 年第 11 期。

[3] 朱斌等：《控制与合法化——中国私营企业建立党组织的机制分析》，《社会学研究》2021 年第 3 期。

非公企业党组织应当调适党组织工作方式、方法，提高党务管理能力、密切党群关系，以思想建设为重点实行文化嵌入。① 有学者以安徽省某市党建品牌为例，强调党建要突出政治性、实效性、创新性、时效性，强化非公党建中的政治引领与组织引领。②

**3. 研究中的不足及完善建议**

研究不足：一是研究成果缺乏理论深度，多为应用实践性文章，经验性和可操作性较强但缺少理论探讨；二是研究对象多集中于大型企业，缺少小微企业党建研究；三是缺少学科交叉研究，视角单一。

完善建议：一是完善企业党建研究领域多层次理论框架，加强学术性思考；二是加强党建领域的跨学科研究，引进社会学、管理学、心理学等相关学科研究理论与方法。

## （二）农村党建研究

**1. 研究概述**

2021 年农村党建相关的代表著作主要有《中国农村基层党建研究》（华中科技大学出版社）、《村民自治进程中的农村基层党建创新研究》（山西人民出版社）、《新时代中国共产党农村基层组织建设研究》（安徽教育出版社）、《新时代农村基层党建创新形态研究》（山东大学出版社）等。中国知网发表相关主题文章共 800 余篇。研究主要集中于党建与乡村振兴、党建与乡村治理、农村基层党组织建设、农村党建的百年历史回顾等方面。

**2. 主要观点**

（1）农村党建与乡村振兴。有学者探讨了农村基层党建引领乡村振兴的内在逻辑和提升路径，指出需要通过夯实组织基础、提升组织力、完善考核机制等措施来提升党建引领效能。③ 有研究聚焦乡村振兴战略背景下农村基层党组织在新时代的定位、困境与发展④，有学者认为，应该把组织力的提升作为农村基层党组织建设的重中之重，从而为乡村振兴的实施提供坚实保障⑤。也有

---

① 王鹏、周金龙：《信息化背景下非公企业党建如何高质量发展》，《东岳论丛》2021 年第 8 期。
② 洪亮：《安徽省六安市：创新培育"映山红"党建品牌的探索与实践》，《党建》2011 年第 11 期。
③ 夏银平、汪勇：《以农村基层党建引领乡村振兴：内生逻辑与提升路径》，《理论视野》2021 年第 8 期。
④ 鲁杰、王帅：《乡村振兴战略背景下农村基层党组织的定位、困境与发展》，《西北农林科技大学学报》（社会科学版）2021 年第 6 期。
⑤ 赵洁、陶忆连：《乡村振兴中提升农村基层党组织组织力研究》，《北京航空航天大学学报》（社会科学版）2021 年第 1 期。

学者从党员个体的视角进行实证研究，探讨了乡村振兴视域下对农村党员公共精神的培塑问题。①

（2）农村党建与乡村治理。有学者指出，中国共产党以"核心"的身份介入到治理体系中，发挥了联结、统筹和引领国家与社会关系的作用。② 有学者认为，要将组织建设嵌入基层治理实践，并利用村庄治理实践教育党员，优化党组织③；有学者指出，要构建基层党建与乡村治理间联动互嵌的结构体制，实现基层党建带动乡村治理效能提升④。有学者强调，实现党组织在基层社会的"实际在场"是党建引领的关键所在，而村组党建是这种"实际在场"的重要途径⑤；此外，还有研究者对于党建引领乡村治理的区域实践进行了考察，如山西省的"三基建设"⑥ 和浙江省金华市金东区的"基层党建+社会治理"的新格局⑦。

（3）农村基层党组织建设。有学者将"制度—生活"视角引入农村党建发展中，分析了具有流动性、脱嵌性和需求性的复杂乡村生活实践对基层党建提出的挑战，并提出要在党组织的制度化建设中强化与民情的适应性变动。⑧有学者强调了农村基层党组织建设中第一书记的重要性，认为应当通过制度化手段加强驻村第一书记的定点帮扶力度、团队合作与主体责任意识，辅助基层党组织回归基层治理主导者角色。⑨

（4）农村党建的百年历史回顾。这些研究包括以下几个方面内容。对中国共产党农村基层组织建设的历史时期划分；对中国共产党农村基层组织建设的特点归纳以及对中国共产党农村基层组织建设的问题反思。⑩ 有学者指出，经

---

① 付佳迪：《乡村振兴视域下农村党员公共精神的培塑——基于湖北 Z 镇的实证分析》，《探索》2021 年第 6 期。

② 林辉煌：《构造"核心"：村庄治理中的党组织》，《开放时代》2021 年第 4 期。

③ 望超凡：《实践型党建：党建引领农村基层治理的实践路径》，《兰州学刊》2021 年第 3 期。

④ 章荣君：《新时代基层党建带动乡村治理效能提升研究》，《湖湘论坛》2021 年第 4 期。

⑤ 刘伟、王柏秀：《村组党建引领乡村治理的进路与逻辑》，《广西大学学报》（哲学社会科学版）2021 年第 2 期。

⑥ 郝炜：《组织网络、制度型塑与能力提升：党建引领乡村治理的三重路径——以山西省"三基建设"为例》，《治理研究》2021 年第 2 期。

⑦ 马正立：《关于浙江省金东区党建引领基层社会治理创新的调研报告》，《中国井冈山干部学院学报》2021 年第 4 期。

⑧ 李沛丽：《"制度—生活"视角下的农村基层党建：挑战与对策》，《社会主义研究》2021 年第 2 期。

⑨ 唐兴霖、李文军：《嵌入性制度供给：第一书记帮扶农村基层组织建设的行动逻辑》，《行政论坛》2021 年第 4 期。

⑩ 文丰安：《中国共产党农村基层组织建设百年历程、鲜明特色及现实启示》，《中国农村观察》2021 年第 4 期。

过百年发展，中国共产党的农村基层组织建设包含组织覆盖机制和工作覆盖机制两个微观机制，使得党的执政基础得到巩固，治理能力得到提高。[①] 此外，还有研究基于乡村改革、乡村治理、乡村脱贫的多元视角对农村党建百年历程分别进行了历史回顾和经验总结，阐发意义并展望未来。[②]

**3. 研究中的不足及完善建议**

研究中的不足。第一，大多数研究对现代政党理论以及分析框架借鉴不足。第二，缺乏对于农村党建的分项、细化和实证研究。第三，对于农村党建史的研究，偏于宏观叙述，档案资料发掘不够。

完善建议：第一，夯实实证基础，扩展农村党建的多案例比较研究。第二，进一步挖掘和收集有关史料，借助历史学、社会学研究理论与方法深化对根据地时期以及新中国成立后农村党组织建设研究。

## （三）机关党建研究

**1. 研究概述**

2021 年万方数据库能搜到关于以"机关党建"为主题的期刊文章及学位论文约为 713 篇，其中核心期刊及 CSSCI 来源期刊仅有 6 篇。中国知网数据库收录与机关党建主题相关的报纸及会议文献共 266 篇，年鉴共 1329 篇。相关研究成果多围绕高质量发展、机关党建工作、党建引领、深度融合等关键词展开。

**2. 主要观点**

（1）机关党建高质量发展的路径。有学者提出，推进机关党建高质量发展需要立足更高政治站位。一是强化政治导向；二是深化理论武装；三是增强纪律意识；四是建设模范机关。[③] 有学者提出要坚持"四个突出"，即突出政治性、突出示范性、突出基础性、突出规律性。[④] 有学者提出，要充分发挥机关党委专责机构作用，把讲政治摆在加强机关党委建设首要位置，把强队伍作为

---

① 徐明强、李戈：《组织覆盖与农村基层党组织建设的历史经验——基于中国共产党百年历程的考察》，《华中农业大学学报》（社会科学版）2021 年第 4 期。

② 雷乐街、张斌：《建党百年：中国农村改革回顾总结与乡村振兴展望》，《中国农村经济》2021 年第 7 期；刘涛：《中国共产党百年乡村治理的功能定位、实践逻辑及时代任务》，《人文杂志》2021 年第 8 期；刘海军：《中国共产党农村治贫的百年探索、历史演进、经验与世界意义》，《求实》2021 年第 2 期。

③ 朱斌：《在主动融入经济社会转型发展大局中不断推动新时代机关党建高质量发展》，《旗帜》2021 年第 12 期。

④ 南京市级机关工委：《坚持"四个突出"推进机关党建高质量发展》，《旗帜》2021 年第 11 期。

加强机关党委建设关键举措。①

（2）机关党建和业务工作深度融合的路径。有学者认为，机关党建与业务工作深度融合既是一个理论问题，又是一个实践问题，要充分认识其可行性，正确把握其必要性，着力增强其有效性。② 有学者认为，要立足机关党支部的工作特点，推动理念融合、责任融合、组织融合。③ 有学者认为应该树立"全周期"发展理念，兼顾起点融合、过程融合、考核评价融合。④

（3）机关党建的案例研究。有学者以山西省直机关为例考察党建责任制落实情况，提出要健全党建主体责任落实贯通机制，健全主体责任落实考核督促机制，通过优化工作环境营造良好氛围带动干部担当作为。⑤ 有学者以广东省直机关为例，总结了机关党支部规范化建设的实践路径，提出要加强基础建设、抓牢思想教育、开展达标创优行动、加强组织领导、压实责任落实。⑥

（4）机关党建工作面临的问题和挑战。有学者总结，新时代机关党建和业务深度融合尚存在党建与中心工作脱节、学与用脱节、供与需脱节、形式与内容脱节、党建考核与奖惩脱节等问题。⑦ 还有学者总结，政治意识淡化、党的领导弱化、党建工作虚化、责任落实软化四个方面的"灯下黑"问题，严重制约着机关党建作用的有效发挥。⑧

**3. 研究中的不足及完善建议**

研究中的不足：一是解决问题的举措很多停留在表面，略显空泛，针对性不够；二是多数案例研究广延性不强，学术性不够。三是存在明显的同质化现象，缺乏特色。

完善建议：应该不断开拓跨学科的研究视角，运用定量分析和定性分析相结合的方法，不断产出学术性、理论性的研究成果。

---

① 杨传堂：《充分发挥机关党委专责机构作用 全面推动机关党建高质量发展》，《机关党建研究》2021年第1期。

② 李加坤：《关于机关党建与业务工作深度融合的思考》，《党建研究》2021年第3期。

③ 于逢良：《机关党建与业务深度融合的问题及路径》，《农业发展与金融》2021年第9期。

④ 王南南：《树"全周期"发展理念 促机关党建和业务工作深度融合》，《办公室业务》2021年第16期。

⑤ 山西省直机关工委课题组：《强化责任落实 凝聚党建合力——山西省直机关党建责任制落实情况调研报告》，《机关党建研究》2021年第11期。

⑥ 曾艳琴：《机关党支部规范化建设的实践路径——以广东省直机关为例》，《学理论》2021年第1期。

⑦ 刘盛举：《务实推进新时代机关党建和业务深度融合》，《当代党员》2021年第18期。

⑧ 中国社科院直属机关党委课题组：《机关党建"灯下黑"问题具体表现及治理研究》，《机关党建研究》2021年第9期。

## （四）社会组织党建研究

### 1. 研究概述

2021 年度出版的社会组织党建代表著作有《新时代"两新"组织党建创新形态研究》（山东大学出版社）、《全国基层党建创新典型案例》（第五辑，党建读物出版社）等。中国知网约有 70 余篇与社会组织党建的相关研究性文章，研究集中于社会组织中党组织的功能定位、社会组织党建的困境与路径探索等。

### 2. 主要观点

（1）社会组织中党组织的功能定位。有学者认为，社会组织党的建设是基层党建体系的重要组成部分，其功能在于嵌入社会并融入社会，并最终实现服务社会的目标。① 研究者发现，加强党建工作对社会组织进行资源汲取和资源配置均起到了积极作用。②

（2）社会组织党建的发展困境。有学者指出，在实践探索中形成的"嵌入式"党建模式，容易导致社会组织党组织政治定位不明，党建工作与业务工作相互分离等问题。③ 具体而言，社会组织党建面临与社会组织内在逻辑冲突、缺乏科学的考评指标体系和专业人才、与主要业务结合不到位、党建经费相对不足、组织内党员凝聚力待加强等问题。④ 此外，有学者指出，社会组织党建面临的问题，很大程度上是由社会组织的类型多样、涵盖范畴广、涉及行业多、机构构成复杂等特点造成的。⑤

（3）社会组织党建的路径探索。有学者指出新时代的社会组织党建工作必须要处理好党的领导与社会组织自我管理的关系，突出强化社会组织党组织的服务功能。⑥ 也有学者指出，要关注社会组织党组织建设全程，将党组织覆盖后的社会组织视作整体"嵌合体系统"，实现党的领导与社会组织法人治理在目标、结构、业务、文化等方面的有效互动与融合。⑦

---

① 郎帅：《新时代社会组织基层党组织建设的理论思考》，《学术前沿》2021 年第 19 期。
② 王凯文：《党建对社会组织资源汲取与配置的影响及其机制研究》，硕士学位论文，浙江大学，2021。
③ 肖金明、杨伟伟：《从"嵌入"走向"嵌合"：社会组织党建模式创新探析》，《中州学刊》2021 年第 4 期。
④ 李芳泽：《新时代社会组织党建研究》，硕士学位论文，聊城大学，2021。
⑤ 管策：《新形势下加强社会组织党建工作研究》，《三晋基层治理》2021 年第 1 期。
⑥ 寇爽：《社会组织党建的发展沿革、经验探索和路向选择》，《领导科学》2021 年第 8 期。
⑦ 肖金明、杨伟伟：《从"嵌入"走向"嵌合"：社会组织党建模式创新探析》，《中州学刊》2021 年第 4 期。

**3. 研究中的不足及完善建议**

研究中的不足：一是对社会组织党建的概念界定依然不明确，研究基础薄弱，尚未形成系统的理论框架；二是研究视角和研究方法单一，缺少多学科领域的理论与方法支撑，学术性研究不够。

完善建议：明确社会组织党建的相关概念边界，构建科学的理论框架，加强多学科交叉研究，增强研究的学术性和学理性。

## （五）科研院校党建研究

**1. 研究概述**

2021年关于科研院校党建研究的代表作主要有《高校党建新时代高校院系党组织党建育人的探索与创新》（中央编译出版社）、《新时代高校党建创新形态研究》（山东大学出版社）、《让信仰成为力量——高校党建新探索》（兰州大学出版社）等，实践研究偏多。

据中国知网数据库不完全统计，2021年有关高校党建的相关论文有934篇，其中收录进CSSCI来源期刊的有90篇。论文主要围绕新时代推进高校党建工作的理论研究与思考、高校基层党组织建设、高校党建中的思想政治教育问题、高校党建百年历程及其经验等展开。

**2. 主要观点**

（1）新时代的高校党建工作研究。研究者主要从两方面对于这一问题进行思考：一是从实务角度思考新时代条件下高校党建工作如何进行创新，如有些学者讨论了"互联网+"背景下如何处理好互联网规律与党的建设规律的关系，也有学者提出高校党建信息化是高校党建的现实诉求。二是从理论角度论证新时代高校党建的理论逻辑与内在规律，以及在实践中同高校其他工作的协同关系。

（2）科研院校基层党组织研究。学界主要聚焦高校基层党建创新工作、高校领导制度、监督问责制度和请示报告制度、高校党务干部队伍的培养问题等。还有一些学者从认同心理结构、政治文化构建等角度思考了基层党组织的组织力度问题。

（3）高校党建中的思想政治教育问题。大多数学者的关注点在于高校党建工作如何与大学生的思政工作实现有效地融合。有些学者认为高校党建工作必须与高校人才培养工作结合起来，用党建工作来引领育人模式和办学方向的发展。同时有些学者指出要推进高校党建与思想政治教育整体工作体系一致化，以走出党建工作针对教职工党员，思想政治教育针对所有学生的误区。

（4）中国共产党高校党的建设的历程与基本经验。有学者较为系统地总结和分析了百年来高校党建的基本历程和历史经验。学者对于高校党建的大历史分期基本上是一致的，但是在经验总结方面则不尽相同，有些学者认为中共百年高校党建的成功归结于不同历史时期党建目标的明确、意识形态领导权的牢固把握以及党在高校的领导体制与制度体系的完善。

**3. 研究中的不足及完善建议**

研究中的不足：实践总结、领导人讲话与中央政策的解读偏多，学术性研究不强；研究方法上，定性分析多于定量分析，缺少借鉴其他人文社科理论工具和研究方法。

完善建议：加强院校党建的基础性研究，包括院校基本党建史、基础理论、基本内容、基本方法等。

## （六）部队基层党建研究

**1. 研究概述**

2021 年出版的部队基层党建相关学术专著和学术论文数量都比较少，其中较具代表性的论文有《"党指挥枪"：全面抗战初期军队党的建设》（《党的文献》2021 年第 1 期）、《任弼时在湘鄂川黔苏区的党建实践及其历史贡献》（《湖南行政学院学报》2021 年第 4 期）等。2021 年部队基层党建研究的重点是习近平强军思想、军队党的建设史、军队党的建设经验等。

**2. 主要观点**

（1）习近平总书记关于军队党建重要论述研究。有学者指出，在新的历史条件下，习近平总书记充分继承并进一步发扬了毛泽东军队党建思想，推动建军治军向新的高度迈进。习近平总书记关于加强军队党建工作的重要论述为新时代军队建设提供了重要指南和思想武器。①

（2）军队党的建设史研究。有学者对任弼时在湘鄂川黔苏区的党建工作进行了研究，指出，面对严重困难局面，任弼时一方面恢复和发展了军队内部的党团工作，另一方面积极解决军队内的政治问题，最终使苏区各方面工作沿着党的政策顺利发展，为发展和巩固苏区作出了贡献。② 有学者指出，"党指挥枪"这一特定表达的形成并非偶然，而是由具体的历史经验沉淀而成；党对军队的绝对领导不仅要关注军人，也要关注军队物资及其分配问题；思想、制度

---

① 张昕钰：《习近平对毛泽东军队党建思想的继承与创新》，《哈尔滨学院学报》2021 年第 6 期。

② 伍正刚：《任弼时在湘鄂川黔苏区的党建实践及其历史贡献》，《湖南行政学院学报》2021 年第 4 期。

和战略建设，是加强党对军队绝对领导的基本路径。①

（3）军队党的建设经验研究。有学者指出，在全面抗战初期，中国共产党通过建立健全军队党组织、大力发展党员，把党的组织深入到军队的基层，依托军队党组织尤其是连队党支部对党员开展各种形式的思想政治教育，逐步恢复和完善军队政治委员及政治机关有关制度，从组织上、思想上、制度上将"党指挥枪"根本原则融入到军队党的建设的各项工作之中，解决了全面抗战初期军队党建工作滞后的问题。②

**3. 研究中的不足及完善建议**

研究中的不足：第一，部分研究的宣传话语较多，缺少学术性；第二，相关研究多侧重于宏观层面，缺少微观层面的案例研究；第三，对于部队基层党的建设历史的研究有待进一步深入细化。

完善建议：增强研究的学术性和客观性；增加对部队基层党组织建设的具体案例分析；加强对部队基层党的建设历史的研究。

## 四　中国共产党百年历史经验研究

### （一）研究概述

以史为鉴，可以知兴替。重视对历史经验的总结与运用，从中找到前进的正确方向和正确道路，是我们党的优良传统。习近平总书记指出："我们党一步步走过来，很重要的一条就是不断总结经验、提高本领，不断提高应对风险、迎接挑战、化险为夷的能力水平。"③ 每到重要历史时刻和重大历史关头，党都要回顾历史、总结经验。2021 年恰逢中国共产党建党百年，11 月 11 日，党的十九届六中全会通过了《中共中央关于党的百年奋斗重大成就和历史经验的决议》（以下简称《决议》），《决议》总结了中国共产党百年奋斗的十条历史经验，即坚持党的领导、坚持人民至上、坚持理论创新、坚持独立自主、坚持中国道路、坚持胸怀天下、坚持开拓创新、坚持敢于斗争、坚持统一战线、坚持自我革命。以此为契机，理论界形成了丰富的研究成果。这些研究成果从不同视角对中国共产党百年奋斗的历史经验进行了深刻的逻辑分析和理论阐述。为了撰写的简明凝练，本模块将"坚持党的领导"和"坚持中国道路"

---

① 王劲嵛：《党指挥枪：武装革命初期中共红军枪支分配问题研究》，《苏区研究》2021 年第 3 期。
② 张屹、王木林：《"党指挥枪"：全面抗战初期军队党的建设》，《党的文献》2021 年第 1 期。
③ 习近平：《在党史学习教育动员大会上的讲话》，人民出版社，2021，第 16~17 页。

作为党百年奋斗的政治保障、"坚持人民至上"和"坚持理论创新"作为党百年奋斗的根本依据、"坚持开拓创新""坚持敢于斗争""坚持统一战线""坚持自我革命"作为党百年奋斗的制胜法宝、"坚持独立自主"和"坚持胸怀天下"作为党百年奋斗的使命担当展开综述。

## （二）主要观点

### 1. "坚持党的领导"和"坚持中国道路"是党百年奋斗的政治保障

第一，关于坚持党的领导的百年历史经验研究。中国特色社会主义最本质的特征是中国共产党领导，中国特色社会主义制度的最大优势是中国共产党领导，党是最高政治领导力量。坚持党的领导是中国共产党百年奋斗历程中最根本的政治保障，是应对发展环境深刻复杂变化的"定海神针"。理论界的研究立足于百年大党的历史视域，重点从党的领导制度、党的领导制度体系等角度探讨了坚持和加强党的领导的发展历程和基本经验。首先是总结了百年来党的领导制度建设在坚持重大原则、推进制度创新、把握关键环节、坚持战略思维、抓住重点任务等方面积累的丰富经验，其中包括：始终坚持党的领导尤其是"坚持党对一切工作的领导"原则，坚定对党的领导的制度自信；在持续推进制度创新中完善党的领导制度体系，实现党的领导科学化、民主化和法治化；坚持维护党中央权威和集中统一领导，完善"两个维护"的保障机制；以战略思维完善党的领导制度，发挥党的领导制度体系对国家治理体系的统领性作用。[①] 其次是考察了党的领导制度体系的发展历程和现实启示，指出新时代坚持和完善党的领导制度体系，必须坚持正确政治方向，一体推进党的领导制度改革、建设和执行，把党的领导制度融入国家治理体系，为新时代坚持和发展中国特色社会主义提供根本保证。[②]

第二，关于坚持中国道路的百年历史经验研究。道路关乎党的命脉，关乎国家前途、民族命运、人民幸福，坚持中国道路是对中国革命、建设和改革百年历程中道路探索的经验总结。一年来理论界立足于党的百年奋斗史的梳理，对中国道路形成了理性认识，并从独创性的角度系统阐释了中国道路。首先是对中国道路的系统梳理和理性认识。中国道路是党和人民百年奋斗史开辟出来的正确道路，具有扎实的历史基础和实践基础；是百年来马克思主义中国化、

---

① 王春玺：《坚持和完善党的领导制度的百年历程和基本经验》，《马克思主义研究》2021 年第 11 期。

② 方涛：《从"党的领导制度"到"党的领导制度体系"——改革开放以来党的领导制度建设的历史考察与现实启示》，《重庆社会科学》2021 年第 4 期。

不断进行理论创新的产物，具有坚实的理论基础和真理的力量。一方面，中国道路已经踏上了不可逆的历史进程，必将在不断创新与完善中完成中华民族伟大复兴的目标；另一方面，中国道路在创造人类文明新形态中为人类现代化提供了新的选择和新的启示，具有伟大的世界意义。① 其次是对中国道路独创性地阐释和总结。中国道路独创性的内在根源在于：坚持独立自主这个立党立国、兴党兴国的根本；坚持社会主义先进理念，占据人类思想的制高点；从中华文化这个独特基因寻找生长点。中国道路原创性的内在机理表现在：经济上具有独创的动力机制；政治上具有独创的内在优势；外交上具有独特的内在价值。②

**2. "坚持人民至上"和"坚持理论创新"是党百年奋斗的根本依据**

第一，关于坚持人民至上的百年历史经验研究。人民立场是中国共产党的根本立场，是党领导人民革命、建设、改革的根本依据。有学者详细论述了"人民至上"宝贵经验的形成与演进历程，他认为新民主主义革命时期，党确立为人民服务的根本宗旨，形成群众路线的根本政治路线，依靠人民力量进行革命战争；社会主义革命和建设时期，党以确定人民当家作主、携手人民群众进行社会主义建设为主题坚守人民立场，进一步加强党和人民群众的血肉联系；改革开放和社会主义现代化建设时期，党带领人民群众解放思想、回归理性，不断深化人民主体地位，切实保障人民民主权利，努力推进人民共同富裕；中国特色社会主义新时代，以习近平同志为核心的党中央深入回答了"为了谁而发展"的问题，深刻解答了"依靠谁而发展"的问题，深切答复了"发展成果由谁共享"的问题。③ 党坚持人民至上，在各个历史时期呈现出了不同的时代表达，但不同的时代表达却内蕴着党百年奋斗的根本依据，在今天仍然有着重要的现实启示，有学者认为主要体现为彰显"江山就是人民、人民就是江山"的真理光芒，秉持"全心全意为人民服务"的根本宗旨，昭示为"中国人民谋幸福"的初心恒心，厚植"得民心者得天下"的执政根基。④

第二，关于坚持理论创新的百年历史经验研究。坚持理论创新阐明了百年奋斗基本经验的根本依据，也阐明了百年来党的理论创新的"总命题""总要求"与根本遵循，有学者认为百年来党的理论创新的"总命题"是不断推进马克思主义中国化时代化、及时回答时代之问与人民之问，百年来党的理论创新

① 刘元春：《在总结中国共产党百年奋斗史中认识中国道路》，《教学与研究》2021 年第 12 期。
② 郭万超：《中国道路的独创性》，《暨南学报》（哲学社会科学版）2021 年第 12 期。
③ 余永跃：《坚持人民至上：伟大奋斗的宝贵经验》，《人民论坛》2021 年第 32 期。
④ 任映红：《中国共产党坚持人民至上的逻辑内核、时代表达及现实启示》，《马克思主义理论学科研究》2021 年第 11 期。

的"总要求"与根本遵循是坚持正确的思想路线，坚持把马克思主义基本原理同中国具体实际相结合、同中华优秀传统文化相结合，坚持实践是检验真理的唯一标准，坚持一切从实际出发。① 一百年来，党与时俱进地进行理论创新，形成了毛泽东思想、中国特色社会主义理论体系、习近平新时代中国特色社会主义思想，为党领导新民主主义革命、社会主义革命和建设、改革开放和社会主义现代化建设、开创中国特色社会主义新时代提供了科学理论指导，也为新征程上继续推进理论创新提供了重要启示。有学者认为理论创新要与理论守正相统一、与实践创新相互动、与理论借鉴相统一、与理论武装相同步。② 也有的学者认为要有科学的态度和正确的方法，把马克思主义基本原理同中国具体实际结合起来，同中华优秀传统文化结合起来，还要重视理论创新成果的运用，用马克思主义中国化最新成果统一思想、凝聚力量。③

**3."坚持开拓创新""坚持敢于斗争""坚持统一战线""坚持自我革命"是党百年奋斗的制胜法宝**

第一，关于坚持开拓创新的百年历史经验研究。创新是一个国家、一个民族发展进步的不竭动力。创新思维贯穿于中国共产党百年奋斗历程，是党推动事物发展、推进社会进步的精神力量。有学者从创新思维的演进视角指出，百年来，中国共产党的创新思维，随着中国道路的探索，主要形成了始终要以辩证唯物主义和历史唯物主义为指导、始终要以社会主要矛盾转化为问题导向、始终要以否定之否定规律为过程导向、始终要以实现中华民族复兴大业为目标导向、始终要以为人民谋幸福为价值导向的基本经验。④

第二，关于坚持敢于斗争的百年历史经验研究。敢于斗争、敢于胜利，是党和人民不可战胜的强大精神力量。有学者认为，党的百年伟大斗争的历史，以始终坚持"人民至上"的价值理念为斗争立场，以始终坚持推进社会制度历史性变革为斗争任务，以始终坚持"勇于斗争、敢于斗争、善于斗争"为斗争原则，以始终坚持和加强党的全面领导为斗争保障。⑤ 还有学者认为，中国共

① 刘红凛：《百年来党的理论创新与马克思主义中国化的三次飞跃》，《学术前沿》2021年第24期。

② 艾四林：《坚持理论创新是中国共产党百年奋斗的重要历史经验》，《红旗文稿》2021年第24期。

③ 路建平：《坚持理论创新 用党的理论创新最新成果武装全党——学习党的十九届六中全会精神》，《思想理论教育导刊》2021年第12期。

④ 李永胜、张馨艺：《中国共产党创新思维百年演进的历史经验和时代启示》，《人文杂志》2021年第8期。

⑤ 张士海、崔庆君：《中国共产党百年伟大斗争的历史经验》，《中南民族大学学报》（人文社会科学版）2021年第6期。

产党历经百年斗争积累的宝贵经验，主要包括始终坚持以马克思主义科学斗争理论为指导，始终坚持依据特定社会历史任务确立斗争方向，始终坚持实事求是、灵活高效的斗争方法，始终坚持为了人民、依靠人民的斗争立场，始终坚持党对斗争的领导和党的自我革命，始终坚持百折不挠、矢志不渝的斗争精神等。①

第三，关于坚持统一战线的百年历史经验研究。建立最广泛的统一战线，是党克敌制胜的重要法宝，也是党执政兴国的重要法宝。有学者从统一战线领导权建设的研究视角指出，统一战线的领导权是靠斗争赢得的，党的建设是统一战线领导权的根本保障，爱国主义是统一战线领导权的精神旗帜，科学理论是统一战线领导权的行动指南。② 也有学者认为，党的统一战线工作的经验主要有：必须坚持中国共产党对统一战线的领导；必须坚持科学理论指导统战工作；必须以思想政治建设为核心抓好统一战线工作；必须把统战干部队伍建设作为抓好统战工作的关键；必须推进统战工作的制度化、规范化、程序化。③

第四，关于坚持自我革命的百年历史经验研究。勇于自我革命是我们党区别于其他政党的显著标志。党在百年奋斗征程中形成了勇于自我革命的优良传统，积累了推进自我革命的宝贵经验。有学者通过梳理百年大党践行自我革命的历史进程，认为"加强党员理想信念教育，坚持从严管党治党，以持镜自检态度强化党的自我监督，永葆党的先进性和纯洁性，以制度建设保障党的自我革命的纵深推进，既是党的自我革命的基本经验，也是百年大党永葆青春活力的根本原因"。④ 也有学者认为，党在推进自我革命中坚持六个相统一，进而实现在勇于推进社会革命中自觉进行自我革命、在坚决维护最广大人民根本利益中进行自我革命、在确保党的领导地位的同时进行自我革命、在解决党自身的突出问题中拓展自我革命的目标途径、在充分调动广大党员干部主动性创造性中进行自我革命、在不断建立健全制度机制中进行自我革命。⑤

**4."坚持独立自主"和"坚持胸怀天下"是党百年奋斗的使命担当**

第一，关于坚持独立自主的百年历史经验研究。中国共产党是为人民谋幸

---

① 赵金平：《中国共产党百年斗争经验：回望与启示》，《思想政治教育研究》2021年第3期。

② 李永胜、李威威：《中国共产党统一战线领导权建设的百年历程及其经验》，《中州学刊》2021年第10期。

③ 丁俊萍、颜苗苗：《中国共产党百年来统一战线工作的历程和经验》，《江苏社会科学》2021年第3期。

④ 唐皇凤、梁新芳：《中国共产党百年自我革命的基本经验》，《上海交通大学学报》（哲学社会科学版）2021年第1期。

⑤ 沈传亮：《中国共产党推进自我革命的历史经验》，《马克思主义研究》2021年第4期。

福、为民族谋复兴的政党，在百年历史中为实现民族独立、国家富强而奋斗，"走自己的路"，是党百年奋斗得出的历史结论。对此，有学者在全面回顾及梳理中国共产党百年独立自主历程的基础上，深刻阐释其意义，即"之于中国而言，是立党立国重要原则，且赓续了民族精神。之于世界而言，为世界社会主义国家发展提供中国经验，为发展中国家走向现代化贡献中国智慧，为国际事务实现协调和配合奠定精神基础"。① 也有学者认为中国共产党百年奋斗的历史就是一部坚持独立自主走向辉煌创造奇迹的历史，并从"价值自觉在于政党和国家事务上坚持自己作主张，反对教条主义，反对教师爷颐指气使的说教；道路自觉在于坚持立足中国国情走自己的路，从新民主主义道路到中国特色社会主义道路，走出了迈向伟大复兴的人间正道；实践自觉在于坚持自力更生，把国家和民族发展放在自己力量的基点上，实现真正的自立自强；主体自觉在于坚持把马克思主义中国化的历史飞跃建立在中华文明的沃土上，在理论创新中保持精神独立性，实现精神主动"② 等四个方面论述了中国共产党的独立自主。

第二，关于坚持胸怀天下的百年历史经验研究。中国共产党既是为人民谋幸福、为民族谋复兴的政党，也是为人类谋进步，为世界谋大同的政党，始终站在历史正确的一边，站在人类进步的一边，是党取得历史性成就的密码。对此，有学者认为坚持胸怀天下是中国共产党人独特的精神品质，将中国共产党处理与外部世界关系的基本经验提炼为"坚持胸怀天下"，充分彰显了党始终为世界谋和平与发展的使命与情怀，并从"关注人类命运，展现负责任大国担当；完善全球治理，践行真正的多边主义；坚持和平发展，引领人类进步方向③"等三个方面阐述了要坚持胸怀天下、促进人类进步的使命。还有一些学者从其他角度进行阐释，如以构建人类命运共同体为切入点，从立足回答"世界怎么了、我们怎么办"的时代之问，探索共建共享之道、积极贡献中国力量等方面，论证了中国共产党立足中国，胸怀天下，为世界人民谋大同的全球视野和博大胸襟。④

## （三）研究中的不足及完善建议

党的百年历史经验的研究是一个复杂而系统的过程，需要在不断总结归纳已有研究成果的基础上，坚持唯物史观基本原理，坚持大历史观和正确党史

---

① 徐川、刘亮：《中国共产党独立自主百年探索历程及其意义》，《思想政治教育研究》2021 年第 6 期。

② 辛鸣：《论中国共产党的独立自主》，《中国特色社会主义研究》2021 年第 6 期。

③ 钟联：《坚持胸怀天下 促进人类进步》，《当代世界》2021 年第 12 期。

④ 孙艳：《坚持胸怀天下 不断推动构建人类命运共同体》，《红旗文稿》2021 年第 24 期。

观，回顾历史、总结经验，从中得出规律性认识，形成科学理论，进而映照现实、指导实践，远观未来、把握大势。综览目前理论界关于中国共产党百年历史经验的研究，还有一些方面有待深入。在今后的研究中，第一，要加强理论和实际相联系，注重历史经验对当下社会现实的指导价值，特别是要突出新时代的研究背景，强调党的百年发展经验对新时代党的建设的指导意义。第二，要从整体性和长远性发展的视角，加强对百年大党系统经验研究的体系建构，注重经验研究的整体性和系统性。第三，要挖掘党的百年历史经验基础理论研究的深度，注重从多学科的视角审视党的百年历史经验，从学理上开拓党的百年历史经验研究的新视野。第四，还要立足于现实需要以及党和国家的长远发展，坚持问题导向，不断深化对建设长期执政的马克思主义政党的规律性认识，永葆党的先进性和纯洁性，确保党永远得到人民拥护和支持，实现长期执政。

## 五 党的领导制度体系的内涵及优势研究

### （一）研究概述

党的十九届四中全会首次明确提出了"坚持和完善党的领导制度体系"命题，标志着我们党对自身建设规律和执政规律的认识提升到了新高度。学界对此的研究已经初步展开，学理分析的体系框架也在搭建中。2021年党的十九届六中全会进一步提出不断完善"党的领导制度体系"的要求。回顾2021年，学界研究成果主要以学术论文的形式呈现出来，从CNKI数据库的检索结果来看，相对聚焦"党的领导制度体系"研究的学术成果接近60篇。通过系统梳理可知，2021年学界主要从"内涵和优势"两个方面对党的领导制度体系命题展开了深入探讨。

### （二）主要观点

2021年学界的研究，一方面梳理阐释了党的领导制度体系的内涵，回答了"是什么"的问题；另一方面对党的领导制度体系的优势作了呈现，回答了"怎么好"的问题。

#### 1. 党的领导制度体系的内涵研究

第一，立足宏观视野的总体性维度对党的领导制度体系的内涵作阐释。有学者认为，党的十九届四中全会提出的"党的领导制度体系"，是中国特色社会主义制度的重要内容和根本制度。① 也有学者指出，党的十九届四中全会提出坚持和完善党的领导制度体系，提高党科学执政、民主执政、依法执政水平，是对党的领导制度和中国特色社会主义制度的丰富与完善，是对共产党执政规律的深刻把握，是对党的十八大以来党的领导理论构建与实践发展的深刻总结。② 再有学者认为，中国特色社会主义进入新时代以来，我们坚持党政军民学、东西南北中，党领导一切，在坚持和加强党的全面领导中党的领导制度、组织体系和工作机制不断健全和趋于完备，形成了党对一切工作领导的各项制度，这即是党的领导制度体系。③ 还有学者指出，新时代党的领导制度体系的构建是中国共产党探索领导制度建设的历史承续。党的领导制度体系是指在遵守宪法和法律的根本前提下，将党在政治、思想和组织等方面的领导提升到党的全面领导高度并加以制度化设计，转化成的一系列制度规范。④ 另有学者认为，党的十九届四中全会提出的"党的领导制度体系"实际上是一个宽泛概念，是对党的各项具体领导制度的系统集成。这一重大概念的提出，标志着改革开放以来党的领导制度建设取得了重大成果，是马克思主义执政党建设进入新时代的重要体现。⑤

第二，立足具体视角的构成要素维度对党的领导制度体系的内涵做阐发。除了总体性的阐释视角，还有不少学者从具体的要素构成维度撰文探讨。由于学者们立足的要素构成纷繁不一，所以对党的领导制度体系的内涵之界定也就样式各异、难成共识、主张多元。大体来看，主要有以下几种代表性观点。一是三要素说。有学者指出，党的十八大以来，以习近平同志为核心的党中央高度重视党的全面领导制度体系的健全与完善，在健全党的全面领导制度的观念方法、根本遵循、重要保障等方面分别形成了"系统论""核心论""制度论"三大支柱，逐步建构起系统完备、科学规范、运行有效的党的全面领导制度体系。⑥ 二是五要素说。有学者认为，党的领导制度体系以理念基础为起点，涵盖核心关键、内容指向、价值追求、执政本领与自身保证五个方面，形成了维

①　张铁军、罗丽娜：《论党的领导制度体系的建构逻辑》，《攀登》2021 年第 6 期。

②　李超群、余丹：《党的领导制度体系：生成逻辑、制度框架与时代价值》，《理论研究》2021 年第 3 期。

③　王民忠：《党的领导制度体系的百年演进与发展》，《理论视野》2021 年第 7 期。

④　练宸希：《党的领导制度建设多维论析》，《铁道警察学院学报》2021 年第 2 期。

⑤　方涛：《从"党的领导制度"到"党的领导制度体系"——改革开放以来党的领导制度建设的历史考察与现实启示》，《重庆社会科学》2021 年第 4 期。

⑥　张振、杨玉城：《新时代健全党的全面领导制度体系探赜》，《学术界》2021 年第 10 期。

护党的领导的整体闭环的制度框架。① 三是六要素说。综合来看，学界这一年在对党的领导制度体系的内涵认识上，大多数学者持"六要素"说。究其原因，是有文本支撑。比如，刘吕红教授依据党的十九届四中全会对"坚持和完善党的领导制度体系"所进行的系统性全局性部署，认为党的领导制度体系的基本内容框架体系由"不忘初心、牢记使命的制度，维护党中央权威和集中统一领导的各项制度，党的全面领导制度，为人民执政、靠人民执政各项制度，提高党的执政能力和领导水平制度，全面从严治党制度"等六项具体制度构成。② 无独有偶，江苏省社会科学院的陈朋研究员③、中国社会科学院马克思主义研究院的方涛博士④和北京交通大学的博士研究生练宸希⑤也都表达了和刘吕红教授完全一致的学术观点。

**2. 党的领导制度体系的优势研究**

2021年，学界的研究主要集中在以下几个维度：坚持中国共产党领导地位的优势；推进国家治理现代化的优势；集中力量干实事办大事的优势。

第一，关于坚持中国共产党领导地位的优势研究。党的领导制度体系是党和国家制度体系的"纲"，处于统领地位，发挥统帅作用，具有维护党中央权威和坚持党的集中统一领导，巩固中国共产党领导核心地位，充分发挥党总揽全局、协调各方作用的突出优势。有学者指出，维护党中央权威、保持政治稳定，离不开相应的制度保障。一方面，在我们党的领导制度体系中，"两个维护"的制度有力推动了坚定维护习近平总书记核心地位和党中央权威的制度化、规范化，有利于全党上下形成一个以党中央为圆心的"同心圆"，在"圆心"的聚集效应下，始终保持团结统一；另一方面，党的领导制度体系中的党领导各类组织的制度，能够保障党全面进入国家系统，占据关键位置，确保党对党政机关、企事业单位、群众自治组织、行业协会等的领导，有利于党的方针政策和决策部署在同级组织和本区域得到有效贯彻落实。⑥ 还有学者提到，党的领导制度体系是实现党的全面领导的关键。即实现党的全面领导需要健全和完善坚持党的领导的各项制度，以此不断提高党把方向、谋大局、定政策、

---

① 李超群、余丹：《党的领导制度体系：生成逻辑、制度框架与时代价值》，《理论研究》2021年第3期。

② 刘吕红：《论坚持和完善党的领导制度体系》，《湖湘论坛》2021年第3期。

③ 陈朋：《习近平关于党的领导制度体系重要论述的逻辑理路》，《行政论坛》2021年第5期。

④ 方涛：《从"党的领导制度"到"党的领导制度体系"——改革开放以来党的领导制度建设的历史考察与现实启示》，《重庆社会科学》2021年第4期。

⑤ 练宸希：《党的领导制度建设多维论析》，《铁道警察学院学报》2021年第2期。

⑥ 代江波：《党的领导制度的独特优势、鲜明特点与治理效能》，《中国领导科学》2021年第1期。

促改革的能力和定力。①

第二，关于推进国家治理现代化的优势研究。有学者指出，新时代党的领导制度建设更加注重顶层设计和分层对接，更加注重提高党的领导制度的系统性、整体性、协同性，推动制度体系的完善、成熟和定型，并以高素质的领导干部队伍提升治理能力，使执政党更加注重按制度办事、用制度治国理政，着力提升制度执行力，营造长期稳定可预期的制度环境，进而把中国特色社会主义制度的显著优势转化为国家治理效能。② 有学者认为，新时代充分落实党的领导制度体系建设的战略要求，可以进一步将党的政治优势、文化自信、发展优势和党建优势更好地转化为制度优势和国家治理现代化的效能。③ 还有学者主张，把党的领导活动纳入制度化、法治化轨道，并形成多元立体的架构体系，可以助力国家治理现代化有计划、有步骤、有重点地扎实推进。④ 与之相似的观点还有，党的领导制度体系在整个中国特色社会主义制度体系和国家治理体系中发挥着最根本优势，是推进国家治理现代化的根本保障。同时，这位学者还对优势彰显和发挥的内在机理作了分析，即要切实提高制度体系的执行力，增强制度体系执行的政治主动和行动自觉，增强"四个意识"、坚定"四个自信"、做到"两个维护"，与以习近平同志为核心的党中央保持高度一致，坚决贯彻落实好党中央的战略部署，党的领导制度体系的优势才能更好地转化为治理效能，最终推进国家治理现代化的实现。⑤

第三，关于集中力量干实事办大事的优势研究。2021 年，学界的普遍性共识是，党的领导制度体系作为中国特色社会主义制度体系的有机构成要素，具有集中力量干实事和办大事的优势。有学者表示，党的初心使命是为广大民众谋幸福，代表他们的根本利益，所以，党的领导制度体系的效能在于真用，真用的核心就在于不断地运用到"为人民服务"中去。⑥ 有学者指出，以习近平同志为核心的党中央把促进全体人民共同富裕摆在全面建设社会主义现代化国家新征程中更加突出的位置，加大治理相对贫困的力度。这必须继续发挥党的领导这一最大的制度优势，健全和完善总揽全局、协调各方的党的领导制度体

---

① 王民忠：《党的领导制度体系的百年演进与发展》，《理论视野》2021 年第 7 期。

② 方涛：《论党的领导制度体系的生成逻辑》，《马克思主义研究》2021 年第 2 期。

③ 杨燕：《新时代党领导国家治理现代化发展的三重论域》，《北方民族大学学报》2021 年第 4 期。

④ 石佑启、李坤朋：《论新时代党的领导制度的发展完善》，《学术研究》2021 年第 12 期。

⑤ 刘卫常：《坚持和完善党的领导制度的多维审视》，《党政论坛》2021 年第 5 期。

⑥ 刘吕红：《论坚持和完善党的领导制度体系》，《湖湘论坛》2021 年第 3 期。

系，强化党的领导在制度集成创新方面的核心作用，将制度优势转化为治理效能。① 也有一些学者以防疫工作来确证这一优势，比如有学者指出，疫情防控斗争是一项系统工程，涉及诸多方面，需要在党的坚强领导下，努力构建依法抗疫的制度保障体系，形成立法、党内法规、政策等制度保障之合力，彰显中国特色社会主义制度优势。② 再如有学者认为，疫情防控斗争生动诠释了中国特色社会主义制度的最大优势是中国共产党的领导，坚定了中国人民的制度自信。③

## （三）研究中的不足及完善建议

2021年学界对"党的领导制度体系的内涵及优势"的研究尚处于上升阶段，在一些方面仍存有进一步探讨和开拓的空间。

第一，加强对党的领导制度体系内涵与优势的学理化研究。这一年的相关研究不是偏重文件梳理，就是聚焦政策解读，抑或是针对习近平总书记的相关论述进行阐释，而对党的领导制度体系内涵的具体界定、要素构成还缺乏深入挖掘和深度释析，对党的领导制度体系优势的形成根据、发挥机理尚未达成共识、对新时代党的领导制度体系优势效能的测量和评判还鲜有权威性的理论阐明等。毋庸讳言，解决这些基础理论问题是深入探讨和推动学术研究进步的基础和前提，故未来亟待以学术化的话语表达和叙事阐释为此项研究注入学理性的氧气，填充学理性的含金量，筑牢学理性研究的根基。

第二，加强对党的领导制度体系内涵与优势的实证性研究。立足现实审视，"党的领导制度体系"是属于实践性较强的命题，故对其展开研究时，理应偏重采用实证的研究方法。但从研究现状来看，这一年对"党的领导制度体系内涵与优势"的探讨大多为宏观性的内涵阐释研究、经验总结研究、逻辑分析研究，而作为社会科学研究重要手段的实证研究、调查研究则较为匮乏，致使个别研究的信度和效度明显不足。众所周知，理论阐发和学术探讨的最终归宿是以理论创新推动实践进步。所以，对党的领导制度体系的内涵与优势探讨需要立足现实生活，扎根实践沃土，深入调研、座谈访问、摸底考察，以解决实际问题为导向，形成理论和实践协同联动，定性研究和定量研究同频共振、

---

① 王习明、高邓：《党的领导：新中国消除绝对贫困彰显出的制度优势》，《武汉科技大学学报》（社会科学版）2021年第3期。

② 陈俊：《党领导依法抗疫制度保障的若干思考》，《新疆师范大学学报》（哲学社会科学版）2021年第4期。

③ 陈开菊：《从疫情防控斗争看中国特色社会主义制度优势》，《中共四川省委党校学报》2021年第1期。

一体推进的综合研究范式。

第三，加强对党的领导制度体系内涵与优势的比较式研究。2021年，学界关于党的领导制度体系内涵与优势的研究，大多偏重于"本体性"研究，也就是聚焦"内涵与优势"本身的研究较多。相反，对比性的研究成果较为鲜见。换言之，这一年学界对此命题的研究思维"单线性"有余，而"立体化"不够。从纵向来看，缺少与党的历史上关于党的领导制度建设的对照性考察；从横向来看，缺少与西方国家资产阶级政党的对比性研究。所以，为提升研究实效和质量，在对新时代背景下党的领导制度体系内涵与优势进行充分研究之余，还需要解放思想，打破思维窠臼，突破常规视域的束缚，从横向和纵向的两个维度来拓宽、延展本命题的探讨视野。

第四，加强对党的领导制度体系内涵与优势的系统化研究。系统性思维是我们思考问题、分析问题和解决问题的一种科学方法。之于学术研究而言，系统性思维也不可或缺。2021年，学界无论是对党的领导制度体系内涵的研究，还是对党的领导制度体系优势的研究，都存在不够系统化的弊病。即诸多学者就某一具体视角或沿循某一常规范式对党的领导制度体系的基本内涵、体系结构、效能优势、作用价值等进行理论阐释，却少见立足整体性和关联性视野作较为系统的总结性研究。据此而言，未来对党的领导制度体系内涵与优势的研究应该有机融入系统思维：一是协同推进"内涵"和"优势"的研究，二者在研究侧重上不可出现畸轻畸重的偏废。二是在对"内涵"和"优势"的研究中要去除机械、孤立、片面的形而上学思维。唯有如此，才能在系统化研究中不断耕犁。

第五，加强对党的领导制度体系内涵与优势的多学科交叉研究。新时代"坚持和完善党的领导制度体系"是一项繁杂的浩大工程，从关涉层面来看，具体涉及党的领导方式和水平、党的执政方式和能力、政党治理等多个方面。因此，要对其进行全面性、立体化的探讨，不仅需要党史党建、马克思主义理论、政治学和管理学学科的探究，也须臾离不开其他学科领域研究方法和研究视域的恰切嵌入及协力阐释。故而，对于党的领导制度体系内涵与优势的研究，学界应在推动中共党史党建和马克思主义理论深化研究的同时，大力鼓励管理学、政治学、组织学、行为学、教育学、社会学、伦理学等学科深度融入探讨，形成多学科协同作战的良好局面，汇聚起一股强劲的研究力量。在一定意义上说，多学科交叉综合研究是推动新时代党的领导制度体系内涵与优势的研究不断走向纵深的必然选择。

## 六　越老朝古社会主义国家党建理论与实践研究

2021 年，朝鲜劳动党召开了党的八大、老挝人民革命党召开了党的十一大、越南共产党召开了党的十三大、古巴共产党召开了党的八大，四国执政党围绕各国社会主义建设与改革取得的成就和经验进行了深入讨论，并通过了新的国家发展目标和全面从严治党的相关决议。2021 年，国内学界对四国执政党的党建实践及经验进行了梳理总结，对党代会提出的党建新要求进行了分析解读，深化了对四国执政党党的建设理论与实践的认识。

### （一）越老朝古社会主义国家党的建设实践及经验的研究

#### 1. 研究概述

从 2021 年的学术成果来看，关于四国执政党党建实践及经验的研究多为个体研究，一是从整体上研究一个国家执政党的党建实践及经验，二是从某个方面研究一个国家执政党的党建实践及经验。

#### 2. 主要观点

第一，关于党的建设的整体性研究。有学者对越共十二大以来政治革新的进展及态势进行了研究，认为越共十二大以来，越南共产党和越南政府为防止党员内部"自我演变""自我转化"，通过革新党内选举制度、提升社会民众政治参与度、健全和完善反腐败制度体系等一系列政治革新举措，加强了越南共产党自身建设，巩固了越南共产党的执政地位。[①] 还有学者对十二大期间越共的党建实践进行了总结，包括：在政治建设方面，更加重视党的政治建设、革新党的领导和执政方式，加强内部政治保卫工作；在思想作风建设方面，不断革新思想理论工作，提高思想理论工作的战斗性、说服力，同时注重民运工作的效果，密切党与人民群众的联系，维护党的形象；在组织建设方面，建立精简高效的组织机构、加强基层党组织的建设和党员质量的提升、建设德才兼备的战略级干部队伍；在纪律制度建设方面，继续提高检查监察党纪工作的效率效果、推进党内法规制度的建立完善；在反腐倡廉建设方面，呈现高压态势反腐，完善反腐体制机制，查处大案要案，践行反腐"无禁区、无例外、无特权"的工作原则。[②] 另有学者对中共和越共在政治、思想、组织、作风、纪律、

① 徐秦法、秦艺菲：《越共十二大以来政治革新的进展及态势研究》，《当代世界社会主义问题》2021 年第 1 期。

② 李园：《十二大期间越共党建实践研究》，硕士学位论文，郑州大学，2021。

制度方面的建设工作进行了比较研究，分析了两党的异同点，并将启示总结为：要始终保持同人民群众的血肉联系，不断巩固共产党的执政基础；要增强忧患意识和时代紧迫感，不断发展党的指导思想和执政理论；要坚持经济建设与党的建设相结合的方针；要加强党内法规制度建设；要借鉴经验，助推党内监督机构更好履职；要坚定反腐决心，重视思想教育，完善法律制度；要加强交流，强化党内基层民主制度建设。① 除此之外，还有学者研究了古巴共产党的建设实践与经验，认为在长期执政过程中，古共一直坚持马列主义的指导，重视党的民族性和本土化根基，把本民族最先进的思想以及本土化的马列主义成果作为指导思想；强调党对国家和社会的领导，注重完善和改进领导方式；注重党员和干部队伍建设，改进党内政治生活，完善干部选拔模式；坚持群众路线，重视党团和党群关系，强调超越批评与自我批评的局限性；加强党规、制度和道德的约束力，坚持同腐败、违法乱纪和不道德行为作斗争，注重营造良好的政治生态。②

第二，关于党的思想建设的研究。有学者指出，老挝人民革命党建党66年、执政46年来，能够战胜一切艰难险阻并不断发展壮大，成为老挝特色社会主义事业的坚强领导核心，最重要的一条经验是始终高度重视思想理论建设。老挝人民革命党思想理论建设的主要实践包括：不断推动党员干部理想信念培树常态化；持续加强马列主义教育，强化理论武装；积极开展凯山·丰威汉思想研究，推动马列主义创新发展。其重要启示在于思想理论建设必须与党的中心工作相结合，坚持理论联系实际，以维护人民群众的现实利益为价值导向。③

第三，关于反腐倡廉建设的研究。有学者研究了越南共产党法治反腐的实践措施，包括推进以反腐败立法为基础的反腐法律制度建设；推进以预防和监督为核心的执法体系建设；开展以办理大案要案为抓手的司法实践；开展面向全民参与的反腐法律教育。④ 有学者指出，自革新以来，越南共产党的腐败治理历程大致可以划分为以整党整风与净化队伍为主要特点的运动反腐阶段，以完善法律法规与设立专门机构为主要内容的法治反腐阶段，以及以深入推进制度反腐并"无禁区"地严查大案要案为主要方式的全面反腐阶段，腐败治理取得重要成效。认为越共的腐败治理经验可以归结为四大方面：一是不断加强党

① 阮志功：《中越改革（革新）开放以来党建工作比较研究》，硕士学位论文，西安石油大学，2021。

② 袁东振：《古巴共产党的建设实践与经验探析》，《当代世界与社会主义》2021年第4期。

③ 叶本乾、方素清：《老挝人民革命党思想理论建设的实践与启示》，《党政研究》2021年第1期。

④ 王娜娜：《越南共产党法治反腐研究》，硕士学位论文，郑州大学，2021。

的统一领导与廉政机制构建；二是积极推动民主表决与权力制衡机制改革；三是努力完善反腐立法、制度配套与党纪构建工作；四是广泛实施党内监督、群众检举与媒体曝光相结合的多维治理。①

第四，关于领导干部建设的研究。有学者研究了老挝人民革命党加强干部队伍建设问题，指出，老挝人民革命党充分认识到干部的重要作用，认为革命之所以能够成功、建设事业之所以能够发展，关键在于拥有一支符合革命和时代需要的优秀干部队伍，因而高度重视干部队伍建设工作。近年来老挝人民革命党按照十大的总体部署不断革新举措，一方面，明确干部培养的具体标准，包括把政治素质作为各级干部培养的第一标准，强调各级干部要自觉加强政治理论学习，强调各级干部要有甘愿为国家和人民奉献的精神品质，强调坚持和贯彻民主集中制原则；另一方面，完善干部培养的配套措施，包括坚决惩治腐败，完善干部评价体系，运用电子信息化手段管理干部。老挝人民革命党的革新举措取得了显著成效，大量德才兼备的好干部脱颖而出，对老挝经济社会发展产生了积极影响。②

第五，关于党群关系建设的研究。围绕革新开放以来越南共产党密切党群关系问题，有学者指出，革新开放以来，越南党群关系面临政治生态环境日益复杂、执政党和群众全面转型与变化等带来的新挑战与新要求。面对新挑战与新要求，越南共产党升华密切党群关系的思想理念、构建密切党群关系的制度机制、夯实密切党群关系的利益基础、塑造密切党群关系的道德形象，取得了很大成效。从中得出的启示是，政党政治时代，密切党群关系是事关执政党执政合法性的系统工程，需要价值理性与工具理性的有机统一、中央顶层设计和基层因地制宜的有机结合、政党道德与政党法制的双重保障。③

### 3. 研究中的不足及完善建议

第一，对四国执政党党建实践的理论指导研究不足。党的建设实践离不开理论的指导，但从研究成果来看，相关研究偏重对党的建设具体做法的梳理，但对党的建设理论以及领导人党建思想的指导作用凸显不够，应将党的建设实践放到理论的框架内，加强理论与实践的结合。

第二，对四国执政党党的建设实践规律的研究不足。偏重四国执政党的个

---

① 王贤、范文德：《革新时期越南共产党的腐败治理：阶段历程、主要成效与基本经验》，《理论视野》2021年第9期。
② 苏帕娃迪·拉坎赛、方文：《老挝人民革命党加强干部队伍建设的理论与实践》，《党政研究》2021年第1期。
③ 韩慧、杨大海：《革新开放以来越南共产党密切党群关系的挑战、举措及启示》，《中共济南市委党校学报》2021年第6期。

体研究而欠缺四国执政党的系统研究。应将四国执政党的党建实践作为一个系统去探寻党的建设的一般规律和特殊规律，提高理论思考的高度。

第三，对四国执政党党的建设研究的重视程度不一。在个体研究中，相对偏重越南共产党的研究。应重视对古巴共产党、老挝人民革命党，尤其是朝鲜劳动党党建实践的考察，加强对党的建设新问题的挖掘和求解。

## （二）越老朝古社会主义国家党的建设新要求的研究

### 1. 研究概述

在深化社会主义建设与改革的新时期，四国执政党的领导能力和执政水平关乎各国社会主义事业的兴衰成败与前途命运。2021 年，社会主义四国党代会纷纷聚焦从严治党，力图通过党章修订、组织调整等方式，进一步加强党的领导，维护党的权威，改善党的建设，从而最大限度地提高党的凝聚力、战斗力和防腐拒变能力。

### 2. 主要观点

第一，越南共产党党建新要求的研究。越南共产党于 2021 年 1 月 25 日至 2 月 1 日在河内召开了第十三届全国代表大会。大会明确了越南共产党未来五年的任务和党的建设的基本思路及总体布局。有学者将越共十三大对党的建设总体部署与创新归纳为四个基本点。第一，党的建设基调是建设纯洁、坚强、全面的党。要从政治、思想、道德、组织和人员等方面重视党的建设和整风活动，提高党的领导能力、执政能力和战斗力。第二，党的建设主线是提高党的领导能力、执政能力和战斗力。要创新党对政权体系的领导，巩固党员干部队伍的建设。第三，党的建设框架是加强党的政治建设、组织建设和道德建设。要以政治建设为统领，坚持党的全面领导。要以组织建设为指向，提升党的组织能力。要以道德建设为抓手，净化党的政治生态。第四，党的建设原则是坚持以民为根，彰显人民的主体性地位。①

第二，老挝人民革命党党建新要求的研究。老挝人民革命党第十一次全国代表大会于 2021 年 1 月 13~15 日在万象召开。有学者研究了人革党十一大报告中确定的今后党建工作重点，包括以下几方面。一是坚持党关于实现思维创新的基本观点立场，坚持凯山·丰威汉思想，学习兄弟国家的社会主义建设经验，提高政治思想工作和理论工作水平。二是通过完善党支部领导内容，提高党委和党支部组织生活质量、加强党纪管理，继续发展壮大各级党组织和提高党员质量。三是传达贯彻党的各项决议时要在党中央集中统一领导和发挥各级

---

① 徐秦法、郑玉琳：《越共十三大对党的建设总体部署与创新》，《理论视野》2021 年第 4 期。

党委积极性、主动性、创造性紧密结合上下功夫，确保中央政治局和书记处发挥团结一致与集体决策的核心作用。四是加强党内监督检查，坚决杜绝党内不良现象，主要是调整完善中央和各级党委组织机构与运行机制，加强党的纪检机关建设，使之成为严格党内纪律的重要工具，同时开展对广大党员和各级党组织党性、先进性的检查评价。五是制定和实施系统的干部培养使用考核方案，改进干部选拔任用制度，严格落实干部监管和查处制度，推动干部工作深刻变革。六是调整机构和人员，改进领导作风，完善人民民主政治制度。①

　　第三，朝鲜劳动党党建新要求的研究。2021年1月5日至12日，朝鲜劳动党在平壤召开第八次全国代表大会。大会强调，要坚持党的唯一领导体系，坚决维护党中央权威。八大通过的新党章将"金日成金正日主义"确立为党永恒的指导思想，将"实现全社会金日成金正日主义化"视为党的最高纲领，把"人民群众第一主义政治"规定为社会主义基本政治方式。新党章将党内最高职务由委员长改为总书记，将原中央政务局、政务处调整为书记局、书记处，将各级党委委员长、副委员长改为责任书记、书记和副书记，将原中央检阅委员会（纪委）和中央检查委员会（审计委）合并为新的中央检查委员会。新党章还对朝鲜劳动党中央政治局职权、中央委员会各部门设置、中央军委及军队党组织规范、各级党组织及党员准则等内容进行了修订和补充，并明确规定每五年召开一次党代表大会。有学者指出，通过修改党章、工作报告、组织人事调整，劳动党八大在政治上举旗定向，明确指导思想，夯实金正恩和党中央的权威，推动组织体系正规化，同时重点强调"人民群众第一主义"，回答了朝鲜在新形势下走什么路、怎么走、靠谁走等关键问题，有助于国家长期稳定。②

　　第四，古巴共产党党建新要求的研究。古巴共产党第八次全国代表大会于2021年4月16日至19日在首都哈瓦那召开。有学者研究了古共八大对党的建设的总体部署，指出，大会从强化党的政治建设，确保党对社会主义事业的全面领导；加强党的组织建设，着力打造革命事业的坚强堡垒；加强党的作风建设，不断提升党的先进性和纯洁性三个方面为党的建设作了新的总体部署和规划，为新的历史条件下古共更好地领导社会主义建设提供了行动指南。③

---

① 韦健锋：《从人革党"十一大"报告看老挝未来政策走向》，《中国—东盟研究》2021年第3期。

② 刘天聪：《朝鲜劳动党"八大"内容评估及政策展望》，《国际研究参考》2021年第3期。

③ 王承就、封艳萍：《古共八大对党的建设的总体部署与展望》，《当代世界社会主义问题》2021年第4期。

### 3. 研究中的不足及完善建议

第一，党的建设新要求是在马克思主义党建思想的指导之下，基于新的时代背景、深刻认识党存在的突出问题、汲取先进的历史经验提出来的。应加强对四国执政党提出党的建设新要求的逻辑理路的剖析，解读提出党的建设新要求的理论、历史与现实依据。

第二，对党的建设新要求的把握，不能停留在内容归纳层面，应从不同维度研究四国执政党党的建设新要求的内涵意蕴、鲜明特点以及重大意义等问题，加强对党的建设新要求的学理解释。

第三，党的建设新要求的落脚点是实践转化。应加强对四国执政党党的建设新实践的关注，深入挖掘新要求指导下党的建设实践做法的继承和创新，分析新成效，总结新经验，产生新思考。

# 第二十四章

# 2022 年度党建学科研究
# 前景展望

　　2021 年，学界在马克思主义政党学说问题研究、马克思主义执政党自身建设比较研究、党的建设学科体系建设问题研究、中国共产党百年历程和经验研究等重要领域开展了深入持续的研究，取得了丰硕成果，为党建学科建设提供了坚实的学术支撑。但应看到，由于党建学科学术化、学理化和学科化仍处于建设中，相关研究尚存很大的提升空间。因而，系统梳理党的建设研究成果，展望学科研究未来前景，是继续推动党建学科建设的应有之义。

## 一　当前存在的不足

### （一）研究领域界定逐渐清晰但精细化不足

　　2021 年党的建设相关问题研究继续保持着良好的前进趋势，仍为最热门学术增长点之一，科研成果在数量上保持稳中有升的同时，成果质量和影响力亦有显著提升。已有研究成果在充分阐释新时代党建学科的必要性和战略意义基础上，进一步明确界定了党建学科的学科性质、学科特征、学科体系、研究内容、研究方向、课程设置、研究方法等基本问题，研究领域已十分清晰。这既能够从宏观上为完善马克思主义理论学科体系、构建中国特色哲学社会科学体系，提供决策依据和参考，又能够从微观上为有关单位加强党建学科建设、开展党建学术研究和人才培养，提供科学指导和借鉴。但也应看到，研究的精细化程度有待提升，主要表现为"学术论文程式化、理论文章宣传化"。从行文结构上看，已有成果大多按照"是什么""为什么""怎么做"的逻辑行文，时代背景与内涵意义解读相对厚重，实践路径研究相对单薄。部分研究成果执着于生硬建构"体系"，在打造概念上着墨甚浓，稀释了本学科研究的现实意义与应用价值。

## （二）研究视角趋于多样化但仍显同质化

经过持续的学术探索与研究实践，本学科研究视角显现出多样化、层次化、系统化样貌，初步形成政策阐释、理论分析、建言资政的格局，并强化了国际层面的对话能力。同时必须指出，2021 年相关研究成果主要基于对党的十九大报告、习近平总书记系列讲话和党中央相关文件的文本解读与意蕴阐释，偏重诠释性分析与一般化解读。且从年度发展趋势来看，这一类研究保持着持续增长的趋势，以至于这些研究对于现实问题的回应较弱，阻碍了党建学科建设发展的政治助力功能的发挥。党的建设学科是适应党的建设实践发展的需要产生和发展起来的，因此，党的建设实践诸面向是党的建设学科产生、发展的源泉和动力。党的建设学科及其相应学术的前景主要在于针对党的建设实践，以实践中产生的重大问题为导向进行理论思考并不断抛出学术回应与解答。此种面向与回应关系正是党的建设研究持续获得发展的不竭动力。研究毋庸置疑应以党的文件特别是以习近平总书记相关重要论述为基础，但应在现有的研究视角和思维结构基础上寻求进一步的突破，在诠释性分析的基础上深化学理性思考与增强回应能力。

## （三）研究方法趋于专业化但尚待融合交叉

党的建设本身是一项系统工程，需要综合运用多学科、多领域的知识方法，当前学界对习近平总书记关于加强党的建设重要论述的研究主要集中在马克思主义理论、政治学等学科范围内，但从广义上讲，党的建设关涉的学科领域远不止此，其与哲学、社会学、历史学、法学、管理学等诸多学科均有紧密联系。多学科融合研究方法对繁荣发展党建学科、提升其现实应用价值具有重要意义。多学科融合能够为党的建设研究提供路径创新，有利于党建学科在廓清自身学科边界的同时，积极主动地与相关学科形成良性互动，以多学科融合的研究方法达到党建学科建设突破性发展的目的。开阔党的建设研究视野，需要树立开放的学术意识，积极汲取各种不同学科领域相关知识，拓展学术领域，创新研究方法。多学科融合不是两种或多种学科知识的机械拼接，而要形成有机的整合。多学科融合也不是把其他学科的一些概念、范畴、术语作简单移植，而是要形成内在整合的逻辑关系。促进党建学科繁荣发展，创新多学科融合的研究方法，有利于构建党建研究的新学术话语、提高党建研究的学理水平、提升党建研究的成果质量、开拓党建研究的知识领域。另外，理论推演和文本分析的研究方法固然重要，但其更侧重于对理论观点和客观现象的定性分析，而党的建设涉及中央、地方、基层等多个层级以及干部、党员、群众等多个主体，最终必将回归到客观实践，因而以案例实证和调研数据为支撑的定量分析不可或缺。总之，当前研究中所运用的方法虽已具专业化形态，但总体上学科融合交叉不足，唯有形成多学科协同研究的联动效应，才能推动党的建设研究不断深入。

## 二　研究前景展望

### （一）综合性研究

#### 1. 马克思主义政党学说问题研究

马克思主义政党学说是马克思主义经典作家关于无产阶级政党的产生、发展和自身建设的客观规律的科学，是关于党在无产阶级革命和建设事业中领导地位、作用以及如何实现领导作用的规律的科学，是关于无产阶级革命政党建设经验的概括和总结。中国共产党科学总结自身的历史经验和国际共产主义运动特别是苏联东欧国家共产党兴衰成败的经验教训，借鉴国外政党治国理政的有益经验，在此基础上对在长期执政、改革开放和发展社会主义市场经济的新的历史条件下，"建设一个什么样的党、怎样建设党"这个关键问题，不断进行实践和理论的双重探索，初步找到了从思想、组织、作风、制度和反腐倡廉等方面建设马克思主义执政党的道路，初步形成了一个科学、完整、全面、系统的马克思主义执政党建设的理论体系，把对共产党建设规律和共产党执政规律的认识提高到一个新的科学水平。马克思主义政党理论是不断发展的理论体系，对马克思主义经典作家及中国共产党人关于政党关系问题的思想观点进行梳理，追本溯源，理清脉络，是在新形势下全面提高党建科学化水平的根本前提。

#### 2. 马克思主义执政党自身建设比较研究

对马克思主义执政党自身建设进行比较研究，是深刻总结马克思主义执政党自身建设历史经验并为当下党的建设实践提供理论支撑的现实需要，是加强中国共产党先进性建设和执政能力建设的题中之义。在长期的实践和探索中，中国共产党积累了相当丰富的自身建设和改革的理论与实践经验，这些理论认识和实践经验，为在新的社会历史条件下进一步加强党的建设提供了丰富的理论资源、制度资源和政策资源。加强新时代中国共产党建设，必须重视运用比较研究方法，在时空两维的比较中探讨马克思主义执政党执政进程中自身建设的阶段性特点和经验启示。中国共产党历经百年发展，自身建设的阶段特点和历史经验是什么？这些经验教训对于新时代中国共产党自身建设有何现实启示？通过其他国家共产党的执政经验抑或建设经验与中国共产党的建设经验的比较研究又可以得出哪些规律性认识？这都需要学术界进一步地深入探索，从而为新时代中国共产党自身建设提供理论支持和对策建议。

### 3. 关于执政党建设的研究

从世界政党政治的历史视野中看，由于社会制度和国情不同，政党的性质和构成亦不相同，执政的具体模式各有千秋。但是，从同样作为执政党的角度观察，不同国家与制度的执政党在治国理政上仍然有一些可遵循的共同规律和机制，有在相同时代与环境下共通的执政方略和内容，彼此间通过比较、借鉴，可以把由某个政党创造推行的但被实践证明是长期行之有效的建设措施作为中国共产党自身建设的有益参考。当今世界，各国在经济、政治和文化等各领域中的交流与合作不断拓展，大多数政党都努力顺应时代潮流进行调整和变革。马克思主义执政党建设，必须放眼世界、博采众长，既借鉴世界上其他政党执政的经验和教训，又要根据自己的国情党情创造性地探索，从而更加深刻和自觉地认识、掌握和运用执政规律，更好地服务于加强党的执政能力建设，全面推进党的建设的新的伟大工程的实践。

### 4. 党的建设学科体系建设问题研究

学科是学术发展的组织依托和学术管理的基本单元，党的建设学科体系建设有利于扭转当下研究力量分散困境，生成研究的规模效应，推动党的建设研究精细化发展。党的建设学科由于是新兴学科，其学科理论的根基更需要进一步完善，强化学科理论研究十分必要。党的建设学科要想立足于哲学社会科学之中，必须不断完善理论体系构建，要本着"突出优势、拓展领域、补齐短板、完善体系"的原则，科学谋划学科布局。着力提升党建学科地位，以学科建设为引领，以人才培养为根本，不断推进党的建设内涵式发展。夯实党建学科基础，应系统推进课程开发、教材建设、人力资源、科研方向的合力攻坚，建立概念体系、研究范式、学科话语，强化党的建设的学科支撑和学理依循。要坚持中国立场，旗帜鲜明地以马克思主义的立场、观点和方法指导党的建设的学科发展，用党的建设的最新理论反哺学科发展。全面从严治党，进一步加强党的建设，就要把党的建设的学科发展置于政党治理的宏观视野中进行审视，体现党的建设研究的党性，进一步巩固党的建设学科的地位，加快党的建设学科体系的形成。切实提升党的建设理论的系统化、科学化和规范化水平。构建党的建设学科体系，可以进一步规范党的建设学科理论知识，形成更加专业化的党的建设学科研究队伍，特别是培养更多的党建学科领域突出人才。构建"党的领导、党内治理、党的执政"三位一体的大党建研究格局，实施"瞄准前沿、重点突破、特色凸显、集成创新"的学科战略，坚持问题意识和需求导向，充分发挥党建学科的学理功能、阐释功能、实践功能、服务功能，解决党的发展问题和创新问题，建设具有党建特色的学科发展之路。

**5. 党的建设基本问题研究**

党的建设作为伟大工程，历来受到高度重视。党建学科要紧紧围绕"建设什么样的长期执政的马克思主义政党、怎样建设长期执政的马克思主义政党"这一重大时代课题，在历史与现实相贯通、理论与实践相结合中深化研究。在研究的原则方面，一是要加强党的领导的研究。研究党建问题的根本目的是把党建设得更加坚强有力，更好地加强党的领导。党建学科应该把坚持党的领导的研究放在首位，深入研究党的领导的地位和作用、党的领导体制机制和如何提升党的领导能力等重大问题。二是要重视创新能力研究，创新是一个先进政党永葆生机和活力的源泉。中国共产党之所以是创新性的马克思主义政党，就在于我们在理论上和实践中从来不墨守成规，而是能够把马克思主义关于党史党建的基本原理和中国的具体实际以及优秀传统文化有机结合，在党的自身发展中永不止步，勇于和善于自我完善、自我超越，不断实现党建理论和实践的创新。在研究视角和内容上，一是要厚植历史底蕴，深入研究党的自身建设历史，深刻总结自我革命的宝贵经验，汲取历史智慧。二是要深化理论研究，以习近平新时代中国特色社会主义思想为指导，深入研究党的政治建设、思想建设、组织建设、作风建设、纪律建设和制度建设及反腐败斗争的重大理论问题。三是要加强实践探索，深入研究全面从严治党、党的长期执政能力建设、党的先进性和纯洁性建设以及机关、企业、农村、学校等不同领域党的建设的重大理论和实践问题。

## （二）专题性研究

### 1. 中国共产党百年奋斗历程经验研究

中国共产党百年来辉煌成就所蕴含的建设经验和理论创新成果，需要有完善的中共党建学科体系提供理论凝练与支撑，持之以恒地深化研究，以史为鉴，面向未来，真正搞清楚过去为什么能成功，弄明白未来怎样才能继续成功。中国共产党是世界上最大的马克思主义执政党，是中国特色社会主义事业的领导核心，党的建设学科是与中国共产党执政党地位和作用相结合的学科，是阐释中国共产党执政地位与自身建设关系的重要学科。经过学界努力，党的建设学科已经初步形成比较健全的学科体系，研究内容不断丰富，研究领域不断拓展。《中共中央关于党的百年奋斗重大成就和历史经验的决议》和习近平总书记关于党的历史经验的重要论述，为深化相关研究提供了根本遵循。将党的百年奋斗的重大成就以及历史经验的研究与党的建设研究相结合，是党的建设学科发展与学术研究的重大要求。当前的研究应紧紧围绕实现中华民族伟大复兴这个主题，深入阐释党的不懈奋斗史、理论探索史、为民造福史与自身建设史，总结历史经验，揭示发展规律，构建厚基础、宽领域的研究格局。

**2. 习近平关于加强党的政治建设的重要论述研究**

马克思主义经典作家虽然没有明确提出党的政治建设的概念，但其关于党的政治权威、政治纲领及政治纪律等的一系列理论表述，奠定了关于加强党的政治建设的理论之源。习近平总书记关于加强党的政治建设的重要论述，继承发展了马克思主义党建理论，以全新的视野和丰富的内涵，系统回答了在新的历史方位下为何加强党的政治建设、如何加强党的政治建设的重要问题，开辟了马克思主义政党政治建设理论中国化的新境界，为深刻认识和把握党建工作内在规律提供了科学依据，为推进全面从严治党向纵深发展提供了根本遵循，为坚持和发展中国特色社会主义提供了理论指引。因此，全面推进习近平总书记关于加强党的政治建设的重要论述研究意义重大。

**3. 党的建设的话语体系建设研究**

党的建设的话语体系是指中国共产党的党建思想理论体系的话语呈现形式，用以表达中国共产党加强自身建设的价值追求和宗旨理念。新时代党的建设的话语体系建设应坚持以习近平新时代中国特色社会主义思想为指导，在服务巩固党的长期执政地位中探索自身话语体系构建的正确路径。党的建设话语体系作为中国化马克思主义党建理论体系构成要素之一，记录着中国共产党在不断的自我革命中淬炼，不断增强凝聚力、吸引力、战斗力的过程。中国共产党在推进全面从严治党的实践中，努力构建中国化马克思主义党建话语体系，形成"刀刃向内""零容忍""人民就是江山""砥砺初心使命"等具有中国共产党自身特质的原创性概念，为推动新时代党的建设话语体系不断创新发展提供了强大的动力，构成了中国共产党人对新时代党的建设在话语体系探索上的新成果。构建党的建设话语体系是中国共产党长期执政的重要基础，是中国共产党以人民为中心的话语体系创新的重要内容。党的建设话语体系创新作为党内政治文化的重要组成，对其的针对性研究必须重点关注人民群众最关心的党风、党纪和党内政治生态等问题，以中国共产党为"答卷人"接受人民"阅卷人"审核的视角，以人民认同和满意为最高评判标准的视角，来进行理论思考与资政建言。为此，党的建设的话语体系构建研究，在为党建学科体系的建构和完善服务的同时，更应当以问题导向为基点，在对关键问题的回应中激发研究的活力，以求真务实的学术精神探索党的建设话语体系建设的规律与发展方向，不断为新时代党的建设话语体系提供学术支持与理论素材。在兼顾价值指向和问题导向的同时，党的建设话语体系的研究亦需坚持话语继承与话语创新相结合、学理逻辑和实践逻辑相结合、借鉴吸收与自主创新相结合的路径。

### 4. 伟大建党精神研究

2021年9月，党中央批准了中央宣传部梳理的第一批纳入中国共产党人精神谱系的伟大精神，建党精神被纳入其中。伟大建党实践孕育的伟大建党精神是中国共产党的精神之源，是中国共产党人的精神谱系的伟大开篇，具有鲜明的时代性、开创性、源头性、先进性和实践性。此后，学术界围绕伟大建党精神开展了全面的研究阐释，充分解读了伟大建党精神的内涵和外延、形成及发展，论证了伟大建党精神的历史纵深感、理论支撑点、现实需要性，阐明了伟大建党精神对引领国家和社会生活、发展党内政治文化、带动意识形态建设的重要作用。为作进一步的深入研究与理论阐释，充分发掘伟大建党精神的时代价值，后续研究可聚焦于四个方面：坚持真理、坚守理想铸就了建党精神百年传承的政治品格；践行初心、担当使命形成了建党精神百年传承的价值遵循；不怕牺牲、英勇斗争锻造了建党精神百年传承的坚强意志；对党忠诚、不负人民凝聚起建党精神百年传承的强大力量。从此四个方面加强研究，有助于新时代传承与弘扬伟大建党精神，为加强党的建设、推进治国理政、培育时代新人指引发展方向、提供精神滋养。

### 5. 党的基层组织建设问题研究

基层党组织是党开展工作、发挥战斗力的堡垒，在落实党的路线方针政策和各项工作任务方面发挥着基础性作用。加强党的基层组织建设研究，是党的建设研究一以贯之的重要内容和组成部分，已有相当优秀成果涌现，但在具体研究方向上，有几个值得深入进行以待突破的重点。一是基层党建工作责任制研究。落实基层党建工作责任制，是落实党要管党、从严治党的具体体现，是确保党建工作常抓不懈、取得实效的有力保证，也是从体制机制层面推动基层党建工作目标任务落实的重要举措。相关研究应深耕问题梳理，细化对策建议，真正起到学术研究的资政建言作用。二是基层党组织领导力建设研究。为了增强引领广大人民群众拥护党的事业的实效性，在广大基层将群众团结起来，为新时代社会主义建设事业团结奋斗，构建发展的核心凝聚力，基层党组织必须充分发挥战斗堡垒的作用，这既责无旁贷又举足轻重。如何把基层党组织建成领导班子好、党员队伍好、制度机制好、工作业绩好、群众反映好的坚强战斗堡垒，已成为新时代的重大战略要求，也是相关学术研究应予以重点关注的领域。

**图书在版编目（CIP）数据**

马克思主义理论学科学术发展报告. 2021 / 北京大
学马克思主义学院组织编写. -- 北京：社会科学文献出
版社，2023.10
　　ISBN 978-7-5228-2323-2

　Ⅰ.①马…　Ⅱ.①北…　Ⅲ.①马克思主义理论-研究
报告-中国-2021　Ⅳ.①A81

　　中国国家版本馆 CIP 数据核字（2023）第 152434 号

## 马克思主义理论学科学术发展报告（2021）

组织编写／北京大学马克思主义学院

出　版　人／冀祥德
组稿编辑／曹义恒
责任编辑／吕霞云
文稿编辑／周浩杰　陈　冲
责任印制／王京美

出　　　版／社会科学文献出版社·政法传媒分社（010）59367126
　　　　　　地址：北京市北三环中路甲 29 号院华龙大厦　邮编：100029
　　　　　　网址：www.ssap.com.cn
发　　　行／社会科学文献出版社（010）59367028
印　　　装／三河市龙林印务有限公司

规　　　格／开　本：787mm×1092mm　1/16
　　　　　　印　张：33.75　字　数：624 千字
版　　　次／2023 年 10 月第 1 版　2023 年 10 月第 1 次印刷
书　　　号／ISBN 978-7-5228-2323-2
定　　　价／198.00 元

读者服务电话：4008918866